魏斐德讲述中国历史

[美] 魏斐德
(Frederic Evans Wakeman, Jr.)
著

[美] 梁禾
主编

CNS 岳麓书社·长沙 博集天卷 CS-BOOKY

前　言

魏斐德是我的老师，也是我的知交。1965 年我开始在伯克利大学当研究生，那年也是魏斐德做助理教授的第一年。对一个年轻的研究生来说，魏斐德是一个出色的导师，他具有一种罕见的综合力，他思想锐利，学术标准严谨，知识广博，具有驾驭多种语言的出色能力，还有不竭的精力及异常的幽默感。他遵循自己的典范，而他的学生们全都把他当成榜样，尽管我们同时也意识到我们中间的任何人都无以达到他那泰斗般的知识范畴。在课堂里，他散发着一种感召力，犹如我们凝视地平线的一道光芒。

作为他的学生、他讲课的助理及后来他的同事和好友，我切身了解到魏斐德的兴趣和他的知识深度。他的第一部论著《大门口的陌生人》，写鸦片战争后的广东，是他在第一年教学期间完成的。之后不久是他的思想史论著《历史与意志》，解析毛泽东思想的哲学基础。《洪业》，是一座研究明清朝代过渡期的学术丰碑。接着是他关于上海史和关于警察及民国时期的系列研究。他的学术研究范畴，在时间上涵盖了清朝衰落、“文化大革命”及现代化的当代，在空间上跨越了广东的民间秘密社团和团练组织以及东北长城外的边防将士。对于不熟悉魏斐德整个学术框架的读者来说，幸运的是，他的每一部重要著作都伴有相关的论文，它们以尖锐而综合的形式展示了其著述的要点。这套由梁禾女士编辑的文选《讲述中国历史》的价值在于：中文读者得以分享魏斐德那广博的学识和他那份睿智——当年它们曾如此感召了我们。

开篇《远航》及文选的第一章《中国与世界》，尤为重要。有人曾把魏斐德纳入强调“中国中心论”的一代美国学者之内，而这些论文则更加精确地展示出他曾如何强调在全球范围内来解析中国特殊的历史进程。对于魏斐德来说，仅仅指出中国的独特性远远不够，他渊博的学识很早就让他意识到：每一个国家都有其独特性，含糊地指出“中国个性”特殊，并不说明问题。历史家的使命在于准确地分析中国的社会政治结构及发展轨迹为何并怎样有别于世界其他国家。读者们不仅可在文选的前部，也可在贯穿全集的其他文章中继续读到这方面的论述。例如，魏斐德提出：17 世纪的全球性危机是如何以不同于欧洲的方式影响了中国的？他在另一篇文章中提出：在中国为何公共领域与国家政权的关系如此异常？在关于上海警察的研究中，他考察了美国顾问及他们的新技术设施、他们特殊的方式，是如何在中国运作的。在另一篇特别精彩的文章中，他对国民党时期和欧洲二战时期的法西斯主义进行比较，提出了有争议的“儒家法西斯主义”模式。所有这些文章的目标，都在于超越简单的中西比较模式，在于对中国历史的特殊性做出更为深入确凿的研究。

对原始资料和研究方法的投入，是魏斐德学术的另一个明显特征。魏斐德早先经历了中国大陆和台湾史学界的演变过程。在他之前及他学术生涯的前期，史学家们几乎完全依赖发表的文献。然而中国台湾开放的清史档案和大陆开放的明清及民国时期档案，为我们提供了丰富的资料，使我们得以从文件成形的时代来审视历史。关于这些及其他档案资料的运用情况，魏斐德的上海史和对戴笠的研究、他关于史料对史学研究重要性的诸文章，便是最好的见证。

1978 年中国改革开放后，中国开放了档案馆，同时允许外国学者在中国从事研究工作。时任美中文化交流委员会主席的魏斐德在促进与中国学术交流方面起到了关键的作用。其中魏斐德本人亦见证了随着中国学者逐渐从毛式史学研究范式中解放出来，中国史学研究所发生的转变。纵观魏斐德的学术，我们可以看到他对中国学术发展的关切，看到他如何谨慎地运用中国学者发表的学术研究成果。

最为关键的是，我们在这些文章中看到他对中国历史诸多大主题的思考：国家功能，社会冲突，现代化转型，民族主义和革命，等等。我们看到，他如何通过对一系列历史事件、机构和人物的入微考究，来研究和阐述这些问题。魏斐德传授和实践的历史观从来不是一种单一平面的人类过往历程的叙述，而是涵盖了政治、社会、经济和时代文化以及思想背景，他在诸多事物的互动中寻求对历史的解答。在他看来，明朝的崩溃，不仅仅由宫廷政治所导致，也与气候的变化，白银进口遭阻，江南士大夫的思想运动以及在东北边疆满人中新兴的民族、政治、军事机构有关。魏斐德以同样的方式，在把握了上海租界的国际政治、鸦片交易、赌场和娼妓、警治新政以及国民党政府为应对国际租界的政治力量的挑战而努力建立新市政管辖等复杂因素的基础上，致力于民国时期及解放初期上海公共治安的研究。

我们看到的所有这些主题，大都更具体地在他的相关专著里得到阐述，这些专著大多已有中文译本。这套精心编译的文选的意义在于：它向读者们提供了我所尊敬的导师留给大家的一份丰厚的学术遗产。通过这些文章，读者们得以感受到历史学大师的研究功力。他讲的中国历史，是通过具体的叙述，微妙地探究中国近现代演变中的诸多关键问题。

周锡瑞

（Joseph W. Esherick）

2013 年 7 月

序　言

从世界及比较史的视角读魏斐德文集

艾森斯塔特（Shmuel N. Eisenstadt）*

一

魏斐德的《讲述中国历史》是一部非同凡响的文集。它的独特之处体现在其包含的广博命题及研究方法中。其论文对不同地区、组织及机构进行社会学和历史学的微观分析，并在广阔的比较背景下研究意识形态，分析宏观社会。

或许这部文集最突出的特点是各种分析全都被共同的学术远见和分析理路连接一体，这些在魏斐德的主要著作中也有所表现，它们为分析中国历史以及中国在世界历史中的地位做出了重要而显著的贡献。

在中国研究领域取得成就的基础上，魏斐德实证性地指出了该领域存在的误区与盲点。通过分析关键问题、潮流与事件，他远远地超越了前人的学术成就，将中国史学研究引领到了一个新高度，并在比较史学与世界史学方面做出了卓越的贡献。

---

* 艾森斯塔特（Shmuel N. Eisenstadt），已故的世界著名社会学家。1947 年在耶路撒冷获博士学位。退休前为耶路撒冷希伯来大学的社会学若斯·易萨克讲座教授。多年来在全世界各高级学术机构任客座教授（哈佛大学、斯坦福大学、麻省理工学院、苏黎世大学、维也纳大学及香港大学等），也是世界诸高级学术机构和组织的成员，并被世界诸多大学授予荣誉博士。其学术成果与著述屡获世界各国社会学大奖，其中包括：巴尔赞国际奖（International Balzan Award）、阿马尔非社会学和社科奖（Amalfi Prize for Sociology and Social Sciences）、霍尔堡国际纪念奖（The Holberg International Memorial Prize）。其被翻译成多种文字的著作有：《帝国的政治制度》（*The Political Systems of Empires*. 1963）、《以色列社会》（*Israeli Society*. 1967）、《革命和社会演变》（*Revolution and the Transformation of Societies*. 1978）、《民主的矛盾性：脆弱、持续与变化》（*Paradoxes of Democracy: Fragility, Continuity and Change*. 1999）、《现代与现代化》（*Modernity and Modernization*. 2004）等。

二

了解魏斐德的见地与理路的良好开端，是看他关于17世纪危机与中国关联和影响的研究。这场危机在现代欧洲发展过程中的重要地位，一直是现代史的重要研究课题，也是很多在欧洲之内研究的比较议题的焦点。魏斐德以一种原创而又缜密的方法考察了这场危机对中国的影响，聚焦于似乎相互矛盾的事实：危机在欧洲带来了影响深远的政治与经济转型，并将其引向了现代化；而在中国，明、清两代帝国却在现存体制内，利用制度性的控制和财政政策，成功地克服了这场危机所带来的问题。

诚然，这并非意味着明、清帝国内部没有发生在制度、社会与经济方面的重要变化。魏斐德研究了这些发展变化，尤其是地区性层面的发展。紧接着，他分析了成为“早期现代”特征的帝国疆域的重大变化。而与绝大多数欧洲社会不同，这些变化被纳入明、清帝国中央制度框架的一部分。

在这一背景下尤为重要的事实是，明、清政府不仅可以控制各种内部发展，而且，在很多方面，他们也可以控制波及中国的更广泛的国际环境。正是在冉冉兴起的西方资本主义和帝国主义的影响之下，这些环境急剧变化发展。具有讽刺意义的是，正是这些确保了帝国体系延续的至关重要的制度和政策，最终却导致了帝国的灭亡。魏斐德的分析指向了一个在比较社会—历史研究中即世界史研究中最迷人的问题，即制度模式与其大环境，特别是国际环境之间的关系。制度适应了一个环境，很可能在另一个环境里，这种适应性就是障碍。这个问题并非只针对中国，比如，它对分析西班牙帝国或威尼斯的衰败也是至关重要的，但却没人能够像魏斐德分析明、清中国那样清晰地呈现给大家。

魏斐德所做分析的卓越贡献存在于这样的事实，那就是，他没有用中国精神的本质主义来阐释看似独特的中国经验，而是在分析社会秩序所包含的种种具体方面的基础上，用明清朝代的特殊经历，来透析中国社会。

魏斐德分析了以儒—法家意识形态为中心的社会面貌及其制度属性，包括代表这种意识形态的具体团体或载体，他还分析了在中国发展成形的帝国霸权。

关于超凡与世俗秩序之间的对立关系——轴心演变论的意识形态核心，以儒家为代表的中国传统观念，是相对世俗的形而上学或伦理的，而非宗教式的。这种对立性的“世俗”定义，使世界得以被一种非常具体的社会、政治和文化秩序构建起来，这种秩序也成为维持宇宙和谐的主要方式。它专注于苦心经营所谓教化，也就是赫伯特·芬格莱特（Herbert Fingarette）对“神圣化的世俗”以及对“神圣仪式化的人类共同体”的定义。儒—法家之中国的政治—文化中心和政坛，被视为努力维持宇宙和谐的中心。

由此，中国发展出了一种对礼仪或礼仪与神圣混合体的强烈注重，将其作为社会—政治秩序合法化的中心标准，并倾向于以神圣与合法相混合的术语来表达这样的礼仪，其中还稍掺入一些皇权因素。与其他轴心时代的文明不同，在中国，这种纯粹神圣的合法性所含的对立性相对较弱，被分散到次要区域，而这些区域也都是从中心分离出去的。

这种合法性模式在中国社会与文明的一些基本制度性框架方面有着至关重要的影响。首先，在意识形态和国家大法领域中，政治斗争以及法律体系便体现了这种模式。

其次，中国发展出一种存在于中央与主要边缘区域、经济与社会生活的“次级”宗教，尤其是道教和佛教，与许多地方性崇拜与秘密社会之间具有很特别的连带关系，魏斐德曾全面分析了这种关联。这种关联的特点是中央试图重新建构后者，尤其是它们与中央的关系。在给予它们相对较大的“地方”自治权的同时，对它们的潜力与进入中央的能力加以控制。

三

这些关联的模式也诠释了中华帝国制度的重大变化过程。与魏特夫式“东方专制主义”及诸多“东方主义者”有关中国历史的概念相反，中国在所有制度层次中，的确经历过一系列影响深远的变化。这不仅仅包括朝代更迭与帝国区划，还指经济结构的深远发展。这些变化发生在城镇与乡间，在不同的文化与社会团体的存续方面，以及皇帝（比如明朝）对官僚体制的相对压制方面。

但是，与其他轴心时代文明，特别是与那些神教文明相比较，这些变化进程和运动仅产生了相对有限的制度性影响。在帝制时代，所有这些运动与过程并未能削弱以儒—法家文明为基础的政治秩序和基本意识形态体系。中华帝国时代出现过许多新的意识形态，但它们通常仅仅提供对主流价值结构的从属性阐释——即使12至13世纪具有突破性的新儒学，亦如此。这些运动绝大多数接受了天命这样的意识形态和象征，尊重统治者的责任以及中央所构建的威望体系，并未从本质上滋生出新的导向或全新的制度模式。无独有偶，藩王或军阀的政治倾向通常也建立在现存意识形态框架与政治框架之内。他们同中央政府争斗，以向中央争取更大的独立，或从中央掠夺更多，却很少立志建立一种新型的政治体系。仅随着王朝的衰落，“真正”羽毛丰满的军阀主义才发展成政治架构中的主要力量。同样，出现在乡间尤其在市井的生机勃勃的经济发展，并未在总体上削弱那个控制、划分着初端市场经济影响和各种势力的政治经济模式。

四

魏斐德对发生在中国的变化进程所作分析的卓越贡献建立在前人学术成就之上，但远远地超越了他们。他的研究结合了城市的活力、乡村的背景还有秘密社会等，在当代中国研究领域为一些最重要的发展指出了方向。

在强调这些变化的活力及其在新的相对自治的空间的重要性之同时，魏斐德的研究让我们对统治者采用的截然不同的控制方式有了极为清晰的了解。这些方式诠释了为什么与轴心时代的其他文明相反，中国的那些变化没能带来更深刻的制度性转型。

魏斐德的分析清楚地表明，中国社会控制机制最为重要的因素，是各中心城市之间，各派别、秘密社会及其各领导层之间，在思想上和结构上的薄弱关联，这种薄弱关联也体现在各精英团体之间。

为数众多的反抗运动，发展中的社会团体与经济领域各部门，还有生长于社会边缘或从属制度性范围中的宗教运动，都很少与中央政治斗争有联系，从而难以通过集中的政治行动来发展共同的意识形态或政治框架。

同样，佛教与道教这类“次级”宗教与中央政治斗争的关系，也没有对中国社会及政治秩序施加深刻的、可以起改造作用的影响（除了唐初的灭佛运动），尽管它们对体制的重要变化产生过影响。

五

为了理解这些控制方式的相对效力，分析单一文化倾向的主要载体的基本特征——文人与官僚——便至关重要。魏斐德有很多文章将他们的显著特征与其他轴心或帝国社会的同类做了比较。

魏斐德的分析在早先成果的基础之上，发扬光大。他阐释了这些单一性团体在建制上巨大的矛盾。一方面，这些文人与官僚是儒（或儒—法）家天地秩序及导向的主要载体。于是，相对更广泛的社会各阶层和政治中心来讲，尤其在象征意义上，他们比较自治。他们被任用，根据儒—法标准得到合法地位并被组织起来，因此而不受社会其他阶层左右，在原则上甚至亦不受皇帝本人的控制。

但另一方面这些文人并不仅仅是起思想知识自由传播作用的饱学之士。或许作为官僚体制唯一最重要的录用来源，他们至少部分地起着垄断通向中央途径的作用。他们围绕在皇帝及其左右的周围，有时也围绕在大军阀——统治结盟的主要成员的周围，几乎将其他团体或社会元素完全排除在外。

于是，中华帝国大概是仅有的一种轴心文明，其中的知识分子（尽管他们确实属于高级团体）是这些文明基本框架的中心和半垄断团体，使中华帝国体系成为葛兰西（Antonio Gramsci）式专一制的最好例证。但是，这种专一制同时又具有一些明显的、自相矛盾的特征。其中最重要的是，文化精英的活动与政治精英的活动之间的区别不那么明显，并缺乏自治的组织基础。他们的结构框架与那个任用了文人总数10%—20%的国家官僚制度的结构框架是一致的。除了一些学派或书院以外，他们没有自己的广泛组织，也没有自治的权力与资源基础。仅在一个领域范畴内，即教育领域，他们确实发展了一些自治组织。然而，即使在这一领域，这些活动具体的特定作用也常常与政治—行政背景密切结合，并以之为导向，而与次级精英及处于权力范畴边缘的领袖人物们的活动相应地存在隔离。

葛兰西式的专一性特点得以在中国盛行，解释了一个问题：与其他帝国体系相比，为什么这个官僚体制从数量看，其范围是最小的。

中华帝国的这些专一制因素诠释了，当17世纪国际性世界环境都继续处于危机的时候，它为何具有控制此危机的能力。这些因素也解释了当危机性环境发生剧烈变化时，它出现的弱点。

六

正如魏斐德的分析所显示的那样，中华文明产生出一种在知识分子、世俗以及宗教等之间的明显的关系模式，该模式对体制的功能有着决定性影响。

魏斐德的卓越贡献还体现在他比较性的研究中，这些研究记录在他分析中国儒家体制的一系列杰作之中。

魏斐德另外一个系列的著作专注于研究中华帝国知识分子的困境，研究他们在社会体制下为精神独立付出的代价以及他们形成精神独立的各种方式。

后来，当魏斐德分析中国的民间社会时，这个问题再次浮现。与杜维明这样的当代新儒家相反，关于家庭与国家之间的维系，他指出的是独立个体意识的薄弱（若不是完全没有的话）及与之相伴的儒家意识形态中公民意识的薄弱。

七

正是这一社会与意识形态力量的特殊分布——我们可以在所有轴心文明中看到，但体现方式却各不相同——解释了意识形态在中华文明的基本构建与运作中的重要位置。在为芮沃寿（Arthur Wright）有关隋代的著作所作的书评中，魏斐德首次强调了意识形态的这种特殊地位。他向我们指出，如果置意识形态的深刻意义于不顾，将无法圆满地诠释隋朝制度的成功。魏斐德深入细致地研究了在明、清帝国这一现代早期以及现代中国的战乱时期，这种专一式意识形态的影响及其载体。

八

魏斐德的研究一方面涉及了中国社会很多领域中影响深远的变化与发展，另一方面涉及了这些变化所改变的中华帝国社会制度性形式的独特方式，阐述了这个社会的活力以及与其他轴心文明或帝国社会的差异。

撇开东方主义者的争辩，这些研究使他更靠近韦伯（Weber）式的对一种特殊文明类型的活力的分析。韦伯的《宗教与社会》并未关注对古埃及或亚述文明，或各种南亚文明甚至日本文明的分析。尽管韦伯常常在自己的权力结构和经济构造分析中涉及它们，但它们的宗教或文明取向却并没有成为韦伯研究的固有成分。

与对韦伯的一些解读，还有后来的东方主义方法以及与马克思分析亚细亚生产方式的很多方法相反，韦伯并不认为他所研究的“非西方”文明——古犹太教，中国和印度——是停滞甚至退化的，是与西方世界的活力相对抗的。韦伯，尤其是他的同事雅斯贝尔斯（Karl Jaspers），会宣称轴心文明通过新教向现代化发展，向总体上属于新型的理性发展，它包含生命的所有范畴，产生着自身的对立与矛盾。韦伯分析这些文明的活力——与西方分离的活力。他并不认定大多数非西方的文明缺乏弹性，纯属神奇，非理性，他认为在这些文明内部发展出它们自己特定的弹性与理性，主要是价值理性与工具理性（Wertrationalität und Zweckrationalität）不同类型的理性的结合，而产生出不同体制的活力模式。正是这种不同的具有其自身对立的理性方式，导致了关于“救赎”的不同概念。韦伯认为，在这些文明中施行的主要是超凡性概念，此概念至少是这些力量的一种原动力。在韦伯看来，异端邪说，却总是与不同的经济和政治团体相关联，而它们间的碰撞，亦存在于这些力量的最重要的载体当中。

魏斐德的著作是最优秀的，也许是唯一的，关于中国社会力量的韦伯式分析明证，应该成为对所有重要文明进行比较分析的模型。同时，魏斐德超越了韦伯的研究，他的研究还涉及了现代中国的动荡。

九

高屋建瓴与重要且具体而详细分析的独到结合，也是魏斐德对现代中国以及中国现代性骚动之研究的最显著的贡献。

从《大门口的陌生人》到《历史与意志》的毛泽东时期及后毛泽东时期之中国，魏斐德的实证分析，及早先他的导师列文森（Joe Levenson），还有舒曼（Franz Schurmann）等的著作，以不同方法，代表了当代世界（尤其是美国）解释中国现代化的重要努力。魏斐德考察了他们论述方法带来的问题，以及他们由于意识形态倾向所具有的局限，并指出分析中国现代性的要点。

其中一个问题涉及帝国崩溃之后，在现代中国建立持续的切实可行的现代秩序的困难性。在这方面尤其重要的是，中国是唯一一个从未被直接殖民化的完全独立的亚洲帝国。尽管曾经被西方列强侵吞，并遭受日本侵略者的挑战，但原则上中国却从未丧失其独立。维持独立的努力与中华帝国在世界所处的方位为其现代做出了持续的贡献。拿这种历史现实产生的结果与亚洲其他社会进行比较，应该是比较研究的重要专题，而魏斐德的专著与论文对这一时期的精彩分析，恰恰为这一研究打下了基础。

但是，或许现代中国的中心问题是它面对现代的独特方式，其特点是在意识形态与制度层面之间摇摆。它一方面在“简单地”模仿西方或苏联模式，另一方面试图塑造鲜明的中国特色。当然，这一问题并不局限于中国，但它却因其特有的文明遗产而在中国发生影响。

魏斐德还有另一个显而易见的分析中国现代的强项。与那些采用本质主义，因而必然是专一主义观的学者们相反，他一直强调具有各种文化与制度的现代化途径。魏斐德不仅论述处于意识形态中心的社会模式，也坚持更实际的具有开放潜力或者多元的现代之远景——上海便是一范例。

魏斐德将中国研究推向新的领域和方向，提供了分析中国在世界之位置的更为复杂的方法。如果可以给他更长的创作生命，他一定会继续这样走下去。现在，不仅他的著作成为一位伟大学者的纪念碑，他也成为一代又一代学者的楷模与挑战。

徐有威　李嘉冬　译

开　篇

远　航

（1993 年）

本文系魏斐德教授于 1992 年任美国历史学会会长时在华盛顿特区发表的就职演说。①

我出生于 1937 年 12 月 12 日，即日本帝国主义下令在南京城烧杀淫掠三周的第一天。我最早的童年记忆，是一个寒冷的冬天下午，我正在一幢俯视纽约市乔治·华盛顿大桥的公寓大楼下一个沙箱里玩，突然四楼的一扇窗户飞快地打开了，一个人伸出头来朝着楼下在看管我玩耍的父亲大声叫喊："弗雷德，珍珠港挨炸了！"后来我才知道，此人就是威廉·罗杰斯（William Rogers），是当时汤姆·杜威的助理起诉官，后来当了艾森豪威尔的司法部部长，还当了尼克松的国务卿。虽然儿时记忆会缩短时间距离，但我的确记得，仅几天后，在纽约的中央火车站，身着一身粗糙的蓝色海军上尉制服的父亲把我搂进怀里，吻别了我，就直赴圣迭戈，参加太平洋战争了。

虽然人们习惯把美国在 1898 年对菲律宾的征服看作是美国霸权在亚洲的开始，但在 20 世纪 50 年代成熟起来的我们这一代人的切身体验却是：美国霸权是在二战中和二战后逐步上升的。那是个美利坚军事和经济全面强盛的时代，前后持续了 50 来年，显然是世界历史上寿命最短的霸权之一。

二战后，我们全家迁居古巴。在哈瓦那，父亲把我送进一家名为巴尔多学

---

① 原文刊载于 *The American Historical Review*, Vol. 98, no. 1 (Feb. 1993)。

院（Colegio Baldor）的综科学校。作为极少数的北美外来户，生活在一些喜欢欺负人并为自己国家传统骄傲的古巴学生当中，并不容易。每当我们在酷热的大操场上立正全神贯注地聆听1898年的退伍军人慷慨激昂地回忆他们在卡马圭（Camagüey）平原上击溃西班牙的胜利时，我就知道，放学后在学校大门外老师看不到的地方，高年级男生的拳击套会等着我，这对我这个11岁的小美国佬来说可不是那么好受的。所以，当1949年年初我听到父亲宣布要将我领出学校，因为我们全家将乘一艘56英尺长的双桅船“夏伦娜”号，沿哥伦布第二次远航的轨迹旅行时，那种如释重负的解放感，真是无以复加。

其实这次旅行也并不完全出乎意料。我的父亲崇敬塞缪尔·艾略特·莫里森（Samuel Eliot Morison），他读完莫里森的哥伦布传《汪洋大海上的舰队司令》（*Admiral of the Ocean Sea*）后，就把书传给我并按惯例叮嘱：全家期待能在一周内听到我在晚餐桌上发表对这部书的感想。这项任务有时候，尤其是当我被布置要对卡莱尔、吉本和斯宾格勒等著作进行评论时，会令我厌烦。但是莫里森对哥伦布四次航海经历的描写文情并茂，深深地吸引了我。我把这本书读了好几遍，对其中的有些章节流连忘返，比如书中关于哥伦布于1494年沿着一个被误为中国和亚洲大陆的半岛南岸的航行。当然，我们现在知道，那个“半岛”就是我们当时所在的地方古巴。

哥伦布在1492年11月份驶离那个假想的“中国半岛”返回西班牙。在第二次航行回到伊斯帕尼奥拉岛（Hispaniola）后，他率“尼娜”号和另外两艘葡萄牙式的三角帆船于1494年4月24日从伊莎贝拉岛（Isabela）出发，欲沿古巴岛南岸一直航行，最终找到能够“证明该地确实是亚洲大陆的确凿证据”。并且若有可能的话，和那位隐蔽的蒙古大汗取得联系。[①] 四天后，平稳的东北信风使哥伦布驶过“风关”（Windward Passage），到达了古巴岛的最东南角，而哥伦布却误认为这是亚洲大陆的边缘。

---

① Samuel Eliot Morison, *Admiral of the Ocean Sea: A Life of Christopher Columbus*. Boston, 1942, p. 445.

455 年之后，我们一家乘“夏伦娜”号，又绕过了古巴这同一个东南角，并继续循哥伦布的航线，沿东海岸越过了大岭（Sierra Maestra）南坡的荒芜植被区。我记得曾读到过这个细节：哥伦布的船队抵达被哥伦布称为“大港”的关塔那摩海湾（Guantanamo Bay）时，这些西班牙人上了岸，发现了巨型鬣蜥，这是“他们所见过的最丑陋不堪、令人作呕的生物”，被印第安人拿来烘烤食用。① 当我们在 1949 年抛锚上岸时，发现这种大蜥蜴仍然盘踞在那里。向西继续航行 40 英里后，我们也进入了那同一个狭窄的、梭鱼滋生的海峡，来到了当年哥伦布发现的圣地亚哥湾。1514 年西班牙殖民统帅维拉奎兹（Diego de Velásquez）正是在那里选择了名为“巴嘎替奎”（Bagatiquir）的重要印第安人城市，作为古巴的第二大西班牙殖民地都市。②

西班牙人轻而易举地征服了沿途遭遇的印第安人。哥伦布从瓜卡纳亚沃湾（Gulf of Guacanayabo）向南掉转船头，在强风中息帆，从古巴驶往牙买加，他于 1494 年 5 月 5 日到达了被他称为“圣荣”（Santa Gloria），后来被英国人称为“圣安”的海湾（St. Ann’s Bay），准备在那里过夜。就在那个夜晚，一群阿拉瓦克（Arawak）印第安人乘 70 艘长型战舟来袭。哥伦布的三艘舰船凭借施放空心炮弹而将他们赶跑。在布韦诺港（Ptierto Buene），哥伦布和他的船员们再次遭遇了印第安人的袭击，只不过这一次是在岸上。他们用石弩进行还击，并放出一条大狗“撕咬印第安人，大大伤害他们，因为在对付印第安人时，一条狗顶得上十个男人”。③

1494 年 5 月 9 日，哥伦布抵达牙买加西岸的蒙特哥湾（Montego Bay），从那儿向北，意图搜寻古巴南海岸一处被阿拉瓦克人称为“Magón”的地方；哥伦布误认为此地即是“Mangi”，即马可·波罗对中国福建省的命名。再次回到古巴海岸后，哥伦布沿萨帕塔半岛（Zapata），环行至一处今名“植物园”

---

① Samuel Eliot Morison, *Admiral of the Ocean Sea: A Life of Christopher Columbus*. Boston, 1942, p. 449.

② 同上书，第 451 页。

③ 同上书，第 452—453 页。

（Jardines）的浅滩。也就是在这儿，我们自己的“夏伦娜”号莽撞地盲从了哥伦布的航志，而不顾莫里森对这片水域发出的鲜明警告：

> 舰长大胆地驶入一个光怪陆离、令人迷惑的群岛——萨帕塔半岛外的沙洲，即便今天有航海图和灯塔指引，那仍然是一片极难航行的水域。不仅如此，船员们还对水流奇异的颜色深感困惑：当他们由深蓝的海湾驶入较浅的沙洲时，水流开始还如水晶般清澈、通透，可突然间就变成一种晦暗不明的霉绿，此后又过了几英里，简直就成了牛奶般的乳白，最终又变成墨汁般的漆黑。这种状况直到今天依然如此。究其根源，其实是一部分海湾的水底所蕴藏的一种精细的白色石灰泥所致；它们一旦被波浪“激惹”或“煽惑”，便淆同海水一起，径直升腾到表面，看上去就如同彼德·马特（Peter Martyr）描述的那样：面粉纷纷撒落到了大海上。在缅因州的海湾，我自己也曾亲眼看到过海水的这种浓绿，尽管其深度还不足三法瑟。[①] 然而下一个时刻当我再俯视水面时，它已经在明亮的天空下，变成了墨汁般的黝黑；我以为这也是由于海底的一种精细的黑砂被浪涛鼓动、翻腾所致。但所有这些，在当时，这种现象对西班牙水手来说实属新奇，而且更多的是带有恐怖色调的，因为它使人联想起古老的阿拉伯传说中的“忧郁的绿海”，以及世界边缘上那些无穷无尽的珊瑚礁。[②]

1948 年，我们偏偏经历了这些。正当我们靠着绕枢轴扯起活动龙骨，以减少吃水深度而在小潮中航行时，恰恰就在这里搁浅了。我们花了两个小时进入那个群岛，经过了斑驳的水域，将双桅船驶上一个浅滩；退潮时才终于发现，我们竟是一头戳进了石灰泥里。为脱离这个浅滩，我们花了几天的时间。因为大岭的屏障，我们的短波信号无法传送到哈瓦那的海岸警卫哨所。我们甚

---

① 一法瑟相当于六英尺。——译注

② Samuel Eliot Morison, *Admiral of the Ocean Sea: A Life of Christopher Columbus*. Boston, 1942, p. 460.

至找不到几法瑟深的水域来使自己的双桅船能够漂浮哪怕几千码的距离，这也就意味着：我们只能靠抛小锚一码一码地拉拽船身。我们中的一些人坐上橡皮救生艇，将最沉重的锚和链条一点点地带到300英尺外的深水水域，把铁锚结结实实地插到石灰泥里，再回来和我们会合，以便船上所有的人手都能集中到一起，通过船头的机械绞盘，从侧翼将双桅船由沙地拖向深一些的水域。拉锚移船是一项非常艰苦的工程，并且因为浅滩上的倾斜和颠簸，我们无法从储水槽中提取更多的饮用水，而必须开启一些蔬菜罐头来获取足够的液体维生。此外，仲夏季节的太阳也同样火辣辣地无情。然而在第四天的时候，我们最终还是逃离了那块恐怖之地的“虹吸”。一朝解放，我们便抛弃了继续追随哥伦布航行的计划，不再重蹈他对“中国大陆”毫无结果的搜寻，而是驶向蔚蓝色的海域。在派尼斯（Pines）的流放岛上将燃料补给充足之后，我们的“夏伦娜”号继续西行，费尽全力在尤卡坦海峡（Yucatán）中推进，总算及时赶上了夏季的离岸风，以偏东北向东行进，驶回了哈瓦那，我们在里约阿尔门达雷斯河（Rio Almendares）上停泊。

当时有好几艘大型游艇泊在里约阿尔门达雷斯河上，其中一艘巨大的帆船属于一位北美来的甘蔗园老板，此人在古巴革命后被卡斯特罗指控为中央情报局特务。作为一个小孩子，最让我着迷的是对岸停泊在我们船正对面的一只旧的鱼雷快艇，它附近是一个检疫隔离所，由原来的殖民当局从监狱改建而成。伴着庞大的“派克德”（Packard）引擎的轰鸣声，这艘鱼雷艇在最令人诧异的时间来来回回：它往往大清早溜出泊位，次日深夜回来。该船从老板到水手一律不和外人来往。有人告诉我，这伙人专门走私中国人，并牟取暴利将其运往佛罗里达最南端的地带。同时也有谣传，说这艘船的船长亦同时向美国移民局官员通风报信，告知中国人在佛罗里达的地点，从而接受美国移民局的奖赏。如果不巧被美国海岸警卫队追捕，那么这些冷血的人贩子便会将他们船上的“储货”——那些倒霉的偷渡者，抛进墨西哥湾“海葬”，处置他们的生命，就像赚取他们的金钱那么随便。

所有这些谣传使我更进一步相信了中国人消极温顺的倒霉蛋形象。他们就像老实的绵羊一样被引进屠场，就如被哥伦布的恶狗撕咬的阿拉瓦克印第安人一样。这群中国人只不过是又一个可悲的例子，它只是证明了非欧族人被西方人征服成为牺牲品的事实而已。我因天真而崇拜的哥伦布的勇气和胆量，现在看起来却不过是这段无可挽回、无可救赎的历史的“高贵的一面”，其实质却是卑鄙的统治、残忍的压榨与冷酷的奴役。还有谁能比那些终日在西班牙庄园主的甘蔗园里服苦役的从非洲贩卖来的奴隶和从中国运来的契约奴们，能更好地证明这一点呢？①

古巴庄园主转而引进中国契约华工有两个原因。其一是英国废止奴隶贸易而造成的劳力短缺，其二是怕古巴奴隶仿效海地（杜桑·卢维杜尔）而进行暴动。② 1844 年古巴有一次黑奴暴动。1846 年初，古巴当局发展部白人委员会（Comisión de Población Blanca de la junta de Fomento）③ 批准了输入契约华工的计划。于是在 1847 年 6 月 3 日，为数 206 人的第一批契约华工由西班牙双桅船“奥坎多”号（Oquendo）运至哈瓦那。这些人均来自马可·波罗和哥伦布所称的“Mangi”，也就是中国的福建省。他们是第一批踏上古巴土地的中国人。④

在奴隶贸易被废止之前，那些积极从事华工苦力贸易的大宗贩子已经在非

---

① Rebecca J. Scott, *Slave Emancipation in Cuba: The Transition to Free Labor*, 1860 - 1899. Princeton, N. J., 1985, p. 29.

② 也有研究指出，糖业精炼厂引进蒸汽动力设备，需求的是较之非洲黑奴更为娴熟的劳动力。参见 *Denise Helly*, “L’émigration chinoise à Cuba,” in *Chinois d’outre-mer: Proceedings of the 29th International Congress of Orientalists*. Paris, 1976, pp. 61 - 62。曾有一系列计划，欲依靠高价从加泰罗尼亚、加那利群岛和加利西亚地区招徕从事农业劳动的白种工人。然而，或许因为种植园内严酷的工作环境之故，最后几乎根本无人前来。参见 Duvon Clough Corbitt, *A Study of the Chinese in Cuba*, 1847 - 1947. Wilmore, Ky.: Asbury College, 1971, pp. 2 - 3。亦请参见 Seymour Drescher, “British way, French Way: Opinion Building and Revolution in the Second French Slave Emancipation,” *American Historical Review*, Vol. 96 (June 1991), pp. 710 - 711。

③ 这一团体是由政府支持的著名种植园主和商人所组成的，首建于 1795 年。

④ Juan Pérez de la Riva, *Para la historia de las gentes sin historia*. Barcelona, 1976, pp. 47 - 65.

洲从事奴隶的倒卖有一阵子了。① 他们通过马尼拉的商人谈判而签成一批最早的苦力契约。这些商人与在厦门的德记洋行有商业上的联系。该商行大老板，英国人德滴（J. Tait）不久便成为厦门最大的苦力贩子。德滴身兼西班牙、荷兰和葡萄牙三国驻华领事，这样他便可以亲自把他经手的苦力契约加以合法化。② 随着苦力贸易的逐渐繁荣，这些代理商行开始越过马尼拉的中间人，直接和利物浦、波士顿以及纽约的船运公司洽谈。与此同时，他们也通过澳门和古巴的进口商直接与之打交道。来自哈瓦那的那些在伦敦或巴黎获保的银行信用券，会在香港银行里被换成墨西哥银元。在澳门，这些银元又被用来支付给掮客。掮客从每一份苦力契约上可以得到五到十个比索。西班牙人卡塔兰商人艾比拉·罗的锐斯（Abella Raldris）以这种方式一个人就向哈瓦那、卡亚俄（Callao）、加利福尼亚、阿肯色和澳大利亚送去了十万名中国人。③

在澳门到厦门、汕头、香港和黄埔从事诱骗华工到古巴的掮客多半是华葡混血。这些人先是把他们的受害者引诱到一个茶馆，许诺可以送这些华工到“大吕宋”即西班牙去发大财，然后付八块银元签署一张为期八年的劳工契约，最后这些华工被骗到窝藏人货的大仓库里待运。华工称这些大仓库为“猪仔馆”。④ 这种污秽的牲口圈的闭塞环境，实属非人，使得大量的华工染上了

---

① 佩德罗·苏莱塔（Pedro de Zulueta），一位率先输入中国劳力的首位“进口商”，曾在伦敦因违反西班牙与英格兰之间废止奴隶贸易的 1817 年和 1835 年条约而受审。参见 Corbitt，*A Study of the Chinese in Cuba*，1847 – 1947；Scott，*The Transition to Free Labor*，1860 – 1899. Princeton，1985，pp. 4 – 5。

② Robert L. Irick，*Ch'ing Policy toward the Coolie Trade*，1847 – 1878. Taipei，1982，p. 27.

③ Juan Pérez de la Riva，*El barracón*：*Esclavitud y capitalismo en Cuba*. Barcelona，1978，pp. 89，92，101.

④ Juan Jiménez Pastrana，*Los chinos en la historia de Cuba*，1847 – 1930. Havana，1983，pp. 31 –32.

疾病。在这种地方死于疾病的华工不在少数。①

从被关进来的那一刻起，这些中国人便被称为“苦力”（coolies）：他们被剥光衣服，被渍过盐的“九尾鞭”驯服；然后就这样将他们关押着，等待下一班快帆船的到来。这些船将开往古巴的甘蔗园，或是秘鲁钦查（Chincha）群岛上的海鸟粪石场。到了那里，这些苦力常常不是死于秘鲁监工头的皮鞭下，就是在粪肥粉尘的烟云中活活窒息致死。②

海上航行本身就是对生存的一个严重考验。“我们驶进大海，被关在下舱；有的被关进竹笼；有的被绑在铁柱上；有几个人被单独挑出来遭受鞭打，旨在吓唬剩下的人。我们不知道有多少人就这样死于疾痛、鞭打、饥渴或跳海自杀。”③ 英国人在从事非洲到美洲的黑人奴隶贸易中，将船上的空间弄得极狭窄，“一个活人在船上的空间还不如一个死人的棺材”④。美国人用来做苦力贸易的飞剪船在这方面条件要好一些，但虐待和疾痛仍然不相上下。⑤ 据古巴人

---

① “一旦关进来，门就被一个外国人封上；当所有的出口都被封死以后，我们就知道上当了，但已无法回头。在同一个小房间内，还有100多个同病相怜的弟兄，其中的大多数人都在泪水中度过他们的日日夜夜；更有一些人身上淌着血——那是体罚的证据；而这些体罚的起因，不是他们被怀疑有逃跑企图，就是他们在被葡萄牙监工讯问的过程中，流露了自己的不情愿。这个‘禁闭处’处在地下很深的位置；并且在施行体罚的时候，作为一种额外的、为防止哭叫声被人听到的‘障耳法’，惩罚者会敲锣、放炮，以至于谋杀和死亡都可以在丝毫不被察觉的情况下发生。”参见“Deposition of Ye Fujun”，in *Report of the Commission Sent by China to Ascertain the Condition of Chinese Coolies in Cuba*. Taipei，1970，p.9。

② Basil Lubbock，*Coolie Ships and Oil Sailers*. Glasgow，1981，pp. 32 - 35；Robert L. Irick，*Ch'ing Policy toward the Coolie Trade*，1847 - 1878. Taipei，1982，p.27.

③ 参见“Deposition of Li Zhaochun，” in *Report of the Commission Sent by China to Ascertain the Condition of Chinese Coolies in Cuba*. Taipei，1970，p.12。

④ Lubbock，*Coolie Ships and Oil Sailers*. Glasgow，1981，p.11.

⑤ “在船上，300人死于饥渴，11人自杀。”参见“Deposition of Chen Asheng，” in *Report of the Commission Sent by China to Ascertain the Condition of Chinese Coolies in Cuba*. Taipei，1970，p.13。“在我上船后的那一天，我们全体被叫到甲板上列队；其中173名体格强壮的男子，脚上还都被套上了镣铐；此外另有160人被剥去了衣服，用他们赤裸的肉身，承受藤杖的鞭笞。”参见“Deposition of Huang Afang”，in *Report of the Commission Sent by China to Ascertain the Condition of Chinese Coolies in Cuba*. Taipei，1970，p.15。

口统计，从1848年到1874年，有141,391名华工到达哈瓦那；其中16,576人在中途死去，124,813人在古巴被卖掉。① 最大的死因是霍乱。如果一只船上有霍乱发生，所有的人就必须在里约阿尔门达雷斯河口处的检疫隔离所里关上40天。② 这恰好是我幼年时“夏伦娜”号停泊的地方。

华工上岸后，就在哈瓦那的人口市场上被上市出卖，他们受尽羞辱，被剥光衣服，像马匹一样被买主敲敲打打。③ 一旦被卖掉后，华工便被带进甘蔗园，在那里要么被关在营房里，要么在武装工头的监督下在田地或工厂里服苦役。在田地里，佩剑的“长官”像使唤牛马般地对待华工，还令其爪牙割掉华工的辫子。一个华工作证说，“我们食不如狗，干着连牛马都无力完成的重活。到处都是禁闭室，棍子鞭子横飞，残害和撕裂的四肢天天可以见到”④。在厂房里的劳工工资远远低于自由工人或者出租奴隶。尽管1854年体罚已被废除，但还是常常被鞭笞和上链条；八年约期满后，还要被迫续约。总而言之，华工很快意识到他们已成了债务奴隶。就如司科特（Rebecca Scott）所说，其所受待遇就好像真正的奴隶一样，而作孽者就是那一群野蛮无比、拒绝把华工当自由人看待的外国人。⑤

面对这种悲惨境况，一条出路是去死。“华工在树上上吊，跳河自尽，吞

---

① 几乎全部都是男人。每年只有20—30名女人来到古巴。当然，直接的苦力贸易也并非中国人移民古巴的唯一途径；1860年后，有25,000多名中国人是从加利福尼亚经过墨西哥和新奥尔良来到古巴的。参见 Juan Pérez de la Riva, *El barracón: Esclavitud y capitalismo en Cuba*. Barcelona, 1978, pp. 56 – 58。

② Juan Pérez de la Riva, *El barracón: Esclavitud y capitalismo en Cuba*. Barcelona, 1978, p. 107.

③ “Deposition of Li Zhaochun”, in *Report of the Commission Sent by China to Ascertain the Condition of Chinese Coolies in Cuba*. Taipei, 1970, p. 18.

④ “Petition of Xian Zuobang,” in *Report of the Commission Sent by China to Ascertain the Condition of Chinese Coolies in Cuba*. Taipei, 1970, p. 19.

⑤ Scott, *Slave Emancipation in Cuba: The Transition to Free Labor*, 1860 – 1899. Princeton, 1985, p. 33；亦请参考：“Petitions and depositions,” in *Report of the Commission Sent by China to Ascertain the Condition of Chinese Coolies in Cuba*. Taipei, 1970, p. 23。

食鸦片和跳入炼糖大锅自杀的结局是由不可言状的残害和痛苦造成的。"① 在19世纪60年代，古巴的华工每10万人中有500人自杀，而同时期，每10万奴隶中只有35人自杀，10万个自由人中，只有57人自杀。也就是说，中国人的自杀率高出白人100倍，比奴隶自杀率也高出14倍。这样一来，当时的古巴的自杀率为世界之冠：1/4000。②

另一条出路就是造反。华工苦力远非束手待毙。他们一进入劳工棚地就图谋逃跑，有时甚至是通过水房里连接外面河沟污泥的小通口。③ 装运苦力的飞剪船必须得以加固，像旧时的囚船一样，在舱口上加上铁棍栏杆。不但如此，很多飞剪船在船尾前面有十英尺之高的堡垒，全副武装的哨兵把守其中，以防华工打出船舱，冲击舵房。但事实上，华工确实这样干过。④

最有名的暴动之一发生于1859年。在纽约注册的一条大船"挪威"号当时运载了1000名华工自澳门驶往哈瓦那。出海后的第五天，船舱被人放火烧了起来，底舱的华工拼命搏斗，企图挤上甲板。全副武装的船员费了九牛二虎之力才勉强压住华工的进攻。那些造反的华工甚至曾向船长送过一张用受伤华工的血写成的条子，要求船转向驶往暹罗，以便让不愿继续前行的人上岸逃走。但最终华工未能成功，船舱里的火亦被扑灭。当"挪威"号抵达哈瓦那时，130名华工死去，其中70名死于重伤，剩下的死于痢疾。⑤

华工亦在岸上抵抗。1852年11月，厦门爆发游行示威，要求终止"猪仔贸易"，惩治有关外商及华商掮客。英国人派去保护侨民的皇家舰艇"沙拉曼德"号（Salamander）也被福建人赶跑。在搏斗中，英军杀伤了10—20名中国

---

① "Petition of Yang Yun," in *Report of the Commission Sent by China to Ascertain the Condition of Chinese Coolies in Cuba*. Taipei, 1970, p. 20.

② Pérez de la Riva, *El barracón: Esclavitud y capitalismo en Cuba*. Barcelona, 1978, p. 67.

③ Irick, *Ch'ing Policy toward the Coolie Trade*, 1847 - 1878. Taipei, 1982, p. 27.

④ Basil Lubbock, *The China Clippers*. Taipei, 1966, pp. 44 - 49. 相关例证如"1952年'罗伯特·布朗'号上中国人成功的造反——对此事件的叙述"，见 Irick, *Ch'ing Policy toward the Coolie Trade*, 1847 - 1878. Taipei, 1982, pp. 32 - 43。

⑤ Lubbock, *Coolie Ships and Oil Sailers*. Glasgow, 1981, pp. 43 - 48.

人。但此后由于英国政府的调查活动，以及不断涌起的厦门各界的抗议，厦门的苦力贸易开始走下坡路，相应而起的则是一种新现象：“公共干涉苦力贸易始成惯例……哪里有苦力贸易，哪里就有这种干涉。”①

另一方面，在古巴本土上，中国人继续造反。② 到1848年，由于大批华工逃离种植园，西班牙人开始意识到一点：中国人固然可以是不错的劳力，但他们并不温顺，绝对不会甘当“猪仔”。华工不断起义造反，迫使当局于1849年4月颁布特别命令，惩处倔强的亚洲人，刑罚包括鞭笞、监禁和禁闭。③ 但是，1860年8月，古巴总监弗朗西斯哥·塞热挪（Francisco Serrano）写信给马德里当局，呼吁政府“停止向古巴输入华工。因为这些华工未能履约，且破坏友善规矩，扰乱治安，认敌为友，使全岛处于不断紧张状态之中，危害匪浅”④。

在1868年到1869年的古巴叛乱中，古巴的叛军为了自强，答应凡加入叛乱的奴隶和苦力均可重获自由。这样一来，许多中国人尤其是在中部省份的许多中国人，包括一些前太平天国的士兵，都纷纷加入叛军，并在进攻曼萨尼约（Manzanillo）战役中起了决定性的作用。⑤ 这些骚动发生的同时，正好是国际舆论强烈谴责古巴苦力贸易之际，也正好是因美国南北战争，美国船只被迫撤离的时候。经西班牙政府不断推诿阻挠之后，清政府由新近成立的总理衙门于1873年派出代表团赴古巴考察华工状况。⑥ 该团的报告书对古巴庄园主残酷剥削华工的事实进行了揭露。因此，西班牙特使于1877年11月17日在北京签

---

① Irick, *Ch'ing Policy toward the Coolie Trade*, 1847 - 1878. Taipei, 1982, p. 32.

② Scott, *Slave Emancipation in Cuba: The Transition to Free Labor*, 1860 - 1899. Princeton, 1985, pp. 33 - 34.

③ Jiménez Pastrana, *Los chinos en la historia de Cuba*, 1847 - 1930. Havana, 1983, pp. 47 - 48.

④ Duvon Clough Corbitt, *A Study of the Chinese in Cuba*, 1847 - 1947. Wilmore, Ky.: Asbury College, 1971, pp. 21 - 22.

⑤ Juan Jiménez Pastrana, *Los chinos en las luchas por la liberación cubana*, Havana, 1963, p. 71 - 79; Scott, *Slave Emancipation in Cuba: The Transition to Free Labor*, 1860 - 1899. Princeton, 1985, pp. 57 - 58.

⑥ 关于“古巴考察团”，参见 *Report of the Commission Sent by China to Ascertain the Condition of Chinese Coolies in Cuba*. Taipei, 1970。

署条约，永久性地禁止同古巴的苦力贸易。① 这种情况和我幼时想象的中国人逆来顺受的形象完全相反，华工在古巴从1840年到1877的历史性经历反映出一种积极的反抗性，这种反抗之强烈足以使殖民政府当局关闭了苦力贸易。然而，再看一看这些中国人的天性，难道这种反抗性值得我们大惊小怪吗？其实，当这些广东人、福建人刚被骗进大仓库时，他们就有一种舍生忘死、此去无归的勇气。中国的沿海省份早有长期远洋航行的传统，在这种传统下，航海到"大西班牙"（菲律宾），比从陆路到内地的河南或者山西走一趟甚至可能还要容易些。毕竟这些东南沿海的中国人都是中国最伟大的探险家郑和的后代。

我第一次知道郑和的航海经历是在伯克利刚刚开始做研究生的时候。郑和是中国的一位海军将领，他曾早在15世纪初期就航行到非洲海岸。我的教授，已故的约瑟夫·列文森，并没有用郑和航海的例子来说明中国当时了不起的科技成就。相反，他是想用1433年郑和航行的结束来显示明朝是怎样从此以后故步自封，抵制外部世界的。当然，我同意了列文森的看法，但我当时却为中国曾是一个海上强国这一事实惊讶不已。加州大学戴维斯分校的罗荣邦（Jung-Pang Lo）教授在讲课中让我了解到，不仅宋元两朝在东南亚以及为了抗击日本布置了大规模的海军，而且明朝至少在其起初的65年中是深深地依靠其海上势力的。② 永乐年间（1403—1424），明朝海军拥有3500艘战船，不仅

---

① Duvon Clough Corbitt, *A Study of the Chinese in Cuba*, 1847 - 1947. Wilmore, Ky.: Asbury College, 1971, p. 19 - 20; Jiménez Pastrana, *Los Chinos en las luchas por la liberación cubana*, Havana, 1963, p. 88.

② 中国的第一支海事力量由南宋朝在1132年创立，其舰队迅即赢得了对东中国海域的控制权。宋朝海军与蒙古海军的冲突发生在1277年，最终决定性的战役则发生在1279年的广东沿海——此役中，蒙古人俘获了800艘中国战船。此外，可汗忽必烈又曾先后两次企图入侵日本：第一次在1274年，投入了900艘战舰；第二次在1281年，投入了4400艘舰船，不过两次均以失败告终。参见Joseph Needham, with the collaboration of Wang Ling and Lu Gwei-djen, *Science and Civilisation in China*. Vol. 4: *Physics and Physical Technology*, "Part 3: Civil Engineering and Nautics". Cambridge, 1971, pp. 476 - 477。而对明朝创立者而言，一个助他们开国建元的主要因素则是1363年的"鄱阳湖决战"；这次对决的结果，使朱元璋最终掌握了扬子江流域的统治权。参考：Edward L. Dreyer, "The Poyang Campaign, 1363: Inland Naval Warfare in the Founding of the Ming Dynasty", in Frank A. Kierman, Jr., and John K. Fairbank, eds., *Chinese Ways in Warfare*. Cambridge Mass., 1974, pp. 202 - 203。

每年巡视中国海岸，还追击日本“倭寇”远至琉球群岛和朝鲜海岸，帮助占人（Chams）① 在1403年赶跑一支安南舰队，并且在1407年入侵红河三角洲，重占那一块安南地盘，建成为中国的一个省。②

1405年，从侄子建文帝（1399—1402年在位）手中篡得王位的永乐皇帝派遣他的太监总管郑和执行一次声势浩大的海上远征：越过安南，穿过马六甲海峡，直下“西洋”。③ 这次探险在表面上公开的理由是穿越东南亚追寻建文帝。④ 但事实上真正的意图有三：其一，震慑中国的那些周边国，向这些近邻诸邦炫耀新皇朝的繁荣、威仪与强力——正是这个王朝将蒙古人驱逐到了长城以外；其二，重新打通获取奢侈品的通道，因为元朝的崩溃切断了供应它们的

---

① 占人，又称占族，现主要分布在柬埔寨和越南。曾在中南半岛东南部建立占城国（137—1697），1471年大部领土被安南攻占，1697年亡于安南阮朝。——编注

② Jung-pang Lo，“The Decline of the Early Ming Navy”，*Oriens Extremus*，Vol. 5（1958），pp. 150－151.

③ “西洋”的英译可以是直译的“西海”，亦可是“西线”（western route）——因为这一术语被中国航海家用来指称通过南海到达非洲的航道。参见 Yun-siao Hsu，“Notes on Some Doubtful Problems Relating to Admiral Cheng Ho's Expeditions，” in *Chinois d'outre，mer*：*Proceedings of the 29th International Congress of Orientalists*. Paris，1976，pp. 74－75。后一种理解也和中国的海图默契吻合；这种海图用图解的方法绘述了一条通道，其中所有航线都被由指南针判定的精确方位以及其他的示意性符号标注。参见 Joseph Needham and Wang Ling，*Science and Civilisation in China*，Vol. 3，*Mathematics and the Sciences of the Heavens and the Earth*，Cambridge，1959，p. 560。

④ 当永乐皇帝（其时仍为燕王）在1402年7月占据南京时，人们在焚尽的内宫残骸中发现了皇后及其长子的尸体。尽管新政权宣布建文帝的遗体同样被发现并将之和其他两具尸首一起掩埋，坊间却有流言说，建文帝其实逃过了此劫。这一谣言一直持续，并借由历史学家的笔千古流传。比如（清）谷应泰，便认为建文帝逃向了中国的西南，并在那里一直生活到1440年。参见谷应泰《明史纪事本末》，第198—206页。一个对这段历史的当代叙事版本，参见商传：《永乐皇帝》，第131－139页。与此相对，很多现代历史学家却相信建文帝死于那次宫廷大火中。参见 Edward Dreyer，*Early Ming China*：*A Political History*，1355—1435. Stanford，California，1982，p. 169；又见 Harold Kahn，*Monarchy in the Emperor's Eyes*：*Image and Reality in the Ch'ien-lung Reign*. Cambridge，Mass.，1971，pp. 12－37。

贸易商路；其三，招徕外交使节，促使他们向新皇永乐帝的王宫进献贡品。[①] 至于为什么要选择一个宦官来指挥这次远航，则是因为汉朝（公元前206—公元220年）以来，宫廷鲜贵之物，包括皇妃的选送都由宦官主持。[②] 而在所有为永乐皇帝所宠信的太监中，郑和又极可能是最胜任这次远航的一个。因为他既是来自云南的伊斯兰教徒（他的父亲和祖父都曾因到麦加朝圣而成为哈只[③]），同时也还是一个卓越的军事指挥家和后勤家，曾在永乐帝

---

① 参见 Chung-jen Su，"Places in South-east Asia，the Middle East and Africa Visited by Cheng Ho and His Companions，（A. D. 1405 - 1433）"，in F. S. Drake，ed.，*Symposium on Historical*，*Archaeological and Linguistic Studies on Southern China*，*South-east Asia and the Hong Kong Region*. Hong Kong，1967，p. 198。罗瑟比（Rossabi）却颇具权威地断言，在郑和探险队的张帆启航，与1405年2月18日猝死于远征中国的半途上的帖木儿皇帝之间，并不存在任何的关联。帖木儿的儿子和继任者沙卢赫·巴哈杜尔（Shhrukh Bahdur）则在此后与明帝国之间达成了某种和解。见 Morris Rossabi，"Cheng Ho and Timur：Any Relation，" *Oriens Extremus*，20（1973），pp. 134 - 135。亦请参见 Joseph F. Fletcher，"China and Central Asia，1368 - 1884，" in J. Fairbank，ed.，*The Chinese World Order*：*Traditional China's Foreign Relations*. Cambridge Mass.，1968，pp. 209 - 211。

② 参见 J. J. L Duyvendak，*China's Discovery of Africa*. London，1949，pp. 26 - 27；Yuntsiao Hsu，"Notes on Some Doubtful Problems Relating to Admiral Cheng Ho's Expeditions"，in *Chinois d'outre-mer*：*actes du XXIXe Congrès international des orientalistes*，*Paris*，*juillet* 1973：*séminaire/organisée par Denys Lombard*. Paris：L'Asiathèque，1976，p. 73。其时，中国出口丝绸、瓷器、漆器、工艺品、铜钞、铁锅和佛教经典，同时进口樟脑、玳瑁、珊瑚、胡椒以及其他香料——此外更有槟榔果、白檀木、烟熏香、燃料、棉织品、食糖、象牙、大象、长尾小鹦鹉、水牛、珍珠、奇异宝石、犀牛角、麻醉品、玻璃和锡。参见马欢《瀛涯胜览》，上海商务印书馆1935年印。英译本：Feng Ch'eng-chün ed.，with introduction，notes，and appendices by J. V. G. Mills. Cambridge，1970，p. 4。

③ 哈只：Haji的阿拉伯语，是一种荣誉头衔，指完成了去麦加朝拜的人。——编注

得胜的屡次战役中发挥过关键性的作用。①

郑和的舰队浩浩荡荡，富丽堂皇。特别是与87年后从加纳利群岛启航的那支哥伦布船队"圣玛利亚"号（Santa Maria）、"尼娜"号（Niña）以及"品他"号（Pinta）作对比时，前者就更显出不可一世的气派。② 通算起来，郑和的舰队一共拥有62艘硕大无比的九桅"宝船"——船身长450英尺，船体最大宽度180英尺。由于上甲板和艉楼甲板过度"骑底"，实际"吃水线"的长度和船幅可能更接近310英尺和80英尺。但不管怎么说，一艘如此规模的舰船应该至少可以有3000吨的排水量；而瓦斯科·达·伽马（Vasco da Gama）的舰船中却没有一艘能超过300吨，就连1588年的最大的英国商轮也没有超过400吨的排水量。③ 由南京西北面的龙江造船地所建的"宝船"备有纵向的帆篷；此船由轴向安装的舵盘操纵，并有特制的严密防水的船体——船舱被建

---

① 马继祖等：《伟大的航海家郑和及其家世》，《云南回族社会历史调查》，1987年第4期，第43—44页。Chung-jen Su，"Places in South-east Asia，the Middle East and Africa Visited by Cheng Ho and His Companions，（A. D. 1405 - 1433），" in F. S. Drake，ed.，*Symposium on Historical*，*Archaeological and Linguistic Studies on Southern China*，*South-east Asia and the Hong Kong Region*. Hong Kong，1967，p. 198。郑和，原名马和；亦有诨名马三宝。一说"三宝"指代佛教梵语中的三宝，亦即"佛""法""僧"。又据一个晚近的文本，"三宝"指代永乐皇帝钦定的、负责统率探险队的"三名位高权重的太监"，即郑和、王景弘、侯显三位。参见 Yun-tsiao Hsü，"Notes on Some Doubtful Problems Relating to Admiral Cheng Ho's Expeditions，" in *Chinois d'outre-mer*：*actes du XXIXe Congrès international des orientalistes*，*Paris*，*juillet* 1973：*séminaire / organisée par Denys Lombard*. Paris：L'Asiathèque，1976，pp. 71 - 72。鉴于马和显赫的军事业绩，永乐皇帝在1404年赐予其"郑"的尊姓，并将其擢升为内宫监太监总管。参见马欢《瀛涯胜览》，上海商务印书馆1935年印。英译本：Feng Ch'eng-chün ed.，with introduction，notes，and appendices by J. V. G. Mills. Cambridge，1970，pp. 5 - 6。

② 郑和这支船队甚至使西班牙的舰队相形见绌——尽管后者拥有28艘大帆船、40艘配有武装的大型商船、34艘快艇、23艘货船以及4艘葡萄牙巨型舰，同时还配有10,000名兵士。

③ 马欢：《瀛涯胜览》，上海商务印书馆1935年印。英译本：Feng Ch'eng-chün ed.，with introduction，notes，and appendices by J. V. G. Mills. Cambridge，1970，p. 3。李约瑟运用罗教授依据"寮"（参见下个注释）的推算，估测船的负荷达到500吨。参见 Joseph Needham，with the collaboration of Wang Ling and Lu Gwei-djen，*Science and Civilisation in China*. Vol. 4：*Physics and Physical Technology*，"Part 3：*Civil Engineering and Nautics*". Cambridge，1971，pp. 480 - 481。

造成许多不漏水的隔间，通过脚踏板控制的舱底抽水泵保持其干燥。① 除“宝船”之外，这支由数百艘海船组成的舰队还包括八桅的“马船”、七桅的“粮船”、六桅的“货船”以及五桅的“战船”。②

这支船队集合在今日的上海附近，它拥有由宦官组成的17名正副使节，63名宦官官员，95名军事督道，207名旅、连级指挥官，3名占卜师，128名医官，26,803名军官、士兵、厨子、采购、管账和翻译等。③

郑和的舰队从扬子江出发，沿福建省（马可·波罗和哥伦布所谓的“Mangi”）海岸航行，在闽江江口锚定。当东北季候风开始在12月份和1月份

---

① Nathan Sivin，“Review of Science and Civilisation in China，Vol. 4：Physics and Physical Technology；Part 3：Civil Engineering and Nautics”，by Joseph Needham，with the collaboration of Wang Ling and Lu Gwei-djen，*Scientific American*. January 1972，p. 113. 亦请参考：Paul Pelliot，“Les grands voyages maritimes chinois au début du Xvesiècle，” *T'oung Pao*，30（1933），pp. 273 - 274。诸多历史学家都在接受《明史》中对“宝船”规模——“令人难以置信的巨伟”——的记述时有些勉为其难。尽管如此，通观郑和七下西洋之旅，单独一艘舰船的定员平均数是500人，这也就意味着该船要有2000“寮”（寮：一种测度海船规模的度量单位，一寮相当于500镑）的吃水量。而具有这样规模的舰船，则在马可·波罗和艾本·巴图塔（Ibn Batuttah）的记述中有所提及。此外，在1936年南京附近的静海寺发现的一尊石碑上还有依稀可辨的文字断片，记述1405年的探险队拥有2000寮规模的适于远航的舰船，而1409年的探险队则有1500“毫”的舰船。参见Jung-pang Lo，“The Decline of the Early Ming Navy，” *Oriens Extremus*，Vol. 5（1958），p. 151。1962年，一个长36英尺、直径125英尺的舵柱，连同一个长20英尺的舵盘附加装置，在南京一家古老的明代造船 厂的遗址中被发现。这样一个船舵，将会有452平方英尺的幅面，同时也就证明了上文所述的“巨船”的确曾经存在。参见Joseph Needham，with the collaboration of Wang Ling and Lu Gwei-djen，*Science and Civilisation in China*. Vol. 4：*Physics and Physical Technology*，“Part 3：Civil Engineering and Nautics”. Cambridge，1971，p. 48。

② Su Chung jen，“Places in South-east Asia，the Middle East and Africa Visited by Cheng Ho and His Companions，（1405 - 1433），” in F. S. Drake，ed.，*Symposium on Historical*，*Archaeological and Linguistic Studies on Southern China*，*South-east Asia and the Hong Kong Region*. Hong Kong，1967，pp. 200 - 201。

③ Paul Pelliot，“Les grands voyages maritimes chinois au début du Xvesiècle，” *T'oung Pao*，30（1933），pp. 273 - 274；Su Chung jen，“Places in South-east Asia，the Middle East and Africa Visited by Cheng Ho and His Companions，（1405 - 1433），” in F. S. Drake，ed.，*Symposium on Historical*，*Archaeological and Linguistic Studies on Southern China*，*South-east Asia and the Hong Kong Region*. Hong Kong，1967，p. 201.

刮起时，郑和设仪敬神，拜祭护佑水手的“天妃”（在福建和台湾沿海如今被奉为“马祖女神”）；然后便张帆启航，驶向“查巴”（Champa，古时的印度支那王国）。[①] 从那里，舰队继续前行，先后到达爪哇、苏门答腊、锡兰以及印度西海岸边的港市卡利卡特（Calicut）。当郑和船队在1407年4月准备返航中国时，他的船上已载有几乎所有进贡国家的特使在上面，同时还抓获了在今印度尼西亚巨港一带渤林邦国（Palembang）的海上恶霸陈祖义，并押回南京斩首。[②]

如此撼人心魄的远航此后又有六次，且一次比一次更远地向西推进。尽管郑和不是每次都亲身参与，但却运筹帷幄，作为统帅，操纵着所有的航程。第二次远航（1407—1409）是为将比里麻（Mana Vikraman）扶上加里各特的王位。在第三次远航（1409—1411）中，郑和在返回中国的路上遭到了锡兰国王（可能是布瓦内卡·贝胡五世，Bhuvaneka Bahu V）的袭击。郑和击溃了这支侩伽罗的军队并俘获了他们的王室，将之押解到南京上呈明朝廷。[③] 永乐皇帝释放了国王以及其家人，并将他们送回锡兰。[④] 这一义举，连同中国“会所”在越南东京（Tonkin）和北安南的落定，使得前来向明朝廷进献纳贡的附庸国

---

① Duyvendak, “The True Dates of the Chinese Maritime Expeditions of the Early Fifteenth Century,” *T'oung Pao*, 34（1938）, pp. 342－344；中国航海史研究会编：《广东海运史·古代部分》，第159—161页。

② 马欢：《瀛涯胜览》，上海商务印书馆1935年印。英译本：Feng Ch'eng-chün ed., with introduction, notes, and appendices by J. V. G. Mills. Cambridge, 1970, pp. 10－11; Pelliot, “Les grands voyages maritimes chinois au début du Xvesiècle,” *T'oung Pao*, 30（1933）, pp. 273－277。

③ Needham, with the collaboration of Wang Ling and Lu Gwei-djen, *Science and Civilisation in China*. Vol. 4: *Physics and Physical Technology*, “Part 3: Civil Engineering and Nautics”. Cambridge, 1971, p. 516.

④ 但明朝廷却同时强调：国王之位要由国王的堂兄取而代之。参见 Edward L. Dreyer, *Early Ming China: A Political History*, 1355－1435. Stanford, Calif.: Stanford University Press, 1982, p. 197。

数目激增。①

第四次远航（1413—1415）同样遵循前几次的航线，只是走得更远：访问了马尔代夫群岛，抵达了波斯人的伊斯兰教领地忽鲁谟斯（Ormuz）；同时还派出了一支小分队直抵孟加拉，从那里将非洲马林王国（Malindi）的使臣们带回中国——他们献给了永乐皇帝一只长颈鹿作为礼物。② 这绝对是一个无比吉祥的赠品，因为这只长颈鹿——也即索马里语中的girin——被当成了汉语的麒麟（qilin），此物的出现作为一个标志，象征着贤明君主的在位吸引了“远方的来客……相继不断”。③ 作为对这种敬意的报答，永乐皇帝派郑和踏上了第五次远航（1417—1419）的征程，以便护送马林王国使节归国。这次航程可能是郑和第一次接触非洲东海岸。在索马里南面的摩加迪沙（Mogadishu），郑和安排了一次海上大阅兵；与此同时，一拨从主舰队分离出来的海船则向北航行至阿拉伯半岛。在第六次远航（1421—1422）中，41艘舰船同样抵达了非洲——远到摩加迪沙和布拉瓦（Brava）岛屿。④

这一切都标志着明代海上力量的最高峰。当永乐皇帝在1424年溘然长逝时，中国的宗主国地位已经被比以往任何时候都多的外国统治者所承认；67

---

① 参考《明史》，译文见Pelliot，“Les grands voyages maritimes chinois au début du Xvesifècle，” *T'oung Pao*，30（1933），pp. 279－280；亦请参考马欢：《瀛涯胜览》，上海商务印书馆1935年印。英译本：Feng Ch'eng-chün ed.，with introduction，notes，and appendices by J. V. G. Mills. Cambridge，1970，pp. 11－12。

② 马欢：《瀛涯胜览》，上海商务印书馆1935年印。英译本：Feng Ch'eng-chün ed.，with introduction，notes，and appendices by J. V. G. Mills. Cambridge，1970，pp. 12－13。

③ 马欢：《瀛涯胜览》，上海商务印书馆1935年印。英译本：Feng Ch'eng-chün ed.，with introduction，notes，and appendices by J. V. G. Mills. Cambridge，1970，pp. 13－14；Needham，with the collaboration of Wang Ling and Lu Gwei-djen，*Science and Civilisation in China*. Vol. 4：*Physics and Physical Technology*，“Part 3：Civil Engineering and Nautics”. Cambridge，1971，pp. 489－490。

④ 马欢：《瀛涯胜览》，上海商务印书馆1935年印。英译本：Feng Ch'eng-chün ed.，with introduction，notes，and appendices by J. V. G. Mills. Cambridge，1970，pp. 13－14；Needham，with the collaboration of Wang Ling and Lu Gwei-djen，*Science and Civilisation in China*. Vol. 4：*Physics and Physical Technology*，“Part 3：Civil Engineering and Nautics”. Cambridge，1971，pp. 489－490。

个海外国家的使节和代表，其中包括 7 位国王，都前来进贡。① 然而，几乎就在永乐皇帝下葬的同时，他那短命的继任者洪熙皇帝（1425 年在位）立即终止了这一远洋探险的传统，并任命郑和为南京守备。1431 年，在宣德皇帝（1426—1435 年在位）的委任下，郑和指挥了第七次也是最后的一次远航：率领一支由 100 艘舰船组成的远征队驶向忽鲁谟斯；同时还派出了两支子舰队分别驶到了非洲东海岸和北面的麦加。② 但是，当郑和 1433 年恢复南京守备的任职后，远征探险的历史便从此彻底地画上了句号。③

这一浩浩荡荡的商船之旅究竟为什么会戛然而止？至今最为大家所普遍接受的解释是：郑和下西洋从一开始就和宫廷宦官密切相连，而这些宦官又行为奢侈，性情怪僻，因而使航海活动受到谴责而停止。④ 正如荷兰汉学家杜文达（J. J. L. Duyvendak）所言："与海外蛮族交往的这整桩事务，在政府官员的道

---

① 马欢：《瀛涯胜览》，上海商务印书馆 1935 年印。英译本：Feng Ch'eng-chün ed. , with introduction, notes, and appendices by J. V. G. Mills. Cambridge, 1970, p. 2；亦请参考：Wang Gungwu, "Early Ming Relations with Southeast Asia: A Background Essay," in Fairbank, *Chinese World Order*, pp. 53 - 54。

② 马欢：《瀛涯胜览》，上海商务印书馆 1935 年印。英译本：Feng Ch'eng-chün ed. , with introduction, notes, and appendices by J. V. G. Mills. Cambridge, 1970, pp. 14 - 18；Sivin, "Review of Science and Civilisation in China," Vol. 4, p. 113；Needham, with the collaboration of Wang Ling and Lu Gwei-djen, *Science and Civilisation in China*. Vol. 4: *Physics and Physical Technology*, "Part 3: Civil Engineering and Nautics". Cambridge, 1971, p. 490。

③ 此后不久，郑和于 1433 年离世。——译注

④ Needham, with the collaboration of Wang Ling and Lu Gwei-djen, *Science and Civilisation in China*. Vol. 4: *Physics and Physical Technology*, "Part 3: Civil Engineering and Nautics". *Cambridge*, 1971, pp. 524 - 525；商传：《永乐皇帝》，第 260—262 页。"'贸易'这一为传统儒家所不屑（然而却为佛教所催化、促进）的行当，恰恰关系着皇室的利益；而这一利益的缘由，又是基于王公贵族对于奢侈品的需求——这一需求同样不为儒家所认可。在像（太监）郑和下西洋这样的事件中，'贸易' 所占的位置显而易见；但儒教传统的历史学家却试图将此掩盖。宦官的权重，以及与此针锋相对的是掌控贸易运输机构的官员；在广东的贸易体制（1759—1839）中，总负责人'Hoppo' 乃是由皇帝亲自委任，钦命督理广东沿海等处贸易税务户部分司，英文中常作'河伯'（Hoppo）"；参见 Joseph R. Levenson, *Confucian China and Its Modern Fate*, Vol. 2: *The Problem of Monarchical Decay*. London: Routledge and Kegan Paul, 1965, pp. 26 - 27。

德与政治评判中，越来越和受他们鄙视的太监的淫靡与专权的憎恶，密不可分地纠缠到一起。"① 朝廷政策的转变是如此地偏激突兀，以至于当 1477 年大太监汪直要求得到郑和远航的海图，以期恢复中国在东南亚至高无上的地位时，军事部门的副总管竟然将存放于政府的全部档案记录悉数搜出，付之一炬。②

明代海军的衰败几乎是以迅雷不及掩耳之速：1436 年，正统皇帝下令禁止制造供远洋航行的舰船，此后针对中日海盗的广泛海上巡逻也因此回撤紧缩。③ 公海上的水兵们，如今只有被动地锚定在避风港里，做一些交易，运一些私盐，或者干脆就放弃卫戍，荒弛驻防。那些曾打造出郑和"宝船"的世袭造船家族也在这一过程中同样凋败消亡，以至于最后中国人竟然忘记了先前那些适于远航的硕大无朋的舰船究竟是怎么制造出来的。④

许多中国历史学者都以"郑和七次下西洋"的结束，来标志明王朝的一蹶不振：腐化堕落的宫廷太监在 15 世纪 40 年代的得势，对公共工程的建设在 1448 年黄河口决堤后的漠视，日益增长的苛税与朝廷开支，以及在 15 世纪 70 年代嚣张无忌的卖官鬻爵行为——所有这一切都显示了一个王朝的命运的决定性逆转。⑤

比这更意味深长的是，一些历史学者甚至将远洋探险的终结看作是中国文

---

① Duyvendak, *China's Discovery of Africa*. London, 1949, p.27.

② Needham, with the collaboration of Wang Ling and Lu Gwei-djen, *Science and Civilisation in China*. Vol.4: *Physics and Physical Technology*, "Part 3: Civil Engineering and Nautics". *Cambridge*, 1971, *p*. 525.

③ 参见 Hoshi Ayao, *The Ming Tribute Grain System*, Mark Elvin, trans. Ann Arbor, 1969, pp. 6 - 77; Needham, with the collaboration of Wang Ling and Lu Gwei-djen, *Science and Civilisation in China*. Vol. 4: *Physics and Physical Technology*, "Part 3: Civil Engineering and Nautics". Cambridge, 1971, pp. 315, 526; 吴缉华:《明代海运及运河的研究》，台北"中央研究院"历史语言研究所专刊之 43，1961 年，第 268—274 页。

④ Jung-pang Lo, "The Decline of the Early Ming Navy," *Oriens Extremus*, 5 (1958), pp. 156 - 162.

⑤ Jung-pang Lo, "The Decline of the Early Ming Navy," *Oriens Extremus*, Vol. 5 (1958), pp. 164 -165.

化本身的历史转折点。罗教授（Jung-pang Lo）将这理解为中国人性格、气质层面的“海变—激变”：变得更“文明”也更“颓废”，变得“倾向于诗歌艺术而不是科学技术，认识论而不是政治学，画笔而不是海洋”。① 米尔斯博士（J. V. G. Mills）则更直截了当：“永乐皇帝的去世同时也结束了中华帝国的英雄时代。伟大的觉醒成了过去，精神的能量如蒸汽般消弭，活力充沛的行动永远不再。军事上的激情进入了月亏期，‘反军国主义’‘反扩张主义’的情绪则成为主流在空气中弥漫。”② 李约瑟（Joseph Needham）在对葡萄牙与中国的海事成就所作的一个尽管不无夸大但却精彩的比较中，得出了下面的结论：“宦官是中国历史上一段辉煌时期的建筑师”，郑和下西洋之终结表明“海上发展的巨大可能性寿终正寝了”。③

这种从“伸张”到“收拢”的姿态，这种中国向其自身内部的回归，正是当年我做研究生时从列文森那里得到的信息，也是使我产生这种印象的原因：一个孤岛般的大陆帝国，与世隔绝、超然度外，直到“门外的陌生人”在19世纪40年代以武力冲破了屏障，将中国一把拽进了世界历史。④ 当然，对于这种内向发展，人们也可以从好的方面来看。比如，这种发展使得中国不

---

① Jung-pang Lo, “The Decline of the Early Ming Navy,” p. 168；亦请参考：John E. Wills, Jr., *Embassies and Illusions: Dutch and Portuguese Envoys to K'ang-hsi*, 1666 – 1687. Cambridge, Mass., 1984, p. 17。

② 马欢：《瀛涯胜览》，上海商务印书馆1935年印。英译本：Feng Ch'eng-chün ed., with introduction, notes, and appendices by J. V. G. Mills. Cambridge, 1970, p. 3。

③ Needham, with the collaboration of Wang Ling and Lu Gwei-djen, *Science and Civilisation in China*. Vol. 4: *Physics and Physical Technology*, “Part 3: Civil Engineering and Nautics”. Cambridge, 1971, pp. 525, 527. 对此，席文深表赞同：“郑和的大商船队，很遗憾，乃是一座伟丽奇观的最后一簇火焰——在这支三百年前即已创建、浩荡而无畏的海军彻底绝迹之前。断送其命运的那些政治决策，则是中国文明决定性的‘内旋’倾向的一部分。”Sivin, “Review of *Science and Civilisation in China*, Vol. 4: *Physics and Physical Technology*; Part 3: Civil Engineering and Nautics, by Joseph Needham, with the collaboration of Wang Ling and Lu Gwei-djen,” *Scientific American*. January 1972, p. 113.

④ Wakeman, Jr., *Strangers at the Gate: Social Disorder in South China*, 1839 – 1861. Berkeley: California University Press, 1966, pp. 6 – 7.

至于像西方世界那样富有侵略色彩。中国的闭关自守让其社会、文化在一个单独的范畴内得到发展，具有思想性和成熟性，而且避免了无穷无尽的狭隘的种族情绪之间的争斗。中国历史上唯一未娶妃妾的君王弘治皇帝（1488—1505年在位），其统治有节制且明达，被明末的史学家推崇为儒家贤人政治的黄金时代。① 1492年，正当哥伦布在加勒比海误认为自己发现了亚洲的宝藏时，“吴派”大师沈周却创作了他那幅著名的立轴书画《夜坐图》，画上题跋如下：

> 于今夕者，凡诸声色，盖以定静得之，故足以澄人心神情而发其志意如此。且他时非无是声色也，非不接于人耳目中也，然形为物役而心趣随之，聪隐于铿訇，明隐于文华，是故物之益于人者寡而损人者多。有若今之声色不异于彼，而一触耳目，犁然与我妙合，则其为铿訇文华者，未始不为吾进修之资，而物足以役人也已。②

为了维持这种备受推崇的儒家境界，皇朝官绅力图限制沿海地区的海事行动。1500年，凡造两桅以上航海帆船者处以死罪。1525年，官员受命销毁全部两桅以上的船。到了1551年，倭寇为害频繁，所有出海者，甚至出海经商者，均以通敌罪加以判处。③

16世纪时中国官方这样不断地严令海事本身就说明朝廷已无法控制民间

① L. Carrington Goodrich, ed., and Chaoying Fang, assoc. ed., *Dictionary of Ming Biography*. New York and London: Columbia University Press, 1976, p. 378.

② 参见 James Cahill, *Parting at the Shore: Chinese Painting of the Early and Middle Ming Dynasty*, 1368-1580. New York, 1978, p. 90。

③ Needham, with the collaboration of Wang Ling and Lu Gwei-djen, *Science and Civilisation in China*. Vol. 4: *Physics and Physical Technology*, "Part 3: Civil Engineering and Nautics". Cambridge, 1971, p. 527. 但同时，李约瑟也指出，正是对日本海盗的防卫和抵御，使明代海军终究保持了足够的强大，以至于能在1592年到1598年间派出兵力，和朝鲜海军司令李舜臣并肩作战，抵抗由丰臣秀吉率领的日本侵略舰。

私下的海上活动和海上贸易。[①] 在16世纪末17世纪初，亚洲贸易曾有一度令人炫目的飞速膨胀，其主要动力源即是数量惊人的白银——它们被从墨西哥的南部港市阿卡普尔科（Acapulco）穿越太平洋运至马尼拉，再从那里由中国的商贩水手运到福建和浙江，借以换取丝绸、瓷器以及其他的奢侈品。[②]

在1573年到1644年之间，一直能够吸引贵重金属的中国经济吸收了2600万的墨西哥银元，使其更加币制化和商业化。[③] 1659—1683年间有新法禁止海事，同时又遇上17世纪中期全球性的经济和人口危机，才使得这种趋势有所缓和。[④] 但是康熙年间（1662—1722），中国的海军于1683—1684年击败了海上霸主郑成功及其继承者在台湾的政权，原来的海禁解除，银元又继续流入中

---

① 福建和浙江一带同中日海盗做交易的最有势力的家族，往往都由宫廷内部的“盟友”关照。“永乐时期的海上探险，为中国向东南亚的移民潮铺平了道路。阿拉伯与波斯商人的全盛期已是明日黄花，葡萄牙人的时代还未来到；于是乎整整一个世纪，中国人控制了所有东方水上的商贸活动。郑和远征所促进的官方纳贡渠道，如今被私人的交易所取代。”在早期，这种私人牟利或许妨碍、阻挠了意图继续郑和远征的尝试。参见 Jung-pang Lo，“The Decline of the Early Ming Navy,” *Oriens Extremus*，5（1958），pp. 156－157。

② 门多萨（Juan Gonzaláz de Mendoza）写道：中国的海外贸易，其实是得到了中国政府的秘密特许。三名中国商人曾到达墨西哥，并从那里出发继续访问西班牙。Needham，with the collaboration of Wang Ling and Lu Gwei-djen，*Science and Civilisation in China*. Vol. 4：*Physics and Physical Technology*，“Part 3：Civil Engineering and Nautics”. Cambridge，1971，p. 527.

③ Man-houng Lin，“From Sweet Potato to Silver：The New World and Eighteenth-Century China as Reflected in Wang Hui-tsu's Passage about the Grain Prices,” in Hans Pohl，ed.，*The European Discovery of the World and Its Economic Effects on Pre-industrial Society*，1500－1800. Stuttgart，1990，p. 313.

④ Wakeman，“China and the Seventeenth-Century World Crisis,” *Late Imperial China*，June 1986（中译文，见本文集第一章，第二篇）。但中国与东南亚的贸易，当然依旧不断地繁荣兴旺；比如统辖广东封邑的商氏家族，其获得收入的最重要途径之一即是海外贸易——包括与日本的纺织品交易。参见 Wills，Jr.，*Embassies and Illusions*：*Dutch and Portuguese Envoys to K'ang-hsi*，1666－1687. Cambridge，Mass.，1984，pp. 128－129；及中国航海史研究会编：《广东海运史》，第143—149页。

国市场。[①] 到18世纪后期，中国的“船商”垄断了东南亚的交易，至此中国已被完全纳入世界经济体系。丝绸、茶叶贸易以及国内粮价的高低浮动和新大陆银元供给量上下波动密切地联系在一起了。[②]

而中国政府在控制私人交易方面的无能，还表现为当它试图阻止本国居民向海外迁移时遭遇到的困境和窘迫。[③] 在明代浩浩荡荡的大商船队之前，中国人就已经开始了向国外散居的历史；但郑和的七次下西洋无疑更极大程度地刺激了这一过程。[④] 15世纪的最后几年，中国人开始陆续向马来群岛、爪哇、苏门答腊、婆罗洲、苏禄群岛以及菲律宾移民。[⑤] 在16世纪，另一支中国移民队伍开始进驻暹罗，及至17世纪末，其首都大城府（Ayutthaya）的中国人已

---

① John E. Wills, Jr., *Pepper, Guns, and Parleys: The Dutch East India Company and China*, 1622 [1662] -1681. Cambridge, Mass., 1974, pp. 195-197。1717年到1727年，限制性的政策重新实施：帝国政府下令禁止向菲律宾、爪哇以及许多东南亚地区的商业航运。参见 Man-houng Lin, "From Sweet Potato to Silver: The New World and Eighteenth-Century China as Reflected in Wang Hui-tsu's Passage about the Grain Prices," in Hans Pohl ed., *The European Discovery of the World and Its Economic Effects on Pre-industrial Society*. Stuttgart Germany: Franz Steiner Verlag, 1990, pp. 315-316。

② Dian H. Murray, *Pirates of the South China Coast*, 1790-1810. Stanford, Ca., 1987, p. 10; Man-houng Lin, "From Sweet Potato to Silver: The New World and Eighteenth-Century China as Reflected in Wang Hui-tsu's Passage about the Grain Prices," in Hans Pohl ed., *The European Discovery of the World and Its Economic Effects on Pre-industrial Society*. Stuttgart Germany: Franz Steiner Verlag, 1990, p. 327；陈春声：《清代广东的银元流通》；叶显恩：《明清广东社会经济研究》，广东人民出版社1987年版，第206—236页。

③ 关于散居海外的中国侨民的讨论（各种语言都算上），最好而又言简意赅的，要数陈素贞的专著《亦苦亦甜的土壤：在加利福尼亚农耕的中国人》中以此为题的那一章：Sucheng Chan, *This Bittersweet Soil: The Chinese in California Agriculture*, 1860-1910. Berkeley, 1986, pp. 7-31。

④ 当郑和抵达巴邻旁（巨港）时，他发现落户此地的大多数居民都是来自广州、常州和泉州的中国难民。参见 Su Chung-jen, "Places in South-east Asia, the Middle East and Africa Visited by Cheng Ho and His Companions, (A. D. 1405-1433)," in F. S. Drake, ed., *Symposium on Historical, Archaeological and Linguistic Studies on Southern China, South-east Asia and the Hong Kong Region*. Hong Kong, 1967, p. 206。

⑤ Ta Chen, *Chinese Migrations, with Special Reference to Labor Conditions*. Washington D. C., 1923, p. 4.

达到数千之多。[①] 清朝（1616—1911）政府袭用了明代禁止移民的政策。清律第 225 条规定：所有为了居住与耕作目的而移民外国岛屿者，一律依私通叛乱之律定罪，处以绞刑。[②] 尽管曾有个别的皇帝下旨特赦从海外归国的商人，这一禁令却一直延续到了 1727 年；但截至当时，业已有几十万中国人在海外定居。一个世纪以后，在曼谷的 40 万居民中，事实上有一半都是中国移民。[③]

到了 19 世纪，这一移民潮随苦力贸易的盛行就更是戏剧性地高涨。[④] 1848 到 1854 年加利福尼亚的“淘金热”期间，有 70 万中国人来到了加州。[⑤] 截至 20 世纪初，已有超过 800 万的中国人在海外定居；而他们身上潜藏和积蓄的经济与政治活力，又反过来推进了中国自身的变革历程。[⑥] 不消说，1911 年推翻清王朝的辛亥革命即是由一位海外中国人孙中山领导；而国民党与共产党的第一次国内合作统一阵线，也在很大程度上是由一位来自旧金山的中国人促成。[⑦]

这种锐气和热忱持续高涨，表征了非官方的“个人远航”所织就的、今

---

① 到 19 世纪中叶，每年都有 15,000 名中国人移民到泰国。参见 Richard James Coughlin, “The Chinese in Bangkok: A Study of Cultural Persistence.” Ph. D. diss., Yale University, 1953, p. 14。

② 引文见 Victor Purcell, *The Chinese in Southeast Asia*. 2nd ed. London, 1965, p. 26。无论明朝廷还是清政府，对 1603 年、1639 年发生在菲律宾以及 1740 年发生在爪哇的对中国人的大屠杀，都只表示了些微的抗议——或者根本就无动于衷。参见 Edgar Wickberg, *The Chinese in Philippine Life*, 1850 - 1898. New Haven, 1965, pp. 10 - 11。

③ Purcell, *The Chinese in Southeast Asia*. 2nd ed. London, 1965, pp. 84 - 85.

④ Chen, *Chinese Migrations*, *with Special Reference to Labor Conditions*. Washington D. C., 1923, p. 4.

⑤ 其中 95%是男性，多数是再次移民。参见 C. Livingston Daley, “The Chinese as Sojourners: A Study in the Sociology of Migration.” Ph. D. diss. City University of New York, 1978, pp. 21, 188。

⑥ Chen, *Chinese Migrations*, *with Special Reference to Labor Conditions*. Washington D. C., 1923, p. 15.

⑦ 关于海外中国人在 1911 年辛亥革命中所扮演的角色，参见黄珍吾：《华侨与中国革命》，“台北国防研究院”1963 年版。1953 年，中华人民共和国估测截至其时已有 11,743,320 名海外华人。参见 Stephen Fitz Gerald, *China and the Overseas Chinese: A Study of Peking's Changing Policy*, 1949 - 1970. Cambridge, 1972, p. 3。如今，算上台湾和香港，则大约已有 5500 万海外中国人。

天在全球范围内举足轻重的错综复杂的综合体：它目前已在改变全世界的经济面貌。[①] 一个社会学家把已经出现的、对中国官僚政体具有反抗作用的私人工商组织形式称为“企业性的家庭主义”。这种“企业性的家庭主义”已显示出巨大的竞争力量，并已经开始向中国本身滚滚开进。[②] 拥有近三万亿流动资产的海外华人现在每年在中国大陆投资数十亿美元，促成世界上最迅速的经济发展。[③] 哥伦布自认为他在古巴南岸找到了中国，但在他很久以前的 1405 年，郑和就开始了远航。从那以后，中国人又有了成千上万次的独立远航。也许在今天，那些远航终于找到了某种停泊的港口。

我本人第一次远航到这片大陆，是在 1974 年作为翻译陪同一个美国药理学家的代表团访问中国。[④] 那正是“水门事件”的当口，我们的军队在越南的失败也已是迫在眉睫。当我踏上这段旅程时，心里非常清楚：尼克松主义标志着美利坚霸权在亚洲的终止。印度支那的战争导致了联邦预算中的第一批巨额赤字，尽管美国在后来的局部战争如海湾战争中表现出来的科技优势，或许还可以使我们的军事专家重拾自信，但有利的经济发展浪潮正在流向另一个方向，它直奔一个新的亚洲，当然毫无疑问，直奔一个新的中国。这一点已经被日本和“亚洲四小龙”的巨大经济跃进所显示出来，也为中国对南沙群岛争执的强硬反应所证明，因为那里有世界上最大的石油矿藏之一。

就在这次 1974 年的访问中，我第一次亲眼见到了颐和园昆明湖上那庞大

---

① 在印度尼西亚，中国人占总人口的 4%，并拥有这个国家 75%的资产。在泰国，中国人占总人口的 8%～10%，拥有这个国家 90%的制造业和商业资产以及一半的银行业资产。在菲律宾，尽管纯中国血统的居民只占总人口的 1%，但中国人名下的公司却在 67 家最大的商业机构中达到了 66%的销售额。

② Siu-lun Wong，*Emigrant Entrepreneurs*：*Shanghai Industrialists in Hong Kong*. New York，1988，pp. 172 – 173.

③ 海外中国人的“国民生产总值”据估价有 4500 亿美元之多，他们的流动资产则与日本全国银行存款的总额持平。参见“The Overseas Chinese：A Driving Force，” *Economist*，(July 18，1992)，pp. 21 – 24。

④ 参见 Committee on Scholarly Communication with the People's Republic of China，eds.，*Herbal Pharmacology in the People's Republic of China*. Washington D. C.，1975。

而静止不动的大理石石舫，它是在 1894 年为慈禧太后的六十大寿所建。为修建这个呆板的、用以自诩的纪念碑而花掉了本应用于装备中国舰队的财政支出，而正是这支舰队，于 1894 年 9 月 17 日，在鸭绿江江口和日本战舰与巡洋舰的海战中全军覆没。[①] 记得当时我跨上石舫，怀着一种我自己也未觉察的淡然而轻蔑的心情静静地参观，一边不禁摇头叹息。在我下到这个恶名昭彰的中国内政的典范作品的最后一层楼梯时，发现前面的路被两名身着海军制服的健壮青年挡住了。我们相互一笑并各自让道，就在那错身的片刻，我注意到他们衬衫上别着来京开会时的会牌，上面带有“中华人民共和国南海舰队”的字样——自郑和以来这支舰队第一次将中国的军事力量扩展到了东南亚。

固然，当下的亚洲只存在一个超级强权，即使我们的新总统势必削减美国在日本冲绳和韩国的武力配给，美国的战略影响也极有可能顽强地持续到下一个世纪。但是，比起中国经济的急速膨胀，它正在打造一支外海海军的事实，就远非那么重要，更别提那些新近工业化的国家或日本了。

我欲以“地方性世界主义”（Provincial Cosmopolitanism）的命题为结语。为时半个世纪的美国霸权已成过去。我们现在应该认真思考对待那些狭隘、自封、带有种族偏见的文化伦理所带来的挑战，也应该珍惜美国社会的复杂多元性。我本人现在因主观选择和客观事实已是一个加利福尼亚人。在经历了 4 月份的洛杉矶暴乱之后，我现在要讲一句也许会让你们感到奇怪的话：我对加利福尼亚的复杂的多元化有一种自豪感。之所以如此，乃是因为加州具有包容了种种文化个体的对峙和阻抗，并将它们最终全数汇聚到一个大熔炉中的能力；还因为它承诺着重建一个公民社会，这个社会将允许我们每一位成员加入未来的“远航”。

梁禾整编

① John L. Rawlinson, *China's Struggle for Naval Development*, 1839 - 1895. Cambridge, Mass., 1967, pp. 140 - 141, 178 - 185. 包遵彭：《中国海军史》，中华丛书编审委员会 1970 年印行，第 209—210 页。

第一章 中国与世界

引　言

艾森斯塔特（Shmuel N. Eisenstadt）

第一章《中国与世界》中收集的文章，为研究中国在世界史上的地位提供了精彩的多途径和诸方法。它们远胜于通过各种单一途径，即仅从世界或国际系统、从泛泛的演变趋势、从人口统计学或经济发展潮流等单一的视角，来分析世界史。

头两篇论文《世界历史背景下的中国》和《中国与17世纪世界的危机》体现了作者对世界史系统的比较性研究的功力。论文以帝国的形成——特别是罗马帝国崩溃之后——所构成的欧亚基本现实这一历史事实为出发点，强调研究世界上不同地区同阶段历史发展的重要性。这些发展不仅基于各社会各文明同时存在的问题之中，而且还存在于当时各社会文明的互相关联之中。而共同具有的问题和各社会文明之间的关联却并未使其本身丢失各自的独特性。本文至关重要的贡献，正如我们在总序中已经说明的，在于采用各种独特的方式对17世纪欧洲各国与中国出现的危机进行分析，而这一历史危机产生的深远的影响与旷久之作用，波及当代。

貌似相同的社会或文明间关联的另一个关键部分，在魏斐德的《中国之鉴》一文中得到详细分析。魏斐德在其中指出，17世纪纷繁复杂的社会形态，即各种社会文明，它们不仅直接或间接地相互影响，而且还因此构成了对基本社会和政治问题的自我感知和理解。

这般相互影响和作用，至少在初始阶段，并不见得引起在经济、政治或文化框架方面共同的现代化发展。而更可能是：各自对根植于自身文明制度相对而言的共同问题有了认识，并对这些问题彼此进行估价。事实是，仅在西方帝国主义和经济扩张最初的现代冲击下，相对的相互作用和话语才发展起来，从而使实力、霸权对抗以及相互挑战这些构成世界画面的基本成分得以强化。

该章中的《小议列文森的官僚体系—君主对立关系主题的发展》一文在某种程度上对各社会及文明所存在的共同的可比性问题提供了“答案”。魏斐德的研究证明，君主政体和官僚政治之间的关系和对立性，对于所有帝国都是司空见惯的。比如，罗马帝国、东罗马帝国以及穆斯林诸国等。但是，各国家对待这类关系和对立性的方法则各异，在很大程度上受到各自文化和所形成的基本体制的影响。在中国，君主政体和官僚政治之间的关系和对立性的发展，基本沿儒家思想原则延伸，因而必然与基督教或穆斯林差别很大。

与此同时，儒家思想和基本的中国帝王制度机构明显地形成了核心文明要素，也就是核心文明中的预言性成分。中国历史中，儒家的超凡思想因素得到强化，而鲜明的政治成分则趋于销声匿迹，正如魏斐德在该文集的其他章节中，通过对中国知识分子参政和参与公共领域事务的有关历史事件考证所揭示的那样。

各社会和各文明间相互评估的至关重要性，也体现在西方国家用具体的西方经历作为视角对中国加以分析这一点上，这在关于列文森的精辟分析中充分体现出来。在这些章节中，魏斐德同时指出了当时在研究和解释国人特殊性时所遇到的相关限制。类似的问题，魏斐德在其他章节中做了进一步的分析考察。

因此，本章收集的论述对世界的研究做出了独特的贡献。其独特性在于对不同社会、不同民族和不同资源的流向、各社会与各文明间的平行结构与系统间的发展及产生的问题以及各制度和不同意识形态体系对待这些问题的解决方法，做了研究。这些解决方法在特定文明环境中，在独特的历史条件下，还可能带来相互理解合作或承上启下的协作关系，依次地，还可能导致新的世界秩序和结构的产生。

徐有威　李嘉冬　译

世界历史背景下的中国

（1997年）

人们怎么区别西方历史和中国历史呢？它们之间最关键的不同因素是什么呢？伊懋可（Mark Elvin）在他的《中国以往的模式》一书中给了我们答复：中国历史上的统一是它的一种文明。他的解释基于技术决定论，即军事装备和政治手段决定了一个帝国的疆界与寿命。如果与罗马帝国做大致的平行对比的话，这种解释对汉朝（公元前206—公元220年）还可以适用。但在公元4世纪之后，这个解释就不足以说明中国与西方之间的差别。也就是说，把技术看成是最重要的因素，伊懋可忽视了关于“统一”这一意识形态的或规范性的概念的重要性，而这个概念在中国传统上曾是非常强大的一个文化概念。

“天下”，中国的天朝——建立在中国传统秩序中心的帝国，用强调中国文明化过程中的统一作为对它的解释似乎太简单了。但这种理解起码为我们提供了一种去认识这个多民族、多语言的实体，并使之保持一个整体和互相关联的状态。然而，与此相比，在欧洲，类似庞大的欧亚移民和蛮人入侵却降伏了罗马帝国的统一，并导致了它的肢解——中世纪的特征。

那么，接下来的问题是：在世界上的第一批帝国——罗马和汉朝——崩溃后，中国历史和欧洲历史为何差异变大了呢？我对这个问题的答复与其说与伊懋可相近，不如说是对已故的芮沃寿（Arthur Wright）思想的延伸：他在解释为何中华帝国得以在公元589年即隋朝（581—618）时能够真正重新统一，而公元800年神圣罗马帝国查理曼大帝的加冕只不过代表了其帝国的一小部分统一的原因时，强调了文化、宗教、意识形态方面的因素。欧洲接着经历了一个漫长的封建制，而中国在经受了368年的分裂后，这时却在政治上得到统一，这个统一以王位为标志。

当然，隋朝很快崩溃了。它使当代的史学家们想起了短暂的秦朝（公元前221—前206年），秦朝的暴戾统治便修建长城、大运河这类巨型的公共事业成为可能，但它最终让位给汉朝。如同秦朝，隋朝被一个更祥和的唐朝（618—907）取代，它受益于先前的统一度量衡，成为中国历史上又一个高潮：它的疆界覆盖了中亚的许多大草原，它的文化模式被整个东亚地区模仿，尤其是古代日本国家的建立更是以它为范。唐朝广泛地对世界文明做出了物质贡献。

从这个统一再现的角度看，中国历史的主题模式并非是本质上的分裂，或者从古典的辉煌衰退到中世纪的制度，然后又因宋朝的商业及资本主义的兴隆而出现复兴。相反，它的模式是再现与重演，是反复创建王朝的一个循环。于是，在广义和引申意义上说，中国历史是螺旋形地重建——上升、衰落、崩溃，然后是类似的重建。

这很像中国教科书上讲的中国历史，但它能继续说明问题——哪怕仅仅因为它代表了传统君主制占主导地位的思想意识形态基调。南宋（1127—1279）被蛮人征服之后，在元朝（1279—1368）由蒙古人统治时尤其如此。正是当帝国的统治概念成问题了，统一便成为一个至关重要的模式。

对当时和后来的儒家历史学者们来说，蒙古人的统治是一个重要题目。帝国治理的本意在于通过一位德高望重的国王来统一天下。从理想出发，统一与威力相互关联。然而，难道元朝帝制（特指蒙古人的矮马和波斯人的官僚）没有向我们显示国王可以统一中国而并不具备特殊的威力吗？

儒家对事物顺序的观点是，统一和威力二者应该并携。统治者治理天下并统一帝国。当道德统治与政治和军事统一相结合，帝王便赢得王国，而一统天下。然而，可以证实的是，中国历史上还有一个阶段，清朝，它自圆其说地实行了统一，好像统一本身便证实了其威力的存在。

假如统一是中国帝制历史的重要模式，那么它是如何与中国历史的另外两个重大主题——人口增长和士大夫阶层的兴起——相连的呢？

我们现在还是审视一下从14世纪到16世纪苏州这个城市的兴起的例子。从人口数量看，那时苏州是世界上最大的城市。它人口增长的原因之一，是中国人比西方快得多地赢得了一场“生物革命”（法国史学者布罗代尔的提法）。

除了一些对农业上不太重要的技术革新的描述外，对这个现象的通常解释是：在9—12世纪之间中国经历了一场“绿色革命”。当时在东南亚一带，尤其是占城国，发现了新的稻米品种，它们出口到中国。这些新品种在中国的中部和南部长势良好，且具有抵御虫害的能力，一年甚至可以三熟。在世界各地种植南美的玉米之前，这些新稻米是新的卡路里来源，要比欧洲的小麦、大麦、黑麦都更有效地供养人口。结果，中国在14世纪到18世纪之间人口翻了四倍。

人口的增长转而又使城市人口上涨到了史无前例的数量。伴随着人口兴旺的是贸易的繁荣，以至于马可·波罗在13世纪下叶游访中国时，惊异得目瞪口呆。经济史学者郝若贝（Robert Hartwell）喜欢指出：如果人们查看12世纪早期中国的煤和铁的产量，那么它不仅可以与工业革命前夕的英国相比，而且甚至超过英国。后来这些工业原材料生产的衰退有多种原因，但其中最主要的有：金人和蒙古人的入侵（使大片的北方领地转变成封建的封侯制）以及从开封（许多武器制造业建在那里）迁都到沿海城市杭州。当然，其要点是相对性的。我们发现，由于12—18世纪的中国商业、手工业、内陆贸易的水平，中国的经济发展水平与早期现代欧洲相近——在有些情况下，当欧洲发展到它早期现代化的程度时，中国则早于它400年就达到了那个水平。

中国的人口增长却并不稳定，尽管有些经济史学者如波金斯（Dwight Perkins）力图证实：在农业发展的基础上中国有出现持续稳定的人口增长现象，而这个农业发展是基于不断投入的劳动力，而非资本投入的增加。从该世纪看，农业的产量的确出现了史无前例的增长，但这个人口增长率时高时低，尤其是在气候和环境出现危机的阶段，更别提社会动乱——农民起义和战争——时人口的增长率无疑是急剧下降的。

14世纪便是一个“天灾人祸”使增长率下降的阶段，塔奇曼（Barbara Tuchman）曾经把这个阶段与西欧对比，写下了极其生动的文字。17世纪对欧洲和中国都是另一个增长率出现负数的阶段，气候是其重要原因。大约在

1615年到1675年期间，全球的气温下降了2—3摄氏度。在17世纪30年代、17世纪40年代和17世纪50年代期间，全球的降温伴随着社会动乱：饥荒、干旱、水灾、瘟疫、天花等。就中国一国计算，在1610年到1650年期间，人口的下降率甚至达到了35%。编年史和史籍宗卷记录里都生动地保留了对当时气候变化的例证。如今气候温和的长江流域中部，当时全部上冻。在东北地区——西方人和日本人曾把该地区叫做“满洲国”，在气候最恶劣的阶段，收成期缩短了20天，总共才30来天。

与此同时，满洲跟中国的其他许多地方一样，继续得益于16世纪到17世纪初因“新大陆”的金银矿大量出产而扩展到全球的贸易。从秘鲁和墨西哥金矿出产的大量银子被马尼拉的战船穿越太平洋装运到菲律宾，然后，大量的银子在那里交换成中国的织锦缎，用来美化“新世界”教堂里的圣坛。结果是，每年100万两以上的银子流入中国，使中国成为一个宝贵的金属仓库，直到1830年中国与西方之间的贸易平衡发生变化为止。气候的变化也导致17世纪在银子的流向上的暂时中断。由于贸易下降，整个太平洋地区的经济出现严重的萧条。

这是解释满洲向朝鲜半岛扩张的方法之一。满洲接着又入主中原并征服周边一些邻国。这是由于在16世纪50年代后期到17世纪初，满洲因为人参和当地名贵的貂皮贸易而产生人口增长，然而到了17世纪20年代，这些增长的人口却因收成的下降和贸易的萎缩而无法得到所需的粮食。1629年满洲人入侵朝鲜的目的主要是争夺谷物来源，那时朝鲜人的部落进贡已无法满足满洲的需求。

因此，中国与西方在17世纪同时经历了全球性危机。与西方有所区别的是，中国对危机的不同反应。它做出的反应要比任何欧洲国家都快。中国，在满洲人统治的新清朝领导下，从17世纪的危机中反弹，并很快恢复了经济增长。

与欧洲一样，中国在这个阶段经历了一系列的农民起义战争。也许中国的农民起义军没有德国的农民战争那么具有破坏性，但部分地区，尤其是东北，农民起义遍地。起义军的头领之一李自成，在遭受了反复挫败之后得以汇集大批的难民、不满的农民和反民而在1641年组建起义军。随着起义军的武装力量发展，李自成的军队于1644年进入明朝首都北京，加速了明帝的自杀，并为反将李自成提供了占领紫禁城的机会来宣告“大顺”朝代的诞生。

然而，李自成无法控制他手下的将领们。这些人开始捕捉折磨北京的上层人士，以强迫他们供出在这个动乱时期他们储藏大量银子的地点。他们遭受折磨的消息穿过长城高墙传到了满洲。那时满洲被一个强大的摄政王多尔衮统治，他刚从孩儿皇帝顺治那里取得了一揽大权的摄政王位。多尔衮朝廷里的汉人们——他们投诚到满洲人一边——说服摄政王：这是以“正义军队”出兵干涉，为明帝之死报仇的天赐良机。

问题是满洲军队一向是为了抢劫、奴役或者掠夺牲畜而袭击中原的，此刻为满洲服务的汉人对多尔衮说，他必须把自己的军队改编成一支“正义军队”，以恢复中原一带的儒家秩序；他必须告诫他的满洲部落头领和各位亲王，要他们指示手下的旗人们改变以往的方式，做出“正义军队”的样子进入中原。他们必须知道不能在进入中原时用打猎时对待野兔和狐狸的方法来对待中原人，得收起剑藏起弓，把中原人当作人来对待。不能强奸妇女，不能肆无忌惮地屠杀老百姓。旗人们得到警告：若他们不遵命，便会看到结果将会如何。多尔衮的汉人顾问对他说：要是你这么做的话，天下就会开始统一，你将会创建一个延续多世纪的王朝。

也就是说，该朝代统治的重建、恢复、统一的概念导致了政治/军事入侵：这一入侵不仅成功地把中国重新联合起来，建成中国历史上最强大的帝国（1616—1911），而且在17世纪的全球性气候灾难中，它的成功恢复要先于英国、法国、西班牙或德国。

这一恢复的开始很容易从这几个方面看出：人口的增长恢复了，遗弃的土地被重新认领。四川这个在人口和面积上约相当于法国的地区，曾经被心理变态的造反领袖折腾成一片废墟，满目疮痍，到处布满了爬山虎和猴子攀援其中的野藤枯枝。四川的荒芜程度是令人难以想象的。然而满洲人很快在那里重建秩序，各地的移民蜂拥而来，该省的人口很快恢复了。从制度上看，满洲人重组和强化了明王朝早期的制度，且在此基础上结合了他们自己特殊的制度（旗营制、内务府、包衣、秘密奏折等），从而恢复了对各省的中央控制。

满洲人从17世纪的危机中恢复，也是通过使用与1675年的西方相等的军事技术力量征服弱小邻国而进行帝国扩张来实现的。这一扩张使中国的版图扩展到了新疆西部的伊犁地区，直到与沙皇俄国邻界；使西藏置于清朝的统治之下；使朝鲜成为一个附属国，并入侵安南；等等。到了18世纪末，清朝成了疆土辽阔的帝国。于是，在表面上它似乎成了一个军事强国。但是，这种军事成功不是建立在战胜同等强大或略优于自己的国家或民族之上的。换句话说，18世纪中国的帝国扩张并不需要在军事技术上有重大更新或在征税上的革新。从这些方面讲，中国与西方的比较发生了逆转：在同一时期，为在整个欧洲大陆上发生的与同等力量的强权的战争中幸存，西方国家有了新的征税制度、新的军事技术和新的武器装备。

于是，当中国在19世纪与西方开战时，它所使用的是17世纪的武器装备。中国在中间的18世纪基本上处于停滞状态，而西方则在本质上经历了“现代化”过程。因此，从全球性比较看，中国从17世纪危机中的复苏只是一个暂时的现象。中国对统一的执着使它得以用传统方法从全球性的灾难中复苏，但在英国人征服印度为殖民国，扩大了他们的鸦片贸易，并清除了任何被维多利亚政权认为阻碍他们自由贸易或向外扩张行为的障碍之后，中国被迫与西方打交道时，这却妨碍了它意识到自己所面临的危险。清朝统治者及他们的官僚大臣在19世纪也没有意识到这个危险，则是由于中国精英阶层——士大夫的属性所致。

中国的科举制理所当然地闻名于世。英国和法国的民政机构的某些方面也受到它的启发。这个考试制度源于汉朝，但一直到了15世纪，当明朝皇帝限制京都的士大夫们继续享有推荐自己后代做官的特权后，这个考试制度才成为主要的官员招聘途径。1381年朱元璋废除了宰相制，他和后来的皇帝们竭力摧毁官僚精英阶层自成体系的基础，而完全用考试制度来确认士大夫的地位。

也就是说，一个人可以通过皇上主持控制的考试来变成并保持士大夫成员的地位。到了16世纪末当官的主要途径便是用终身的时间来研习儒家经典（根据皇上规定的诠释），这意味着背诵90万字以上的文章，然后写相关的论文。

这是一件令人眩晕而窒息的事情，而且并不见得能识别和奖励才子。18世纪的大学者戴震，就多次会试不第。仅在晚年，当他被一致认为是全国最博学的人士之一后，方才被授予进士的荣誉头衔，并获准给皇帝编纂百科全书，作为对他学术的认可。

科举制有三层。参加考试的人由礼部确定，礼部也监督考试。在最高层的考试——殿试，皇帝理应带着他的五六个最高官员坐镇，亲自查阅试卷。试卷是编号的，但审卷人能够从笔迹上认出应试人来。一位高官享有授予最佳应试人"状元"的权力。这是一种特权，因为中状元的人将来在宫廷里成名，这位授"状元"的高官便像是他的恩师。这种现实在很大程度上向我们揭示了中国官僚制中的靠山/门徒和派系的形成以及儒家规范使科举制得到认可的关键环节。

日本就很不同，部分是因为他们的武士道是世袭的（而非通过获得对文本的驾驭力）。1839—1842年的鸦片战争以后，为了对付西方而需要进行新的学识研习，武士中有些等级被证实是灵活的。相比之下，中国的士大夫除了钻研儒家经典外没有别的选择，因为没有其他让他们做官的途径。中国教育制度的改变（通过废除旧的全国科举制，建立新学校），整整用了三分之二个世纪的时间。晚期中华帝国对外来的挑战的应对令人遗憾地如此缓慢——在1894年的鸭绿江江防之战中，许多中国的爱国志士痛苦地见证了日本人彻底摧毁了中国的战舰，导致了中国在战略上的瘫痪。

1911年的辛亥革命宣告了清朝的结束，终结了科举制及这个制度产生的士大夫阶层。但统一的概念依然保存下来，它仍然是国民党的重要目标。他们在民国时期没有实现这个统一，而共产党在1949年宣告中国作为中华人民共和国再次统一时，它也是一个重要目标。

梁禾　译

中国与17世纪世界的危机

（1986年）

谕户部等衙门：朕念比年兵事未息，供亿孔殷，加以水旱频仍，小民艰食，地方官不行抚绥，遂致流离载道。普天率土，系命朕躬，如此艰苦，不忍闻见，朕为之寝食不遑。拯济安全，时不容缓。户部等衙门凡有钱粮职掌者，即将见今贮库银两实在数目，作速查明来看。特谕。

顺治十一年（1654）二月二十三日①

明朝（1368—1644）的衰落和清朝政权（1616—1911）的兴起是中国历史上最浓墨重彩、最惊心动魄的朝代更替。② 尽管满人于1644年突然占领北京，但明朝皇帝自缢于紫禁城外后才6个星期便开始发生的明清更替，却并非一场突发的政变。无论是从我们今天超然的视角来看，还是从当时明朝遗民与清朝占领者各自的利益出发，这一改变肯定显现了它是一段较长过程的一部分：17世纪商业的经济衰败，明朝秩序的社会崩溃以及清朝统治的政治强化。

对于今天的历史学家来讲，明代晚期中国与世界货币体制的联系已是相当

① 中国第一历史档案馆：《清代档案史料丛编》第9辑，北京中华书局1983年版，第1—2页。

② 有关其演变的剧烈性，请参看 Frederic Wakeman, Jr.,"Romantics, Stoics, and Martyrs in Seventeenth-Century China," *Journal of Asian Studies*, Vol.43, no.4 (Aug. 1984), pp.653 -656。

明了的事情。① 由于在支付平衡上持续出现偏向中国商品与企业的失调，白银从世界各地流向中国的世界经济体中。“早在欧洲人全面了解整体世界之前，地球就已经被划分为或多或少的中心和一体化的区域，也就是被划分为相互依存的几个世界经济圈。”②17世纪初，在东亚经济圈，中国大概平均每年从日本进口33,000—48,000公斤的白银，甚至有更多的钱币从这个经济圈之外流入“欧洲金钱的坟墓”。③

17世纪，中国通过与西班牙治殖民地菲律宾的贸易，成为美洲白银的主

---

① 李廷先：《史可法的评价问题》，《中华文史论丛》1979年第1辑，第275—290页。阿特威尔在1980年11月25—28日北京举办的美中两国关于从宋代到1900年中国社会变迁的学术研讨会上提交的论文：William S. Atwell，“Time，Money，and the Weather：Ming China and the ‘Great Depression’ of the Mid-fifteenth Century，” *The Journal of Asian Studies*. 61（February，2002），pp. 30 - 31，53；W. S. Atwell，“International Bullion Flows and the Chinese Economy，” *Past and Present*，no. 95，1982，pp. 89 - 90；Fernand Braudel，*The Mediterranean and the Mediterranean World in the Age of Philip* Ⅱ. Trans. Sian Reynolds. London，1972，1：1，p. 464. 也请参看Immanuel Wallerstein，*The Modern World System* Ⅱ：*Mercantilism and the Consolidation of the European World-Economy*，1600 - 1750. New York，1980，17，pp. 108 - 110。沃勒斯坦宣称东亚处于世界经济的外围而遭到布罗代尔的反驳。见F. Braudel，*Afterthoughts on Material Civilization and Capitalism*，Baltimore and London，1977，pp. 43，93 - 94。

② F. Braudel，*Afterthoughts on Material Civilization and Capitalism*. Baltimore and London，1977，p. 83.

③ 据小叶田淳估计，在有些年份中国、荷兰和葡萄牙每年从日本运出150,000到187,500公斤的白银。小叶田淳：《16、17世纪远东的白银流通》，《小叶田淳教授退休纪念国史论述》，京都，1970，第8页。也请参见W. S. Atwell，“International Bullion Flows and the Chinese Economy，” *Past and Present*，no. 95，1982，pp. 69 - 72；W. S. Atwell，“Time，Money，and the Weather：Ming China and the ‘Great Depression’ of the Mid-fifteenth Century，” *Journal of Asian Studies*. 61（February，2002），p. 31；小叶田淳：《16与17世纪日本黄金与白银的生产与使用》，载于《经济史评论》，Vol. 18，no. 2（1965），pp. 245 - 266。

要接收国，好年景时可以接收二三百万比索（57,500—86,250 公斤）。[①] 一些史学者曾经说这种从美洲欧属殖民地国流通到中国的钱币只不过是一种从属性的顺差贸易。[②] 然而，我们仍然认为东亚形成了自己的世界经济圈，一个自我的世界，有其核心与外围，尽管没有与其相应的欧洲世界经济那样的海外领地和殖民国。[③] 中国处于这一体系的中心，吸取了西班牙在美洲开采银矿之出产的 20%之多，白银以帆船装载直接穿越太平洋，经马尼拉运送到广东、福建和浙江，换取丝绸与瓷器。1597 年，这是墨西哥白银出口的一个大年，帆船从阿卡普克运送了 345,000 公斤白银到中国。这些白银比明帝国半个世纪所产总量还要多。[④]其他美洲银锭则通过在布哈拉（Bukhara）的中亚贸易间接到达中国。于是，新大陆开采出来的贵金属 50%流通到了中国。[⑤] 将这个数字与日本输出的白银数量相结合，17 世纪前 30 年每年到达中国的钱币总量至少有

---

① W. S. Atwell, "International Bullion Flows and the Chinese Economy," *Past and Present*, no. 95, 1982, p. 74; W. S. Atwell, "Time, Money, and the Weather: Ming China and the 'Great Depression' of the Mid-fifteenth Century," *Journal of Asian Studies*, 61 (February, 2002), pp. 30 – 31, 53; F. Braudel, *The Mediterranean and the Mediterranean World in the Age of Philip* Ⅱ. Trans. Sian Reynolds. London, 1972, Mediterranean, 476; John E. Wills, Jr., "Maritime China from Wang Chih to Shih Lang: Themes in Peripheral History," in Jonathan D. Spence and John E. Wills, Jr., eds., *From Ming to Ch'ing: Conquest, Region and Continuity in Seventeenth-Century China*. New Haven, 1979, p. 213.

② Ⅰ. Wallerstein, *The Modern World System* Ⅱ: *Mercantilism and the Consolidation of the European World-Economy*, 1600 – 1750. New York, 1980, p. 109.

③ F. Braudel, *Afterthoughts on Material Civilization and Capitalism*. Baltimore and London, 1977, pp. 43, 81, 93 – 94.

④ 翟斯博士论文：James Peter Geiss, *Peking under the Ming*, 1368 – 1644. Ph. D. diss., Princeton University, 1979, pp. 157 – 158。

⑤ 肖努的估计比这要少，为美洲白银总产量的三分之一。Pierre Chaunu, *Les Philippines et le Pacifique des Ibériques* (ⅩⅥe, ⅩⅦe, ⅩⅧe *siècle*): *Introduction méthodologique et indices d'activité*. Paris, 1960, p. 269. 亦见 F. Braudel, *The Mediterranean and the Mediterranean World in the Age of Philip* Ⅱ. London, 1972, pp. 499 – 500; Leonard Blussé, "Le Modern World System et L'Extre-Mêorient, plaidoyer pour un seizième siècle négligé," in L. Blussé, H. L. Wesseling, and G. D. Winius, eds., *History and Underdevelopment: Essays on underdevelopment and European Expansion in Asia and Africa*. Leiden, 1980, p. 96.

250万—265万公斤，很有可能会更多。①

尽管时间尚早，但那时中国的经济已是后来发生在17世纪20年代至17世纪60年代那场沉重打击了以塞维尔②为中心的欧洲交易系统的经济大萧条的一大靶子。③ 17世纪20年代欧洲贸易大萧条之前，每年在马尼拉待命的中

---

① W. S. Atwell，"Notes on Silver，Foreign Trade，and the Late Ming Economy，" *Ch'ing-shih wenti*. Vol. 8，no. 3（Dec. 1977），pp. 1-10；Atwell，"International Bullion Flows and the Chinese Economy，" *Past and Present*，95：89-90（1982），pp. 80-82；Michel Devèze，"L'Impact du monde chinois sur la France，l'Angleterre et la Russie au XVIIe siècle，" *Actes du colloque international de sinology：la mission francaise de Pékin aux XVIIe et XVIIIe siècles*. Paris，1976，pp. 8-9；S. A. M. Adshead，"The Seventeenth Century General Crisis in China，" *Asian Profile*，Vol. 1，no. 2（Oct. 1973），p. 275；R. Huang，"Chinese Government in Ming Times：Seven Studies，" in Charles Hucker ed.，*Chinese Government in Ming Times：Seven Studies*. New York，1969，pp. 124-125；F. Braudel，*The Mediterranean and the Mediterranean World in the Age of Philip* Ⅱ. Trans. Sian Reynolds. London，1972，pp. 459，499. 肖努估计日本和美洲在不到两个世纪的时间为全球提供白银4000吨—5000吨。Pierre Chaunu，"Manille et Macao，faceà la conjoncture des XVI de XVII siècles，" *Annales：economies，sociétés，civilisations*. 1962，pp. 568-671。

② Seville，位于西班牙的南部，是一座港口城市，在"大航海时代"，是贸易的中心地。——译注

③ P. Chaunu，"Manille et Macao，faceà la conjoncture des XVI de XVII siècles，"Annales：economies，sociétés，Civilisations. 1962，p. 555；F. Braudel，*The Mediterranean and the Mediterranean World in the Age of Philip* Ⅱ. Trans. Sian Reynolds. London，1972，p. 536；Earl J. Hamilton，*American Treasure and the Price Revolution in Spain*，1501-1650. New York，1965，p. 293；I. Wallerstein，*The Capitalist World Economy*. Cambridge，1979，pp. 20，25-27；I. Wallerstein，*The Modern World System* Ⅱ：*Mercantilism and the Consolidation of the European World-Economy*，1600-1750. New York，1980，p. 109；Carlo M. Cipolla，*Before the Industrial Revolution：European Society and Economy*，1000-1700. New York，1976，pp. 212-216；Jacob Klaveren，*General Economic History*，100-1760：*From the Roman Empire to the Industrial Revolution*，Munich，1969，pp. 152-153. 亦请参看葛德斯通未发表的论文：J. Goldstone，"East and West in the Seventeenth Century：Political Crises in Stuart England，Ottoman Turkey and Ming China，" Unpublished paper，delivered at the Far Eastern Studies Seminar，School of Oriental and African Studies，March 4，1982。这篇文章尝试性地提出中国的经济规模是如此之庞大，每年200万—1300万两的白银进口所起的作用不可能如我在这里所认为的意义那么重大。我本人关于白银对中国商品价格上涨所起作用的观点很多来自敦斯坦（Helen Dunstan）1982年3月4日在东方与非洲学院的远东研究研讨小组上所发表的极为深思熟虑的论文："Money，Prices and Policies，1644-1795."

国船只有41艘之多，而到1629年这个数字降到了6艘。由于中国与中亚的贸易关系同时削弱，来自新大陆的白银供给减少了。① 17世纪30年代，白银的流通量又一次大增，马尼拉帆船继续从西班牙殖民地运来白银，澳门人把日本白银带到了广东，还有更多的钱币从果阿通过马六甲海峡运到了澳门。② 然而，紧接着，17世纪30年代初到17世纪40年代末，这一流通又一次，甚至是更严重地被打断，而此时恰恰是中国的长江下游高度商业化的地区经济越加依赖扩大货币数量以对抗通货膨胀的时候。③

1634年腓力四世采取措施严格限制阿卡普克（Acapulco）出口的商船；1639—1640年之间的冬季，很多在马尼拉的中国商人被西班牙人和当地人屠杀；1640年日本中断了与澳门的所有贸易；1641年马六甲落入连接果阿与澳

---

① 肖努认为中国的国内危机可能实际上加速了全球危机："正是与中国大陆贸易的起起伏伏而操纵了帆船贸易自身的起起伏伏。" Pierre Chaunu, *Les Philippines et le Pacifique des Ibériques*（XVI e XVII e, XVIII e *siècles*）: *Introduction méthodologique et indices d'activité*. Paris, 1960, p. 267。亦请参看：K. N. Chaudhuri, *The Trading World of Asia and the English East India Company*, 1660 - 1760. Cambridge, 1978, pp. 456 - 458。

② P. Chaunu, "Manille et Macao, faceà la conjoncture des XVI de XVII siècles," *Annales*: *économies*, *sociétés*, *Civilisations*. 1962, pp. 66 - 567.

③ W. S. Atwell, "Time, Money, and the Weather: Ming China and the 'Great Depression' of the Mid-fifteenth Century," *Journal of Asian Studies*. 61 (February, 2002), p. 33. 亦请参看 Timothy Brook, "The Merchant Network in 16th Century China: A Discussion and Translation of Zhang Han's 'On Merchants'," *Journal of the Economic and Social History of the Orient*. 1981, pp. 24, 165 - 214, 及多处。在16—18世纪之间，大多数货币贬值。短期来看，白银的滞涨可以减缓不真实的价格上涨，但长远来看，后者的上涨与新大陆的白银产量相关联。"16世纪后期的价格革命" 因欧洲严重的通货膨胀而产生，这场通货膨胀使价格水平比1500年上涨了2到3倍。欧洲几乎所有的货币在17世纪20年代和17世纪30年代都贬值了。E. E. Rich and C. H. Wilson, eds., *The Cambridge Economic History of Europe*. Vol 4: *The Economy of Expanding Europe in the 16th and 17th Centuries*. Cambridge, 1967, pp. 382 - 383, 400 - 405, 428, 458, 484; F. Braudel, *The Mediterranean and the Mediterranean World in the Age of Philip* Ⅱ. Trans. Sian Reynolds. London, 1972, p. 517.

门的荷兰人之手。中国的白银进口急速下滑。①

对中国的铜—银货币制的经久影响之一，很可能是晚明持续恶化的铜钱币通货膨胀。这种通货膨胀使得长江下游三角洲这样人口密集地区的谷物价格上涨，城镇人口生活出现了很大的困难。② 17 世纪 30 年代到 17 世纪 40 年代，食品涨价的同时，其他物资的价格下降了。1635 年到 1640 年之间白银运输的急剧缩减所产生的即刻冲击，对那一地区靠养蚕为生的居民尤为严重。蚕丝国际贸易萎缩，导致白银进口进一步衰落，浙江北部杭州这类养蚕丝织地区的经济变得越加萧条。③

与此同时，经历了两个世纪的人口剧增（1400 年到 1600 年之间中国的人

---

① W. S. Atwell, "Notes on Silver, Foreign Trade, and the Late Ming Economy," *Ch'ing-shih wen-ti*. Vol. 8, no. 3 (Dec. 1977), pp. 10 - 15; W. S. Atwell, "International Bullion Flows and the Chinese Economy," *Past and Present*, no. 95, 1982, pp. 87 - 88; P. Chaunu, *Les Philippines et le Pacifique des Ibériques* (XⅥe, XⅦe, XⅧe *siècles*): *Introduction méthodologique et indices d'activité*. Paris, 1960, p. 250. 肖努描述这种停顿，精确地发生在 1642 年，是"经济空间的单纯而简单地消失"，或者"世界危机的死亡时间"。Pierre Chaunu, "Manille et Macao, faceà la Conjoncture des XⅥ de XⅦ siècle", *Annales*: *economies*, *sociétés*, *civilisations*. 1962, p. 562. 亦请参看 F. Braudel, *Afterthoughts on Material Civilization and Capitalism*. Baltimore and London, 1977, p. 42; I. Wallerstein, *The Modern World System* Ⅱ: *Mercantilism and the Consolidation of the European World-Economy*, 1600 - 1750. New York, 1980, p. 17。

② 傅衣凌：《明代江南市民经济试探》，上海人民出版社 1963 年版，第 74 页；Helen Dunstan, "The Late Ming Epidemics: A Preliminary Survey," *Ch'ing-shih Wen-ti*, Vol. 3, no. 3 (Nov. 1975), pp. 11 - 12; F. Wakeman Jr. ed, *Ming and Qing Historical Studies in the People's Republic of China*. 1981, p. 81; J. P. Geiss, *Peking under the Ming*, 1368 - 1644. Ph. D. diss. Princeton University, 1979, p. 144; Atwell, "International Bullion Flows and the Chinese Economy," *Past and Present*, no. 95, 1982, p. 89。

③ Mori Masao, "Juroku-jūhachi seiki ni okeru kōsei to jinushi denko kankei," *Toyōshi kenkyū*, 27, no. 4 (1969), pp. 432 - 433; Atwell, "Notes on Silver, Foreign Trade, and the Late Ming Economy", *Ch'ing-shih wen-ti*. Vol. 8, no. 3 (Dec. 1977), pp. 16 - 19.

口从6500万增长到1亿5000万多）之后，气候与疾病开始显恶。[1] 1626—1640年间，反常的恶劣气候突然袭击中国，蒙德极小期[2]（或者叫做路易十四小冰期）开始的那几年，地球上的气温降到了公元1000年以来的最低点。[3] 极度干旱之后紧接着是反复的洪水泛滥，而上个世纪修筑的主堤溃破又使洪水灾情进一步恶化。[4] 在这同一时期，频繁的饥荒伴随着蝗虫与天花的瘟

---

① 葛德斯通在他一篇未公开发表的论文《17世纪的东方与西方》（Goldstone，"East and West in the Seventeenth Century"）中认为，整个欧亚大陆的人口同时增长，加剧了对短缺资源的竞争，导致了物价上涨，并最终引发了根源于财政失败的17世纪危机，以及因国家制度"无法应对生态条件的改变"而产生的民众骚乱。

② 英国天文学家蒙德发现1645—1715年间的太阳黑子活动极少。而这70年恰好是地球的小冰河期。——译注

③ 中央气象局气象研究所编：《中国近五百年旱涝分布图集》，北京地图出版社1981年版，第81—93页；H. H. Lamb，*The Changing Climate*：*Selected Papers*. London，1972，pp. 10－11，65－66，174；John A. Eddy，"Climate and the Role of the Sun，" *Journal of Interdisciplinary History*. 10（1980），pp. 726，739－740，743－744；John A. Eddy，"The Maunder Minimum，" *Science*，193（June，1976），pp. 1191，1195－1196，1199；Emmanuel Le Roy Ladurie，*Times of Feast*，*Times of Famine*：*A History of Climate since the Year* 1000. New York：Garden City，1971，pp. 58－59；Jan de Vries，*The Economy of Europe in an Age of Crisis*，1600－1750. Cambridge，1976，p. 12；F. Braudel，*Capitialism and Material Life*，1400－1800. trans. by Miriam Kochin. New York，1967，pp. 18－19。大量证据说明，这一时期中国的寒冷与干旱天气都有所增加，北方的生长期比现在要短两周。龚高法、陈恩久、文焕然：《黑龙江省的气候变化》，《地理学报》1979年第2期，第130页；徐近之：《黄淮平原气候历史记载的初步整理》，《地理学报》1955年第2期，第184页。在同一时期，长江中游的湖泊与淮河在冬季都封冻了，同上引，第188页。施坚雅在"宋代到1900年中国的社会与经济历史学术会议"上提交的论文：G. William Skinner，"Marketing Systems and Regional Economies：Their Structure and Development"；竺可桢：《中国近五千年来气候变迁的初步研究》，《考古学报》1972年第1期，第30—31页。

④ Pierre Etienne Will，"Un Cycle hydraulique en chine：la province de Hubei du XVIe au XIXe siècles，" *Bulletin de l'école francaise d'extreme orient*，Vol. 68（1980），pp. 272－273；Kochin Chu，"Climatic Pulsations during Historic Time in China，" *Geographical Review*. 16，no. 2.（April 1926），p. 277；Wang Shao-wu and Zhao Zong-ci，"Droughts and Floods in China，1470－1979，" in T. M. L Wrigley，et al.，eds.，*Climate and History*. 1981，pp. 279，282.

疫，产生了饥民，饿殍遍地。① 其结果就是明朝末年人口异常减少。有学者甚至说，1585年到1645年间中国的人口减少了40%之多。② 总之，与全球经济萧条那几年巧合，中国出现了非同一般的人口下降："大约在同一时期，中国和印度与西方的进步与退化几乎同一节奏，似乎所有的人类都在原初宇宙命运的掌控之中，相比之下，好像人类历史的其他部分都是次要的了。"③ 这种普遍的人口减少让史学家相信，中国卷入了那场覆盖整个地中海的17世纪的危机。④

---

① 蝗虫灾害发生在1638年。谢国桢：《南明史略》，上海人民出版社1957年版，第15—16页；博士论文：Albert Chan，"The Decline and Fall of the Ming Dynasty：A Study of the internal Factors，" Ph. D. diss.，Harvard University，1953，pp. 190－191；A. Chan，*The Glory and Fall of the Ming Dynasty*. 1982，pp. 233－237。重大的流行病有两次：一次在1586—1589年间，还有一次在1639—1644年间。见Mark Elvin，*The Pattern of the Chinese Past*. London，1973，p. 106；文秉：《烈皇小识》，上海神州国光社1947年版，第217页；Helen Dunstan，"The Late Ming Epidemics：A Preliminary Survey，" *Ch'ing-shih Wen-ti*，Vol. 3，no. 3（Nov. 1975），pp. 9－10，16－18。

② Mark Elvin，*The Pattern of the Chinese Past*. London，1973，p. 311. 亦请参看Helen Dunstan，"The Late Ming Epidemics：A Preliminary Survey，" p. 29；Mi Chu Wiens，"Lord and Peasant：The Sixteenth to Eighteenth Century，" *Modern China*，Vol. 6，no. 1（Jan. 1980），pp. 10，36；1981年伯克利大学博士论文：Chin Shih，"Peasant Economy and Rural Society in the Lake Tai Area，1368－1840，" Ph. D. thesis. Berkeley，1981，ch 5，p. 19。

③ F. Braudel，*The Mediterranean and the Mediterranean World in the Age of Philip* Ⅱ. Trans.，by Sian Reynolds. London，1972，p. 3.

④ S. A. M. Adshead，"The Seventeenth Century General Crisis in China，" *Asian Profile*，Vol. 1，no. 2（Oct. 1973），p. 272；W. S. Atwell，"International Bullion Flows and the Chinese Economy，" *Past and Present*，no. 95，1982，p. 90. 亦参看：Michel Cartier，"Nouvelles données sur la démographie chinoise à l'époque des Ming（1368－1644）"，*Annals：economies，sociétés，civilizations*. 1973，pp. 28及多处；Eric Hobsbawn，"From Feudalism to Capitalism，" Rodney Hilton ed.，*The Transition from Feudalism to Capitalism*. 1976，p. 162。有些经济史学家不愿意称这种收缩为"危机"。见I. Wallerstein，*The Modern World System* Ⅱ：*Mercantilism and the Consolidation of the European World-Economy*，1600－1750. New York，1980，pp. 5－7，18，33；Carlo M. Cipolla，*Before the Industrial Revolution：European Society and Economy*，1000－1700. New York，1976，pp. 146，231。然而，从人口学的角度来看，17世纪毫无疑问是一个人口停滞的时期。见Jan de Vries，*The Economy of Europe in an Age of Crisis*，1600－1750. Cambridge，1976，pp. 4－6；F. Braudel，*Afterthoughts on Material Civilization and Capitalism*. Baltimore and London，1977，p. 3。

在晚明很多经历了通货膨胀潮流的人们看来，他们在经济方面的困难主要归因于不断增长的经济货币化。① 当时的士绅普遍抱怨商业化并高度赞扬一两个世纪前那种较简单的生活，那时候，人们过着自给自足的生活，较少卷入市场关系。② 例如，一份17世纪早期的地方志对照了弘治时期（1488—1505）平静的道德与经济生活，那时候可耕地充足，住房空闲，山林葱郁，村庄平和，路不拾遗；随着嘉靖年间（1522—1566）的社会混乱，财富频繁易手，价格飞腾，贫富分化，市场条件变化无常。这本地方志强调，到了1600年，情况越发糟糕："百户之中有一个是富裕户，十户却有九户贫穷。穷人无法反抗富人，以至于跟常理相反，少数控制了多数。银钱与铜钱似乎可以管天管地。"③

现代史学家普遍将晚明的经济困境归因于影响了整个社会秩序的制度性崩溃。④ 明初实行的是自我维持管理方式，税收由百姓中的收税人收集供应，军费由各地世袭的军户消化，徭役由苦力或世袭永久注册在案的匠户提供，这些都依赖中央政府维持有效的注册和分配程序的能力。⑤ 经济的货币化，国都迁

---

① 很多人特别攻击了白银，坚持实行铜钱货币体制的重要性，主张"必废银以铜，以救时人"。转引自：Mio Kishimoto-Nakayama, "The Kangxi Depression and Early Qing Local Markets," *Modern China*, Vol. 10, no. 2 (April, 1984), p. 231。

② Mi Chu Wiens, "Lord and Peasant: The Sixteenth to Eighteenth Century," *Modern China*. Vol. 6, no. 1 (Jan. 1980), p. 20. 亦请参看西嶋定生（Nishijima Sadao）《支那初期棉业市场之考察》，《东洋学报》第31卷，第2期（10月，1947），多处。Harriet T Zumdorfer, "The Hsin-an Ta-tsu Chih and the Development of Chinese Gentry Society, 800 - 1600," *T'oung Pao*, Vol. 67, no. 3 - 5 (1981), pp. 154 - 215。

③ 这是皖南新安歙县地方志中的一段，也是广为人知的一段，经常被引用。参见 Willard J. Peterson, *Bitter Gourd: Fang I-chih and the Impetus for Intellectual Change*. New Haven, 1979, p. 70。

④ Henri Maspéro, "Comment tombe une dynastie chinoise: la chute des Ming," in *Mèlanges posthumes sur les religious et l'histoire de la Chine*, 3. Paris, 1950, pp. 209 - 227; Ray Huang, 1587, *A Year of No Significance: The Ming Dynasty in Decline*. New Haven and London: 1981, p. 64; R. Huang, "Military Expenditures in 16th C. Ming China," *Oriens Extremus*, 17 (1970), p. 85.

⑤ Ray Huang, *Taxation and Governmental Finance Sixteenth-Century Ming China*. London and New York: 1974, p. 44.

往北京，远离了长江下游三角洲重要的谷物产地，中央官僚机构缺乏合理的程序来贯彻理想化的自保性人口单位，这些都导致了崩溃。[①]

从行政部门体制可以看到，在新经济影响的压力下旧的国家金融体制的腐朽。例如，在明初，当时唯一的国都在南京，行政部门加上皇帝的男性亲属都靠皇帝的薪俸生活，薪俸折成大米按石发放。国都北迁之后，俸禄的发放转换成其他形式：起初是纸币，后改为布匹，最后是银子。兑换的比例按照当时谷物的价格换算。在接下来的两个世纪里，谷物价格时涨时跌，而银子的薪俸相应保持常数。[②] 到 1629 年，给京城文官和男性皇族（单单在北京就有四万人）的补贴总和只有 15 万两或更少，占全国总预算的 1%。[③] 谋取私利就不可避免

---

① 韦庆远：《明代黄册制度》，北京中华书局 1961 年版，第 206—207 页；Ray Huang, *Taxation and Governmental Finance in Sixteenth-Century Ming China*. London and New York：1974, pp. 44 – 46; Huang, "Ni Yuan-lu：'Realism' in a Neo-confucian scholar-statesman," in Wm. Theodore de Bary ed., *Self and Society in Ming Thought*. 1970, p. 417；梁方仲：《明代粮长制述要》，收录在李光璧编辑《明清史论丛》，湖北人民出版社 1957 年版，第 38—43 页；梁方仲：《明代粮长制度》，上海人民出版社 1957 年版，第 113—1125 页；清水泰次（Shimizu Taiji）《明代的流民与流贼》，《史学杂志》第 46 卷（1935），第 201、216、221—223、229 页；佐伯有一：《1601 年「織傭之變」をめぐる諸問題：その一》，《东洋文化研究所纪要》第 45 册（1968 年 3 月），第 87 页。Michel Cartier and Pierre-Etienne Will, "Demographie et institutions en chine：contribution a l'analyse des recensements de l'époque imperial（2 ap J-C-1750），" *Annales de démographie historique*. 1971, pp. 160 – 245; O. Franke, Li Tschi, Ein Beitrag zur Geschichte der chinesischen Geistesk? mpfe im 16. Jahrhundert, abhandlungen der Preussischen Akademie der Wissen-schaften, Jahrgang 1937, *Philosophisch-historische Klasse*. Nr 10, Berlin, 1938, pp. 65 – 66; Kwan-wai So, *Japanese Piracy in Ming China during the Sixteenth Century*. Michigan State University Press, 1975, pp. 124 – 125；小山正明（Oyama Masaaki）：《明末清初的大土地所有》第二部，《史学杂志》第 66 卷第 12 期，第 64 页；西嶋定生《支那初期棉业市场之考察》，第 131、201、216、221、229 页。

② 官位六品的官员年俸只有 35 两白银，这很可能都不够他交房租的。S. A. M. Adshead, "The Seventeenth Century General Crisis in China," *Asian Profile*, Vol. 1, no. 2（Oct. 1973）, p. 3.

③ Huang, "Fiscal Administration During the Ming Dynasty," New York：Columbia University Press, p. 76; Ping-ti Ho, *The Ladder of Success in Imperial China* [*electronic resource*]：*Aspects of Social Mobility*, 1368 – 1911. New York：Science Editions, 1964, p. 22. 明代的官僚建制很大：大约有十万文武官员，十万太监，十万多御林军，还有十万男性皇族。王思治和金成基：《从清初的吏治看封建官僚政治》，《历史研究》1980 年第 1 期，第 136 页；Huang, *Taxation and Governmental Finance in Sixteenth-Century Ming China*. London and New York, 1974, p. 59。

地出现了。这样，虽然因低薪而引起的贪污腐败是中国历史上重复发生的事情，在明朝末期却显得特别严重。各品位的官员通过挪用公款以及其他非法手段谋求额外收入。① 1643 年，崇祯皇帝（1627—1644 年在位）决定检验军队配给制度的可靠性，并且秘密查访，看兵部四万两的军饷有多少可以真正摊派到辽东。他的御史报告说军饷一文也没有发放到目的地，在途中就消失了。②

当然，这是传统史学所下的定论：道德堕落的统治者将失去对当政王朝的统治权力。但是，在这件个案中，即使很难衡量出皇权在抵抗上文分析的全球性经济萧条时施政恶劣所带来的相应代价，但毫无疑问，统治者个人的奢侈嗜好还是间接地增加了老百姓的经济负担。

尤其受谴责的是万历皇帝（1572—1620 年在位），他多次挪用政府资金建筑皇宫，公私款项混淆，还允许他的供应商经常在所有开支中拿 20%的回扣，不论他们是否已有其他的“揩油”。③ 但尽管他玩忽职守，不负责任，万历皇帝也只是明朝需要支撑紫禁城内庞大的个人机构的很多皇帝中的一个。到 17

---

① 宫崎市定：《东洋式现代》，收于《亚细亚史论讲》，第 1 卷，概说编，东京 1975 年版，第 240—241 页；博士论文：John Robertson Watt，“Theory and Practice in Chinese District Administration：The Role of the Ch'ing District Magistrate in its Historical Setting.” Ph. D. diss. Columbia University，1967，pp. 261 – 263；Watt，*The District Magistrate in Late Imperial China*. New York，1972，pp. 40 – 42；Adam Y. C. Lui，*Corruption in China during the Early Ching Period*，1644 – 1660. Hong Kong，1979，p. 6；Huang，*Taxation and Governmental Finance in Sixteenth-Century Ming China*. London and New York，1974，pp. 275 – 276。

② 李清：《三垣笔记》，《古学汇刊》，第 1 集，上海国学粹报社 1913 年版，12b。

③ Liansheng Yang，*Les aspects économiques des travaux publics dans la Chine impériale*. Paris：Collège de France，1964，pp. 51 – 57；李清：《三垣笔记》，《古学汇刊》，第 1 集，上海国粹学报社 1913 年版，13a；Wakemaned.，*Ming and Qing Historical Studies in the People's Republic of China*. Berkeley：Institute of East Asian Studies，University of California，Berkeley，1981，pp. 106 – 107。

世纪，北京的皇宫里有3000宫女，近20,000宦官。① 一部分的宦官要照顾皇后与皇妃，但这只是宦官工作的很小一部分。作为皇帝的御用仆人，他们管理着由十二监构成的庞大的官僚机构，控制皇朝税务机关与政府仓库，负责政府的盐业专卖，垄断铜矿，征收皇家房地产的租金（一时曾占有全国房产的七分之一及京师周围八个区的几乎所有土地），监督御林军守卫京师，并且组成了秘密特务机构（让人胆战心惊的东厂），这个机构完全拥有逮捕、拷打的权力，处死的人甚至比正规的大理寺还要多。②

作为皇帝的权势极大的左膀右臂，宦官机构吸引了众多的宦官，超出了自己所能稳固支持的能力。③ 在宫里有数不清的贪污、受宠及其他机会。太监主

① Huang, *Taxation and Governmental Finance in Sixteenth-Century Ming China*. London and New York, 1974, p.23. Geiss, "Peking under the Ming," p.29; Taisuke Mitamura, *The Chinese Eunuchs: The Structure of Intimate Politics*. Vermont and Tokyo, 1970. 据说宫里有多至9000名女子，10万名太监。亦请参看曼密泽西的博士论文：Ulrich Hans-Richard Mammitzsch, "Wei Chung-hsien (1568 - 1628): A Reappraisal of the Eunuch and the Factional Strife at the Late Ming Court." University of Hawaii, 1968, p.15。Charles O. Hucker, *The Ming Dynasty: Its Origins and Evolving Institutions*. Ann Arbor, 1978, p.93.

② 三田村泰助：《中国的宦官》，第70—71页；Preston M. Torbert, *The Ch'ing Imperial Household Department: A Study of Its Organization and Principal Functions*, 1662 - 1796. Cambridge, Mass.: Council on East Asian Studies, Harvard University, 1977, pp.9 - 10; F. W. Mote, "The Growth of Chinese Despotism: A Critique of Wittfogel's Theory of Oriental Despotism as Applied to China." *Oriens Extremus*, Vol.8, no.1 (August, 1961), p.20; Ulrich H. R. Mammitzsch, "Wei Chung-hsien, 1568 - 1628: A Reappraisal of the Eunuch and the Factional Strife at the Late Ming Court," Ph. D. diss., University of Hawaii, 1968, pp.52 - 53; Robert B. Crawford, "Eunuch Power in the Ming Dynasty," *T'oung pao*, Vol.5, no.49 (1961), 3, pp.128 - 131; Hucker: *Two studies on Ming history*. Ann Arbor: Center for Chinese Studies, University of Michigan, 1971, p.95; Franz Münzel, "Some Remarks on Ming Tai-tsu." *Archiv Orientálnń*, 1969, p.389; Peter Greiner, *Die Brokatuniform-Brigade der Ming-Zeit von den Anfängen bis zum Ende der T'ien-Shun Periode* (1368 - 1464). pp.159 - 167。

③ Crawford, "Eunuch Power in the Ming Dynasty," p.116; Preston M. Torbert, *The Ch'ing Imperial Household Department: A Study of Its Organization and Principal Functions*. Cambridge: MA. 1977, p.10; Mammitzsch, "Wei Chung-hsien (1568 - 1628): A Reappraisal of the Eunuch and the Factional Strife at the Late Ming Court." University of Hawaii, 1968, pp.152 - 153. 有很多年轻人为当太监而阉割了自己。三田村泰助：《中国的宦官》，第71—72页；Geiss, *Peking under the Ming*, 1368 - 1644. p.125。

事的局面终于在明朝末期因为它给朝廷带来的巨大财政负担而告结束。具有讽刺意味的是，在明朝末期，宦官们经常作为皇帝的征税人在正常赋税额之上擅自追加巨额的额外商税，进入私人腰包，而他们自己却逃税。[①] 尽管 1618 年后开征紧急土地税，户部仍然有幸得到 2100 万两银子的 70%收入，[②] 部分来自国库的皇帝的小金库，却并不那么如意。发生在 1643 年的一件逸闻，恰当地，或许有些戏剧性地说明了王朝的税收枯竭问题。

那一年的秋天，据说崇祯皇帝想要检查他的珍宝库的一些账目，被唤来的看门人，诺诺地一遍遍地假装找不着开门的钥匙。库房终于打开之后，皇帝看到，除了一个小小的红盒子，里面装有几张褪了色的收据，库房已经是空空如也。[③] 宦官除了对公共财政是一个明显负担，对于公众来讲，他们还象征了将晚明几乎所有的皇帝与外部及行政相隔离的障碍。[④] 由于一直扮演内宫与外界的中间人，太监很快就承当起向皇上转达大臣奏折，然后起草皇上御旨和法令的角色。如此一来，皇帝就无须直接处理日常行政。[⑤] 而在明朝初年，像太祖洪武皇帝（1368—1398 年在位）和成祖永乐皇帝（1402—1424 年在位），都曾

---

① 佐伯有一：《1601 年「織傭之變」をめぐる諸問題：その一》，《东洋文化研究所纪要》第 45 册（1968 年 3 月），第 87 页。

② 在 1618—1639 年间，增长了 7 次，占基本核定税额的 1/9，就是每亩可耕地摊派半两白银。参看佚名《崇祯长编》，收录在王灵皋辑录的《中国内乱外祸历史丛书》第 10 辑，上海神州国光社 1947 年版，第 27 页。除了这 2100 万两的田赋，在 16 世纪后期，政府还每年定期强征 1000 万两的流通税，200 万两盐业专卖税，还有 400 万两专为太仓库设定的杂税。Huang, *Taxation and Governmental Finance in Sixteenth-Century Ming China*. London and New York, 1974, pp. 274 - 275.

③ 文秉：《烈皇小识》，上海神州国光社 1947 年版，第 218 页。亦请参看刘氏博士论文：Joseph Liu, "Shi Ke-fa (1601 - 1645) et le contexte politique et social de la Chine au moment de l'invasion mandchoue," Université-ès letters, Paris, 1969, pp. 10 - 11; Atwell, "Time, Money," pp. 33 - 35; F. Wakeman, "The Shun Interregnum of 1644", in *From Ming to Ch'ing*, p. 44。

④ Miyazaki Ichisada, "Mindai So-Sho chihō no shidaifu to minshū." *Shirin*, 37 (June 1954), pp. 37, 1 - 33.

⑤ Mammitzsch, "Wei Chung-hsien (1568 - 1628): A Reappraisal of the Eunuch and the Factional Strife at the Late Ming Court." University of Hawaii, 1968, pp. 48 - 50.

经使用他们的私人亲信以增加对政府的个人控制，宦官势力的增大导致明朝末期统治者实际上失去了对行政机构的权力与权威。有的皇帝完全取消了召见一般大臣的做法，成为将他们与外界隔离的首辅大学士或太监手中操纵的傀儡。1469 年到 1497 年之间的皇帝没有出席过一次朝会。在 16 世纪，世宗嘉靖皇帝和神宗万历皇帝都只与他们的各部尚书见过一次面而已。① 结果，官员们因从未见过他们的皇上——藏在深宫大内的影子，于是对皇帝任何行动的确切性一概失去信心。由于深知个人好恶可以左右每一件事情，他们便与太监私下勾结，或者在他们自己中间结成非正式（也便非法）政治帮派，以促成决策通过。② 通过科举制度进行政治庇护的做法更加深了这种倾轧，以至于到 17 世纪 30 年代，中央机构被深刻的不协调所撕裂，最终导致了像东林党学士与太监魏忠贤党羽集团之间的政治清洗和你死我活的斗争。甚至相对没那么重要的问题也被这种倾轧所煽动，其结果往往成为一个僵局，而不能形成决定。③

在这样的条件下，帝国的社会支柱经济和政治开始解体。到了崇祯时期（1628—1644），穷人与饥民涌入城市，试图以乞讨或偷窃养活自己，华中的整个农村地区完全变成赤地千里。④ 越来越多的迹象表明，穷人心中的愤怒在

---

① Crawford, "Eunuch Power in the Ming Dynasty," p. 115；Torbert, *The Ch'ing Imperial Household Department*, pp. 10 - 11；关于万历皇帝拒绝召见自己的大臣，就是说他对自己的官员罢工的故事，见黄仁宇《万历十五年》，第 75—103 页。

② 这是一条不言自明的官僚机构定理："一个机构所固有的不稳定性程度越高，其正式渠道和信息的边缘区域就越大。" Anthony Downs, *Inside Bureaucrac*. 1967, p. 114.

③ Mammitzsch, "Wei Chung-hsien (1568 - 1628): A Reappraisal of the Eunuch and the Factional Strife at the Late Ming Court." University of Hawaii, 1968, p. 155；Charles O. Hucker, "The Tung-lin Movement of the Late Ming Period," in J. K. Fairbank, ed., *Chinese Thought and Institutions*. Chicago, 1957, pp. 24 - 28.

④ Albert Chan, "The Decline and Fall of the Ming Dynasty: A Study of the internal Factors," Ph. D. diss., Harvard University, 1953, pp. 188, 199 - 200；Albert Chan, *The Glory and Fall of the Ming Dynasty*. Norman, Oklahoma, 1982, pp. 329 - 344；李洵提交给天津 1980 年的明清史国际研讨会的论文《公元十六世纪的中国海盗》，第 1—2 页；洪焕椿：《论明末农民政权的革命性和封建性》，《南京大学学报》1978 年第 4 期，第 71 页。

增长，越来越多的士大夫震惊于这几年穷富之间一直增长的相互仇恨①，正如那时一首唱给老天爷的民歌：

老天爷，

你老得耳朵聋来眼睛瞎。

看不见人也听不见话。

那杀人放火的享荣华；

那吃斋念佛的把饥荒闹。

下来吧，老天爷，你咋能那么高？

你咋能那么高？下来到地下。②

1640—1641年间河南大饥荒之后，几十万义愤填膺的穷苦农民开始聚集在李自成这样的造反领袖的旗帜之下，这些领袖已经开始拥抱自己做皇帝的野心。③

公共服务也同时崩溃。④ 1629年，政府的邮政系统为减轻开支而削减了30%，但结果却是交通的瘫痪。⑤ 由于许多驿站被荒废掉，帝国血脉梗阻，1630年之后，各省的官员都不能确定他们的奏折是否能够到达京师。⑥ 在17

---

① Okuzaki Hiroshi, *Chūgoku kyōshin jinushi no kenkyū*. Tokyo, 1978, p. 34.

② 转引自：Mi Chu Wiens, "Masters and Bondservants: Peasant Rage in the Seventeenth Century," *Ming Studies*, 8 (Spring 1979), p. 63。

③ Wakeman, "The Shun Interregnum of 1644," in Jonathan D. Spence and John E. Wills, Jr., eds., *From Ming to Ch'ing: Conquest, Region and Continuity in Seventeenth-Century China*. New Haven, 1979, p. 45; James Bunyan Parsons, *The Peasant Rebellions of the Late Ming Dynasty*. Tucson, 1970, 多处。

④ P. E. Will, "Un Cycle hydraulique en chine: la province de Hubei du XVIe au XIXe siècles," *Bulletin de l'école francaise d'extreme orient*, Vol. 68 (1980), pp. 275-276.

⑤ A. Chan, "The Decline and Fall of the Ming Dynasty: A Study of the internal Factors," Ph. D. diss., Harvard, 1953, pp. 213-216; R. Huang, "Ni Yuan-lu: The Man, His Time, His Fiscal Policies and His Neo-Confucian Background," (conference paper, June, 1966), p. 8.

⑥ 郑天挺、孙钺编辑：《明末农民起义史料》，上海中华书局1954年版，第4—7页；赵翼：《二十二史札记》，第1卷，台北1963年版，第731页。

世纪30年代，私人通常取代了公共管理，像防火、灌溉、赈灾，甚至地方法律与秩序。① 在这些活动的管理方面，公私的界限向来不是泾渭分明，但现在认真负责的地方官只有自掏腰包雇用私人武装，地方士绅训练自己的乡兵以自卫。②

大门口的敌人可以是造反的农民，也可能就是大明的一个士兵。1636年，左良玉将军的30,000士兵说是为了平定张献忠的叛乱而进入河北，当地百姓却不得不逃到山上的断崖，以免自己的妻子受辱，也好保全自己的性命。③ 后来，1642年到1643年间，左将军反叛了自己的皇上，长江下游三角洲地带的江南居民怕他更甚于怕暴乱。④ 是为皇帝而战还是与暴乱者为伍决定了他是否倒戈，左良玉这类部队反映出一种无控制的武装化的普遍模式。稳定的社会结

① Yoshinobu Shiba, "Ningpo and Its Hinterland," in G. William Skinner, *The City in Late Imperial China*. Stanford, 1977, p.422.

② 何绍基编纂：《安徽通志》，1877年本之影印本，台北京华书局1967年版，209：4b；戴名世：《保定城守纪略》，收录于王独清等汇总的《东南纪事》，上海神州国光社1946年版，第3页。创建半私人性质的武装始于16世纪中叶，当时是为了抵抗东南沿海的倭寇。Merrilyn Fizpatrick, "Local Interest and the anti-Pirate Administration in China's South-east, 1555 - 1565," *Ch'ing-shih wen-t'i*, Washington, D.C., Vol.4, no.2 (Decemer 1979), p.2. 亦请参看闻钧天《中国保甲制度》，上海商务印书馆1935年版，第173页；李洵：《公元十六世纪的中国海盗》，《明清史国际学术讨论会论文集》，天津人民出版社1982年版，第5页；Philip Kuhn, "The T'uan-lien Local Defense System at the Time of the Taiping Rebellion," *Harvard Journal of Asiatic Studies*, 27 (1967), p.220; David Harrison Shore, "Last Court of Ming China: The Reign of the Yung-li Emperor in the South (1647 - 1662)," Ph.D. diss., Princeton University, 1976, pp. 53 - 55; Wills, John E. Wills, Jr., "Maritime China from Wang Chih to Shih Lang: Themes in Peripheral History," in Jonathan D. Spence and John E. Wills, Jr., eds., *From Ming to Ch'ing: Conquest, Region and Continuity in Seventeenth-Century China*. New Haven, 1979, pp. 219 - 220; Kwan-wai So: *Japanese piracy in Ming China during the 16th Century*. Michigan State University Press, 1975, p.150.

③ Liu, "Shi Ke-fa et lecontexte politique et social de la Chine au moment de l'invasion mandchoue," p.25；李清：《三垣笔记》，《古学汇刊》，第1集，上海国粹学报社1913年版，2a。

④ 徐鼒：《小腆纪年》，1887年，《台湾文献丛刊》，第134种，台北1963年版，64：908；温睿临：《南疆逸史》（1830），《台湾文献丛刊》，第132种，台北1959年版，64：908；佚名：《崇祯长编》23；潘锡恩编辑：《史忠正公集》，收录于姚莹、顾沅编纂的《乾坤正气集》（1866），台北环球书局1966年版，2：17a。

构似乎让位于流动性的军事藩侯，而军事藩侯最终推翻了这个早就对各种社会力量失控且受其牵制的统治王朝。①

从最终战胜崇祯皇帝并使其丧失了后裔的清朝统治者角度看，统治中原的大业远在1644年前，或许在1618年东北的抚顺被攻陷就开始了。满族最后的征服还要花上三分之二个世纪来完成——以康熙皇帝（1661—1722年在位）1681年成功收服三藩，1683年成功战胜台湾的郑家政权而告结束。清朝统治的政治巩固也因此是一个长期而缓慢的过程：从与明帝国发展并进的准备期开始，到满人在北京对承续的明朝体系做调整的实验期，再到最终产生“汉”“满”微妙混合的统治模式——一个本不属于自己的，但满人与汉人各自都得接受的清朝政权现实。

对这一兴起、调整、完成之政治进程至关重要的，是那些在满族朝着儒家王朝发展中与其合作的汉族人。在不同时期，这些汉人扮演的角色有所不同，而且他们的社会背景也与那接二连三的征服相符：那些早期就住在满洲的汉人，他们在努尔哈赤兴起之时就采用了贵族部落的满族人身份；一些人在辽东军事诸侯控制东北几省后组成了一支新的自己的精英汉人旗；北方的汉族乡绅以帮助多尔衮接管北京的中央政府为交换，而获得了较高的政治地位；江南士绅为促进以行政而非屠城和战斗的方式征服南方，接受了绥靖御史的角色。大概除了第一种情况，很多支持清廷的汉人仍然对满族人心存芥蒂②，而满族人对他们也持暧昧态度。

没有汉族官员的合作，满族皇帝们便无法充分利用自己的幕僚。但他们也知道，沿袭汉人朝廷制为帝王，他们会因为迅速而轻易地变得太汉化而失去自己人的忠诚与爱戴。因此，在他们感激汉人合作者教他们如何以儒家之道统治这个帝国的同时，有些满族统治者也鄙视那些变节者，藐视他们的利害观，责

---

① “流动性的军事藩侯”（ambulant military states）这一说法源于贝雷。参看 C. C. Bayley, *War and Society in Renaissance Florence*：*The De Militia of Leonardo Bruni*. Toronto，1961，多处。

② F. Wakeman，Jr.，*The Great Enterprise*：*The Manchu Reconstruction of Imperial Order in Seventeenth-Century China*. Berkeley and Los Angeles，1985，ch15.

备他们的道德妥协。[1] 就像摄政王多尔衮（1643—1650 年摄政）所说：“崇祯皇帝尚可。惟其武将虚功冒赏，文官贪赃枉法。此其所以丧国。”[2]

但是，正因为这种解释明朝灭亡的判断对于汉人官员是可以接受的，儒家的政治调和因而超越了种族差异，适应了各阶级的共同利益。正如 17 世纪后半叶，资产阶级和贵族阶级向法国和欧洲的专制主义状态妥协以解决国内的社会不安定那样，在臭名昭著的 1661 年江南税案之后，拥有土地的汉族精英与满族皇室达成一致，同意制约士绅免税特权和满族军事特权，以支持稳定的政府统治。[3]

然而，这种双方调和的代价就是随之产生的道德不安。[4] 明朝遗民放弃了绚丽的道德英雄主义，清朝的汉人集团则得到了真正的机会实行政治改革，他们确实稳固了中央政府，这是崇祯朝廷中自以为是的学士们从未做到的。通过有效地“救民于水火”，他们可以理直气壮地说自己以儒家身份而立命，然而，这些合作者也丧失了一定的思想独立和道德承诺，道德哲人成了学术型的翰林学士，政治领袖变成了官僚长官。[5] 合作带来的精神不安甚至在一些汉人官员中引发了对温和改革更大的热情，他们是清朝早期就归顺的最懂得利害关

---

① Wakeman, Jr., “Romantics, Stoics, and Martyrs in Seventeenth-Century China,” *The Journal of Asian Studies*, Vol. 43, no. 4 (Aug. 1984), p. 637.

② 《多尔衮摄政日记》，重印《笔记五编》，台北 1976 年版，第 5 页。

③ I. Wallerstein, *The Modern World System* Ⅱ: *Mercantilism and the Consolidation of the European World-Economy*, 1600 - 1750. New York, 1980, pp. 129 - 133; J. Dennerline, “Fiscal Reform and Local Control: The Gentry-Bureaucratic Alliance Survives the Conquest,” in Wakeman ed., *Conflict and Control in Late Imperial China*. 1975, pp. 86 - 120; Hilary J. Beattie, *Land and Lineage in China*: *A Study of T'ung-ch'eng County*, *Anhwei in the Ming and Ch'ing Dynasties*. Cambridge, 1979, p. 81.

④ Paul S. Ropp. *Dissent in Early Modern China*: *Ju-lin Wai-shih and Ch'ing Social Criticism*. Ann Arbor, 1981, p. 41.

⑤ F. Wakeman, “The Price of Autonomy: Intellectuals in Ming and Ch'ing Politics,” *Daedalus*, Spring, 1972, pp. 55 - 56. 这种变化伴随着地方精英特征而改变，如“统治者社会集团只限定在与科举官僚制度有关的人”。森正夫：《明代士绅：士大夫与地方社会关系概要》，《东方学会简报》38：41。

系的那些人。[①] 就是这些人能够通过清醒地将其满族主子在北京继承的明代制度合理化，来缓和自己投身敌方统治者所带来的道德焦虑。方案一个接一个出笼——改进的地籍测量和税收方法，新的更有效率的官僚交通形式，功能性地区分了水利管理，特别设计了管辖京师周围几省的地方控制机制。这些措施使清朝政权以非同寻常的速度重建了中央政府。政治稳定不仅伴随甚至是加速了经济的恢复，表现在促进区域间物资流通、鼓励贮存的白银投入流通、稳定谷价等方面。[②]

中国的政治及其所治理的社会就这样从 17 世纪的危机中得到了恢复，比世界上其他任何大国都要来得快。[③]

1661 年，江南一些市镇的人口恢复到了 16 世纪的水平。[④] 1644—1645 年间，苏州和杭州的织布机曾全部被毁，但最迟到 1659 年纺织业已重新恢复。

---

① 魏斐德在《洪业》中讨论了这些改革及其与道德焦虑的关系。见《洪业》第 12—14 章。

② 这第二点是阿特威尔（W. S. Atwell）1980 年在北京关于社会变革的中美学术会议上给我的建议。W. S. Atwell，“International Bullion Flows and the Chinese Economy，” *Past and Present*，95：89 - 90（1982），pp. 88 - 89；Han-sheng Chuan and Richard A. Kraus，*Mid-Ch'ing Rice Markets and Trade：An Essay in Price History*. Cambridge，Mass.，1975，pp. 28 - 41.

③ 中国在顺治（1644—1661）和康熙早期就为恢复打好了基础。经济复苏真正始于 1682 年或 1683 年。参看韦庆远《有关清代前期矿业政策的一场大论战》，文章是提交给 1980 年在南开大学召开的明清史国际学术会议的论文；彭泽益：《清代前期手工业的发展》，文章是提交给 1980 年在北京召开的中美学者关于中国自宋代到 1900 年社会变迁之学术会议的论文。亦请参看：William H. McNeil，*Plague and Peoples*. Garden City，N. Y.，1976，p. 67。欧洲的复兴则不同。德语国家被三十年战争（1618—1648）摧毁，与中国几乎同时开始恢复。而欧洲更为发达的国家要到更晚才开始恢复：法国与荷兰是在 17 世纪 90 年代，西班牙与英格兰是在 18 世纪 20 年代和 18 世纪 30 年代。Rich and Wilson，*The Cambridge Economic History of Europe*，pp. 405 - 406，429；Ⅰ. Wallerstein，*The Modern World System Ⅱ：Mercantilism and the Consolidation of the European World-Economy*，1600 - 1750. New York，1980，p. 21；E. A. Wrigley and R. S. Schofield，*The Population History of England*，1541 - 1871：*A Reconstruction*. London，1981，p. 162。史学家对欧洲世界经济好转的日期有很大争议。Ⅰ. Wallerstein，*The Modern World System Ⅱ：Mercantilism and the Consolidation of the European World-Economy*，1600 - 1750. New York，1980，p. 245。

④ 刘石吉：《明清时代江南市镇之数量分析》，《思与言》第 16 卷，1978 年第 2 期，第 27—28 页。Chin Shih，“Peasant Economy and Rural Society in the Lake Tai area，1368 - 1840，” Ph. D. diss.，University of California，Berkeley，1981，ch 3，p. 7.

1686年，在实现以前明代的粮长配额和实行被称为“买丝招匠”的经营体制后，两方面都达到了原来的生产水平。① 1688年，景德镇的瓷器生产也恢复了。17世纪80年代末，北京人已经可以吃得和17世纪20年代以前一样好，华北迅速发展出了一个新的富农阶层。② 在1683—1712年间，耕地增长了23%，达到1626年耕地总量的93%。1770年，已开垦的土地增长到9.5亿亩（约5800万公顷），1650年是6亿亩（约3700万公顷）。1661—1685年间，赋税提高了13.3%，盐业专卖的收入增长了43.7%。到1685年，进入政府国库的田赋、盐款和综合税收实际有2900万两。③ 又一个世纪过去了，中国的人

---

① 彭泽益：《清代前期江南织造的研究》，《历史研究》1963年第4期，第92—95页。

② 片冈芝子（Kataoka Shibako）：《明末清初华北的农家经营》，《社会经济史学》，第25卷，第2—3期（1959），第100页。然而，这可能主要反映了城市与小镇的商铺和集市贸易的最低水平，而非允许产生布罗代尔称为“经济等级制（economic hierarchy）”所需的必要条件。F. Braudel, *The Wheels of Commerce*: *Civilization and Capitalism*, *15th - 18th Century*. New York, 1982, pp. 136 - 137.

③ 彭泽益：《清代前期手工业的发展》，第6、8—9、12—15页；上海博物馆图书资料室编：《上海碑刻资料选辑》，上海人民出版社1980年版，第84—85页；李华：《明清以来北京工商会馆碑刻选编》，北京文物出版社1980年版，第12页。Jianye Wang, *Land Taxation in Imperial China*, 1750 - 1910. Cambridge, Mass., 1973, p. 7; P. E. Will, “Un Cycle hydraulique en chine: la province de Hubei du XVIe au XIXe siècles,” *Bulletin de l'école francaise d'extreme orient*, Vol. 68 (1980), p. 278；森正夫：《明末社会关系方面秩序变动》，《名古屋大学文学部三十周年纪念论文集》，名古屋1978年版，第235页；Thomas A. Metzger, “On the Historical Roots of Economic Modernization in China: The Increasing Differentiation of the Economy from the Polity during late Ming and Early Ch'ing Times”（文章是提交给现代中国经济史学术会议的论文，8月26—29日，1977），p. 34; Dwight H. Perkins, *Agricultural Development in China*, 1368 - 1968. Chicago, 1969, pp. 16 - 17, 216；侯继明与李国祁：《清代晚期的地方政府财政》（文章是提交给现代中国经济史学术会议的论文（1977年8月26—29日），第571页。

口几乎翻了三番。①

自然，随着清朝早期经济生产力的恢复，市场上也出现部分的紧缩，这是白银流通量减少的结果。17 世纪 60 年代末，流通中的白银量竟然每年减少 200 万两，这个现象一是因为对抗台湾的郑氏政权而封锁了海岸线，二是因为帝国财政在囤积银锭。在康熙早期，日用品价格下跌主要是需要用现金购买谷物、肉类和衣物，在江南，每石稻米的价格从三两银子跌到了半两。当然，价格下跌也可能反映了生产的恢复，但是，财政储备在平定三藩的战争时期的花费，以及 1684—1685 年海禁解除，使更多的白银进入流通，物价和日常用品的流通都随之相应上涨了。②

如果资本主义民族国家的演变，一如它在早期现代欧洲的发展那样被认为是目的论式的进步，那么，用危机理论家的话讲，清代早期政治与经济的恢复可能只是对明末灾祸的“假性解决”。③ 其发展模式无法为旧的主权提供基本的替代，尽管王朝秩序的恢复的确让人有古代政治制度历久弥新的感觉，这种

① Ping-ti Ho, *Studies on the Population of China*, 1368 – 1953. Cambridge, Mass., 1959, p. 270. 卡迪尔则更谨慎些，认为 1700 年中国的人口高于何炳棣所认定的 1 亿 5000 万，在 1 亿 5000 万到 2 亿间。见 Michel Cartier, “La croissance dé-mographique chinoise du XⅧe siècle et l’enrégistrement des pao-chia,” *Annales de démographie historique*, 1979: pp. 25 – 28. 麦克内尔（McNeill）怀疑在中国和其他主要文明中，这样的人口复苏与杆状细菌瘟疫的衰退及其从流行性到地方性的转变偶然相吻合。Willaim H. McNeill, *Plague and peoples*. Garden City, New York: Anchor Press, 1976, pp. 1721/1723, 224 – 226. 关于 18 世纪生态性古代政治系统的解体，请参看 F. Braudel, *The Wheels of Commerce: Civilization and Capitalism*, 15*th* – 18*th Century*. New York, 1982, p. 37。

② 岸本美绪：《康熙年间的大萧条与清初地方市场》，第 227 – 256 页。

③ 关于资本主义国家的兴起，请参看 I. Wallerstein, *The Modern World System* Ⅱ: *Mercantilism and the Consolidation of the European World-Economy*, 1600 – 1750. New York, 1980, pp. 26 – 27。关于制度性威慑的危机与适应性演变，请参看 René Thom, “Crise et catastrophe,” *Communications*. 25 (1976), p. 38; F. Braudel, “Histoire et sciences socials: la longue durée,” *Annales: economies, sociétés, civilizations*, Vol. 13, no. 4 (Oct. -Dec., 1958), pp. 749 – 750。

制度成为欧洲专制主义者羡慕的对象，他们可能错误判读了其最终的财富与势力。[①] 满族王室建立在多尔衮、顺治和康熙奠定的稳固的制度基础之上，上层建筑的恐怖部分被遮蔽在炫目的文化盛装之下。将近两个世纪之后，当中国的疆界扩大到明朝治下的几乎两倍时，已没有严重的国内对手和真正的境外对手能够挑战满族人对全国的统治。[②] 但是，清朝盛世时的“泛满化”却含有一种适得其反的结果。欧洲大陆经济优势的所在地已经从地中海移到了北海，由于17 世纪和 18 世纪的重大战争都发生在势均力敌的参战者之间，这些国家都被

① 尽管这里强调的是政治发展，经济增长也可以这么说。费维恺坚持“17 世纪的危机在中国仅仅中断了，而不是根本性地改变了中国从 15 世纪中叶一直到 19 世纪中叶所经历的前现代经济成长的方向与本质”。Albert Feuerwerker：“Qing Economic History and World Economic History”（这是他为 1985 年 10 月 7—10 日在北京召开的庆祝中国第一历史档案馆建成 60 周年的学术研讨会提交的论文）。

② Ping-ti Ho，“The Significance of the Ch'ing Period in Chinese History，” *The Journal of Asian Studies*，26，no. 2（Feb. 1967），189 - 195；Braudel，*Capitalism and Material Life*，p. 58.

迫进行军事技术革新，并使独裁治理体系合理化。①

而中国因为缺乏能够与之竞争的对手，并没有面临迫切的改进军事技术的需要，它当时仅需征服相对落后的亚洲内陆诸民族，控制哥萨克的冒险，维持对东南亚和朝鲜的主权而已。② 更有甚者，虽然18世纪成立的军机处代表了帝国政府最高层次的权力集中，雍正时期（1723—1735）的财政改革——这可能向清政府提供了在后来与西方斗争时所需要的、更有效地向其百姓征税的手段——仅持续了几年。③ 1753—1908年之间的田赋从白银5.5亿两增加到了

---

① Michael Roberts, *The Military Revolution*, 1560 - 1660. 1954, pp. 14 - 18; Andre Corvisier, *Armées et sociétés en Europe de* 1494 *à* 1789. 1976, p. 125; F. Braudel, *Afterthoughts on Material Civilization and Capitalism*. Baltimore and London, 1977, pp. 34 - 35, 102 - 104; Ⅰ. Wallerstein, *The Modern World System* Ⅱ: *Mercantilism and the Consolidation of the European World-Economy*, 1600 - 1750. New York, 1980, pp. 113 - 116、268、278; Cipolla, *Before the Industrial Revolution*: *European Society and Economy*, 1000 - 1700. New York, 1976, pp. 232 - 233; Cipolla ed., *The Fontana Economic History of Europe*: *The Sixteenth and Seventeenth Centuries*. New York, 1977, pp. 560 - 582; Samuel E. Finer, "State and Nation-building in Europe: The Role of the Military," in Charles Tilly ed., *The Formation of National States in Western Europe*. Princeton, 1975, pp. 105 - 108; Richard Bean, "War and the Birth of the Nation State," *The Journal of Economic History*, Vol. 33, no. 1 (1973), pp. 203 - 221; Sir George Clark, *War and Society in the Seventeenth Century*. Cambridge, 1958, pp. 64 - 72. 也请参看 Geoffrey Parker, "The Military Revolution, 1560 - 1660: a Myth?" *Journal of Modern History*. 48, 1976, pp. 195 - 214. 当然，是马克斯·韦伯第一个坚持中国的统一帝国免于"合理争战"；它没有经历过"武装的和平，几个势均力敌的自治诸侯国不断地准备打仗。资本主义元素由此通过战争借款和战争佣金而形成条件"。Max Weber, *The Religion of China*: *Confucianism and Taoism*, trans. Hans H. Gerth (Glencoe, Ⅲ., 1951), p. 103. 亦请参看 Frances V. Moulder, *Japan*, *China and the Modern World Economy*: *Toward a Reinterpretation of East Asian Development ca*. 1600 to 1918. Cambridge, 1977, pp. 45, 81; E. L. Jones, *The European Miracle*: *Environment*, *Economies*, *and Geopolitics in the History of Europe and Asia*. Cambridge, 1981, pp. 119 - 120。

② Huang, "Military Expenditures in 16th C. Ming China." *Oriens Extremus*, 17 (1970), p. 59; Jianye Wang, "The Fiscal Importance of the Land Tax During the Ch'ing Period," *Asian Studies*, Vol. 30, no. 4 (August 1971), pp. 832 - 840; Dwight Perkins, "Government as an Obstacle to Industrialization: The Case of Nineteenth Century China," *The Journal of Economy History*, Vol. 27, no. 4 (December 1967), p. 487; 侯继明、李国祁:《清代晚期的地方政府财政》，第568—583页。

③ Medeline H. Zelin, *The Magistrate's Tael*: *Rationalizing Fiscal Reform in Eighteenth-Century Ch'ing China*. Berkeley and Los Angeles: Univerisity of California Press, 1984, pp. 264 - 308.

10.2亿两，而同一时期全国县级税收从平均每亩 0.0942 两降到 0.0706 两。① 甚至将海关收入包括在内之后，19 世纪末中央政府的年收入不足全国生产总量的 6%，这个数字在那时是非同寻常地低。②

这种相对无弹性的税收制度的持续状况，不仅是因为早些时候清朝帝国未遇到足以迫使它进行体系改革的对手，还因为清朝初期非常成功地通过利用相当先进但仍然非常传统的制度与技术而恢复了政治安定。权力的高度集中没有经过彻底合理化。王室的权威得以增大，而行政机构的自主性被减弱。③ 1835 年，托克维尔对中国仍然充满哲学家倾慕式的想象，他写道：

> 旅行家告诉我们，中国人有宁静没有快乐，有工业没有进步，有稳定没有力量，有物质秩序没有公共道德。有这些，社会发展得不错，却从来没有很好过。我想象当中国向欧洲人开放时，他们会发现这是世界上最优良的集中管理的典范。④

终于以武力迫使中国打开国门的欧洲人发现，清帝国的治理并没有托克维尔认为的那么好。权力依然高度集中，而管理范畴的边缘却与行政机构的决策

---

① 清朝的田赋不与总体消费的增长、物价水平和土地产量挂钩。这是因为税额是以土地面积（而非土地价值和土地产量）估定的。1713 年提出“永不加赋”之后，1716—1729 年间地银与丁银的取消意味着丁银被简单地加算在田赋上了。如果考虑价格变化，那么每亩田赋的降低更多：全国在总体上的实际下降为 46%。见侯继明、李国祁：《清代晚期的地方政府财政》，第 568—569 页；亦请参看 H. J. Beattie，*Land and Lineage in China*：*A Study of T'ung-ch'eng County*，*Anhwei in the Ming and Ch'ing Dynasties*. Cambridge，1979，p. 87。

② 基于王业键的估算，包括鸦片买卖的厘金、赌税以及田赋（占总额的 35%），清帝国在衰落的前期年收入达到了白银 292 亿两。王业键：《田赋对清代财政的重要性》，第 837—838 页。费维恺估计政府在 1908 年的收入占全国收入的 5%～8%。Albert Feuerwerker，“The State and the Economy in Late Imperial China，” *Theory and Society*，no. 13（1984），p. 300.

③ 18 世纪是中华帝国历史上从未有过的社会事业由公共资助的时代。参看 P. E. Will，“Un Cycle hydraulique en chine：la province de Hubei du XVIe au XIXe siècles，” *Bulletin de l'école francaise d'extreme orient*，Vol. 68（1980），p. 282。虽然在明代全盛时期继续着从前的结构性弱点：在顶层帝国权威与底部纳税百姓之间存在着管理真空，“地方政府通常是人手不足”。Li and Huang，“The Nature of Chinese Society：a Technical Interpretation，” *Asian Studies*，Vol.，no. 1 - 2（1974），p. 7.

④ Alexis de Tocqueville，*Democracy in America*. Garden City，N. Y.，1969，p. 91.

中心失去了联系。更糟糕的是，整个系统已经僵硬，失却了清朝统治初期所具有的韧性。① 正是这份满族人在 17 世纪重建了帝国秩序的成功，使中国在 19 世纪终于进入世界历史的新阶段时，很难做出其他制度性的选择。在这一时期中，那些把分离的世界经济相连接起来的遥远而往往不太明显的维系，已被更直接更快速的政治联系所取代，从而制造出一个在欧洲帝国主义庇护之下的单一性全球体制。②

17 世纪中国的危机发生在东亚的世界经济圈内，是气候和疾病等全球性因素影响的结果，进而间接地与当时正在兴起的大西洋 weltwirtschaft（世界经济）相连。③ 与这一危机准确关联的因素仍需探究，甚至还有一种可能：中国如此迅速地从 1650 年的全球危机中复苏，从而为 18 世纪早期通过茶叶和丝绸贸易实现欧洲经济复苏提供了重要契机。④ 然而，就在这同一时期，中国自己也萎靡不振了。尤其是 1759 年之后，清朝似乎控制了自己的贸易港口，才决定发展自己的世界帝国，而没有正式承认正在进入由大英帝国控制的茶叶和鸦片的三角性世界贸易中去。⑤ 在自己的疆界之内，人口增长之后通过开垦森林、拓荒造田，从而完全改变了国家的面貌，中国国内的经济繁荣了。⑥ 虽然

---

① Wakeman, *The Fall of Imperial China*. New York: 1975, pp. 103 - 106.

② F. Wakeman, *Strangers at the Gate: Social Disorder in South China*, 1839 - 1861. Berkeley and Los Angeles: University of California Press, 1966, 前言。

③ 尽管卡迪尔坚持“远东的危机与‘大西洋经济’无关”，并且赋予“它自己的活力”，他仍同意欧洲（最终是美洲）的白银是发生在中国的“‘价格革命’背后之力量”。见“Les importations de métaux monétaires en Chine: essai sur la conjuncture chinoise,” *Annales: economies, sociétés, civillisations*. 1981, 36, pp. 454, 463。

④ Louis Dermigny, *La Chine et l'occident: le commerce à Canton au* ⅩⅧ *e siècle*, 1719 - 1833. 1964, Vol. 1, ch. 1.

⑤ Wakeman, Jr., “The Canton Trade and the Opium War,” in John Fairbank, ed., *The Cambridge History of China*. Cambridge, 1979, pp. 10, 163 - 212; Dilip K. Basu, “The Peripheralization of China: Notes on the Opium Connection,” in Walter L. Goldfrank ed., *The World-System of Capitalism: Past and Present*. Beverly Hills and London, 1979, pp. 171 - 187.

⑥ P. E. Will, “Un Cycle hydraulique en chine: la province de Hubei du ⅩⅥe au ⅩⅨe siècles.” *Bulletin de l'école francaise d'extreme orient*, Vol. 68 (1980), p. 279.

我们才刚刚开始理解这种内在的增长与中华帝国外部的世界经济变化两者之间的关系，但很明显，为维持顺治皇帝“普天之下，莫非王土”而设计的政治制度不足以抵御 1800 年之后在西方兴起的工业诸国。中国从 17 世纪世界危机中的复苏之迅速是惊人的。200 年之后，中国惊异地发现自己已不可避免地成为世界历史的一部分，然而，欲用完全自主的方式来复苏，尚需时间。

齐克彬　译

革命和世界主义

——《莫扎特式的历史家：关于约瑟夫·列文森》序言[①]

（1971 年）

我第一次听说《革命和世界主义》是在 1965 年的秋天，那是一个阳光灿烂的午后，大学后面的山峦清晰得几乎触手可及。约瑟夫·列文森和我坐在学生咖啡馆的露台上，啜饮着咖啡。记得我当时有些紧张，一方面是作为列文森教授的前学生和现同事，在感觉上我还拙笨地找不到适当的位置；另一方面，我们坐在那儿，在那个温暖的秋日午后，谈论着他刚刚写好的，准备在美国历史学会午餐会上讲演的一个稿子。[②] 谈我对这个稿子的意见，无论这让我有何种局促不安（我的意见能在他眼里过关吗?），它很快就被列文森本人的反应打消了。他先是专注地倾听我结结巴巴的意见，然后向我着迷地讲起他对自己几部著作之间连接点的感想。当时他那伟大的三部曲《儒教中国及其现代命运》刚刚完成，对于下一步的研究，一时还没有明确想法，正在探索一个在历史和价值的辩证分析之外的新命题：地方主义和世界主义。无论当时还是现在，我都觉得，这是他对原主题自然而崇高的延伸。

他的三部曲是关于对外一度封闭的中国文化的死亡，以及一种新的世界历史的诞生，在这个历史过程中，中国不知怎的得以保持了自己“在一个多彩

---

① 《莫扎特式的历史家：关于约瑟夫·列文森》（Maurice Meisner and Rhoads Murphey eds.，*The Mozartian Historian：Essays on the Works of Joseph R. Levenson*. Berkeley：University of California Press，1976）是一本纪念历史家约瑟夫·列文森（Joseph R. Levenson）学术贡献的纪念专集。魏斐德作为列文森挚爱的弟子和同事应邀为这本纪念集作序。——编注

② 这一讲演经过修改，以“省、国家和世界：中国的认同问题”为题发表，参见“The Province，the Nation and the World：The Problem of Chinese Identity，” in Albert Feuerwerker，Rhoads Murphey & Mary C. Wright eds.，*Approaches to Modern Chinese History*. Berkeley and Los Angeles：University of California Press，1967，pp. 268 - 288。

的，超越单民族之上的文明中的历史个性”①。那天，在咖啡馆的露台上，列文森讲的是：用时间性来解决文化认同的现代危机，却随之引起了空间问题。特殊主义和普遍主义，即历史与价值，在他所认可的特殊/普遍的世界文明中和谐地统一了，但在这个统一的新世界中人们可以发现另一种紧张关系，这一紧张关系体现在世界主义与地方主义的矛盾冲突中。

列文森探索这一关系的计划在他 1966—1967 年度在香港的客座研究中变得更加具体化。那年，他完成了为撰写本书所做的大部分研究。回到伯克利后，他向我解释，他已构思了另一个全新的三部曲系列。第一卷他准备叫《地方主义、民族主义和世界主义》（*Provincialism, Nationalism and Cosmopolitanism*），这一卷将具体界定他的总体主题，并为将来的两卷树立框架。翻检亚洲传统经典，地方主义—世界主义的紧张关系足可显见。② 计划中的第三部，也就是最后一部书，力图通过对 20 世纪中国人翻译西方戏剧的研究，来具体阐述同一主题。

后来，1968 年，列文森的一位前学生和朋友戴维·阿布什（David Abosch）计划安排他在第二年春天到北伊利诺大学去作一个“三演讲”系列。列文森认为这是一个机会，可以将他计划中的新三部曲的最后一部拟出一个最初的，却也是经过再三斟酌的版本。他给这本书题名为《革命和世界主义：中西舞台之间》。就在这部书稿打印的过程中，约瑟夫·列文森于 1969 年 4 月不幸溺亡。由于他在生前没有机会作这几次讲演，他也没有机会就地方主义和世界主义这一套主题作公开表述。让我们深感遗憾的是，我们这儿所有的只是一套三联画中的一幅边图，与其相关的核心作品却见不到了。

但《革命和世界主义》毕竟也是可以单独成书的。从这本书中，我们可以清晰地看到，在对近代中国思想困境做出一个新颖而具有启示的定义方面，

---

① J. Levenson, *Confucian China and Its Modern Fate. Volume Ⅲ: The Problem of Historical Significance.* London: Rouledge and Kegan Paul, 1965, p. 123.

② 列文森的论文，包括本书的部分手稿，最后将保存在加州大学班克罗夫特图书馆（Bancroft Library）。

列文森走得有多远。由于儒家文人（在他们自己的世界中，他们所属的文化是世界主义的："一个自成的世界，这个世界的价值体系就是普世价值，它的文明也是普世文明"）在我们的时代已沦为地方主义者，他们被一种没有根基且异化了的新的中国世界主义者代替了，这一主义对异国的兴趣，使之成为非革命知识界的一部分。

列文森对这两类世界主义者被取代的同情理解，反映了他对近代强烈抨击传统中国社会的现象持有一如既往的敏感。事实上，对他来说，近代的压抑是一种"普遍状态"，这也使中国与其周围的世界捆绑在了一起。[①] 梁启超这类知识分子的困惑并不意味着将出现一部卓越的民族史，而恰恰表明了中国对一个狭义的世界近代历史的新介入。因此，列文森自己的学术方法也相应发生了变化，他原先的方法，经常在中国和其他国家间进行平行比较，现在，他有意识地将中国历史作为人类共同经验应有的一部分：

> 我试图将其他民族的经验和文明与中国的经验联系起来——不是为了一种强勉的相似，不是想做装饰，不是仅仅为了与其有所"关联"，也不是想以汇集综合来速成一部世界史，而是作为一个普遍来揭示中国。[②]

在《革命和世界主义》中，有两个主题像音乐的复调一样，不断出现。第一个是列文森顾虑中国在陷入"摇丝扇子"（silk-fan attitude）后所具有的敏感：惧怕别人的美学，国际性狂热（Schwärmerei）的成分。第二个就是他在普遍主义与特殊主义之间建立的一种张力关系。这一主题性的冲突，当然也是他在《儒教中国及其现代命运》三部曲中阐述的价值（verum）和历史（meum）之间那种紧张关系的重复；也属于他喜欢的那一系列发人深省的二元对立之列：绝对/相对，文化主义者/民族主义者，世界主义者/地方主义者。它基于这样一个假设〔这一假设是他从莫里斯·拉斐尔·柯恩（Morris Raphael

---

① Levenson, "The Genesis of Confucian China and Its Modern Fate," in L. P. Curtis, Jr., ed., *The Historian's Workshop*. New York: Knopf, 1970, p. 279.

② 同上书，第281页。

Cohen）的《理性与自然》（*Reason and Nature*）一书中学来的〕，即“一个稳定的社会就是它的成员能在普遍原则的基础上选择他们与生俱来的特殊文化”①。

列文森倾听这两个音调的耳朵是由其自身的世界主义培养出来的。作为一名优雅博学的天主教徒学者，他轻松地畅游在各种文化之间——从莫扎特音乐到中国琵琶，从易卜生到鲁迅，从犹太教哈希德派故事到儒教经文，并没有受限于对多数人造成障碍的文化特殊性。但由于他非常审美化地去享受观念的重新排列组合和形象的游戏，他也担心自己会不会只是一个审美主义者。他选择的领域——中国历史，很容易在那些“摇团扇”的外行人中流行。确切地说，是中国（China），而不是中国风（chinoiserie）（还有别的国家能像中国一样，其国名与文化装饰品如此紧密地联系在一起吗?）迷住了他，但他还是在法国启蒙主义的精神下去吸收中国的文化的。在大学学习期间，他已对法国启蒙主义思想做过仔细的研究。他的看法是：古典中国应作为哲学的对象，而汉学则标志了对它的钻研。他发现，解决问题的方法都太死板了，因此他转向近代中国，在那里，成形的思想和正在运行中的思索是分离的，“哲学和历史之间可能分裂了”，这种现象立即引起了他的关注。② 他看到，儒家经典一度成为历史，他马上意识到，中国的过去有多少已变成了（具有绝对价值的）哲学；转而言之，对革命中国来说，建造自己的（具有相对重要性的）历史具有多大的必要性。

他用自己最爱的隐喻发展出了这一主题。1957 年，法国记者罗伯特·吉兰（Robert Guillain）提出，共产党中国已将过去“封建”压迫的象征符号“博物馆化”（museumifying）了。紫禁城游客云集，各地的孔庙也得到了修复，并向游人开放。

---

① Levenson，“The Genesis of Confucian China and Its Modern Fate，” in L. P. Curtis，Jr.，ed.，*The Historian's Workshop*. New York：Knopf，1970，p. 285.

② 同上书，第 281 页。

> 古代文化获得了多年未有的尊崇，但人们尊崇的只是已死的文化——它们被允许进入博物馆。①

列文森开始从历史隐喻的角度看待这一现象，此时，他读了安德烈·马尔罗（André Malraux）的《寂静之声》（*The Voices of Silence*）。他较早期的作品《儒教中国及其现代命运》的工作笔记中，包含了马尔罗的一个说法，即博物馆“将物品汇聚在一起而使其与各自的最早功能相疏离，甚而将肖像变成‘图画’”②。对此，列文森评论道：“这是‘修正过的’而非原来的孔子——如上所示，其原样与本意均被排除了。”③ 正当他认为“博物馆化”左右了一时，代表了当下权威性的时候，一本介绍杭州的旅行手册提示：这种“博物馆化”如何使过去的绝对价值相对化了。这本旅行手册介绍了西湖畔的岳王坟，它是岳飞的陵墓，而岳飞是南宋时期一位伟大的爱国主义者，受到了奸臣秦桧的出卖和迫害。

> 岳王坟前跪着奸臣秦桧夫妇及其同党万俟卨、张俊生铁铸像，他们在关键时刻出卖并迫害岳飞。以往，游客常常会对这几人的铸像投掷石块或其他物品，以表达他们对这几人叛国行为的愤慨。但如今，为了保护这几具具有历史价值的铸像，这种行为不再继续了。④

列文森在工作笔记中还提到，几乎在同一时期，他也被莱昂·艾德尔（Leon Edel）关于亨利·詹姆斯（Henry James）研究中的一段话打动了：

---

① R. Guillian, *Six Hundred Million Chinese*. Trans., by Mervyn Savill. New York: Criterion Books, 1957, p. 265.

② André Malraux, *The Voices of Silence*. Trans., by Stuart Gilbert, Garden City: Doubleday, 1953, p. 14.

③ 这是一些随录、便条、笔记的汇集，列文森先生去世后，列文森夫人允许我阅读它们。这些材料显然是列文森写作《儒教中国及其现代命运》的物质基础。以下提到这些材料时，一律简称为列文森《儒教中国及其现代命运》笔记（“The Genesis of Confucian China and Its Modern Fate”）。

④ “Guide to Hangchow (N. P.; N. D.),” 摘入 Levenson, “Confucian Notes”。

……小银鱼在活着的时候，是一只有血有肉的小动物。对于亨利，或者很多妇女来说，它也是一种威胁。它死后，就变成了一个观念，一种思想，一团点燃记忆的火焰，一座雕像——戴安娜女神像！那么安然慈祥，受到众人的热爱和膜拜，“永远铭记在我们的心灵和生命中”。①

一种被神圣化了的生物也是一种具有降妖驱魔功能的生物，或者如列文森解释艾德尔这段话时所说的：

历史性思考不受活的控制。活的：一只死的手；死了：一个活的观念。

比较——孔子：“历史意义”。②

能够将活的价值相对化的不仅只有历史。人之所以能够将过去变成过去，是因为他自己对现在的信心。列文森在有关“编史学”的一门课上这样向学生解释：

人不能满足于相对主义的理论假设，否则，他就永远无法获得那种绝对信念，以允许他，或使他得以拒绝他在世界中发现的标准，从而使这些标准成为过去，或成为“历史”。如果能够做到这点，后人就能从前人这儿获益，就可以用监察的心态去看这些成功地受到质疑的标准。他们还可以对这些标准做相对性的诊治：送进博物馆；对极为当代的历史撰写者们做消毒性的修补者和防护（或称相对主义的防腐剂），以区别于那些吸吮着历史幽灵的人——他们的败坏性作为太多了。只有那些没有历史意识、没有相对主义观的人，才会认为历史相对主义是价值的高度溶解液。③

---

① Leon Edel, *Henry James*: *The Untried Years*, 1843 - 1870. Philadelphia: Lippincott, 1953. 这是列文森讲课（该课程原先列为 History 202，后改为 History 183）的笔记，Levenson, *Historiography*, note 13。

② 出于列文森为其在伯克利开设的一门历史思想课（History 202，即后来的 History 283）所作的关于编史学的书摘和笔记。以下简称为“编史学”笔记。

③ “编史学”笔记。

这一完美的比喻最终与中国发生关系，它出现在列文森对杰哈德·马索尔（Gerhard Masur）在美国历史学会1960年会议上宣读的论文所作的评论中。① 对马索尔描述的基督教意义上的升华神性及儒家内在循环的历史进化论做出反驳后，列文森指出了近代中国历史意识中发生的一个根本变化。当中国“从一个世界降为世界中的一个国家”的时候，传统主义者转入了“一个禁止传统绝对性的境地”。传统主义者们被剥夺了对往昔普遍价值的理念上的自信后，他们被迫从“‘国粹’中寻求基本属于浪漫（相对主义式）的论点”②。但仅仅相对主义本身是不够的，因此，用列文森本人曾用过的一个比喻来说，这个伤疤需要用马克思主义的药膏来医治。首先是划分历史阶段：按马克思主义的历史分期法来划分中国历史阶段，使近代中国能“通过一种想当然的历史各个阶段的普遍（而非绝对西方式的）顺序”，来找到自己的过去。其次是一种民主式的“博物馆化”，它使“历史意义”得以从条规转化为相对的实用。对于1915年曾扼制了“新青年”的世袭正统性，现在可以用冷静的态度来对待了。因此，到了1964年，列文森认为，过去的偶像已被安然地历史化了，正如他在《儒教中国及其现代命运》的最后一卷中解释的：

> ……尽管早期的基督徒会毁坏异教徒崇拜的神像，但在几个世纪之后，梵蒂冈博物馆还是会陈列和展出异教徒的神像。在当代的斗争中，异教徒的神像不再是一个仍然存活的对手，它们只具有历史意义，其中的佼佼者，也许还具有美学上的意义——仅仅具有美学的意义，属于一个被击败的、消失了的整体中的一部分。这就是共产党中国要修复重建孔庙的原因……③

但不到两年，红卫兵开始焚烧上面提到的那些孔庙了。难道说列文森的隐

---

① Levenson, "Comments on 'Distinctive Traits of Western Civilization: the Classical Interpretation,' by Gerhard Masur," *American Historical Association*, 1960, pp.5－6.

② 同上。

③ Levenson, "The Genesis of Confucian China and Its Modern Fate," in L. P. Curtis, Jr., ed., *The Historian's Workshop*. New York: Knopf, 1970, 3, p.114.

喻在一开头就是错误的吗？如果不是，为什么儒教中国的幽灵会如此迅速地回来骚扰马克思主义的现在呢？

对于后一个问题，有多种回答的方式。列文森选择用一个新的提问来回答这个问题：现代中国在其与马克思主义的认同的途中，真的有那么自信吗？我相信，列文森选择认同的问题，有两个理由。首先，这可以使他继续保留原先"博物馆化"的隐喻。其次，正如外在事件使他怀疑能否将文化轻易相对化一样，此刻他私下对自己作为一个犹太美国人的认同问题的关切，提醒他在特殊（地方性的）起源与普遍价值（世界主义的）之间调和的困难。

在那些年，列文森对犹太教的关注拓广和深化了，尽管他的基本信仰（不是原教旨主义的）自其本科毕业以来一直没有什么改变。在私下里与朋友聊天时，他会谈到自己退休后准备写一本关于犹太教的著作，并且也正在为此做准备，就像他写《儒教中国及其现代命运》三部曲时一样：大量阅读，思考，做笔记，并在希勒尔举行的犹太学者午餐聚会上讲述有关中心主题，有一次还曾在他常去的犹太教堂中讲过。事实上，他去世后，人们在他的遗稿中发现了22页的手稿，是这部书的一个开头，书名叫《犹太身份的选择》。在这部分手稿以及他所作的关于犹太教的笔记中，他充满感情地写到了在美国这样一个折中主义的、文化融合的社会中，选择自己身份的必要性：

> 我自己的立场是：犹太人，必须出头露面——不是出于受反犹主义的挫败（"犹太人一般是不被接受的"）；甚至也不是面对反犹主义而产生的荣誉感；也不能出于因犹太烹调或者犹太人的象棋冠军而引起的文化温情主义。我愿意像大多数美国犹太人一样作如是观：一个人在美国很容易迷失自己；文化折中主义，一种现代时尚，它允许你在街区小店里买犹太式腌鱼，也让在Hungry-I（我—饿）音乐餐厅里欣赏以色列民歌，而且每个人都可以把希伯来语圣经当作文学宝藏甚至精神养料来阅读。我虽然不是中国人，但也能阅读孔子的《论语》，并对他睿智的格言颔首称赞。我为什么必须当犹太人，才能在我生活方式中加进一些犹太味道？这是个修

> 辞性问句。我要当一名犹太人，因为我感到了犹太主义的必要，是由于“犹太人的贡献”之外的原因。而且这并不仅仅因为我觉得：对于我可以作为一位多元信仰的现代人，来享受犹太人的这些贡献……这么一个事实感到抱歉没有意义。更因为那些以这种方式给犹太主义在历史中“定位”的人，已经丢失了他们予以定位的物体的意义。①

列文森对文化融合的厌恶，与他内在的信仰及他颇为公共性的学术相关联。由于他个人拒绝与一种中立的世界主义式的身份相类似，与此同时他在近代中国知识分子身上看到了类似的尴尬。概而言之，他对近代中国的理解受到他对自己犹太主义认同的影响，而这种理解反过来又左右了他的犹太意识。正如他本人会对孔子的格言颔首称颂一样，他担心其他人也可以同样挪用犹太主义。无论是他关于犹太主义的笔记还是在《革命和世界主义》中都是如此：一个缝合的循环，一种敏感加强了另一种。

这种相互作用一直存在，举例来说，正如他不相信能以单纯的审美态度来欣赏中国文明一样，人们对犹太主义微妙的外行欣赏也让他担忧。这两种态度都同样缺乏深究。他曾对希伯来语中两个看起来发音相同，但字形相异、意义迥异的词深有感触，这两个词是“Sinai”（西奈山）和“seneh”〔(燃烧的)荆丛〕。上帝这种双重启示（“这儿是荆丛，那儿是获得天启的西奈山”）的“强烈文学效果”让他惊异。② 但他很快就感到，自己也许是太理性，而没有领悟到是宗教原因导致了修辞效果。他告诉自己：“记住，修辞效果是其原因的体现。”

> 有一种宗教旨意让犹太人活下去，宗教自然影响了“犹太文化”，但这文化本身是偶然的，它不是目的。这宗教旨意，那种与宗教与生俱来的戒律，才是最终目的，如果这个旨意仅仅被吸收进“文化”，那么犹太人也就会被吸收、被解体，于是我们的最终方案（如希腊经典一样），即文

① 出自列文森手稿中“关于犹太主义的笔记”。以下简称为“犹太笔记”。

② “犹太笔记”。

> 化本身，将会灭亡。“作为活文学的《圣经》将不再是犹太人的《圣经》——一部活人的《圣经》，犹太教的载体，来自荆丛（seneh）至西奈山（Sinai）的深奥信息。”①

同样，列文森记得是他从中国研究中得来的博物馆的比喻提醒了他自己，要避免把《希伯来圣经》当作文学经典来阅读。不然，就像博物馆中的藏品一样，犹太圣经便“属于任何崇仰它的人，如同《荷马史诗》‘对世界文化的贡献’”②。让别人去神化他们的过去吧（“现代希腊人是博物馆的保管员”）；但“犹太人必须活着，就是说，作为犹太人成为历史的一部分，当历史还存在，而不是一面在‘精神上’或者‘文学上’做贡献，一面肉体则死去”③。

因此，列文森相信，犹太人和犹太主义只有在保持其历史特殊性的前提下才能存活——在这个前提下，就意味着拒绝文化融合的普遍主义。因为，他对中国文化历史的研究使他深信，文化融合主义与19世纪的“体/用论者”构成了一个跷跷板的两极，经常偏向一极。关键是，它们都拒绝历史。

初看之下，在历史特殊性以及某种世界统一的前景之间，似乎存在明显的矛盾。列文森当然意识到这种矛盾；因为，当他像19世纪的人一样，在对统一的世界这一前景抱有某种期望时，他却没有看到朝着这统一方向前进的历史途径。

> 有人谈到从一些特殊的历史中选出价值体系来建立一种文化的必要性，这种世界文化就可以与新的技术宇宙相同步。另一些人则在谈论基本上是平行的历史，这些历史的文化目标在本质上将是一致的。但是，我从来不相信历史能以第一种方式来创造，这就像文化选择委员会，他们从东西方中各选择出最佳的东西，来构成一个优良的综合平衡体；我也不认为

---

① “犹太笔记”。

② Levenson, *The Choice of Jewish Identity*. 这是在列文森遗稿中发现的一篇未完成的论文，共22页。

③ 同上。

历史能以第二种方式，依赖某种普遍的范式，如马克思主义的，汤因比式的，或其他别的什么的来创造。①

出现一种强加的、表面的统一体的可能前景，威胁了列文森信念的基础——特殊性。事实上，他的信念——犹太主义，用他自己的定义和信仰来看，必须通过一个特殊的民族才能幸存。正因如此，犹太主义不能与“犹太—基督教”（Judeo-Christianity）相混淆。“正是一个民族对‘犹太主义’的提携，从而使‘犹太教’和‘基督教’有了区别。而这一区别使得相提并论的‘合一的犹太—基督教’成为一个不当的用词。”②

列文森首次对这两个名词做出重要区分是在他审阅莫塞斯·哈达斯（Moses Hadas）的《希腊文化：融合和传播》（*Hellenistic Culture*：*Fusion and Diffusion*）一书的时候。在读到哈达斯描述的伊索克拉底（Isocrates）等哲学家的“世界文化”（ecumenical culture）时，他指出，柏拉图唯心论派轻易地将“国外的宗教概念转变为希腊式的融合主义”，因为“当现实就是本体，是蕴藏在其后面的普遍性时”，也就没有必要去拒绝特殊性了。③ 但耶和华不是宙斯，即使去描述它们如何融入希腊文化，都与犹太教义中“哈达斯”（Hadas）那部分的防护性不符。由于列文森是从对中国历史的研究中了解到那种在历史和价值的融合后面尽力寻求同等性的努力的，因此，对于哈达斯在希腊的语境中表述犹太史的那种含糊的“歉意”味，他提出了坚决而又礼貌的批评。“希腊化”（Hellenic）指涉的就是“希腊”（Greek，一个特定的历史中的民族），但同时，“希腊化”又是“超越民族的，普遍性的”，不需要任何

① Levenson, “The Genesis of Confucian China and Its Modern Fate,” in L. P. Curtis, Jr., ed., *The Historian's Workshop*. New York: Knopf, 1970, p. 283.

② “犹太笔记”。

③ Levenson, Review of Moses Hadas, *Hellenistic Culture*: *Fusion and Diffusion*. New York: Columbia University Press, 1959.

特定的民族将其具体化。“然而，犹太主义需要犹太人。”[①] 拒绝元文化（meta-cultural）的指向以及任何其他柏拉图希腊化的世俗性，难道不是犹太主义最大的内在冲动之一吗？列文森相信，犹太主义是他的世界，是他“生命的选择”。[②] 因此，他把自己的信仰视为对抽象信仰的否定。他的笔记表明了，他“选择犹太主义，是因为它拒绝抽象”，与基督教关于“生命/否定假设”相对立。[③]

但他也认识到，这定义让人觉得犹太主义是多么“不可救药地特殊”：它颠覆了康德将个人统治作为一种普遍性的自由规则（“康德这么想，许多犹太人也是这么想”）[④]，这可以被认作是某种原始的种族优越主义。列文森意识到汤因比将犹太主义与以色列部族中的“低级宗教”联系起来，对此甚为愤怒，他争辩说，一个民族（犹太人）不能与其文化（犹太主义）截然分开：

> 真正的犹太主义使这一问题（即犹太主义是一个民族还是一种文化的认同?）不成立。犹太作为一种宗教，既体现在一个民族中，又体现在一种文化里。[⑤]

其次，他声称：

> 汤因比脑袋得开窍——我们要告诉他，犹太主义确实是一种高级文化，因为它在与世界创造性的紧张关系中，受到法律，即特殊性的鼓励。[⑥]

列文森专门分析了犹太教对偶像崇拜的憎恶，以此进一步确认犹太主义这

---

① Levenson, Review of Moses Hadas, *Hellenistic Culture: Fusion and Diffusion*. New York: Columbia University Press, 1959.

② 同上。

③ “犹太笔记”。

④ Levenson, *The Choice of Jewish Identity*.

⑤ 同上。

⑥ “犹太笔记”。

一特殊性。[①] 因为反偶像崇拜禁止犹太人模仿（而不是认同）上帝，它要求人们在现世中行动。

与此相反，基督教同时体现了在柏拉图主义的反历史偏见和“犹太历史主义”之间的矛盾。基督教作为一个顶点，一个综合体，“并非成功地平和……而是因为希腊因素和犹太因素无法相容而充满矛盾冲突，骚动不安”[②]。因此，基督教不得不在希腊历史（Heilsgeschichte）与世界历史（Weltgeschichte）之间用奥古斯丁理论加以区分。[③] 这一区分几乎被黑格尔打破了，他将时间王国转化成精神现实，但他的意识形态仍然来自基督教，他仍然试图在事物的表面之下寻求精神观念。由于列文森相信犹太主义拒绝作此区分，他将西方思想大致分成了以下四种大的历史形态。

犹太教：精神的+时间的（即两者互相混合）

基督教：精神的/时间的

黑格尔：在时间中的精神

马克思：只有时间。[④]

这一分析反映了他不希望将犹太主义仅仅界定为“溶解在一个综合体中的一滴”的愿望，在他看来，犹太主义更应被理解为一种生命的选择，其中的历史特殊主义是一种更真实的普遍主义。

> 在犹太主义中，历史是一个主题，犹太教的特殊主义（对于许多具有宏大视域的开放头脑来说，这是一个丑闻），对于封闭的社区和琐碎的自我，感到不耐烦（但并不构成一种狭隘的地方乡土观念，而是转化它）。犹太人以其存在，并仅因其存在，它的历史可见性，便表达了一种广泛的意图。犹太教并不缺乏普遍主义的“真理”。它反对那种虚假的普遍主

---

① “犹太笔记”。

② 同上。

③ 同上。

④ Levenson, *The Choice of Jewish Identity*.

义，这种普遍主义常常被用来反对它。[1]

他关于犹太教的笔记满是他认为能够证明“普遍中的特殊”（particular-in-the-universal）的例子。例如，犹太安息日既是纪念普世创造，也是纪念“犹太人作为一个民族，一个历史载体”的历史起源。就这样，这两个创造的王国因犹太人在“创造性紧张”[2] 中的犹太行为而得以保存。因为，尽管列文森曾宣称，他对这些矛盾概念的使用是试探性的，但他相信，不让对立面浮现的张力，本身具有强大的创造性。他写道，犹太人与上帝的“距离和亲近”，就像“民族/世界，历史/永恒，循环/线性等对立关系一样”，然后又补充说：“做一名犹太人是多么困难啊……”（“Schwer zu seine ein Yid…”）。[3]

正如所有矛盾对立关系都要回到历史一样，历史最终会为他解决在普遍性和特殊性之间存在的矛盾。列文森时常审视犹太教的弥撒，弥撒预言了（如在撒迦利亚中）最终的普遍主义：上帝和他的名字，一与同一。但他更喜欢将犹太教解释为缺乏神的最终决裁，因而更接近于犹太人的存在条件。列文森想起列斐弗尔（Lefebvre）关于18世纪对一个基督教社团世俗化的改造（所有人不加区分，都能得救）的判断。[4] 他写道，因为尊重历史，犹太教拒绝在基督教的普遍主义中发展壮阔：

> 历史的形式不仅能想象同一（在人和上帝中，既完成本论存在的主观意识）是某种在时间成熟的时候会出现的东西，而且还是历史载体——特定的民族——的保存形式。在现代世界对不成熟的世界主义/大众抽象化和均质化现象的根基感到忧虑的情况下，这种形式不仅与神学相符，而且从社会/心理学看也很合理。任何引起浪漫反应的关于启蒙运动的东西，

① Levenson, *The Choice of Jewish Identity.*

② 同上。

③ “犹太笔记”。

④ Georges Lefebvre, *The Coming of The French Revolution.* Trans., by R. R. Palmer, Princeton: Princeton University Press, 1947, p. 183.

都在浪漫/理性、特殊/普遍的结合方面，给予犹太教特殊的力量。[①]

由于犹太人在“真实的、历史的人生中，痛苦、辛劳、无所依靠的处境”[②]，是与本身的存在有关，犹太教几乎将一种荒诞的决定强加于他们。尽管他们不相信犹太教是“给予”犹太孩子的完全自由的选择，但它在一个民族（不是一个文化）中的具体化要求人们心甘情愿地接受自己在其中的必要位置。因此，他力图通过在“抽象、理智、普遍”的犹太教（“的确是一个供现代选择或拒绝的主题”）下包容“具体、非理智的特殊存在”的人民（“一种历史量”），来保留其选择的能力。[③] 这一存在性的方案在很大程度上要归于他的信念：现代犹太人同化的绝对能力是一个利于选择的好机会。因为，列文森在与一位同事就犹太人在美国的“现代磨损”进行交谈后，他在笔记中简要地写道：“现代的处境（悲观主义的经验基础）鼓舞了犹太人的潜力：选择（化解的可能性产生了选择的可能性）。”[④]

但我要再次强调列文森内心深处的信念与他公开出版的著作之间的和谐一致，这从他类似狄尔泰或克罗齐作为历史学家的自我意识中可以看出。有一次，他曾告诉他的学生，他们必须“接受历史仅是一种个人观点”，而且，“过去不能分离于［他们］本人而存在”。这意味着，作为历史学家，他们将生活在一种相对主义的观念中，但他们也不必将此看作“令人绝望的忠告”。他更希望这是“一个美德的忠告，一个道德的训诫”。如果为了“避免风险”，历史学家就不表达立场，他就有可能将自己退缩到事不关己的“客观性”中，那就太“平淡乏味”了：

哦，这便是所谓的科学、不带价值观的“版本”的安全产生。学术上的客观性不应该是人对自己文化难题的逃避。以为且力求完整而不带感

---

① “犹太笔记”。

② Levenson, *The Choice of Jewish Identity.*

③ 同上。

④ “犹太笔记”。

情地去描述现实的任何一面，都将是徒劳无益的。[1]

相反，他鼓励学生们时刻意识自身的局限。否则，当前“客观”的傲慢会将他们“历史化”，而在将来他们会成为“代表［他们］自己时代的特殊精神，而他们想捕捉的却是那另一个”[2]。

列文森有关编史学的演讲，包括他的《革命与世界主义》，表明了他对于真实历史（即既特殊又普遍的历史）被湮没的持续恐惧。在写到上海的大都市资产阶级时，他仔细地将他们的意图从他痛恨的“类似柏拉图式的反历史”中区分出来。同时，他还表明，他们如何轻易地失去了自己的历史，忘了自己的本，并因将主观本身“客观化”，以致最终失去了主观体。尽管他对他们怀有同情〔“我的同类，我的兄弟”（“mon semblable，mon frère”）〕，他们的美学主义却导致了他有意识地控制自己的历史。因为，他认为他们的现世主义（presentism）是虚荣的：毫无内涵感觉。读一读萨特关于波德莱尔的描述：

> 他厌恶进步，因为进步使将来的国家制度成为现在国家存在的原因，并成为解释它（现在国家）的理由。进步意味着未来的首要性，未来转而又替长期的活动辩解。[3]

列文森认识到，波德莱尔对于无时间的当前的冷静敏感否定了过去，也否定了将来，使他成为“‘现代’之父”。

> 什么是“现代主义”？脱身事外、个人主义，这使波德莱尔既反自然，又反工业。……什么样的“过去感”能与波德莱尔的“当前感”一样“现代”？人造的过去感……那么，如何建构？从一个独一无二的现代世界，它所具有现代的条件〔即马尔罗的“想象的博物馆”（Musée Imaginaire）〕——“稳定而坚实”（基于坚固的传统和有限的过去）的反应已

---

① “编史学”笔记。

② 同上。

③ Jean-Paul Sartre, *Baudelaire*. Trans., by Martin Tumell, Norfolk, Conn.: New Directions, 1950, p.159.

经一去不复返……由于过去存在的广阔延展，传统的概念被大大地改变了。现在，传统已不再是某种既定的、从上一代传给下一代的东西，而是某种有意建构出来的东西……即更接近于称波德莱尔的（任凭感觉的指使，调色板上的任何混合）人工产物。……因此，无论多么有“过去感”，却都是反历史的。因为，就一点而言，对过去的“建构”本身是反整体、反网络的，它具有所有相对主义的内在含义。就另一点而言，也许历史确实具有与特殊性的必要联系……

那么，普遍主义的实体（柏拉图的）——否定历史，以及现代调和主义——历史的表面调和，这两者之间存在某种联系吗？两者都是反特殊性的，且区别于介于其中的浪漫、国粹式历史循环论。关联：传统的薄弱……除了使过去成为过去以外，自由选择但还能是什么。它就是把现时从（特殊的）传统权威中脱离出来，并使其解放出来作普遍选择的“博物馆化”。

“所有的过去都属于我们”……而且“所有的过去也属于他们”：在成为过去的进程中，各个历史被加以区分（历史——那时所发生的；历史——我们所撰写的：以一种“知识话语世界”感，通过历史比喻），也融为一体。①

列文森喜欢与自己的特殊过去相关联。但是，对自己的过去过分执着，就显得太土气，几乎近于浪漫。答案在于，去认识他自身的人性状况，以便使相比的历史能产生出关联来，这些关联有可能把他在时空中的特定世界带进世界性的视野中。这样，列文森这位波士顿的犹太人便能与上海的知识分子结缘了。由于他如此有意识而清晰地表述了自己的目的和假设，他也发现了，当一个人有勇气去感知它们时，矛盾就会变得具有创造性。因此，他学会了如何将中国的“博物馆化”失败解释为一种“对历史进步信念”的危机。由于中国共产党不再能够“保护中国过去的文化”，他们也变得更加地方化了，也许这

① “编史学”笔记。

一狭隘的乡土观念在将来有一天终将瓦解，对此，列文森抱有谨慎的信心。

> 总有一天，中国会以这种或那种方式（其方式的选择令人害怕）重新参与到世界主义的大潮中来。文化传播者也好，文化革命者也好，两者看起来都不会永远是搁浅的小银鱼或大鲸鱼。①

因为，光是世界主义本身并不能解决这一问题。列文森反复询问自己（以及中国历史）：特殊性如何能与一种普遍的世界历史相容，以拒绝接受马克思主义者和柏拉图主义的元历史观念；或者说在拒绝接受技术的枯燥无味的普遍性之后，他不得已信仰了一种新式的世界主义，一种“正在萌发的”，从先前世界主义灰烬中复生的新世界主义。这一信仰就是撰写历史，也就是其有关世界的话语，必须能代表中国与西方之间的话语的信念。

> ……一种可以被真正称作是世界历史的东西正在出现，它不只是各种文明历史的简单累加。中国的历史学家在写关于过去的历史时，就是在创造中国历史……一个把中国带入一个普遍世界话语中的历史学家，不仅在技术水平上他在帮助世界统一起来……当人们对中国历史的理解（在没有破坏它的完整和个性的前提下），与对西方历史的理解二者互相强化时，我便看见了一个世界的形成。这两种历史各自互属……因为观察家能够在头脑中把其中的问题互相移位（不是移植问题）……还有，中国历史，必须加以研究，因为……这使我们在用以力图理解西方的同一个世界话语里，看出它的意义。如果我们能看出这种意义，我们就可能帮助建立这种世界。写历史的行为本身就是一个历史行为。②

他本人对明晰性的欣赏和创造使得他能成为一位具有世界主义意识的特殊个人。他知道写历史的行为等于历史行为，给了他自己和历史真正的意义。也

---

① “编史学”笔记，第55页。

② Levenson, “The Genesis of Confucian China and Its Modern Fate,” in L. P. Curtis, Jr., ed., *The Historian's Workshop*. New York: Knopf, 1970, p. 287.

许是普鲁斯特，这位列文森深为钦慕的作家，最好地表达了他的这种自信：

> ……我鼓起了所有的勇气，对他说："告诉我，先生，您是否碰巧认识那位盖尔芒特夫人？"我感到很高兴，因为在说这个名字的时候，我对它获得了一种权利。仅仅通过从梦中将她描绘出来的行为，我便在言说的世界中给了它一个客观存在。①

何吉贤　译

① Marcel Proust, *Swann's Way*. Trans., by C. K. Scott Moncrieff, N. Y.: Random House, 1928, p. 180.

小议列文森的官僚体系—君主对立关系主题的发展

（1976年）

列文森的三卷本大作《儒教中国及其现代命运》不断提出的问题是："为什么在中国历史的大部分时间里，新思想是否有悖传统，必须受到检验，而在近代，传统是否有悖于强势新思想，则必须受到检验?"① 他的著作第二卷《君主制衰亡问题》从体制角度提出："为什么君主体制和官僚体制与儒教文化观如此密切关联，以至于对前者的废除和对后者的改革使得儒教文化派成为传统主义者，而不再拘泥于传统?" 他用尼采的洞见回答这个问题（"几乎每一方都清楚，为了保全一方自身生存，对立方不应彻底丧失实力。"）②，并以此为出发点，对中国皇朝体制做出了表面上自相矛盾的定义：儒教君主制的基础恰恰是反儒教的法家原则。这样的矛盾在制度上表现为官僚体制和君主体制之间一种生死攸关的对立关系。这样的矛盾体——"儒教—君主的相吸相斥性"——一旦丧失，中国的政权也就终结了。

《君主制衰亡问题》一开篇就展现了这样的衰败，具有象征意义：袁世凯在1916年1月1日登基，开始了短命的洪宪王朝，演出了一场"皇家闹剧"。这场冒牌皇朝复辟给列文森提供了确凿证据，表明"君主制的神秘性已江河日下"。并且由于袁世凯恢复帝制的同时还要抬高儒教地位，这也意味着，以"不符合传统的"方法，把中国君主制和"完全是思想领域的传统主义"混为一谈。在"真正的皇朝时代"，君主制远不是现代意义上的保守主义

---

① Joseph R. Levenson, *Confucian China and Its Modern Fate*. 3 vols. Berkeley: University of California Press, 1958 - 1965. Vol Ⅱ, *The Problem of Monarchical Decay*, p. vi.

② Nietzsche, "The Twilight of Idols," in Levenson, *Confucian China and Its Modern Fate*. 3 vols. Berkeley: University of California Press, 1958 - 1965. Vol. Ⅱ, p. 23.

体制。的确，鼎盛时期的君主制常常对立于士大夫的儒教保守主义。[①]

列文森并不是第一个强调统治者和大臣之间竞争关系的人。马克斯·韦伯已经在《中国的宗教》中指出，战国时期的“自由和流动的文士阶层”曾被诸国竞相追求，但自汉朝一统天下后变成了依附于朝廷的食俸阶层，为得到官职，相互争夺。韦伯强调这样的社会变迁，是为了解释儒教正统地位的确立。“随着中国食俸阶层的扩大，原先文士变动不羁的自由精神从此裹足不前了。”[②] 但是他同样强调科举制度如何防止科举士人“联手形成一个封建官员贵族阶级”[③]，同时，他们与君主结盟，对抗“封建时期”的大家族。宋朝以后，这些封建敌手不复存在，士大夫的主要对手变成了“独断君权和宦官制度”[④]。士大夫“服从于统治者，如果统治者同样服从于他们的礼教和仪式要求”[⑤]。在韦伯看来，这样，官僚—君主关系形成了一种相当静态的平衡，稳定地支撑着传统秩序，以保守主义对抗有可能发生的经济变化后果。而列文森则把这个关系看成是一种重要的对立，随着历史变化，或张或弛——这是一种文化活力的表现，而不仅仅是政治竞争势力的妥协。

然而，具有这种活力的文化按某些标准衡量，仅仅是一种风格的表现。《儒教中国及其现代命运》第一卷一方面警告说，要避免以“西方武断的‘失败论’看待中国文明”[⑥]，同时又描述了“清朝早期思想中经验主义的夭折”，从而暗示，在盛清时期政治活力背后却是思想活力的实质匮乏。从这个角度看，列文森似乎属于所谓的哈佛编史学派。当然，他的确加入了一群非凡的远东历史学家的行列，他们在第二次世界大战后受到费正清的思想影响而汇集到

---

① Levenson, *Confucian China and Its Modern Fate*. 3 vols. Berkeley: University of California Press, 1958－1965. Vol. Ⅱ, p. 10.

② Max Weber, *The Religion of China*. Glencoe: The Free Press, 1952, p. 112.

③ 同上书，第 119 页。

④ 同上书，第 138 页。

⑤ 同上书，第 141 页。

⑥ Levenson, *Confucian China and Its Modern Fate*. 3 vols. Berkeley: University of California Press, 1958－1965. Vol. Ⅰ, *The Problem of Intellectual Continuity*, p. 13.

一起。尽管对这样一个思想丰富的群体做出整体评判难免有失偏颇，但是他们中的大多数的确乐于评估中国对西方影响的反应，基本上假定中国在面对帝国主义挑战时，拒绝立即做出改变，因为儒教已经把旧有秩序整合得十分成功。同样，因为旧有秩序在短期内的确能够自我保存得很好，其最终的衰亡才更为急剧。在列文森看来，其衰亡起始于太平天国叛乱——这一共同的敌人使官僚制和君主制之间的共同利益得以形成，消除了它们之间的对立关系，而双方的对立关系对中国政治文化又是如此地至关重要。因此，随着彻底的融合，其后彻底的瓦解也成为必然。

由于列文森的论点带有循环论证色彩，他发现的这个至关重要的对立关系似乎是后来才想到的。毕竟，第二卷一开篇就谈到洪宪帝制复辟：一个冒牌帝王的儒教加冕仪式靠的是他的党羽们一手操办，而不是大臣们对一个皇帝权力的真正认可。是否可以说，列文森发现在后者之间曾经存在的重要对立关系只是他观察20世纪儒教做出浪漫妥协时得出的推论呢？或者，他是自然而然意识到更早时期的这一对立关系，并且基于其他思想建构得出的预见呢？

为了回答这个问题，我将确切说明，在《君主制衰亡问题》实际写成之前，官僚—君主对立关系的观点是如何在列文森思想中发展形成的。出版的著作本身并不能帮助这样的重建工作，但是约瑟夫·列文森夫人允许我研究了《儒教中国》的原始笔记。丈夫去世后，她在他的文件中找到了这些笔记。而正是从这些笔记中，我得以追寻这一观点的来龙去脉。①

列文森早期研究梁启超著作时，第一次试着将官僚—君主对立关系与皇朝体制的活力联系起来。当他注意到“传统中国的这对孪生中心”保持着“本土特点的对立关系”状态，列文森甚至在那时就感到，“现代的一个标志”可

① 这些笔记由加利福尼亚州伯克利大学Bancroft图书馆保存。以下未作脚注的参考文献均来自伯克利大学的这些笔记。

能是“两者衰落的融合”。① 但是，在他深入探讨这一想法——也就是对立关系舒缓的想法——并对此得出结论之前，他还必须定义这个体制的活力因素。马克斯·韦伯在《作为职业的政治》中提出了下一步。韦伯这样写道：

> 当一个君王越来越进入业余艺术爱好者的角色时，他想方设法摆脱受过专门训练的官员们日益增强的势力，他们得益于集体责任体制和内阁制，这无可避免。他试图将最高领导权保持在自己手中。专家官员群体和专制统治之间的潜在争斗在任何地方都存在。②

在中国，统治者和官僚之间可能同样对立，但是列文森立即注意到，儒教官员似乎并不依靠获得专门技能来保护自己。相反，“在中国，争斗发生在业余官僚和君主之间——［因此存在着一个］官僚团体，他们自认为能够独立于君主的掌控是和他们的业余地位息息相关”。这样，正是通过反面类比，列文森首先想到了“业余理想”的概念，这将成为他的三卷本第一卷的一个重要主题，其他人的三项研究成果帮助他细化了这个主题。第一篇是亚历山大·索珀关于北宋绘画的文章。这篇文章对列文森的启示是，儒教官僚通过采用他

① 通过考察梁启超的国家主义思想根源——从“天下”转变到“国家”，列文森思考了梁在1901年的观点。梁宣称，中国缺乏国家主义思想，是因为效忠的对象是朝廷，而不是国家。参见梁启超1901年写的《中国积弱溯源论》，《饮冰室文集》第15卷，23b—25页。梁的说法引发了下面的简略笔记：

> 对传统儒教和君主观念的双重现代批判——国家主义的定义是对传统中国这对孪生中心中任何一方的否定——这样就可以观察到它们之间相互吸引。这也意味着它们的相互“排斥”（梁并没有这样的意思——也许是现代的标志，也就是说，两者衰落的融合），这表现在官僚和皇帝双方最终都自认为是“公”，视对方为“私”，也就是皇朝中央集权。强人和中央权力作用于对立的私人势力（也就是士大夫）扩张。

② Max Weber, “Politics as a Vocation,” in Hans Gerth and C. Wright Mills eds. , *From Max Weber.* , New York: Oxford University Press, 1958, p. 89.

们自己的文人画风格来拒斥翰林图画院绘画风格。① 另一个例子是罗马帝国晚期文人的自大，这时，高尚文化被当成有力武器，用来对抗贵族地主。② 最后，是任继愈关于职业中医传统地位的文章。文章强化了列文森的信念：儒教士大夫有意识地保持业余身份，是为了自我保护，既然这样的状态“会完美地使官僚阶层职业化”。③ 因此到了1956年，列文森成功地将业余精神和官僚阶层自身利益联系起来。也就是说，在韦伯的模型里，官僚为了保护自身，必须成为技术官僚。而与此相反，列文森的儒教士大夫通过运用市民文化抵抗法家专制统治者和军事贵族。④ 然而，“业余理想”之外仍然存在着体制势力问题。这些列文森都有所探讨，方法是解释君主、贵族和官僚之间的三角斗争。在1957—1959年期间，他对欧洲历史的研读使这一斗争观点得到多方位的扩展。例如，罗马帝国晚期历史显示出君主无法联合官僚阶层来对抗元老院的大地主阶层，而在中国，“皇帝+官僚的组合是可能的”，以便对抗贵族。但是正是因为后者在宋代被“淹没”到如此的程度，以至于“皇帝+官僚构成的联合并不完美。［因此］双方之间的紧张对立时时发生作用”。⑤ 更能说明问题的是普鲁

---

① Alexander Soper, “Standards of Quality in Northern Sung Painting,” *Archives of Chinese Art Society of America*. 1957, 11, pp. 8 - 15. 索珀将北宋翰林图画院与法国路易十四的画院比较，这使列文森认为：“对路易的类比表明专制君主对工具的使用；批评表明儒教士大夫的抵抗——并且是有效抵抗——［因为］为中国社会价值制定基调的是官僚，而不是君主。”

② 列文森从 Andrew Alfoldi 的著作中得到这一印象，参见 *A Conflict of Ideas in the Late Roman Empire: The Clash between the Senate and Valentinian* I. Oxford: Oxford University Press, 1952, pp. 107 - 111。

③ 参见列文森评论的任继愈文章，任继愈：《中国古代医学和哲学的关系》，《历史研究》1956年第5期，第59—74页。

④ 从某种角度看，他对贵族的关注开始于文化问题。他阅读了清水盛光的著作《中国革命前专制权力的基础》〔Shimizu Morimitsu, “Ryu Shina ni okeru sensei kenryoku no kiso,” *Mantetsu Chosa Geppo*, vol. 17, no. 2 (February, 1937), pp. 1 - 60〕。列文森注意到，表示士大夫的“士”这个词在封建时期之后很长时间以全新的伦理化、“文明化”概念继续使用。由于“文”被供奉起来，代价是“武”的地位降低，“文”“武”互为对立面，与官僚—贵族斗争相对应。

⑤ 列文森曾经读过斯尼根的著作（William G. Sinnigen, *The Officium of the Urban Prefecture during the Later Roman Empire*. Rome: American Academy, 1957）。

士的例子，汉斯·罗森伯格的研究对此做出了说明。[①] 列文森能够清楚地看到，霍亨索伦王室的军事—官僚权力机器是如何首先与地主贵族并存，而后达成妥协的。可以想象到的局面是，官僚阶层通过给予地主贵族足够的好处，确立了相对独立性，目的是保留贵族作为一个平衡势力对抗专制统治。不仅如此，一个特别的文化风格，一种教化，能够克服阶级的隔阂，并且达到一种普鲁士的"文""武"共享，这在儒教中国不可想象。

列文森从普鲁士转向法国。当他重读了托克维尔（Tocqueville）的《旧制度与大革命》一书时，他一开始认为官僚—君主集权可以完全有效地对抗贵族。但道格拉斯·戴金对杜尔哥的研究[②]使他相信，托克维尔眼中的官僚实际上并没有他想象的那样强大。由于贵族既没有（像在中国那样）被削弱到无足轻重的地步，也没有（像在普鲁士那样）受到善待，以使其保留足够的力量阻遏政府，并且看上去像个寄生阶层。

如他当时的笔记所说，"这样的［法国的］官僚阶层〔如同非专家型儒教（官僚阶层）一样〕并非有意安排，使君主行使有效专制统治（并且事实上，法国的官僚阶层也没有这样的作用）。但是，与中国不同，法国［发生了］革命——因为［存在着］一个（寄生的）贵族阶层"。也许，当革命最终在中国发生时，君主和官僚一起倒台了，因为没有寄生贵族可以转移攻击焦点，但是对于列文森来说，这一点却没有其运转形式本身重要。事实上，他花费了极大精力说明，在中国的贵族早已消失后的时间里，君主和官僚阶层之间的重要对立关系一直持续着。他假定内藤湖南的论点[③]是正确的，他也知道所有证据都表明在帝王朝代的晚期，专制权威实际上得到增强。无论何种情况，官僚阶层

---

① Hans Rosenberg, *Bureaucracy*, *Aristocracy*, *Autocracy*: *The Prussian Experience*. Cambridge Mass.: Harvard University Press, 1968.

② Douglas Dakin, *Turgot and the Ancien Regime in France*. New York: Octagon Books, 1965.

③ 内藤湖南（Naito Torajiro，1866—1934）首先是在《支那论》（1914 年）中，其后又在《概括的唐宋时代观》这篇著名文章中论证说，中国现代历史发端于宋代晚期，这时贵族已被消灭，皇帝开始逐步建立绝对的权力。

必然受损，因为“业余理想”只能用于士大夫个人。然而，列文森认为，从没有贵族这个层面考虑相对容易，而较难调和的是，1200 年以后帝王权力不断加强，官僚阶层需要足够的独立性，以便能够产生对儒教活力如此重要的对立关系。如果牟复礼关于 1381 年以后皇权大扩张的观点是正确的话，那么，是否官僚们可能完全丧失了他们的独立性了呢?① 列文森的回答是否定的，他注意到牟复礼的描述与他自己的“君主和官僚权力平行崛起，[并且] 不是以牺牲另一方为代价的解释”是一致的。以下是他笔记的内容。

> 因为只是在这时官僚阶层的影响力变得如此之大，以至于至少可以分享政权的主导地位，也就是说，(牟复礼和其他人) 对宋代君主权力提升的强调不应该被理解为对官僚阶层的专制掌控，而是对官僚阶层地位的平行提升。
>
> 另外，皇帝继续尊重——甚至推崇——对君王进行道德批评的官员。其中一个原因仅仅是儒教坚持的信念是，皇帝的德行涉及官场权力条件并可能由此受到质疑，正是由于这个信念，皇帝不可能被抬到至高无上的位置，在这个位置上只有官员们承担责任。

也就是说，中国的君主避免成为像日本皇帝那样的神圣但同时也是孤家寡人式的统治者，为此，他们尊重儒教评判，而这样的评判需要他们的个人政治干预。但是在中国皇朝历史晚期，却有更多的强权皇帝，而不是更多的独立自主的官僚。② 那么，人们如何解释朝廷上的鞭笞和叩拜这些显示官僚们奴才地

---

① Frederick W. Mote, “Terror in Chinese Despotism with Special Reference to the Early Ming Period,” *Oriens Extremus*, September, 1959.

② 对列文森来说，最好的例子是雍正皇帝，列文森对他的了解是通过宫崎市定的著作：《雍正帝——中国的独裁君主》(Miyazaki Ichisada, *Yo-sei-tei*, *chogohu no dokusai kunshu*. Tokyo, 1950)。他尤其感兴趣的是晚清行政方面的情况，他对此的知识来自《嘉庆会典》。他读到的是日文翻译版：“Rinji Taiwan kiukan chosakai dai-ichi-bu hokoku,” *Shikoku gyoseiho*, kan 1 (Tokyo, 1914), kan 4 (Tokyo, 1911), kan 5 (Tokyo, 1911) [台湾总督府中国传统习俗研究临时委员会第一分部报告，清朝行政法]。

位的现象呢？同样，也许在这方面，真正的利益通过某些矛盾的心理表达出来，因此大臣对其君主的顺从实际上掩藏了官僚权力。列文森阅读了马克·曼考尔的一篇文章，内容是有关第一个中国出访俄国使团的①，这时，他发展了这个想法。曼考尔注意到，中国使节向女皇安娜·伊万诺夫娜磕头一事没有在《清实录》中提及，他设想雍正皇帝对他的朝廷隐瞒了俄国作为盟国的必要性。列文森不同意这样的看法。

> 我的猜想是，（与曼考尔不同……）这其实是士大夫利益，因为这件事（向俄国人磕头）和他们对君王的概念冲突——士大夫提出的要求比君主自己的要求还要更加极端——这是作为一种限制手段……在中国，要求磕头的信念满足了皇室和官僚偏好——但这是因为别的原因……对儒士来说，他（皇帝）是天子……士大夫认为，这个行为的确有损他的专制权力纯粹性。

正统儒教这方面的证据可以在程颢的言辞中看到，他说一个皇帝应该做到“辨识忠良”。因此，列文森说：

> 责任是在皇帝身上。他不应该把忠诚定义为无条件遵从自己的意愿。相反真正的儒士通过他的建言来定义忠诚的含义，并且皇帝必须明白，那些同意这种明智建议的人才是忠良。

另外，因为这样的屈从反映了一个人的忠诚程度，这是个人道德——因此也是独立道德的标志，这最终使官僚们的不同政见合法化。列文森在阅读贺凯（Charles Hucker）关于东林党争的研究②时思考了左光斗的著名例子，他在皇帝的命令下受到刑讯，临死前他还在说：“我身属我皇。”贺凯说这是“法家的奉承”，但是列文森却认为这样的行为强调了：

---

① Mark Mancall, “China's First Mission to Russia, 1929－1931,” *Papers on China*, 9 (August 1955), pp. 75－110.

② Charles O. Hucker, “The Tung-lin Movement of the Late Ming Period,” John K. Fairbank ed., *Chinese Thought and Institutions*. Chicago: University of Chicago Press, 1957, pp. 163－203.

> [大臣与皇帝之间的] 个人关系——试比较牟复礼关于专制体制的论点：这种专制体制的证据……其实是对 [某种] 儒教自由的 [一个] 确认—— [这种自由使官员] 成为 [一个] 人，而不是 [一个] 无足轻重的轮齿。

因此，甚至最极端的皇权暴政的案例也表现了官僚的道德担当，并被列文森用来证明士大夫和皇帝之间的重要对立一直延续存在到 19 世纪。因为他比以前更加坚信“对立关系等于力量”。

> [一个] 好的社会是一个“包含对立关系的社会”并且掌控了自身的对立因素。贫弱的社会——近代中国——是 [一个] 失去了对立关系的社会。如果这个社会要想具备强力，其基础是新的对立关系因素和控制机制。①

但是近代中国是如何变得贫弱的呢？那些以前的对立关系因素又是如何丧失的呢？法国再次成为一个富有启示的类比。

> 在法国，君主使贵族成为寄生阶层，同时不把荣誉给予官僚阶层。在中国，秦以后的君主无法将荣誉与官僚权威分割开来……秦的残暴结束了贵族制度，也令潜在官僚感到反感，这就迫使汉朝接受官僚的“业余”的超然态度，以对立于无限制的专制控制…… [这] 等于说中国在秦朝就发生了革命，[其] 封建制度被推翻，[并且] 因此 [其] 革命的潜在可能性被扼杀。法国没有发生 [早期] 革命，但 [反而] 是君主权力向绝对权力发展；贵族被改变，但没有被推翻，这样，革命的潜在可能性被保存下来。

---

① 这时，列文森深受沃尔特 · 考夫曼（Walter Kaufmann）的尼采研究影响，而该研究引用这个哲学家的话论证说：“人们应该根据一个社会或个人能够容忍多少寄生因素来衡量其健康状况。”（第 243—344 页）。这表明，一个人如果足够强大，能够掌控强烈、激烈的感情，就比一个压抑这些冲动的人要更加强健有力。

这样，公元前 3 世纪的秦朝"革命"排除了 2000 年后类似法国那样的经典革命。

封建阶级的缺失的确是儒教中国长期延续的一个原因，但是列文森还必须前后一致地解释导致 1911 年君主制和官僚制垮台的内在动力。他因此扩展了他在笔记中运用的隐喻。如果对立关系是力量和活力，那么，官僚体制的健康依赖于能够保持不同学派之间对立关系的儒教。曾国藩温和的折中主义导致儒教的破产。按列文森的说法，这是因为：

> ［一个］具有内在对立关系的儒教（也就是说，活力）不同于整体性儒教，其各个部分尽管仍然存在，但已经失去了对立性。儒教失去了自身"内在"对立性时，也同时失去了与君主的对立性。

如果像法国那样的革命需要统治阶级的一部分成为寄生阶层，那么儒教官僚在 1911 年以前一定也被看作是寄生分子——这是从隐喻中推导出的一个结论，这使列文森注意到太平军对士绅阶层指责的重要性。[①] 这些攻击，加上太平天国宣称的超验君主制，迫使儒教士大夫和君王形成防卫联盟，从而消除了他们之间的对立。"当儒教［被］耗尽，"列文森的笔记写道，"当儒士完全站在了君主一方，革命的条件也就［最终］形成了。"

列文森的官僚—君主对立关系主题的最终版本和以上的描述不尽相同。到他完成了《君主衰亡问题》时，他对第一手资料的研究改变并完善了他最初的看法。但是主旨思想仍保持思想过程中的原样——尽管一些中国和西方之间的启发性的类比在这个过程中已经放弃不再使用了。列文森认为在君主和大臣之间曾经存在的对立关系在政治上至关重要，也是文化的必然现象，他的这个看法并不仅仅只是由袁世凯复辟帝制的悲喜剧所激发的一种理论。早在列文森

---

① 当革命真正发生时，知识分子对士大夫官僚采取了超然的态度（太平军的原始革命正是在于他们的意识形态与儒教世界全然不同）。采取这样超然态度的是：（1）非官僚阶层（农民、买办），他们第一次从儒教社会之外发出自己的声音；（2）士大夫的后人，他们感受到儒教思想的僵化，并且变成了"西方"知识分子，因此分离于儒教官僚因素，而儒教官僚这时已转变成法国贵族模式——纯粹的寄生阶层。

写作有关梁启超的博士论文时，他就开始有了这个总体想法，并在他其后对中国历史的研究中以“解释西方的同样话语”①，进一步发展了这个想法。这个复杂概念的相对独立性使其具有更大的历史正确性。很自然，列文森对官僚—君主对立关系的解释已经被其后的中国历史学家修正，并且将继续被修正。然而，尼采的暗示——人们给自己制作枷锁，以保持自己的力量——作为他的论证核心将会持续下去。并且，像列文森的其他许多洞见一样，这个观念会提醒他的学生们，表面自相矛盾的概念能够用来揭示尚未认识的真理。

张世耘　译

---

① Levenson, *Confucian China and Its Modern Fate.* 3 vols. Berkeley: University of California Press, 1958 - 1965. Vol. Ⅱ, *The Problem of Intellectual Continuity*, p. ix.

第二章

明清时期

引　言

史景迁（Jonathan D. Spence）*

明清过渡期及清朝对魏斐德来说是理想的研究阶段。从宏观上看，这一历史阶段包含了发生在中国广袤土地上的宽阔视野中的诸多事件。这些事件影响着数以千万计的人们，他们被卷入了中国历史上最为持久辉煌的王朝的崩溃过程中。在微观上讲，此阶段充满了栩栩如生的令人痛心的人生戏剧，其中既有发生在宫廷和战场上的，也有发生在家族、农村和市井中的。在那乱世之中，人们追求着生存之道。

选入该章的关于明清阶段的论文集中了魏斐德 33 年的思考、研究和写作之精华，虽然它们集中讨论了明清过渡阶段，但各篇叙述却采取了不同的方式，逐步使人对魏斐德的想象、分析和叙述能力有全面的认识。这些论文也表明了其研究的全面彻底，及其对广泛的中文、日文和西方文献的精读援引。尤

* 史景迁（Jonathan D. Spence），为耶鲁大学历史思特林讲座教授，是美国最著名的中国史学家之一。师从芮玛丽（Mary Clabaugh Wright），1965 年获耶鲁大学历史学博士学位，之后开始在该校历史系教学。史景迁论著丰富，命题广泛：从明清到毛泽东均有论著。其中很多已翻译成中文，如《追寻现代中国：1600—1912 年的中国历史》《中国皇帝：康熙自画像》等。其论述特点在于故事性强，将历史与小说融为一体，从而使读者轻而易举地被引入其叙述中。史景迁曾获各种大奖和荣誉，其中包括《洛杉矶时报》历史奖、美国研究院及艺术人文研究所的佛塞尔奖（Vursel Prize）、古根汗（Guggenheim）学术奖等。亦是诸高级学术机构成员，如 1985 年被选入美国艺术科学院成员，1988 年被任命为美国国会图书馆学术委员会成员，1993 年选入美国哲学学社成员等，并于 2004 年任美国历史学会会长。

其令人惊奇的是，这些大容量的论文是在魏斐德从事众多其他研究计划的繁忙中挥就的。那些计划包括“鸦片战争期间及清末中国平民民族主义的发展”，“毛泽东著述的意识形态基础”，“20 世纪初期上海黑社会和警察变化中的经济和政治的本质”，“南京十年（1928—1937）和第二次世界大战期间的反间谍和反地下党的历史记载”，以及魏斐德两卷本的关于明朝衰败史的著作《洪业》，此书于 1985 年完成出版，而以上这些论著正是在上述的六篇论文问世之间进行着。

视野广阔是魏斐德学术研究的卓越特点之一。六篇论文中的每一篇都以不同的视角阐释了明末清初的世界，且每一篇都围绕着一个独特的主题。其中最早的一篇《自主的代价：知识分子与明清政治》，此文在 1972 年的美国科学与艺术学会主编的学报《代达罗斯》（*Daedalus*）上发表。文章蕴涵着勇气、感情和学者风范，至今仍是他的作品中我最喜欢的一篇之一。此文借助了具有代表性的中国思想家的眼光，对 17 世纪危机下多种可能的反应类型进行了研究。这些思想家，我们可以合理地称之为知识分子，因为魏斐德向我们证明他们是以写作和思考政治、管理民众、美学和伦理道德为安身立命之业的。文章对像顾宪成和高攀龙一样的东林党人的初步描述，为读者深刻地理解高攀龙这样被魏斐德定义为寂静主义者的人做了准备。此文设计的顾宪成和高攀龙之间的对话，自然地把读者引向了对东林党人运动在 1615 年到 1629 年间作为一个整体衰败的多面考察。这一衰败部分源于组织因素，部分由于不良的逐利野心。晚清改革群体也面临着一个如何处理过去和未来的关系的问题。魏斐德接下来把东林党的情况与之进行了比较研究，他把晚清时代看作是知识分子心中那种痛苦而矛盾的传统和超越之间关系的演绎。把晚清视为普世与超凡的极端对立阶段——魏斐德的导师列文森也这么论述，魏斐德认为晚清的思想家们相对于东林党人来说，则缺乏一种“知识分子批评时弊的独立精神”，“这种精神的存在可能因没有相应的知识分子组织而受到限制，但……却是虚有其表”。“晚清的改革者相对于东林党人觊觎太多，却……把自己已有的一点关键的东西丢掉了。”

魏斐德关于这段历史的另一篇论文是 1979 年写的，它以一种不同的语调和主旨描述了“大顺过渡政权”的历史。文章涉及的是 1644 年春末的一个短暂时期。当时李自成和他的军队占领了北京城，宣布了大顺政权的开始。虽然如此，李自成只是在他的统治化为灰烬的时候才启用了“皇帝”的称号。当魏斐德在描述明朝的文官们被李自成的部将用暴力刑法割断了与朝廷的维系，以及他们彻底陷入丧失伦理的情景时，他的行文表现出一种充满感情而直言不讳之风。这一描述是苛刻的，不留情面的，其中充满了暴力、冲动、恐惧和痛苦。魏斐德指出，李自成除了草莽的一面，还有有德者的一面；满族摄政王多尔衮除了作为欺骗中原人的外族人之一面，也有作为精明的实用主义者的一面。这是一个没有英雄和正义的传奇，远不同于上述发表在《代达罗斯》上的论文的描述。

1984 年的论文《17 世纪的浪漫派、节义派与殉道派》是应《亚洲研究杂志》(*The Journal of Asian Studies*，美国关于东亚研究的位居首位的学术杂志)之约而写的。魏斐德在此文写作中采取了又一种新的叙述方式。这种方式按不同特点的人物类型秩序，并微妙地并列展现人物特点而使读者更清晰地领悟到在满人征服的时代里中原人所具有的不同选择。文章的题目——“17 世纪的浪漫派、节义派与殉道派”，汇集了那个时代的人们面对当时的失落及对未来的预期而做出的不同选择。在浪漫主义者中，我们毫不奇怪地会发现钱谦益和冒襄。魏斐德有意思地将他俩称为“一个伟大时代正走向黯淡中的两束光芒”(*Asian Studies*，1984，p. 636)。至于苦行者，魏斐德将陈子龙和顾炎武以及阎尔梅、万寿祺和吴伟业归入其中。在这场大动荡的戏剧中，魏斐德清楚地将那些与上述人物形成强烈对比的另一些人归为殉道者。他们因不屈于清王朝而牺牲，其中特别有代表性的是那些汉军的领袖人物，如死在吴三桂和其他三藩首领手中的范承谟和马雄镇。那些藩首找到了履行忠君思想的新主子。如魏斐德指出的，“他们有自己的领地，周围是自己的心腹官僚”。而马、范二人及其家人、同事的悲惨死亡，在魏斐德看来是“真正的悲剧，不合时宜又不可避免，有英雄气又有讽刺意味”。通过这篇论文，魏斐德显示了他对自己文章主人公之人生的深刻了解：他像个老朋友一样与他们对话，讨论他们；他对历史人物清晰的了解使他的描述如此到位，像是这些人物复活了一般。

第五篇论文《中国明清朝代公共领域的界限》，发表于1998年（又是发表在《代达罗斯》上）。在这篇文章中，虽然魏斐德仍旧把焦点放在明清转变阶段上，但却找到了新的落脚点，把故事放在了西方社会理论中更广的角度里。在他试图去定义“公”（天下）、“官”（中央权威体制的延伸）和“私”的世界时，他的剧本转向了宏大的公共领域。在这个论述中，魏斐德将他的历史人物如复社的成员放入一个“知识分子自我反省”的时代，紧接着是高度中央集权的康乾时期，后来是整个帝国有机制地臣服在至高无上的乾隆皇帝的私人世界之下。继此分析，魏斐德认为，接下来19世纪的改革者的努力就是要重新找回“天下为公”的中心。

在那篇发表于2002年的《明清更替：17世纪的危机抑或轴心突破》论文中，我们看到魏斐德将背景拓展到了全球。他把文章的主人公放在了一些理论家所说的轴心时代——“超俗的与世俗的准则之间基本矛盾”的时代——中去考虑。那么，从世界角度看，明末确是这样一个以此为基本矛盾的时代吗？通过集中分析如王阳明、顾炎武和黄宗羲这些重要的人物，以及在国际白银流通、清王朝作为一个新的亚洲中心出现、全球气候大变化的背景下，人有无可能宣称独立权利的存在空间？我们能在多大程度上把时代的变化用《易经》的理念和封建体系下的社会组织来解释呢？魏斐德在一个令人深思的结论中，通过引用顾炎武的话，实际上否定了用“轴心说”来解释这个他如此多年研究的时代：我们可以说的是“海不择细流，所以成其大”，或者是“山不辞土石，所以成其高”。

为了表达对魏斐德成就的敬佩，我曾把他称为“游吟诗人”，意思是指古代游走的歌手、编故事者和道德困境的解围者。魏斐德对东林活跃分子的高攀龙在1594年被免职后乘船回家旅途的描述，就是我要说的一个完美例子。“在一个叫池头的地方，”魏斐德写道，高攀龙的仆人“抛锚过夜。当船在停泊处摇晃时，一轮圆月升起，南面天空下群山的轮廓清晰而现。高攀龙沉迷在夜色中，直到被内心奇怪的惆怅所打断，他不自禁地站起来呼喊道：‘今夜美景如昨日，而我为何深感悲凉？’”“高攀龙被一种来自与纯粹本质分离的痛苦所堵闷”，魏斐德补充道。(《代达罗斯》，1972年，第48页）在我看来，这正是魏斐德的真正技巧。他恰当地把握了这些情绪，从而使我们触到了潺潺的水流，听见哭声，感觉到了苍穹衬托的山脉轮廓。

徐有威　张凯　译

明清过渡期——1644 年的大顺政权

（1979 年）

北京的官员

在 1644 年暮春六个星期的时间里，北京城两度落入占领军手中：4 月 25 日被叛军李自成的军队占领，6 月 5 日被清廷军队攻陷。1621 年至 1683 年明清两朝换代期间，中国政治军事上发生了无数深刻的变化，尽管如此，在北京发生的上述两个事件仍然具有极大的重要性。至少是从 11 世纪岳飞梦想着让北京重新成为“黄龙之城”的时候起，北京城一直是具有象征意义的城市。[①] 1420 年之后 200 多年的时间里，紫禁城的红墙黄瓦是每一个明朝精英的希冀和梦想，因为它们目睹了历次的科举考试和新官上任。明朝的专制制度阻止了皇亲国戚们所把握的政治进入地方政府，也减弱了地方上官僚权力的集中，这个制度加强了首都在政治上的重要性，减少了明朝挽救自己的可能性，使其不能像唐朝在公元 750 年和公元 760 年间那样，重新回到建制完善的省级权力机构。

这几周内在北京发生的事情，从明朝最后一任皇帝煤山自尽到李自成逃离京城，在官方的历史记载中都没有留下很多笔迹，因为这只是两个朝代之间的一个政权空白期。而这两个事件激动人心和一些惊人的场景却被同时代的人记录在了野史之中。野史也就是非官方的历史记载，如果现代的历史学家寻求理解北京城内政权交替的细节，他就得依靠这些野史。野史比较难以使用，也很难评价，因为其内容似乎可以是有根有据的文件，也可以是毫无根据地杜撰或者是虚构出来的对事实的歪曲。可是，如果将所有有关这段历史的记载搜集到

① Hellmut Wilhelm，“From Myth to Myth：The Case of Yueh Fei's Biography，” in Arthur F. Wright and Denis Twitchett，eds.，*Confucian Personalities*. Stanford：1962，p. 151.

一起，人们有可能对叛军政权以及服务于这个政权的人们的行动做出一个比较可信的描述。

除了野史之外，后来还有计六奇的《明季北略》（清初时写成），温睿临的《南疆逸史》（1830 年出版），它们提供了一系列确实可信的记载。钱䎖的《甲申传信录》的某些部分仅仅是在场的大臣旁听到的情况，或者是来自不太可信的传言，对于这些部分，他都会加以注明。赵士锦也一样讲究准确性，他曾是工部侍郎，大顺年间曾被关押在刘宗敏的监狱里。他的《甲申纪事》也给我们提供了二手的资料，还提供了很多名单，就像刘尚友的刊物《定思小纪》一样。因此，这些记载为验证这个多事之秋各种事件的准确性提供了一个衡量的标准。

明清换代之年究竟哪些野史可以相信，还是一个需要明确的问题。但是，对我们目前所涉及的这一系列文件，历史学家通常可以自己判断出，哪些是最接近真实的版本。从长远来看，如果缺乏对所有版本的来源进行仔细的研究，便没法对这些材料加以处理。此外，还应对一些相互独立的版本共同认可的一些事实加以确认，以确认依据从野史文件之外所得到的事实，并核对历史书籍写作和出版的日期、版本、作者的情况以及他们对待历史事件主观的看法。19 世纪欧洲史学家兰克①，以事实叙述为主要手段的研究方式，朗格诺瓦与瑟诺博司②传统的历史研究手册确立了对事实加以核实的研究准则，我们越多地从事于这样的工作，就越希望能对这些准则加以学习和研究，将其运用到我们的研究中。

这些核实的准则一般与叙述性的政治历史有关，在欧洲历史学家中，这类

---

① 兰克（Leopold von Ranke，1795—1886）是 19 世纪德国史学大师。兰克的治学是 19 世纪西方史学的代表，在 19 世纪西方史坛中占据着主导地位，被长期尊奉为西方史学的“样板”。20 世纪以来，西方史学经历重大变迁，兰克的史学地位不复存在。在西方史学转型过程中，兰克的史学既是当代西方史学学术批判的对象，也是学术继承的对象。——译注

② 法国史学家朗格诺瓦（Charles V. Langlois，1863—1929）和瑟诺博司（Charies Seignobos）是法国实证史学的理论代表，他们于 1897 年合著《史学原论》（*Introduction aux études historiques*），1898 年在巴黎出版，后由伯利（G. B. Beny）译成英文于 1913 年在纽约出版。——译注

研究几十年前就开始走下坡路，部分是因为这类研究已经做了很多的工作，部分是因为人们越来越感到，叙述性的政治历史“很表面”，而社会、经济、文化的历史和机构的演变则更加深刻，更加接近复杂社会变化和发展的真正原因。但是，对于中国的历史，详尽的叙述性政治史十分罕见，我们中有人认为，它可能不像人们所想象的那样“表面”。比如在本文所描述的事件中，明清换代期间各种机构、政治经济、各阶层和地方的权力分配发生了巨大的变化，其变化的根本原因与李自成大顺国的建立、清军对北京的占领以及崇祯皇帝煤山自缢是分不开的。如果崇祯皇帝出逃并在别的地方建立一个新的政府；如果李自成大顺政权的官员们没有堕落为抢劫扰民的蛮军，则清军向北京的官僚和全国其他政府官员的挑战就不会那么成功，而这个挑战是明清换代期间各种机构、政治经济、各阶层和地方权力分配发生巨变的主要部分。

在这里，事情发生的先后顺序是这段历史实质内容中极为重要的部分，有点中国历史知识的读者会注意到累积的记载中的一个重要现象。李自成占领北京的六周经历了我们通常观察一个朝代走向成熟所经历的所有对外姿态、陈规老套和主动行动的过程：开始是莽民叛军的首领带来国家重建的希望，让人们感到宽慰，其手段是行政上的中央集权和暴政；后来成了仓皇逃命的丧家之犬，大顺政权的大臣们过于残暴和腐败，加速了李自成政权的垮台，比如李自成的大将刘宗敏。这个过程既是合乎逻辑的，又是戏剧性的。从各种不同的渠道所汇集的材料来看，这个过程是一环套一环，相当精确的。李自成遇到了明朝后期的皇帝们所遇到的同样的问题：资金紧缺，清军的威胁，躲避责任的官僚机构和不可靠的军队。政府的大臣们动摇不定，一会儿充满希望，一会儿惊恐万状，只要一个要求被拒绝，就立刻转向另一方。许多人开始时甚至以为1644年6月5日来解救的军队是明朝的官兵，而不是清廷的军队，他们还可以如释重负地说：“一切如旧了。”

1644年北京的农历新年过得很凄凉。大臣们天亮前去给崇祯皇帝请安，却发现皇宫大门紧闭，当他们最后得以进入皇宫时，看到皇帝正在为大明的财政劣况垂泪。当朝臣们在晨曦中返回官邸时，他们遭遇了一场很大的沙尘暴，血红的沙尘从天而降，很多北京的老百姓同时正饱受脓疮传染病的折磨，这种病那些年一直在中国的北部地区流行。当然没有人知道，就是这一天，2 月 8 日，农民起义军领袖李自成在北京西南方 500 英里以外的西安建立了大顺政权（但尚未称帝）。

皇上的悲伤是可以理解的。那年审计户部账务的官员说，过去 25 年一直丰盈的新老金库，那会儿却只有几项登记，还登记了一点用于皇家陵墓的物品，尚缺 4200 两白银。① 正如赵士锦在他的日记中所写的：

> 那天早晨（1644 年 4 月 22 日）我见到了户部尚书倪元璐。那时倪已经辞职。因为我在国子监读书时，他曾经是我的老师，我们是师生关系，所以我可以问及我们的现金库存。倪说，每个月守卫边防的军用开支是 40 万两。第一个月我们还能收到银两。从刚刚做完的第二个月的账目看，这个月我们一点银两也没收上来。②

明朝朝廷既要在东北抵御清军，又要在西南抗击叛军强力的进攻，朝廷已经发不出官兵军饷。仅凭这一点，大明已经是必垮无疑了。但是，明朝的官僚们并不是因为朝廷财政上的破产而感到大难临头的，人们均感到漠然无助、毫无希望，这种情绪在北京到处弥漫，它反映出人们已经对朝廷继续统治的合法性发生怀疑。虽然没有人敢公开表示这种怀疑，官员们仍然按部就班地打理着令人乏味的日常事务，但是许多人都觉得，农民军的逼近正是表达了老百姓对统治政权的不满。兵部侍郎曾应麟 2 月 24 日对崇祯皇帝说，大明朝廷危在旦夕，因为老百姓为了躲避大明的苛政都自动投靠了叛军。

贵族和有钱人这时的衣食依靠租金和税收，他们吸食着老百姓的骨髓，依然过着悠闲的日子。在和平的年代，他们就控制了贸易，以操纵百姓、垄断巨额的利润。到了战乱的时候，我们能期望老百姓与贵族和有钱人一起盛衰沉

---

① 赵士锦：《甲申纪事》（1644 年编年史），见《甲申纪事（外三种）》，上海中华书局 1959 年版，第 7 页。

② 同上。

浮、同舟共济吗？实际上，在这种时候富人会变得更富，穷人会越发贫穷，直到穷得再也活不下去。[①] 大顺农民军在北方各地英勇挺进，从各方传来的消息也证实了他们廉政爱民。3 月 16 日，李自成的大顺军攻占了山西首府，北京的官僚们听说，“全山西省的文武官员们都丧失了信心，把一个接一个的城镇拱手交给了大顺军”[②]。

各方还传说：李自成严肃部队纪律，严禁抢劫，坚持攻占的城镇里市场开放，好让老百姓买到食物。[③] 就像在民间流传的禁书《水浒》里的英雄人物一样，李自成的部队到任何一个地方，都要杀富济贫。大顺军所经之处，民间到处传说这样的民谣：“吃他娘，穿他娘，开了大门迎闯王，闯王来时不纳粮。”[④] 人们都说“闯王”李自成说到做到，许多大明的官员也都相信这一点。

各部的宦官和执事们还听说，李自成有一支精良的侦探部队，他们在大部队到达之前就散发了李自成声讨明廷的檄文：“公侯皆食肉纨绔，而恃为腹心，宦官悉龁糠犬豚，而借其耳目。狱囚累累，士无报礼之心，征敛重重，民有偕亡之恨。”[⑤] 京城的文官们十分畏惧老百姓的这种仇恨，有谣传说，成千上万的穷苦百姓已经聚集在大顺军的旗下，这种传说让他们感到害怕，于是他们更加关注自己的私利。他们私下里承认叛军的正义性，惧怕首都的陷落，因此双手紧护着自己的金库。

在大明朝苟延残喘的最后日子里，北京城里到处笼罩着宦官们各自为了自己的利益无暇他顾的气氛，这种气氛证实了叛军对他们暴敛个人财富的指责。许多编年史作家着重提到“这些宦官非常自私，他们拒不响应皇上在 3 月发出

---

① 见王灵皋辑录：《崇祯长编》，《中国内乱外祸历史丛书》，上海神州国光社 1947 年版，第 77—78 页。

② 刘尚友：《定思小纪》，赵诒琛、王大隆编辑：《丁丑丛编》，无锡 1937 年铅印本，第 1 页。

③ 陈济生：《再生纪略》，郑振铎编：《玄览堂丛书》，南京中央图书馆 1947 年版，第 3 页。

④ 谢国桢：《南明史略》，上海人民出版社 1957 年版，第 23—24 页。

⑤ 这个檄文是明内阁大学士李建泰带兵出京城讨伐时发现的。邹漪《明季遗闻》第一卷 1657 年版序，台北台湾银行 1961 年版，第 20—21 页。

的为首都防卫捐赠的呼吁。文官武将们只是捐上几百两甚至几十两银子，仅此而已，以至当每个衙门都分配了捐献额度时，他们还吵吵嚷嚷着要求免除”①。4 月 12 日，皇上给几个重大的政治犯免了罪，因为他们同意为北京的防卫捐赠，六天以后，皇上又派大太监、秘密警察的头目去逼迫他自己的丈人周奎捐款。崇祯皇帝也要求他的两个阁臣首辅魏藻德和陈演捐款，可是尽管两人都是富人，魏藻德仅捐了 500 两，陈演则一毛不拔。那些腰缠万贯的人只愿做点象征性的捐献。②

官员们不愿捐赠的一个原因是，大家都认为，崇祯皇帝自己拥有几百万两银两，他自私地留作己用，不捐出来用于防卫。人们估计他拥有多达 3000 万两的白银和 150 万两的黄金。③ 崇祯皇帝一再说，皇宫的金库已经完全空了，他就是因为这个原因才无法派兵南伐的。④ 尽管根据可靠的估计，他的钱包里只有 20 万两，但是当时人们都传说他的箱子装满了钱物。⑤ 人们记得，几年前，当叛军还只是“几个饥民组成的匪帮”时，皇上十分吝啬，不愿拨款应对，他们因此认为是皇帝的视财如命导致了王朝的覆灭。一个朝臣说：“早先他要是肯付出一文钱，那就相当于后来的两文钱。当局势严峻起来了的时候，你就是给人一万文钱，也不抵以前那一文钱。”⑥ 朝臣们都推测皇帝无比贪财，并以此来为他们不愿撒手贪赃而得的财物而开脱。

在这段悲伤的日子里，唯一一个无私的举动是内阁大学士李建泰捐赠了

---

① 赵士锦：《甲申纪事》（1644 年编年史），见《甲申纪事（外三种）》，上海中华书局 1959 年版，第 6 页。郑一番第一个向我谈起这起出于私利而拒绝捐赠的历史事件。

② 钱䎖：《甲申传信录》，台北台湾银行 1969 年版，第 11—12 页。

③ 这是赵士锦根据印在大顺军从北京运往西安的铸模上的年代日期估算出来的。赵士锦：《甲申纪事》（1644 年编年史），见《甲申纪事（外三种）》，上海中华书局 1959 年版，第 17—18 页。

④ 钱䎖：《甲申传信录》，台北台湾银行 1969 年版，第 7 页。李清《三垣笔记》（上海国粹学报社 1913 年版）一书记载（第 22 页），李自成进宫时，宫里有很多珠宝，但是只有 20 万两银子。

⑤ 李清：《三垣笔记》，上海国粹学报社 1913 年版，第 22 页。

⑥ 抱阳生：《甲申朝事小纪》，上海商务出版社 1912 年版，第 21 卷。4：15a。

100 万两银子，用于招募军队解救山西。[①] 李建泰急匆匆地从街头的游民和失业的劳工中招募起来的军队，根本无法抗击农民军训练有素的骑兵，但是这支队伍的存在暂时给皇帝增强了信心。[②] 然而，崇祯的希望是短暂的。李建泰带兵出京城不到四天，2 月 23 日，信使便带来消息，大顺军已经横扫了山西，平阳和黄河边上所有的县都落入了大顺军的手中。[③] 4 月 9 日，李建泰亲自派出的信使终于到达，李建泰将他的军队不堪一击的情况告诉皇帝，敦促皇帝弃京南逃。[④]

这已经不是第一次有人向皇帝建议南迁图存了，实际上已经有三次了——2 月 10 日一次，3 月 6 日一次，4 月 3 日一次。南方的一些官员曾建议，皇上把北京留给皇太子，沿长江重建第二条防线，以九江为中心建立南方的经济和军事要塞。最著名的三个说客是前南京兵部尚书李邦华、前户部尚书倪元璐和翰林院院士李明睿。他们主张效仿南宋的模式。首先向皇上提出这个想法的是李明睿，他认为，如果崇祯皇帝及时采取应对措施，还可以挽救大明。皇帝对这个建议反映积极，但很谨慎，他担心其他大臣反对。[⑤] 崇祯皇帝和李明睿密谈多次，甚至画出了出逃线路图，但是对公布这一想法仍然很犹豫，后来，翰林院的许多记录逼迫他不得不公开讨论这个问题。[⑥] 很快就有人出来反对了，他们主要对把首都留给 15 岁的皇太子表示担心，同时认为明朝的皇家祭坛和陵墓应该留在北方。

---

① 计六奇：《明季北略》，台北台湾银行 1969 年版，第 397 页。

② 《明实录》，中央研究院历史语言研究所 1940 年版，第 17 卷，第 2 页。

③ 文秉：《烈皇小识》；谈迁：《枣林杂俎》，台北新兴书局 1960 年版。

④ 计六奇：《明季北略》，台北台湾银行 1969 年版，第 414 页。谈迁提到过李建泰 4 月 10 日的觐见。见谈迁《国榷》，北京古籍出版社 1958 年版，第 6034 页。

⑤ 邹漪：《明季遗闻》第一卷 1657 年版序，台北台湾银行 1961 年版，第 18 页；计六奇：《明季北略》，台北台湾银行 1969 年版，第 393 页。

⑥ 邹漪：《明季遗闻》第一卷 1657 年版序，台北台湾银行 1961 年版，第 20、22—23 页；钱𫄧：《甲申传信录》，台北台湾银行 1969 年版，第 10 页；李清：《三垣笔记》，上海国粹学报社 1913 年版，第 22 页；彭孙贻：《平寇志》，北平国家图书馆 1931 年版，第 10 卷，第 6 页 b。

南方的宦官们因此提出了一个妥协的方案。一个秘密记录记载：李邦华提出把皇太子送到南方，在江南建立明朝的防卫，而皇上则留下来固守京师，仿永乐朝事。① 4 月 3 日，崇祯召见大部分朝臣，讨论这个新的建议。大臣们一个接一个地对这个建议表示赞同，崇祯动怒了。如果不是兵部右侍郎光时亨生气地介入讨论，大臣们似乎就要就这个建议达成一致意见了。光时亨大声地说，李明睿是这个建议的幕后操纵者，他和他的同党在幕后发明了这么个左道邪说。

光时亨的怒气冲着那些要牺牲皇上性命来加强南方的防卫以保全大明朝名义上统一的人。人们可以用皇太子来寻求对建立南明政权的支持，因为他是大明皇室的继承人。实际上，大明更加抽象的象征是王朝的社稷。如果皇室继承人去了南方，那么，皇帝自己就得留下来，誓死守卫社稷。② 李邦华的妥协方案实际上排除了崇祯逃离京城的可能性，所以皇上立即表示支持光时亨，反对这个方案。但是由于这个妥协方案公开强调了保留祖传习俗和仪典的重要性，崇祯只得承认他的责任，留在北京。因此他的表态是悲壮的，“国君死社稷!”而这个具体的方案又被搁下了。

4 月 9 日，李建泰的最后一次出征提出了一个特别敏感的问题。有人建议放弃北京，这一不附带其他内容的建议使林铭球受到启发，他和他的追随者们再次提出由皇太子到江南名义上统率军队。光时亨再一次阻止了这一讨论，他生气地说：“你们要把皇太子弄到南方安的是什么心？难道你们是想重复唐肃宗在灵武即位的历史吗？”③

光时亨的暗示，所有人都非常明白。他指的是，公元 756 年唐玄宗因安禄山叛乱逃出长安。他的禁卫军在途中要求杀了他的宠妃杨贵妃之后，玄宗逃到

---

① 刘尚友：《定思小纪》；赵诒琛、王大隆编辑：《丁丑丛编》，无锡 1937 年铅印本，第 3 页 a。

② 文秉：《烈皇小识》；谈迁：《枣林杂俎》，台北新兴书局 1960 年版，第 228 页；邹漪：《明季遗闻》第一卷 1657 年版序，台北台湾银行 1961 年版，第 24 页。

③ 计六奇：《明季北略》，台北台湾银行 1969 年版，第 414 页。

了成都，把皇太子留在陕西西部，安抚那些希望重新夺回长安的官兵。年轻的皇太子想追随他的父王，但是官兵们都说，他应该在灵武重整军队收复长安，这是更大的孝心。官兵们五次请愿后，皇太子表示将“应允众人的愿望，重整社稷”①。

光时亨那会儿是想说，如果大明的皇太子去了江南，他肯定会自己称帝。崇祯会留下来履行他守卫大明社稷的历史使命，但是那样就会让他要么被迫退位，要么被监禁或者被杀。这么明确的直喻让全场鸦雀无声，廷臣们都“不敢说一句话”。崇祯自己倒还能对这个建议表示赞同，但是他已经给自己找到了一个自我怜悯的新角色，对于采取什么具体措施让大明朝在他死后存继下去，他根本不去考虑，也感到问心无愧了。在4月3日的廷议上，他抱怨说：“诸臣平日所言若何？今国家若此，无一忠臣义士为朝廷分忧，而谋乃若此！夫国君死社稷，乃古今之正，朕志已定，毋复多言。”② 这会儿，他把亡国的责任都推到了朝臣头上，为自己开脱责任。“朕非亡国之君，臣皆亡国之臣！”③ 这种遭背叛和遗弃的情绪是崇祯在世最后日子里的主调，在那些日子里，这种君死社稷的悲情无所不在。

可是，尽管崇祯“君死社稷”的公开表态是如此庄严，当那一时刻到来的时候，他的表现却是威严失尽。④ 4月24日晚，李自成的军队攻占了北京郊区，皇帝让皇太子和他的两个兄弟到亲戚家躲藏。他自己则喝得醉醺醺的，要去杀掉他的嫔妃。周皇后自尽了，可是皇帝用自己的剑杀死了昭仁公主，砍伤

---

① 司马光：《资治通鉴》，胡三省注解。台北宏业书局1974年版，第6982页。接着皇太子宣布父皇退位，自即帝位，就是唐肃宗，在灵武建立了临时朝廷，后来重新收复了长安。同上书，第6973—6982页。

② 计六奇：《明季北略》，台北台湾银行1969年版，第411页。

③ 同上书，第414页，另见第424—425页。还见于（清）戴笠撰、吴殳辑：《怀陵流寇始终录》；李光涛：《明季流寇始末》，第77页，崇祯皇帝4月17日的罪己诏。

④ 钱䡵：《甲申传信录》，台北台湾银行1969年版，第16页。这似乎是对这段历史最主要的记载，许多其他的史书记载都出自此处。这也是贝克霍斯和布兰叙述的基础。见E. Backhouse and J. O. P. Bland，*Annals and Memoirs of the Court of Peiking*. Reprient，Taipei：Ch'eng-Wen Publishing Company，1970，pp. 101 - 103。

了一个妃子，重伤了长平公主的右臂。在这一系列暴行之后，他把自己装扮成太监，企图在午夜时分逃出皇宫。皇宫守卫没有认出他来，向他开炮射击，他又转至朝阳门，直至求生的路被彻底截断。正如郑兴所描绘的：

> 皇上万念俱灰，回到宫里，换上了皇袍，（和大太监王承恩一起）登上了煤山。在煤山寿皇亭这个他曾经检阅内操之处，崇祯皇帝上吊自尽了。崇祯十七年三月十九日（公元1644年4月25日）近凌晨1点时分，大明朝皇帝驾崩。①

直到最后，崇祯皇帝一直在责备大臣们毁了大明。很多现代的历史研究资料都着重描写了他的这种被遗弃的感觉。25日早晨，没有一人来早朝，据说崇祯曾说："诸臣误朕也，国君死社稷，二百七十七年之天下，一旦弃之，皆为奸臣所误，以至于此。"② 后来，当他到了煤山，在用黄袍腰带自尽之前，他说道："朕静候百官，然无一至者。吾待士亦不薄，今日至此，群臣何无一人相从?"③

在这些对具体情节的描绘上，史实和传说都纠缠在一起了。有些史书说，崇祯自杀时留下了这样的遗诏：

> 朕自登基十七年，逆贼直逼京师。虽朕凉德藐躬，上干天咎，致逆贼直逼京师，然皆诸臣之误朕也。朕死，无面目见祖宗于地下，自去冠冕，以发覆面，任贼分裂朕尸，无死伤百姓一人。④

但是，同时代的一个比较可信的传记人记载道，当人们三天后在煤山的一棵松树下发现皇帝的尸体时，并没有看到什么遗诏。一个看到皇帝尸体的宫仆告诉这个写传记的赵士锦，皇上穿着一件蓝丝袍和一条红裤子，他的头发散

---

① 钱䄵：《甲申传信录》，台北台湾银行1969年版，第16页。

② 抱阳生：《甲申朝事小纪》，上海商务出版社1912年版，第21卷，4，第15页a。

③ 计六奇：《明季北略》，台北台湾银行1969年版，第434页。

④ 萧一山：《清代通史》，台北商务印书馆1962—1963年版，第1册，第65页。

乱，唯一留下的两个字是他用左手写的“天子”。①

当时和后来也有人对皇帝能否将王朝崩溃的责任推给朝臣表示质疑。19世纪的藏书家和诗人吴骞说过：“那些读历史的人说在明朝崩溃时，只有一个君王，没有众臣。这是为了否认思陵（借指崇祯皇帝）是丢失社稷的皇帝。”② 与崇祯同时代的一个作家写道：“有什么样的国君，就有什么样的朝臣。难道后世能相信他说的‘我不是丢失社稷的君王’吗?”尽管有这些疑虑，尽管皇上最后一天的失态的消息广为传播，大部分人都相信，朝臣们应该为大明朝的垮台承担责任，相信崇祯皇帝是一个被冤屈和遭背叛的殉难者。实际上，许多受到这种指责的大臣毫无疑问地都有很强的负罪感，也都承认各自对大明朝垮台要负责任。

受牵连最重的13个人，或者还要多一些，都在李自成进京的4月25日自尽了。这些人没有为皇上哀悼，因为他们都不知道皇上已经驾崩。他的尸体三天之后才被发现，人们都以为他逃离京城在别处建了一个行宫。③ 倪元璐的做法是最有代表性的，他死前面北，意为拜阙向皇上曰：“身为大臣，不能保国，臣之罪也。”其他人，如工部营膳司主事施邦曜也对大明江山的丧失表达了同样愧疚的心情。他自尽前写了两行诗：“愧无半策匡时难，但有微躯报主恩。”

当时，似乎如同活下来的人一样，这样的忠臣们死时都觉得“明朝的崩溃是因为所有的文武官员们追逐私利，背叛了朝廷”④。

李自成的大顺军官兵们那天下午进城时，把自私的朝臣们和各种小派别集

---

① 赵士锦：《甲申纪事》（1644年编年史），见《甲申纪事（外三种）》，上海中华书局1959年版，第11页。

② 吴骞《东江遗事》1806年版序言，罗振玉收编，1935年版，序言第1页。

③ 赵士锦：《甲申纪事》（1644年编年史），见《甲申纪事（外三种）》，上海中华书局1959年版，第10页。

④ 温睿临：《南疆逸史》，台北台湾银行1959年版，第237页。

团背叛了大明朝这类的话，写在了他们的标语和布告上。[①] 李自成自己则在紫禁城门外受到300名宫仆的迎接，由崇祯的太监王德化带队，王太监带着“闯王”过长安门，进了紫禁城。北京这会儿是李自成的天下了。[②]

李自成不知道皇帝已经自尽，他的第一批布告里有一个就是，报告崇祯行迹者可得10,000两赏金，外加一个贵族头衔。[③] 他根本不想给皇帝治罪，因为他也认为是朝臣们有罪。“臣尽行私，比党而公忠绝少。”[④] 实际上，当李自成的部队在煤山找到皇帝的尸体时，他显然被震惊了。目睹皇帝的尸体，李自成为他哀悼。他对着皇帝的尸体说：“孤是来和你共享江山的，你怎么就自尽了呢?”[⑤]

李自成知道，在中国的政治生活中，弑君者背负恶名，他恐怕也意识到了，篡权者极少能坐稳江山，常常要被一个不担当推翻王朝之名的人所替代。这至少可以帮我们理解为什么北京城已是手到擒来的时候，李自成还派大太监杜勋（杜先前已在居庸关迎降）进城见崇祯皇帝，提出谈判条件。如果大明皇帝愿意给李自成封个爵号，赏他100万两银子，让他统管山西和陕西地区，李自成会去为大明消灭其他的叛军，守卫辽东，抵御清军的入侵。崇祯不愿背负容忍反叛之名，因而没有同意这些条件，实际上谈判根本就没有进行。[⑥] 然而，李自成在最后的时刻还提出进行谈判，表明他确实想避免推翻崇祯皇帝，起码那一时刻有这种想法。如今京都已在手中，他更有

---

① 彭孙贻：《平寇志》，北平国家图书馆1931年版，第10卷，第1页a。这些标语中许多都是黎志升所写，黎是1634年中的进士，曾任陕西督学。李自成让他负责翰林院的晋考事宜，并任命他为大学士。钱䡊：《甲申传信录》，台北台湾银行1969年版，第116页。

② 钱䡊：《甲申传信录》，台北台湾银行1969年版，第18页。

③ 赵士锦：《甲申纪事》（1644年编年史），见《甲申纪事（外三种）》，上海中华书局1959年版，第9页。

④ 萧一山：《清代通史》，台北商务印书馆1963年版，第1册，第255页。

⑤ 赵宗复：《李自成叛乱史略》，《史学年报》1937年第4期，第147页。

⑥ 钱䡊：《甲申传信录》，台北台湾银行1969年版，第15页。

理由说，是那些自私的朝臣而不是他的军事进攻导致了大明的灭亡。[1]

李自成认为，崇祯的朝臣们对王朝的崩溃负有责任，那些朝臣们苟且偷生，愿为新权力的主人尽忠心，这使李自成甚感鄙夷，也更坚定了他的上述想法。李自成那时已经有了自己的影子内阁，阁员包括贵族和打入北京前投靠他的明朝将领。所以，进京时，他已经不仅仅是叛军的首领，陪伴他进城的还有一支相当大的文官队伍，他们都在不同的时候投奔了李自成。第一个投靠李自成的重要官员是陕西的贵族宋企郊，他是 1634 年在陕西被捕获后而加入叛军的。李自成在 1641 年至 1642 年占领河南期间还收留了许多贵族，最重要的两个人是李岩和牛金星。

李岩曾经是举人，他的父亲李精白曾在明朝天启年间任山东总督。有关李岩的情况已在其他书中有所叙说，比如他开粮仓赈济灾民，他在河南开封与贪得无厌的贵族们的矛盾和斗争，以及他加入农民军的决定等。[2] 但是，还有一些情况没有得到详细描述，比如李岩的父亲没有因为反对东林的活动和支持太监魏忠贤而受到公开羞辱。[3] 实际情况也不是像其他书中所描述的那样，李岩的童年朋友牛金星规劝李自成说，河南、陕西和山西的许多上层贵族愿意归到李自成的旗下，是因为大明朝廷出于宗派的原因没有给他们应有的职位。[4] 正是像李岩这样的人给李自成补充了历史和有关儒家思想的知识，也是他们力劝李自成在陕西建立了根据地，并从那里开始进攻北京。[5] 他们都在大顺政府得到了尚书的职位，因此，当大顺的军队从陕西向首都进发并吸收张嶙然等新的贵族降顺时，这些人已经在军中有了固定的职位，张嶙然后来在大顺政府中担

---

① 谢国桢：《南明史略》，上海人民出版社 1957 年版，第 28—29 页；彭孙贻：《平寇志》，北平国家图书馆 1931 年版，第 10 卷，第 1 页 a。

② James B. Parsons, *Peasant Rebellions of the Late Ming Dynasty*. Tucson：University of Arizona Press，1970.

③ 赵宗复：《李自成叛乱史略》，《史学年报》1937 年第 4 期，第 138 页。

④ 同上，第 147 页。

⑤ 1643 年夏，牛金星建议李自成从襄阳直接北上进攻北京。另一个贵族顾君恩则建议首先在陕西建立根据地。见李文治：《晚明民变》，上海中华书局 1948 年版，第 10 页。

任户部侍郎。①

大顺政权中最关键的职位都是由在李自成攻下北京前降顺的贵族官员担任（见下表）。

大顺政府中的关键人物②

翰林院				
牛金星	举人（1634年）	河南	天祐殿大学士	1641年在河南投奔李自成
何瑞征	进士（1628年）	河南	宏文院大学士	由牛金星推荐
黎志升	进士（1634年）	湖广	宏文院大学士	在山西投奔李自成，负责官考
吏部				
宋企郊	进士（1628年）	陕西	尚书	1634年在陕西投奔李自成
户部				
杨玉林	举人（1630年）	北直隶	侍郎	在潼关投奔李自成，他曾在那儿守关
张辘	进士（1640年）	山西	侍郎	原山西平阳县知县，在那里降顺李自成
杨建烈	进士（1640年）	山西	中郎	李自成攻占平阳时降顺
介松年	进士（1631年）	山西	户科给事中	在保定投奔李自成
礼部				
巩煜	进士（1631年）	陕西	侍郎	在河南投奔李自成
兵部				
博景星	进士（1637年）	河南	郎中	在河南投奔李自成，原为明朝督察

① 赵士锦认为，李自成的常规政府内阁留在了西安，当大顺军到达北京后，李自成任命的各部衙门的首领都只是侍郎，但是这种观点没有其他的证据。请见李文治：《晚明民变》，上海中华书局1948年版，第128页；赵士锦：《甲申纪事》（1644年编年史），见《甲申纪事（外三种）》，上海中华书局1959年版，第10页。

② 这个名单是根据钱馹的《甲申传信录》一书（第74—88页）所提供的情况编辑的。李文治的《晚明民变》一书（第138页）中有一个更详细的名单。这个名单和我的名单在细节上有所不同，比如，他认为，博景星是在陕西而不是在河南投奔李自成的。

于重华		山东	副郎	原明阳和道，后被派任山西，在那儿归顺李自成
吕弼周	进士（1628 年）	山东	佥事	在河南投奔李自成，后勤事务专家
刑部				
陸之祺	进士（1595 年）	浙江	侍郎	前大明朝廷驻陕西督抚，在河南投奔李自成
工部				
李振声	进士（1634 年）	陕西	尚书	前广西道御史，1642 年投奔李自成
都察院				
柳寅东	进士（1631 年）	四川	直指使	前顺天大巡按，在通州投奔李自成

大部分是像李自成一样的北方人：12 人来自陕西、山西、河南、山东和北直隶，只有 3 人来自湖广、四川和浙江。两个最重要的人物，也就是在大顺政府中有人事大权的是宋企郊和牛金星，这两个人在归顺李自成时都不是明朝的官员。虽然他们是李自成的亲信，但两人都不曾像李岩、宋献策或李自成的“拜把子兄弟”刘宗敏和李过（李自成的侄儿）那样带兵打过仗。大顺政府中缺乏军事指挥人员，意味着李自成的政府中有着文官与武将、私人朋友与公职人员两个分支。换句话说，新的政权在官僚机制上没有包括战时帐篷里的指挥人员，这些人被置于常规政府之外，并且凌驾于文官的管理之上。

没有大明官绅的配合，大顺政权这支小小的官员队伍也没有人力控制现有的官僚机构。叛军在进入北京城的那一刹那，就觉得北京衙门里的官绅和职员们都会为他们服务，这一点他们没有想错。① 他们还希望能够从没有污点的明朝朝廷人员中雇用一批从事日常事务的文官。宋企郊向李自成建议说：“臣以

① 赵士锦：《甲申纪事》（1644 年编年史），见《甲申纪事（外三种）》，上海中华书局 1959 年版，第 7 页。

为，此等既不能捐躯殉难，以全忠义，又不能精白一心，以事新主。”①

李自成深有同感。他深受《水浒》中忠孝思想的影响，对儒家的礼义仁孝忠有着朴素的情感，因此他不能原谅这些大臣们对崇祯皇帝的公开背叛。他的部下中有许多曾经是明朝的地方官，但是他们是在占领北京以前投靠他的，有别于他认为对大明的崩溃负有责任的京官。这些官绅曾经在崇祯的身边就职，在李自成看来，他们对明朝的覆灭负有责任。他们既接近皇上，又负有个人责任，因此，他们应该如同那些在 4 月 25 日最忠诚的追随者一样选择自尽，那些人倒值得敬重。实际上，李自成还为倪元璐哀悼，为那些以死谢君的人在府第门牌上刻上“忠臣”二字，嘱咐他的手下人不得进入这些府第。② 那些没有自尽的京城的官员们则只能得到他的轻蔑和厌恶。因此，宋企郊的话很对他的胃口。

然而，困难的是，在招募新的官员之前，如果不依靠那些前朝有罪的文官，新的政府就无法有效地运转。东北有许多举人，甚至生员，已经和大顺军队一起到了北京，期待着得个一官半职，李自成立即开始从这些人中选出一些加以任命。他还让宋企郊在顺天和大同进行县级考试选秀才，在北京举行乡试选举人。但是，新的文官队伍的建立，需要时间，在过渡时期内，现有的官僚队伍急需中级和中上级的人才。尽管宋企郊和李自成不信任那些“二度开花”的文官，他们至少还是得留下一些。为此，李自成命他的大臣牛金星宣布，大明的官员们 4 月 26 日到官府登记，27 日早晨亲自到廷报到，届时，他们可以

---

① 抱阳生：《甲申朝事小纪》，上海商务出版社 1912 年版，第 21 卷，5，第 1 页 b。钱邦芑《甲申纪变录》，台北台湾银行 1968 年版，第 15 页。徐鼒：《小腆纪年附考》，南京 1887 年版，第 10 页。

② 李文治：《晚明民变》，上海中华书局 1948 年版，第 136 页；赵士锦：《甲申纪事》（1644 年编年史），见《甲申纪事（外三种）》，上海中华书局 1959 年版，第 10 页。

得到就职于大顺政府的机会，或“根据自己的愿望”回到原籍。[①]

文官们对这个通知的反应是十分矛盾的。北京被攻陷后他们的最初反应是慌乱，这是很自然的。25日大清早，宫仆们开始逃离皇宫，这让紫禁城外的行人们感到皇上已经不在位了。[②] 许多人相信，吴三桂的军队前一天晚上已从宁远开过来，要把他们从叛军手中救出来，但是这个希望很快就破灭了。早晨9点，当硝烟和尘土漫布于天空时，拥立于街头巷尾的人们开始惊慌起来。大明的士兵们退回了内城，这让老百姓们感到，叛军要入城了。人们猜测着最可怕的事情，过了一会儿，从城墙那边回来的老百姓大声嚷嚷道：“还好，还好，他们没有杀人。”许多人马上把“顺民”写在住宅的大门上（这既意味着“顺从的百姓”，又意味着“大顺的臣民”），或者写在黄纸上，然后贴在前额或者帽子上。[③]

大顺的士兵们着白帽绿衣，在街上稳步行进。开始，大多数人都躲在家里，骑兵队伍路过时，行人们使劲往路边挤，除了嘚嘚的马蹄声和兵刃的晃荡声外，没有任何其他的声音。[④] 当叛军开始在胡同里划分宿营地时，老百姓们看出来了，这支部队纪律严明，起码是在这会儿。抢劫的人被当场处死，手脚钉在前门西边大街的木柱上。[⑤] 中午时分，当李自成进城时，老百姓已再次得到保证，他们站在街旁，恭敬地焚香相迎，或是举着写着大顺年号“永昌”

---

① 冯梦龙编撰：《甲申纪事》，第13卷，明弘光刊本，台北图书馆，正中书局印行，1981年版，第5页b；彭孙贻：《平寇志》，北平国家图书馆1931年版，第9卷，第7页；钱軹：《甲申传信录》，台北台湾银行1969年版，第79、91页；陈济生：《再生纪略》，郑振铎编：《玄览堂丛书》，南京中央图书馆1947年版，第1卷，第17页b。

② 下面这段描绘主要依据赵士锦《甲申纪事》（1644年编年史），见《甲申纪事（外三种）》，上海中华书局1959年版，第7—9页。

③ 冯梦龙编撰：《甲申纪事》，第13卷，明弘光刊本，台北图书馆，正中书局印行，1981年版，第5页a；徐应芬：《遇变纪略》，《荆驼逸史》，道光年间版，第5页b—6页a。

④ 钱軹：《甲申传信录》，台北台湾银行1969年版，第17页；Parsons，*Peasant Rebellions of the Late Ming Dynasty*. pp. 134 - 136。

⑤ 赵士锦亲眼看到了这样的情景，见赵士锦《甲申纪事》（1644年编年史），《甲申纪事（外三种）》，上海中华书局1959年版，第9页。

的牌子。那天下午，随着人们恐惧感的减退，已经有人在逛大街，好像什么也没有发生一样。

大明的官员们的反应则与此不同。约300名文官在阁臣首辅魏藻德和兵部尚书张缙彦的带领下，到城门外欢迎叛军，媚献忠心。① 其他人则脱下官袍，烧掉了冠帽等服饰，出去买百姓的旧衣服（在北京的旧货市场，旧衣服的价格因此翻了一番），或者剃了头发装和尚。② 还有人躲在掌班或亲戚的家里。当他们在躲藏的人家里听到牛金星宣布的公告时，所有人都如释重负，但同时又带有某种忧虑，因为他们还听说，牛金星命令所有人举报那些躲藏起来的廷臣③，也有官员决定一直躲藏着。

那些决定不为新政权效忠的人试图躲藏起来。当所有的文官都“根据自己的愿望”行事（如牛金星所宣布的那样）后，那些留下的食客们骚动起来，这些职员们则与此相反受到强制。这些人一到廷，他们就被列入匪帮的花名册。可是，如果是一个有德行的好官，他会躲起来，匪帮们也就无法审讯他。④

后来，当大规模的洗劫开始时，这些好官很快就被找出来了。⑤ 26日文官们在四个地方登记：刘宗敏大将的营地，李过的营地，李岩的临时府第，以及郭志伟（音译）大将的总部。一进入这些地方，他们的命运就决定了，因为

---

① 《贰臣传》，北京1780年刻本，第12卷，第17页。

② 赵宗复：《李自成叛乱史略》，《史学年报》1937年第4期，第147—148页。帕森斯误把他们的官服当成囚服，可能是因为彭孙贻在《平寇志》中的描述含混不清。

③ 冯梦龙编撰：《甲申纪事》，第13卷，明弘光刊本，台北图书馆，正中书局印行，1981年版，第5页b；陈济生：《再生纪略》，郑振铎编：《玄览堂丛书》，南京中央图书馆1947年版，第一卷，第17页b；徐应芬：《遇变记略》，《荆驼逸史》，道光年间版，第6页；赵宗复：《李自成叛乱史略》，《史学年报》1937年第4期，第148页；钱䎖：《甲申传信录》，台北台湾银行1969年版，第148页；彭孙贻：《平寇志》，北平国家图书馆1931年版，9，第12页a。

④ 冯梦龙编撰：《甲申纪事》，第13卷，明弘光刊本，台北图书馆，正中书局印行，1981年版，第5页b。

⑤ 钱䎖：《甲申传信录》，台北台湾银行1969年版，第33、64页。

登记以后，这些绅士们就被分别关押在各个营地里。① 唯一被释放的是那些以前认识大顺政权首领人物的人。比如，在刘宗敏的营地，宋献策负责登记，那些官员正在忐忑不安地等着被询问，突然有人问这里有没有吏部的吴祖彰（音译）。不一会儿，吴就被小矮人宋献策十分礼貌地带出了营房，那会儿，被集中在这里的文官们才知道，吴是宋献策的河南老乡。②

一边是这些官员在登记，实际上相当于临时监禁；而另一些没去登记的官员则在考虑是否自尽，是选择逃跑还是服务于新政权，甚至有人想在新的朝廷里找个官位。不可避免地，有人把大顺政权的建立看作是升迁的好机会。最为臭名昭著的是杨进志（音译），他是1631年的进士，但从来没有得到过任职。在给大顺政府的吏部尚书宋企郊送了礼之后，他对家人和朋友说："明天我就不再是凡人了。"这句话很快传遍了京城，人们用它来嘲讽那些机会主义者。宋企郊还被四个无锡（江南）的高官认定为联络人，这些高官在李自成进城时曾和其他官员一起在城门口列队欢迎。这伙人的头目是原兵部从事秦汧，另有他的姑父、原翰林院检讨赵玉森，曾打算自杀、吓得丧魂落魄的县令王孙蕙，以及原礼部从事张琦。25日，宋企郊的随从召见了这四个人，他们卑躬屈膝地表示，愿意效忠新主人。他们恭顺的举止倒是被人们看见了，但他们表示归顺的话语却淹没在嘚嘚的马蹄声中。③ 不过他们很快了解到牛金星令他们报名等待录用。仅在四年前才考取进士的赵玉森马上跑到王孙蕙的家里报信，客气地寒暄了几句后，就迫不及待地说出了自己的想法：

> 吾曾感受崇祯帝浩荡皇恩。可是，现在大明朝天数已尽，吾实无由为其捐躯。吾亦不能弃家失产，报答皇恩。怎么办？④

---

① 赵士锦：《甲申纪事》（1644年编年史），见《甲申纪事（外三种）》，上海中华书局1959年版，第10页。

② 同上。

③ 钱󠄀駅：《甲申传信录》，台北台湾银行1969年版，第92—94、96—97页，徐鼒：《小腆纪年附考》，南京1887年版，第117、124页。

④ 钱󠄀駅：《甲申传信录》，台北台湾银行1969年版，第96页。

王孙蕙毫不掩饰地说："这会儿已是新朝当政。吾等当立现朝廷。"[①] 因赵玉森与宋企郊早年有旧交，所以他能带着王孙蕙和秦汧（后来加入了他们这一伙）去宋府拜访。到了宋家被引见之后，王孙蕙从口袋里拿出一张纸，贴在脑门上，上面写着："臣王孙蕙进表。""进表"一词明确地表示出王孙蕙加入新政府的意愿，所以宋企郊微笑着赞赏说："好文字！"[②] 因此，对许多大明的官员来说，大顺政权的建立是一个新朝代的开始，它享有天命。古代曾经有这样的先例，承认新朝廷的合法性从某种程度上来说是选择了一种政治权力，也就是李自成所支配的权力。宋代的哲学家欧阳修就曾把"正统"两个字分成两层含义，"正"意味着道义上的继承权，"统"意味着政治上的统一。在这个意义上，一个王朝的统一有时是判断这个王朝德行的前提，自己可以用来证明手段的合法性。[③] 那些真正相信天命已经转移的人感到自己有责任为李自成效力，以便教化这位义军领袖，使其逐渐成为符合儒家理想的德义之君。[④]

翰林大学士周钟就是这样一个人。他是金坛名士，复社之长。显然周钟相信李自成会在北京待下去。他知道李自成的残暴，然而在他看来，这恰恰表明大顺政权将有幸得到一位开国之君。他曾对朋友说："太祖（指朱元璋）龙兴之际正是如此。"周钟的帮忙，对政治统一当然是十分有益的。他常常说："江南不难平定。"正因为如此，他在 27 日出廷之前拜见了大顺辅臣牛金星，表示愿意帮助大顺王统一天下。[⑤] 拟定在 27 日举行的召见事实上根本没有举行，那不过是给李自成提供一个羞辱百官的场合。4 月 26 日晚上，文官们都

---

① 同上书，第 96—97 页；计六奇：《明季北略》，台北台湾银行 1969 年版，第 584 页。

② 赵玉森与宋企郊在哪儿、如何成为至交，书中没有交代。计六奇：《明季北略》，台北台湾银行 1969 年版，第 584 页；徐鼒：《小腆纪年附考》，南京 1887 年版，第 117 页。

③ James T. C. Liu，*Ou-yang Hsiu*：*An Eleventh-Century Neo-Confucianist*，p. 111.

④ 《明史》，"台北国防研究院" 1962 年版，第 2779 页；彭孙贻：《平寇志》，北平国家图书馆 1931 年版，第 11 卷，第 13b—4 页 a。

⑤ 钱䎞：《甲申传信录》，台北台湾银行 1969 年版，第 76 页；冯梦龙编撰：《甲申纪事》13 卷，明弘光刊本，台北图书馆，正中书局 1981 年版，第 8 页 b。周钟特地组织了向李自成的"劝进"（劝其登基）。赵宗复：《李自成叛乱史略》，《史学年报》1937 年第 4 期，第 149 页。

急急忙忙地为第二天清晨的召见准备官服。许多人前一天已经把官服烧掉了，而朝廷召见需穿的服装绝对是十分贵重的。裁缝们连夜赶制官袍，市价涨了三四倍①，可还是只有很少的人按时穿上了想要的官服。第二天天刚亮，一大队衣着灰暗、寒酸的官绅等在了东华门外。

这批衣装不整的文官从长安门进入紫禁城，每个人都按礼仪向叛军守卫递交了名牌。叛军门卫随手就把名牌扔到一边烧掉了，把他们推搡到一起，也不管是来登记哪类职务的。当他们慢慢走进皇宫时，发现承天门紧紧地关闭着。于是，他们坐下来等待，这一等就等到中午。这时，宫廷太监王德化走出内宫，身后跟着几个大顺兵。这会儿，明廷的官员们才第一次知道，自己是不能被原谅的，大顺政府里至少有一些人认同崇祯对他们的指责。王德化从人群中认出前兵部尚书张缙彦，把他叫出来确认身份，他大声地喊道："就是你们这帮人毁了大明。"张缙彦还想申辩，王德化让手下人给了他一个大耳光。在这以后，这批官绅又开始坐等。等到天黑时，李自成也没有出现，最后他们离开了前宫，这一趟纯粹就是来受辱的。②

官员们接到通知，29日有一场召见，他们又经历了同样的遭遇。这一次，从几个大将的军营里来了登记官。内阁首辅魏藻德和大相国郑国（音译）还想按常礼来行事，可是文官们都挤向前宫入口处，乱作一团，都想早一点挤进大门。守门的卫兵挥舞棍棒对付这队混乱的人群，最后还把李自成的卫兵叫来，连骂带推才把这帮人排成了一队。他们低着头，唯唯诺诺，任由人们像赶牲口一样把他们轰进大院。进了院子，他们被勒令坐在地上或跪在地上，继续受辱。慢慢地，那些大顺兵折磨够了，这才把这些当官的扔在了一边。新皇上并没有露面的迹象，因为李自成还穿着衬衣短裤，待在文华殿里，而外面的人群正在焦虑地等待他的大驾光临。时间一点一点慢慢地过去，文官们饿了，没

---

① 赵宗复：《李自成叛乱史略》，《史学年报》1937年第4期，第148页。

② 赵士锦：《甲申纪事》（1644年编年史），见《甲申纪事（外三种）》，上海中华书局1959年版，第11页。

有人给送吃的；累了，也没有任何地方可以倚靠一下，除了通向皇宫的楼梯。①

到了黄昏时分，他们都完全绝望了，这时，他们听到了鼓乐声。李自成从内宫走出来，在几个宠信大将的陪伴下慢慢地坐上了龙椅。他的厌恶之情从话语中是听得出来的。他说："此辈无义如此，天下安得不乱？"② 可是，根据牛金星和宋企郊的明确建议，他还得从这些人中挑出一些来充实他的文官队伍。河南贵族出身的顾君恩开始不紧不慢地从各部的名单中一个一个地唱名。每点到一个名字，就停下来，等着辅臣牛金星细细数落这个官员的罪过。③ 接着，唱名到了周钟，这个翰林院的名士私下已经向牛金星表示，他愿效忠闯王。

顾君恩把名单放下，对李自成说："若是陛下真想马上找到一个好官，我们得打破常规，从这里挑选一些。"接着他对牛金星说，周钟是一个著名的大学士，建议录用他。牛金星向闯王说了一大堆周钟的好话，说："他确实是一个名士。"闯王问："何以知名？"牛金星说："他会写文章。"闯王接着说："他怎么不写［众官］国难临头，当死社稷？"④ 李自成嘲讽地引用了《论语》中的一句话，显示了他儒学上的博识，然后宽宏大量地批准了录用周钟。

对周钟的任命，使4月29日的召见由一场责难奚落转变为一次人事安排活动。此后，不断有人被唱名，牛金星用他"炯炯的目光"挑选有能力的官员。"那些他认为合适的人被授官，他认为不合适的人则不起用。"⑤ 有的时候，正像周钟的情况一样，就是在找那些与牛金星或者宋企郊接触过的人。⑥ 有的时候，他是在自己的朋友和旧相识中挑选那些愿意在新政府中成为"牛金星的人"。比如，有一个翰林院的名士，他与牛金星一样，既是河南人，

---

① 赵宗复：《李自成叛乱史略》，《史学年报》1937年第4期，第148—149页。

② 钱軹：《甲申传信录》，台北台湾银行1969年版，第14页。

③ 同上书，第54—55页。

④ 徐鼒：《小腆纪年附考》，南京1887年版，第115—116页。

⑤ 钱軹：《甲申传信录》，台北台湾银行1969年版，第73页。

⑥ 这些人大多是陕西人。

又是1615年举人，牛任命他为督察。[①] 还有一个叫何瑞征的，曾是明廷的一个小官，被任命就职于翰林院，因为他和牛金星是同乡。[②] 还有一个例子是魏学濂，他的朋友和基督教教友韩霖是牛金星的老朋友。[③] 总共有92个人被挑选出来，他们被送至东华门，到吏部接受任命。剩下的几千人被赶到对面的西华门，在那里他们被排成五行，被当兵的用刀押着去城墙外的刘宗敏和李过将军的营地。[④]

总的来说，被选用的这群人都不是高官，主要是四品以下的官。这正好符合双方的利益。李自成不愿起用那些直接背叛了崇祯的部级官员，也不愿用那些级别太高的，以避免和他自己的随从形成竞争。而那些愿意就职的人都是官宦生涯刚刚开始（比如，1643年点翰林的人）或者还没升到顶点的人。[⑤] 他们大部分人仍担任其在北京被攻占以前同样的职位。吏部的三个郎中，户部两个从事，礼部的一个从事、两个员外郎和一个中郎以及七个督察，和整个翰林院的职员都保留原位未动。并且，尽管有些人从一个部调到了另一个部，所有负责人事挑选事务的从事都官留原职。因此，整个官僚机构的中层，总的来说没有变动。[⑥]

前面我们已看到，选择任职一方面是为了避免坐牢，另一方面是出于“儒化”新朝廷的想法。李自成自然了解这第二层想法的含义，他也时常努力去给人留下一个人道的统治者的形象，比如他任命了著名的理学士杨观光为皇宫侍读和礼部尚书。[⑦] 同时，一些人顽固地维护君臣等级关系中的尊严和道义的主张，已日渐激怒了李自成；而那些希望寻找机会按儒家的模式塑造这位新主

---

① 钱䎖：《甲申传信录》，台北台湾银行1969年版，第86页。

② 牛金星将翰林院改名为宏文馆，但为了避免混乱，我仍沿用明朝时的名称。

③ 彭孙贻：《平寇志》，北平国家图书馆1931年版，第9卷，第16页a。

④ 钱䎖：《甲申传信录》，台北台湾银行1969年版，第55、73、116页。

⑤ 那些参与大顺政权的人90%都是1628年后中了进士的，其中1/4的人是1640年和1643年入选翰林院的。钱䎖：《甲申传信录》，台北台湾银行1969年版，第74—88页。

⑥ 钱䎖：《甲申传信录》，台北台湾银行1969年版，第74—88页。

⑦ 同上书，第81—82页；计六奇：《明季北略》，台北台湾银行1969年版，第578—579页。

的人们，却又不得不依新主人的意志而接受一位专制君主。翰林大学士张家玉向闯王表示愿意效忠后，又劝说闯王尊贤敬德，李自成干脆把他在殿前捆绑了三天，然后直截了当地威胁他，如果不放弃自己的主张，降顺新主子，就要杀死他的父母。① 显然，溜须拍马是最安全的。另一个翰林大学士梁兆阳在27日召见之前给吏部尚书宋企郊送去了5000两黄金，他是极少的几个获得提升的大明官员。他无耻地将李自成比作尧、舜、商汤和周武王，因此得到了好运。②

李自成自己也被这些官员们搞糊涂了，一方面他喜欢听这些带儒味的阿谀奉承，另一方面又反感这些卑躬屈节的官员。他究竟是一个真命天子，还是从本质上来说是一个篡夺王位的游侠？作为一个叛军首领，他肯定有建立王朝的野心。根据有些史书说，他早在1638年就开始谈到登基称帝。当他的随从嘲笑他的野心时，他把自己比作汉高祖刘邦，③ 坚信自己负有天命。1640年秋，当他在军事上陷入低谷，被杨嗣昌包围在陕川边境的鱼腹山时，就是凭着这个信念挺了过来。那会儿，他的许多随从，甚至包括刘宗敏，都想降顺明军。

当时，李自成一直说他负有天命，并说他们可以到庙里通过占卜问卦来证明。他们到附近一个庙里去问卦，结果连着三个卦都说刘宗敏应该跟着闯王去河南。在河南，因为灾荒，李自成收募了一支巨大的队伍。④ 到了河南后，李自成的这个想法再次加深，部分原因仅仅是因为他的姓氏。在中国北方，人们普遍认为，“十、八、子”组合在一起（“李”由这三字组成）征服了全中国。⑤ 李既是唐太祖的姓，推至久远，也是老子的姓。与唐朝皇帝的联系从传

---

① 彭孙贻：《平寇志》，北平国家图书馆1931年版，第10卷，第2页。

② 钱䎖：《甲申传信录》，台北台湾银行1969年版，第83页；计六奇：《明季北略》，台北台湾银行1969年版，第584页；徐鼒：《小腆纪年附考》，南京1887年版，第115页。

③ 李文治：《晚明民变》，上海中华书局1948年版，第102页。

④ 李文治：《晚明民变》，上海中华书局1948年版，第103页。帕森斯认为这个事件发生在1638年李自成被洪承畴打败时，我认为他是弄错了。

⑤ Parsons, *Peasant Rebellions of the Late Ming Dynasty*, p. 93; Susan Naquin, *Millenarian Rebellion in China: The Eight Trigrams Uprising of* 1813. New Haven: Yale University Press, 1976.

统意义上给他增加了某种称帝的合法性。李自成在牛金星请其登基的建议里充分地利用了这一点。在襄阳建立的第一个大顺政权就沿用了唐朝的官衔，这套官衔一直沿用到占领北京。① 李自成定的国号和他自己的称谓都和唐朝有点关系：唐朝曾有唐顺宗（公元805年在位）和大顺年号（公元890—891年），唐朝甚至还有永昌年号（公元689年）。像秦始皇一样来自陕西，如汉高祖一样征服对手，又像唐高祖一样再现古时的预言，并且像明太祖一样用武力建立了一个政府，这一切使得李自成在很多方面具备了一个朝代的创建人的特征。②

从政治上来说，李自成有极好的理由称帝。作为叛军首领，甚至作为闯王，他只是同辈们的一个兄长。他的老战友，如刘宗敏和李过，都和他平起平坐，而其他那些重要的文官则不然。比如，宋企郊就总是对刘宗敏毕恭毕敬的，称他为“殿下”。③ 显然，让刘大将军承认李自成的帝王身份有点困难。5月2日，牛金星到刘宗敏的营地，请他到廷一起劝李自成登基时，刘宗敏说：

> “我们都是一起闯天下的人，为何吾须向其行大礼？不从！”牛金星极力敦促他去“劝进”，说：“此一时彼一时也。不过是两次礼仪性的朝拜，仅此而已。”这时，鸿胪寺的一个官员给刘宗敏递来了一个备忘录，让他尊请皇上进宫登基。刘宗敏问，这是什么意思，什么叫“尊请”？鸿胪寺的官员做了解释，还说：“诚请阁下遵从朝廷的礼仪。”刘宗敏又问“什么叫遵从朝廷礼仪”，那位官员说：“就是行五个礼磕三个头。”④

---

① 钱軹：《甲申传信录》，台北台湾银行1969年版，第74页；徐应芬：《遇变纪略》，《荆驼逸史》，道光年间版，第9页b。

② 赵宗复：《李自成叛乱史略》，《史学年报》1937年第4期，第149页；Parsons，*Peasant Rebellions of the Late Ming Dynasty*，p. 142。赵士锦坚信，李自成从来没有当皇帝的想法，因为他的马车队总是在不断地把金银财宝从北京运往西安。赵士锦：《甲申纪事》（1644年编年史），见《甲申纪事（外三种）》，上海中华书局1959年版，第15页。

③ 赵士锦：《甲申纪事》（1644年编年史），见《甲申纪事（外三种）》，上海中华书局1959年版，第16页。

④ 这段对话是赵士锦听到的，参见赵士锦《甲申纪事》（1644年编年史），见《甲申纪事（外三种）》，上海中华书局1959年版，第12页。

早在四川的山里打仗时，刘宗敏就已经承认了李自成在军事上的领袖地位，现在劝进的呼吁来自像周钟这样的文官。如果李自成像所有用武力打下天下的开国元勋一样，举行登基仪式，刘宗敏之流是不得不参加的，最后，李自成的皇威会让他超越与刘宗敏的战友关系。这样的一步会强化李自成的权威，让他做好从军事占领向政治统治必要和最后的转变。但是大顺的天子在这个问题上一再地犹豫不决。登基先是定于5月11日，然后一再推迟，先推到5月13日，后来又推到5月17日、5月20日，最后推到5月22日，这时，李自成已经离开北京去和吴三桂作战了。①

为什么李自成一再推迟登基，直到晚得不能再晚了？一个直接的原因可能是，他想用被他俘获的大明王子，作为和吴三桂讨价还价的筹码。吴三桂的前线部队已经做好了进攻北京的准备。正如李岩对李自成所说的那样，登基可以让李自成有权向吴三桂封地授官，从而阻止他向北京挺进。② 因此尽早登基在政治上比较有利，可是李自成还在推延，好像他觉得自己不配坐上攫取的龙椅。这种自我怀疑的心态使他更加强了对大明官员的责难，崇祯已经把这些人当作大明王朝崩溃的替罪羊。李岩、宋献策、宋企郊则经常对这些变节者的忠诚度表示怀疑，这更增加了李自成对他们的厌恶，李自成把这股怨气出在了还活着的贪官身上，比如皇亲国戚李国祯，李自成痛斥他贪污了军饷，是“国盗”。③ 很快，李自成就不仅是口头的责骂了。在他“严惩不忠”的命令下，刑部起诉了不少官僚，48人被处决。

李自成和前任皇帝一样，相信是官员们的渎职毁了大明，他也遇到了和崇祯时一样的财政问题。大顺政府根本就没法筹集资金发放军饷。李自成接受了

---

① 赵士锦：《甲申纪事》（1644年编年史），见《甲申纪事（外三种）》，上海中华书局1959年版，第14页。

② 李文治：《晚明民变》，上海中华书局1948年版，第136—137页。

③ 钱䡌：《甲申传信录》，台北台湾银行1969年版，第57—58页；抱阳生：《甲申朝事小纪》，上海商务出版社1912年版，第21卷，5，第1页b；彭孙贻：《平寇志》，北平国家图书馆1931年版，第10卷，第3页。

李岩的建议，强迫前朝的官员们掏钱。他们甚至用了和晚明同样的词语——“军饷”。崇祯号召高官捐献银两，但收效甚微，与此不同的是，李自成的做法却比较奏效。至少800名大明官员已经被关押在大顺军的兵营里，正如李岩所建议的，闯王只需从这些人身上收取即可。这些人被分为三类：对臭名昭著的贪官要严刑拷打，直到他们交出私家财产；拒绝服务于新朝廷的官员，他们的财产应没收；相对无罪的，应让他们“自动捐款”。

李自成5月1日批准了这个方案，第二天就搞出了一个配额。大学士应交10万两，尚书7万两，往下依次递减，最低的官员1000两。5月3日，这个配额送至各个营部。[①] 这一系列的安排带有某种古怪的官僚体制的味道，这些安排后来转变成了可怕的流血事件。“军饷”配额不是按人头而是按官衔分派的，有的甚至分到某个部里的每一个人头上。“助饷”活动不仅有正式的计划，得到的银两也定期交到李自成的财务经管那里，而且稍有调整的配额制度还扩散到了大顺政权控制的北京之外的其他地区。[②]

大顺政权的将军们定期检查配额制度的执行情况，他们还建立了一个惩罚制度，惩罚那些拒不交钱的官员和贵族，直至大顺军部队进军山西。[③] 刘宗敏早就预见到李自成5月1日的决定，他在几天前就让手下人制作了专门对人使用酷刑的老虎钳。刘宗敏以前曾对他自己的手下用过这样的钳子，后来也在某些情况下用于逼迫大明官员“归顺”大顺政权。不过，直到5月3日，都没有大量地使用这些刑具。刘宗敏毫无疑问会对他关押的人施用酷刑，这样当李自成愤怒地命令“杀了有罪的，惩罚贪婪的”时，酷刑得以开始大规模地使用。[④] 纳饷的配额一经宣布，大顺的官兵们就开始了对那些官绅的折磨。少数

---

① 除了另有说明外，有关酷刑的材料来自赵士锦《甲申纪事》（1644年编年史），见《甲申纪事（外三种）》，上海中华书局1959年版，12—14页。

② 李文治：《晚明民变》，上海中华书局1948年版，第143页。

③ 赵士锦负责接收有关的秘密报告，《甲申纪事》（1644年编年史），见《甲申纪事（外三种）》，上海中华书局1959年版，第25页。

④ 钱䎖：《甲申传信录》，台北台湾银行1969年版，第56页。

几个官绅为了逃避惩罚马上向刘宗敏交付了大笔的银两，他们很快被释放了。[①] 但是绝大部分官员都没有从亲戚和朋友那里筹集到足够的资金，他们一个接一个被拖进刘宗敏营地的大院受刑。在其他的营地里也发生了同样的事情，特别是李过的营地，不过，关押在刘宗敏那儿的人受刑时间最长、最严重。从那天开始，从早到晚，连续 10 天，总共有 200 名官员、几千名职员，还有不少太监被施用了老虎钳。大约 1000 人被拷打致死。

刚开始的时候，对受刑者和施刑者来说，拷打是因为他们背叛了朝廷，导致了大明的崩溃。那些对崇祯皇帝的死感到愧疚的人称这样的拷打为“受刑”，好像他们认可，刘宗敏有权对他们使用过去他们在审判中施用的同样方法。同时，叛军也把自己看作是在对那些“自私的官宦”实施惩罚，因为这些人造成了明朝的崩溃。比如，他们拷打阁臣首辅魏藻德四天，直到他设法缴纳了 10,000 两银子为止。可是刘宗敏仍然不满意，斥责其致乱。魏藻德称：“臣本书生，不谙政事，又兼先帝无道，遂至于此。”刘宗敏愤怒地说：“汝以书生擢状元，不三年为宰相，崇祯有何负汝，诋为无道?”于是，他又招呼手下人来回地扇其耳光，“严惩”又持续了一天，直到魏藻德一命呜呼，死时颊骨断裂。[②] 刘宗敏不仅非常乐意充当崇祯的报复工具，他还把自己当成替天行道、维护公共道德的判官。京郊的村子里出了一起通奸的小案子，他对通奸的两个人竭尽羞辱、判处死刑，还要对容忍这一关系的人判以凌迟，刑罚极为过度。[③] 实际上，他对惩罚，尤其是对高级官员的惩罚兴趣十足，最后已经超过了助饷。魏藻德的案子就是一个最好的例证。魏藻德死后，刘宗敏叫人把他的

---

① 比如内阁首辅陈演就是向刘宗敏保证缴纳 40,000 两银子，以换取自由的。但是，根据谈迁的说法，陈演被绑起双脚受了酷刑，可能是像坐老虎凳一类的酷刑，后来他交了 360 两金子，又掏出了 10,000 两银子。见谈迁《国榷》，北京古籍出版社 1958 年版，第 6061 页。

② 赵士锦：《甲申纪事》（1644 年编年史），见《甲申纪事（外三种）》，上海中华书局 1959 年版，第 13 页；谈迁：《国榷》，北京古籍出版社 1958 年版，第 6062 页。根据谈迁的材料，魏藻德缴了 13,000 两金子。

③ 赵士锦：《甲申纪事》（1644 年编年史），见《甲申纪事（外三种）》，上海：中华书局 1959 年版，第 14 页。

儿子找来了，魏藻德的儿子对刘宗敏说，他们家家底已空，但是如果他父亲还活着，他们还可以向他父亲以前的学生和朋友筹集银两。现在已经太晚了，他们也筹集不到更多的银两了。这个叛军的将领为了这个迟到的建议把他杀了。

虽然刘宗敏把自己看成是替天行道的人，但他缺乏道德法官的公正性。惩罚不仅过度，而且任意行事，没有原则。一个经历刑法的幸存者说：

大臣们有几个从5月2日开始受刑，其他的都是从5月3日、4日或5日开始受刑的，受刑的原因各有不同。有的缴了大笔的银两还是一样受刑。有的只缴了一点点却没有受刑。还有些人把家产全都交出去了还照样受刑。有的人什么也没缴，最后也根本没有受罚。那些听说了这个情况的人，都说受罚是因为上一辈子造了孽。在被鞭打的官员中，有的人不仅没有交付银两，反倒被送到吏部接受官职去了。有的人交了银两，谋划着得到个一官半职，拿着刘宗敏或者李过的名牌去了吏部。还有的人已经被录用，但是当听说他们家里有钱时，他们又被送到刘宗敏或李过那儿去受刑。总之，没有一个固定的标准。①

很多官员有一种挥之不去的负罪感，尽管他们十分恐惧会肢体残缺，但肉体上的折磨让他们觉得，这种惩罚是应得的。在崇祯朝廷里供职的官员们对这种定额捐献制十分熟悉，这似乎是一种用钱来赎罪的合理做法。他们也很熟悉严厉的惩罚制度，但是大顺军刑法之残忍还是让他们感到震惊。不过，最让他们惊恐的是判官的不可预见性。最终，他们明白，合法与否无逻辑关联，判罪就是报复，他们的罪过只能理解为“上辈子造的孽”了。

随着越来越多被捆绑着双手的尸体扔到草垛上，每天早上从刘宗敏的大院里运出来，李自成知道了他的大将刑讯逼供、草菅人命的情况。5月12日，大顺皇帝来到了刘宗敏的军营，看到几百人遭受酷刑的场面，他惊呆了。他找到老战友，对他说：“天兆不祥。宋献策说，我们要减刑。把这拨人放了

---

① 赵士锦：《甲申纪事》（1644年编年史），见《甲申纪事（外三种）》，上海：中华书局1959年版，第13页。

吧。”[1] 刘宗敏连连称是。第二天上午，下达了一个释放剩余关押犯人的命令，刘宗敏照此执行了。[2]

可是刘宗敏的胃口已经变得很大了。他的库房里堆满了金银的酒杯，布料、钱币和金锭银锭堆得像山一样，院子里也装满了成车的衣物。[3] 可是他还想要更多的。榨干了官员们以后，他又去找其他的猎物。他抓了 1000 个商人，严刑拷打，逼迫他们拿出赎金。[4] 树了这么一个先例后，刘宗敏再也无法保持部队的纪律，而这支部队进京时是有严明的纪律的。如果他自己的库房里堆满了抢来的东西，他又怎么能阻止他的士兵去抢劫；如果他自己霸占了皇宫的宫女，又怎么能不让他的士兵强奸民女？[5]

开始，大顺军只是在晚上城里宵禁以后去抢劫。“当兵的砸开大门，闯入民宅，抢走金银财宝，调戏女人。老百姓苦不堪言。每天天一黑，磨难就开始了。”[6] 接着他们又羞辱给他们提供宿营地的人家。[7] 他们在大街上横冲直撞，在便道上骑马，用鞭子抽打路上闲散的人。先是茶馆的使唤丫头、卖唱的姑娘，接着是富人家的小姐都被抓了去，惨遭奸污。[8] 北京城的老百姓给这种强盗行径创造了一个新词——“淘物”，就是寸土不落地搜刮。大兵们结成一小伙，随意闯入民宅，每一伙人都把前面的人没搜走的值钱的东西再洗劫一遍：

---

① 赵士锦：《甲申纪事》（1644 年编年史），见《甲申纪事（外三种）》，上海中华书局 1959 年版，第 14 页。

② 同上书，第 15 页。

③ 同上书，第 13 页。

④ 李文治：《晚明民变》，上海中华书局 1948 年版，第 142 页。

⑤ 赵士锦：《甲申纪事》（1644 年编年史），见《甲申纪事（外三种）》，上海中华书局 1959 年版，第 11 页。

⑥ 赵士锦：《甲申纪事》（1644 年编年史），见《甲申纪事（外三种）》，上海中华书局 1959 年版，第 9 页。

⑦ 徐应芬：《遇变纪略》，《荆驼逸史》，道光年间版，第 7b—8a。

⑧ 赵士锦：《甲申纪事》（1644 年编年史），见《甲申纪事（外三种）》，上海中华书局 1959 年版，第 55 页。

先是钱和首饰，然后是衣物，最后连吃的也不放过。①

随着动乱的蔓延，宋献策绝望地问李岩："实现十八子的预言难道不是为了百姓的福祉吗？"② 这会儿，刘宗敏之流的头目已经没法控制他们的部队了，因为如果他们没收士兵们抢来的东西，当兵的就会哗变。③ 后来，李自成把大将们找来召开紧急会议，他说："你们为什么不能帮我做个好君主？"大将们明目张胆地说："你已经坐上了龙椅。我们也得有权捞钱。谁也别说什么。"④ 要给大顺政权找一个墓志铭是很难的。

李自成的部队在军事上遇挫时，不管是前朝的官员还是普通百姓都成了他们的出气筒，这时，北京城的老百姓遭的罪就更大了。5 月 18 日，李自成带了部分官兵出京城迎战吴三桂，16 个大明官员在东华门外被砍了头。⑤ 牛金星手下的部队出了京城开往陕西后，更多的商家和住户受到洗劫。⑥ 5 月 27 日，李自成在山海关被多尔衮和吴三桂的部队打败了，叛军疲惫而饥渴地返回北京，大兵们更加放肆地抢劫，以泄心头之火。他们放火烧掉了彰义门附近的整片住宅。⑦ 吴三桂拒绝和被打败的叛军谈判，李自成十分愤怒，并因此开始了大屠杀。李自成的部队杀了吴三桂家族 38 人，将吴三桂父亲血淋淋的头颅挂在城墙上。李自成没有别的选择，非战即降。他匆匆忙忙地在 6 月 3 日登基，并且准备放弃北京。第二天，大顺皇帝放火烧了武英殿，骑着马走出城门，向

---

① 赵士锦：《甲申纪事》（1644 年编年史），见《甲申纪事（外三种）》，上海中华书局 1959 年版，第 30、54 页；《北史纪略》，第 8 页 a，郑振铎编：《玄览堂丛书》。

② 萧一山：《清代通史》，台北商务印书馆 1962—1963 年版，第 1 册，第 251 页。

③ 谢国桢：《南明史略》，上海人民出版社 1957 年版，第 41 页；Parsons，*Peasant Rebellions of the Late Ming Dynasty*，p. 134。

④ 钱䎖：《甲申传信录》，台北台湾银行 1969 年版，第 56 页。

⑤ 陈演、邱瑜和朱绳臣也包括在其中。

⑥ 许多人觉得，李自成不会凯旋。徐应芬估计到了会发生的变化，还求了一支签，那支签说，就要有一个新的皇上了。徐应芬：《遇变纪略》，《荆驼逸史》，道光年间版，第 10b—12 页 a。

⑦ 徐应芬：《遇变纪略》，《荆驼逸史》，道光年间版，第 12 页 a。

西而去。[①] 他的身后，浓烟蔽日，大火燃至京城各区。[②] 闯王占领了北京 42 天，但只在最后一天才登基做了皇上。

李自成最后仍要在仪式上行使皇权，可这时，他已经失去了作为叛军首领寻求正义、保护百姓的天命。当京城的百姓听说李自成被吴三桂打败了时，他们都如释重负、喜极而泣。[③] 宋献策长叹道："我主止可为马上王，溷过几年而已。"[④] 街头的小贩编出歌谣来嘲弄他：

自成割据非天子，马上登台未许年。[⑤]

李自成的主力部队撤走了，带走了一车车劫来的财物和从当地招募的新兵，京城的老百姓于是报复那些掉队的大顺军散兵。成群结队的游民到处去抓大顺军的散兵，抓到就把他们扔进正在焚烧的房子里。还有的叛军士兵在大街上被砍了头，"老百姓觉得很开心"。[⑥] 李自成的方略使他失去了民心，"顺民"不再属于大顺。

李自成的政权在北京犯的错误加强了清军征服全中国的野心。[⑦] 李自成攻占北京之前，清军的统领还在两种选择之间犹豫，这两种选择是皇太极和多尔衮对外政策的主要动因。一方面，贵族贝勒的满族游牧部落都有这样的传统，他们受制于这样的传统，总是骑着马打过长城，满载而归。因此，贝勒们不大

---

① 徐应芬：《遇变纪略》，第 14 页 a；Parsons, *Peasant Rebellions of the Late Ming Dynasty*, pp. 134 - 142。

② 刘尚友：《定思小纪》，赵诒琛、王大隆编辑：《丁丑丛编》，无锡 1937 年版，第 8 页 a。

③ 同上书，第 7 页 a；徐应芬：《遇变纪略》，《荆驼逸史》，道光年间版，第 12 页。

④ 陈济生：《再生纪略》，郑振铎编：《玄览堂丛书》，南京中央图书馆 1947 年版，第 20a 页。

⑤ 陈济生：《再生纪略》，郑振铎编：《玄览堂丛书》，南京中央图书馆 1947 年版，第 20b 页。

⑥ 刘尚友：《定思小纪》，赵诒琛、王大隆编辑：《丁丑丛编》，无锡 1937 年版，第 8 页 a。关于李自成如何失去贵族和官员支持的问题，参见李文治《晚明民变》，上海中华书局 1948 年版，第 165—166 页。

⑦ 《顺治》，顺治年间史实记载，影印本，1964 年版，4：第 42 页 b，第 44 页。

愿意占领中国北部，特别是因为这样一来会加强摄政王多尔衮的权力。但是另一方面，清廷的皇族又有自己的传统，顺治皇帝就是这个传统的象征，那就是要实现努尔哈赤建立清王朝的“宏业”。以前，这第二个动因并不意味着占领中国，因为清廷满足于和大明平起平坐的关系，好像两者在东北亚诸多国家的竞争中都已占据强者的位置。当大明王朝崩溃时，出现了使这两种选择之间的天平发生倾斜的第三个动因，这个动因在更大程度上是一个现实，那就是中国的旗人及其首领。当多尔衮在北京东北面400英里之外的穆克敦[1]听说李自成攻占了北京的消息时，他立刻去找这些人咨询。多尔衮特别信任范文程，范是1618年归降清廷的，多尔衮要听听他的意见。

范文程力主进军，他之所以提出这个建议，也表明李自成的政权失去了合法性，这对后来中国的历史发展有很大的影响。尽管李自成的部队据说有100万人，但是范文程觉得能够打败李自成，因为李自成已经失去了政治上的支持。推翻崇祯皇帝已使他失去了天助，迫害前朝的贵族和官员又挑起了文人的反叛，李自成的大顺兵在京城掳掠行盗、强奸民女、杀人放火，也让老百姓恨透了他们。因此，清兵可以像“维护正义”的军队一样入主中原。“我们得让所有人都知道，我们是来严惩流贼的。为行义而来，怎么会被打败呢?”多尔衮表示赞同，清兵的南征是为了惩罚叛军，是叛军才使得崇祯皇帝自缢殉国。

范文程在另一个汉族降官洪承畴的支持下，在清兵南征后建议改变军事战略。在洪承畴看来，南征成功与否取决于满汉军队是否能够改变过去那种抢劫、行贿和逼俘为奴的传统做法。[2] 多尔衮听从他们的建议，在大兵聚集山海关越过长城之前，召集众将士和贝勒开会，宣布南征是为了替天行道、拯救万民，因此所有人均不许抢劫、放火，无重大理由不得杀人。[3] 5月20日，清军顺利入关，范文程开始起草面向汉人的公告，准备在大军西进之前散发：

---

① 今辽宁沈阳。——编注

② 《顺治》，顺治年间史实记载，影印本，1964年版，4，第42页b，第44页。

③ 《顺治》，顺治年间史实记载，影印本，1964年版，4，第45—48页a；萧一山：《清代通史》，台北商务印书馆1962—1963年版，第1册，第261页。

> 这是一支正义之旅，是来替你们的皇帝报仇的。我们不与百姓为敌。我们只杀闯贼和他的官兵。只要归降，不论文官武将均可官复原位。我们绝不会伤害你们。①

清军一再发出这样的保证，使得他们开往北京时一路畅通无阻，大明朝的各地驻军头领都站到了大清一边。② 而在北京城里，人们都谣传着东边来了“大军”，个别人有提到清军的字眼。③ 不过6月5日上午涌出城门欢迎救星的大部分官绅们都以为他们迎接的是吴三桂和大明的太子。④ 太子曾被李自成关押，后来失踪了。实际上他们欢迎的是大队刮了脸，剃了头，满人装束的清兵。他们看到一个满人模样的头领在宫内官绅的引领下爬上了皇帝的龙辇。

他对着众人说：“我是摄政王。大明的太子很快就要来见你们。他已经同意由我来当政做统领。”人们都惊呆了，怔怔地看着他，没法理解这究竟是怎么回事。他继续对大家发表言论。有人说，他是大明的英宗皇帝（曾被蒙古人俘获）。人们都吓得大气不敢出，也都束手无策。摄政王于是进了紫禁城。⑤

多尔衮在锦衣卫的护卫下，踏上了通向余烟未尽的武英殿的台阶。⑥ 到达台阶的最高处时，他转过身对着聚集在那儿的官绅们说，请他们当中身份最高的人出来。在刘宗敏的营地里幸免于难的明朝翰林院学士李明睿颤颤巍巍地走到多尔衮面前。多尔衮请他出任清朝鸿胪寺的侍郎。李明睿马上推辞了，说自己太老了，又有病……多尔衮打断了他的话：

> 你们的皇帝还没有（体面地）安葬。明日，我想让北京城所有的官

---

① 萧一山：《清代通史》，台北商务印书馆1962—1963年版，第1册，第261页；谢国桢：《南明史略》，上海人民出版社1957年版，第55页。

② 《顺治》，顺治年间史实记载，影印本，1964年版，4，第42页b，第48页。

③ 刘尚友：《定思小纪》，赵诒琛、王大隆编辑：《丁丑丛编》，无锡1937年版，第8页b。

④ 计六奇：《明季北略》，台北台湾银行1969年版，第33页。

⑤ 刘尚友：《定思小纪》，赵诒琛、王大隆编辑：《丁丑丛编》，无锡1937年版，第8页b。

⑥ 《贰臣传》，北京1780年刻本，12，第4页a—5页b。

绅和百姓为他举哀。可是，如果没有祖传的碑文①，怎么能有体面的哀悼仪式呢？而没有经鸿胪寺核对的先皇的名称，又哪来祖传的碑文呢？

李明睿感动得流下了眼泪，他接受了任命，表示将负责安排皇帝的哀悼事宜。②

李明睿的眼泪是欣慰的眼泪，所有在场的人一样感同身受。多尔衮的话等于是向他们做出了保证：他们不会再受到肉体的折磨，不会再遭关押和酷刑。相反的，他们都可以在新朝内任职。那天，多尔衮还宣布，正直的学者会得到公正的待遇，有功者受奖，欲复职者录用。③ 接下来的几天里，登记程序在进行着，新朝向前朝的官吏们发出了一个又一个温和的信息，明朝的官制也保留了下来，多尔衮甚至还撤回了要求蓄辫的命令，因为这让前朝的官绅们十分反感。

尽管多尔衮鄙视明朝的官僚体制，但是他并不因此指责那些落难的官绅，而是鼓励他们自我改造。④ 李自成对叛变者从内心里十分厌恶，而多尔衮则显得宽容许多，对常人会犯的错误也采取比较现实的态度。多尔衮长期以来已经适应了朝臣任职于两个朝代的做法，可是对儒道的繁文缛节却较为敏感，他并不死守德行理念。他的公开文告均由范文程等汉官代为起草，儒风十足，但是在实际做法上，他却很灵活。换句话说，多尔衮有一种对别人在特殊时刻的行为表示宽恕的概念，这与李自成截然不同，李自成生硬而过分地要求德行和正义，这实际上违背了他自己的初衷。比如，有一次，一个清廷的官绅指责另一个官员曾经服务于大顺政权。多尔衮则对追究这种毁掉一代儒教士大夫的德行表示出很超然的态度，他对这个指责一笑了之，并说："只有那些自己非常忠

① "祖传的碑文"可能应是"神主牌位"。——编注

② 计六奇：《明季北略》，台北台湾银行 1969 年版，第 33—34 页。

③ 萧一山：《清代通史》，台北商务印书馆 1962—1963 年版，第 1 册，第 51—52、262 页。

④ 萧一山：《清代通史》，台北商务印书馆 1962—1963 年版，第 1 册，第 263、380 页；李光涛：《明清档案存真选辑》，第 1 卷，台北"中央研究院"历史语言研究所 1959 年版，第 6 页。

诚和清白的人才有资格指责别人。”① 宽容使多尔衮得以为他的新朝廷聘用了京城的几乎全部文官，或者说所有在大顺军的残害下劫后余生的官绅。一个当事人记载道，到了6月14日，“长安广场上又站满了大小官绅，一切好像又回到了过去”②。

多尔衮在清朝统治的第一天在武英殿的台阶上向京城的全体官绅讲了这番话，李明睿流下了感激的眼泪，这不仅仅是对不再担心身体遭受折磨所感到的宽慰，同时也是对心灵的宽慰，所有在场的明朝官绅都有同样的感受。多尔衮让崇祯的大臣们来体面地安葬他们自己的皇帝，这让他们消除了自己对大明崩溃的罪过感。不会再对他们进行惩罚了。相反，要受到惩罚的是曾经严厉地谴责他们的叛军：李自成这些人。那天，多尔衮还宣布：

> 明朝被流寇推翻了，王朝的天命已经结束。对此，我们没必要再多说。天下不是一个人拥有的，得道者得天下。大军和百姓也不是个人的财产，得义者统领之。现在，我们得了天下，要替你们的皇帝报仇。③

“正”和“统”，即道义与统一，似乎都汇集于皇帝的宝座。因清廷惩治弑君之行，立志铲除先朝的叛军，便开始了其合法统治。于是，清朝成了明朝名正言顺的后继者，而大顺政权，仅作为一个叛军起义的过渡政权被记入史册而已。终于，在北京，新的一轮朝代又开始了。

项佳谷 译

① 孙甄陶：《清史述论》，台北亚洲出版社1957年版，第37页。

② 徐应芬：《遇变纪略》，《荆驼逸史》，道光年间版，第18页b。

③ 萧一山：《清代通史》，台北商务印书馆1962—1963年版，第1册，第262页。

明清更替——17 世纪的危机抑或轴心突破

（2002 年）

满人在 1615 年到 1684 年之间对明朝的征服，直到最近，才被置于更宽广的 17 世纪危机的背景下观察——一场与全球气候周期性变化、国内人口变动和明帝国（1368—1644）行政体系衰败相关的危机。① 尽管清帝国（1616—1911）引导中国从危机中恢复过来的速度比世界其他大部分地区更快，但常规史学仍认为，帝国的重建是以对明朝后期发展的破坏为代价的，而这种发展原本可能会帮助中国人在两个世纪后抵御西方和日本的入侵。②

这种人们熟悉的看法近来受到了挑战。一些历史学家强调，17 世纪中叶，当满洲八旗兵越过长城并建立起他们自己的帝国的时候，明清之间更多地存在着连续性而非中断和停滞。这些学者发现，清朝考据学和“夭折的”经验主义的起源都可以追溯到北宋（960—1127）；同时，他们强调，清朝的哲学很自然地取代了明朝的哲学，17 世纪学术上的经世思想预示并演变为 19 世纪激进的今文经学。

对这种更替是否还有第三种看法呢？让我们来审视一下另外两点。首先，在儒家教诲中的固有与超验之间，在仁义的“仁”和仪式的“礼”之间存在着持续的紧张。其次，正如已故学者史华慈指出的：“若在所有这些轴心向运动冲击中存在着什么共同的冲力的话，它也许可以被叫做超凡力 K［……］，

---

① Frederic Wakeman, Jr., “China and the Seventeenth-Century World Crisis,” *Late Imperial China*. 7.1［1986］: 1 - 26; William S. Atwell, “Some Observations on the ‘Seventeenth-Century Crisis’ in China and Japan,” *Journal of Asian Studies*. 45.2［1986］: 223 - 244; S. A. M. Adshead, “The Seventeenth Century General Crisis in China,” *Asian Profile*. 1.2［1973］: pp. 271 - 280.

② Wakeman, *The Great Enterprise: The Manchu Reconstruction of Imperial Order in Seventeenth-Century China*. 1985.

像是朝后站，却往前看，[……] 是一种对其含义的实际而新颖观点的疑问式的思索。”（1975，第 295 页）雅斯贝尔斯（Karl Jaspers）的“轴心时代”“与兴起、概念化，以及在超凡与世俗秩序之间的基本矛盾有关”。① 一旦在超凡与世俗秩序之间的基本矛盾被充分意识并以制度化形式引入社会（或者起码进入社会的中心部分），对这种矛盾的任何定义和解决方法本身便是很大的问题。解决这个矛盾的建议通常带有强烈的多种甚至相互冲突的因素。要把这些因素编制进可以被充分表达的定义里，有可能会产生出不同的重点、不同的方向和各种解释（它们均因各个团体所推崇的多种视线的历史存在而得以强化）。②

这一在神圣与世俗之间的竞争，也可以作为一种对峙关系出现在本能的一元论和 12 世纪儒学复兴期的理性的二元论宋道学之间。在这种情况下，中国 17 世纪的明清期可能是轴心突破时代（在词源上和本体上均如此），从而体现了整个社会知识背景。③ 本篇论文的其余部分将力图通过明清之际两位著名思想家——顾炎武（1613—1682）和黄宗羲（1610—1695）——的几个重要概念，来考察这一论断。④

17 世纪的危机

危机的程度众所周知，因此只作如下纲要性的描述。

在最基本的层面上，以太阳黑子活动的减少为标志，17 世纪中叶全球气候变冷。在这个所谓的“蒙德极小期”，严寒较往常更早地降临温带地区，导

---

① Eisenstadt：1982，p. 249.

② Eisenstadt：1982，p. 294.

③ Eisenstadt：1982，pp. 291 - 324. 并见其 1986，p. 359。

④ 关于这点，参见：Wm. Theodore de Bary，“Chinese Despotism and the Confucian Ideal，” in John K. Fairbank，ed.，*Chinese Thought and Institutions*，1958，p. 163。我省略了王夫之（1619—1692），尽管他在这个假定的突破中与其他两位做出了同等的贡献。这在 Alison H. Black 的文章 *Man and Nature in the Philosophical Thought of Wang Fu-chih* 中处处可见。

致中国中心地带的河流和湖泊冻结，庄稼每年的生长和收获期明显缩短。饥荒随之而来，与此同时是瘟疫——特别是天花——的流行，这些使得中国北部地区的灾难尤为深重。谷物供应的缺乏也导致东北地区的满族部落对朝鲜的侵袭不断扩张，并越过长城，寻求战利品、贡物和奴隶。

当时，明王朝越来越依赖于美洲的白银进口，将其作为商业化大崩溃的强心剂。这场商业化大崩溃开始于16世纪晚期，它将长江下游稻米高产区的农民从生存农业（指收成仅够自身食用的耕作）吸引到现金的增值上，导致国家在17世纪中叶极易发生货币贬值和粮食匮乏。① 当财政方面的因素，如大量的逃税，使这些情况更加恶化时，明王朝的社会和经济基础结构便开始崩溃了。② 越来越多的“自由”佃户沦为拥有土地的士绅的农奴，而这些士绅的土地则逃避赋税征收。灌溉系统被淤泥充塞，运河无人疏浚，大河的堤堰废而不修。财政赤字不断增加，明帝国的皇亲贵戚也变得越来越寄生腐朽。

随着运往长城沿线及塞外卫所的粮食不断减少，国家传统的军事招募制度也动摇了。军队的登记簿是虚假的，地方将领组建向他们个人效忠的军队，前线的将领则向满人投降。甚至半军事性的政府邮传制度也崩溃了，这使那些送递快信的信差被解放出来，成为骑马的强盗和起义军，占领了明王朝北部和西部的大部分地区。

与此同时，明代士大夫精英之间也存在着分化。在哲学思想上，长期存在着正统的程朱新儒家与王阳明心学直觉论者之间的分歧。前者，即理学，强调对“事物”（他们主要是指经典）的研究、严格的道德自我教化以及高层次的

---

① Richard von Glahn, *Fountain of Fortune*: *Money and Monetary Policy in China*, 1000 - 1700. 1996, 246 - 247; Jack A. Goldstone, “East and West in the Seventeenth Century: Political Crises in Stuart England, Ottoman Turkey, and Ming China,” *Comparative Studies in Society and History*. 30. 1 [1988]: 103 - 142; Michel Cartier, “Les importations de métuax monétaires en Chine: Essai sur la Conjoncture chinoise,” *Annales*: *conomies*, *sociétés*, *civilisations*. 36. 3 [1981]: 454 - 466.

② Dennis O. Flynn, “The Microeconomics of Silver and East-West Trade in the Early Modern Period,” in Wolfram Fischer, et al., eds., *The Emergence of a World Economy*, 1500 - 1914. 1986, 1: 37 - 60.

精神追求和低层次的物质欲望——即一般所谓“存天理，灭人欲”——的二元划分。后者，即心学，则是一些信念的复杂整合，主要集中在自觉的重要性，自发的道德良心，以及思想与行为的统一。作为它最激进的形式，心学中的泰州学派宣扬一种道德普遍性，认为“满街皆圣人”，而且每个人都可以获得教化。而宋代的二程兄弟①和朱熹创造的更加正统的致知之学，则强调精英性和渐进性。一个人不可能仅靠反观自我来寻求天理，必须通过刻苦的自我道德教化以及多年的研习经典，才能发现道义。

知识分子间的这种分化尽管并没有清晰地反映，但已对17世纪早期的政治斗争产生了影响。在书院，士大夫按照不同的教义宣讲伦理道德和经典著作；在朝廷，他们通过党争以及将自己人经由科举考试安置在官位上，都是为了竞争政治上的影响。② 其中一些这样的书院还卷入了大的政治派系（如东林党、复社）中，他们支持一个大臣，反对另一个，并与为自己寻求特殊利益的宦官联合。帝国政治的所有方面一度都受到了这种毁灭性的派系斗争的影响，甚至包括在对付满人的战略选择上，而后者的势力正在长城外继续壮大。

满人的征服和对正统学说的利用

大多数当代学者认为满人的征服，基本上是对明帝国行政管理的改造。但是改造的进程，却同时被清朝的民族分离政策所阻碍和促进：阻碍源于满族在个人服饰上采取强制性的象征一致性的政策，结果引发了中国南方人民的反抗；促进是因为采用了一种新的统治制度，这种制度具有君主一统的新形式和汉—满两种行政制度混合的外表。这些做法出奇地成功——事实上，它们是如此成功，以至于中国成为世界上第一个从17世纪70年代到80年代早期的危

---

① 二程是中国北宋思想家、教育家程颢（1032—1085）、程颐（1033—1107）的并称，二人为嫡亲兄弟，河南洛阳人。——译注

② Richard von Glahn, “Municipal Reform and Urban Social Conflict in Late Ming Jiangnan,” *The Journal of Asian Studies*. 50.2 [1991]: 280 - 307.

机中恢复过来的主要君主国。

然而，对 20 世纪初的大汉族主义革命党人来说，这次恢复的代价是满人不正当地利用了一种愚钝的正统观念：重新抬出宋代的理学大师，如程颐、程颢和朱熹。在征服了中国北部之后，满人很快重新制定了文官科举考试制度（起初，这给了他们一个机会，得以操纵名额的分配，使满人和北方的汉族合作者比受教育程度高得多的南方人更为受益）。与此同时，他们以同样快的速度控制了帝国的教育中心，特别是长江下游地区的学校，将其课程限制在为科举考试做准备的僵化内容中，同时明确禁止讨论那些超出经典的学习，涉及公众关心和帝国统治之政治和道德伦理的问题。①

但这些后来的革命批评家（当时他们正在调动自己的思想力量，在 20 世纪初对清帝国展开攻击）认为，清政府实行的上述限制是与打击明代直觉哲学的"过分"，特别是心学中泰州学派的激进主义同时进行的。尽管王阳明强有力的行为主义哲学在日本发展成"阳明学"，并激励了明治维新时的志士，但在清代中国，它却完全不起眼，甚至被埋没。在曲阜的大成殿，褒扬王阳明的匾额被一些次要但却更保险的名流的所替代，而这些人信奉理学而非心学。

现代的思想史家对清统治者——特别是康熙皇帝（1661—1722 年在位）——对明代直觉主义的思想上的妖魔化提出质疑。他们指出，撇开帝国的政策，早在明后期，王阳明学说就已引起了严重的怀疑，大多数士大夫自己将程朱理学置于王阳明心学之上。不管怎样，清帝国仍是与当时要求返归基本道德教义的呼声紧密一致的，它以明确坚定的态度摒弃明末不受社会道德约束的风气，压抑感情的自然流露，赞同对礼仪和责任施加更严格和苦行式的强调。这是毋庸置疑的。例如，在上层家庭里，妇女比以前更被限制在闺阁里；反对妇女具备文学修养；同性恋被视为一种离经叛道的社会混乱；男性的勇武

① 参见 William Theodore de Bary，*Waiting for the Dawn*：*A Plan for the Prince* 一书中黄宗羲对科举制度的毁灭性抨击，第 111—121 页。（该书是狄百瑞对黄宗羲《明夷待访录》的英译及研究，由哥伦比亚大学出版社 1993 年出版，在以下注释中简称为《帝国的蓝图》。——译注）

性被提升到儒家单纯的书卷气之上。

然而儒学作为一种学术追求，在清代并未受到丝毫影响。因为，反满的革命者指出清政府对公民权利的第二项剥夺就是蓄意助长经院哲学风气，使本可以从事政治的士大夫将注意力转向了鸿篇巨制的辞典和类书编撰工程，并公开鼓励知识分子在文字考证、语言评价和历史语言学上下功夫。

智识主义的连续性

尽管清朝盛世对智识主义化的推动被民族革命者看成是满族的计谋，但一些当代学者，如余英时等，则将清代对智识主义（Intellectualism）的推动追溯到宋代，认为从那时起，智识主义经过明代的平稳发展，到清代所谓汉学的经验主义时则达到顶峰。[①] 通过智识主义，历史学家以张岱这类学者为例，试图证明在新儒学哲学家中，为了指示和教导，有一种求助于文本的权威性——而不是道德良心或伦理启示——的倾向。与理学一致，清帝国晚期的智识主义也批驳那种声称可以在自己身上发现良知的心学道德直觉论。这种更自发的、以自我为中心的唯心论是从王阳明学说中发展而来的，它将内在性与超验性调和为一种宇宙道德观，这种道德观的最极端的体现是，否定世俗的、等级制度的、学术的标准，而这些标准是被正统的礼仪和传统的学说所肯定的。适得其反的是，这却招徕了王夫之（1619—1692）的唯物主义（即原则取决于物质力量；物质力量强大，原则便可胜利）：

> 说到底，原则并非为一个可摄取的完物。它不可见。物质力量的细节和顺序则是可见的原则。于是，原则首次出现的时候，便是以物质力量被看出。当原则如此被察觉，自然它们好像就成为各种趋势。我们在趋势的各个方面中看出原则。[②]

---

① 余英时：《历史与思想》通篇，台北联经出版事业公司1976年版。

② 参见王阳明：1963a，第689页；并参见Black（1989），通篇。

然而，当一些学者将（清代）对王阳明的唯心道德观的排斥与那种对“颓废”社会风气的反对联系起来时，余英时则倾向于做出一种较平和的解释，即将清朝的学院主义与千百年来长期的“书呆子”式的研习及考据学联系起来，而这种风气可上溯到朱熹和北宋的大师们。

对明、清思潮之间的连续性的重视，是中国思想史学家艾尔曼研究的特点。不论是描述 18 世纪对语言学的重视，还是对 19 世纪今文经学兴起的研究，艾尔曼都强调晚明哲学和清代经验主义研究之间的联系，它伴随着从 17 世纪中叶尽心国事的忠臣到乾隆晚期的《公羊传》注释者和随后 19 世纪的今文经学复兴者这一段中国思想史的演进。① 事实上，这种关联有时是微弱的，但却有足够的线索贯穿整个结构，使这个连续性的论点显得颇为合理。同时，通过消弭晚明和清前期的裂痕，余英时和艾尔曼的成果从根本上消除了一个长期存在的重新评价，即轴心突破的观点。

顾炎武

如果我们刚读过顾炎武，我们将面对一个完全不同的境界。作为 17 世纪一位真正的博学之士，顾炎武的学识几乎是难以匹敌的。他的《日知录》留下了一些深刻的见解，其价值远远超过简单的阅读笔记和原文摘抄。这些学术反思，加上他在明清之际撰写的其他一系列文章，使顾炎武成为 19 世纪士人中要求变革治国之策的先驱。

出于我们的研究目的，我们将把注意力放在顾炎武著述的四个主要方面：他对经典神秘性的破除、他的复古主义、他对禁欲主义的强调以及他想在从秦汉中央集权帝国建立伊始就已确立的“郡县制度”中恢复“封建制度”的

---

① Benjamin A. Elman, *From Philosophy to Philology: Intellectual and Social Aspects of Change in Late Imperial China*, 1984; *Classicism, Politics, and Kinship: the Chang-chou school of New Text Confucianism in Late Imperial China*, 1990.

愿望。

1. 破除神秘性

顾炎武对儒家经典，特别是对最博大的经典文本——玄妙深奥的《易》的神秘性的破除，与他对儒学之诠释的历史化紧密相关。《易》此前被认为是源自圣人伏羲通过观察动物各种变化式样所进行的占卜模式的展示——这构成了《易》中的卦。顾炎武在解释卦的发现时，不是将伏羲假定为一个超时代的圣人，而是将他视作他那个时代的历史人物。①

尽管顾炎武没有直接对占卜提出怀疑，但他却尽量使对《易》的探讨成为一种推理活动。他写道，《易》有两种可能的运用，一种是“按事物的本来面目确定过去（数往者顺）”，即观察轨迹的内在线索、人类行为的记录，这些都是顺应事物的一定模式的；另一种是“了解难以预测的未来（知来者逆）”（逆既指预测未来又指反叛）。顾炎武没有怀疑圣人“预示（筮）”将来的能力，但他认为这种预言是建立在圣人有洞察人类行为“印迹（迹）”能力基础上的。因此，他们的预见是由于掌握了变化的规律，而不仅仅是靠卜卦。顾炎武努力清除儒家学说中的文本混乱和神秘主义，通过发挥《易》鉴往的功能，使它为世人所用。②

> 君子将有为也，将有行也，问焉而以言，其受命也如向。告其为也，告其行也，死生有命，富贵在天。若是，则无可为也，无可行也。不当问，问亦不告也。《易》以前民用也，非以为人前知也。求前知，非圣人之道也。③

在同样的经世致用、破除神秘的精神下，顾炎武还宣称，他深信只有当人们对世间的统治和社会的礼俗感到失望时，才会去求助于神灵和参加宗派活动。在描述他自己时代的情形时，他写道：

---

① 顾炎武：《日知录》，1.1：1—2。

② 同上书，1.1：23—24。

③ 同上书，1.1：29。

> 国乱无政，小民有情而不得申，有冤而不见理，于是不得不诉之于神，而诅盟之事起矣。……今日所传地狱之说，感应之书，皆苗民诅盟之余习也。“明明棐常，鳏寡无盖”，则王政行于上，而人自不复有求于神。故曰：有道之世，其鬼不神。所谓绝地天通者，如此而已矣。①

2. 历史化

在这方面，《易》因其自相矛盾而被剥去了神圣的外衣：它只是它那个时代许多占卜书中的一种。通过追溯此后对《易经》注释的历史，顾炎武清晰地证明了这种经典的不可靠：即体现在“经”里的到底有多少准确无误的东西？同时，顾炎武也常常担心经典原始内容的遗失。以《周易》为例，顾炎武反对将所有的经书混在一起，并互相进行解释的方式。他坚决主张，对待一部独立的经典，应根据它本身的内容，而不是作为混合经典的一部分。“有以彼经证此经之题，有用彼经而隐此经之题，于是此一经者为射覆之书，而《春秋》亡矣。”②

在明代，由于洪武帝（1368—1398 年在位）和其子永乐帝（1402—1424 年在位）的提倡，正统经典是与朱熹的注释并行的。但是，尽管有帝王的认可，人们却一直对注释持困惑态度，认为“一个人不可能完全了解博大精深的《易》”。这种对文本的长期困惑，阻碍了君子接近一种完全被揭示的真理。或者说，正如 17 世纪另一位哲学家王夫之所论述的：

> 关于建立模式或列举细节，《史书》和《论语》都没有提到。难道它们无视本质或忽略了细节吗？这或许是因为古代政体意在治理古代世界，而这个今人却无法模仿。高超之人的行为不建立在古人体制之上，并因为符合当今治理世界的并不见得对将来适用，高超之人便不会把它作为模式下传。③

---

① 顾炎武：《日知录》，1. 1：57—58。

② 同上书，1－1：5。

③ 参见王阳明：1963b，第 701 页。

将经典固定在某一种正统学说中，也使道德类型成为一套非常刻板的等级制度。譬如关于卦的形式，正如顾炎武所言："二必臣，五必君，阴卦必云小人，阳卦必云君子。于是此一经者为拾渖之书，而《易》亡矣。……传为主，经为客。"

难道卦位都与社会地位相对应，高的指统治者，低的指他的臣民吗？

> 若以一卦之体言之，则皆谓之位，故曰六位时成，曰《易》六位而成章，是则卦爻之位非取象于人之位矣。①

顾炎武并没有否定社会等级的存在，而是通过动摇其本体论的支柱，驳斥了人类的等级制度与宇宙关系存在相似性的理论。而程朱理学家们用这些支柱来维护既存的儒家的家国同构的社会和政治制度，也即《易》中表述的上、下地位永恒不变的社会和政治制度。

3. 思想的警觉

顾炎武对正统权威的部分谨慎评论，反映了他想把学术思想建成评判事物最佳标准的想法。既然《易》告诉士人何时行动，它就给了士大夫一个有力的武器，使他们知道果断采取行动的时机。在经典强加的限制之内，即让帝王之龙高飞在我们下面这些人之上，顾炎武仍设想在学习经典的有识之士中，选择天才的权威（开国圣君）并替代惯例的世袭制度（例行的继任君主）。对于顾炎武来说，《易》不是一本寻求启示的经典，而是一本最好以尽可能多的历史和文献学知识来阅读的书，从而理解其作为行动指南的意义。

在此方面，领悟《易》中每卦的基本含义是对致知的一种"实践性"的履行。正如顾炎武首先举孔子所言的"我只传述而不创作（述而不作）"，"不学古而欲稽天，岂非不耕而求获乎？"② 然而这绝不是毫无意义的实践，它与时代精神相吻合，它在一种现世禁欲的审慎的状态下实行，并为顾炎武同时代的刘宗周、黄宗羲所赞成。"虽其渐染之深，放肆之久，而惕然自省，犹可以

---

① 顾炎武：《日知录》，1.1：7—8。

② 同上书，1.1：51。

不至于败亡。”[①]

坚持这样的自律是一项艰巨的任务，要求持续的真正的努力，既非流于形式，也不能仅仅是迂腐的。士人的奉献必须超过官吏和学者常规的责任。

其在政教则不能是训是行，以近天子之光，而所司者笾豆之事；其在学术则不能知类通达，以几大学之道，而所习者占毕之文。[②]

代表这种持续努力（“利有攸往也”[③]）的基本图形是《易》八种图形中的第七种，即“艮”。这种《论语》中的士人不先入为主，不作武断的假定，不固执，不以自我为中心（“毋意、毋必、毋固、毋我”）。这是一位保持沉静的守望者，观察事件发展到转折点时，准备去完成前面的斗争。“艮其背，不获其身也。富贵不能淫，贫贱不能移，威武不能屈。”[④]

4. 封建精神

对于顾炎武来说，他对粗略的自治态度是与他所向往的“封建”的精神相一致的，他希望能将“封建制度”重新引入秦统一后即在中国广泛推行的郡县制中。[⑤] 顾炎武所热衷的“封建”，并非我们所想象的那种中世纪的全套模式。对于他来说，封建的秩序是反等级制度的，甚至是反贵族政治的。与被谄媚的大臣所助长的华而不实之风（“文”）相反，它对应的是一种纯粹简朴（“质”）的理想。

自夏以前，纯乎质，故帝王有名而无号。自商以下，浸乎文，故有名有号。而德之盛者，有谥以美之，于是周公因而制谥。自天子达于卿大夫，美恶皆有谥，而十干之号不立。然王季以上不追谥，犹用商人之礼

---

① 顾炎武：《日知录》，1.1：10。

② 同上书。

③ 同上书，1.1：10—11。

④ 顾炎武：《日知录》，1.1：15。有关奋斗和坚忍不拔的重要性，参见1.1：22。

⑤ Lien-sheng Yang, “Ming Local Administration,” in Charles O. Hucker, ed., *Chinese Government in Ming Times: Seven Studies*, 1962.

焉，此文质之中，而臣子之义也。呜呼！此其所以为圣人也欤？①

然而，封建主义并不仅仅是一种仪式上的言论或衣着。人们不可能再返回或恢复很久以前的那种纯粹的封建制度。

虽然顾炎武对绅士们复旧的能力有很大的信心，但他不认为郡县和中央集权的行政制度可以轻易废除。真正需要的是对这样的郡县制用一剂封建主义的良药。应该鼓励地方精英自行管理，而不是强迫士绅在原籍以外的地区供职。关心公共利益（“公”）值得称赞，但合理的个人利益（“私”）同样应被认可和鼓励。应指望谁将管理工作做得更好：是只任职一两年的外来的郡县地方官，还是有责任使他们的亲戚邻里获得最大利益的当地士绅？朝廷应该废弃禁止士大夫在原籍供职的回避制度。应该承认士绅管理家乡的合法性，承认地方精英关照他们自己的学校体系，并处理他们自己的事务的合法性。当然，一些爱管闲事和贪婪的下层士绅——县级的生员或低级的地主——可能会试图参与打官司或征收税款，但精英中真正受人尊敬的成员，如高级的地主，则会很好地照顾自己，承担自己的职责而不过分干涉分外之事。②

顾炎武主张将“封建的”自我利益作为一种公认的社会现实的推动力量，以自己的方式，代表了中国思想史上的一种“马基雅维里运动”。顾炎武的合理私利的观念，以及对后来被认成是“清议”的士大夫自治的提倡，成为19世纪经世致用学派地方自治和实践改革计划的基础。当时，这在与顾炎武同为明代忠臣的黄宗羲的政治理论中迅速引起了共鸣。

---

① 顾炎武：《日知录》，1.1：30。

② 顾炎武：《封建论》，《亭林诗文集》，中华书局1966年版，第1—9页。

黄宗羲的帝国改革主张

1677 年，顾炎武致信黄宗羲，称赞他的名著——《明夷待访录》。[①]

读之再三，于是知天下之未尝无人，百王之敝可以复起，而三代之盛可以徐还也……古之君子所以著书待后，有王者起，得而师之……圣人复起不易吾言，可预信于今日也。炎武以管见为《日知录》一书，窃自幸其中所论，同于先生者十之六七。[②]

与顾炎武相似，黄宗羲呼吁更广泛的地方自治。他倡导的这种士绅自治的主要地点是在郡县的学校系统，还可以在规模上大大扩展，将佛教和道教的庙宇、寺院、庵堂转变为儒家的学校，学校的管理者从地方上有声望的经师中选择，而不是由朝廷任命。这种学校可以发挥政治论坛的作用，代表地方儒家精英的利益对郡县官员采取一些控制措施。

郡县朔望，大会一邑之缙绅士子，学官讲学，郡县官就弟子列……师弟子各以疑义相质难……郡县官政事缺失，小则纠绳。[③]

黄宗羲也希望恢复在宋代常见的做法，即让一个地区的居民——主要是士——在正规的地方官员下轮流担任下级官吏。同时，他建议在每个郡县建立相当于中央政府各职能部门的机构，这些官吏的职位由"提学试弟子员之高等

---

① "明夷"有多种含义。一般说来，"夷"表示"和平和秩序"，因此，"明夷"从字面上暗示此书的主题为"优秀政府的（政策）述评"。但是"明夷"也指"光明被遮掩"或"才智被压抑"，是儒家经典《易》中第 36 卦的名称。《易》原为占卜之书，后来引发了很多玄妙的和宇宙论的探究。"明夷"卦被认为代表了宇宙周期的一个阶段，黑暗的势力占了上风，但正直的人仍坚持他们的美德，满怀希望地等待着邪恶力量的衰退，因此是等待黎明。狄百瑞：《帝国的蓝图》，第 5—6 页。

② 顾炎武给黄宗羲的信，其中谈到《明夷待访录》。见狄百瑞《帝国的蓝图》，第 171 页。

③ 狄百瑞：《帝国的蓝图》，第 106—107 页。

者分置之”。①

黄宗羲对地方学校和精英参与政治的倡导，与顾炎武希望在郡县制中恢复封建精神相比，显然更是（专制统治的）对立者。② 当时人普遍认为史前处于一种良好的自然状态，如同《礼记》中的田园式描述，以此为依据，《明夷待访录》中包含了大量对专制统治自私自利的抨击。“在人类的最初阶段，每个人都为己而活，只关心自己的利益。没有人去促成对公众有利的事情，也没有人去消除对公众有害的东西。”圣君的统治使天下人获利，但这些神话般的君主最终被一些贪婪的统治者所接替，他们“使天下没有人敢为己而活并顾及自己的利益”。这样，君主个人最大的私利取代了天下人公共的利益……他将天下看成是一个巨大的产业，将之传给他的子孙，供他们长久地享受快乐和财富。

> 有生之初，人各自私也，人各自利也。天下有公利而莫或兴之，有公害而莫或除之。……使天下之人不敢自私、不敢自利，以我之大私为天下之大公……视天下为莫大之产业，传之子孙，受享无穷……此无他：古者以天下为主，君为客。凡君之所毕世而经营者，为天下也。今也以君为主，天下为客。③

因此，黄宗羲的思想遗产成为一种持不同政见的传统，为 19 世纪后期以学生会社和社团形式出现的改革运动赋予了新的面貌，激发了 20 世纪 30 年代蒋介石政权下知识分子英勇的政治行为。毫无疑问，从那时起，儒家的神权政治不能再闭目塞听，而政党国家的专制独裁也从根本上受到了挑战。这部分地是由于 17 世纪思想家的努力，他们通过割断超验的宇宙中的等级与现世政治

---

① 狄百瑞：《帝国的蓝图》，第 163 页。有关南宋的下级官僚机构，参见 Brain E. McKnight, *Village and Bureaucracy in Southern Sung China*, 1972。

② “书院……有所是也，则朝廷必以为非而辱之。”黄宗羲举了东汉（25—220 年，三万学生在太学抗议示威）和北宋（960—1127 年，学生伏阙请愿，要求重新起用一位被罢黜的大臣）学生抗议的例子。见狄百瑞：《帝国的蓝图》，第 105 页。

③ 狄百瑞：《帝国的蓝图》，第 92 页。

体制之间的联系，使帝国的统治失去了神圣的光彩，并将经典中主张的那种古代的“封建”重新调整，以此代替传统的统治四方的中央权威。

但在17世纪60年代和17世纪80年代间究竟发生了什么？黄宗羲的革新方案到底是为哪位帝王而写？几十年来，中国的思想史学家一直为这个问题感到苦恼。难道黄宗羲——不愿损害自己作为明代忠臣的忠诚，但却想从清帝国那里为两个儿子谋取政治恩惠——正是为推翻了他的君主的满族人准备了这篇政治建议吗？换句话说，难道他是在等待野蛮人的政治黎明？占优势的意见认为，黄宗羲最初在17世纪60年代写《明夷待访录》时，是期望明帝国的复兴；而到了17世纪80年代，他已经完全准备好让清代的康熙皇帝（1661—1722年在位）采纳他的建议了。因此，简而言之，正是由于17世纪的危机，天子仍是中国的帝王：政治机构的唯一独裁者和天下的专制统治者。

由于同样的原因，顾炎武重兴“封建之意”的计划也不可能在真正的封建秩序中运作，因为那样需要有多个君主供“士大夫”仔细挑选。帝国晚期只有一个可效忠的政治权威，而他的机构——世界上最复杂的官僚机构之一——可以轻而易举地禁止地方精英要求在政府中发挥更大作用的呼声，特别是当地方士绅自己渴望参与统治他们自身的行政机构时。到17世纪70年代，顾炎武——尽管他个人忠于明帝国——鼓励他的外甥参加清朝的会试。而他关于士人异议的遗产，也只在19世纪中叶以圣地社团的形式在仪式上复兴过。在北京冬季的月光下，社团的成员一边在夜晚饮酒赋诗，一边等待着他们被任命为帝国某个边远地区地方官的消息。①

如果说在明清更替之际真的存在一个轴心突破的话，那么它在17世纪的这个爆发很快就又被融入了新生帝国的秩序中。这并不是说它在理论上的推动力——即对现实的政治权威的重新界定和对谋求私利的地方精英手中的统治权威的重新定位——被完全削弱；而是指这个爆发太微弱，以至于无法推动事物的发展达到一个根本不同的结果。人们不得不说，这个结果，只有等待在西方

---

① James M. Polachek, *The Inner Opium War*. 1992.

猛烈进攻下对整个体系的上层产生的巨大冲击。不管是否喜欢，这证明了那种多少世纪以来，如此富有弹性、如此持久的大秩序的失败，以至于最终使得裂缝不断扩大而崩溃。或者，用更具建设性的表述，如同顾炎武在1677年给黄宗羲的信中的说法：“积以岁月，穷探古今，然后知‘后海先河’，为山覆篑。”

颜军　路育松　译

17 世纪的浪漫派、节义派与殉道派

（1984 年）

日丽唐虞世，花开甲子年；山中无寇盗，地上总神仙。老夫原是南京太常寺一个赞礼，爵位不尊，姓名可隐。最喜无祸无灾，活了九十七岁，阅历多少兴亡，又到上元甲子。尧舜临轩，禹皋在位；处处四民安乐，年年五谷丰登。今乃康熙二十三年，见了祥瑞一十二种。……昨在太平园中，看一本新出传奇，名为《桃花扇》，就是明朝末年南京近事。……惹得俺哭一回，笑一回，怒一回，骂一回。那满座宾客，怎晓得我老夫就是戏中之人！

——孔尚任《桃花扇》之《先声》①

17 世纪 20 年代初端，此起彼伏的农民起义和连绵不断的满族入侵交织在一起，最终导致了明朝的覆亡。尽管清王朝于 1644 年定都于北京，但在 17 世纪 50 年代到 60 年代期间，南方一系列的明朝政权一直在继续抵抗满洲侵略者。17 世纪 70 年代，明朝的复辟势力被基本击溃，但新的王朝直到镇压了它自己的将军领导的叛乱之后才真正安定下来。这场叛乱即在南方建立藩镇的汉族背叛者于 1673 年至 1681 年发动的三藩之乱。在忠诚于清王朝的汉族将领帮助下平定三藩之乱后，年轻的康熙帝又派遣军队征伐台湾，终于在 1683 年从郑成功的后人手中夺取了这个岛屿的主权。到 1684 年，即明朝的都城落入其手 40 年之后，满洲开始控制了整个帝国。

明清易代是中国历史上最具戏剧性的王朝更替，天朝统治易主的丰富多彩的政治细节长期以来吸引并激发着作曲家、小说家和诗人的创作。历史学家也

① 回译引文见孔尚任《桃花扇》，人民文学出版社 1959 年版，正文第 1—2 页。——译注

对王朝转变的基本原因进行了深思，他们的分析，从儒家朝代循环论的传统叙述，到明代财政体制失败的当代评价和来自新大陆的白银进口对中国经济的冲击。本文避开因果关系的问题——把弘光皇帝的道德堕落和全球气候变化的蒙德极小期理论（Maunder minimum theory）搁置一边——而将传记文献的线索编织起来以解释中国精英分子的活动。在朝代更替中，他们中有人反抗、有人支持所谓的野蛮民族侵略他们的国家。

本文标题中列出的 17 世纪精英群体的差别，在某种程度上是启发式的。尤其是浪漫派和节义派这两种类型在社会地位上相互交叉，但在我们当代人看来能够明确辨认他们面对时代的危机选择了不同的解决方式。他们在政治上也是不同的，因为绝大多数浪漫派选择与满族合作，而节义派通常保持对覆亡王朝的忠诚。此处描写的清朝殉道派则显然是一个不同的社会群体，主要成员是新的清王朝中入旗汉人的上层精英，他们的父辈和祖父辈于 1618—1631 年间已加入满族，生活在东北境外，并在清朝统治的建立中发挥了非常重要的作用。然而，即使是这样一些人，如史景迁在他对帝国包衣的研究中所揭示的，亦与具有浪漫和节义倾向的文人交谊很深。而且，一个阵营的成员有时会因为爱好的改变加入另一个集团。但就整体而言，这三种类型的中国士大夫群体的生活遵循着他们各自不同的人生道路，对明清易代的反应，这些道路显示了很大差异，有时可谓水火不容。

浪漫派

在《论语》中，孔子慨叹如果不能找到行为真正合乎中庸之道的人和他交朋友，就一定要交结狂士和狷士。“狂者进取，狷者有所不为也。”（《论语》13. 21）自由奔放的“狂”和谨思慎行的“狷”之间的差异被后来的儒家学者如朱熹保持下来，他将“狂”解释为“其志嘐嘐然……夷考其行而不掩者也”。（朱熹，1959：90）可能被界定为中国浪漫气质的有慷慨、大胆和富于表现力。当然，“romantic”一词在其最严格的西方意义上是不能被引申的——

除了19世纪欧洲以外直接影响的印痕。然而，在更通常的意义上，在艺术和日常生活中都可看见17世纪的浪漫气质，那些早期的中国浪漫文人与当代的浪漫派有很大不同，当代的浪漫派表示震惊于诸如钱谦益、吴伟业和李渔等著名人物奢侈隐逸的闲适和富有审美情趣的好色。晚明时期，诸如“风流”之类的词汇被应用到自由派抒情诗人祝颖和李应桢的诗歌中，他们推崇对“性灵”的自然抒发。① 此后，这种直率的情感通常作为感情生活中“风月”个性的情感附属品联系在一起。② 这种强烈的唯美主义应该与更广泛意义上中国抒情诗的多愁善感区分开来，后者通常体现在史诗的形式中。清初的文学批评家王士禛（1634—1711）启发性地对照了两类抒情诗体在此方面的异同：一是以共鸣的感觉间接地传达本人的心情和氛围，他称之为“神韵”；一是直接表达强烈的感情，他称之为“雄浑”。关于前者，王士禛将其与唐代诗人王维和孟浩然联系起来，为了使诗人本身的境界与自然相融而压制个性，从而诗人的形象仅让人隐约感知。至于后者，诗人自我中心的个性控制着诗歌的场景：哲学化的、评论性的和感情抒发性的。王士禛个人喜欢前者“神韵”的模式，而17世纪的伟大诗人和评论家钱谦益（1582—1664）更喜欢“雄浑”派的诗人如韩愈和李白，认为诗歌是人类“性灵”的自由抒发。他写道：“诗者，志之所之也。陶冶性灵，流连景物，各言其所欲言者而已。”

钱谦益出身于常熟的富贵之家，他并非向来是直接的和相对坦率的艺术自

---

① 性灵（有时被译为“spirituality”）后来被18世纪放荡不羁的诗人袁枚高度颂扬，他相信诗歌是诗人内心自然欲望的直率表达。这种欲望包括生气、憎恶的感情，被袁枚视为诗歌表现的适当主题。见 Shou-yi Ch'en, *Chinese Literature: A Historical Introduction.* New York: Ronald Press, 1961, pp. 546-547。

② “风月”被Hawkes译成短语“风月宝鉴”来指代“浪漫的”。Cao Xueqin, *The Story of the Stone* [Dream of the Red Chamber]. Vol. 1: The *Golder Days.* Translated by David Hawkes. Bloomington: Indiana University Press, 1979, p. 251.

我表达的敬慕者。① 在16岁第一次参加科举考试时，钱谦益加入了同时代的大部分人都追慕的“拟古派”，崇尚明初七子古文和古诗的陈旧、暗指和模仿的风格。明初的“前后七子”以秦汉时期的散文风格和汉魏时期的五言诗体作为典范。钱谦益依次记住了“前后七子”和李梦阳（1473—1530）以及王世贞（1526—1590）的作品，深受影响，以至完全吸收了他们古文的风格。事实上，当他参加1606年的乡试时，他的同窗——嘉定的李流芳即告诉他，不久，他的作品将在本质上与“前后七子”难以区分。钱将此视为一种褒扬，直至李继续说即使唐宋时期的伟大作家被同时代的人忽视，他们依然值得关注。从钱谦益后来写给朋友的信中看出，李流芳的评价引发他深入地思考，使他第一次开始怀疑自己对明初七子的模仿，转而开始研究较少陈旧的唐宋古文，最终形成了更个性化的表达风格。②

李流芳（1575—1629）视自己为归有光（1507—1571）的门徒，与袁氏三兄弟（宗道、宏道、中道）一起领导反对明初七子的“古文辞运动”，倾向更有表现力的唐宋诗歌和散文“发自内心”的风格。这个流派被称为“公安派”，以袁氏兄弟的出生地命名，通过革新者李卓吾（1527—1602）与最具个人主义派别的王阳明儒家学说联系在一起，宣称抛弃“格套”追求“达意”，以便用最可能清晰的方式表达人的“性灵”。③ 到明末，公安派以嘉定为中心，归有光曾在此讲学，其弟子李流芳和程嘉燧（1565—1644）也居住于此。程依

---

① 关于钱谦益的这些及其后的详情，引自张廷玉等编：《明史》，“台北阳明山国防研究院”1962—1963年印行版，第3492页；谈迁：《国榷》，北京古籍出版社1958年版，第5460页；谷应泰：《明史纪事本末》，上海商务印书馆1936年版，第66卷，第16—17页；Arthur W. Hummel, *Eminent Chinese of the Ch'ing Period* (1644 - 1912). Washington D. C.: US Government Printing Office, 1943, pp. 148 - 149; Luther Carrington Goodrich and Chaoying Fang, *Dictionary of Ming Biography*, 1368 - 1644. New York: Columbia University Press, 1976, p. 100.

② 钱谦益：1979a，《答山阴徐伯调书》，见吴宏一、叶庆炳编辑《清代文学批评资料汇编》（上集），台北成文出版社1979年版，第1卷，第50页。

③ 三袁自称为“公安派”，是李卓吾的弟子。他们坚持李卓吾的思想，并将其表现在文学理论中，创造了极其强烈的反形式主义和反模仿古典主义的运动。刘大杰：《中国文学发展史》，上海古典文学出版社1958年版，第2卷，第118页。

赖其不动产为生，通过他的关系，钱谦益得以来此体验公安派的全面影响，如将唐宋文学语言的清晰透明、李卓吾的直觉个性主义、后来被称为“左派”的王阳明儒家学说以及以自我为中心的诗歌抒情方式的强有力表现主义融合起来。

钱谦益为这种融合做出了自己的贡献，尤其是他于1610年放弃翰林院编修的官职回到江南为其父亲守制之后。他以喜欢奢侈和作为鉴赏家闻名于世，在此后的十年间，他将长江下游地区最有才华的年轻诗人和画家聚集到自己的周围。在他自己的文学批评作品中，钱提出不仅真实的感情必须要在人际交往中去体验，而且所有伟大诗歌表达的基础都是对物质实体的欣赏，因为感官感受的是“物”。（钱谦益，1979c：5—6）他批评诗人只描述富丽堂皇的建筑物的内部而不描写它们雅致的正面外观，或仅写近处河谷的风景而不去勾勒同一范围内远处山峰的雄伟壮观。① 他自己的诗歌，尤其是更浪漫的诗歌，因其将“藻丽”和“沉郁”结合起来的非凡才能而著称。

到17世纪30年代，钱谦益被众人视为同时代最伟大的抒情诗人和最有才气的文学评论家之一。在发动了一场成为明朝廷礼部右侍郎的不成功的运动后，他成为聚集在南京的各种文社中浪漫诗人圈子里的核心人物。南京迅速成为逃避地方社会冲突的乡村士绅家庭的主要避难所。在南京厚重坚固、令人心安的城墙背后，生活一如既往地进行着，仿佛永远不会有什么事情会来打扰特权者的享乐。与方以智、侯方域和陈贞慧并称为明末“四公子”的诗人冒襄，留下了对1642年中秋节宴会的刻意理想化的描述，那时他的妾不辞江河上的盗贼风波之险到达南京与之重逢。

秦淮中秋日，四方同社诸友感姬为余不辞盗贼风波之险，间关相从，因置酒桃叶水阁。时在座为眉楼顾夫人，寒秀斋李夫人，皆与姬为至戚，美其属余，咸来相庆。是日新演《燕子笺》，曲尽情艳，至霍华离合处，

① 钱谦益：《周元亮赖古堂合刻序》，见《中国历代文论选》，第3卷，香港中华书局1979年版，第413—414页。

姬泣下，顾、李亦泣下。一时才子佳人，楼台烟水，新声明月，俱足千古，至今思之，不啻游仙枕上梦幻也。①

冒襄的爱妾董小宛是他于1639年初次去南京参加乡试时所识。董小宛是秦淮河畔最多才多艺的名妓之一，从7岁开始她的母亲就教她音乐、戏曲、刺绣、烹饪、诗歌和书法等诸多才艺。她当时也被公认为绝代佳人之一。因此当冒襄（妓女称之为“秀影”）到达南方都城时，方以智即向其引荐董小宛。但董小宛已厌倦了作为妓女的生活，渴望嫁一个多才多艺的士绅，因此离开秦淮河畔雕镂粉饰、张灯结彩的勾栏，与母亲一起回到苏州家中。冒襄前往秦淮寻她，但她已离去，此后一段时间他沉迷于另一个著名的美人陈圆圆，他曾对陈的美貌作如下描述：

其人淡而韵，盈盈冉冉，衣椒茧，时背顾湘裙，真如孤鸾之在烟雾。②

然而，冒襄并未拥有陈圆圆。她倾城倾国的美貌吸引了崇祯皇帝的外戚的注意，被带到北京，并最终成为吴三桂将军的妾。当代的人们误以为吴三桂引满人入侵中原是为了陈圆圆。其间，冒襄再次遇见了同样可爱的董小宛，并且董小宛愿意委身于他。她在苏州深陷高利贷的债务中，因为她的父亲以其名义举借了很多钱，冒襄为她赎身的唯一希望就是乡试中举，考取功名。然而冒襄于1642年的乡试中再度名落孙山，一切看来都成为泡影。苏州的高利贷者曾希望冒襄能够中举以便收回债款，希望的破灭让这些人再度起哄闹事。如果不是钱谦益得知了冒襄夫妇的困境而予以帮助，他们可能陷入严重的官司。钱谦益欣赏冒襄的才华，也喜欢董小宛的慧质，更重要的是，他对冒襄有一种强烈

① 冒襄：《影梅庵忆语》，上海大东书局1931年版，第31—32页。此书汉文原名为《影梅庵忆语》，为冒襄纪念其爱妾董小宛而作。张履祥：《杨园先生全集》，苏州江苏书局1871年版，第13—14页。

② 冒襄：《影梅庵忆语》，上海大东书局1931年版，第10—11页。

的同情，因为这对夫妇充满热情的甘苦与共显然符合才子佳人的浪漫模式。①

钱谦益尽管年事已高，但不久前也爱上一位名妓——兼善诗词与弹唱的柳如是。柳如是最初在吴江卖艺，不久她精湛的技艺闻名于全国。柳如是一心想嫁给一位与她一样聪明的名士，因此私下愿意委身于学识渊博的松江人陈子龙。但是陈子龙克制住诱惑，坚决不去见她。她转而倾慕钱谦益，并于1641年成为他的妾。此后，钱的大部分生活即以她为中心，为她建造了私人的藏书楼，并扶她为正妻，在当时人看来，他们两人体现了时代的浪漫性灵。

出于对董小宛的深切同情，钱谦益决定帮助她。他前往苏州，还清了所有借贷者的债务，赎回了堆起来近一尺高的借据。接着冒襄的一个学生为董小宛赎身，钱谦益在虎丘为董小宛饯行，送她乘船前往如皋，正式进入冒家成为冒襄的妾。此后，她日日厮守在冒襄身边，誊抄诗文，翻查史籍，鉴赏书画，鉴定文物，演奏她最喜欢的曲子，或者只是陪伴他享受“长江白浪拥”旁的饮酒狂欢。②正如钱谦益和柳如是一样，冒襄与其爱妾是那个曾辉煌灿烂但已日薄西山的时代里的一束柔光。

浪漫派自我意识越出常轨的世界是一个靠近南京南大门的娱乐区域，正如宣立敦（Richard Strassberg）所评价的，它处于内务府的领地。这个地区的生活充满了娈童和妓女：诗人李渔的私家男童演剧班或冒襄的爱人董小宛及其朋友。北京落入满洲人之手和南明朝廷在南京的初建几乎都没有影响秦淮河畔的烟花风情，戏院华灯闪烁和乐坊的灯火通明都在昭示着，这里与南京城外的兵荒马乱判若两个世界。时间在此停滞，那令人难忘的美好的一瞬（“偏是斜

① 关于这一模式及其类似事件，见 Robert E. Hegel，*The Novel in Seventeenth-Century China*. New York：Columbia University Press，1981，p. 173。

② 冒襄：《影梅庵忆语》，上海大东书局1931年版，第31—32页。

阳迟下楼”)，被剧作家孔尚任在《桃花扇》中如此巧妙地捕捉住了。[①] 然而，这种对永恒的幻想没有持续下去。不到一年，南明王朝即在淮河流域的抵抗中溃败，扬州陷落，数以万计的人口被屠杀，满洲军队已到达南京的大门。

然而，南京的陷落是一个和平的事变。直至1645年皇城陷落仍生活于此的南明王朝的著名人物，在钱谦益的领导下向敌人投降，以避免其百姓遭受屠杀的命运。[②] 要将所有这些妥协者看作浪漫派不免有些牵强，但策划长江下游地区的妥协政策和以保护文人士子免受征服者屠戮来说明其向清朝叛变原因的汉族官僚是钱谦益。作为新政权和江南地方管理妥协政策的设计者，钱于1646年3月应邀赴北京，出任礼部侍郎管秘书院事，任明史馆副总裁。但钱因其叛变妥协而变得臭名昭著，使新王朝受到玷辱。钱谦益在前往北方就职前已认识到这一点。就在出发前，他参观了苏州城外的虎丘。那天，他身穿一件特别裁制的外套，小领宽袖。一位走在他前面的江南文人注意到这件外套，就刨根究底地追问这件外衣代表哪朝风格。钱谦益故作戏谑道：“小领示我尊重当朝之制，大袖则是不忘前朝之意。”这位学者便讽刺地品评说：“大人确为两朝‘领袖’!”

钱谦益到达北京后，清朝内部对其他著名的叛变者（尤其是阮大铖，其剧本《燕子笺》为冒襄所欣赏）的批评开始流传开来。这些批评最终导致了请愿奏章的出现，请求皇帝下令审查所有出仕过南明王朝的官员。[③] 但在此奏章递达皇上之前，钱谦益已以病告归。他的请求被批准，尽管给予他利用政府驿站回南方的荣誉，但钱的辞归标志着这位被举国公认为诗人领袖的官员的

---

① 《桃花扇》以持续不变的南明忠义的悲剧挽歌再现了浪漫的应变中的“销魂”，因为孔尚任于1660年代末期任治理黄河的官职期间，能够与冒襄和侯方域同时代的其他人物如龚贤和费密等人交谈。《桃花扇》完成于1699年，Chun-shu Chang and Hsueh-lun Chang，“K’ung Shang-jen and His T’ao Hua Shan：A Dramatist’s Reflections on the Ming-Ch’ing Dynastic Transition”，*Journal of the Institute of Chinese Studies of the Chinese University of Hong Kong*，9，no. 2（1978），pp. 307－337。

② 见清军报告，引自：邓之诚《骨董琐记全编》，北京三联书店1955年版，第399页。

③ 《南明史略》，台湾文献丛刊第169种，台北台湾银行1963年印行，第36页。史录注明的日期为1647年9月7日。

耻辱。

另一位伟大的浪漫派诗人吴伟业，以将“清丽”与“芊眠”结合起来的文学评论而著称。他在屈从于朋友和亲人的压力而与新王朝合作后也蒙受了一定程度的耻辱。吴曾在南明王朝存在时任职过一段时间。南明崩溃后他害怕因参加过复明运动而被捕，所以深居简出，谢绝来客，也不应邀出访。但他作为一名浪漫诗人的声望日高，使得他的隐居生活难以继续下去，他的诗歌闻名于全国。吴伟业于 1652 年在嘉兴讲学时，引起了总督马国柱的注意。他此时正受朝廷之命，在江南荐举名士去京城就任高职。马国柱遂将吴伟业的名字上报朝廷，但诗人发现对他的任命时，给总督写了一封长信，以生病为由谢绝了这个荣誉。吴伟业的身体欠佳，儿时曾患过肺部出血症，因此肺一直很虚弱，此时他 43 岁。

吴伟业的朋友和仰慕者并未因他拒绝出仕而罢休，或许是因为他们知道吴钦佩新王朝而反对文人中的党派之争，并认为是党争导致了明朝的覆亡。他的女婿、礼部尚书陈之遴[①]继续对他纠缠不休，陈名夏也是如此。1653 年初，孙承泽再度向皇帝推荐吴伟业，称其为东南地区最有才华的名士之一。这次吴伟业不置可否，从而极明显地表明了他的意向，如果新王朝任命他担任高官，他将会接受。从他当时写的两首诗中透露出这是一个很矛盾的决定。[②]

虽然如此，这一决定还是确定了，吴适时地到达北京。他任职不久，即被牵连进 1657 年的江南科场舞弊案，于同年从国子监祭酒之职离任，绝大部分财产被没收。他的耻辱中包含着残酷的讽刺意味，因为他曾将拥护清王朝的原因部分地解释为新王朝复兴传统科举考试文体的能力，其不拘泥于死记硬背的

① 据称陈之遴娶其长女为妻，是希望利用吴的巨大声望来提升自己在士人中的地位。孙克宽：《吴梅村北行前后诗》，《“国立中央图书馆”馆刊》，1974 年第 7 卷第 1 期，第 3 页。

② 这两首诗为：“白发禅僧到讲堂，衲衣锡杖拜先皇。半杯松叶长陵饭，一炷沉烟寝庙香。有恨山川空岁改，无情莺燕又春忙。欲知遗老伤心处，月下钟楼照万方。”“甲申龙去可悲哉，几度东风长绿苔。扰扰十年陵谷变，寥寥七日道场开。剖肝义士沉沧海，尝胆王孙葬劫灰。谁助老僧清夜哭，只应猿鹤与同哀。”——译注

刻板模式。当他承认科举考试的内容几乎没什么变化后，仍坚持清王朝正将唐宋古文的精神慢慢灌输到考试体制中——这种散文的风格是他和其他的浪漫派如钱谦益等所珍爱的。

离职期间，吴伟业的个性一直徘徊于两个极端：一是对往昔的怀旧之情，表达了依恋过去的真切感受，回顾明朝衰落的历史；一是对曾任职于新王朝的耻辱和负疚之感。例如，吴伟业在他最著名的诗歌《圆圆曲》中将满洲的胜利归结为吴三桂冲冠一怒为红颜的背叛。

然而难以忘怀的怀旧之情被吴伟业的内疚感所遮蔽，毕竟曾经与满人的合作如同裹尸布一样穿在他身上。

> 故人慷慨多奇节，为当年沉吟不断，草间偷活。……人世事，几完缺。①

似乎是为了赎罪，吴伟业的许多诗歌都是纪念殉国的忠臣。他也开始信奉佛教，在其去世前的几年中，跟随钱谦益的老师弘储和尚研究佛学。但他在一位富有朋友的庄园里安了新家后，仍有大部分时间是同彭师度、吴汉槎和陈其年（并称为“江左三才子”）等诗友一起度过的。表面上，他看似生活得无忧无虑。“贲园花木翳然，有林泉之胜，与四方士友觞咏其间，终日忘倦。”② 私下里，吴伟业被深深的忧郁所包围，而这种心情看来与1644年崇祯帝自缢时他未能做出自杀的决定相关联。1671年，吴伟业在弥留之际要了笔和纸，写下一段自怜的话：“吾一生遭际，万事忧危……实为天下大苦人。”③

---

① Cyril Birch, *Anthology of Chinese Literature*, Vol. 2: *From the Fourteenth Century to the Present Day*. New York: Grove, 1972, p. 134.

② 吴伟业：《吴诗集览·谈薮（上）》。

③ 马导源：《吴梅村年谱》，上海商务印书馆1935年版，第78页。他去世时63岁。

节义派

适当地说，汉语中没有可以恰当翻译“stoicism”的词语。[①] 然而，在传统的中国思想的概念中有与西方思想中的斯多葛哲学和新斯多葛哲学思想相对应的闪光点。“大公无私”（Ideenverbingung）的意思部分是与政府官员尽责连在一起的。典籍中涉及这套经典的伦理价值体系可见于《荀子》第十一篇的成语中，其中写道：“士大夫务节死制，然而兵劲。”（章诗同注《荀子简注》第122页）[②] 这种表述中的关键词是“节”。尽管“节”意味着绝对的美德（如“节义”），但也传达着适当尺度和理性克制的意义，如“节制”“节爱”“节欲”等。[③]“节”也具有“狷”的品质，通常与浪漫特质的“狂”相对。[④] 在那种意义上，节义的特质是“狷”，用朱熹的话说即是“知未及而守有余”（朱熹，1959：90）。[⑤]

斯多葛哲学的奉献意味着面临灾祸时人必须采取行动，即使当他知道这个行动毫无希望。[⑥] 孔子被描述为“知其不可而为之”的人。[⑦] 然而，节义的特

---

① “stoics”被音译为“斯多葛派的哲学家”，“stoicism”通常被译为“禁欲主义”，其对应意思应该是“asceticism”。

② “务节死制”经常被简单地注释为“忠义”。Morohashi Tetsuji，comp. *Dai Kan-Wa jiten.* Tokyo：Taishukan shoten，1966，pp. 26243，99。

③ 众所周知，臣子对君主或寡妇对前夫的绝对忠诚，在程朱理学中有对这种关系的更严格定义。Dau-lin Hsu，“The Myth of the ‘Five Human Relations’ of Confucius”，*Monumenta Serica*，no. 29（1970—1971），pp. 27－37。

④ “狷”在《古注十三经》中被注释为“守节无为”。

⑤ 这是朱熹对“狷”的注释，与孟子的观点很不相同。“有余”也暗示着“过度”，如“狷”即过于谨慎。然而，朱熹“知未及”的观点，与欧洲新斯多葛学派承认理性现实不能完全掌握的主张确实不谋而合。

⑥ Epictetus，*Discourses.* Translated by Elizabeth Carter. London：J. M. Dent and Sons，1910，p. 152.

⑦ 《论语》；另见《公羊传》，见《古注十三经》，第4卷，台北新兴书局1959年版，15：5b，第110页。

质也采取合理责任和明智的“仁”的伦理。负责的行为相应需要人们确认理性秩序的可能性，当时机不成熟时可能证明是不能被理解的。[①] 陈子龙（1608—1647）曾协修《皇明经世文编》初稿，他评论说自然的法度如此之“密”，因此它的规则难于洞悉，尤其当思想家“放然无纪”而愆违厥绪时。[②] 或许正因如此，17世纪的节义派哲学家如顾炎武强烈反驳声称无所不知的直觉主义者的自负，在他看来他们懵然无知：“往往言心言性，而茫乎不得其解也。”[③]

自然秩序被视为理性的但难以理解，必须寻找适当的语言去说明其复杂性。黄宗羲（1610—1695）声称所有“文”的主要成分是“理”，因此写作必须承担起澄清的责任，阐明思想。陈子龙寻求既明晰又复杂、既简单又精练的散文风格，重新回到曾模仿中世纪的古奥形式的明初七子。如杨慎（1488—1559）一样，陈子龙认为正统的宋代作家的风格陈陈相因，如同色红腐坏的陈米一样乏味。在钱谦益和浪漫派看来大胆直率的东西，陈子龙却视为含糊浅薄。17世纪30年代，两派观点的根本分歧导致了陈子龙和钱谦益的朋友——率直的艾南英之间的激烈争论。当艾赞赏归有光风格的率直时，陈赞美王世贞复杂的散文；当艾提倡“理学”时，陈则宣称喜欢“议论”。浪漫派理想主义者倾向唐宋时期说明性的散文风格，节义派理性主义者如陈子龙和张溥喜欢复杂的中世纪的议论模式。

节义派也拥有浪漫派所谓的“内”或内心世界，但他们也强烈感到对公共责任的承担，即儒家责任的“外”或外部世界。在明朝被征服前，他们主要通过科举考试制度参与浪漫派的活动，对于江南士子而言意味着他们要一起

---

① 文艺复兴运动末期，即新科学胜利前夕，斯多葛学派复兴，有些人可能相信他们在充满攻击、妥协和骚乱的世界里能够依赖他们自己不屈不挠的精神而坚定不移。

② 朱东润：《中国文学批评史大纲》，上海开明书店1944年版，第285—286页。

③ 张宗祥：《清代文学》，香港商务印书馆1972年版，第7页。顾炎武进一步恳求那些直觉主义者更多地关注《论语》和《孟子》，培养自己的知耻感（即倡导“博学于文”“行己有耻”——译者）。这使人们想起埃皮克提图（Epictetus）攻击学院派已丧失羞耻感。Epictetus，*Discourses*. Translated by Elizabeth Carter. London：J. M. Dent and Sons，1910，p. 12。

居住在乡试所在地南京城一段时间。在南京应试期间，他们又过着独居生活，无论结婚与否，都离开了自己的家庭，享受着两次备考之间短暂的悠闲轻松的生活。(期间陈子龙也几乎为柳如是，即钱谦益的妾所倾倒）剧作家孔尚任抓住了考生生活这一自相矛盾的特点，在《桃花扇》陈贞慧的一段唱词中写道：

贡院秦淮近，赛青衿，剩金零粉。①

除夜间的观剧、青楼的宴会和郊游外，还有大量的机会让这些傲慢的学子聚集在各种会社如复社中，推动了正统派的道德价值和唐以前古典主义的复兴。愤怒于他们时代的道德弛坠，复社的年轻思想家们提倡古代的道德正直，反对以李卓吾为代表的相对主义和王阳明的泰州信徒。

当北方的富人归附满洲时，陈子龙、万寿祺、阎尔梅和其他文学激进主义分子寄望于哲学家刘宗周，他的人格象征着节义派所崇尚的“节义”。在刘宗周看来，本性建立在纯洁的意识之上，在生命的终极之“谜”中找到自己的来源。这种纯洁的意识表现为向善的行动，正是这种对善良意愿为首位的强调，使得刘宗周成为同时代人的道德楷模。陈子龙、黄宗羲和其他节义正统派相信刘的存在将迫使南京的南明朝廷改革其统治方式，投身于收复北方的计划中。刘宗周确信他接受南明王朝的职位将有助于建立官僚廉洁的保证机制，由此使其权威合法化。因为他不赞成南京朝廷的政策，决定收回他本人的承诺，拒绝了弘光皇帝任他为御史大夫的邀请。因为这件事，刘宗周差点儿被支持这个有争议的政权的将领们阴谋杀害。后来，南明朝廷没有坚持抵抗满人的路线，他绝食而死以示抗议。不久以后，刘的追随者陈子龙在复明活动失败后，逃脱了清朝巡捕的羞辱折磨，投河自杀。

17 世纪的儒家节义派通常文武双全。著名的徐州诗人阎尔梅，在家乡既能驰骋于马上，又能吟唱于宴席之间，他是扬州守将史可法军队中的一名忠诚谋士。阎尔梅被赞誉为出身书香门第，通晓音律。他和两位兄弟年幼时即在父

① 回译引文见孔尚任《桃花扇》，人民文学出版社 1959 年版，正文第 55 页。——译注

亲的鼓励下作曲，而且都成了有名望的诗人，尔梅最为出色。尽管没有其同乡万寿祺那样的声望，但阎尔梅在24岁即刊刻一本诗集，并发现自己被一群游走于城乡和中原及北方的诗人所接纳。1627年他居住在南京，后来到了淮扬地区，阎尔梅结交的诗人有杨廷枢、沈明抡、袁征、李待问。1628年在江阴短暂居留后，阎尔梅与北方的诗人建立了密切的友谊，并前往北京游历。阎尔梅每晚与诗人吴盛藻、李武曾、戴无忝和山西诗人傅山一起饮酒笙歌，为他人作曲致敬，比赛才艺，互相酬和，赏月饮酒。1628年，他也非常荣幸地与另一位徐州诗人万寿祺应邀作为南方的杰出文人出席设在天坛的特殊宴会，向新登基的崇祯皇帝致贺。旅行中他多次穿越黄河，使得他对垂死帝国的震动异常敏感。他从黄河持续的潮涨潮落中看到中国过去万世一系的承诺：

> 神禹知有命，蜿蜒视蛟龙。①

与其他的明朝忠臣一样，阎尔梅加入了史可法的扬州守军，一直主张采取民族统一政策来收复北方的平原。扬州陷落时他离开该城去执行一项特殊任务，因此幸免于难。南京陷落后，在1645年到1647年江南士绅激进分子领导的抵抗运动中他也幸免于难。但正如另一些免于死难或身陷囹圄的其他人一样，旧日生活已一去不复返了。阎尔梅自然地（更接近公认的新儒家的主流，不像浪漫派有意炫耀其 Cris de Coeur——心灵的呼喊）写道：

> 事已至此，更复何言。唯当披发入山，修省悔过而已。异日，以忧勤德业之劳，为发愤补愆之举。②

正如阎尔梅所主张的，忠诚的文人经常皈依佛教，过着“居士”生活，取一个法名，住在庙宇附近，同时又进行道家的玄修，一只脚还留在文人生活的世界里。

---

① 阎尔梅：《白耷山人集》，见《徐州二遗民集》，台北文海出版社1967年版，第5卷，第3页a。这首诗名为《怀古》。

② 同上书，第3页a。

在松江起义中被捕并被投入监狱的万寿祺，就是这样一个人。他逃离监狱后，回到徐州寻找已被毁坏的家园，设法卖掉了尚未被征服者和投降者攫夺抢占的几亩薄田，但从其财产中所得的钱款寥寥无几。为了养活妻儿，他最初依靠卖字、篆刻和作画。① 后来，万寿祺买了一块菜地，种植药材。“居陋巷中，前后多牧豕人。……嗟乎，天下之大，四海之广，所争者不知何许人。圣帝明王、忠臣义士，此时皆不知所往。”1646 年初，万寿祺决定“抛却浮世遁入空门”，并且起了一些佛教名字如“慧寿”“沙门慧寿”“明志道人”。但是他皈依佛门并不妨碍他吃肉喝酒，他同时代的人视之为一个复杂的人。一边穿着儒生的衣服，一边又戴着僧人的帽子，脸由于蓄胡而更显瘦削。万寿祺这种不伦不类的外貌，象征着那些在江南被征服之初想方设法活下来的大多数文人的命运。他的儒生装扮使人们想起他曾经是明朝的一个举人，及其为那个王朝揭竿而起的历史；他的僧人帽子表明他目前的处境，以及他为自己的忠君行为所付出的代价。

万寿祺对覆亡王朝的服丧礼节不同于吴伟业的强迫性的忧郁，因为他没有抛弃忠诚许诺的负罪感并始终相信这一意义的永久模式。万寿祺把家搬到距离洪泽湖 35 里的浦西，并盖了一间画室。他称这间画室为“隰西草堂”，四周环水。迁到浦西不到一年，万寿祺暂返江南，拜谒明太祖的陵墓。他还访问了密友——归附清朝的黄家瑞的后裔，黄家瑞于 1645 年松江起义时被杀。万寿祺乘船从徐州返回淮安，在浦西安居下来。尽管他身体每况愈下，财富却在不断增加。向他索字求画者络绎不绝，如著名的苏州画家唐寅（1470—1523），他乐意依靠艺术作品的收入生活。他有能力在“隰西草堂”之南购买一些地产，

---

① 在普林斯顿大学艺术博物馆的阿瑟·塞克雷收藏（Arthur Sackler Collection）中，有一本万寿祺的画册，收有其 6 幅国画和 12 幅手迹，时间是 1650 年，题为《山水花卉法书册》。这些画的风格严谨而含蓄，笔法不夸张，甚至让人有点琢磨不透。第一幅画是一个河景，在近景中有枝条稀疏的小树，一个戴着宽边帽的老翁孤单单地坐在一只小船上，其身后是一条表示河岸的轮廓。在另一幅题为“秋林倚杖”的画里，一个文人站着注视一个草棚，他背对观众，头发上绾着一个结，给人的印象是一种空旷凄凉和道家的寂寞。

建造了一座花园，命名为“南村”，以纪念隐居诗人陶渊明。

明朝的散兵游勇如万寿祺等人，仍旧希望远在南方的忠臣——他们已转到广州的堡垒支持南明的最后一位皇帝永历——将继续抵抗前往镇压他们的清朝军队。然而，1650 年 11 月 24 日，经过十个月残酷的围攻及动用荷兰炮手后，广州落入清军将领尚可喜手中。此后十天里，广州城惨遭洗劫，七万多人被杀。尸体在东门外焚烧了好几天，直至 19 世纪，仍可看见一堆积结成块的骨灰。在包括万寿祺在内的许多复明分子的心目中，这个焚尸堆标志着明朝复辟希望的真正破灭。那时候，万寿祺在浦西的画室和南村已聚集起了自 17 世纪 40 年代末期从江南战乱中幸存的那些友人。著名的浙江书法家胡彦远也加入了这个圈子。他们经常举办诗会，那些和不上诗的人要为众人买酒食。万寿祺后期的作品就以这些旧友为素材：拜访以前的老师的叙述、祭扫已故复明分子陵墓的故事以及在水边吟诗作画的描写。他的画人人欲求，但颇不易得，不过他经常为朋友画他画室周围的风景画。如 1651 年秋天，顾炎武到南村访问万寿祺时，万作了题为《秋江别思图》的画送他。

1651 年，顾炎武 38 岁，即将成为全国首屈一指的学者。这年夏天，他反复到南京拜谒孝陵。明朝遗民拜谒明陵本为寻常之事，但这是顾炎武第六次拜谒孝陵，此外还四次拜谒在北方的崇祯皇帝的思陵。他之所以热衷拜谒明朝开国君主与末代皇帝的陵墓，或许与其母亲为明朝尽忠而死有关。其母极力要求他：“无仕二姓。”① 这当然会让顾炎武对自己轻易躲过许多密友与亲戚都未能幸免的屠杀而感到内疚。自然，在这些年中他的内心异常痛苦：

> 却念五年来，守此良辛苦。

---

① 这至少在顾炎武给国史馆《明史》编修官的信中有所暗示，他在信中描述过他母亲的死。《与史馆诸君书》，见顾炎武：《亭林诗文集 · 亭林文集》，第 3 卷，台北中华书局 1966 年版，第 12—13 页。亦见刘声木：《苌楚斋随笔》，第 1 卷，直介堂丛刊本 1929 年版，第 2—3 页；石锦：《顾炎武经世思想的界限》，1972 年版，第 114 页。

畏途穷水陆，仇雠在门户。①

于是，到1651年，他可能已急于寻找一个和他一样的幸存者，将自己的记忆一吐为快。9月28日，顾炎武去淮安拜访万寿祺，两人一见如故，很快成为莫逆之交。

当时，人们常用一首诗来交换一幅画。因此，顾炎武报答万寿祺为他画的宝贵卷轴的礼物，就是一首长诗，题为《赠万举人寿祺》，主题是赞美松江抵抗运动结束后万寿祺的生活。部分内容如下：

翻然一辞去，割发变容像。
卜筑清江西，赋诗有遐想。
楚州南北中，日夜驰轮鞅。
何人诇北方，处士才无两。②

顾炎武的诗故意影射，将万寿祺比作神话传说中天帝的白龙。③“何人诇北方”，说的是唐代英雄权皋。晚唐“中兴”期间，权皋到北方为宣宗皇帝（846—859年在位）执行一项重要的使命，又从北方返回来照料他患病的母亲。④ 顾炎武也许正是以此（他本人便因此理由而未积极从事复明活动）来看待万寿祺对家室的眷恋。不过，虽然这首诗明确承认万寿祺因此从积极参与的复明活动中隐退，但在最后两句诗里，也暗示他可能在等待时机。万寿祺本人

① 顾炎武说“仇雠在门户”，并非夸张之语。他的嗣祖父顾绍芾于1641年去世时，他抵押800亩地产以支付丧葬费。受押人是个名叫叶方恒的昆山士绅，觊觎顾家地产。1652年，顾家一个叫陆恩的奴仆投靠叶家，应允告发顾炎武支持南明，以帮助叶方恒吞没顾家地产。1655年，顾炎武为报仇杀了陆恩。其后两年，顾炎武先被判服苦役，呼吁法庭裁决又遭受鞭笞，后被释放出狱，叶方恒又雇用刺客试图杀害他，他不得不逃离江南，到北方去了。Willard J. Peterson，“The Life of Ku Yen-wu”，part 1，*Harvard Journal of Asiatic Studies*，28（1968），p. 150。

② 顾炎武：《亭林诗文集》，台北中华书局1966年版，第2卷，第3页。此诗又见于顾炎武《亭林诗集》，1906年版，第2卷，第3页。

③ 这篇神话见于汉朝的《说苑》。

④ 此处所述权皋之事有误。据《新唐书》，安史之乱前权皋为安禄山下属，料知禄山将叛，于是诈死，携母南奔，到临淮的一处驿亭做仆役，打听北方的情况。——编注

据说落下书房的帘子作诗以纪念“吴市卒”，这与后汉梅福拒事篡位者王莽的故事有关。据说梅福上天成仙了，万寿祺“南方不可托”，像一个精灵哀悼中国被玷污的山峦，也应该成仙。如同顾炎武一样，万寿祺也会在他极无定形、倏忽即逝的生活中，发现他们最终向往的自由。

顾炎武的最后两行诗含糊其辞地谈道，一旦淮水平静就为万寿祺送来一只船：

> 会待淮水平，清秋发吴榜。①

顾炎武是在邀请万寿祺参加他的旅行，还是暗示吴市抵抗者将东山再起，当这时刻来临时要请万寿祺共事?

清人对中国的征服远未完成，至少还需十年的时间才能最终平定南明政权，可以确信的是其后还会有其他的复明分子。不过清人对南方的占领是巩固的，广州的抵抗被打垮。那么人们或许想知道，顾炎武为何又认真地暗示说吴市会东山再起呢？顾炎武和万寿祺可能感到清朝必定是短暂的，它与元朝和秦朝的相似之处比比皆是。顾炎武早先曾以鲜明的对比手法提到据说是1638年在苏州承天寺一口井里发现的那本著名的《心史》。这本重见天日的南宋史书为画家郑思肖所著，它预言元朝的统治只能维持100多年，或者没这么长，后来果真如此。顾炎武强调这个预言，其目的不言而喻，即认为清人也会有同样下场。而且，纵然清朝确能统治一时，中国的文化也会继续繁荣，同样在满族统治的断裂期内生存下来。②

赞成清朝的短暂与继续号召真正的复明不是一回事。在那种意义上，纯粹的隐喻、故意的含糊、以吴市的野心为背景的关于精神发展的晦暗不明的陈

---

① 顾炎武：《亭林诗文集》，台北中华书局1966年版，第2卷，第3页。

② 许多明史学者认为《心史》是一部伪书。（见吉川幸次郎1970：11—12）清初作家经常根据元代进行类推。如兰德彰（John Langlois）在评论顾嗣立的《元诗选》时说：“顾嗣立似乎认为，他所了解和热爱的文化会在清人统治中国期间继续存在下去，而这个阶段，再用类推法看，证明是短命的。” John D. Langlois, Jr., “Ku Ssu-li, the Yuan-shih-hsuan, and Loyalism in Late Seventeenth-Century China.” Seminar paper, Princeton University, 1973, p. 3。

述，所有这些在顾炎武赠给万寿祺的诗中的晦涩之处，可能都反映了顾炎武本人心中的一个信念，即尽管对清人的抵抗可能时有发生，但真正恢复明朝的希望已几乎不复存在了。事实上，在此时期的旅行中，到达某个地方时，顾炎武曾对那些哀悼明朝覆亡的士人们这样写道："遗民想霸图。登临多感慨，莫笑一穷儒。"（顾炎武：《亭林诗集》，1906，第3卷第1页。）[①] 对于一个在1670年因写反清短文而锒铛入狱的人，人们不会加以嘲笑。但人们至少可以想到，顾炎武本人的不恒其居、四处游历，反映出他渴望逃避令人难以忍受的现实，即事实上明朝已不复存在了。

其他同时代的人看来已得出同样的结论，尤其在1650年第二次广东起义失败后。那时已赢得巨大声望的抒情诗人阎尔梅放弃漫游生涯，定居下来。他接受了巡抚赵福星的保护，赵派特使前往阎尔梅暂住的大河卫，恭请他为门客。把头发打成一个结放在大红顶戴下面，阎尔梅带上所有的家当到了巡抚的客馆。他为自己找到一个定居之所而感到无比宽慰，激动地流下了热泪，并对自己的今昔做了坦然的总结：

> 下榻授餐，犹昔日也。嗟乎！士大夫居恒得志，人人以不朽自命，一旦霜飞水脱，为疾风劲草者几人乎！[②]

对于顾炎武"久飘荡"的呼唤，万寿祺也未加留意。万在1652年的确去过昆山，但他的目的是邀请顾炎武的密友归庄与他一起到淮阴，做他儿子的塾师。或许他已感到自己身体的虚弱，于是想把儿子的教育一事落实下来。就在与归庄一起返回隰西草堂几天以后，万寿祺就病倒了。他的病情发展极快，数周后已奄奄一息，到农历五月初三日，便离开了人世，时年50岁。他的最后一幅画尚未完成，但仍挣扎着写下了最后几行诗句，最终又勾起了那些渐已消

---

① "遗民"一词出自《诗经》，可被解释为"残留之民"。"遗民"常与忠义相区别，后者是忠君殉难者。见 John. D Langlois, Jr.,"Ku Ssu-li, the Yuan-shih-hsuan, and Loyalism in Late Seventeenth-Century China." Seminar paper, Princeton University, 1973, pp. 378－379。

② 阎尔梅：《白耷山人集》，见《徐州二遗民集》，台北文海出版社1967年版，第9卷，第29页b。

失的动乱辛酸岁月的回忆。《病中风雨》的绝大部分内容已散佚，不过还留下了几行：

> 梦千重，家万里，流落天涯。日月秋光起。今是何年浑不记。墙角多情，犹挂崇祯历。①

最终，随着能力的日渐衰退，万寿祺仍旧恪守没落王朝和新兴王朝之间的历史界限。他对过去的依恋没有用浪漫的隐喻来表达，不像吴伟业那样再现妓女对明朝的最后希望吴三桂将军的诱惑，而是将怀旧之情投向挂在墙角早已毫无用处、没有翻开的明代日历，而万寿祺本人却忍受着“外”和“内”的伪装，穿着儒生的长袍却戴着僧人的帽子。

殉道派

不同于那些节义派，殉道派将他们的私人空间寓于社会角色中。可以说，“内”完全服从“外”。在17世纪横扫中国的这场内战中，胜败两方都承受了痛苦。在这个时期，许多政治殉道者（“殉义”指宁可死亡也不背叛他们的统治者）都是明朝的忠臣。然而，我们这里要探究的殉道者也包括那些入旗汉人中的清朝拥护者，他们在三藩叛乱时选择继续忠于新的朝代。在当时的人看来，他们这些人更有义务为曾经效忠的没落王朝献出自己的生命，而不是转而去支持尚未站稳脚跟的满族王朝。

清朝巩固统治的最后一个重大威胁不是来自像万寿祺这样的明朝忠臣，而是来自吴三桂、尚可喜和耿精忠。这三位汉族将领受王命建立了三个半自治的藩镇［在福建、广东以及与安南（越南旧称）和缅甸接壤的地区］，却转而打着满族的旗号将南中国变为自己的疆域。1673年，年轻气盛的康熙皇帝削藩，这三位将领起而叛变，许多人变节归附他们。但是两位极其重要的汉族杰出官

① 万寿祺：《隰西草堂集》，见《徐州二遗民集》，台北文海出版社1967年版，第4卷，第6页b。

员却拒绝了：福建总督范承谟拒绝了耿精忠让他加入叛军的邀请，被投入大牢；在桂林，巡抚马雄镇也因坚持效忠清朝而被关押。他们注定要忍受的煎熬无疑是悲剧性的——不合情理又无可避免，既英勇又带讽刺意味，给接下来清朝的新古典主义世纪一个戏剧性的开场。

1674 年范承谟和他的同僚被关进福州的监牢，那时这位总督曾经试过绝食自尽。然而，不久之后，他决定不这样自杀。几周的囚禁过后，范承谟准备好了要忍受精神转变的痛苦。他对身边的人——他的幕客和隶卒们说他希望佛陀（法王）和如来佛可以荡除邪魔，拯救他们摆脱苦难。为将这种冥想付诸实践，他还将自己及身边的人们比作比丘（bhikshu，能够制造奇迹的游方僧）和沙门（sramana，和尚）。在牢房（他称之为“蒙谷”，即黑暗之谷）的墙壁上，范承谟用木炭大书田横和苏武这些忠臣的名字，并反复诵读屈原的《离骚》。[①] 屈原的形象尤其使他着迷，范承谟与他的一个文吏嵇永仁反复讨论屈原的自尽，嵇永仁用这位萦绕脑际的南方诗人政治家来激励范的爱国热情。

从那时开始，屈原开始被当作坚贞忠效的杰出典范。在嵇永仁看来，面对无限期的囚禁和可能的死亡，屈原悲剧性地象征了“百折不挠的伟大英雄”。他强烈的责任感和从容都给嵇永仁留下深刻印象，正如描述屈原的诗《怀沙》中写的那样。事实上，嵇永仁认识到他们的苦境同屈原的命运有着本质的相似，所以在几个月的囚禁期里，他开始着手写一部以“续离骚”为名的戏剧。尽管这部戏的四幕都是相互独立的单元，以对话的形式表现从此前其他戏剧中获得的事件和故事，但是开场词中描绘了屈原在江边哭泣，在这个中原狼烟四起的时候，《离骚》的古老诗行再次被吟诵。为了报答统治者的真挚情谊，屈原献出了自己的生命，也因此使真我“留取血性”。因此，“真情”作为冲动的热忱和决意的献身的结合，只有在乱世中才会凸显；“真文”也只有在人们

---

① 我不认为不能做出这样的结论，即所有这些同时发挥作用的忠，都是纠缠不清的概念。……它们导致了屈原作品中的悲剧色彩。在《离骚》中，屈原用一种独特的预示性的语调唱道：“忠何罪以遇罚兮？” Laurence A. Schneider, *A Madman of Ch'u: The Chinese Myth of Loyalty and Dissent*. Berkeley: University of California Press, 1980, pp. 46 - 47。

摈弃了仅做修饰的辞藻（文章）以表达这些真情的时候才会出现：

> 歌哭笑骂者，情所钟也。文生于情，始为真文，情生于文，始为真情。《离骚》乃千古绘情之书，故其文一唱三叹，往复流连，缠绵而不可解。所以饮酒读《离骚》，便成名士。缘情之所钟，正在我辈。忠孝节义，非情深者莫能解耳。①

嵇永仁对屈原的推崇有一部分是纯粹的附庸风雅：《离骚》实际上创造了一种感受，这种感受能够在人灵魂深处的真实情感中找到共鸣。读这些诗句的过程本身就是在将一个人化做“名士”——这个词本身蕴涵着“浪漫”（风流）的意味。② 然而同时，仅有情感是不够的。情感仅能让一个人了解忠诚和正直等的价值，但是只有人们通过屈原的自我牺牲来深思，不管是以诗句抒发，还是以戏剧表现，这些情感才能够具体化。正如范承谟的密友，笔风浮华的剧作家李渔所评述的：

> 情事不奇不传，文词不警拔不传，情文俱备而不轨乎正道，无益于劝惩，使观者听者哑然一笑而遂已者，亦终不传。是词幻无情为有情，既出寻常视听之外，又在人情物理之中，奇莫奇于此矣。③

李渔对于引发幻想（屈原创作“前无古人”的诗篇时所拥有的强大的诗化力量）的关注是基于人真实情感的非凡形式，提出激情而浪漫的丰富表达和严厉而坚忍的控制会汇聚于殉道者式的英雄人物身上，他会精心地安排自己

---

① 嵇永仁：《续离骚》，见郑振铎编《清人杂剧初集》，第 2 卷，福建长乐郑氏印行 1931—1934 年版，第 1 页 a。引文回译参见曾影靖著，黄兆汉校订《清人杂剧论略》，台湾学生书局 1995 年版，第 277 页。——译注

② 有人认为出自谚语“是真名士自风流”。《辞海》对“风流名士”词条的注解，引用《晋书》中关于卫玠的记载：“风流名士，海内所瞻”。（《辞海》，第 3199 页）卫玠（286—312），以“玉人”闻名于时，他长得如此之美以至被人们视为神仙。Herbert A. Giles, *A Chinese Biographical Dictionary*. Taibei: Literature House, 1962, p. 857。

③ 李渔：《香草亭传奇》序，见《清代文学批评资料汇编》，第 1 卷，台北成文出版社 1979 年版。

的死亡，以求超越生命的本身。观看殉道者表演的观众的重要性凸显出来，这是作用于这些观众的冲击——观察这种表演产生的影响，既要保证表演者的真诚，又要鼓动起观者和听众的情感。浪漫派或许更喜欢用诗句的抒发，而节义派可能偏爱散文的表达，殉道者则多擅长戏剧。在戏剧中，个人的一切瞬间被展现在众人面前。①

戏剧的意图在于教导。而教导的目的是道德的谆谆教诲。对嵇永仁来说，道德的教诲意味着好的行为带来好的结果，而坏的行为带来坏的结果，当人们期望开明进步的个人兴趣盛行时，这也是时代潮流中管理国家策略的一部分。《续离骚》的第四幕是作者改编的一个名为《愤司马梦里骂阎罗》的剧本。在嵇的剧本中，官员司马貌责备冥界的阎罗王，原因是他没有在尘世建立起一个赏罚分明的体制。在他看来，或许人死后有回报，但死后生效也未免太晚。承诺来生"虚无"的回报——而不是在今生给予益处——不仅不便于鼓励品行正直的人继续行善，也不可能纠正愚昧者对"为善无益"的误解。这个实事求是的建议让阎王很高兴，立刻向天国的大帝提出请愿，请求"立法"，这样孝子和忠臣们就不会徒然受苦。人们也会知道怎样"效法"以"改过"，司马也变为冥界的一个官员，保护善行，惩治恶行。

在写忠臣"受折"的时候，嵇永仁显然在考虑他们当时的困境。他或许也一直希望，通过这命运良性的轮转，他们的死亡在某种程度上会推延。然而对于他的主人范承谟来说却不是这样，他认为屈原通过自杀获得了一种特殊的精神上和历史上的不朽。他的死，至今还在每年的端午节上被人们重复演绎。范承谟现在认为这也将是他自己的命运。他给嵇永仁的信中写道："世人但知三闾大夫抱忠而死，殊不知其克孚为仙也。"由于后来的仰慕者让这位殉道士流芳百世，范相信，如果他也选择那条杀身成仁的道路，他就可能牺牲今世以

① 张三立在 1771 年为蒋士铨的戏剧《桂林霜》写的序言中指出，只有通过戏剧的演绎才能让殉难者的事迹在天地间传扬，使那些愚昧和卑微的人都会知晓他们的名字。在这方面，戏剧于张三立而言，显然是一个通过名教改变风俗的方式。张三立所写序言，见《蒋士铨九种曲》，第 9 册，1929 年版，第 1 页 a。

保证自己在将来获得人们的缅怀，而节义派隐秘地附着于今世。

在福州的牢房里，范开始将他自己的衣服视作儒家之忠和家族之孝的象征。每月的初一和十五，他都会恭恭敬敬地戴上康熙皇帝御赐的官帽（唤起原本冷峻的皇帝亲近地出现在他身边的幻象），穿上他最后一次见到母亲时所穿的长袍，向皇上和父母行屈膝礼以表自己的忠孝之心。他那羸弱多病的身体使他成了追求其狂热信仰中这两种崇高目标的牺牲者。他写道："既委身事主，父母之身，即君之身。"

当范承谟在福州监狱中逐渐产生以身殉国、做清朝模范忠臣的愿望之时，耿精忠得知杰书正南下进攻驻守衢州的马九玉部。1676 年 9 月，杰书攻克此城。耿精忠开始意识到他必须立即向这位清朝将领妥协。然而，如果他打算投降，不让那些可能有朝一日证实他以前的叛逆行径的见证人留在世上便是最重要的。因此，10 月 22 日，耿精忠下令将范承谟及其随从人员杀死。当晚，刽子手就来到牢房，执行这项任务。范承谟为之准备了 700 个日夜的最后时刻终于来到了。他穿戴好那神圣的衣冠，平静、庄严地面对刽子手，但当其中一人轻蔑地从他头上摘下那顶御赐的官帽时，范承谟勃然大怒。他举起戴着枷锁的双手掐住了这个狂妄之徒的喉咙，若不是卫兵及时相救，他几乎掐死了那个家伙。于是，这些已被镇住的刽子手默默地站到一边。范承谟从容地戴好官帽，整理了一下衣服，面北而跪。他不慌不忙地叩了九个头，又朝北大声地颂扬了他的母亲和远在京城的皇帝，然后挺身受死。范承谟刚刚完成他的仪式，刽子手便上前将他一刀砍倒。就在这一晚，范承谟的 53 名部属全部被杀。翌日一早，刽子手们将尸体秘密转移到野外火化，以掩盖其暴行。几个星期后，即 1676 年 11 月 9 日，延平城被杰书攻克后，耿精忠向清朝投降，并主动要求帮助清军平定其他藩镇。

尽管有人说，对耿精忠的叛乱之罪宜慎重处置（康熙不许杰书惩治耿精忠，因为他不想影响其他叛军将领投降），但朝廷对范承谟之死不能不问。范承谟的贴身仆人中有个幸存者，名叫徐鼎，他设法从火堆中取回了范承谟被烧焦的遗体，将其带到北京，并在北京公布了这位清朝忠臣写在牢房墙上的诗文。正当鹿死谁手尚难预料之时，范承谟殉国的消息传开了，对公众舆论产生了极大的影响。范承谟英勇就义的故事迅速传遍整个京城，人们普遍期待着为范承谟举行葬礼，其中主要的代言人是著名戏剧家李渔。李渔在悼词中鲜明地强调了范承谟为拯救清王朝而进行道义上的反抗的重要性。由于范氏家族是所有源于关东的辽阳大族中的巨族，又因为其父范文程在帮助多尔衮“承天运”的过程中扮演了一个重要角色，范承谟的态度便决定了其他许多汉族旗人的反应。李渔强调说，如果他加入了耿精忠的叛乱，那么毫无疑问，许多关东的其他大族也会反叛，而清室便会灭亡。确实，这是一个几乎无与伦比的忠臣，一个当然应与历史上最著名的人物齐名的忠臣。因此，李渔最后说，在他的灵柩之下应放置两个而不是一个人的牌位，一个是范承谟本人，另一个是宋朝的伟大爱国英雄文天祥。

盖先生之臣节，求之千古上下，惟天祥一人，足以媲美。[①]

不久之后，康熙帝赐给这位清朝忠臣谥号“忠贞”，并追授太子少保、兵部尚书。此后的几年中，康熙帝还不断提起范承谟的贡献，并常因想起他的殉难而感动不已。1682 年，当三藩终于被彻底平定，不再需要谨慎从事之时，康熙帝亲自下令将杀害范承谟的凶手耿精忠分尸挖心示众。

但这还不算结束。1676 年，耿精忠投降时，他这一重新归顺清朝的举动肯定使广西叛将孙延龄大为犹豫。耿精忠的背叛显然得到了宽恕，他也能得到宽恕吗？不管孙延龄实际上是否这样向自己提出了这个问题，反正吴三桂都有充分理由相信，他背后的这个同盟者正在发生动摇。因此，1677 年秋，吴三桂将他的孙子吴世琮派往桂林。孙延龄以为吴世琮要取道广西去进攻广东，因为那年 1 月广东的尚之信向安亲王岳乐（江西清军的统帅）投降了。但当孙延龄到桂林城外迎接吴世琮时，却被当场拿下，并被斩首，广西遂被吴世琮以封臣吴三桂的名义接管。

---

① 李渔：《祭福建靖难总督范觐公先生文》，《笠翁一家言全集》，第 1 卷，1730 年版，第 68 页。

吴世琮接管桂林后发现，原巡抚马雄镇及其僚属和家属中的幸存者仍被关押在牢中，孙延龄一直没有杀马雄镇，以备将来万一需要投降时用他作为谈判的资本。吴世琮没有这种打算，但他确实意识到，这位有名的旗人、清朝著名总督的儿子、其女眷曾全部为明朝殉难的辽阳世家的后裔，若能倒向吴三桂一边，那么其他汉官就会追随他。因此，他想逼迫马雄镇降“周”，但屡次遭到马雄镇的拒绝。最后，吴世琮改变了策略。1677 年 11 月 6 日，他邀请马雄镇和他的两个幼子参加了他精心安排的盛宴，以厚礼相待。酒过三巡之后，吴世琮恭恭敬敬地恳请马巡抚加入他们的正义事业。在后来出现的描写这一著名事件的剧本中，马雄镇重申了他对“握神兵，安民杀贼；定中原，天与人归”的清王朝的忠诚。(《桂林霜》第 17 幕，第 15b）人们猜想，当时马雄镇又愤怒地转向吴世琮，痛骂他的祖父吴三桂是这样一个奸臣：

> 既事二君，复萌异志，死无面目以见先皇……恋君王，不若圆圆妓。①

吴世琮受到如此污辱，立即撕下了尊敬与爱慕的假面具，气急败坏地命其手下将马雄镇和他的儿子带出去，关进一座铁匠的作坊里。在他和两个孩子及其九名仆人被从巡抚衙门押至铁匠作坊的路上，马雄镇仍不停地斥骂吴氏家族卑鄙的叛逆行径。他们来到作坊后，卫兵告诉马雄镇还有最后一次投降的机会。接着，他们抓住两个孩子，把刀架在他们的脖子上，威胁马雄镇说，如果不投降，就杀了他的儿子。马雄镇拒绝玷污自己和家族的荣誉，但又不忍目睹自己的儿子惨遭杀戮。他把身体转向一边，仍坚持认为吴三桂及其军队不过是杀人犯和土匪强盗。片刻之后，吴世琮的人便把他儿子的血淋淋的头颅扔到他的脚下。马雄镇浑身颤抖，继而用双手抓住两颗人头，突然向那群士兵冲去。士兵们举刀便刺，马雄镇向后退去，趁被刺倒下之前向他的皇上行礼、祈祷，一遍又一遍，直至死去，终年 44 岁。最后，那九位目睹了这场屠杀又不得不

---

① 蒋士铨：《桂林霜》，《蒋士铨九种曲》卷下，上海朝记书庄 1923 年版，第 17 幕，第 15b—16 页 a。

强压怒火的仆人，被挨个询问是否愿意投降。他们一个个表示拒绝，遂被全部杀死，无一幸免。(《合葬墓志铭》)①

杀害马雄镇对吴三桂并没有什么帮助。到 1677 年 4 月 22 日，岳乐从江西西部的“周”军手中夺取了吉安，并开始对吴三桂湖南老巢的防线进行刺探。这位已经 65 岁的藩将，亲自部署防守，随着清军的包围越来越紧，他对前线阵地逐个进行巡视。1678 年 3 月 23 日，吴三桂即位了，自命为周朝皇帝，定年号为“昭武”，做近乎垂死的挣扎。有人认为，陈圆圆此时和他在一起，她的容貌虽有些衰老，但仍相当漂亮。1678 年夏，这位周朝皇帝撤至衡州，打算在此稳住阵脚。但到秋天，他染上了痢疾，身体十分虚弱。最后，吴三桂之孙吴世璠继承了皇位，但这个周政权未能延续多久。尽管这位年轻的洪化皇帝在 1679 年 3 月 24 日衡州陷落后向南远逃到贵州，但 1679 年 11 月初，康熙帝命令图海指挥西北的清军发动了一场大规模的战役。1680 年 10 月，康熙帝命赉塔率另一支远征军从广西攻入云南，随后他宣布云南境内所有被吴三桂非法抢占的土地都将归还原主。由于当地名流站到了清朝一边，两路清军几乎未遇任何抵抗，便于 1681 年 4 月到达了云南省会城下。1681 年 12 月 7 日，吴世璠在其祖父起兵反清近八年之后，于昆明城内自杀身亡。三藩之乱遂告结束。

到 1681 年，康熙皇帝已经十分了解马雄镇被吴氏家族谋害一事始末。如同范承谟之死，马雄镇以身殉国，也受到了高度赞扬与褒奖。也同前者一样，在清朝统治集团全力以赴战胜它所面临的最大挑战的时候，马雄镇的殉难象征着又一新的和持久的对清朝统治的支持。结果，马雄镇之死竟比平定三藩的胜利具有更为深远的意义。由于他的死，以及当时的形势，满族的历史及其对明朝的征服似乎又回到了原地。马雄镇的曾祖父马重德曾经是明朝大臣，他对明朝的忠诚和马雄镇对清朝的忠诚同样坚贞。这不仅是由于当桂林事件的细节在

---

① 《马文毅公传》,《蒋士铨九种曲》，第 9 册，第 1b—2a 页。这一事件的目击者记录收在《马氏家谱》（*Ma shi jia pu*. N. P. U. S. Library of Manuscript Orien China 424，Ca，1720）中，其手稿现存于美国国会图书馆（见《诰命》）。

北京已广为人知之时，朝廷才了解到，马氏家族的殉难者比那铁匠作坊中的12人要多得多，而且是由于后来发生的悲剧甚至比那12人的殉难更引人注意。

就在1677年11月6日那天晚上，马雄镇及其两个幼子的死讯，被带回到桂林监狱中仍然关着马氏家族其他成员的潮湿牢房中。牢中的马家妇女听到这一消息后，想起了马氏族谱中自豪地记载着的1621年那悲壮的一天。那是将近60年前的事。当时马家的妇女，包括42名家眷和女仆，在马与进被后金俘获后在辽阳集体自杀。[①] 而今，马雄镇之妻李夫人又目睹了同样的场面。首先，马世济之妻董夫人试图悬梁自尽，绳子断了，她掉下来摔破了脸，但她又再次结好绳索，并且成功了。随后，马世济之妾苗氏、马雄镇的两个未成年的女儿二姐和五姐，马雄镇的两个妾顾氏和刘氏，一个接一个地自杀了。每当一个人死后，李夫人便把尸首取下，为其穿好葬衣，用被子盖上。然后，她又目睹了18个女仆自杀。自杀从当天晚上至次日早晨一直在进行。24名妇女全部死后，李夫人面向北，行九叩礼，最后也悬梁自尽了。两个男仆流着眼泪，取下她的尸首，并获准将所有的尸体运到外面火化。他们把骨灰安放在附近的广福寺中。[②]

这种逐渐进入高潮的连续自杀的悲剧场面，使清廷大为震惊，并顿生敬畏之情。马家多位成员的殉难甚至比范承谟之死更集中地体现了那些在三藩之乱期间最黑暗的日子里站在清廷一边的人们的忠诚。于是，清廷对马氏家族大加褒奖。1680年，康熙皇帝举行隆重仪式，赐已故的马雄镇太子少保和兵部尚书之职，并赐谥“文毅”。幸存的长子马世济被赐予1669年康熙帝赐给马雄镇的那件长袍，并授大理寺少卿。1682年8月15日，李夫人也因“深报朝恩”

① 这两起集体自杀事件的对比十分鲜明。误以为马与进作为明代战争英雄而死的辽阳妇女们是在家族的女家长的催促下混乱而草率地赴死——一切都在混乱中结束。桂林的妇女们已被囚禁多年，作为法国戏剧家高乃依心目中的戏剧性的场面，无论是否得知局面的真实情形，她们已经准备好庄严地死去。

② 《马文毅公传》，见《蒋士铨九种曲》，第9册，第2b—3a页。

被赐诰命。也在同一年，三藩被彻底消灭后，清廷特意在广西为马雄镇立祠，以宣扬忠于朝廷的思想。(《诰命》)

马家成员自杀殉国的事迹激发18世纪的剧作家蒋士铨创作了一部题为“桂林霜”的戏剧。此剧在乾隆年间流传甚广，其中一部分颂扬了马家的美德。在最后一段中，那些辽阳女子在来世又得以同桂林英烈重聚，并对他们唱道：

六十年人家可怜，六十年人家又传。①

但剧中大部分内容，以及当时记载这一事件的编年史和家族史，都将马氏家族的殉难描述为超越了而又具体体现出对特定的相互对立的正统王朝之忠诚的最佳象征。明朝有忠臣，清朝也有忠臣。但辽阳马氏却证明，一种始终保持单一门风的家族传统既能容纳在单一世界秩序下对特定王朝的忠诚，也能在统一的道德世界中把平时的理想主义与战时的清教主义结合为一种为个人名誉的纯粹的献身精神。通过马氏家族，历史终于回到了原来的位置，而清朝如今已同明朝完全相称了，它不仅取代了明朝的统治，而且能够胜任。这位剧作家在《桂林霜》中说道：“古史忠良有万千，国史忠良后媲前。”②

马氏家族的殉难还激发了百姓的想象力，因为他们总结了天命从一个王朝转向另一个王朝的缓慢而难以驾驭的进程：祖母是一个明朝忠臣，父亲是清朝的合作者，儿子是一个清朝的忠臣，这三代人的经历也是中华帝国六十年的历史。正如《桃花扇》将希望寄予南明王朝的忠臣：

残山梦最真，旧境丢难掉，不信这舆图换稿。③

同样，马雄镇戏剧性的死亡标志着在长期的军事征服之后，清朝统治已经稳定下来。多年来，对汉族同盟者的依赖曾是清朝的致命弱点。他们多次看到

---

① 蒋士铨：《桂林霜》，《蒋士铨九种曲》卷下，上海朝记书庄1923年版，第18幕，第48页a。

② 蒋士铨：《桂林霜》，《蒋士铨九种曲》卷下，上海朝记书庄1923年版，第18幕，第49页a。又见雍正皇帝在《御祭文》中对马氏家族的评价。

③ 回译引文见孔尚任《桃花扇》，人民文学出版社1959年版，正文第260页。——译注

某些汉族同盟者的变化无常，以及他们在吴三桂之类的军事将领或打起明朝或汉族其他王朝之旗号时的脆弱和动摇。因此，对三藩的战争是同那些认为满族需要他们超过他们需要满族的叛逆者的最后较量。三藩之乱被平定后，主要因为大多数汉族官僚愿意站在朝廷一边，康熙帝及其大臣才认识到清朝的建立并非“伪定”，而是中华帝国历史中又一鼎盛时代的真正开端。在他们被强加的轨道上，明代浪漫派可能是悼念过去，而同时代的节义派容忍着当前，但是清代的殉道者能够歌颂他们誓死保卫的未来。

张秀莉　译

自主的代价——知识分子与明清政治

（1972年）

中国古文中没有“知识分子”（intellectual）这个词，有“文人”“士”“士绅”等，但都不是“知识分子”。然而，明清时代的中国，官僚制度中的大多数精英分子是以“笔耕糊口”，而且——就知识分子所能给予自己的最广的界定而言——直接获取了社会的正统价值。事实上，我们不难根据知识分子对公务与私事参与的程度，来划分帝制中国晚期知识分子的种种类型：（1）政治家与决策者；（2）实际改革者与行政官员；（3）道德理想主义者；（4）玩赏家；（5）隐士。

第一种类型（政治家与决策者）是直接参与政府而获得有效权力的儒家公仆，这种人经常自认为能洞烛机先、挽救衰亡，自视为“真正的”改革家。这种知识分子有时候不得不与宦官及腐化的幕僚联合，以便完成变革，所以在清高的局外人眼中，他们的声望经常受损。即使这些局外人比他们更不切实际。第二种类型（实际改革者与行政官员）自视为现行政府中实事求是的改革者。在这段时期（明清），正发展出“经世”此一特殊的学派，其奉行者以精通地方政府的事务为傲。他们是有良知的地方官，退休之后则关注地方的实际政况，所以树立了一种知识分子参政的传统，这或许是19世纪末期改革的一个有力源泉。与这两种类型成部分对比的是另一种士人，他们坚守道德的完美与理想主义，进行近乎正宗的知识分子抗护。这种在道德上反对政权的方式，其根源深植于儒家学说之中。但到了宋朝，变成只是士大夫在习惯上的承诺。宋朝的士大夫日渐把道德原则与实际的政治行动分离，他们宁可辞官而不妥协。最后两种类型的知识分子（玩赏家和隐士）更无视于名位，他们主张唯美主义和形而上的恬淡思想。

理想类型容易被打破，而且在中国很少有这些纯粹的类型。经世家可能在政治上妥协，例如17世纪的士人倪元璐；政治家则可能沉浸于《易经》形而上的深奥义理之中，16世纪的大学士张居正就是一个例子。最有助于复兴传统秩序的，莫过于个人消融了公与私之间的距离，表现于“出儒入道”，或如列文森所说的一种“业余精神”（amateur ideal），此种精神塑造出兼具文人画家与士绅型公仆的性格。在公务生活之中容纳私人的天地——容许退隐的生活，制度化的三年父母之丧最足以作为代表。显然，第三种类型的知识分子（道德理想主义者）具体表现出最明显的抗议形式。因为这种人一直公私兼顾，既未为恬淡思想所吸引，以致拒绝承担政治责任，也未汲汲于从公而放弃了道德的义愤。所以，可见道德理想主义者保有选择的能力，这使他在那种特殊的政治文化中成为最明显的正统之诠释者。

这也是因为在中国看不到另外两种为人所熟悉的知识分子类型。一种是专业技术人才（technocrat），他们运用一套深奥的或者专业化的知识体系。缺乏这种人正显示儒家士绅对道德普遍主义的信念。另一种，更无法见到的是韦伯所谓的先知（Weberian prophet）。不可把先知与道德教诲者或传教士混淆。先知的标准定义为：完全在圣礼的控制之外，凭借个人的方法以获得恩宠，而且对于传统结构形成极大的威胁者。中国似乎有这种人，例如，汉末张氏家族在帝国境内创立一道教国，明清则有白莲教领袖聚集了成千上万的叛乱农民。但是前者是以健康与重生作为诺言来取得民众的信仰，比较接近给予他人心理补偿的魔法师，而不是真正的先知。就如同后者利用社会不安的时机，预言世界将会崩溃，这只是世纪末日天堂再临说的信徒（chiliasts）。一旦君王再度掌握权力，而且灾荒停止，此种破坏制度的唯信仰论者（antinomian figures）就不再受人注意，而正常的秩序很快就能恢复。

此种社会政治秩序的重整，本身即表现出国家与知识分子互相依赖的意义。政权需要经过儒家来合法化，一如士人需要国家保障以对抗反传统的农民叛乱。儒家学说之中确实有民本主义的特质（a populist strain），但却认为群众叛乱的意义只是天命从某一特殊统治家族撤回的征兆。由于那更高的正统也同样由那些知识分子来作诠释，所以把正统的源头与君王分离对他们有利，然而，这种诠释的力量也是一大弱点。知识分子虽然免于受拥有完全统治权的国家之至高无上的专制统治，但同时他们却不可能分享到统治权力。他们作为正统的媒介，而不去界定正统的意义。

所以，知识分子与国家之间深具两种互相矛盾的关系。士人既是监督者又是批评者，他们在经过严格界定之与政权共有的价值范围内，要求享有不断做独立判断的权利，但他们又不能不顾在传统下的国家现状。传统中国的知识分子不认为他有表达自己想法的权利——如同现代的知识分子，而且若把现代知识分子的定义推衍到中国思想家之上，未免有失忠厚，而且过于短视。一个中国知识分子个人所具有的，是一种经由自己界定的，具有评价功能的抗议权利。然而，这仅是一种个人的独立自主，经常以道德牺牲作为追求的代价。士人——甚至于他们的同志们——无法想象知识分子具有团体的权利。

那么，难道不容许有超越性的价值标准吗？在传统规范中有某些理想的特质，可作为依据来重新界定统治权与知识分子的合法性。一为前面所提到的民本主义，另一个是知识分子结合以促使国家和谐的观念。这两个论点在外来的民族国家理论的影响下，最后促成一次思想革命，切断了士人与君王的传统联结。但极为讽刺的是，这种突破最后损害了中国的知识分子，因为他们放弃了中间人的任务而企求完全独立自主。我将要尝试以两个著名的中国知识分子集团所发的高论来作对照，以说明此种孤注一掷的举动：17 世纪东林书院的学者和 19 世纪 90 年代的士人改革者。

明代知识分子在社会上力争上游的途径

明代知识分子缺乏团体的认同感，故致力于加强认同士绅的身份。他们丧失了在制度上的自主性，故寻求与地方士绅相同的社会独立步骤。

“士绅”是一具有概括意义的词，包括一具有官僚地位的团体，和一依靠地租、利息等固定收入为生的阶级（a rentier class）。宋朝的士绅阶级依赖佃农耕作的庄田维持收入，但至15世纪，这些大块产业在江南等区域已经分割成由佃农耕作的零散土地了。此一土地所有权的演进，在经济上相当复杂，且经由社会方面的渐进演变，但国家政策是导致变迁的直接原因。例如，明朝建立以后，朱元璋（明太祖，洪武皇帝，1368—1398年在位）选择南京作为帝国首都。至少有五万九千家“富户”，由江南与浙江被迫迁徙到首都，他们的田则转变为“官地”，由政府分租给佃农。这个决策背后有三个动机：第一，为朱元璋惩罚支持其政敌的富有士绅；第二，显然是救助一般农民。《明史·食货志》就作这种解释：

> 然惩元末豪强侮贫弱，立法多右贫抑富。尝命户部籍浙江等九布政司、应天十八府州富民万四千三百余户，以次召见，徙其家以实京师，谓之富户。①

朱元璋最后的一个动机，只是想重建遭受战乱荼毒的区域，并增加新首都的人口。这些直接的动机为一时的结合，但其效果却是持久的：来自江南等地区的有力士绅，被迫立即与其地方的权势基础分离，他们对中央政权的社会依赖性增加。他们若想取得精英分子的身份，就要充当君王的臣仆，而非独立控制社会资源。事实上，此种对官僚制度的依赖已经达到极致，因为君王借加强考试制度以规定威望之赐予，并且在1381—1382年废除宰相，来抑制官员的利益。

明初以考试制度取代国立大学及个人引荐资浅官员的习惯，考试制度成为官僚组织征用新人以及社会向上流动的主要通道。这使士绅无法永葆其地位，而且遭遇更大挫折。朝廷拒绝给予区域配额，而且限制持有高等第功名者之数目，所以低等第的人数膨胀（1400—1600年，生员从3万人增加到60万人）。而且就算通过乡试，还需要进修数年，此后仍可能在会试时铩羽而归。这场竞赛的赌注极高，所以得到高官厚禄成为令人目眩神迷的梦想，就像全国性的彩

---

① 《明史》，“台北国防研究院”编，1962年版，第77卷，第818页。亦见《明实录·太祖实录》，第24页7a。

票，使那些拥有较低功名的人从根疏离。除此之外，他们确实享有士绅的身份。士绅日益增多，以至有较高功名的人用心于鉴赏艺术，养成文雅高尚之习，这被视为君子风范。

考试制度也强化了正统的宋朝理学。明太祖最重视宋朝理学之中的恭顺价值——例如忠，这是他所喜爱的。他把专制政治的根基深植于能给士绅根本的认同感及社会地位的事物——意识形态——之上。这样，他就为士大夫个人以及全体带来一个难题，这个难题永远随着王朝而存在：为了符合正统与效忠，使他们丧失所有政治上的效能，而且失去作为一个阶级的任何能力——积极地做决策，或消极地抵抗集权主义的成长，此种成长会使他们毁灭。①

对这些价值所应尽的义务显然是单方面的：臣下不能冀求以其忠诚来换取君王的感谢。反而是，他们的社会地位缺乏保障，就如同其个人政治地位一样不稳固，这是因为他们在制度上失去对君主日增的个人权威之制衡权利。

专制政治及其臣仆

日益集权的专制政治并非明朝所特有。宋朝就已废除了宰相府。宰相审阅皇帝的奏章，所以他代表官僚制度对于君权的制衡力量。当然，以后皇帝的顾问周期性地恢复重要的官职，但皇帝仍象征式地对待其最高官员如同对待私人助理，借以继续和官僚利益的形式表现对抗。在相同的意识形态连接之下，臣属退而遵从儒家的君子典范以维持自尊：君子对于统治者的最高价值在于其道德的独立性与批评的勇气。但是在此种思想的交互影响之外，明朝的制度演进偏向于专制君王的一方。在省的这个阶层，1376 年，省的首长被区域特使所取代，这些特使可直接向皇帝报告。② 中央官僚机构的独立性也在四年之后被

① Robert B. Crawford, Harry M. Lamley, Albert B. Mann, "Fang Hsiao-ju in the Light of Early Ming Society," *Monumenta Serica*, Vol. 15, fasc. 2 (1956), p. 321.

② 洪武九年改行中书省为承宣布政使司。——译注

削弱，这是由于朱元璋的一个丞相阴谋篡位。此人被人揭发并处死之后，皇帝先恢复元朝的廷杖之习，借此减弱传统的君臣关系，使之由相对的道德平等关系转变为奴性与卑下的关系。然后，剥夺将领的终身统兵权，并把宰相的权力分散到六部，以改变中央的行政结构，他宣布任何希望恢复设置宰相的人都会被判凌迟之刑。

皇帝为了处理日常例行的大批奏章，所以用大学士组成私人幕僚，驻在紫禁城的内阁之内，这些人很快就取得代理决策的职权。永乐皇帝习惯与他们磋商特别事务，于是他们就能直接取得奏章，大学士之一逐渐负责替皇帝拟旨，但即使此一首辅近似宰相，但其实际的官品仍相当低。首辅的职务出众，但因为他仍为内廷所雇用，所以不能代表外部的官僚利益。大学士甚至也无法独占接近皇帝的机会，比他更“里面的”人是宦官。

明朝的创建者曾有诏令限制宫廷中的宦官不得超过一百名。但至1600年，紫禁城中的宦官却超过七万名。宦官显然与种种外界的社会联结分离，此种联结系由正规的公务所促成。他们似乎是专制统治的最佳工具，因此宦官的人数与权力因其承担特务、采买及皇帝的私人秘书等任务而与日俱增。

1420年，宦官受命成立东厂以侦察锦衣卫，其警察的功能扩大。此外，被派遣去监库的宦官日渐增加，实则为派他们指挥重要的驻军。同时，由于他们掌理皇帝的私人收入，因而取得重要的财政职权。15世纪初大规模的远洋航行即为他们所独占，另外还开采贵重的金属矿，并征收城市的商业税。宦官只是宫廷中的仆从——只要禁止他们拥有传统官僚所需要的技能：文书能力——他们虽具危险性，但尚可被容忍。然而，1432年，宦官在宫廷中设立他们自己的内书堂，并以司礼监介入皇帝与内阁之间。宦官阻止了皇帝与外界接触（1471—1487年之间，宪宗皇帝不曾召见任何大臣），宦官自然能控制内阁的人选，因此大学士必须与宦官结合。甚至像张居正这样握有大权的官僚（他在1572—1582年主宰内阁与六部），若无有力的宦官冯保帮助，亦难以自保。

张居正与中央集权的影响

从1572—1582年，中央政府为大学士张居正所掌握。在这个能干的人物肩负起决策重任之后，明朝恢复了150年来所未有的安定。政府日益增加的开支及日趋下降的土地税收，有了新的土地清丈法以及著名的一条鞭的赋役改革来应付；蒙古人也在军事上受到了制衡，因为中国将领受命训练私人军队以便防御。1575年的严重水患之后，设置基金以整修黄淮水利设施。在这些决策的背后，张居正坚持一个信念，即只有强有力而独立的内阁才能迫使头重脚轻的官僚体系改革现有的制度。如同张居正一样握有大权的大学士可说是绝无仅有，但由于张居正过于专断，以致在他死后，所有行政官员皆强烈敌视积极而有力的行政首长。

这种对于中央权威的反动，最常表现于主张恢复言官批评的大胆要求。顾宪成——东林书院的创始人之一——甚至认为言官不过是“受利诱、受威惕、琐屑、依回”的官员，因此，任何士大夫都应当有机会向皇帝提出个人的政治意见。[①] 若朝廷能广开言路，包容全国的优秀士人，则内廷与外廷、统治者与士人之间的鸿沟，可由大我的理想政治一统来弥补。[②] 顾宪成虽然了解把权力聚集在六部首长之手有实际上的优点，而分散此种权力则有危险，但他仍然主张应谨慎地平衡存在于外朝的“威权”。维持此种适当均衡的方法是，承认局外人——那些优秀士人批评内阁之类制度的权力。但这个解决之道却为顾宪成及其他人，带来明代知识分子参政的主要难题。因为士大夫个人的能力相当薄弱，而士大夫群聚一堂，组成党派，则又会被视为可疑的党羽。

---

① 顾宪成之奏疏，时间可能是1586年左右，见高攀龙《高子遗书》，收录于《乾坤正气集》，台北环球书局1966年版，第17册，第262卷，第3页b。

② 同上书，卷262，第46页。

公义与私党

对于知识分子结社，有两个互相冲突的观念，这两种观念皆已从古典传统中寻出源头了。其中一种反对组织党派，认为党派即是偏见，此种论断确立于《尚书·洪范》。

> 无偏无党，王道荡荡；无党无偏，王道平平。①

第二种传统则认可由知识分子所组成的群体，可引用孔子的弟子之言作为依据，即“君子以文会友，以友辅仁”②。“乐群”的意义在于彼此致力于与政治无关之修身养性，并分享更高层次的文化生活中的乐趣。

当这两种价值发生冲突的时候，后者经常向前者屈服，而运用“党”这个恶名来阻碍大多数知识分子的结合。然而，在11世纪伟大的改革奋斗期间，某些受尊敬的士大夫，例如欧阳修，会努力为“党”辩护，在他著名的《朋党论》中，主张只有君子才会组织真正的朋党，小人尽可组党，但却是基于利益而非以友谊为本，所以只是一时的结合。若人君能分辨朋党之真伪，则能用君子之真朋党而为国家谋福利。

由于欧阳修引用孔子把人划分为君子与小人的标准，所以他的论著使尔后置身于政治的知识分子，往往严格地判定某个团体完全是君子或完全是小人。这样极易使整个党派因为领导人物的恶行而受牵连，而且朋党势必变成以领袖为中心，而非以政纲为本。因为任何一个自命为君子的团体，连心平气和的政策辩论都加以回避，以免出现欧阳修所谓的“小人”冲突。由于这些党派并

---

① James Legge, *The Chinese Classics*. Taibei: Wenxing, 1966, vol. 3, p. 331. 这段经常被指为与《洪范篇》的另一段有关：“凡厥庶民，无有淫朋；人无有比德，惟皇作极。”（同前，第四章，第五节，第10页）“淫朋”通常注解作“邪党”，而“比德”则为“私相庇护”。此种理想可能是儒家的，是君臣之间一对一的古老关系。若专制君王的治理合乎道德，则其臣下没有理由以“过分的”友谊为基础，组成私党。所以党派表示统治的失败。

② James Legge, *The Chinese Classics*. Taibei: Wenxing, 1966, vol. 1, p. 262.

非依据复杂的政纲而组成，而只是基于一般的政治主张，所以党派的成员以非敌人即是同志的方式来划清界限。这就表示他们经常护卫自己的党派，因此即使是最有意义的事，也很快地落得像敌对者一样粗鲁、尖刻地争辩——这种方式足以进一步诋毁“党”这个字。结果，历经晚明汹涌的党争浪潮的人，似乎对于可能出现的平和政党辩论也感到厌倦。17 世纪，《幸存录》的作者夏允彝说：

> 自三代而下，代有朋党。汉之党人，皆君子也。唐之党人，小人为多，然亦多能者。宋之党人，君子为多。然朋党之论一起，必与国运相终始，迄于败亡者，以聪明伟杰之士为世所推，必以党目之；于是精神智术俱用之，相顾而防，而国事坐误，不暇顾也。且指人为党者，亦必有此。此党衰，彼党兴，后出者愈不如前，祸延宗社，固其所也。①

对夏允彝而言，朋党的作用是机械式地使好人或坏人得权。道德虽然是最重要的，但朋党是有界限的组织，无法确保道德原则。事实上，朋党终究是有害的。因为朋党与朝代之兴衰及斗争之恶化相终始，且朋党引出人的劣根性而后收场，所以必定成为朝代衰亡的原因，这是最初组成朋党的君子所要制止的，夏允彝认为这正是东林书院及党派所给予的教训。

书　院

书院在 10 世纪的乱世，填补了由公立学校消逝及佛教寺庙衰败而留下的空隙。书院发展至宋朝，这些知识分子的私下聚集中心，代表与国立大学官定的经典注解课程鼎足而立的学问。他们居于乡间，思想带有宗教气息，这些都象征他们由官场生活退出，而且不再致力于准备考试。许多官员认为书院表示一种偏私，尤其在 1030 年以后，许多书院被公立学校所取代，或由政府在书

---

① 夏允彝：《幸存录》，收入《扬州十日记》，台北广文书局 1966 年版，第 11、12 页。

院中安置掌管教育的官员。但书院仍是知识蓬勃发展的象征，所以明朝的创建者鼓励书院发展。明太祖建国之后，欲在内乱过后复兴文化。然而，1375年后，由于社学普及，加以文官考试受到重视，以致书院暂时受到忽视，至16世纪中叶又有突发的转变，嘉靖年间（1522—1566），书院成立的数目达到整个明代书院记录的三分之一。

此种突如其来的兴盛肇因于两个现象。第一是读书识字的水准与期望显著提高。由于铜版印刷，书本极易获得，因此有学生超过公立学校的容量之现象，尤以大都市为甚，于是，私立学校起而满足此种需要。

> 今日学校处处林立，启迪教育，书院如同家庭、乡村及区域的学校，目的皆为培养德行与学识才能。若事归官员所管，人民则难于就学，若教化能及于民，他们就容易获致才能，这些学校岂能缺少？①

这些书院被认为保存了宋朝典型的乡间环境——宽敞的庭园、乡野中的学舍，但实际上许多极著名而极有声望的书院皆坐落于城市中，便于获取商人捐献充作学舍及讲学基金。这种地理位置使书院进一步与一个大量涌入城市的新学生阶层发生联系。这大量学生被民间讲学者及教育官员利用，以扩充其门客人数。有司不悦地报告：

> 迩来习竞浇漓，人多恶薄。以童生而殴郡守，以生员而攻讦有司。非毁司长，连珠遍布于街衢，报复仇嫌，歌谣遂锓于梓木。②

挫折感当然使他们的嫉妒心增长——竞争名额有限的官职所带来的挫折，应付考试的呆板学习所引发的挫折，个人心智启蒙时所怀的希望，与实际研读的苦功夫互相矛盾也造成挫折。这种种态度形成16世纪知识界的第二个主要

① 出自1558年的广东省方志，引入 Joanna Flug Handlin，“On the Relationship Between the Rise of Private Academies and Eclecticism in Sixteenth-Century China.” Seminar Paper，University of California，Berkeley，1968，p. 7.

② 《明实录·隆庆实录》，卷24，引自：傅衣凌《明代江南市民经济试探》，上海人民出版社1963年版，第110页。

现象，亦即感到正统的学校教育与真实的学问无关。湛若水、陈献章等主张直悟的学者，以及最重要的15世纪的大师王阳明，这些学者在书院传习学问之后，书院似乎为真正的自我开悟提供一种制度，而不再只是官僚晋升的途径。

明朝政府自然要控制此种汹涌的教育波澜。提学官想出一种监督书院的方法，但因他们本身即为士人，所以不受信赖。他们做监督者，容易从受督导者之中吸收徒众。当时有两种极为不同的讲学方式，一为亲切的、能满足听众的讲授者；另一种则为严守道德规范，与学生保持距离的保守学者。前者大行其道，因为讲学者可由新进的官僚之随从——具有潜力的门生——身上获得利益。也就是说，教育与官僚制度相互促成上下结党，而提学官具有两种角色——学生的督导者及业师，故与知识分子结社有敏感的关联。这样，张居正禁止提学官与地方的书院密切结合，并不令人感到意外。

若提学官无法获得绝对的信赖，那么最简单的方法或许是完全禁止设立书院。最有名的例子是1575年张居正的命令。张居正素来痛心于“私学”之“浮夸”，他在奏疏中称：

> 圣贤以经术垂训，国家以经术作人。若能体认经书，便是讲明学问，何必又别标门户，聚党空谈。今后各提学官督率教官生儒，务将平日所习经书义理，着实讲求，躬行实践，以需他日之用。不许别创书院，群聚徒党，及号召他方游食无行之徒，空谈废业，因而启奔竞之门，开请托之路。①

1575年，张居正废除书院的运动以皇帝敕令查封所有私人书院结束。1582年张居正死后，解除部分禁令，但在以后的三个世纪，复原或新创立的书院与官僚政治关系过分密切，以致无法避免卷入当时更大的党争之中。

---

① Tilemann，“Ming Education Intendants，” Charles O. Hucker，ed.，*Chinese Government in Ming Times*：*Seven Studies.* New York：Columbia University Press，1969，p. 135.

东林书院的致用说与主静说

东林书院（1604年重新修复）与以东林为名的政治运动，深受两种类型的知识分子之思想倾向的影响。第一类，以东林书院的创始者顾宪成为最佳的代表，是对晚明心学之道德含混性的反动，而提出一种大胆实践的哲学。第二类，以顾宪成的学生高攀龙为代表，接受人的大部分行为之含混性的说法，但主张在行动以前经过一番冥思，终究可致善。虽然二者有致用说与主静说的区分，但二者皆主张关注社会，反对遁世的沉思。

顾宪成生于江南的商人之家，其启蒙业师极力反对王阳明信徒所遵奉的本心“无善无恶”说。他很快就迎合老师之意，反对直悟哲学家所主张的个人的、较放浪的主情说，而接受宋代理学家较严肃的理性说（以心为感官的主宰，控制感情冲动）。顾宪成受到这种鼓励，相信必须时时固守正道，以保持心“直”。在顾宪成的思想中，正如后来他从政时表现出的，此种努力必然会别树一帜——择善固执。结果，顾宪成那种发诸意志的行动，使那些玄学家冗长的争论变得毫无意义，这些玄学家主张人无善无恶。而顾宪成认为真正的修身必须是治国平天下。

> 自古圣贤教人，惟曰为善去恶，为善为其所固有也，去恶去其所本无也。本体如是，工夫如是，其致一而已矣，阳明岂不教人为善去恶乎？然既曰无善无恶矣，又曰为善去恶者，执其上一语，不得不忽下一语也。何则？心之体，无善无恶，则凡所谓善与恶，皆非吾之所固有矣。皆非吾之所固有，则皆情识之用事，则皆不免为本体之障矣，将择何者而为之？……心之体无善无恶，吾亦无善无恶已耳，若择何者而为之，便未免有恶在，若择何者而去之，便未免有恶在。若有善有恶，便非所谓无善无恶矣。①

---

① 顾宪成：《质疑续编》，引自：谢国桢《明清之际党社运动考》，台北商务印书馆1967年版，第47—48页。

顾宪成虽然倾向于宋朝的理学派，但他承认王阳明对直悟问题的阐述，足以激励人去做圣人。事实上，他钦佩王阳明的大胆信念——人心是一自足而不假外求的行为规范，天理就呈现于人的本体中。但他却不接受这种个人主义所造成的结论：王阳明的名言称事之是非但凭个人良知之判断，无须以孔子为权威。① 若人不以孔子为权威，那么佛教异端或怪诞的自我放纵行为岂不要产生？王阳明所说的或许适用于圣人，但那些无法依靠直觉判断是非的普通人又将如何呢？难道他们不应该继续遵奉“古训”吗？他不得不在朱熹学说的“拘”与王阳明学说的“荡”之间做个选择，他选择较为稳当的前者，但这不是个让人适意的选择。那就是为什么顾宪成——对于特殊情境的必然性缺乏一种超越性的信念——主张面对“关头”来解决他在道德上的困惑。

“关头”说是另一东林哲学家史孟麟所提出的。史孟麟和顾宪成一样反对 16 世纪末的王学诸子。王门中声名最坏的是李贽，他认为人只要随心性之自然而行动，任何人皆可为圣人。史孟麟说这种叫人随“当下”而行的说法，会邪恶地鼓励那些不真正具有成就圣人所需的自律与内在力量的人放荡不羁。他认为，这种“今日讲学主教者”的确完全被“自自然然的”迷住了，使他们“全不费功夫”。

> 是当下反是陷人的深坑，不知本体工夫分不开的，有本体自有工夫，无工夫即无本体。②

德行不离行动，史孟麟所指的行动是品行。《论语》曾说人必须靠有恒地“学”“习”以培养良好的行为。因此，史孟麟以自我磨炼——而非自我表现——作为真自然的本质。

> 此工夫即本体。是仁与恭敬、忠原是一体，如何分得开？此方是真当

① 王阳明曰：“求诸心而得，虽其言之非出于孔子者，亦不敢以为非也。求诸心而不得，虽其言之出于孔子者，亦不敢以为是也。”——译注

② 引自：《重编明儒学案》，台北正中书局 1955 年版。

下，方是真自然。[1]

把道德界定为行为的规范。孝道就是要孝顺，在中国古文中亦是如此，名词与动词相同。但是人如何确认何种特别的品行是合乎道德的？大概圣人本身的含义就能加以确定。然而，除了那些天理内化于人心的顿悟时候以外，便无法清楚地证明获得报偿——吾人所谓的恩惠。史孟麟等思想家，以试炼人在开头的时机是否能完善地体践，来寻求信念，这可由经典中得到启示：孔子坚信即使在危难之际，人也应该固守美德[2]，而且要杀身成仁。(《论语·里仁第四》《论语·卫灵公第十五》）孟子则称人要威武不能屈，且要舍生取义。(《孟子·滕文公章句下》《孟子·告子章句子上》）史氏阐释这些名言如下：

且当下全要在关头上得力。今人当居常处顺时，也能恭敬自持，也能推诚相与。及到利害的关头、荣辱的关头、毁誉的关头、生死的关头，便都差了，则平常恭敬、忠都是假的，却不是真功夫。不使真功夫，却没有真本体，没有真本体，却过不得关头。[3]

史孟麟的“关头”理论吸引顾宪成等人，因为“成”对他们来说终究是个疑问。我们可以这样解释东林学者不顾生命危险的英雄主义：晚明知识分子“必须”在政治上失败，因为只有如此，他们最后才能遭逢“关头”，这样他们才确信已经忠于自己了。而且他们关切置身“关头”时所必需的自我情绪控制——静，这使他们近似另一些文友，亦即群集在另一理想型的东林学者——主静的高攀龙之下者。

高攀龙试图缩短朱熹（理学）和王阳明（心学）的距离，以面对“拘”和“荡”的矛盾，他希望学归于一，而反对分歧，因此他对于当时的情况感到痛心：

---

① 引自：《重编明儒学案》，台北正中书局1955年版，第483页。

② 子曰：“君子无终食之间达仁，造次必于是，颠沛必于是。”——译注

③ 《重编明儒学案》，台北正中书局1955年版，第483页。

今之人人自为《大学》也，遂为聚讼之府，何天下之多故也。国朝自宏正以前，天下学出于一；自嘉靖以来，天下之学出于二。出于一，宗朱子也；出于二，王文成公之学行也。①

高攀龙虽然接受两派学说的基本差异，但不赞同一些王学门徒认为朱熹只关心支离破碎的东西。朱熹正像王阳明一样致力于开悟，但他不愿空想，而要在个人日常的社会关系中实践道德原则。就如同对于高攀龙，对于朱熹而言，真正的开悟是“默而识之”，以恢复本性中的至善。②

高攀龙的“默识”与静悟之说，一方面出自15世纪的理学家薛瑄，另一方面则得自他在1594年的亲身经验之启示。当时，他因为抗议一个“正直的”官员被罢官而遭贬谪。高氏在南方度过夏季之游之后，决定乘船回江南。夏末，他远离广东，悠闲北上，漫游名寺，在舒适的河滨旅店休息。初秋，他的船已接近福建边境了。仆人把船停泊在一个名叫江头的地方过夜。船停之际，月明如洗，江山明媚。他浸润在夜色之中，直到感觉一股奇异的不安。他激动地起而大呼：“今日风景如彼，而余之情景如此，何也?”就像大诗人苏东坡在赤壁的时候，胸臆中突然充满失落的痛苦，他想把自己没入夜空之中，像个醉了的诗人沉浸于月光下。但他还是抑制自己，坚信必须保有自我，即使心中“忽忽不乐”。③

夜已逝去，而行程仍继续。高氏为自身的经验所震慑，于是决定半日静坐，半日读书来面对孤寂。晚间，他弹琵琶，沉浸在音乐醇酒之中。最后，扁舟行至福建汀州，他决定暂停旅程，投宿于一旅店中。一日，偶见宋哲学家程颢之言：“百官万务，金革百万之众，饮水曲肱，乐在其中。万变俱在人，其实无一事。”高氏因而“猛醒”曰：

---

① 高攀龙：《高子遗书》，《乾坤正气集》，台北环球书局1966年版，第258卷，第7a页。

② 高攀龙：《高子遗书》，《乾坤正气集》，台北环球书局1966年版，第258卷，第3b—4页，第9—10a页。

③ 引自：谢国桢《明清之际党社运动考》，台北商务印书馆1967年版，第51页。

> 原来如此，实无一事也，一念缠绵，斩然遂绝。忽如百斤担子，顿尔落地……遂与大化融合无际，更无天人内外之隔。①

他所得到“无”的启示，在中国哲学中并非独特的，虽然高氏的领悟有其特质，即人必须接受俗世的烦嚣，而且把握这瞬间以发掘圣人所有之静定，但仍必须经常读书静思才能恢复那种内在的力量。

> 为人终不可无端居静定之力，盖各人病痛不同。大圣贤必有大精神，其主静只在寻常日用中，学者神短气浮，使须数十年静力方得厚聚深培；而最受病痛处在向无小学之教，浸染世俗，故俗根难拔，必埋首读书，使义理浃洽。②

简言之，高氏不愿逃离“世俗”的世界而完全遁世，他在书院中创造了知识的象牙塔来调和二者，在书院里同僚间可彼此帮助以恢复早已失去的圣人精神。

高攀龙的《东林志》序文最足以表达此种意义：

> 天地大矣，古今远矣。圣贤之生，岂以一时一地为盛衰哉？程氏之学锢于绍圣间，朱氏之学锢于庆元间。岌岌乎身之不能保越百有余年。③

个人生命之会腐朽，与道之赓续，二者形成对比，“变者时也，不变者道也”。透过道，短暂的生命得以复苏，真正的内在自我也得以恢复。在另一方面，这意味着人之再生必须恢复部分古圣先贤所推崇的伦理：孝、忠和责任。

> 人敝则澌灭矣，何以使人之不敝也？曰在学，学非他也，人还其人之谓也。如目本明而还其明；耳本聪而还其聪；心本仁而还其仁；四体本恭而还其恭；君臣父子兄弟朋友本亲义序别信，而还其亲义序别信。本来如

---

① Heinrich Busch, “The Tung-lin Academy and Its Political and Philosophical Significance,” *Monumenta Serica*, 14: 163 (1949 - 1955), p. 129.

② 引自：谢国桢《明清之际党社运动考》，台北商务印书馆 1967 年版，第 50 页。

③ 高攀龙：《高子遗书》，《乾坤正气集》，台北环球书局 1966 年版，第 258 卷，第 22b 页。

是之谓性，知其如是而还其如是之谓学。不学而人敝，人敝而神离，如呼吸之离于体，夫以千秋之神灭于一日。[①]

显然，此种主张恭敬的规范并未危及既有的权威，而且东林知识分子的目标如此含糊（使人重生），但其表达方式又如此明确（孝道），所以他们不曾——就如同改变信仰的人（具体的）寻求救赎（抽象的）——想出达到目的的方法。或者，换个方式来说，他们缺乏实现使命的步骤。事实上，若依照儒家社会软化的理想（"上好礼，则民莫敢不敬。上好义，则民莫敢不服。"《论语·子路第十三》），这种使命既可通过修身，亦可通过社会行动来实践。所以，东林书院中高攀龙的密友或门徒与致用派并肩而行，较重玄思的同僚例如薛敷教、丁大章和叶茂才，或后辈学生如吴桂森、金敞、程智、汪有源及高愈。[②] 虽然其中某些人并未参与更广泛的东林政治运动，但他们与书院的结合，至少显示这些比较柔顺的知识分子轻易地以主静说代替了致用说。

东林派的政治地位

早期的东林抗议运动，其焦点局限于人物品评，因为其在官僚制度中的根据地是行政部门。1583 年，也就是东林书院实际创立的前二年，吏部骤然为一群富有朝气的年轻人所盘踞，这些人决心消弭已故大学士张居正的中央集权政策。顾宪成是其中之一，他在三年丧假期满之后，自 1586 到 1593 年，在吏部尚书主计赵南星（1550—1628）的手下任职。顾宪成及其长官拔擢"正直的"友人，以审查人物作为政争的利器。然而，1594 年，由于吏部想要推举其阵营中的官员为阁臣，皇帝怒斥他们怀有党派成见而加以肃清。

---

① 高攀龙：《高子遗书》，《乾坤正气集》，台北环球书局 1966 年版，第 258 卷，第 23 页 a。

② 这些人的传记摘要分别在黄之隽编：《江南通志》，1737 年版之影印版，台北华文书局 1967 年版，第 142 卷，第 32 页；第 153 卷，第 11b、12 页 a；第 142 卷，第 32 页 b；第 163 卷，第 22b、123 页 a；第 163 卷，第 26 页 a；第 164 卷，第 13 页 b；第 164 卷，第 16 页 a；第 163 卷，第 25 页 a。

顾宪成被斥为平民之后返回故乡，与他同时被解职的人有：钱一本、安希范、张纳陛、于孔兼及徐尧莘等人。① 而最先在江南各地举办“讲会”的就是这些人。1603 年，他们积极响应高攀龙的建议，恢复无锡的旧东林书院以作为永久的中心。顾宪成相当谨慎，首先鼓励各地有名望的地方士绅致书各级长官表示支持。于是这些官员征询域内学生的意见后表示赞同，并史无前例地与公众一样捐献基金。书院的第一次公开集会于 1604 年 9 月 29 日至 12 月 1 日举行。书院只是由同一层次的地方知识分子的小团体结合而成，这些小团体与书院的中心关系松散。也就是说，构成东林核心的每一个知名士大夫，其周围皆有私人追随者及学生，这些人经常组织成次级书院或文人的聚会。在这些小组织之上，的确有一较大的集团，它所举行的大规模年会往往吸引邻近各省的文人。这些会议开幕与闭幕的时候，在孔子像前歌颂并跪拜。会议有几次有关“四书”的演讲。苏格拉底式的辩论或批评当权皆为书院规条所明文禁止。而且，此种庄严肃穆的会议，试图把人从常规提升到更高的价值领域，所以由讲学传播一种确切不变的真理。

东林成员的改革冲劲并没有明确的影响力，因为他们的组织缺乏道德上的支柱，每一个成员都只作为“满足的少数”。他们冀望彼此能继续在道德方面顶天立地，所以互相勉励以抗拒卑下、唯利是图的世风。因此，讲学的内容是针对个人的训诫，而不是意识形态的灌注。他们甚且决定禁止私人在书院之内讨论政治，以防止外人指控他们心怀阴谋，而且也可避免破坏内部的团结，于是时日一久，“纯”书院就与以“东林”为名的向外运动分途发展。

东林集团首次涉足政治是顾宪成本人的杰作。他致书全国各地的友人，并有一系列文章广为流传。事实上，顾宪成干涉了——因为他仍是一介平民，没有在官僚制度上的权力——1607 年及 1610 年的两大任命案，因而震动朝野。东林的同志们于是被指为怀有党派偏见，而宋代对党之本质的讨论又重新出

---

① 《江南通志》，1737 年版之影印版，台北华文书局 1967 年版，第 142 卷，第 31 页 b，第 33 页 a；第 146 卷，第 11 页 a；第 163 卷，第 22b，36 页。

现。政治之健全完全依赖君子之气——这个人人熟悉的论点现在显得格外尖锐。东林的一个支持者赵南星主张：

> 天下之所以治安者，君子之气恒伸也；天下之所以危乱者，君子之气恒郁也。万历壬辰以后君子之气渐郁，至丙辰丁巳而极矣。①

书院把心力放在社会上，"党"自然也就群聚了政界的君子。但赵南星仍然要对付"党"字令人嫌恶的言外之意，他从经典中找寻"党"在名义上的意义。(《论语》不是提到"父党"和"乡党"吗?）赵南星认为他们也是有志一同的君子之"自然的"结合。这样一来，不仅认为君子与小人之间有极大区别，而且极富知识分子参政的精英观念，这与东林派在思想上所主张的精英论一致。(记住，这是对李贽之流所持"人人皆圣贤"之学说的反动。)

这种精英论可以用顾宪成的见解来作解释，他认为门户不能扩展到某个特定的范围之外。因为只有经过严格约束的君子集团，才能免除那些较大的小人团体之特性——褊狭的"意见之歧"。

> 将意见不期融而自融矣，何所容其歧？将意见不期平而自平矣，何所容其激？其于国家尚亦有利哉！②

这种自我控制，即使只经由集社中的一些成员来实行，也能鼓舞其他成员，因为有严格的身份限制，成员之间彼此关系密切。

这种信念严格限制了东林知识分子的政治度量，如果"君子"的改革使命，仅仰赖如此小而且特殊的结合，那么在社会上一定缺乏力量。团结——情感亲密——对东林成员来说，比扩大结盟的好处更重要，因为关键问题是德行，而不是政治上的论争，而且关切他人的道德是否完美是容易伤害他人的。所以顾宪成必须经常与其朋友妥协，他们相信政治的世界黑白分明，他们在行动上也截然划分二者，模棱两可的态度对他们而言是不可思议的。顾宪成承认

---

① 赵南星：《赵忠毅公文集》，《乾坤正气集》，台北环球书局1966年版，第264卷，第6页a。

② 高攀龙：《高子遗书》，《乾坤正气集》，台北环球书局1966年版，第262卷，第15a页。

他无法把所有献身于政治奋斗的勇士都列为热情的“烈士”，就如同他不能把较胆小的人全当作“伪君子和骗子”。然而，他严厉斥责那些“坚持一己之见”的人，以至于引发论战。顾宪成所能想到唯一而完全的矫治方法是“公”，因为冲突的根源在于私心。

“何言乎公也？是曰是，非曰非，不为模棱也。是而知其非，非而知其是，不为偏执也。”（同上。）顾宪成极力反对狂热的盲信者。他死于1612年，他有自信确实了解形成对立的双方，而且自认为其他人——不是他自己——是最坏的党羽。顾宪成的信念未曾接受真正的考验，因为东林派兴盛的日子依然来临。

东林派抗争的高潮

顾宪成死后，东林集团的命运历经了五个阶段：

（1）1615—1620年：继续与占尽优势的三党抗争。

（2）1620—1621年：新皇帝登基①，东林派恢复权力，有短暂的一年安定。

（3）1621—1624年：宦官魏忠贤势盛，与东林派的冲突日益剧烈。

（4）1625—1626年：魏忠贤铲除东林成员。

（5）1626—1629年：另一新皇帝②复使东林派得势，但他们处死异己，因而留下污点。

这些冲突是针对当时的三个问题：一、对满洲所采取的军事策略——未来清朝的创建者已着手进行征服明朝的计划；二、书院之继续卷入政治；三、建储之争。

第三个问题所引起的争论最为激烈。当时之记载不断提到著名的“三

---

① 明熹宗天启。——译注

② 明思宗崇祯。——译注

案”：1615年的梃击案、1620年的红丸案和移宫案。前两案与皇储有关，因皇储之生存攸关两方面的利益，最后一案是一场控制新登基的孩童皇帝之争。东林知识分子对这些特殊问题争论不休，最足以表现出他们在政治上的弱点。东林集团把恢复正统价值视为首要之事，他们最关切君臣在表面上的“恰当关系”，然而，他们的政治主张却遭到皇帝弃置。新儒家开明君主的理想与现实不符，所以他们的请求只能令人怜悯。天启皇帝于1620年以15岁之龄继位，死于1627年，年仅22岁，他毫无决断能力。熹宗受制于其以前的乳母，其乳母后来与魏忠贤私通。熹宗置政府于不顾，以踢足球、造房子来消磨时间。但是君臣有义的态度不可改变，所以在宦官迫害之下，最勇敢时牺牲者仍不断以自己服从皇帝作为辩护之词。因为他们的忠诚——对某个人的奉献——是已经形成制度的理想，包含了他们全部的世界观，而不可能有其他的选择。

杨涟就是此种典型，1625年，他因为抨击魏忠贤僭越皇权而遭秘密警察逮捕。

> 致掖廷之中，知有忠贤，不知有皇上；都城之内，知有忠贤，不知有皇上……但得去一忠贤，以不误皇上尧舜之令名，即可以报命先帝，可以见二祖十宗之灵。一生忠义之心事，两朝特达之恩知，于愿少酬，死且不憾。①

我们无法知道杨涟在宦官的酷刑之下，在那种濒临死亡的时刻是否感到后悔，但我想即使是那个时候他的忠诚仍不动摇。由于“真实的”皇帝是有弱点的，所以这些人是为了理想与现实的分离而死——最后，只是为了实践个人的理想而牺牲性命。

新皇帝登基后，替杨涟复了仇，魏忠贤和熹宗的乳母皆死，东林派恢复权力，但他们只顾杀害敌对者，破坏了原有的完美形象。其实以前的东林同人就已逐渐醒悟，所以高攀龙经过深思反省之后，怀疑伦理道德的绝对标准在政治

---

① 转引自：Charles O. Hucker, *The Censorial System of Ming China*. Stanford：Stanford University Press，1966，pp. 203 - 204。

上是否适用。高攀龙经过数年的严肃反思，他真正了解到人无法迅速辨别善恶，人不容易施展自己的善意，也不易因此而改变外界的事物。认为某一阵营内的成员完全是合乎道德的，或完全是腐化的，此种想法是错误的。然而，他能想到的唯一政治策略，其本身就倾向于建立绝对的道德形态。

> 此以彼为党，彼亦以此为党。党者类也，欲天下无党，必无君子小人之类而后可，如之何讳言党也。夫君子何党之有？上恶党，故小人之党反目之为党，一网而君子尽矣。①

东林派抗争的本质

17世纪初期，中国政治的冲突与君王的侧近控制官僚制度之程度有关。东林知识分子不仅没有争取法定的独立权力，而且他们几乎不愿为了在官僚制度中取得独立的决策权力而奋战。而他们的主要目标是使其派系获致一种对一般策略的影响力。这种影响力，在抽象方面，可用新儒家的思想象征——例如忠来表现；在具体方面，则要获得人事的控制权，以影响官僚制度的运作，因为这足以决定派系的生存。最后，由于他们在象征及具体方面皆缺乏多元的取向，因此遭到挫败。甚至在他们本身的知识之中，也没有变通之道来维持家族式的和谐，而此种足以维系国家生存的和谐，必须视意见不同为党派偏私方能达到。

东林组织的本身不成熟地表现出自主的思想倾向，但由于书院是源于许多由知识分子所组成的小团体，所以非正式的结合与正式的成员之间界限不明，很难分别在政治与社会上形成各别的组织个性。由于士绅的短视，他们确实避免建立连接社会与政权的组织，因为这些组织也可能被中央权力所操纵。士绅——包括大多数知识分子——就如同人类学所谓的赞助者（patrons）弥补了

---

① 高攀龙：《高子遗书》，《乾坤正气集》，台北环球书局1966年版，第263卷，第2页a。

中央与地方的空隙，在明清时代不断增进其斡旋的力量。由于这是一种非正式的，经常是不具法律效力的功能，所以士绅在较低的各种社会阶层与较高的权威形式的缝隙之间发展，顾宪成所提倡的“大我”（we-ness）可能足以联结社会与政权。顾宪成失败的代价，在感情上或许无法使人满意，但在社会方面却有助于后代的士绅捐客。

清末的学会

聚会和书院并未随同东林而消逝。复社在明末扮演一突出的角色。清初曾有人几度试图恢复知识分子的结社，然而，清朝的建国者及其汉人顾问都深信：大多数所谓的书院和文学会社暗中助长了政治动乱，这种动乱是促使前朝倾覆的部分原因。结果，清廷于1652年发布特别规定，禁止士人集会讨论政治或哲学问题，以致18世纪文学会社所存无几。书院的财务现在由地方官员支助，其课程着重在训练文书工作的能力，且由政府任命学校督导者仔细监督。清代重建东林书院后，清廷规定不准讨论理学与心学之异同之类的问题。这一书院首先被剥夺了官方的捐助，此后日渐衰微。以后东林在外观上的恢复，只是给人以错觉，无论如何修饰外观，其讲学已完全失去内在精神。1860年，它遭受太平天国之乱的破坏。1864年，应政府之请再度重建，清末得到政府的鼎力支助，但在学术上已相当贫乏。

19世纪，书院的数目很多（这段时间内，全国可能有4500所书院），大多数仍只是教授应试必读的教科书，但也有例外，最重要的是广东的学海堂，由大经学家阮元主持讲学。他试图重振以仁会友的观念。事实上，著名的改革家康有为就出自这个知识分子的圈子。

康有为受到阮元重振上述之观念的鼓舞，以及以“清议”监督政府之理想的激励——此一理想与东林学派之类的历史英雄人物相结合，而在1895年甲午战争中国败于日本之后，坚主国家之强盛有赖团结，而团结则在于聚集学会界之中分离的士人。这在当时是不可能的，因为清廷早有禁令。但这种警告现在不是不合时宜了吗？1895 年 6 月 30 日，他大胆地上书皇帝：

至汉明之季，主持清议，此乃权奸之不利，而国家之大利也。明季贰臣入仕国朝，畏人议之，故严其禁，今非其时，岂可复缘其谋。①

在学会是否能被核准的问题悬而未决的情况下，康氏和其他年轻的文人向高级官员寻求私人支持。在他们经过一番迟疑而给予认可之后，1895 年 8 月，学人在北京聚会，成立强学会，以便“开风气，开知识，合大群”。②

强学会于同年年底在上海成立分会。这一连串的学会皆由有志于强国以抵御帝国主义的知识分子所组成。强学会是最早的全国性重要学会。保守的官员对学会的赞同态度很容易改变，尤其是有些时候这些研究团体的活动变成类似于群众运动。这一原因，再加上康有为反传统之名，致使是年年底一个御史极其轻易地迫使学会解散。但是当 1898 年国际形势再度恶化时，后继的组织重又崛起，这些组织更是置官僚之承认与否于不顾。其中最著名的为保国会，1898 年 4 月 12 日，由康有为等 186 人在北京创立，以“保全国家之政权土地，保人民种类之自立，保圣教之不失”。

保国会只是特殊形态的学会之一，此种学会致力重振士人之“气”，以解救中国在强权争夺租界之下所濒临的灭亡危机。另外还有其他种类的学会，分列于表 2－1 之中。我们很容易找出 1895—1911 年之间学会活动的普遍类型。后面的表列入 138 个不同的会社的资料，占 300 个成立的会社的 46%。此表很清楚地显示：在这段时间内，有两个最活跃的时期，即 1897—1898 年与 1906—1908 年。两个高峰期显然有所不同，前者反映出因列强争夺租界而自发形成的爱国情操，后者则是朝廷资助 1902 年以后的改革计划所致。表 2－1 详细列举的差异更具有意义。在前一个高峰期，学会的主要特性，着重于唤起

---

① 康有为：《第四次上书》，1995 年 6 月 30 日。见《戊戌变法》，上海神州国光社 1955 年版，第 2 卷，第 181—182 页。

② 此处取材自王尔敏《清季学会汇表》，《大陆杂志》，第一部分，26 卷 2 期（1962 年 1 月 31 日），第 14—20 页；第二部分，第 26 卷第 3 期（1962 年 2 月 15 日），第 16—23 页。

知识精英（士或君子）的意志与精神，是抽象的，而非针对问题的。

表 2－1　学会的类型与会社成立的数目表

学会的类型	一八九五	一八九六	一八九七	一八九八	一八九九	一九〇〇	一九〇一	一九〇二	一九〇三	一九〇四	一九〇五	一九〇六	一九〇七	一九〇八	一九〇九	一九一〇	一九一一
1. 重振士气以保国	二		八	一九						二	一		二	一			
2. 研究实政和推动地方自治											二	八	一〇	五			
3. 恢复铁路与矿权												一			三	一	
4. 以经世与实用为目的重估经典			三	二													
5. 保圣教			二	一								一	一	一	一		
6. 研究科学、翻译西书		一	三	三					一		一	六	三			一	
7. 反对缠足、鸦片，改良风俗		一	八	三								一	二			一	
8. 农学会	一	一										三	四	二			
9. 教育学会、教育总会											五	二	五	一	三	一	

资料来源：王尔敏《清季学会汇表》，《大陆杂志》，26 卷 2 期，第 14—20 页（1962 年 1 月 30 日）；26 卷 3 期，第 16—23 页（1962 年 2 月 15 日）。

年份	学会成立的数目
一八九五	三
一八九六	四
一八九七	二四
一八九八	三一
一八九九	〇
一九〇〇	〇
一九〇一	〇
一九〇二	一
一九〇三	一
一九〇四	三

一九〇五	一〇
一九〇六	二一
一九〇七	二八
一九〇八	三
一九〇九	四
一九一〇	二
一九一一	三

这些学会虽然比明代的学会更为独立自主，但仍然以思想象征之方式而非组织的方式作为引导。其缺乏具体目标表示他们是过渡的一代——介于东林和1900年代早期各省士绅领导者之间。此种转型是由传统的而且只是半自主性的意识形态所促成的。

地理的中心点（表2－2）也由早期那种鼓舞意志之会社所集中的首都，转移到新的地方政治参与的中心。北京——举人聚集之地——在早期改革会社的全盛时期，像是一个车轮的中心，而车轮之辐条则为全国的精英分子，故他们的［省级］会社主要是首都的幻影。但以后的时期，知识分子摒弃模糊地关心国家本身的发展，而注重处理具体的地方事务。一种新的会社（第三类）表现出关切影响到省或地方政治的全国性问题——铁路及矿权，此种关切是以前所没有的。

这个表上各类学会的先后对照，并不表示由后一种完全不同的政治倾向之组织完全取代了前一种组织。因为，早期学会的本身正是这种演进的媒介：对中国知识分子而言，是文化与制度上的转型。知识分子显然希望结合西方的“技”与中国的道，此种文化的面向，可由一典型的学会之时间表示。例如，常德明达学会规定上午研读四学，下午则为中学。①

① 《常德明达学会章程》，见《湘学新报》，收入《清末民初报刊丛编》第一编，第329页。《湘学新报》是谭嗣同、唐才常、熊希龄等人编的改革派报纸，发刊于1897年4月22日。1898年阴历八月戊戌变法失败时被禁，1966年由台北华文书局影印，共2878页。

表 2－2　学会的地理位置中心点

地理中心	一八九五	一八九六	一八九七	一八九八	一八九九	一九〇〇	一九〇一	一九〇二	一九〇三	一九〇四	一九〇五	一九〇六	一九〇七	一九〇八	一九〇九	一九一〇	一九一一
1. 在首都成立的会	一		四	二								一	二	一		一	一
2. 在首都成立，而得到省认同的会				五													
3. 广布于省的会			二	六						一	四	一	九	四	三		
4. 在省会或上海成立的会	二	四	一〇	七				一	一		五	一〇	六		一		二
5. 区域性会			一一	九						一	一	六	一四	一〇		一	

资料来源：王尔敏：《清季学会汇表》。

这类计划表详细地发布在改革派的出版刊物中，显示出制度上的一大转变——由思想象征取向转变为组织取向，例行的讲学也变成有固定形式的研究。另外则有一些规章定出成员的资格及其任务。由于学会需要大量年费，所以簿记和审计手续也得以发展。而且也特别注意到以选举出来的委员会成员来控制学会的官员，“一学会非一人私主之权”，主管人员必须受制衡，且“不得任意专擅”。①

学会甚至热衷于成立分会以扩展组织，南学会的组织网是最显著的例子。南学会的地方支部遍及湖南，而且与总部有密切联系。这和东林书院由小团体水平式地集结而成大有不同，南学会向下向外伸展，与省的组织并行发展。南学会的组织章程把整个组织结构凝聚在一起，而不只是重叠的成员关系。在会社的最上层，的确依赖其领袖与督抚之间的私人关系，但由于南学会取代了教育官员的功能，所以为 20 世纪早期省政府与士绅结社之互通先铺了路。

① 《校经书院学会章程》，见《湘学新报》，收入《清末民初报刊汇编》第一编，第 250 页。

结社的新意识形态

这些会社的普遍目标在于强学会成立时所标示的三个口号：开风气、开知识、合大群。“开风气”的部分目的是引发对体育的兴趣，以塑造出一种新的威武君子，取法日本武士，以取代过去文弱书生的典型。但此一口号的根本意义是根除吸鸦片、缠足等普遍的恶习。改革者受基督教社会工作的影响，也希望把一种改造他人信念的精神注入儒家学说之中，以恢复圣人的“仁”学，仁即是“忧四海之困穷”。①

把德教转化为宗教并非复兴儒家的基本教义，这就如同（拿自己）与日本武士及西方传教士比较一番，然后驳斥自己一样，这不是一度充满自信的儒者之特点。君子有义务化忧天下的情怀为改良社会恶习的实际行动，这个观念始于宋人，反映了一种把流行的佛教慈悲精神输入儒家学说的决心。佛教的影响，特别是菩萨的典范——菩萨延缓追求涅槃的境界，而与众生相轮回，以拯救众生——存在于19世纪的改革家谭嗣同等人的意识形态中。但是，由改革派报纸上常见的资料到基督教惊人的传播的事实来判断，是西方的教义——爱——重新强调事功，使文人不再沉溺于以自我为中心的冥思默想。这不仅仅是一场竞争。这些主张改革的知识分子有个特征，即认为西方的力量就是西方的“道”——那种特殊的道显然足以用来改造他人的信念。所以，“开风气”的特征是针对大众的改革，而且把对儒家道德的新宗教意义灌输给一般人。以上两点重新界定了知识分子的角色，知识分子不再尽力以道德来教化统治者——这正是孔子的教诲，也不再满足于个人的修养。知识分子打破了小团体的心态，来参与社会行动。

---

① 《两粤广仁善堂圣学会缘起》，《时务报》1897年6月20日。当时《时务报》由梁启超主编。此处用华文书局影印本，为《清末民初报刊汇编》第二编，台北1967年版，第2014页，共3831页。

> 会官绅士庶而讲求之，以文会友，用广大孔子之教为主。[①]

这与东林学者在精神上的遁世想法相去不可以道里计。

会社的第二个口号是“开知识”，这是改革者与只希望采纳西方技术的自强运动官员的区别。学会努力把西方全部的文化面与政治面展现于中国知识分子眼前。许多会社开设译书局，或出版杂志，描述国会，解释宪法，并详细叙述西方政治家乔治·华盛顿等人的传记。会社经常资助书店或学校，某些社团允诺送留学生至日本。许多人主张这种新学是17世纪经世学家的优良传统，并认为大家对儒家思想中仕途与教育之间的“实用”关系，早已视而不见。[②] 甚至于正规书院也请求准许把准备考试的课程改为“学习实用的东西”。[③] 但也有假借复兴“真正的”实用儒学为名，而引进全新的事物者。总而言之，书院首先有失体面，因为书院原来就是传授“有用的东西”——教导人如何入传统仕途。现在，书院传授的内容改变了，完全以实用为目的，现在“有用”的意义就是西学，而且有时候连学会本身也被看成是西方式的大学。

第三个口号“合大群”，唤起了为知识分子所熟悉的影像。某学会的规章如此解释：

> 圣人之教，最重乐群敬业，亲贤取友，孔门聚三千七十子讲学，凡经世大业，以及一技一能，无不研习。盖学期实用，至治国平天下而止。今泰西政从学出，往往得圣经遗意，故人材盛而国运随之。中国自帖括盛行，旧学芜废。本会创设之意，实欲涤向来孤陋之习，储当时济变之才，本中国义理之学，参泰西富强之术。集众人之力，则事易举，联学者之

---

① 《两粤广仁善堂圣学会缘起》，《时务报》1897年6月20日。《清末民初报刊汇编》第二编，台北1967年版，第2014页，共3831页。

② 《拟设立苏学会启》，见《湘学新报》，收入《清末民初报刊丛编》第一编，第309页。

③ 例如，衡山士绅要求把他们的书院改为学会（《湘学新报》，收入《清末民初报刊丛编》第一编，第329—241页），江西仁义书院要求改变课程（《湘学新报》，收入《清末民初报刊丛编》第一编，第227—230页）。

心，则智日辟；可以保教，可以保种，而圣学宗风，且遍衍于地球各国。愿我同人研究斯义。①

他们虽然仍相信君子之“气”能拯救时代，但贵族式的君子理想已经淡薄了。这些会社取代了以切磋哲学修养为目的的士绅聚会，而誓言创造一种新知识分子——“有志之士”。而且，这些“有志之士”包含许多以前的小集团以外的人，原本这些小集团是由身份相同的人组成的。1897 年冬在长沙成立的南学会，采取这样的口号：“本学会无论官绅士庶，即登会籍，俱作会友，一切平等。”② 以会籍代替身份，学会创造出属于它自己的“有志之士”，而非有志之士创造了学会。现在，这些人界定出其团体的法统，故可以称之为具有现代意义的“知识分子”。知识分子此种自主的声明，必然产生一种新的知识分子身份。由于国防上需要专业技术知识，而政府也迈向“实用的”途径，所以实用性技术取代道德的优越性而成为首要的价值。1905 年废除传统考试制度，使知识分子与国家的、传统的士绅有所区分。这种知识分子在政治与社会上的独立实际上需要一种知识分子自愿结合的意识形态与之配合，由知识分子的小集团（coterie）转变成聚会（club）就是一个象征。

三个世纪之前，东林派的支持者赵南星，不得不声称“党”和家族、氏族等自然的基本团体（natural primary groups）相同，借以使具有偏好的“党”合法化，一方面否定了在一理想的和谐社会中多元利益的有害竞争，另一方面则抵御法治与专制侵入社会。这种对具有现代意识的“社会”（Gesellschaft）之敌意，否定了自愿性的（voluntary）组织原则。其他学者，例如 17 世纪的经世学家顾宪成，谴责所有社会中未经自然而然演进的“社”，“同年”（在同一年通过考试者）可以被接纳，但顾宪成甚至认为知识分子的聚会是非法

---

① 《常德明达学会章程》，见《湘学新报》，收入《清末民初报刊丛编》（台北华文书局 1966 年版）第一编，第 329 页。

② 王尔敏：《清季学会汇表》，《大陆杂志》，第 26 卷第 2 期，第 17 页。又见王尔敏《南学会》，《大陆杂志》，第 23 卷第 5 期（1961 年 9 月），第 19—22 页。

的。[①] 现在，由于学会广布而使结社合法化，国家的整个基础需要重新加以诠释。东林的时代，政治抗议被“国”的既有定义所限制，国是指王国，由受天命付托的皇帝统治；国是经由传递而来，并非被组合成的。现在，学会的范例与理论提供了一个新的理论——“国”由结社所形成。

此种中国政治概念的根本变迁，其关键在于“群”的观念。群就如同中文的许多单字，因为繁富的传统中之不同派别，而有许多不同的意义，此种传统正为主张改革的知识分子所继承。我们已在“乐群”中指出群的一种意义，另外还有其他意义。甚至群的更基本意义具体表现于一个重要的第二传统中——可追溯到哲学家荀子（公元前313年—公元前238年）：

> 力不若牛，走不若马；而牛马为用，何也？曰，人能群，彼不能群也。

群——社会组织之组合——是人所特有的天赋，是与禽兽不同之处。

荀子对群的解释影响汉代的政治思想，但这种定义在后代失传了。直到19世纪末，才由康有为以戏剧性的方式恢复。康有为启发其学生梁启超，把这个概念运用到国家等观念的定义上。梁启超主张社会组织是由人和谐地组成，也就坚称国家本身就是“群”的结果。人可以共同创造一个国家，这种令人惊奇的觉悟表示：这种社会集合体的统治者，必须以集体的甚至以人民的名义来治理。

> 以群术治群，群乃成。以独术治群，群乃败。己群之败，它群之利也。何谓独术？人人皆知有己，不知有天下。君私其府，官私其爵，农私其畴，工私其业，商私其价，身私其利，家私其肥，族私其姓，乡私其土，党私其里，师私其教，士私其学。以故为民四万万，则为国亦四万

① 顾炎武：《日知录》，台北商务出版社1957年版，第4卷（上），第106—107页。

万，是之谓无国，善治国者，知君之与民同为一群之中之一人。①

因为群与“会”有密切关系，会社本身即聚集人民成为“一单独体”。事实上，“国”与“会”几乎是同义字。

虽欲一之，孰从而一之？吾乃远稽之三代，乃博观于泰西，彼其有国也必有会。君于是焉会，官于是焉会，士于是焉会，民于是焉会。旦旦而讲之，昔昔而摩厉之，虽天下之大，万物之多，而惟强吾国。②

当然，无论是荀子对群的解释，或自愿性结社的概念，皆无法单独说明梁启超对传统天命王权理论的挑战。上述引文预示他深受社会达尔文主义发表的影响，当时此一学说在中国正由译者严复传布。而且，梁启超如同许多主张改革运动的知识分子，注意到在日本及西方“会”组成的例子③，但这种会只是传统的群或会等概念的言外之意，是其特殊的一环，此种传统的概念对引入中国的宪政思想，部分予以认可，部分则加以过滤。无论含义如何具有革命性，最初的理解只能在传统价值的架构中进行。有一例可作为证明，湖南改革派报纸的一个编者提出赞同国会的看法：

不建立国会，则无以联国人声气；不建立学部，则无以絜万事之总纪。曰：今建国会如之何？曰：国会者，民之公义也。然则国会非民权乎？曰：今之奉令承教而互明兴学为公义者，民之公事也。以公义为公

---

① 梁启超：《说群自序》，《时务报》1897 年 5 月 11 日，《清末民初报刊汇编》第二编，第 1727—1728 页。梁启超称康有为言以“群”为体，以“变”为用。有关梁启超运用“群”的卓越研究见 Hao Chang, *Liang ch'i-Ch'ao and Intellectual Transition China*, 1890 - 1907. Cambridge, Mass.: Harvard Univeriesty Press, 1971。

② 梁启超：《南学会叙》，《时务报》1898 年 2 月 14 日，《清末民初报刊汇编》第二编，第 3447—3448 页。

③ 梁启超当然读过黄遵宪所著之《日本国志》（1890 年出版），此书声称日本由西方模仿来的国会，使得“万口同声”，以至日本强盛。（1898 年版，第 3 卷，第 17 页 b）他也看了麦肯齐（Mackenzie）所记 stein “Tugenbund” 之一指“会”，见于李提摩太（Timothy Richard）很有影响力的翻译《泰西新史揽要》第 24 卷，第 1 页。

事，以公事为公会，则奚其民权之谓？且即言民权，民权即民义也。民非别有权，民自务其义，民自事其事耳。

君权统万事，民权自事事。民无权不能自务义，自事事，则君权亦有极矣。民皆能自务其事，事其义，事所以无不治也。今托义国会，建始学校；托义学校，建始国会。民自尊其君，民自群其群，国无膺一旦败亡之实祸，民免为他族徒奴之咎殃，则无于君权云尔也。①

民权正破坏了王权的基础，但却被提出来作为结合王权与人民的手段，且作为产生那种最终极的“大我”观念之方法，这是连顾宪成也会赏识的想法。汪康年主张民权学说深植于中国传统——

中国之言治者，曰以君治民而已。至泰西而有民主之国，又有君民共主之国。中国之儒者莫不骇且怪之，虽然，何足怪哉？古之言治者莫不下及于民。②

他和顾宪成同样地追溯至《尚书·洪范》，顾宪成曾因此篇而思考党的意义：

汝则有大疑，谋及乃心，谋及卿士，谋及庶人，谋及卜筮。汝则从，龟从，筮从，卿士从，庶民从，是之谓大同，身其康强，子孙其逢，吉③。

于是，汪康年问：为何读者，甚至皇帝自己对民权有偏见？

汪康年并非以传统来掩饰政治的创新。培育出汪康年的儒学传统是一束

---

① 《总论》，见《湘学新报》，收入《清末民初报刊丛编》第一编，第821—822页。

② 汪康年：《论中国参用民权之利益》，《时务报》1896年10月27日，《清末民初报刊汇编》第二编，第556页。

③ 《尚书·洪范》，第5篇第4章第25—26节。理雅各译《中国经典》，香港大学出版社1960年版，第327页。梁启超指出中国古代“虽无议院之名而有其实也”，“《洪范》之卿士，《孟子》之诸大夫，上议院也；《洪范》之庶人，《孟子》之国人，下议院也。汉制议员之职有三：一曰谏大夫，二曰博士，三曰议郎”。梁启超：《时务报》社论，1896年9月5日，《清末民初报刊汇编》第二编，第66页。

思想表征，显然包含了许多因时制宜的方法。社会和谐此一共同理想，在明末被用来压制政治结社，在清末则被用来作为认可的依据。一方面，这令清末的统治者几乎无法驳斥知识分子召开国会的要求，因为他们与立宪派一样受到主张君民一体的儒家观念所限制。但从另一方面来看，采取古典的自由观点，这种知识分子用来推动变革的价值，最后却不容许知识分子有政治表现的途径。因为若鼓励个人追求“私”利，那就与“大同”的理想发生矛盾了。所以当时不可能出现一种（与大同理想）冲突的宪政理论。民国初年的知识分子仍组织派系，依然争个人荣辱而不争论政策问题，仍旧争取大多数的支持，而不以政治多元取向为目的。虽然这种首要的价值表面看来永远不变，但某些主要的概念确实发生了改变。最重要的是儒家的民本主义转变为一种真正的民权理论。此种改变以极为传统的方式开始，例如 19 世纪中叶，冯桂芬等人强调对人民持以敬畏心的重要性——人民是决定天命付托的人。人民的抗议原本是天命惩罚暴政的预兆，现在微妙地转变成在实际上否认特殊的统治权力，因此主张改革的知识分子就视君主政体为国民的公仆。此种新的历史传承理论使得“国”脱离天及统治家族。因为“本朝国有万年之民”，而且“君保万年之位矣”，国家本身是要保存的，而且也是一种义务。[①] 由于国家是国民的集合体，所以民本主义不再是一种象征而已。知识分子再度推动这种转变，但他们的重要性仅是过渡性的。由于知识分子为民权创造了内在的含义，他们不再自动替一个超越性的法统泉源做诠释者——中间人。明代知识分子抗议在组织上受到当时的统治权观念限制，但他们至少拥有最终极的思想表征。现在，清季的改革者希望得到一切，但连他们原来所有的一点点东西都放弃了。……

刘唐芬　译

---

① 《总论》，见《湘学新报》，收入《清末民初报刊丛编》第一编，第 805 页。

中国明清时代公共领域的界限

（1998年）

当代关于晚期中华帝国是否存在“公共领域”的各种辩论，假设性地划分出精英们政治行为与反应的三个不同领域。①

第一个领域是“官”，指“官方”或行政官僚介入的领域，它是三个领域中最受到管理的一个。“官”通常翻译为“官员、官吏、公家”。② 第二个领域是“公”，为“公共福利”的理应王国，它被翻译为“公共、公开”。③ 至少从表面看来，这两个领域都是公开的、光明正大的。然而第三个却相反，它的名称是“私”，“指为谋私利而非法侵占公共领域利益”。它有“隐私的、个人的、自私的、部分的、不公平的、秘密的、走私、诡诈、不合法的以及人的生殖隐私部位”等意思。④

大多数历史学者从“公”的角度来解释19世纪晚期精英士绅们逐步增长

---

① Frederic Wakeman, Jr., “The Civil Society and Public Sphere Debate,” *Modern China*, Vol. 19, no. 2 (April 1993), pp. 108 – 138. 关于这个题目也有一定量的中日文论述，但我将在本文中局限于引用西语的材料。文中，“公共领域”一词主要指鲁道夫·瓦格纳教授（Rudolf G. Wagner）所界定的功能性定义：它为国家和社会之间的一个狭窄领域，国家和社会二者在此领域中彼此监督，以维护公共权力，促进民众参讨论公共事业。正如瓦格纳教授所言，这个领域存在的前提条件是，至少有一小部分人在价值观上和对待某些问题时恪守的准则是一致的，但这里的价值观和准则并非指18世纪欧洲启蒙时代的价值观和准则。Rudolf Wagner, “The Role of the Foreign Community in the Chinese Public Sphere,” *China Quarterly*, 142 (June 1995), p. 427.

② William T. Rowe, “The Problem of ‘Civil Society’ in Late Imperial China,” *Modern China*, Vol. 19, no. 2 (April 1993), pp. 139 – 157.

③ Mary Backus Rankin, “Some Observations on a Chinese Public Sphere,” *Modern China*, Vol. 19, no. 2 (April 1993), pp. 158 – 192; “The Origins of a Chinese Public Sphere: Local Elites and Community Affairs in the Late Imperial Period,” *Études Chinoises*, Vol. 9, no. 2 (1990), pp. 13 – 16.

④ 所有词语的翻译都引自：R. H. Mathews comp., *Chinese-English Dictionary*. Shanghai: China Inland Mission, 1931; rev. American ed., Cambridge, Mass.: Harvard University Press, 1943。

的社会活动。[①] 也就是说，随着新式、快速的商人和城市士绅们的融合，一个公共领域出现了，它具体体现在以下几个方面：新式慈善事业、资本主义印刷业、各通商口岸、各种新式的新闻媒体、当地公共事业、商业会社、当地资助并组织的公共安全机构、新式的传播“西学”的教育机构，以及 1898 年改良派的社团。[②] 对“公”这一概念持怀疑态度的人从某种程度上说，有些愤世嫉俗，他们认为“士绅们的行为”是侵犯国家权力的一种自私的表现。这种行为从 19 世纪 50 年代到 19 世纪 60 年代，清政府镇压声势浩大的太平天国叛乱时就一直存在。[③] 从这方面说，“公”的责任和“私”的利益纠结在一起，具有地方色彩的精英们有意将二者混为一谈。然而，当中华帝国遭受西方列强和日本帝国主义的侵略即将灭亡的时候，他们同样表现得十分自私。[④]

然而，我们与其反对有关“公”和“私”的说法，我们能否以“公”和“官”之间的界线为视角，重新对合法的精英士绅们的政治活动进行审视呢？也就是说，我们能否不把“公”和“官”看成是划分的圈子或范畴，而把它

---

① Bin Wong, “Great Expectations: The ‘Public Sphere’ and the Search for Modern Times in Chinese History,” *Zhongguo Shixue*, Vol. 3 (October 1993), pp. 7 – 50.

② Mark Elvin, “The Gentry Democracy in Chinese Shanghai,” in Jack Gray, ed., *Modern China's Search for a Political Form*. Oxford: Oxford University Press, 1969; Mary Backus Rankin, “‘Public Opinion’ and Political Power: Qingyi in Late Nineteenth-Century China,” *Journal of Asian Studies*, Vol. 41, no. 3 (May 1982), pp. 453 – 483; Min Tu-ki, *National Polity and Local Power: The Transformation of Late Imperial China*. Philip A. Kuhn and Timothy Brook eds. Cambridge, Mass.: Harvard University Press, 1989, pp. 89 – 179; Lloyd E. Eastman, “Ch'ing-i and Chinese Policy Formation during the Sino-French Controversy, 1880 – 1885,” *Journal of Asian Studies*, Vol. 24, no. 4 (1965).

③ F. Wakeman, Jr., *Stranger at the Gate: Social Disorder in South China*, 1839 – 1860. Berkeley: University of California Press, 1966; Philip Kuhn, *Rebellion and Its Enemies in Late Imperial China: Militarization and Social Structure*, 1796 – 1864. Cambridge, Mass.: Harvard University Press, 1980; Muramatsu Yuji, “Landlord Bursaries,” *Bulletin of the School of Oriental and African Studies*, 29 (1966).

④ Daniel H. Bays, “The Nature of Provincial Political Authority in Late Ch'ing Times: Chang Chih-tung in Canton, 1884 – 1889,” *Modern Asian Studies*, Vol. 4, no. 4 (1970), pp. 325 – 347; Kenneth Folsom, *Friends, Guests and Colleague: The Mu-fu System in the Late Ch'ing Period*. Berkeley: University of California Press, 1968.

们当作各种盘根错节等级的蜗居来看?① 这些等级类别则取决于各自的社会关系。如果我们不再过多地关注政府管辖之外的“自治机构、道德教育机构”的出现或消失，而是更多地把注意力放在明清文人学士参与政治的几个阶段中，更多地关注随着不断变化的“公”和“官”的边界问题而出现的社会活动的话，我们是否还会对晚期中华帝国公共领域的政治合法性有一个更好的理解呢?②

在这种情况下，我们所提出的关键问题与以下几个方面有关：如何标明或锁定各种政治活动的边界？17 世纪晚期明朝知识分子的各种思潮是如何影响各个领域边界的弹性的？17 世纪，在明朝向清朝过渡的惊涛骇浪之后，不断加强的中央集权制又是怎样影响各个领域边界的弹性的？规模越来越大的官僚政府组织的典籍编纂工程对各个领域边界的弹性又有何影响？清朝统治者的大帝国主观臆断的制度化管理对各领域边界的弹性又有何影响？白莲教起义之后，士绅们开始再次参与国家政治并最终导致了 1898 年的维新运动，这对各个领域边界的弹性又有何影响呢？1911 年辛亥革命的前夜，预示着当代民族主义一种新的集体身份认同感对各个领域边界的弹性又有何影响呢?③

---

① 关于“蜗居”的提法，感谢施坚雅先生给我的灵感。

② 这是 Alan Wood 关于宋代哲学家用“经研”“帝学”以及“明堂”等方式向统治者灌输天、地、人三者和谐统一的自然法则的观点之一。Wood 认为道德劝说能够约束帝王的独断专行的权力，在这一点上，道德劝说对中世纪时期欧洲君主与中国的帝王的功能是一致的。Alan T. Wood, *Limits to Autocracy: From Sung Neo-Confucianism to a Doctrine of Political Rights.* Honolulu, Hawaii: University of Hawaii Press. 1995, p. 145.

③ 其中某些主题见于 Timothy Brook, ed., *The Asiatic Mode of Production in China.* Armonk, N. Y.: M. E. Sharpe, 1989, pp. 3-47, 118-148; William T. Rowe, “Approaches to Modern Chinese Social History.” in Oliver Zunz, ed., *Reliving the Past: The Worlds of Social History.* New York; Harper & Rowe, 1985, pp. 242-262; Frederic Wakeman Jr., “Models of Historical Change: The Chinese State and Society, 1839 - 1989,” in Kenneth Lieberthal, Joyce Kallgren, Roderick MacFarquhar, and Frederic Wakeman, Jr., eds., *Perspectives on Modern China: Four Anniversaries.* Armonk. N. Y.: M. E. Sharpe, 1991, pp. 68-102.

明朝晚期的思潮

自从汉代佛教被引进中国，哲学活动有两个明显的阶段：在11世纪和12世纪，朱熹将“理学”发展为现在后人所说的“复兴的新儒学”。到了16世纪，王阳明在自身中寻“理”，让人在个体直觉意识上“成圣”。同时他反对佛家消极的“出世”。王阳明“知行合一”的信条对这个世界来说具有强大的感召力，正是这种感召力对以后引导日本走向明治维新的志士产生了深远的影响。不论是在明朝高级官员对待正被大明帝国同化的中国西南少数民族部落的叛乱时，还是在镇压明朝一个欲篡夺皇位的亲王领导的叛乱中，都反映了王阳明这种理念。在王阳明去世的一个世纪之后，他的追随者倍增。对于这些追随者来说，主观，即以“心”决定行为的信条反映了他们的一种理想，一种欲以本能的道德观和人心所向的热忱来与那个时代的腐败和迂腐的学究做斗争的冲动。①

但无论从哪方面来说，王阳明的学派都陷入了困境，即王阳明建立在超越“善和恶”上有关自然直觉的学说，是发自内心的、与生俱来的和出自良知的。在批判者眼中，它太容易导致无政府主义的极端行为。② 对这批人来说，那个明朝晚期优秀的、反对偶像崇拜的哲学家，那个被指控吸毒且与尼姑有染的李贽，成了王阳明学说“左派”的缩影。李贽因罪行死于狱中，留给王阳明那些善于高谈阔论的、颇具影响力的追随者们的仅仅是一副棺材。③

另一方面，何心隐推崇王阳明的理念：“满大街都是圣人”。他被某些西方历史学家比作具有欧洲新教改革特质的人物。何心隐倡导向平民百姓传授王

---

① Julia Ching, *To Acquire Wisdom*: *The Way of Wang Yang-ming*. New York: Columbia University Press, 1976.

② K. C. Hsiao, “Li Chih,” *T'ien Hsia Monthly*. 1 (1936), pp. 317 – 341.

③ Hok-lam Chan, *Li Chih* (1527 – 1602) *in Contemporary Chinese Historiography* Boulder, Cob.: Westview Press, 1980, pp. 3 – 38, 87 – 99.

阳明的学说。同时，他组织了一个新的学社，以替代传统学社中的宗系关系，因为他更崇尚一个平等的、多元的、开放的氛围。① 同样，他也受到当权者的迫害。更重要的是，像李贽一样，他受到了大部分文人学士的贬斥，因为在王阳明更加自由和自发的道德观与朱熹正统的文化意识形态之间，这些文人学士更推崇朱熹的学说。

无论是王阳明的追随者还是批判者，都受到他们那个时代经济变化的影响。在16世纪晚期和17世纪初期，来自西班牙矿藏中的白银大量流入中国。有时候，一半出自圣路易斯波托西（San Luis Potosi）的白银被运到了中国，这都得归功于往返于阿卡普尔科（Acapulco）和菲律宾之间的马尼拉大帆船。在阿卡普尔科和菲律宾，硬币被用于换取中国的丝绸和瓷器②，这种新式货币（一种印有查尔斯五世头像的墨西哥“鹰洋”，后来被称作“Carolus”，成为不断发展的中国市场的标准货币）的出现，加速了中国沿海城市经济的商业化。例如，在16世纪末17世纪初期商业高速发展的一段时间里，繁荣发展的地区，如江南（离今日的上海大约有300公里远的一片半环形地带）就涌现了大量的商人，巨额利润很快使得他们成为明朝晚期画家的赞助人、欣欣向荣的出版业的支持者和学社的发起人。这些学社，无论是王阳明的追随者还是他的反对者们所建，便有了听众和赞助人，哲学和政治话语的新领域形成了。③

---

① Ronald G. Dimberg, *The Sage and Society*: *The Life and Thought of Ho Hsinyin.* Ann Arbor, Mich.; University of Michigan Press. 1974.

② S. A. M. Adshead, “The Seventeenth Century General Crisis in China,” *Asian Profile*, Volm., 1 no. 2 (October 1973), pp. 271 – 280; William S. Atwell, “Notes on Silver, Foreign Trade, and the late Ming Economy,” *Ch'ing-shih wen-t'i*, vol. 3, no. 8 (December 1977), pp. 1 – 33; Frederic Wakeman, Jr., “China and the Seventeenth Century World Crisis,” *Late Imperial China*, 7 (June 1986).

③ Chunshu Chang and Hsueh-Iun Chang, *Crisis and Transformation in Seventeenth Century China*: *Society*, *Culture*, *and the Modernity in Li Yu's World.* Ann Arbor, Mich.: University of Michigan Press, 1992; Willard J. Peterson, *Bitter Gourd*: *Fang I-chih and the Impetus for Intellectual Change.* New Haven, Conn.; Yale University Press, 1979; Nelson I. Wu, “Tung Ch'i-ch'ang (1555 – 1636): Apathy in Government and Fervor in Art,” in Denis Twitchett, ed., *Confucian Personalities.* New Haven, Conn.: Yale University Press, 1960, pp. 260 – 293.

学社的兴起

私人学社的创建是为了认可某些新儒家的哲学家，也是为了让有同样观念的学者们能在一起学习探讨，实现理想。从宋代（960—1279）起，这样的学社就得到了蓬勃发展，到明朝晚期则达到鼎盛。① 这一方面是由于明万历年间经济发展所带来的商业财富，另一方面是由于杰出的文人学士们大部分迁移到了长江中下游的江南地区。② 表面上看起来是为了思考哲学问题，实际上，这些学社也是文人学士们反对明朝宫廷中腐朽宦官干涉朝政的中心。1572 年，一名有实力的大学士张居正促使皇帝下令禁止这些正在不断发展的公众政治讨论中心，但这些中心在十来年后又复活了。③ 其中最重要的一个学社，东林书院，在 17 世纪 20 年代，成为与朝廷的宦官头目斗争的保守派大臣的联盟。④ 以儒家礼教为名，东林书院的成员们，开始关心国家命运，目的是与在北京横行的臭名昭著的宫廷派系的斗争中，为国家呈上一份忠心。⑤

---

① 关于宋代的书院和“市民社会”之有趣的讨论见 Thomas H. C. Lee，“Academies：Official Sponsorship and Suppression，” in Frederick P. Brandauer and Chun-chieh Huang，eds.，*Imperial Rulership and Cultural Change in Traditional China.* Seattle，Wash.：University of Washington Press，1994，pp. 117 – 143。

② John Thomas Meskill，*Academies in Ming China：A Historical Essay.* Tuscon，Ariz.：University of Arizona Press，1982.

③ Ray Huang，1587：*A Year of No Significance.* New Haven，Conn.：Yale University Press，1980.

④ Charles O. Hucker，“The Tung-lin Movement of the Late Ming Period，” in John K. Fairbank，ed.，*Chinese Thought and Institutions.* Chicago：University of Chicago Press，1957，pp. 132 – 163.

⑤ Fredcric Wakeman，Jr.，“The Price of Autonomy：Intellectuals in Ming and Ch'ing Politics，” *Daedalus*，Vol. 101，no. 2（Spring 1972），pp. 35 – 70. “他们的做法是完全合法的，因为这是新儒家政治信条的最高形式——绝对忠诚。我认为从这个方面来说，新儒家哲学是浪漫的，并且有很强烈的非理性因素。若没有这样的非理性因素，知识精英就不可能接受专制主义的统治，也不会向皇权、圣明、仁德这样的理念屈服。” Thomas H. C. Lee，“Academies：Official Sponsorship and Suppression，” in Frederick P. Brandauer and Chun-chieh Huang eds.，*Imperial Rulership and Cultural Change in Traditional China.* Seattle：Washington University Press，1994，p. 137.

以长江流域城市苏州为中心的东林党运动，被北方宦官和他们的党羽镇压下去了。然而，当这些学人的典范们被明朝秘密特务折磨致死后，东林党壮士们被永远地载入了史册。他们不仅活在他们的下一代——为了反对腐朽的君主专制而继续奋斗的新一代文人学士——的心中，同时也活在 19 世纪晚期改革派们的心中。①

继东林党事件之后不久，这些文人学士们的活动没有局限于徒有虚名的学社之内，他们还找了一些特别的场所作为东林圈子集会的地点，圈内的成员是以科举考试为目的联络在一起的。其中最重要的一个文人学士圈就是复社。表面上看起来，复社是为了恢复儒家"君子"传统的伦理道德而进行的根除朝廷的腐败和宗派的斗争，但实际上，复社的领导人物为了让复社的成员们能够成功地通过借以获得朝廷高官厚禄的科举考试而下了很大功夫。②

结果是，廉洁的、一心为公众谋利益的文人学士们所进行的反对肮脏、腐败的朝廷官员的斗争，却因复社中最狂热的政治批评家们的自私和野心而被玷污。这种自私和野心使得明朝晚期尚不成熟的公共领域在面对宗派主义和狭隘主义的泛滥时，在面对那些更善于集结朋党的"小人"时，变得极度脆弱。并且，在明朝衰落时期，政治斗争变得更加激烈，有些"伪君子"竟与宦官勾结，诬蔑朝臣，放弃了他们最初坚持的伦理道德，以至于在明朝皇帝向内屈服于农民起义、向外屈服于满族侵略的时候，这些"伪君子"们竟然束手

---

① 东林党人的形象从"一个政治'私'党转变为一群着重强调他们所处时代对'公'的诉求的知识文人"，Benjamin A. Elman, *Classicism, Politics, and Kinship: The Ch'ang-chou School of New Text Confucianism in Late Imperial China*。Berkeley, Calif.: University of California Press, 1990, p. 276。

② 某些出版商能够出售中榜者的科举考试文章，可以说，复社是通过与这些出版商的关系，打通了通往更高级别的考试——殿试之路。了解了这些渠道和规则的应试人能够通过他们的推荐人与考官取得联系，这些考官从应试者中选出"状元"或"榜眼"。尽管应试者所呈交的文章都是未署名的，但考官能够轻而易举地通过字体辨认出他们的关系户——他们之前见过面而且考官已经能够辨识出这位考生的字体。魏斐德：《洪业：清朝开国史》上卷。另见 Adam Yuen-chung Lui, *The Hanlin Academy: Training Ground for the Ambitious*, 1644 - 1850. Hong Kong: Archon Books, 1981。

无策。①

随着满族的到来，明朝晚期的所有政策都大大地改变了。这是一个众所周知的故事，是一个在20世纪被那些民族主义的改革者和革命家不断地讲述的故事。这里，我只想简单作一下描述。

东林党和复社英勇的文人学士们的政治运动引起了清初统治者们的警觉。他们指出明朝帝国之所以这么容易就灭亡了，是因为朝廷的政治派系斗争和南方一些城市文人学士们的不断纠纷。作为向物产丰富的江南地区进行掠夺程序的一部分，清朝统治者如多尔衮、顺治皇帝，将长江三角洲逃避纳税的士绅们与江苏和浙江某些学社和政治圈子的活动联系在一起。从17世纪50年代开始到17世纪60年代结束，清政府对二者同时进行了严厉的制裁②，逃税者被逮捕入狱。那些因为失去特权而进行抗议的南方士绅们则被命令不得将他们的学社用作政治辩论和精英活动的场所，违法者将受到严厉的惩罚。到了17世纪60年代晚期，清政府早于半个多世纪前开展的这场声势浩大的政治运动完全结束了，学社成了科举考试的教育中心。朝廷下令，程朱的理学完全替代王阳明的心学。因此，这些学社主要成了背诵程朱理学一些文章的书院，而不再是公共论坛了。③

当然，这并不意味着公共领域中为城市精英参与政治活动所保留的一块领地被完全清除了。在由明朝向清朝的过渡时期，有两个最重要的思想家分别在他们后来出版的书中探讨了给予当地精英应该得到的权利的重要性。黄宗羲建

---

① Frederic Wakeman, Jr., "The Shun Interregnum," in Jonathan Spence and John Wills, eds., *From Ming to Ch'ing*. New Haven, Coin.: Yale University Press, 1976.

② William T. Rowe, "Education and Empire in Southwest China: Ch'en Hungmou in Yunnan, 1733 - 1738," in Benjamin A. Elman and Alexander Woodside, eds., *Education and Society in Late Imperial China*, 1600 - 1900. Berkeley: University of California Press, 1994, pp. 417 - 457，特别是第426—427页。

③ Jacques Gernet, "Clubs, cénacles et sociétés dans la Chine des XVIe et XVIIe siècles," 4e fasc. Paris: Institut de France, 1986, pp. 3 - 12.

议中国的皇帝（甚至是满族皇帝）允许士绅们将当地的学社作为儒家活动的场所。[①] 在那里，有公德心的文人将聚集在一起，不仅仅是为了提高自我修养，也是为了清楚明白地阐明他们的政治观点，坚持他们所拥有的社会良知，同时就改善国家的管理提出一些建议，使帝国不至于成为皇帝的“一言堂”。[②]

顾炎武，在谴责下层士绅干预当地政府管理的同时，又提出应在当地精英追求各自利益的同时，本着“地方精英自治的理念”，对中央集权制的郡县一级存在的问题找到最好的解决办法。[③] 这些建议反映了顾炎武对“公”和“私”的认识：“公”和“私”也许能够在升华了的“私”的理念中找到共同点。[④] 但顾炎武本人忠于明朝，拒绝向清政府效忠，因而从未做过官。况且，对“做官”，“公共责任”和“私人利益”之间的矛盾，他也从未能够解决。所以，对于“经世学派”而言，这一矛盾成了 19 世纪受顾炎武理念的影响形成的一个历史遗留问题。[⑤]

---

① Alexander Woodside，“The Divorce between the Political Center and Educational Creativity in Late Imperial China,” in Elman and Woodside，*Education and Society in Late Imperial China*. Berkeley：University of California Press，1994，pp. 458 – 492，465 – 468.

② William Theodore de Bary，*Waiting for the Dawn*：*A Plan for the Prince*. New York：Columbia University Press，1993；Lynn A. Struve，“Huang Zongxi in Context：A Reappraisal of His Major Writings,” *The Journal of Asian Studies*，Vol. 47，no. 3（August 1988），pp. 474 – 502.

③ Willard J. Peterson，“The Life of Ku Yen-wu（1613 – 1682）,” parts Ⅰ and Ⅱ，*Harvard Journal of Asiatic Studies*，28（1968）and 29（1969）；Mm Tu-ki，*National Polity and Local Power*：*The Transformation of Late Imperial China*. Cambridge，Mass.：Council on East Asian Studies，Harvard University，1989，pp. 92 – 97.

④ Min Tu-ki，*National Polity and Local Power*：*The Transformation of Late Imperial China*. Cambridge，Mass.：Council on East Asian Studies，Harvard University，1989，p. 88.“‘郡县制’作为‘私’遭到抨击，因为国家主权被看作是个人的权力；‘封建制’作为‘公’受到欢迎，因为国家主权被看作是集体的主权”，同前，第 89—90 页。

⑤ Frederic Wakeman，Jr.，“Introduction,” in Frederic Wakeman，Jr.，and Carolyn Grant，eds.，*Conflict and Control in Late Imperial China*. Berkeley：University of California Press，1975. 另请参见黄宗智富有趣味的解释：Phillip C. C. Huang，“Between Informal Mediation and Formal Adjudication：The Third Realm of Qing Civil Justice,” *Modern China*，Vol. 19，no. 3（July 1993），pp. 251 – 298.

设定有前提的政治活动边界：盛清期的中央集权制与文人学士的政治（1711—1730）

在17世纪80年代至17世纪90年代间，康熙皇帝（1661—1722年在位）获得精英们的支持。由于辅政大臣鳌拜十分严厉和残忍，康熙在自己周围安插了许多汉族学者。康熙皇帝深受这些学者的爱戴和尊敬。严格地说，在宫廷里，这些学者不可以讨论公共话题，但在私下或在皇帝的南书房，以及在1684年至1707年康熙皇帝六次南巡期间，这些学者们却可以聚集一堂谈论。

然而，当康熙决定废除胤礽的太子身份时，皇帝和他的大臣们的关系在1711年至1712年一连串的危机中恶化，这次政治危机引起了朝廷内部的派系斗争。皇帝与其大臣们出于共同的美好追求而建立起来的“官—私”领域就这样被分割开了，一个曾被康熙皇帝消除掉的“官”和“私”的边界又被重新建立起来了。随着“公”被完全否认和“私”的领域的缩小，“官”的领域变得越来越压抑和受约束，最后完全被清帝国针对文人精英的科举制束缚。①

这点在臭名昭著的戴名世（1653—1713）案件中尤为明显。戴是皇帝的翰林院中的一名书籍编纂人员，被控有煽动叛乱的言论。1711年，因在给他的学生的一封信中使用了已亡明朝的年号而入狱。② 1713年，戴和他家族中的所有男性成员全部被宣判死刑。③ 可是后来康熙皇帝减轻了对戴氏家族其他男性成员的刑罚，他们全部被流放到北部边远地区，而戴本人则被处死。④ 在当时

① Paul S. Ropp, *Dissent in Early Modern China: Ju-lin wai-shih and Ch'ing Social Criticism.* Ann Arbor: University of Michigan Press, 1981.

② Pierre-Henri Durand, *Lettrés et pouvoirs: un procès littéraire dans la Chine inpériale.* Paris: Editions de l'Ecole des bautes etudes en sciences sociaies, 1992.

③ 1702年，戴名世的弟子将戴氏百余篇文章刊刻成书，就是《南山集》。该书流传甚广。1711年，御史赵申乔参劾《南山集》中录有南明桂王时史事，又多用南明年号。戴名世因此下狱，数百人受到牵连，儒林震动。——编注

④ Lucien Mao, "Tai Ming-shih," *T'ien Hsia Monthly*, Vol. 5, no. 4, pp. 382-399.

写那封信的时候，戴名世正在私下完成一本关于对南明朝廷忠贞不贰的一些人物的历史著作。他死后，他的那个学术兴趣王国，对于那些被选择来效忠清朝的南明降臣来说，是个禁区。①

随着雍正皇帝的即位，皇室和大臣们之间的关系进一步恶化了。雍正皇帝（1722—1735 年在位）可疑地获得了皇位，并把他 14 个兄弟中的 7 个投入大狱，其中 5 个人因受虐待和冷落而死。② 雍正帝仅与几个他最信赖的亲信发展了良好的私人关系，比如田文镜。但他同其他朝廷大臣的关系却总是充满了猜疑和恐惧。据说，皇帝的耳目到处都是，他们随时向皇帝报告每个大臣的活动。1724 年，雍正出版了一本《御制朋党论》，书中严厉地警告群臣不要在朝廷内搞派系。通过设置直接由皇帝控制的军机处，中央集权制得到了进一步巩固，各地的行政管理和思想领域的控制也同样得到了加强。③ 公共舆论实际上成了当地老者诵读皇帝的法令，劝告老百姓对朝廷要唯命是从。④

18 世纪 20 年代后期，到处有谣言说雍正皇帝为了夺得王位杀了他的父亲康熙。⑤ 湖南省一名叫曾静的私塾先生信了这是个事实，便秘密地与忠于明王朝的哲学家吕留良的后代联系，为的是得到吕所著的一些朝廷禁书。曾静又于 1728 年煽动一名清朝将军起事，以反对雍正皇帝。这名将军名叫岳钟琪（1686—1754），是当时最著名的军事指挥家，且是宋朝忠臣岳飞的后代。岳钟琪立即将此事密告一位满族下属，将曾静交给了皇帝。皇帝不但没有命令将

---

① Arthur W. Hummel, ed., *Eminent Chinese of the Ch'ing Period* (1644 - 1912). Washington, D. C.: Government Printing Office, 1944, 2, p. 701.

② Silas H. L. Wu, *Passage to Power: K'ang-hsi and His Heir-Apparent*, 1661 - 1722. Cambridge, Mass.: Harvard University Press, 1979.

③ Beatrice S. Bartlett, *Monarchs and Ministers: The Grand Council in Mid-Ch'ing China*, 1723 - 1820. Berkeley: University of California Press, 1991; Pei Huang, *Autocracy at Work: A Study of the Yung-cheng Period*, 1723 - 1725. Bloomington, Ind.: University of Indiana Press, 1974.

④ Timothy Brook, "Censorship in Eighteenth-Century China: A View from the Book Trade," *Canadian Journal of History*, August 1988, pp. 177 - 196.

⑤ Tom S. Fisher, "New Light on the Accession of the Yungcheng Emperor," *Papers on Far Eastern History*, 17 (March 1978), pp. 103 - 136.

曾静处死，反而利用这个机会为自己写了一份辩护词，当着满朝文武的面驳斥那些有关他弑父的指控，谴责那个明朝的哲学家（所有有功名的人都必读这份辩护词）。由于曾静一案使得众人皆知吕留良的背叛和不忠，曾静被免除一死，并于1731年返回家乡，颇具英雄色彩。然而，雍正皇帝刚刚去世，即位的新皇帝乾隆（1735—1796年在位）就命将曾静凌迟处死——千刀万剐，并将雍正皇帝写的那本辩护词完全销毁。①

曾静案是一个奇特的例子。它反映了雍正皇帝不仅要控制公共领域的话语，而且对所有“私”领域中有关清政府的猜测和思考都有一概控制的决心。于是，朝廷官员们在奉行官职（为防腐败，皇帝设有一笔专门“补贴”经费）与从事个人的学术活动及历史评论的领地之间所存在的政治游戏规则空间，被彻底取消了。② 从历史上的那个时期起，一个肉眼看不到的公共领域消失了。

审查、腐败和起义

关于18世纪后半叶，历史学家们给我们留下了一个自相矛盾的画面。18世纪晚期是一个充满了巴洛克风格的年代，它充分显示了乾隆朝廷的富丽堂皇，气势磅礴。但这个时代又被描述成为中国历史上高度封建专制的时期，也是一个大兴文字狱的时期。越来越多的文人学士在这个执政时间极长的皇帝面前，不得不乖乖顺从他的旨意。③ 在这看似真实的画面中，乾隆皇帝把自己描

---

① 在美国国会图书馆有一本辩护词的副本——《大义觉迷录》。

② Madeleine Zelin, *The Magistrate's Tael*: *Rationalizing Fiscal Reform in 18th-Century Ch'ing China*. Berkeley: University of California Press, 1984.

③ James Cahill, "The Orthodox Movement in Early Ch'ing Painting," in Christian F. Murck, *Artists and Traditions*: *Uses of the Past in Chinese Culture*. Princeton, NJ.: Princeton University Press, 1976, pp. 169 – 181; L. Carrington Goodrich, *The Literary Inquisition of Ch'ien-lung*. Baltimore, Md.: Waverly Press, 1935; Harold L. Kahn, *Monarchy in the Emperor's Eyes*: *Image and Reality in the Ch'ien-lung Reign*. Cambridge, Mass.: Harvard University Press, 1971; Frederic Wakeman, Jr., "High Ch'ing, 1683 – 1839," in James B. Crowley, ed., *Modern East Asia*: *Essays in Interpretation*. New York: Harcourt, Brace & World, 1970, pp. 1 – 28.

写成了一个圣贤，但实际上，他利用宫廷大量的宝藏和父亲雍正传给他的权力，控制了中亚大部分地区，并且将他的卫士和密探们安插在帝国核心的各个部位。①

然而，我们得知，编纂36,000余册的《四库全书》不仅仅是对天下书籍的一次大审查②，还给参与这项编纂工程的文人学士们提供了一个表达自己文学风格和政治倾向的机会。同时，这个编纂工程为帝国未来科举考试的写作风格奠定了基础。③

换言之，那些审查者们，据说把审查当作一个捍卫他们自认为正确的文风的机会。④ 大臣们有意让皇帝整日忙于朝廷事务——批阅堆积如山的奏折，而一系列的保密制度竟使有些文件躲过了皇帝本人的视线。孔飞力（Philip A. Kuhn）曾精彩地描述过“儒教的渗透”：“儒官”成了保护公众的一道屏障，使之不至于完全受制于一个暴君的任性，因为暴君也许为玩弄权力，而会专横跋扈地搞政治肃清运动，并任意逮捕臣民。⑤

然而，如果我们认识到“私”的领域已被皇帝从儒家文人学士那里剥夺的话，那么这个矛盾似乎就很容易解决。⑥ 乾隆皇帝实际上拥有了整个帝国的

---

① Alison Dray-Novey, “Spatial Order and Police in Imperial Beijing,” *The Journal of Asian Studies*, Vol. 52, no. 4 (November 1993), pp. 885 - 922.

② R. Kent Guy, *The Emperor's Four Treasuries: Scholars and the State in the Late Ch'ien-lung Era*. Cambridge, Mass.: Council on East Asian Studies, Harvard University, 1987.

③ 其中一位编纂者，即博学之士戴震（1724—1777），在他的著作《孟子字义疏证·原善》中创立了一种颇有影响力的流派，以支持独断残暴的专制统治。见关于戴震的一篇博士论文：John Woodruff Ewell, “Re-inventing the Way: Dai Zhen's Evidential Commentary on the Meanings of Terms in Mencius (1777),” Ph. D. thesis, Berkeley, Calif., 1990。

④ Benjamin Elman, *Classicism, Politics, and Kinship: The Ch'ang-chou School of New Text Confucianism in Late-Imperial China*. Berkeley, University of California Press. 1990.

⑤ Philip A. Kuhn, *Soulstealers: The Chinese Sorcery Scare of* 1768. Cambridge, Mass.: Harvard University Press, 1990, pp. 218 - 219. 关于皇帝君权神授之说法，参见其中第10—11页。

⑥ 关于这方面请参见 Chun-chieh Huang, “Some Observations and Reflections,” in Frederick P. Brandauer and Chun-chieh Huang, eds., *Imperial Rulership and Cultural Change in Traditional China*. Seattle, Wash.: University of Washington Press, 1994, 尤其是第285页。

一切：自然资源、农民、城市、八旗军队、文化艺术品、朝贡国、经典文献和哲学珍藏本。不仅如此，他还钳制了人民大众的思想。① 因此，他对中央王国的控制，欧洲绝无任何一位君主可与之相媲美。②

1793 年，乔治·马戛尔尼（Macartney）伯爵到达中国。他是代表表兄乔治三世——地球上最伟大的沿海国家的国王，来向世上最伟大的内陆国家的国王致以敬意的。乾隆却不愿接受乔治三世的问候。由于乾隆充分意识到英国海军的巨大威胁，所以他拒绝了乔治三世欲与他平起平坐的姿态。说到底，乾隆欲得到一切，却不愿分享任何东西。③

如果整个帝国是皇帝的私人财产，皇位就是他个人被帝制化了的主观意志体现，那么帝国也许就可以按他的前侍卫、现在的宠臣和珅所做的那样来行事。整个 18 世纪 90 年代，腐败现象遍布于朝廷重臣之间。和珅出卖要职从而换取了如鹌鹑蛋般大小的珍珠，军籍册上滥竽充数的高级军官的名字密密麻麻，各省总督侵吞军饷且以过高的薪水雇用他们的亲属在政府部门工作。“私”以非法的形式使个人的利益膨胀了，但同时“公共”精神则消失了。乾隆帝让位给他的儿子嘉庆皇帝（1796—1820 年在位），此后三年中，已退位的乾隆帝还在庇护着和珅。就在此时，白莲教在华北和华中地区大规模起义。④ 老乾隆死于 1799 年 2 月 7 日，辞世之时，和珅成了乾隆皇帝的狂妄的替罪羊。出于对先帝的尊敬，嘉庆皇帝允许和珅自尽，并将他的大笔财产充公，将其家人的世袭权废除。此后，嘉庆皇帝便着手镇压白莲教起义，开始了用意

---

① Harold L. Kahn, *Monarchy in the Emperor's Eyes*, *Image and Reality in the Ch'ien-lung Reign.* Cambridge, Mass.: Harvard University Press, 1971, pp. 10 - 11.

② 从合法的社会活动范围的界定，可以看出乾隆朝是“靠森严的保甲连坐制作为基础，采用干预性手段而非按照一定准则制定出适用于各个领域的相关法令和政策来进行统治的”。Wolfgang Schluchter and S. N. Eisenstadt, “Introduction,” *Daedalus*, Vol. 127, no. 3 (Summer 1998), p. 10; Perry Anderson, *Lineages of the Absolutist State.* London: Verso Editions, 1979, pp. 15 - 42.

③ Alain Peyrefitte, *The Immobile Empire.* Trans. Jon *Rothschild*, New York: Knopf, 1992.

④ Blaine Gaustad, “The White Lotus Rebellion in the Han River Highlands,” Ph. D. thesis, University of California at Berkeley, 1992.

良好却毫无成效的改革。①

19 世纪之初，有限的公共领域的复兴

1796 年至 1804 年间的镇压白莲教运动花费了清政府 100 万两白银②。除此之外，因在嘉庆统治期间，黄河曾泛滥过 17 次，朝廷又追加银两修缮黄河水利工程。嘉庆皇帝竭力削减开支，但最后他的这些措施恰恰得罪了那些在和珅年间就屡屡以谋私利为目的的朝廷重臣们，这些重臣对失去从虚报的建筑费用里获得回扣的机会非常不满。然而，随着那些企图再次将“私”“公”和“官”概念合而为一的新一代年轻改革者们出现，嘉庆皇帝的这些努力的确引起了一种新的公众意识。③

这次公众意识的复兴发生在 19 世纪早期。它以非正规的、缓和的方式出现在文人学士圈，就像明朝晚期促进了改革和公共意识觉醒的文人学士圈一样。④ 但它又不像明朝的书院和学社，这些文人圈并不竭力鼓吹公益而私下搞派系斗争。正如詹姆斯·波拉切克（James Polachek）所描述的那样，19 世纪早期的文人学士圈是靠半正规化的学社团体来联系的，多为北京的文学社团，

---

① David Nivison, “Ho-shen and His Accusers: Ideology and Political Behavior in the 18th Century,” in David Nivison, ed., *Confucianism in Action*. Stanford: Stanford University Press, 1959, pp. 209 -243.

② 一两约等于一盎司。

③ E. Grantham, *Manchu Monarch: An Interpretation of Chia-ch'ing*. London: Allen and Unwin, 1935; Susan Mann Jones and Philip A. Kuhn, “Dynastic Decline and the Roots of Rebellion,” in John K. Fairbank, ed., *Cambridge History of China*, Vol. 10. Cambridge and New York: Cambridge University Press, 1978, pp. 107 - 162; Susan Mann Jones, “Scholasticism and Politics in Late Eighteenth-Century China,” *Ch'ing-shih wen-t'i*, Vol. 3, no. 2 (December 1975), pp. 11 - 33.

④ 关于帝国书院的讨论另请参见 Alexander Woodside, “The Divorce between the Political Center and Educational Creativity in Late Imperial China,” in Benjamin A. Elman and Alexander Woodside eds., *Education and society in late imperial China*, 1600 - 1900. Berkeley, Calif.: University of California Press, 1994, pp. 475 -480。

如宣南诗社或顾亭林（炎武）的惊隐诗社。学社的这些成员大多有望成为朝廷官员。他们中有人在等待得到省级职务的任命，有的正在等待通过殿试。① 这些社团通常没有固定的聚集地点，有时一至两年集会一次。如果詹姆斯·波拉切克是正确的话，正是他们，形成了私下聚会的文人学士们的核心部分。这些文人学士以公众意识的名义号召改革，而他们自己则依附于成为他们后台赞助人的朝廷显官。② 就是说，这些在朝为官的“主人”实际上是与他们自己手下的这些“门客”通过私人关系联系到了一起。这些“门客”保证共同努力，来实现“公益”，从而为公众做出贡献。简而言之，这种新式的“官”“私”和“公”的联盟，就是早期的个人派系和幕僚体系的开端。这些“幕友”后来成为个人力量不断扩大和推进沿海改革的总督们的私人力量。正是这些总督镇压了太平天国起义并于 1862 年推动了同治中兴。③

18 世纪 20 年代，当改革者们正紧锣密鼓地致力于治理黄河水利工程时，这些文官也低调谨慎地参与了学社的复兴。这些学社与 18 世纪以应试教育为目的的书院比起来，更像明朝早期的学社。④ 其中最著名的学社为广州的学海堂。在广州，由于中英之间鸦片贸易摩擦不断加剧，很多文人学士对外国侵略

---

① James Montel Polachek, “Lirerati Groups in Literati Politics in Early Nineteenth Century China,” Ph. D. thesis, Berkeley, Calif., 1976. “18 世纪中期的科举考试中，律诗的分量增加，其结果是，使得有相同艺术审美情趣的人组成了学术团体，这可能对 19 世纪的因参加科举而形成的精英文化影响重大……直到 1751 年至 1760 年间乾隆帝通过一系列的改革再次将诗歌引入科举，律诗才在晚期帝国的科举考试中扮演了重要角色。个人的好恶终于能以伤感或抒情诗歌的形式而不是以道德教诲的散文形式得到宣泄。” James M. Polachek, *The Inner Opium War.* Cambridge, Mass.: Council on East Asian Studies, Harvard University, 1992, pp. 26 - 27, 39 - 59.

② 请注意波拉切克通过 1829 年、1832 年和 1826 年春季举行的会试来评论有关科举考试的影响。James M. Polachek, *The Inner Opium War.* Cambridge, Mass.: Council on East Asian Studies, Harvard University, 1992, pp. 76 - 77.

③ Folsom, Friends, Guests and Colleagues; Jonathan Porter, *Tseng Kuo-fan's Private Bureaucracy.* Berkeley, Calif.: Center for Chinese Studies, 1972.

④ 有关文章可见 Elman and Woodside, *Education and Society in Late Imperial China*, 1600 - 1900. Berkeley, Calif.: University of California Press, 1994。

的威胁深感忧虑。[①] 正是他们于鸦片战争爆发前后成为钦差大臣林则徐的顾问团，也正是这些顾问后来不断地关注17世纪的思想家顾炎武。他们认为顾炎武就是1860年至1870年间所盛行的经世派之鼻祖。[②] 正是这批人物发起了朝廷“清议”，创立了今文经学派。而这今文经学派，最终于19世纪末，以维新运动领导人康有为对“天下大同”的乌托邦式幻想的破灭而告终。[③]

1890—1898年，晚清的改良运动和公认的公共领域出现。

在1884年至1885年的中法战争之后，随着“清议”的盛行，对改革的呼声开始从各通商口岸转向了内地城市，甚至到了京城。[④] 这些通商口岸开始出现大量的时代新闻出版物，其中包括《申报》〔1870年至1871年由梅杰（Ernest Major）创办，其本人对汉语有超人的驾驭能力〕。《申报》在20%—35%的男性公民中产生了一种新的公共意识，这些男性公民基本上都是文人学

---

① Jane Kate Leonard, *Wei Yuan and China's Rediscovery of the Maritime World*. Cambridge, Mass.: Harvard University Press, 1984; Alexander Woodside, "The Divorce between the Political Center and Educational Creativity in Late Imperial China," in Benjamin A. Elman and Alexander Woodside eds., *Education and Society in Late Imperial China*, 1600－1900. Berkeley: University of California Press, 1994, pp. 481－482.

② Chang Hao, "On the Ching-shih Ideal in Neo-Confucianism," *Ch'ing-shih wen-t'i*, Vol. 3, no. 1 (November 1974), pp. 36－61.

③ Elman, *Classicism, Politics, and Kinship*; Frederic Wakeman, Jr., *History and Will: Philosophical Perspectives of Mao Tse-tung's Thought*. Berkeley: University of California Press, 1973. 关于“清议”，参见 Elman, *Classicism, Politics, and Kinship*, pp. 282－290; Lloyd E. Eastman, "Ch'ing-i and Chinese Policy Formation during the Sino-French Controversy, 1880－1885," *The Journal of Asian Studies*, Vol. 24, 4 (1965); and Rankin, "'Public Opinion'and Political Power."

④ Lloyd E. Eastman, "Political Reformism in China before the Sino-Japanese War," *The Journal of Asian Studies*, Vol. 27, no. 4 (August 1968), pp. 695－710; Mary Backus Rankin, "'Public Opinion' and Political Power: Qingyi in Late Ninetheenth-Century China," *The Journal of Asian Studies*, Vol. 41, 3 (May 1982), pp. 453－483.

士。[①] 这些通商口岸为市政活动提供了榜样。那些活动起初由西方人，后由中国商界和士绅中的精英们继续进行。在太平天国叛乱之后，这些精英大量涌入了上海的外租界，使上海这座城市人口剧增。[②]

尽管最初要求从根本上进行改革（包括废除传统科举制和开创君主立宪制）的文章源于中国的通商口岸，但改良运动真正启蒙于乡村士绅中的中榜之人。1894 年至 1895 年中国被日本打败之后，改良运动的开始和发展在文学作品中被详尽描述。我们不得不承认，这场深受明朝晚期东林党影响的运动，是通过那些自我发展的学社和社团向各省广泛推广的。[③]

作为一种政治现象，这场改良运动包括两种思想取向：以康有为为代表的乌托邦的成分——他相信只要光绪皇帝反戈一击，中华帝国就能革新换面；还有一个更现实的小部分，即由各省改革社团的青年文人学士们领导的一小部分群体。这些社团的成员认为革新必须来自社会底层，革新就要靠动员志士们去为他们的民族献身。[④]

从某种意义上说，这两方面皆使得“官”与“公”以良好的状态在不同的层次上结合。对于那些抱有乌托邦式幻想的人来说，由皇帝领导的“官”们几乎不需要付出什么代价就能够对改良产生一定的影响。对于那些务实主义者来说，为致力于国家的“公共利益”以及与此相关的政治斗争，他们愿牺牲自己的生命。实际上，他们中已有六个领导人物就因此献出了生命。同时，

---

① David Johnson, Andrew J. Nathan, and Evelyn S. Rawski, eds., *Popular Culture in Late Imperial China*. Berkeley, Calif.: University of California Press, 1985, pp. 360 - 395. 关于此部分请参见瓦格纳教授对中国公共领域中恩斯特·梅杰（Ernest Major）的引领角色的有趣评价：Wagner, “The Role of the Foreign Community in the Chinese Public Sphere,” *China Quarterly*, 142 (June 1995), pp. 432 - 440。

② Mark Elvin, “The Gentry Democracy in Chinese Shanghai, 1905 - 1914,” in Jack Gray ed., *Modern China's Search for a Political Form*. London: Oxford University Press, 1969, pp. 41 - 65.

③ Frederic Wakeman, “The Price of Autonomy,” *Daedalus*, Spring 1972.

④ K. C. Hsiao, *A Modern China and a New World: K'ang Yu-wei, Reformer and Utopian*, 1858 - 1927. Seattle: University of Washington Press, 1975.

“私”的成分被高调地搁置了。因此，人们早期的关于将“公”“官”和“私”三个领域合而为一的期望消失了。

这两种情况，结果都是立刻失败。尽管新式公共领域的边界由于1898年的“百日维新”被拓展了，尽管活跃在政坛上的积极分子于1911年迎来了辛亥革命，但在1898年9月21日慈禧太后和她的保守派发动了宫廷政变之后，这些政治活跃分子的活动一时间受到了限制。接着又发生了义和团运动。1901年之后，一种被赋予新的意义的“公”是由士绅和商人联合组成的，在那时，传统的文人学士们的政治活动已被证明无法奏效，是到了他们改革的时候了。[①] 有关事态发展的下一个阶段，将不在此篇文章中讨论。下一个阶段，是种族民族主义寻找一个新的集体身份的阶段。这个寻找的过程引起了中国的排满运动，最终导致了军事叛乱、各地的起义以及各省宣布脱离清政府。这一切的结果便是，1912年2月，清政府被推翻了。这也就是说，早期种族民族主义的文化建构——无论是列文森所谈的“天下”，还是德国历史学家弗里德里希·迈内克（Friedrich Meinecke，1863—1954）提出的“文化民族”（Kulturnation）都得让位于最基本意义上的种族身份认同感。正是这种种族身份的认同感使1900年早期的排满主义运动之火愈烧愈旺。[②] 中国人的集体身份认同感是导致这一切变革的根本原因：它以一种新的平等主义和特殊的民族主义，向

---

① Mary Backus Rankin, *Elite Activism and Political Transformation in China; Zhejiang Province*, 1865 - 1911. Stanford, Calif.: Stanford University Press, 1986.

② Joseph Richmond Levenson, *Confucian China and Its Modern Fate*. Berkeley: University of California Press, 1958 - 1965; Friedrich Meinecke, *Cosmopolitanism and the National State*, trans. Robert Kimber. Princeton: Princeton University Press, 1970; Hans Kohn, *The Idea of Nationalism*. New York: Collier Books, 1967. 与德国民族主义的类比颇具启发性，“德国人的身份认同是以文化构建开始的，它的设计者不是国王、公子或政治家而是知识分子——作家、哲学家或文化资产阶级中的其他成员，如国家高级官员、律师、教授、工程师或军官”。Shmuel Noah Eisenstadt and Bernhard Giesen, “The Construction of Collective Identity,” *Archives Europeanes de Sociologie*, Vol. 36, no. 1 (1995), pp. 72 - 102.

帝国的等级制度以及普遍存在的儒家文人学士的文化主义挑战。①

结论：礼教以及市民社会的局限

再现从明朝到清朝文人学士政治参与的界限，为20世纪中国的知识分子留下了一份双重性遗产：其一，今文经学的乌托邦主义和以康有为为代表的改良派存留下来了，我们在五四运动，甚至在毛泽东时代的“文化大革命”中都能看到其缩影；其二，在20世纪的前20年，头脑清醒的地方士绅和商人政治家们企图引导那些乌托邦主义者走向现实。他们招募那些持乌托邦式幻想者到各个地方为带有市民社会公共领域性质的机构服务。然而，这一切努力都白费了，一个欧洲式的公共领域从未出现过。这份暂时性的中国市民社会的遗产——从晚期帝国开始文人学士就竭力为“公”“私”“官”三个领域的和谐共存而努力奋斗——还不够强大，不能与乌托邦式的幻想抗衡。传统礼仪被错认为阶级妥协，甚至文学界也是如此。在20世纪前半叶，尽管官僚、市民和资产阶级在中国的一些大城市中有着本质上的不同，但最终，“公”和“私”二者之间的界限不断模糊起来。

从不同的角度说，在各种“私利”和“公益”之间确实存在着两个轴线，其中“公益”被理解为在孔子儒教父权制社会下同时具有“官（为官者皆为民之父母）”和“公（天下大同）”性质的因素。这两种因素相互交错：一方面，“官”—“公”—“私”的不同功能相互交错；另一方面，“公”和“私”之间的界限模糊，用图表解释如下：

官	公	私
官僚	政治	经济
（官/公）		（公/私）

① Shmuel Noah Eisenstadt and Bernhard Giesen, “The Construction of Collective Identity,” *Archives Europeanes de Sociologie*, Vol. 36, no. 1 (1995), p. 79.

三个功能不同的部分位于三个此消彼长的圈内。例如，经世派的学者们希望将政治与经济结合起来，如此“私”便可以被接受为“公”的一部分。而官僚们（包括皇帝）则打着为了人民大众利益的旗号，以道德统治为名，想当然地认为“官”就等同于“政治”。

这些因素的融合导致了各边界的模糊，这种模糊的状态使人很难想象在“自我”和“社会”之间无明显界限的中国会有一个真正的公共领域。毕竟，我们所认为的市民社会是建立在一个假想的基础上。在这个假想中，“私利”可以服从“公共利益”，由此而产生社会规范、法律和秩序，使“官”和纯粹的“私利”之间的关系得到缓冲。由于正统的儒家统治者们把“私”看作是不合法的“私利”，于是他们便颁布了一条道德禁令。而此禁令对那些贪赃枉法、以权谋私的腐败官员却无任何约束力。因此，适度边界的区分问题就这样被帝国的法规耽搁了几个世纪。但此种明显的、按等级划分的和谐的假象，是靠三个领域间的相互滋长而维持着——如此一来便遏止了公众的精神力量，削弱了民众的呼声。三个领域相互钳制的状况本身并无任何错误，但从某一方面来说，这使中国更容易倾向现代帝国主义，使中国只能靠不断强化的集体身份认同感及意识形态上无法调和的民众政治运动，来带它走出这个喧闹的世纪中叶。

王平　译

盛清：1683—1839

（1970年）

清朝（1616—1911）本身是一个复杂难懂的王朝。包括本文在内的许多论文，都毫无例外地通过19世纪的舞台将其呈现出来。在奇异多姿的清中叶，我们似乎远远地听见了鸦片战争中那些枪炮发出的轰隆声，这使得我们不能不追问，18世纪应该对19世纪中国的“失败”承担怎样的责任？提出这样的问题并非不妥，那些竭力想将18世纪与中国后来的历史相分割的学者，很容易被冠上古董的帽子。那么，此刻，让我们力图在中国本土之内来搞懂：中国的编年史家为何认为他们那个时代在历史上是“独一无二”的。[①] 如果我们仅仅通过后来那悲痛的历史，狭隘地审视18世纪，这份笃定的自我满足便像是一种坠落之前的傲慢。然而，如果我们了解17世纪的中国人认为自己是从前代的灾难中重新站起来的，那么，这种自负似乎没有错位。简而言之，如果我们不牢记与其形成鲜明对比的、伴随大明王朝（1368—1644）衰亡的混乱与无序，就难以理解这和平期阶段的自信。

认真思考的人都无法忘记晚明的灾难。那个曾经被理解为如此辉煌灿烂的朝代，早在17世纪30年代就开始丧失对其帝国的掌控。连年灾荒造成西北地区的贫困，“尚未开化”的满族人不断施加于明朝的军事压力甚至越过长城一带。此外，农民逃脱国家的税收；被征召入伍者在骗取供给军粮后又杀死长官；盗匪成群，并且很快组成了规模庞大的武装，公然地进攻袭击城镇。这些盗匪配备了俘获来的坐骑，并能熟练使用骑兵猛攻的策略，其力量远远超过被政府派来镇压他们的那些笨拙的明朝远征军。十年之间，两名难分伯仲的反叛

---

① 引自：Ho Ping-ti, *Studies on the Population of China*, 1368 - 1953. Cambridge, Mass.: Harvard University Press, 1959, p. 214。

首领已经足够强大，以至于有可能成为一个新王朝的缔造者。一个是个子高大、脾气残暴且带有偏见的张献忠（1606—1647），另一个就是李自成（1606—1645）。李以前做过马夫，更为诡秘敏锐，却同样残忍凶猛，在战争中曾经被敌人射瞎了一只眼睛。因为不断有他们征服的领地里的流民加入，他们的部队越来越膨胀。这两个相匹敌者几乎可以任意地在直隶平原和淮河流域出没活动。

明朝军队的运行则不可救药地缓慢，且指挥不力。相对而言，叛军把农民组成的步兵仅仅作为骑兵的辅助力量，而明军依然倚靠步兵为主力；张献忠与李自成都是职业军事冒险家，而朝廷的将领通常却是学者型的士人，除了《孙子兵法》一书外，他们对战争所知甚少。在一场又一场胜败难分的战役后，明朝政府认识到他们必须招募雇佣军——骑兵将领加上他们的私人军队，而这些雇佣军与叛军几乎没什么明显区别，这些雇佣军将领们武装了中国北部。当委派到边远地区任职的县官们发现通道被路霸和逃军封锁时，实际上这些地区的许多地方政府就不存在了。地主们躲在防御泥墙后的武装碉堡里，或者雇用专业打手来自卫。无论是政府军还是叛军，镇上的居民和农民都不敢靠近他们，因为双方的士兵都同样地贪婪且劫掠无度。由于很难分辨谁是王朝的佣军，谁是攻打他们的军队，长江以北的多数民众便无法为大明王朝拼死助战。

当乡村和行政中心之间的联系就这样被隔断时，北京的明朝官员逐渐丧失了对乡村的控制权。于是，被孤立的北京城只有两种寻求军事援助的方式：一是依靠自己残弱不堪的京城驻军；另一则是依靠总兵吴三桂统管的东北武装力量，他的军队驻扎在长城山海关一带，并在此与满族军队相颉颃。1644 年春，叛军首领李自成决定即刻攻打都城，并派遣 20 万军队开赴北京。此时崇祯皇帝派信使速向吴三桂求援，但已经太迟了。4 月 23 日，北京城被叛军包围，两天后当李自成进城之时，发现崇祯帝已经自尽。

接下来 40 天中发生的事情，有数不清的版本演绎着其中的故事，犹如一出出京剧中的情节：绝色女子（陈圆圆）使男人为了爱情而疯狂，信使带着重要信息仓皇往返，双方相互行贿，骑兵部队在荒地上相遇，官员被折磨拷打。就像重大历史结局带来的所有转变一样，明朝的完结也同样被简化成让人易懂却无足轻重的事件——如查理三世的坐骑倒地，权力因此易手。但是，晚清史家们对这最后几月的历史提供了一个更全面的看法，为满族在这个关键时刻所做的干涉做出了解释。他们认为，因为治国无方，明朝已经丧失了统治天下的权利。当时明朝的臣民在一个专横残暴的强盗首领（李自成）的酷刑下屈服了，李用屠杀的方式攫取了皇位。多尔衮①，作为满洲王朝的摄政王和军队首领，联合吴三桂的军事力量救援北京城。1644 年 6 月 4 日，当满族军队从东面进逼北京时，李自成的叛军将京城劫掠一空并焚毁后，向西面逃窜。被围之城实际上乃一空城。多尔衮立福临为顺治皇帝（1644—1661 年在位），并宣布清王朝替代了因不善治理而灭亡的前朝，成为合法继承者。在当时一位满族公子的巧辞善辩中这样写道："以前，这些四处游荡掠夺的强盗无法无天，残酷地压榨人民。我们大清数量众多的、仁慈的、充满体恤的军队好好地教训了他们，把人民从火与热的苦难中解救出来，并且带来了和平。"② 满族人改变了中国，把它从自身中，从它本身的过度放纵里挽救出来。世界变了，宇宙间的平衡发生了转换，另一个朝代的循环即将开始。

这样的说辞仅仅是一种宣传。事实上，至少从 1618 年开始（早在农民叛乱兴起之前），满族人已经开始试图征服大明，他们不断侵扰长城一带，制造了许多事端，而现在他们声称已经解决了这些麻烦。比如说，他们在北方崛起，就迫使明朝政府征收额外的赋税，强征农民入伍。可是，中国北部的多数农民并没有将这一切联系在一起。他们仅仅厌恶连年的战乱。清军将李自成从北京城驱逐出去，似乎预示着饥荒与掠夺的暂时消停，因此，满人的花言巧语似乎成了真实的象征。如果新的王朝真的能够平息战乱，扫除叛乱余部，并任命官员使其忠于职守，那么，多数人便乐于接受他们的统治。

---

① 多尔衮（1612—1650）是满洲大汗努尔哈赤的第十四子。1644 年，多尔衮成为满族实际上的首领，努尔哈赤的孙子顺治皇帝则是名义上的统治者。

② 引自：谢国桢《清初农民起义史料辑录》，上海新知识出版社 1956 年版，第 50 页。

所有的这些或许能够解释 7 万八旗军队是如何征服 1.5 亿明朝人的，这绝不意味着平定中国是一件轻而易举之事。南方的人，在 17 世纪 30 年代并未与叛军的进攻直接交锋，他们为抗争蛮夷入侵的古老传统而感到自豪，由此而坚决抵抗清军。数十年中，明朝遗民在东南沿海一带坚持抗争，当许多忠义之士最终被镇压时，征服他们的人（汉族旗人，即在北京陷落之前背叛了汉人的那些人）转而又起叛乱。直至 1683 年，在满族首次入侵大明王朝的 65 年之后，清王朝的和平安宁终于得以实现。

满族征服者的汉化过程在这里无须多言。多尔衮不但任用了降清的汉族官吏和学士为政府官员，而且早已认识到清朝之所以能够取代明朝，靠的就是对当地官员的一种许诺，即对他们的尊敬与重用，甚至会超过大明王朝。因此，清王朝的和睦安宁，具有双重的含义：对于地主和耕农而言，乃维持当地的秩序；对于那些继续尽职尽责的官员，政府则予以正确评价。就前者言之，此乃医治数十年来乡村混乱状况的一剂良药，后者则解决了多年来国家官僚体制的敌对状态，扫除了宦官专权的毒害以及官员对反复多变的明朝皇帝的顺从。

这些许诺在辉煌灿烂的康熙朝（1662—1722）具有两重表征。当强盗们要“恢复他们先前的职业”（《清实录》中的委婉说法），当文人学士再次开始准备参加科举考试，当遭到破坏的水利系统开始恢复，当腐败的官僚体制重新运转，中国便开始进入历史上最祥和、最有创造力的时代之一。就中国人的衡量标准而言，这个时代并非长久——可能最多只有 110 年，但是，在时人的记忆中，它至少是一个他们曾经经历过的最好时代。

毫无疑问，中华帝国的统治权威重现光芒。明朝在 14 世纪时对蒙古人的惩戒以及将其驱逐出长城一带，从来就不曾真正实现过。直到 16 世纪后半期，清朝的钱财礼物最终使安答及其卫拉特蒙古部落渐渐平定，这一部落不再继续驻扎在长城一带。当然，清朝也不得不使用讲究策略的贿赂以及适当的武力。无论怎样，通过创建一个掌管中亚事务的特殊机构，以及与蒙古贵族联姻，并且认同草原民族的尚武价值观，清朝远比明朝能够维持蒙古地区的和平。当然这里也爆发过一些战乱，实际上，中亚地区从来没有处于真正的和平状态中，但是蒙古军队不再兵临北京城下。此外，清王朝的远征队深入到了中亚及东南亚的腹地。到乾隆皇帝（1735—1796 年在位）统治末期，中华帝国的边界远较之前更为广阔：西部到达伊犁地区和俄国统治下的土耳其斯坦边界，西南到达喜马拉雅山脉以及印度边界。西藏亦在清朝的控制之中，处于和平状态，安南也隶属于清朝，东南亚的其他地区向清朝朝贡，朝鲜也一度成为中国影响范围内的一部分。

在中国疆界之内，和平与秩序已经为国家带来好处。大运河交通体系和食盐专卖得到整治。宦官专权也受到暂时的控制，合理的制裁及处罚确保了官僚体制的顺畅运行。① 这一时期，国家已经开始采用关于审核政府财政收入的复杂制度，因此，官员的收入有所提高，政府的救灾体系亦得到有效的维系。明朝的军队征兵在 1683 年之后已被废止，税收开始恢复正常，并在接下来的半个世纪中被予以宽大的豁免。事实上，到了 1712 年时，人头税的配额不再扩大，并且通过代偿的方式，成年的汉族男子无须再为公共事业被迫承担苦役。来自欧洲和日本的银、铜不断地流入中国，用以交换中国的生丝和瓷器。在富饶的长江流域，有利可图的棉纺织业不断获得发展，而一些新兴的经济作物诸如烟草和蔗糖也使农户获得了一定的利润，减少了洪旱灾年因粮食减产带来的损失。区域间的贸易水平很快便超越了明代，货物能够在江西和福建地区的山脉间穿梭，并来往于长江中游的运河体系。18 世纪早期的一位著名作家蒲松龄生动地描述了这一景象：

> 屋鱼鳞，人蚁迹。事不烦，境常寂。遍桑麻禾黍，临渊鲤鲫。胥吏追呼门不扰，老翁华发无徭役。听松涛鸟语读书声，尽耕织。②

这是一个繁荣富饶的社会，这片土地上的农夫和老者们都心满意足，享受着田园般的生活。首都的宫殿里堆满了金银财宝和珍品。大明时期景德镇瓷窑

---

① 对于这一结论的得出，我要感谢耶路撒冷希伯来大学的麦茨格（Thomas Metzger）。

② 引自：Ho Ping-ti, *Studies on the Population of China*, 1368 – 1953. Cambridge, Mass.: Harvard University Press, 1959, p. 211。

里的制陶工匠和烧窑工匠在连年内战中四处逃散，现在又开始陆续返回。明代的上釉工匠曾经制造出美轮美奂的器皿，现在则出现了新的造型，色彩也更为明亮，且多为瓷釉质地。也许要完全达到明朝陶瓷那种纯度是很困难的，可是清朝瓷器有其自身的特殊样式，并以此为豪。景泰蓝、漆器、玉雕都是为皇帝而特制的。皇宫被粉刷一新，宫墙也重新修建，整个大地呈现出一片和平之态。

这一和平繁荣之势，在乾隆皇帝统治时期达到顶峰。在整个18世纪，清王朝所向无敌。在中国历史中，有多少王朝能够宣称具有如此的影响力，且四处弥漫着一种心满意足与充足富有之势呢？其中最辉煌、最真切的表征非颐和园莫属，这一皇家园林就建在北京西面，靠近大明的墓冢。蜿蜒数十平方英里的建筑群令彼时之人炫目，假山以金色的树叶作为装饰，园林里满是摇曳多姿的树木，彩色岩石以惊人的价格从世界各地运来，这样庄严宏伟的皇家园林为盛清之态势作了最为适当的诠释。

颐和园（其在北京的皇家园林中独树一帜）是一处居所，住着弘历（他不应被称作乾隆）①。在北京，由于皇权的绚烂夺目，皇帝将使任何一个人黯然失色。无论谁执掌山河，都应向统治权威所代表的广泛的文化含义表达敬意。无论是汉人还是满人，中国的统治者，作为皇帝，其形象受限于他的职责以及他所扮演的公众角色。他的老师可能是一位儒家学者，他举行的典礼仪式也同数百年前的历代皇帝一样。春播、天坛祭祀、国家法令上的朱砂印，这些都被视为认同的象征。皇帝就是皇帝，无论其民族或血缘为何，只要他举行了正确的祭祀仪式，只要他位居于此——如同哲学家所相信的，皇帝应位于天地之间，维系宇宙的平衡——其道义上的影响力就广播于天下，比如说，皇帝令其臣子忠于职守。这样说来，中国的皇帝并不是埃及人意义上的那种“神王”，他也有可能犯错，他的行为也会被当作个人而受到评价。但在另一方

① 这位皇帝的统治年号是乾隆，他的名字是弘历，更恰当的称呼应该是“乾隆皇帝”而非“乾隆”。

面，皇帝的功绩或失误都被普遍化了。皇帝与皇帝之间的更替似乎遵循着一个固定模式：上一个皇帝是品行不端的，不正当的，如同尼禄似的暴虐，而另一个则是仁慈的圣人，身着便服走在国都的街道上，对其臣民亲切而爱护。皇帝的人物肖像在某种程度上有一个标准化模式。明太祖（1368—1398 年在位），一个粗鄙难看、曾经做过和尚的明朝皇帝，在画像中变为一个睿智、英俊的圣人，拥有宽广的额头和厚实的嘴唇。就这样，皇帝所担负的责任吞噬了其原来的面貌，长廊中那些面貌极为相似的帝王们，个个都身着典礼仪式中的长袍，浮华而壮丽。这一图景使观察者的目光变得模糊不清，但归根结底，是皇帝的统治地位而非他个人或者名字最终确定了其身份。

鉴于此，想来各位皇帝都力图保存自己个人身份的特征。他们因此会选择独特的喜好——木工或者突厥舞蹈——以赋予自己独特性，而不仅仅是那长廊中的一幅图像。同样，清朝统治者也尽量保存其独有的个性。一方面，他们是满族人，这就赋予他们与历代帝王的普遍模式不同的一种特别身份。由此，皇帝的狩猎仪式就与其在满洲地区围场中进行的有所不同，这种狩猎仪式对清朝的重要意义，亦在于此。弓箭也有着自己的诗意，它对清朝皇帝的魅力，就如同宫女演奏的唐乐一般。战斗初期，行军中那些艰难的夜晚以及尚武的激情，又重新被弓箭唤醒。

同样，与皇宫的惯常外表不同，颐和园赋予乾隆皇帝一种更私人的、人性化的环境。在颐和园的那些迂回蜿蜒的园林里——其中四平八稳的人造山水，意在表现文明，皇帝在内务部官员和他最信任的谏臣以及文人学士的簇拥下闲庭漫步。在这里，皇帝练习书法、绘画，饮酒，闲聊，有时还会写上一两行诗句（在他认可自己是作者的数千诗行中，原来更多的乃是其他文人学士之作）。皇帝在这里更像是一名有教养的士人，只是显得做作且不可一世而已。实际上，他的世外桃源同世界保持着紧密的联系。他的王室卫队，通过演习就有可能复制出远征西藏的浩荡气势。乾隆皇帝的藏书以及对于艺术品收藏的狂热已经达到一种极致，而这些都是风雅士大夫的特征。18 世纪的官员群体中，具有鉴赏家身份和文雅风度的士大夫急剧膨胀。若有人写了数百首诗词，乾隆帝就可宣称自己创作了千首；若是有人用上等的丝绸和古墨使其书法作品名垂千古，乾隆帝就可命人在最稀有的缅甸玉块上用黄金雕刻自己的字迹。乾隆皇帝本人的品位并非基于对他人的模仿，而是超过并优于他们。这样，除了吹捧或美化皇帝之外，还使他“人化”了。

皇帝的公众角色则是通过紫禁城的形式展现的。颐和园中蜿蜒流淌的小河，曲径幽深的小桥，这些狭小密闭的空间和精心选定的奇异风格，都同帝国北京皇城严格的对称风格形成了鲜明对比。在紫禁城中，路线都是又直又长的，且呈一系列的正方形而非圆形。中轴线从紫禁城的南部，穿过拥挤热闹的商业区，延伸至满人居住地区，之后，又穿越了一个又一个的广场，一个又一个的大门，直指都城的核心，而宫殿本身则被置于高处。紫禁城是全景式的，是一座拥有仪仗队和阅兵场的宫城，是一处象征着国家地位和皇权的所在。因此，“紫禁城”是符合其称谓的，权力的宝座应该禁止普通民众看到。因为在传统中国，所有正统的权力都被置于无法靠近之地，远远地伫立在高耸的城墙之后。甚至掌管一个地区行政的官署，也将这种封闭的四方形和高高的城墙模式迷你化了。当官署俯视它所掌管的县城时，就如同皇宫凝视着它脚下的帝国一般。在这种想象力的作用下，国家权力从官僚阶层径直延伸到广大农村的市镇乡村中。在19世纪之前，这时中国还未与西方接触，亦并未对自身产生疑问，“中原王国”——中国，这个词似乎很好地表达了这一含义，即这个国家位于宇宙和世界文明的中心。然而，它并没有涵盖北京所象征的关于帝国统治的垂直性意念：天子、圣上、中轴线与浮雕。

就这样，皇权自上贯穿而下。尽管统治精英对此有所思考，但是权力并没有金字塔式地分散在四万多名官员之中，而是理想地直接从上贯注于下，越过了中间阶层。事实上，清代的皇帝对他们能够迅速处理某个乡村地区的事务而感到自豪，一名县官有时候可以直接接到来自皇帝的圣旨。当然，像这样的介入只是偶尔发生，但它却反映了中国传统官僚体制同其他农业帝国之间的重要差异。其设想是，所有的官员都应理想地同皇权保持联系，而皇帝能够名副其实地插手每一项决策，而不是将权力分派给中间的官僚阶层，以避免那些得权的官员们滥用这份权力。

这样的统治方式听上去似乎有些荒谬，但这种皇权高度集中的统治模式却在理论上使清朝可以对权力加以监督。就 18 世纪的中国而言，关于篡位的显例就发生在清之前的朝代。明朝曾经野心勃勃地要把每一个人按照严格的世袭职业登记入册，其中数量最多的是卫所组织，大概由 200 万成年男子组成。明朝早期，这一制度似乎颇为有效，运行良好，但是自 1550 年以后，这一制度逐渐陷于瘫痪，庞大的军队在逐步减少，拥有军籍的人常常被驱使做苦力。地方商贾则将家奴登入军籍名册中，借此贪污军饷。似乎是法律和规则越多的地方，腐败的机会也就越多。又有什么能阻止一个面临征召而又不想拥有世袭军户身份的人向官员行贿使其接受钱财呢？

因此，如此复杂的制度需要不断警惕以免腐败和拖沓的发生，这就意味着需要创建强有力的监督机构，反过来这又需要加强君主专制。既然明朝的皇帝们担心文职官员一般不会检举告发其同僚，他们转而更加依靠东厂（警察机构）和由其宠信的宦官控制的锦衣卫（特务机构）。可是，这些宫廷里的奴仆却利用这种新的权力，或是为自己攫取职位，或是在一般的行政机构中培植其党羽。是故，当皇帝几乎完全依赖宫廷“内部”的人员，他和“外部”的士大夫群体之间就会萌生障碍。士大夫们无法再向统治者进谏，只得希望统治者能够按照传统的儒家价值观，对由绝对权力产生的野心（一种可被理解的野心）进行道德上的自我检查。

宦官篡权与皇权专制当然不仅仅只是明朝面临的问题。早在汉代（公元前 202 年—公元 220 年），儒家学者们已对朝廷大臣的腐败所造成的灾难不断地提出警告，还对立法者的政治理论进行了猛烈的抨击。这些儒家学者倡导严格的法律，并要清除政府对民众的控制。关于法律儒家化的辩论在后来的朝代又再次出现，特别是在北宋时期（960—1127）。但是，这两种观点在根本上都是反对这一理论的，即官员们根据“中道”原则通常应该对独断专行的统治报以满意的态度，并将其不满与怨恨留给玄学家们去解决。然而，此刻，这一论题再次被提出，甚至那些务实的官员们也不得不考虑宽松治理：“道德”规则相对严谨的“法律”管理。也就是说，是在政治引导之下，让人民自己管理自己，还是对社会行为的方方面面都进行严格的控制。

清王朝还是站在了道学家的一边。满族人在建立王朝之始，就废除了明朝的世袭军户制度。更有甚者，在日常官僚制度合理化的过程中，清朝的皇帝经常会对重大事件做出干预，这种直接的干预也常常以相反的方式表达出来。比如说，康熙帝和乾隆帝都做出决定，官僚政治应该由与其相关的官员负责，但他们却指望奏折能越过各层官僚而直通皇室。自然并不是所有的官员都被允许向皇帝呈递奏折，相对来说，凡属重要事项，官员的奏折还是能够保险地传递至统治者的。此种圣旨与奏折之间经常性的互相传递，大致上就可形成一种机制，有可能防止晚明时期那种状况的重现。如上所述，宦官轻而易举地就窃取了皇帝的监督指导之责（一位明朝皇帝十多年没有看过奏折）。虽然此乃清朝强调专制皇权的直接理由，另一个历史原因则是儒家理想中存有这种思想，即君王应与臣子面对面交流。这一思想源于在古时较小的诸侯国中，君主个人与数以千计的臣民之间的封地关系。不必说，1000 年之后这种管理国家的方式已经不合时宜，特别是此时中国的人口已经超过了两亿。当行政体系变得越来越复杂且如流的文件纷至沓来之时，传递信息的各部门与秘书处等机构同这种想象中的直接对应形成了相反的局面，并且有将清朝皇帝同官员之间的交流相切断的危险。因此，军机处①这样的特殊机关诞生了，以确保重要的政策文件和奏折直接呈给皇帝。但是当军机处转而成为官僚化的机构时，皇帝又试图绕过它。然而无论是这一成为惯例的铁律，还是皇权企图打破它的努力，各自均未能彻底达到目的。但无论怎样，清朝的行政体系表现出折中的特质，即在纯粹官僚政治的决策和理想的开明君主（经常体察民情）之间达成一种妥协。

专制皇权和一位强有力的开明君主，就这样清朝既不会因大权完全由官僚

---

① 军机处成立于雍正七年（1729），初名“军机房”，不久改称“办理军机处”，乾隆以后省去“办理”二字，遂简称为“军机处”了。它是清廷为了平定准噶尔（蒙古旧部）叛乱而设立的一个秘密机构，最终成为清廷最重要的办事机构。

体制所控制而使保守派恐惧，也不会在一些地方弥漫着文牍主义和官僚作风而一事无成。事实上，这种折中制度最引人注意的一点就在于，那些必要的政策通常都会被贯彻执行。皇帝最喜爱的方法是指派钦差，此人能够越过省级官员而直接向皇帝本人汇报。巨大的、无限制的权力确保了钦差的地位，而这源于皇帝自身的权力其实应属于正规的文职官员，并且与其被任命之钦差的职责相匹配。这名钦差被指派负责一项事务，通常能够越级而被全权委托处理此事。如果他成功完成了此事，将被授予与之相匹配的奖赏，可能是贵族等级以及皇室美差。如果未能完成，那么等待他的命运可能是流放或者更糟。而这件事情究竟如何完成相对而言不是那么重要。以一位皇家钦差的遭遇为例，将有助于理解上述现象。此人最为研习中国历史的西方学生所熟知，他就是林则徐。林使中国卷入鸦片战争（1840—1842），在很大程度上乃因道光皇帝（1820—1850 年在位）未能预见林则徐开展的禁烟运动实际上意味着同大英帝国之间的武力冲突。① 总而言之，皇帝无论是维系着专制皇权的折中体制，还是为一项重要事务任命钦差大臣，诸多事宜最终仍要依靠其个人智慧做一裁决。这就是盛清太平盛世得以维系的最重要因素——同时也是最危险的弱点。在这种意义上，颐和园体现的拟人化典范，更多地象征着一种灵活的统治模式，而非北京城的严苛。

这种意念中直线运行的统治模式，也通过另一种意义得以维持。做官的机会是对那些有才干的人敞开的，这就形成一种机制，使优秀的人才脱离他们原先的生活环境，而跻身于高出乡野的精英圈子。政治期望、人生抱负和理想欲望，统统聚焦于北京。成为一名官员，就意味着获得财富和名誉，乃“进京”也。这种竭力向上的流动并不仅是 18 世纪独特的现象，但这时候变得更加急剧。

---

① 然而，对于这一观点多有争论。参见 Chang Hsin-pao, *Commissioner Lin and the Opium War*. Cambridge Mass.: Harvard University Press, 1964, p. 121；林崇墉：《林则徐传》，台北中华大典编印会 1967 年版，第 458—460 页。

关键性的社会变动，这是一个大约千年的过程。在盛清时期达到了巅峰。直到约公元700年时，绝对皇权还是受到地方大族的限制，拥有领地的世家大族控制着国家的部分省区，并同军队武装联合起来反抗中央的统一和集权制，造成了长期的混乱，亦滋生了连绵不断的内战。因此，唐朝（618—907）通过国家科举考试重新招募了忠诚的官僚，试图打破世袭贵族的特权。宋代的官僚们对世袭贵族予以猛烈打击。在经历了1000多年后，西北部的世袭贵族最终消逝，取而代之的乃是聚居于长江流域的、由文人学士组成的精英团体。

这种新颖的、非世袭的文职官员群体，大都在中央授职，在地方解职。新鲜的血液不停地替换旧的人员，从而使之生气勃勃。因此，明代社会的高度流动性，促使上述这项人事政策取得成功，并且验证了科举考试的功效。这种考试制度确保了那些能够进入国家官僚体制的人，是凭借其优秀的禀赋资质，而非出身的高贵。查阅有明一代的官员登记册，即可发现仅有汉族士人这一支对政治仍具有持久的影响力——这同中世纪的贵族世袭形成鲜明对比。显而易见的是，这种新阶层群体的成员处于不断的转化之中，一些人通过科举考试进入了士绅阶层，另一些人则跌入身份低微的地主等级或者更糟。

固定不变的，仅是精英阶层的属性。精英分子理应都是中举之人。通过各地童生试的士人，即为秀才，从此能够身着特殊服装，或具有一般司法豁免权，并获得了成为士绅阶层的一员的法律地位。但士绅阶层的社会地位，并非总需官方的学位来认可。士绅乃一种生活方式，一种特殊的“身份礼仪”，此乃有闲有钱之产物，同时也使个人获得了属于“士绅”阶层的那种上流社会的尊重和当地人的崇仰。总之，如果一个人能够熟读经书，精于诗文，并在谈话中流露出特有的文学涵养，那么，他就会被称为“乡绅”，此乃地方名士，通常与真正中举之人并无明显差异。许多人把民间平民对文人学士的尊敬与对学究的普遍敬仰混为一谈。他们忘了，学问带来了显而易见的物质性的回报。因为，如果大清国的国权隐蔽在高高的衙门城墙之内，是与人疏离且令人敬畏的，那么能够接触到衙门围墙后面的县官这件事本身，就是政治权力衍生的表现。

让我们列举一桩财产诉讼案，以阐明上述观点。王氏，乃一康熙时期富有却未接受过教育的江苏农民，他声称对与陈氏宅子相毗邻的一片肥沃的土地拥有所有权。陈氏的曾祖在60年前曾经做过部门官员，陈氏本人没有官位，亦无头衔，但是他年轻时读过经书，并且每天花三个钟头对《易经》加以研读批注，且书法极为雅致。每周的某个下午，他都会在附近的一所寺庙中与八位好友相聚。大家煮酒论学，薄暮之际，互换诗文或欣赏朋友的画作。

诉讼立案后，王氏反复考虑着自己的选择，可供选择的路向不多。与别的农民一样，作为原告，他可能亲自到衙门口提交诉状，并恳求得到公平判决。但这一鲁莽的举动，只能使他招来衙门小吏们的一顿板子，因为他胆敢打扰县官的午睡。另一方面，他可能还需向律吏交纳一大笔款子，好让判官听审此案。当然，在《清律》作者看来，这是最不规矩的做法。一位称职的地方官理应对此类小贿赂保持警觉，并加以杜绝。此外，他还应该对自己管辖的地区了如指掌，并对民众的生息一清二楚。那么，一名地方官员如何才能获得此类信息呢？他不可能走到街上去和一名卖粥的小贩搭话，询问他们最近是否听说了有关贿赂的最新情况。如果这样做，不但有损官员应有的尊严，而且会使自己面对每一个纰漏和抱怨。既然地方官获得信息的常规途径，是依靠衙门小吏和捕快，而这些差役又很难抵挡住［行贿者］出高价的哄诱，因此地方官只能转而依靠他能够接近又不会使其蒙耻的地方社会的一个群体：士绅阶层。对于可怜的王氏而言，这是不幸的，因为这一群体正好是其对手陈氏结交的对象。

于是，陈氏处理即将到来的诉讼案，尽管不直截了当，却很简单。首先，他向与自己同为诗文社成员的一个朋友打了招呼，而此人恰好是地方官的“同年”①。这位朋友非常乐于为地方官介绍像陈氏这样有教养的士人。此后的一天，陈氏与地方官以茶会友，在客套之后，两人相谈甚欢。地方官对《易经》

---

① 按照字面的意思，“同年”是指与自己一年参加科考的人。在精英阶层中，这是一种极为密切的关系纽带，大致相当于在同一所大学中美国兄弟会的会友们。

亦有相当兴趣，并对陈氏的相关见解印象深刻。陈氏将要离开之时询问地方官，自己是否有此荣幸赠呈一幅小小的画作。（“古玩商贾称此乃宋时绘画。然此乃上佳赝品，余以为大人乐于欣赏这一无甚价值之玩意儿。”）地方官很高兴地接受了此件礼物，最后两人极为友好地话别。

在随后的诉讼案中，当王氏发现他的对手竟然是主判官的座上客时，他认识到自己以前的所作所为是多么的愚勇。此后，他甚至亲自拜访陈氏，并对自己为陈氏带来的烦扰道歉。最后，他还逢迎卑躬地加上了一句：“大人不计小人过。”

这完全是一个想象出来的事件，并无确切的文本记载，但对于数以千计的此类情况颇具象征意义，其含义有两重：首先，士绅身份可能具有一种共同特质——通过官府拥有权力，或者结识有权者；其次，那些我们今天通过其所言所思看出是归属于上层的士人们，比起那些无法使用与中国的官僚阶层相同的语言和生活方式的下层民众来，要更善于维护自己在当地的利益。陈氏的家族，三代以来已无做官之人，他本人亦无任何官衔，且可能仅登记为“富家”而已。虽然如此，他仍以地方精英而著称。这并不是说，陈氏的学识能够使他永远免于处罚。事实上，要接受传统的儒家教育，所费颇巨，一般家族很难有这样的条件。一旦可以做到，一个家族就期望在同族连续几代中，至少能够出一位禀赋优异、心无旁骛、专心于儒家学问之人。此外，士绅阶层的生活方式（美酒，《易经》的刻本，宋代流传下来的“小玩意”），很可能会渐渐消耗家族的财产。但不管怎么说，在形式上，读书人仍然能够受到优待。在中国，像陈氏这样的家族要比像王氏那样的家族更易于聚积并保有财富，因为“身份仪态”与财富是紧密相连的，尤其是前者决定了最后的收获。

接下来进一步解释这个故事的另一层含义。当陈氏与王氏开始为一点财产发生争执时，他们的行为都不是家族式的。当然，这种为家族利益而争斗的群体是存在的，但他们通常存在于被容忍的政治行为界限之外。比如，在中国的其他地区，这两个人可能卷入家族的争执中并引发一场宗族间的世仇。或者，王氏有可能转而成为一个当地帮派的头目，雇用一些路贼半夜袭击打劫陈家。而陈氏则有可能招募属于自己的一群卫队来自卫。然而，这些都是有关家族集体行为的违法例子。在西方（家族）群体行为的一些形式，通常被认为是合法的，但是在中国的明朝和清朝，则是被严令禁止的。比如，倘若王氏试图召集一些朋友组成一个农民团体，并在衙门口请愿一两次，或在宫廷上示威以反抗贿赂，那么，这些行为都有可能被误认为是不忠于朝廷的叛乱。因为政治原因而组成的任何农民团体，都会受到政府的怀疑而被认为是煽动性的叛乱。如果恰逢关键时刻，对于一场有可能发生的叛乱，地方官将承担巨大的压力。既然结果都是不可预测的，那么，这种让步的情况只会在（政府）真正绝望的时刻才发生。即使地方官对（王氏）的恐吓让了步，陈氏依然有其他办法可循。通过他的其他朋友，陈氏可以用更多的礼物及相关礼仪，疏通上面。此人可能是布政使，甚至有可能是京城的官员，他们都有可能处理此事，并驳回地方官的判决。总之，最后的胜利属于与官居高位者有交情的这一方。

当然，上述情形并非 18 世纪的中国所独有。警察局长会有多少朋友希望违规停车的罚单被取消啊？差别就在于重点有所不同。在中国，“帮忙”或者“使用关系”，被认为是没什么危险的，因此要比允许农民组织团体更为合法。甚至陈氏所属的诗文社也毫无疑问乃一个令人赞赏、受人尊敬的学人团体——无须正式召集一个士绅委员会以寻求帮助，陈氏只要找到一两个担任联络任务的社友，使自己能和较高级别的官员联系上即可。如果陈氏前往北京拜访官员，他并不是要在自己周围形成潜在的联合同盟，而是要寻求政治上的帮助。

总之，地方的士绅阶层并非一种政治力量。但是它经过明朝百余年的统治，开始逐渐具有一种社会属性。明朝的开国皇帝朱元璋试图摧毁长江流域的“富家大户”，因为他将其视为对自己在这一重要的赋税地统治的一大威胁，而不是视为可信任的盟友。但是他的继任者认为，像这样的地方显贵必须得到信任，以便监察阻止地方官的暴政。因此，国家鼓励在地方上拥有财富和权力的人们，对乡村的征税官员进行监督，以防止差役和地方官中滋生腐败。这就意味着士绅阶层自身的权力没有受到抑制，并且不断增长，直至 16 世纪晚期，它已经成为这样一种具有威胁的力量：或是一个寻求利益的政治团体，或是一个重新恢复活力、能够摆脱中央控制的封建精英阶层。

为了利益而谋取官僚权力时，这一社会阶层开始转变为一种政治力量。宦官滥用职权，致使士绅阶层认为他们无法再获得政治上的帮助，那种专制皇权的统治制度遭到破坏，平衡的状态被打破了。团体间几乎首次形成同盟，士绅阶层开始将诗文社和学社变为政治团体，他们递送请愿书，发表公开言论，其行为方式与18世纪欧洲历史上的学生运动极为相似。

但是，从官僚利益群体转变为政治团体的努力却夭折了。皇权的支持者们敏锐地注意到，这种政治团体对专制的皇权统治是一种威胁，于是在这一运动得以汇集各种力量之前，他们便插手压制。他们一施加惯常的压力（谴责那些团体结党营私，对皇权不忠等），政治社团立刻试图改用真正的自卫法。东林党①人所惯用的反击法，是以其人之道还治其人之身：也去争取更高层次的政治人物的支持。于是，这类斗争被限制在行政管理范围内：实际乃政治官僚幕友们，而非当地意识形态党派，在争夺权力。监察官刘氏（受到一名官员的鼓动，而此官员又受到礼部一位靠山的敦促）以腐败为由弹劾地方官谭氏，实乃因谭氏得到阉党同僚的荫庇，而此阉党同僚与刘氏朋友的靠山作对。

这种复杂的象棋般的游戏是通过明争暗斗来进行的，然而这并没有减少双方的本钱。自1620年始，一系列的宫廷变乱相继兴起——从君主的腐败退化到阉党魏忠贤（1568—1627）与东林党人的血腥斗争。东林党人遭到严刑拷打，或被追杀自尽，或因魏忠贤的唆使煽动而被谋害。当东林党的友人和幸存者向新即位的崇祯皇帝（1627—1644年在位）证明了魏忠贤阉党的罪行后，另一场清除肃反运动又继而兴起。就这样，晚明政府在一年又一年的残酷世仇与宿怨中被撕裂分离，而这些深仇旧恨的最初缘由长久以来似乎已被遗忘。决策人的对立者只要指出他们本人（而非他们的改革建议）属于两派党系中的一派，他们就没用了，而共同的创痛则被忘却。到1640年之时，长期的党派之争已经削弱了那些怀抱善意的官员的意志力和忠心。数百名官居高位的官员或是以患病为借口，或是以丁忧为托辞，谋求从政治生活中脱身并返回各自家乡。

---

① 这一政治党派的名字来源于一个私人书院的名称。

东林党之争在北京陷落之后仍延续了很长一段时间。忠于明朝的官员们仍在为这些荒诞可笑却又是灾难性的论争对抗之时，清兵已经包围了身处云南的他们。有鉴于此，富于良知的中国士大夫能够想到东林党议乃明朝败亡的一个主要原因吗？清朝统治者反复告诫官员要警惕朋党之争的危害（这也是他们富于雄辩论争的一部分），之后的政治思想家们发现很难提出质疑，因为清朝从中国内部、从弑兄行为以及谋反叛乱之中挽救了中国。从满族最初对大明王朝毫不费力的胜利中，就可证明康熙坚持认为党争致使国力虚弱的判断是正确的。当然，这一责难在很大程度上也使严肃的政策讨论受阻，那么，与形成党羽相比，力图和睦而放弃团体性表现难道不是更好吗？士大夫们亦可避免遭受双倍煎熬。

这种自我放弃或许是好恶相克，但起码足以确保明朝的党争不再重现。皇权自上而下的直线统治如同皇宫自身一样，被彻底地修复了。清朝保证，太监们不再欺负官员，皇帝不再任意忽略正义或滥用权力。那么，反过来，士绅阶层也不可任意地组织政治团体干预国家事务。事实上，曾经是讨论严肃哲学问题的学术团体，现在开始变成为官僚机构培养人才的专门学校，地方权力之间的平衡获得了巧妙的转换。① 明朝曾经支持地方士绅阶层的利益，使之与地方官员的权力相颉颃；清朝则在地方官员的身后默默支持士绅阶层。但在1661年之后，当长江流域有权势的富户大族因为逃税而受到惩罚时，清朝的统治者开始采取诸多措施，阻止士绅阶层在地方获得显要地位及影响力。

于是——让我们再次使用建筑形象来解释盛清：王朝不但受到庇护，同时也受到限制。就像颐和园与紫禁城，它们在外形与轮廓上虽然不同，但却具有一个共同特征：重重叠叠的城墙之中，所有一切都按儒家伦理，尽可能地最佳排列。

正因为18世纪的政治潮流乃皇权专制统治，因此文化上的造诣就要与皇帝自身的形象相匹配。通常我们都认为清代是一个善于回顾总结而非冒险探究

---

① 参见魏斐德《大门口的陌生人》，附录二。

的朝代，它在文化上呈现的特点就是编纂大型类书和辞典，而不是创作具有开创性的散文或者文风严谨的哲学著述。在康熙帝的领导之下，过往的历史资料被编目且保存，这既是为了将来，也是为了皇帝本人。1711 年，《佩文韵府》编成，这部类书乃清代官修大型词藻典故辞典之一，对文学及哲学研究具有无与伦比的价值。此外，还有一万卷的大型类书《古今图书集成》，1716 年具有权威性的《康熙字典》成书。然而，这仅仅是拉开了乾隆统治时期图书编纂整理的帷幕。1772 年，乾隆帝下令准备编纂一部“包括经史子集四部之书的完整书库”——《四库全书》。来自各地的学者会同在京的学者共同承担了这一巨大任务，要编纂超过一万册的图书，这些图书从图书馆及私人藏书中征集而来。其中有三分之一经过挑选，由人抄写复本作为皇帝私人图书馆的藏书。13 年之后，第一套共 3.6 万册的《四库全书》抄写完毕并呈进——对乾隆帝，此乃一座最为适宜的文化丰碑。

许多人都注意到这样一个事实，即大规模地从中国私家藏书中遴选图书，为清朝当局审查图书内容提供了一个契机。事实上，乾隆帝自己就曾投入相当精力以清除有明一代忠臣与士人著述中的反满意识。与之相比，或许更重要的是，当时文人学士的才能都被笼罩在这种编纂目录、书籍题解的金字塔之下。康熙帝有意识地通过编纂工程，诱使归隐的学者从对政治的隐退中抽身出来，由此获得他们对新朝代的支持。而乾隆帝修纂《四库全书》并不是经过精心谋划的，因为当时的忠明主义不再是一个严重的问题，但无论如何，编纂工程本身都具有消除与抑制（忠明主义）的作用。

明朝终结之后，许多中国政治思想家都开始质疑儒家思想的坚固性。如果他们所处的朝代在满洲蛮人的攻击之下而轰然倒塌，那么儒家的“道”究竟发挥了怎样的效用？顾炎武、黄宗羲、王夫之、朱之瑜等学者，每个人都用自己的方式对这一主旨作了阐释。他们对儒家思想重新评估的要旨乃新儒学关于“空”的玄学推断，这意味着明代政治家的注意力已经从“我乃世界之中心”转移到有关宇宙的复杂难题。他们不再对有关本体论的谜题作无用的探究，也不再为一部汉代经典的 11 世纪注本的 15 世纪疏本再添注释了。这些忠明者认为，学者应该尽可能地探究经世之学，应该通晓时世与时务，从而避免让儒家学说成为毫无用处的教条。

这一对新起点——从玄学转向经验论——的呼吁，对中国来说意味着巨大的潜质。若伦理家们不再思虑《易经》中神秘的八卦与《论语》中难解词句之间的关系，而是转而对水力学或机械运动的原理产生兴趣，那么，在面对19世纪的现代技术时，中华文明可能会准备得更充分些。但不知何故，这一经世之学却遭到了曲解。百年之后，经验论虽然在表面上仍是一个活跃的、不断提出质疑的实验学派，但它并未立足于科学之中，而是沉沦于关于科学的伦理之中。18世纪的学者，诸如戴震（1724—1777），便是通过严谨细致的考证来挑战原典的真实性，从而对儒家经典做出了根本性的重估。考据学的技巧是令人钦佩的，然而这种实证主义的方法只限于对古代经典展开研究。当然，对那些身处"后开普勒时代"的人（post-Keplerians）来说，要讥笑清代学者们循规蹈矩地遵从他们的明代前辈，讥笑他们仍在继续挑剔弟子们对儒家经典的文本考证，而没有像牛顿那样去坐到苹果树下思考，是容易的。然而，说穿了，谁又有资格说，比起蒸汽机的发明，戴震对于经学的重估，尤其是从他自己的思路来看，就不是一个重要的贡献呢？尽管在本文的开篇我已提到过这一点，但我仍强调：我们之所以能够评论清朝，是因为我们知道后来发生的鸦片战争（1840—1842）对于清王朝意味着什么。我们看到，当人们开始感到城墙壁垒是用于防御而非为博物馆建造时，知识圈对一个国家来说，便成了一种奢侈。自然，如果在其他领域里，因人类的好奇心而出现与戴震的考证相匹敌的高深研究的话，那对他的考证就不会有争议。但是他仅是同类中最杰出的一个。然而令人惊讶的是，所有这些考据学家都以为自己的研究最好地继承了忠明者提倡的经世之学传统。

对经世之学的误读虽然有几个方面的原因，但其中之一与乾隆帝大兴编纂工程直接相关。忠明者厌恶空谈义理之学而关注身体力行，这使他们注重直效。他们认为，一个学者不应该夜以继日地阅读古书，而是应该走出自己的书房，对材料做第一手的检验。但奇怪的却是，校勘文献似乎恰好契合这一观念。“实践的”与“真实的”如此易于混淆。据考，对于原典的重视，应起源于公元前3世纪，它提倡越过那些数代相传的校勘版本，直抵原始儒学的圣贤原义。此外，乾隆帝的官方纂修工程与学者要求重估儒学价值的主张相一致，但是，方法与目标却变得有些含混不清。当然了，如果我们宣称编纂《四库全书》就是要侵蚀整整一代具有天赋的学者的创造力，也未免有些过于夸张。但是这种大型纂修工程在某种程度上确实使目录编纂者的技艺更具体化，同时使文本考证与义理体悟具有同等的价值。雇用像戴震这样的学者参与修纂工程数十年，最终不可避免地使其兴趣与才能趋向具有权力与文化的职位。

政治也处于北京的笼罩之下，且支配着经济。在明代，商业是在皇家供给和运输体系的夹缝中生存的，在这一架构之外，货币经济得到迅猛发展。沿着东南沿海一带，繁荣的帆船贸易在东南亚和日本兴盛。在海盗允许航行的任何地方、任何时间，都可看见运送货物的船只沿着海道川流不息。山西的票号在全国范围内相当活跃，苏州和松江的纺织业发展迅速。使沿海商业得以维系的这些经济活动，在17世纪的战乱中受到一些影响和破坏。但是到了1700年时，贸易开始复苏。盐商在对食盐的垄断贸易中继续获利丰厚，铜矿的开采也在进行，一些小货商将茶叶和丝绸从大山中运出，运进广东南部。棉业在中部地区开始兴盛。随着税收和劳动力的转向与流动，货币继续改变着中国乡村的性质和劳动力。

同欧洲类似的情况相比，治经济史的历史学家曾提出疑惑，为何这种商业发展和货币化趋势没有产生足够多的资本，以造成一个可以帮助中国走上工业化道路，并在后来能够追赶日本和西方的企业家阶层，而他们显然不乏财富。伍秉鉴，广州商行首屈一指的富豪，在19世纪早期的对外贸易中，他赚取了2600万银元。然而，他和类似的富豪们，除了地产、当铺和奢侈消费品之外，几乎不向其他领域投资。暴富的商人们资助诗人，拥有专用的画家，收藏孤本及玉器——他们为18世纪的文化增添了绚烂的色彩，却也剥夺了19世纪企业家的技能及投资。18世纪商人的这种品位助长了奢侈铺张的风气。当富商们为附庸风雅而竭尽其所能时，他们的资本也就随之消散。一个商人为儿子捐功名，或使其跻身于拥有名利的士绅阶层，他们往往花费大笔的银子在交际场合与名妓身上，而不是结交省府官员或各部官员中最富有者。此种身阶的上升可能是令人愉悦的，但常常难以维系。从商为业的家族，随着家族内有地位的人兴衰败亡，往往在众所周知的三代之内就重回起点。

纯粹的资产阶级要在当时的中国产生，条件还不具备，其中的一个原因可能是容纳资产的市镇还未出现。当然，商人们有他们自己的同业公会，并称其为“行”。这一名称的起源可追溯至唐代，当时商人们曾被指定沿着一条街道开展其商业活动。自此，唐代市镇按照不同的职业划分区域，做同一种买卖的商铺有着相应的行业组织：屠宰行、金匠行、织布行等等。乍看上去，这些商行同中世纪欧洲的自治行会似乎很相似，但是两者之间的差别要比其相似点更令人深思。欧洲的行会是商人或者手工业者寻求垄断地位以及确保其贸易得到保护而自发形成的有机组织。与之不同的是，中国唐代的“行”，则是由政府自己创建的，并作为一种机械的控制手段强加给商人或工匠。唐、宋、元、明、清时代的行会领袖并不坐镇州府，掌控自己州府内的事务。相反，各个州府仍然拥有行政首府，商人居住在那里，就得忍受官僚作风，并不断地受到官员的盘剥和压榨。甚至在盛清时期，正统的儒家学者一直都坚信，商业必须受到控制，因为商业能从农业中吸引相当的人力物力，由此产生一个社会寄生阶层。而农业才是国家经济的根基。此外，贸易还会滋生犯罪和腐败。首先，贸易的利润会招致官员挪用公款。其次，它确实与黑社会串通。这在海上贸易中尤其突出地存在着。从 1500 年开始，福建沿海的村庄居民开始成为真正的商人和海盗，他们可以很容易，并且自然而然地从商人转变为海盗，或者再从海盗转变为商人，完全取决于当时的环境。在内地，途中往返的递货商们与不法之人有着隐秘的关系。长期的、大量的证据表明，1800 年以后这些商人在远离家乡无法获得朋友或宗族的帮助时，为了获取信用和保护，经常会加入秘密社团。当然，一个重要的行会人物会避开这样的关联，但是即使是最具声望的商人，就其职业而言，尽管在观念上他已经越过固定不变的农业帝国所产生的封闭特性，然而他行动的便利，资产的流动，甚至因为他将卖家与买家接通起来而通融了真正的和封闭的经济单位的事实等，已经打破了一个牢固的社会政治秩序的传统观念。因此，行会的作用是将商人变为人质，使他们变得可以控制并随时可利用。契约达成了。作为被迫接受“压榨”及官员的价格操控的交换条件，行会商人获准享有对一部分贸易的垄断权利。他得到政府的支持：他能按自己的价格将货品卖给除政府以外的所有消费者。当竞争被削弱时，垄断商人就开始只关注一个市场，而不再关注开发新的市场了。安全的价格相应地也带来了经济的滞后。

意念中的皇城墙，与把商人划分在易管理的圈子不谋而合。意念中的垂直关系，也提示了商业活动的另一特征。对于商人“总体”职业的制约，似乎也因社会允许个体商人逃避行会束缚而得到缓解。这一特质在盛清阶段表现得较任何其他时期都更为明显。正是由于当局不断地使士绅阶层与乡村相疏离，它便为商人提供了一种向上攀升，进入精英阶层的途径。为儿子捐一个功名，或者采纳士绅的生活方式，商人阶级便可望得到社会及政治的接纳与认可。这一珍贵的“执照”使商业变得有吸引力，尽管不是它本身有魅力，但却是进入园林、茶会、诗会以及官员圈子的一种方式。然而，商业需无止境地追求，这一特质对具体的个人而言，既不令人向往，亦无必要。

在阶层属性划分的社会里，诸如中世纪的欧洲或者日本，商人的社会地位往往只能通过贵族身份得以巩固，而贵族身份极少向下开放。这就迫使商人为了努力提升其阶层的共同地位，而创建一个属于他们自己的新的社会环境，17 世纪荷兰市民的城市文化即是一个显例。或者，这些商人顽固地坚持并越来越坚信，他们拥有属于其自身的独特信仰，而无须同寄生的、无用的贵族阶层一起分享。但是，在中国，财富、人才和具有潜质的思想家都脱离了商业的圈子，这些力量的不断削弱最终会对传统的士绅社会产生威胁。因为，共同安全与个人流动相结合产生的作用在经济以及政治的领域都是相同的：效忠北京及维持现状。

正如有人描述的，北京也是“一个统治世界的有机装置”。任何一个前来朝贡的外使（无论他是琉球岛上的首领还是荷兰的大使），都必须步行穿越那长廊，来到紫禁城的觐见大厅，在象征着中国统治的最高权威面前，以卑躬屈膝的姿态表现其渺小。一门之后又是一门，一个广场接着一个广场，直到来者头晕目眩，并克服了不断增长的 déjà vu（法语：似曾相识）。极度的疲劳，这些或许可从一些被称作“蛮人”的使节那颤抖的双膝中体现出来，但同时，这也是一种心理上的同感。

既然中国的朝贡体系已经在有关亚洲历史的诸多文本中有所描述，我们在这里就无须赘言。但仍需不断强调的是，盛清仍将外交关系局限于一整套高度仪式化的典礼中，并毫无疑问地将其设定为宗主国与藩属国的关系。“统治者面朝南，使者朝北；皇帝坐着，臣子跪着”，根据《易经》的注释，还可加上“此乃天道不可偏”。既然从宇宙体系与政治关系中都已明确了这种划分和层级，平等就成为无稽之谈。而关于这种做法在接待现代欧洲人时的不恰当，连详细讨论的余地都没有。中国同日本的前现代关系不止一次地表明，当另一个主权国家不愿依照朝贡体系处理与中央帝国的关系时，就会导致摩擦甚至是战争。

当然，朝贡体系也有其文化层面的意义。在清朝看来，政治上的劣等是伴随着文化上的劣等而产生的。所有的外国进口货物，甚至是属于思想领域的无形成果，都被仅仅当作奇技淫巧。这样的思维方式与 18 世纪欧洲人对待中国的态度完全不同。① 在欧洲富有野心的平等主义者看来，中国是一个文明之国，具有值得尊重的美德，但并非都是与生俱来的。对于自然神论信仰者而言，这个由国家倡导信仰的国度是理性的、包容的。在这里，耶稣会士可以为皇帝服务，佛教徒和儒家学者也同样可以。在重农主义者眼里，中国是一个广阔无垠的农业帝国，在这里农业具有超越其他行业的至高价值。对于英国人而言，在伦敦剧院里观赏令人炫目的舞台表演时，中国是一片充满异国情调，令人心醉神迷的土地，在那里什么都有可能发生。对于热爱洛可可风格的巴黎人而言，这里有水墨画和瓷器，有精致的花边和斑驳的色彩——戴锥形圆帽的华托式（Watteau）风景画。尽管这些大都为纯粹的想象，却也恰恰指出，中国

① 相关的一项重要研究，参见 Louis Dermigny，*La Chine et L'occident*：*le commerce à Canton au* XⅧ *siècle*，1719 - 1833. Paris：S. E. V. P. E. N. 1964，Vol. 1，pp. 11 - 80。

对于启蒙时代的欧洲人为何如此重要。就像孟德斯鸠的《波斯人信札》，中国人和他们的帝国代表了一种理想化的镜片，通过这个透视镜，欧洲人的缺点毛病能更清晰地被看出来。当然，这并非意味着，在面对外来影响时，西欧具有比其他文化更为开放的特质。而是说，1680 年之后，当中国开始闯入欧洲的意识中时，他们已经为自身的改变做好了准备。当教会和国家遭到质疑时，孔子已经提供了另一种教导模式，另一种改变社会的度量衡。

盛清由于文化上的自我满足而没有显示出想改革的任何意愿。现在我们不再认为那些浩大的修纂工程是老调重弹，而在当时它们却受到极高的吹捧。18 世纪的中国，对于停滞不前并无担忧。因此，当欧洲使节带着精制的钟表和高级的自动玩具来到中国时，皇帝和大臣们对钟表发出的滴答声表示赞美，却从未想到通过这个令人好奇的复杂机械装置，对其背后所体现的科学常识进行探究。所有的这一切都令人吃惊，特别是当我们意识到，明朝和清朝都曾使用欧洲的大炮攻打对方，而康熙皇帝曾用欧洲人充当宫廷的天文学家，因为他们的数学明显优于中国。当然，有一些中国学者在当时已经认识到，那些奇怪的蛮夷之国，某些实践之学已获得极高的发展，并远远地超越了中华帝国自身。17 世纪晚期和 18 世纪初期的一些学者，面对中国完全无须向西方学习的自辩论调，已感到不知所措。但是怀有这种疑惑的人，仍为极少数。毕竟在这之前，对于武器以及蛮夷，中国已经证实了自身的优越性。对技巧而言，优良的大炮和有效的算术可能是重要的，但要在文化上获得成功，其根基依然是统治国家的方式，这在那些大型丛书中所搜集的儒家经典中得到了明晰和阐释。这背后蕴涵的“道”，具有超越一切的优越性。那些外来物品仅仅是蒙昧的——尽管有时是有趣的，有时是令人眼花缭乱的，有时甚至是有用的，但都不是关键的。

1700—1850 年间中国对西方的排斥，并不完全是由自我满足导致的。它也反映了清朝对思想的全面控制和封闭。直到 16 世纪，对来自异国的人，中国还保持着相当理性的开放态度。唐代的人们已经沉迷于充满异国情调的风俗和物品。南宋（1127—1279）时期，外国商人与中国进行贸易往来受到政府的支持和鼓励，政府允诺授予外国商人官衔，他们还享有治外法权。元朝

（1206—1368）开放了穿越中亚的陆路贸易，并带来了像马可·波罗这样的数以千计的外国商人，政府将其视作使者和官员，对他们的优待，甚至超过了本国商人。事实上，一些学者相信，明朝在15世纪之后中断这些贸易往来，代表着一种保守的厌恶态度，即反对蒙古统治的极端外化。现在的史料证明，尽管如此，16世纪时一种崭新的、充满活力的海上生活方式已经开始改变亚洲社会的轮廓。为了反抗等级制和政府控制，这一有生命力的阶层开始出现在东南亚的贸易中心，比如印度尼西亚群岛、印度洋以及东北亚的沿海地带。来到贸易中心的首先是中国的帆船商贩、爪哇海员、日本海盗和朝鲜商人，然后扩展到葡萄牙的探险者和西班牙的冒险家，最后还加入了荷兰人与英国人。这一新的商人团体开始是在亚洲港口联系在一起，与此相似的是，今天这些港口最终加入了现代海运力量，并且进入国际贸易和交换体系。但是——也是作为20世纪的一个预示，中国的内陆地区却几乎没有受到影响，也几乎没有受到触动。

正如之前已经指出的，贸易和海盗是相互关联的。16世纪中叶的时候，海盗几乎控制了中国全部的海岸线。这些海盗中的多数人都是日本“倭寇”（wako，贬义词，意思是“矮小的强盗”），他们很快就和拥有同样武力的中国人联合起来，并促使丰臣秀吉在16世纪90年代侵略朝鲜。1645年之后，这片沿海地区因为同忠明主义者的关系，而不容于清政府。统治台湾的郑成功，他的父亲是中国海盗，母亲是日本人。郑成功与英国商人结伴而行，护送海盗船沿着海岸上下航行，打着已灭亡了的明朝的幌子。既然要征召一支陆路部队参加海战是很困难的，因此，清朝政府不仅执行了明朝的海禁政策，还采取了更为激进的手段，将人口从海岸地区撤离疏散。从山东到广东的沿海地带，用壕沟或壁垒把陆地到水边10英里（16公里左右）宽的空地全部封锁起来，不让人涉入海面，以防出海。就这样，中华帝国为保护自己而自我封闭，并且丧失了海权可能会带来的机会。

此刻，关于城墙含义的论述似乎完成了，但欲把它围圈起来，还得再走一步，因为中国并不想拒绝控制外贸带来的国家税收。1684年之后，康熙帝重新开放了中外贸易关系，所有的海外商业开始缓慢地进入广州地区。到了

1757 年，当清政府关停所有其他港口的对外贸易时，由于行会控制机制和朝贡等级制度的束缚，“广州体制”已经相当发达：它把控制集体性行业的机制与进贡等级制相结合。用把贸易严格限制在一个口岸的做法，清政府更易于管理海防力量，且使之与世界体系相隔绝。按照其固有的方式，广州的十三行与唐代的“行区”非常相似。但是，从本土商业主义的历史发展来看，还必须有一处开放之地以缓解受挫带来的压力。既然朝贡体系是与行会机制相结合的，那么这种开放就受到了阻遏。外国人不能直接同中国官员商讨事务，他们只能通过广州商行的商人来传达请愿。因此，中国重新回到了垂直性权力统治。从中国本土陡峭的海岸直达权力中心——北京，则是毫无指望的，然而如此薄弱的过滤膜是注定要堵塞住的，一旦发生，所有的围墙必将倒塌。

满族人带给中国的“和平时期”，需要一种自我约束——维系和巩固，而不是进取和探究。这里暗含着一种既定的安排（当然它从未得到统治者或被统治者任何一方有意识的接受），这也就是本文所欲展现的主题。此外，还有另一点含义必须提到：获得和平本身的意义。中国人从未享受过 18 世纪中期所具有的普遍安全感，那是中国传统历史上延长了的繁荣兴盛。从总结（而非暗示）性角度看，这种和平自身具有摧毁性。就是这个时候，欧洲的农作物如玉米和甜番茄被引进到中国，使贫瘠的土地变得肥沃，移民开始在人口稀少的山区居住，在那里可以种植这些新引进的农作物。由于没有战争和饥荒，人口得以迅速增长。清朝统治时期，中国的人口数量成倍地增长，到 19 世纪早期已经达到三亿人，和平带来的回报便是人口压力。

王朝衰败的传统征兆再一次显现：军费开支不断上涨，高层官员贪污腐败，水利系统渐渐残破。18 世纪 90 年代，信仰弥勒佛的一个佛教支系——“白莲教”——在中国中部发起叛乱。清政府誓死一战，耗尽了钱财兵力，最终平息了叛乱，但新的灾难接踵而至。黄河流域不断发生洪灾，事实上，这一现象暗示官员们的防洪措施，实际上就是要让大堤决口，他们好以征收修复大堤的附加税为借口，从当地地主那里“压榨”钱财。1813 年，另一支属于天理教的反叛军在北京附近崛起，并试图暗杀皇帝。海盗再一次攻击东南沿海一带。居住在江西和湖南的原住民，50年前被乾隆帝平定归顺，现在又同当权者发生争执，并最终于1832年发起反叛。铜的供应量开始减少，引发了全国范围内通货膨胀的危险势头。

然而，这些都还属于王朝衰败的传统征兆，一旦西方的威胁在1842年之后变得越来越明显时，这些传统征兆似乎就成为一种时代的错位。叛乱和水利依然是威胁清朝的重要因素，但是对越来越多的中国人而言，敌人在外不在内。国家需要从其他方面，而不仅仅是从其自身获得援助。1860年，英国驻华公使、指挥官额尔金（Lord Elgin），因为清朝对英国战俘处置略有不当，便决定率领英法联军惩罚清朝。虽然他行出有因，却残暴无情——这已经不仅仅是一场掠夺，其残暴程度甚至超过了对帕特农神庙檐壁的攫取（因为不管怎样，帕特农神庙还是保存了下来）。为了让清政府知道它遭到了最严重的打击，额尔金绕过了紫禁城——因为这里属于中国皇帝——而将他的部队疏散至圆明园。华丽的花园和广场，高高的城墙和曲径通幽的亭阁楼台，全部化成灰烬，滚滚浓烟盘旋在北京的西面，达数日之久。

25年之后，皇帝的遗孀慈禧终于以巨额的花费圆了她最渴望的梦，重建了象征着满族统治的皇家颐和园（颐和园在1860年遭到英法联军的焚毁）。但作为人物化象征，这一园林与18世纪乾隆统治下的广阔疆域相得益彰，却与19世纪90年代格格不入。围墙可以再起，但是它的意义已经改变。当儒家的道德标准开始消褪之时，其人物化的特点只能把人们的注意力引向清朝统治的满族化这一点上。而且即使按传统观念，慈禧也将为此受到谴责，因为修筑园林的资金来自国防预算，是从海军军费和船舰中盘剥而来的。在颐和园建造完毕四年之后，中国在中日战争中遭到惨败，颐和园也成为满族自私和腐败的一个象征。至于王朝本身，250年前许多人所期望的和平传播者，很快被送出历史舞台。它的那些画幅，那些书籍，那些玉器和象征着盛清精神的金饰，如今落入博物馆人员之手。

何方昱　译

第三章

晚清与近代中国

引　言

曾小萍（Madeleine Zelin）*

本章的各篇文章代表了魏斐德学术研究的中心课题——近代早期秩序与混乱之间的斗争。在《中华帝国晚期的地方治理之演进》的介绍中，他认为从晚明到20世纪早期代表着一种与旧模式的巨大断裂，这种断裂既不是第一次也不是最后一次，但却为中国现代化试验的最初阶段做了铺垫。这次断裂不仅仅是由于在广州通商和鸦片战争中西方势力出现的结果，而且是中国自身发展的结果。这种发展有不同的形式，如社会团体的转变、城市化进程的加快、大众识字率的提高、国内贸易的扩展、日益壮大的士绅阶层、新的知名大街的出现等。这一断裂也不仅受一个满族王朝的影响，也受王朝交替前各种变化的影响，而改朝换代的变化最终覆盖了满族精英的痕迹。

魏斐德对中国近代转型早期本质的洞见，源自他对边缘事物、地方性事物和社会事物的迷恋。上层政治可能形成他所研究事件的背景，但他更关注于大

---

* 曾小萍（Madeleine Zelin），哥伦比亚大学近代中国史讲座教授，亦是该校东亚国家资源中心主任，并曾两度出任该校东亚研究院院长。1979年获加州大学伯克利分校博士学位。曾小萍教授目前的研究重点为中国的法律史和中国近代社会与经济的演变。其论著译成中文的有《州县官的银两——18世纪中国的合理化财政改革》（2005），并合编《近代早期中国的契约与产权》（*Contract and Property Rights in Early Modern China*，2004.），她也是茅盾的小说《虹》的英文翻译。其最新著作《自贡商人——近代早期中国的工业企业家》（*The Merchants of Zigong*：*Industrial Entrepreneurship in Early Modern China*，2005.）荣获美国历史学会的费正清奖、美国社会学史学会的阿兰·沙林奖（Alan Sharlin Prize）、亚洲学者国际会议的人文奖（Humanities Prize）。

众社会。这一点我们可以很容易在他对江阴爱国军民的研究中看出来。江阴抗清和随后的江阴大屠杀，在一些当代的历史学家看来是中国早期民族主义的例证。然而，魏斐德的考察，使这一事件成为更深入理解近代早期中国政治的一个机会。在顾炎武的作品中，地方主义的出现，不是作为忠君爱国主义的替代而是补充。但与此同时，江阴人民对满族屠杀的抵抗被重新解释为一种尚未与全民族运动相联合的个体行为典范。

魏斐德在《剑桥中国史》晚清部分对鸦片战争的分析中，对导致鸦片战争爆发的力量的描述，至今仍是最清晰的。与西方早期学者提出的占统治地位的“文化冲突”模式不同，魏斐德展现了茶叶贸易和鸦片贸易在支撑中英双边垄断者之间贸易上的经济重要性。在魏斐德的描述下，跨大西洋贸易、美国独立战争、国际范围内的白银流通、在英国东印度公司垄断结束后新解放出来的独立商人的要求，都成为迫使中国向西方的鸦片贸易和更广泛的贸易关系，开放自己港口的压力。

然而，正是秩序与混乱、非法与传统、中国人和外国人之间的紧张关系，吸引着魏斐德关注鸦片战争时代。《广东的秘密会社》为他的第一本书——《大门口的陌生人》，提供了部分纲目。魏斐德所使用的“陌生人”这一概念的复杂性随全文的论述而得到明确化。它是指打破表面平静的广东社会的西方人，它也指那些生存在广东的某一部分人，如行商、买办、运输工、码头工、店主，他们都对国内国际的商机有所反应。“陌生人”也表示对清朝商业社会的开放及其带来的恐惧做出反应的秘密社会组织。正是这些组织，尤其是三合会（从它在17世纪与满族人的对抗中起源到19世纪转移到广东农村，魏斐德都一一进行了考察），作为在广东的陌生人，协助了那里的村民对抗“站在门口”的外国陌生人。

本部分的文章如本卷许多文章一样，是魏斐德对历史叙述的热诚的明证。良好的叙述和清晰的表达对魏斐德来说不仅是个形式问题，而且是帮助读者与历史建立亲密关系的工具。本部分的论述越过平静安稳的表层，考察了帝国晚期在中国人的公私生活中涌现的问题。这些问题在清帝国灭亡后，其影响仍在持续。正是这种持续影响的诱惑推动魏斐德进入对20世纪中国史的研究，并开始关注中华民国的黑社会。

徐有威 张凯 译

广州贸易和鸦片战争

（1985 年）

广州贸易的特点

从 1760 年到 1834 年，中国对欧贸易所遵循的广州制度，其实质是等级服从：首先，外商服从持特许证的中国垄断商，后者总称为“公行”；其次，公行成员服从清廷委任的广州海关监督。在政治、法律方面，权力是按此等级向下行使的。清帝国的广州官员，不仅海关监督，而且广东省巡抚和两广总督都向公行成员发号施令，对不服从者可以监禁或惩处。他们通常不与驻广州英国东印度公司监理委员会进行任何直接接触，而宁愿通过行商向该委员会传达命令。

但在经济方面，力量的分布比较平均，因为广州贸易制度所依据的正统儒家学说是与该制度有关的各方的实际利益相抵触的。中国在传统上谋求对外关系的稳定，只准许纳贡的外国人或被限制在边界货物集散地的外国商人——如在恰克图（买卖城）的俄国人和 1760 年以后在广州的欧洲人——进行有限贸易，广州制度就是作为这种措施的体现而产生的。按照清朝政策的公开表示，商业利益服从国家的政治利益。但在私下里，甚至清朝历代皇帝都把广州贸易视为个人利益的重要来源。海关监督被外国人误认为是户部的代表，实际上，它由内务府授权，负责把广州每年海关税收多达 855,000 两的现银输入统治者的私囊。① 海关监督功绩之大小，视其满足皇帝私人定额的能力而定，所以在某种程度上，他的成就在一定程度上取决于使广州贸易保持开放。凡是预示有

---

① Te-ch'ang Chang, "The Economic Role of the Imperial Household (Nei-wu-fu) in the Ch'ing Dynasty," *The Journal of Asian Studies*, Vol. 31, no. 2 (Feb. 1972); Preston M. Torbert, "The Ch'ing Imperial Household Department: A Study of Its Organization and Principal Functions, 1662 – 1796." Ph.D. diss., University of Chicago, 1973, pp. 110 – 112.

使港口关闭危险的国际事件，都会危及海关监督的财政税收。同样，行商如果因遭到担负不起的官方苛索而破产，也会妨害海关监督获得最大利益，因为只有公行拥有足以资助广州贸易的商业资本。

公行的资本来自向垄断贸易组织——如英国东印度公司——出售茶叶和纺织品所赚得的利润。东印度公司购买这些货物的部分货款是用输入布匹等物偿付的。但这些进口货的价值一年平均只有350万元，而东印度公司每年从中国输出的中国货物约值700万元。这350万元差额原来由东印度公司带到中国的美洲银币补偿。1805年以后，它停止向广州输入白银，因为它的偿付已能够依靠“散商”，后者把机器、印度棉花和来自东南亚的舶来品出售给广州的零售商。中国政府禁止散商把现金利润输出广州，所以他们干脆把白银直接交给东印度公司，以换取可在伦敦或印度兑现的汇票。当然，东印度公司利用这笔白银继续购买大量茶叶在英国出售。有三种发展情况改变了这几方面经济利益的平衡体系：清朝海关监督日益贪污腐化，英—中垄断商的信用日趋不稳定，鸦片的自由贸易兴起。

贪污腐化和公所基金

主管对外关系的中国官员虽然从贸易获得了利益，但表面上却矢口否认他们有任何贪图私利的动机。历朝清帝也假装不关心贸易收入，实际上却强迫海关监督为他们弄到这笔收入，皇帝私人之所得就是帝国公益之所失。因为海关监督为了向皇帝上缴关“余”，常常不能向户部交纳规定的关税定额。到18世纪末，这种营私舞弊行为恶性发展，每个海关监督在三年任期内所能做的一切就是尽量饱其私囊。一个“广州利益集团”形成了，它逐渐把从贸易吮吸来的款项变成了与外商或公行有关联的所有大小官吏的资财。

行商为了保护他们自己，于1775年建立一种秘密基金（即后来东印度公司所称的“公所基金”，公所即行会，具体称公行），公所的每个成员要把他贸易利润的1/10交作基金，在必要时用来应付官吏的勒索。到1780年公所基金始公开并正式规定向外国进口货征收3%的规礼，这是一笔附加税，名义上是要保证行商能偿还外商的欠款。

公所基金的设立，开始了广州贸易的最后一个重要阶段（1780—1833）。公所基金本身是保护行商的一种方法，它之所以成为定规，是因为可以用它来对付散商早期在垄断范围外投资的增加，但是公所基金的运用，却是1796年以后席卷中国的社会混乱的标志。在乾隆时代的最后几年，出现了传统王朝衰败的最初迹象：几袋珍珠就可买一高级爵位，军队虚报名额，地方税款被侵吞。中原地区的大多数农民在连遭水涝灾荒之后，又受白莲教叛乱（1796—1804年发生在四川和湖北交界地区）的残害。这一叛乱在1802年以三合会起事的形式扩展到广东，并成为海盗袭击沿海一带。广东海盗因有在恢复东京阮朝的斗争中失败的冒险家纷纷加入而人数激增，他们从1804年至1809年实际上包围了珠江三角洲。① 清帝试图以传统方式缓和社会混乱和减轻饥荒，同时为镇压叛乱而开销一笔必需的非常军费，于是要求官吏和富商“捐”款。事实上，对每一级官职都干脆定有捐款数额，各商会也有定额。公行的负担是从公所基金开支的。

例如，在1807年，公所向皇帝纳贡银55,000两，为帝国的军事行动捐银61,666两，为黄河水灾善后和镇压沿海海盗捐银127,500两，向户部官员馈银5400两，为购置钟表和打簧货（即百音盒和机械玩具，当时这些东西是“官吏向其京城上司行贿的公认的手段”）② 付银200,000两。行商确切付出了多少款项已无从知悉，但东印度公司查明，在1807年和1813年之间从公所基金中至少公开支出了总额4,988,000两银子。这些款额并没有对公行中较富有的潘喜官等成员起到任何保护作用。有些个人捐款一次高达100,000两，也是向

① Frederic Wakeman, Jr., *Strangers At the Gate: Social Disorder in South China*, 1839－1861. Berkeley: University of California Press, 1966, pp. 23－24; Lo-shu Fu, *A Documentary Chronicle of Sino-Western Relations* (1644－1820). Tuscon: University of Arizona Press, 1966, p. 598.

② H. B. Morse, *The Chronicles of the East India Company Trading to China.* 5 vols. London, New York (etc.): Longmans Green & Co., 1910－1918; Taipei reprint, Book World Co., 1963, p. 155.

个别人士征收的。

英—中垄断商人

所有这些捐输增加了行商信用的不稳定性，因而东印度公司的预付款越来越成为这个垄断贸易机制的续命汤。每年要把下一年茶叶合同的50%的货款和丝合同的90%的货款预付给广州的经纪人。他们为了预先保证下一年合同的下余货款部分，就把这笔预付款的一部分转交茶叶批发商或丝批发商，所以每个行商都是负债者。如果某个经纪人被传言无力偿付债务，他只要从英商得到更多的钱以表明英商信任他的可靠性，便可保持内地茶商和丝商对他的信任。但是从英商得钱愈多就意味着预付款额愈高，预付款额愈高也就意味着在下一年度合同中要给此行商以更大份额。该行商在得到这个份额后，也必须相应地接受更多的英国毛织品。于是，这位经纪人必须设法把不愿要的毛织品委托广州纺织商行抛售。这样也就进一步扩大了他的赊欠，进而增加了他的不稳定性，致使他年复一年地硬拴在东印度公司身上。到 1783 年，东印度公司在贸易上的势力已是如此强大，以至它的监理委员会认为，即使海关监督也不能建立一个价格联盟来与它相抗衡。① 当然，这种情况丝毫不能削弱海关监督勒索行商钱财的权力，因为一种新的英—中垄断制度已经建立起来。这时东印度公司已把大量资金提供给某个商人，以致它简直经受不住使他遭到破产的风险，否则它就会失去获得它的“副保”的一切希望（“副保”，即该商人已抵押给东印度公司以后几年的茶叶贸易）。从此，该公司的预付款办法把它的命运紧紧地和这些商人联系起来，使得海关监督不再能——或者说不再需要——出卖专卖权。相反，他把经纪人作为英商的代理人使用，因为他知道东印度公司会间接

---

① H. B. Morse, *The Chronicles of the East India Company Trading to China*. 5 vols. London, New York (etc.): Longmans Green & Co., 1910 - 1918; Taipei reprint, Book World Co., 1963, Vol. 2, p. 9.

地替他们缴纳罚款和关税。

尽管监理委员会非常急切地想恢复濒于绝境的行商以保持茶源畅通，可是东印度公司从茶叶贸易本身赚来的钱很少。虽说到19世纪30年代，英国政府从茶叶税中得到了岁入的10%，东印度公司的收益却没有那么多。在1780年和1790年间，对印、中两国的贸易的全部利润稍许不足200万英镑，只折合原来股本额的5%。这当然不包括使东印度公司成为其财源的许多有关人士的额外所得：此种所得即东印度公司商船上的大班和船员的私人贸易，支付给有权利以高价向公司出让“世袭船底”——或称运输权——的某些家庭的款项，等等。但无论如何，东印度公司在广州的贸易从未中断，因为该公司统治了印度，而中国则是实现汇划印度岁入结余的理想的中介国家（这些余款必须用于偿还2800万英镑的债款，是东印度公司为支付主要用于征服印度的花费而在伦敦借支的）。

汇划机关当时是代理行。东印度公司为使自己的职员不控制散商对印贸易，于1787年建立了代理制度。1832年，有人对代理行的起源作了如下描述：

> 代理行主要由绅士组成，他们过去都在政界或军界供职。他们觉得按习惯自己更适于经商，于是得到退职许可后便从事代办业和商业。他们为公司服务积蓄了资金。他们把这笔资金或者借给别人或者直接用于商业，实际上，与其说他们是资本的拥有者，毋宁说他们是资本的分配者。他们在通常的贸易过程中，以及通过借贷之间的利息差额和通过收取佣金，来获得利润。①

到1790年，在加尔各答已有15家控制印度国内港脚商（即在印度得到该

---

① 布拉肯先生在下院特别委员会上的证词，1832年3月24日。引自：H. Sinha, *Early European Banking in India*. London：Macmillan，1927。又可参考 Blair B. Kling，“The Origin of the Managing Agency System in India，” *The Journal of Asian Studies*，Vol. 26，no. 1（Nov. 1966），pp. 37－48；Amales Tripathi，*Trade and Finance in the Bengal Presidency*，1793－1833. Bombay：Orient Longmans，1956；Dilip Kumar Basu，“Asian Merchants and Western Trade：A Comparative Study of Calcutta and Canton 1800－1840.” Ph. D. diss.，University of California at Berkeley，1975，pp. 209－250。

公司许可而由散商经营的商号）的散商商号。这时，港脚商也已向东扩展到海峡和中国。为了满足贸易需要，商号建立了银行和保险公司，为外商投资者办理业务，汇寄私人资金，资助靛青种植，等等。汇运欧洲染料工业使用的靛青是一种主要的汇寄形式，不过这种汇运经常受到拥有和管理东印度公司船只的“航运界”收取高昂运费的妨碍。1801 年，靛青售价暴跌，许多代理行开始着重依靠向广州运送棉花和鸦片的生意。

东印度公司垄断了中国的茶叶收购，因此，港脚商从印度运往中国的商品不得不在中国统统换为低价货如糖或者中国白铜（即锌，有时是锌与铅、铜的合金），或者只换成硬币。因此，需要大量银行业务来结算利润。有三种办法可以使东印度公司用这些巨额收益获得硬币和增值利润，因为这时该公司在广州维持这一贸易体制迫切需要巨额费用和预付款。第一，印度管辖区之一可以向某代理行预付卢比，该代理行即购印度棉花运往广州出售以换取西班牙银元，然后从中扣除港脚商人的利润而将余款交东印度公司商馆账房。

与中国的三角贸易

第二，驻广州的商馆可以接受某一港脚商人的硬币而付给他可在伦敦或孟

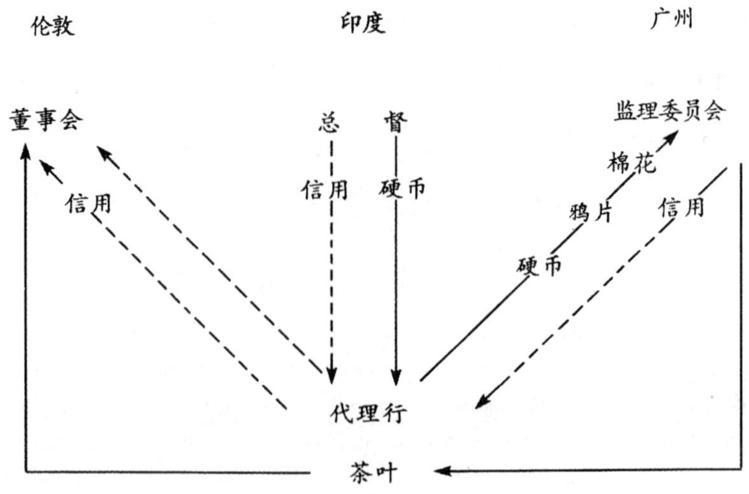

加拉兑现的汇票。最后在下列情况下信用可以在账房中过户：（一）如果东印度公司欠行商甲一笔预付款；（二）甲可以从港脚商人乙购买棉花和鸦片；（三）因此，甲能把他的东印度公司欠款过户给乙；（四）然后，乙可利用由伦敦董事会承付的汇票将款汇往伦敦。

乍一看，港脚商人很像是中国明、清时代在国家各专卖事业之间钻空子活动的那种商人，但实际上与中国那种商人不同，因为港脚商人是不可或缺的。出现港脚商人的最基本和最经常的原因很简单：英国人对茶叶的需求量很大，在欧洲却找不到中国人会大量消耗的与此相当的制成品。结果，东印度公司的垄断制度本身不能为这种贸易提供资金。所以除了公司直接运输茶叶外，其他一切交易都是通过其印度代办所及驻广州代表——“英国散商”——进行的。

垄断制的告终

随着中、英两国越来越疏远，它们的贸易代表反而越来越近乎。到 1810 年，监理委员会和公行似已结为一体，成了一个统一的英—中行会。它们之间的竞争是不重要的。的确，它们双方都希望互相帮助以反对新来的英、美散商的侵犯，这些散商是在垄断体制之外搞经商，因为他们认为垄断制度已过时和碍手碍脚。

1784 年第一只美国船到达广州。独立战争结束后美国私掠船失了业，安的列斯群岛不向它们开放，塞勒姆、波士顿和纽约的船主如饥似渴地注视着中国贸易。美国的单桅小帆船和纵帆船从努特卡先是运来了人参，1787 年后又从那里运来了毛皮。1806 年以后，即当美国太平洋西北沿海的海豹和海獭被灭绝时，商船就从夏威夷和斐济收运檀香木，到 1830 年这些树也被砍伐殆尽。绕道合恩角的美国人也开始在西属美洲诸港出售欧洲货物以换取墨西哥鹰洋，然后将鹰洋运往中国以购买茶叶、丝和瓷器。这样广州贸易一年又增加了二三百万元的现银，从而使美国和中国的贸易额激增。美国的运费与东印度公司的相比是如此便宜，以至美国人的茶叶在英国付了关税后仍能以低于东印度公司的价格出售。到 1820 年，广州贸易除一小部分外，全部由东印度公司、港脚商人和美国人分别经营。

美国人自己并不愿步东印度公司之后尘，不愿付给行商以抬高了的价格去填充公所基金。相反，他们找的是非公行的商人，特别是寻找其行号麇集于广州各商馆周围的店主。但在 1818 年发现一店主试图自购生丝时，海关监督坚决主张：行商作为外国船只的保商，此后应当对非公行的经纪人做出担保。这对公行和监理委员会有利，因为大多数店主必须因此迁回城内。十年以后，有个盐商试图建立一个新的外贸商行与美国人做生意，还得到了上述的那些店主的资助。当海关监督从该盐商得到一笔特别丰厚的贿赂后似乎正要默许时，像 17 世纪的一些“特许权商人”那样，东印度公司利用总督的干预破坏了这个联合活动，监理委员会对中国官方干涉这次贸易的善意行动表示赞赏，但伦敦并不以为然。

英、中两国的距离使董事会把更大的希望寄托在使它的广州贸易组织中国化。例如在 1810 年，董事们发现，已将 350 万两银子预付给行商。监理委员会总是辩解说，这些预付款至少把下一年度的茶价降低了 35%。当印度总督不得不用 12.5%的利息借款时，伦敦询问，为什么为了得到这样微薄的收入就把那么多资金束缚在广州呢？这个逻辑是不能驳倒的，到 1818 年，监理委员会最后承认，茶叶生意很稳定，已经不再需要预付款了。[①] 经济作物的种植已经推广到福建、中原地区和广东各地，越来越多的农民种植单一作物以满足世界对茶叶的需要。结果，当行商签订了下一年度的合同时，广州商馆几乎是若无其事地向行商停交硬币。虽然仍用现银付给经纪人以支付公所的各种款项，但在 1825 年 3 月监理委员会秘密会议以后，甚至连这一做法也停了下来。如果一个行商即将破产，最好的办法是使他退出公行，自谋生计。旧的广州垄断制度日趋瓦解，因为港脚商把愈来愈多的资本引入广州城而使行商能够以较低的

① Evelyn Sakakida Rawski, *Agricultural Change and the Peasant Economy of South China*. Cambridge Mass.: Harvard University Press, 1972, pp. 215 - 216.

利率向私人放债户借款。利率从年利20%降到了12%，因此东印度公司的人为的贷款方法就不再需要了。[①] 这样，英—中垄断商之间长达百年的旧的贸易联系未作重大的声张就被切断，结果这两个法人很快就离异了。公行继续寄希望于将来，但监理委员会发觉，公行作为一个有担保能力的垄断组织的时代已经过去，开始打退堂鼓的时刻已经到来了。

1813年7月13日，英国议会取消了东印度公司对印度的贸易垄断权，只允许它还保持20年的对华贸易垄断权。在印度开放自由贸易后的繁荣时期，在加尔各答和孟买建立了数十个新代理行，其中有许多代理行向对华港脚贸易投资。驻广州的英国散商多年来已经与正规商业沾上了边，他们输入伦敦的打簧货、中东的没药、马德拉斯的檀香木、马来亚的玳瑁等等。他们的大宗商品已经是印度原棉，与南京的棉花竞争，向华南的纺织业推销。不久印度的繁荣时期结束。1827—1828年发生世界贸易萧条，而且普鲁士蓝又在欧洲染料工厂中代替了靛青，结果几乎毁灭了加尔各答的所有代理行。此外，广州港脚行号的业主们（其中许多人是加尔各答商人的苏格兰籍亲属）发现，中国市场对他们的货物需要量很低，也不稳定。从1819年起新加坡已经在迅疾地发展，致使海峡贸易的商品充斥于广州市面。印度棉花曾经是港脚行号的主要靠山，但它不再能同南京棉花竞争，因为南京棉花现在不是经过陆路，而是用帆船南运广东，从而减少了运费。甚至打簧货也售不出去，因为广州人已学会了仿制。虽然如此，港脚行号在广州人经营的银行业中仍起着重要作用，即使上述的特殊贸易失败了也不会使它们破产。除前面谈到的金银财宝的运输和从事金银经纪业外，私人商行还新办了数种新交换业务。例如，1826年以后银元输入额降低，原因是西属美洲的银源枯竭，美国转向国内投资。[②] 因此，威廉·

---

① H. B. Morse, *The Chronicles of the East India Company Trading to China*. 5 vols. London, New York (etc.): Longmans Green & Co., 1910 - 1918; Taipei reprint, Book World Co., 1963, Vol. 4, p. 257.

② W. E. Cheong, "Trade and Finance in China, 1784 - 1834, A Reappraisal," *Business History*, Vol. 7, no. 1 (Jan. 1965), p. 41.

查顿医生等商人开始鼓励美国人在伦敦出售他们自己的美国棉以换取寄往广州投资的拜令兄弟公司的汇票。接着查顿给出售棉花的美国人在广州记上一笔应付款，然后把原来的汇票在伦敦兑现，这样又向对华的私人投资者提供了一种汇划方式。这种银行业在 19 世纪 20 年代末的世界信贷危机中维持着港脚行号，但却未向它们提供足够利润使其发财致富。只是广州的私人商行开始直接向印度的第三大宗出口货鸦片投资时，它才向港脚行号提供足以致富的利润。

鸦片贸易

鸦片从唐代以来在中国就作为药物使用。1620 年，台湾人开始把鸦片和烟草混合起来用作麻醉剂传播到东南沿海，虽然在 1729 年时清政府禁止鸦片输入，但葡萄牙人仍从印度出口如达曼和果阿（卧亚），将这种麻醉剂小量输入中国。1773 年，东印度公司决定在东印度建立一个它自己的鸦片垄断组织，向印度农民提供款项，种植比葡萄牙人从西印度运来的白皮土（麻尔洼）质量更高的公班土（巴特那）。但到 1796 年，中国人被这种麻醉剂弄得十分苦恼，致使东印度公司决定不向中国直接输入鸦片以免危及它的茶叶垄断经营，而宁愿将鸦片在加尔各答拍卖给英国散商，然后由他们通过港脚贸易兜售给印度东部。因此，从 1800 年到 1818 年，对中国的鸦片贸易都是通过澳门进行的，每年不超过 4000 箱（一箱约重 140 磅）。

但在 1819 年，这种麻醉剂贸易突然兴旺起来。白皮土和公班土互相竞争，促使价格下降而扩大了消费量，结果又进一步增加了需要。有一个代理商写道："鸦片像黄金一样，我可随时卖出。"① 1820 年，学识渊博的总督阮元取缔了这种贸易。16 个中国商人在澳门被捕，其中一人泄露了全部底细，详细交代了向高级官员行贿情况。在此后发生的一次丑闻中，欧洲人的走私制度又恢

---

① Michael Greenberg, *British Trade and the Opening of China*, 1800 - 1842. Cambridge: Cambridge University Press, 1951, p. 118.

复了原状，当时鸦片批发中心站被移到一个小岛上，即葡萄牙人 1517 年曾首次登陆、位于虎门以外水域中的伶仃岛。从 1822 年到 1830 年，这个中心站的鸦片贸易又来了一个大跃进，贸易额每年高达 18,760 箱。但其中许多鸦片是不属于公司的白皮土，是由一些辛迪加在达曼购买的。为了试图使印度中部地区的土著王公不将鸦片售给辛迪加，东印度公司终于在 1831 年同意收运输费，通过加尔各答转运白皮土。鸦片这时从印度各地随便流入广州，到 1836 年，输入总额达 1800 万元，这使鸦片成为 19 世纪全世界最贵重的单项商品贸易。

这种麻醉剂虽然大量被卸到伶仃岛的浮动趸船上，远离中国官员的监督，但它必须经过广州才能卖出。数十个中国批发商（窑口）在广州从港脚行号办事员处买得执照，然后在设防的趸船上用执照换鸦片，再用“扒龙”（即“快蟹”，是全副武装的四十桨船，船上是一伙凶恶的疍家水手）把鸦片运走。这些船只或夺路而行，或行贿买路进入内河，驶抵由匪徒和三合会经管的陆路批发站。但即使有如此有效的体系，也不能全部处理印度来的货物。作为港脚贸易头目的查顿医生一心想赚钱，于 1832 年决定派船北上，在福建和浙江沿海的小海湾直接从船上出售鸦片。这些全副武装而豪华的沿海飞剪船就这样开辟了新的市场，增加了新的瘾君子，结果以空前的规模扩大了这种麻醉剂的销路。

在 19 世纪的最初十年，中国的国际收支结算大约盈余 2600 万元。从 1828 年到 1836 年，从中国流出了 3800 万元。使国际收支逆转的正是鸦片烟，它资助了英国加速使印度殖民地化的大部分活动。1830 年，东印度公司的总稽核宣布，每年至少有 400 万镑得从印度运回英国。印度的这笔盈余的大部分首先要变成鸦片在广州卖掉，然后购买茶叶运到国内，这又为英国政府增加了 330 万镑关税。在经过几个世纪的贸易之后，西方终于发现中国会大量购买的东西了。正人君子们在想到这种产品的性质时也许会感到内疚，但这种麻醉剂不正是港脚贸易的重要商品吗？港脚贸易不又是那个时代每一个盎格鲁-撒克逊人评价很高的那些价值——自助、自由贸易、商业主动性——的缩影吗？因此，心有内疚者被忽视，正人君子被藐视，怀疑主义者被嘲笑。如果有所不同的话，那就是自由贸易者认为应更多地归功于他们。曼彻斯特如日方升，港脚商对监理委员会几乎视为当然的限制感到恼怒。查顿在致友人的信中写道："英国的大人先生们除去对于茶叶和从茶叶得来的税收而外，再也想不到有关中国的其他事情，只要安安静静得到这两样，任何屈辱都甘心忍受。"① 但这个时代已经过去，难道不是吗？1833 年，经过四年的请愿、公众演说、群众集会和院外活动，自由贸易者看到，议会终于取消了东印度公司的垄断权。中国这时也对英国的自由贸易实行开放。

事情难道不是这样吗？争取自由贸易的战斗在英国国内已获胜利，而广州仍在实行限制。这个城市仍拒外商于城墙之外，使外商受该城官员的辖制。一出广州城，就是四亿人口的中国国内大市场。曼彻斯特的制造商们互相议论说：如果每个中国人的衬衣下摆长一英寸，我们的工厂就得忙上数十年，要能打开这个壁垒就好了；英国能找到一个安全港口，能夺得一个岛屿并将它变成一个受英国保护的安然无虞的货物集散地，那就好了。驻广州的英国散商 1830 年 12 月在呈递下院的请愿书中辩解说，对华贸易是世界上潜力最大的贸易。现在该是把对华贸易置于"一个永恒的、体面的基础之上"的时候了。马戛尔尼于 1793 年和阿美士德于 1816 年出使中国的失败，"也许能有力地提醒贵院，任何高尚的外交手腕，在中国都是不会有什么收获的"②。甚至东印度公司监理委员会在收拾行装准备撤走时已经开始感觉到，战争作为外交的姊妹，就是对人们的问题的回答。西方的和中国的垄断者都遭受了百年以上的痛苦，但现在那个时代已经过去。监理委员会宣称，战争能轻易地打赢，并且会"把我们的交往置于合理的基础上"，因为"中国人民决不想损害同英国的关

① Michael Greenberg, *British Trade and the Opening of China*, 1800 - 1842. Cambridge: Cambridge University Press, 1951, p. 177.

② Michael Greenberg, *British Trade and the Opening of China*, 1800 - 1842. Cambridge: Cambridge University Press, 1951, p. 178.

系……敌对心理只不过产生自政府的猜忌而已”。[①] 大班们想起他们曾经享受过的巨大利益时充分相信，备受官员压迫和海关监督征税之苦的普通中国人，一定会赞成中国国内商人数百年来未能实现的愿望：摧毁官僚制度和商业的限制。即使这意味着诉诸武力，也在所不惜。

如果英国人比较认真地省察一下自己的动机，就会认识到他们对中国人的误解是多么严重。自从葡萄牙人拥有第一批商船之日起，欧洲商人就被利润、宗教信仰和国家荣誉所激励。过去重商主义和民族主义是携手并进的。而现在，随着帝国主义在19世纪成为一种学说，它把两者空前紧密地结合了起来。贸易总是随着国旗而来。可是谁都会想到，当国旗最终真的到达广东时，广州人可能考虑国家的安危胜过考虑贸易的利益。

鸦片战争（1840—1842）前夕，清朝的对外政策以长时期以来遵循的三个假定为依据：中国在战争中占优势；它善于使外来民族“开化”；它有贵重商品可使外国人接受纳贡地位。这三个假定在当时都错了，而且最后一个假定到1839年尤其过时得厉害，因为它只适用于工业时代以前商业往来的情况。那时外商来华只是为了购买中国货物。而此时西方制造商开始来寻找中国市场了。曼彻斯特商会在1836年2月交给外交大臣的一份呈文中指出，广州提供了年达300万镑印度商品的出路，“这使我们的印度臣民能够大大增加对我们制成品的消费量”[②]。英国人要扭转1000年来欧洲和东亚之间的供求关系，他们想的比实际做到的更多，但是坚决要求取消中国为防止西方商业入侵而设立的壁垒，这呼声中还悦耳动听地夹杂着19世纪辉格党自由主义与曼彻斯特企业的共同要求，这就是不久人们所说的“自由贸易”。“自由贸易”的代言人，如主张侵华的一些时文小册子的作者和院外活动者，完全反映了这个时代的民

---

① H. B. Morse, *The Chronicles of the East India Company Trading to China.* 5 vols. London, New York (etc.): Longmans Green & Co., 1910 – 1918; Taipei reprint, Book World Co., 1963, Vol. 4, pp. 316 – 317.

② Michael Greenberg, *British Trade and the Opening of China*, 1800 – 1842. Cambridge: Cambridge University Press, 1951, pp. 194 – 195.

族主义，他们异口同声地要求贸易特权和平等的外交往来。

律劳卑事件

1833年废除东印度公司垄断权的法案，也规定要委任英国驻广州商务监督。英国外交大臣巴麦尊勋爵提名苏格兰贵族、海军军官和养羊业主威廉·约翰·律劳卑担任此职。律劳卑是一个心地善良的人，但不熟悉中国国情，他被派往澳门时带着前后自相矛盾的训令，即反映了他的上司不愿意在战争（它会破坏现存贸易）和消极服从（它会加强清王朝的垄断制度和单一港口贸易政策）之间做出选择。一方面律劳卑被告知，他不得损害英国与中国的现存关系；但巴麦尊接着又简直像是事后诸葛亮地补充说："阁下到广州后应立即以公函通知总督。"① 数十年来，广州贸易章程一直禁止中国官员和外国人直接交往。现在巴麦尊随便宣布一项中国肯定会反对的新倡议，但又没有打算用武力支持这个要求。律劳卑尚未悟出此中奥妙，他于1834年7月25日到广州以后就发出这样一封公函。这封公函立刻遭到拒绝，两广总督卢坤命令他立刻返回澳门。律劳卑拒不返澳，于是卢坤中断了贸易。在律劳卑逗留广州期间，总督命令封闭商馆，断绝供应。接着律劳卑违背巴麦尊的命令，指挥两艘军舰一直打入珠江，同时派军舰去印度接兵。与此同时，卢坤封锁了珠江，集合68艘战船，并经道光帝敕准用武力对付。律劳卑虽因患疟而身体虚弱，但仍顶住封港令和封锁达17日之久。当他最后失去本国商人的支持时便改弦易辙，黯然回到澳门，10月11日即病死于此地。

律劳卑事件有两个重要后果。它使清朝官员相信，一经大胆地封锁商馆，英商就是些孤立无告的人质。它也使律劳卑的继任者认识到，没有应急的战争

---

① H. B. Morse, *The Chronicles of the East India Company Trading to China*. 5 vols. London, New York (etc.): Longmans Green & Co., 1910 – 1918; Taipei reprint, Book World Co., 1963, vol. 1, p. 139.

计划就向广州贸易制度挑战，是一件蠢事。第二任商务监督德庇时先生禀告巴麦尊，在未得到下一步训令以前，他将保持“绝对沉默的态度”。① 但这种沉默的政策并没有使驻广州的港脚商感到高兴。他们对德庇时的优柔寡断进行了三个月吹毛求疵的批评，之后德庇时就辞职了。他的继任者在1835年和1836年一直安静地工作，等待训令，但训令从未到来。他只有一个想法：保持贸易畅通，即使这意味着接受所有的贸易限制。

有势力的自由贸易院外集团所要求的是多得多的东西。自从废除东印度公司垄断权以后，贸易按银元价值虽已经增长，但那主要是因为广州物价飞涨。② 英商当时非常艰窘，降价出卖了马萨诸塞州洛维尔工厂，更不用说必须付出越来越高的价钱购买中国货了。这种通货膨胀是西方贸易弱点的象征，因为废除英国垄断权实际上意味着有效的法人的讨价还价的力量和信用手段的终结，这两者原来都能使商品保持低价。而且自由商人很快发现，行商为了获得现款，把英国布匹暗中贴本7%出售。这清楚地警告信用危机迫在眉睫（如1836年的破产事件），同时它也显示了废除东印度公司垄断权的另一个后果：这里不再有一个由英国公司代表组成的单独团体来关心保护每个行商免受海关监督的横征暴敛了。因此，自由贸易拆去了中国商业活动的一个重要支柱，从而使广州贸易制度出现了极大混乱。实际上，一方实行放任主义，需要另一方相应地取消各种限制，才能恢复贸易职能的平衡关系。

这个道理是明白了，但港脚商人主要认为，市场当时对他们是关闭的，他们成了赃官任意敲诈的牺牲品，律劳卑和英国国旗受到了侮辱。当然，这最后一点被他们在政治运动和请愿书中利用来使其同胞确信他们的斗争是正义的。《广州纪事报》首先发出了刺耳的主战言论，到1835年，马地臣把这些议论带

---

① H. B. Morse, *The Chronicles of the East India Company Trading to China*. 5 vols. London, New York (etc.): Longmans Green & Co., 1910 - 1918; Taipei reprint, Book World Co., 1963, Vol. 1, p. 166.

② 美、英两国船只从1832年到1837年运来的全部进口货的价值增长64%，价值3770万元。在这同一基础上，出口货增长79%，价值3490万元，丝价增长将近25%，茶价增长55%。

回了英国。开始，他没有得到当时威灵顿公爵领导下的外交部的同情。但辉格党人很快重掌政权，马地臣发现巴麦尊勋爵比较愿意倾听他的意见。这位新任外交大臣虽然不得不对付曼彻斯特及利物浦的厂主们，但采取更加强硬对华政策的想法显然适合他自己那种爱炫耀的个性。他并未天真地相信可以将这个政策强加给英国公众，除非中国人提供一个开战的借口，因为英国公众根据福音的教导已经感到贩卖鸦片是犯罪的。然而他能够采纳稍为强硬的政策，于是他听从船长义律（他在皇家海军服过役，此时在澳门担任第二商务监督）的建议，采取一种既不像律劳卑那样执拗又不像德庇时那样被动的政策。1836 年 6 月 15 日，巴麦尊提名义律为商务监督。六个月后，委任令到达澳门。①

有些幸运的人常常相信，即使最困难的问题也可能得到“合理”解决，义律就是这样一个人。但不幸的是，他虽有这种乐观主义，却没有辅之以对细节的关心，也没有成功的外交活动家在解决微妙问题时经常需要的那种耐心。他奉命要像律劳卑那样停止使用“禀帖”方式，但因卢坤的总督职务已被显然具有更多妥协思想的邓廷桢所接替，所以义律认为，为了实现交往，值得按中国规则办事。他呈上了一份毕恭毕敬的禀帖，邓廷桢才承认他为商务监督，允许他进入广州。义律在受到巴麦尊斥责以前一直得意扬扬。这位外交大臣正确指出，这种外交礼仪的实质就是贡使制度，所以坚决不许利用禀帖谋取两国政府的交往。邓廷桢也自然不肯纡尊降贵。他上奏道光皇帝时说：“唯若听平行于疆吏，即居然敌体于天朝。”②

义律希望用军事手段打破僵局。海军少将马他伦并未接到确切的训令就于 1838 年 7 月率印度舰队中的两艘英国战舰到达。义律期待会出现某些迹象以证实他的希望，即这次显示力量的小行动将会使中国转变态度。邓廷桢当然被马他伦的到来所震惊。当一次小事件发生之时，他就默许他的一位水师管带去

① 从广州到伦敦的函件来回需时约八个月。1841 年以后汽轮和从亚历山大港到苏伊士的陆路被启用，单程只需时两三个月。

② Pin-chia Kuo, *A Critical Study of the First Anglo-Chinese War, with Documents*. Shanghai: Commercial Press, 1935, pp. 234 – 235.

向这位英国舰队海军少将正式道歉。义律对道歉感到满意，于是英国战舰于10月初返回印度。

义律这时认为他已有了一些成绩，但谁也没有受骗。中国人认为他们已揭穿了英国人的虚张声势，而港脚商却知道，只是舰队的访问绝不会引起他们所希望的战争。早在1835年他们就已懂得，英王陛下政府只要能从对华贸易得到源源不断的税收，就不会发动战争。但是如果鸦片（英—中—印贸易的货币催化剂）减少，巴麦尊势必会做出自由商人迫切期望的决定。因此，主动权操在中国当局手中，而中国当局早已开始比较强有力地来打击鸦片贩运了。

关于鸦片问题的争论

到1836年，每年输入中国的鸦片约1820吨。吸鸦片烟成瘾者似乎与日俱增。烟瘾的程度如何从来没有精确估计，因为一个吸烟者每日平均用多少鸦片没有可靠数字。1836年，外国人估计约有1250万吸烟者。1881年，赫德爵士做过一次比较认真的核查，他提出吸烟者的人数是200万，即约占全国人口的0.65%。当时大多数人认为这个数字太低。史景迁经过认真研究，认为吸烟者占总人口10%是19世纪80年代后期的合理数字，也许3%—5%的人烟瘾很大，因此提出1890年瘾君子人数是1500万。[①]

上溯到1820年，外事专家包世臣曾宣称，苏州有十万名瘾君子。1838年，林则徐坚持说，用洋药者至少占中国人口的1%。但是比这些学者引用的数字更重要的是，到处出现了吸烟的情景。在通都大邑和贸易大道上，在人烟稠密的河流三角洲，吸烟现象不能忽视。因为吸烟所费不赀，它需要余暇时间和额外收入，因此，吸烟人往往是富有的绅士、中央政府的官员（有人说吸烟者占1/5）、衙门胥吏（林则徐估计占4/5）和士兵。朝廷一想到整个政府官员因吸

---

① Jonathan Spence, "Opium Smoking in Ch'ing China," in Frederic Wakeman, Jr. and Carolyn Grant, eds., *Conflict and Control in Late Imperial China*. Berkeley: University of California Press, 1975.

烟而腐败时就感到震惊，对银锭外流量与日俱增的经济后果也感到惊恐。粗略地说，中国采用的是复本位币制，即 1000 文铜钱依法应兑换 1 两银子，但银价在逐渐增长，所以到 1838 年，大约 1650 文铜钱换银 1 两。因为土地税一般用铜钱交纳，但要用银两计算和上解给中央政府，因此，农民必须缴纳愈来愈高的赋税，而国家收入则丝毫未增加。

兑换率的这种变化还有纯属国内的原因。例如，云南铜矿开采产量下降，迫使政府铸造更便宜的铜钱。铜钱质量变劣及其相应的贬值，要求有更多的现钱，所以在 19 世纪最初 30 年，每年铸造的货币多达 18 世纪初的八倍。按格雷欣法则，银因此在流通领域内消失，这就增加了对银的需要，从而也提高了银的价值。① 纵然铜钱本身的贬值完全说明了铜钱交换价值的损失的原因，但清朝官员仍把价值差额完全归咎于鸦片贸易对中国所造成的白银收支逆差。这种经济方面的担心还夹杂着其他一些论证。例如，鸦片被视为外夷侵略的一个帮凶，是使人民意志消沉、"道德沦丧的毒药"。像邪教一样，鸦片破坏了中国固有的——即使人区别于禽兽、使中国人区别于外夷的——社会关系（伦理）。如果人民因吸烟而不断深深陷入颓废消沉之中，御史袁玉麟在 1836 年论证说："父不能教其子，夫不能戒其妻，主不能约其仆，师不能训其弟……是绝民命而伤元气也。"②

此外，洋药贸易使官员和暴徒发生联系，从而败坏了公职。广东的情况特别是这样，所以该省早在 1826 年就已建立了一支专门捕捉鸦片走私船的巡逻船队。没有过多久，这些巡逻船便让走私船"快蟹"每月交纳 3.6 万银两而允许它们从身边悄悄通过。因此巡逻船于 1832 年被撤销，五年之后，即当邓廷桢想尽办法要消灭走私时，又被恢复。麻烦的是这些海上巡逻船吸引住了一心

---

① John Fairbank, *Trade and Diplomacy on the China Coast.* Cambridge Mass.: Harvard University Press, 1953, p. 77. Frank H. H. King, *Money and Monetary Policy in China*, 1845 – 1895. Cambridge Mass.: Harvard University Press, 1965, pp. 140 – 143.

② Pin-chia Kuo, *A Critical Study of the First Anglo-Chinese War*, *with Documents*, Shanghai: Commercial Press, 1935, p. 213.

想谋取暴利的所有贪赃枉法的官员，甚至水师将领韩肇庆也为抽取佣金而转运鸦片，广州的大商号也被牵连在内。这些商号唯恐洋药危及它们的合法生意，确实设法不使自己过深地卷入洋药贸易，但最后对此也满不在乎了。许多商人都从事这种贸易，例如福建批发商、广州布贩、山西银行家等，所有这些人在官方看来都是一丘之貉。

在公开记录的下面尚潜藏着迄今并无文件可考的怀疑，即最初得到对西方贸易垄断事业支持的广州实业界，逐渐依赖鸦片。后来由于宫廷吮吸鸦片利润，它进而使北京也依赖鸦片了。贪污腐化和高尚的道德原则常常共存于世界上的一些权力中心，因而这样来联系似乎是可信的。嘉庆年间（1796—1820），广州每年应交皇室的关税余额为855,000两银子，此款比帝国境内21个海关征税的全部余额（银2,261,000两）的1/3还多。因此人们可以推测，广州有这么多官员都能得到利益，那么海关监督势必要上解一份给朝廷分享。[①] 此外，从清代贸易初期开始，中国东南地区的商人就已经和沿海罪犯紧密勾结在一起。这种勾结随着广州贸易制度的日趋稳定曾经有所减弱。现在它又在重整旗鼓，使得被派去治理这个地区的清朝官员比以往更加确信，有个完整的当地“叛国者”组织在帮助外夷腐蚀中国。

鸦片烟在18世纪没有获得有效的禁止。1820年道光帝登基时被这种违法行为所震惊。他的愤怒影响到当时的两广总督阮元，后者曾把鸦片走私贩从澳门驱逐到伶仃岛。但在19世纪20年代，关于洋药泛滥的报告不断传来；北京本地也公开出售，山西省有烟馆，上海附近有走私买卖，甚至安徽各地山上也遍种着红罂粟花。到1830年，道光帝也得知江南银价上涨，第二年他下诏逮捕走私贩以制止从广州输入鸦片，并命令恢复保甲制度和奖励告密，以制止国

① Te-ch'ang Chang, “The Economic Role of the Imperial Household (Nei-wu-fu) in the Ch'ing Dynasty,” *The Journal of Asian Studies*, Vol. 31, no. 2 (Feb. 1972), p. 258.

内种植鸦片。[①] 这两个措施都未能减弱暴利的吸引力。到 1836 年，事情已很清楚了，“严厉”执行现行法律并不能遏止洋药的传播。因此，在那年 5 月 17 日，北京的一位官员许乃济大胆地建议说，禁止不是办法。姑且不论道德问题，可是银块外流却是实际问题，而这只有对鸦片贸易实行解禁并采取易货交易才能预防。清帝立刻要求其他高级官员讨论这个问题，他静默地倾听他们的辩论，不表态，以后这场辩论以这种或那种形式进行了两年之久。

第一个是解禁问题，当时有两种意见。解禁派辩解说，“空想的”实施禁令是不切实际的，除非皇帝愿意实行恐怖统治。继续不断的禁止只能使官员贪污腐化。最好的办法是把握现实，用易货交易的办法获得洋药，然后把它置于海关监督的垄断控制之下。这样，国家收入就会大量增加。这最后一点的确打动了道光帝的心，因为他是一个著名的主张节俭的人；但他又很自觉地模仿历史上的英明君主，清楚地意识到自己所负的道德义务。因此，他更容易接受道德派的反对意见，即违法不是废除法律的理由。世道可能是恶劣的，但这更是大胆恢复道德的理由。另一方面，如果鸦片被解禁，人们都要吸烟。

道光帝同意道德派的意见，下令驻广州官员要更积极地执行反对中国人走私和贩卖的法律。这次禁烟运动的成绩超出了北京的意料。到 1837 年 1 月，广东按察使王青莲四处查封烟店，使鸦片贸易几乎销声匿迹，在这一年里有 2000 个贩烟者被捕。事实上，港脚商人掌握的洋药确实供过于求，因此价格暴跌。虽然有一个外商因走私而被驱逐出境，但是这里的外国人仍然认为，中国人对此反正不会十分认真，并且会认识到实行解禁在财政上是正确的。特别是他们仍然满有理由地认为可以免于逮捕。虽然豁免权是个关键问题，但由于道光帝对从广州呈递的乐观奏折产生了可以理解的怀疑，又由于他渴望这个问题获得最终和彻底的解决，所以免予逮捕的范围完全改变了。1838 年 6 月 2

---

① 《清实录经济资料辑要》，南开大学历史系编辑，北京中华书局 1959 年版，第 533 页。这里有关于鸦片辩论的奏文和诏令，第 527—533 页；更加完备的材料见于蒋廷黻编的《近代中国外交史资料辑要》，第 1 卷，第 24—36 页，张馨保的《林钦差与鸦片战争》一书对这个问题作了很好的批判性研究。

日，北京的另一位官员黄爵滋要求道光帝下令对烟民判以死刑，这引起了第二阶段的鸦片辩论，即辩论根除鸦片的方法。到这时为止，只有贩卖和种植鸦片者才受惩罚。黄爵滋争辩说，这还不够。只要有需要，寡廉鲜耻之徒就会竭力去迎合它。因此，一定要杜绝对鸦片的需要，即使它意味着千千万万的人死去也在所不惜。

这时，沈阳的鞑靼族（满族）将军宝兴向道德派提出了质问。他问道，你如何断定谁是吸烟者呢？从这样一条法律获得好处的只是衙役和胥吏，因为他们可以利用这条法律勒索不幸的无辜者，或是利用它来报复宿怨。这样做不行，要打击的仍应是烟贩和走私者，因为他们是问题的关键。认真地执行现行法律即可，而不必另外颁布新的法律。这是个合理的劝告，但是道光帝知道，自从 1820 年以来走私者本已被逮捕，但洋药仍然源源流入中国。空谈执行法律很容易，但另外还必须制定确切的执行方法。另一方面，道德派的意见的确是激进派的意见，因为这些意见意味着国家对社会的最下层给予干预。这不但有些法家味道，而且还意味着把一件强有力的武器交给了不可能指望善于使用它的下级官员。难道那时没有人能够提出一个合理解决的办法吗？

1838 年 7 月 10 日另一个人对这一问题的回答被听到了，此人就是湖广总督林则徐。林则徐出身于福州一个家道中落的望族，这时他已有了出色的仕宦经历。1804 年，他 19 岁中举。后来任巡抚佐幕五年，接着在京任三年多翰林院庶吉士。此后，由于朝廷赏识他做事有魄力，他的升迁较常格稍快：他历任学政、（江南道）监察御史、（浙江省）道员、（浙江）盐运使、（江苏）按察使、（江宁）布政使、（河东）河道总督等职，47 岁时已升任为巡抚，这算是比较年轻了。五年之内他又晋升为总督。他的经历清白无瑕。1838 年时林则徐还没有和西方打交道的经验，他有着一个从未犯过严重错误的人的强烈信心。他为人处世很讲道德，有强烈的责任感。这部分是因为他受了当时与他过从甚密的清帝国一些最严肃的知识分子的激励。在京城，他和著名政治理论家魏源及其他一些深受儒家今文学派影响的学者组织过一个学社。

今文学派可以上溯到汉代（汉代人对当时尚存的儒家著作的可靠性进行过

激烈的争论)。有一学派坚持说，用“今文”书写的经籍是经文的真文。另一派学者则相信，在孔子出生地附近一堵墙内发现的用“古”文书写的著作才是可靠的经文。后一学派最终占了上风，部分原因是因为今文学家支持《春秋公羊传》，此书对儒家思想比那更为世俗的《左传》作了更多空想化的解释。这场争论到公元3世纪才平息下来，它对发展儒家思想起过重要的作用，宛如阿里乌斯教派异端之于中世纪天主教教义那样重要。今文学家对经典的注释一直被禁止，直到18世纪训诂学家庄存与才恢复了这项工作。庄存与的一个嫡传弟子名龚自珍，在鸦片战争时期继续阐发今文学派的学说。龚自珍是林则徐的挚友，也是该进步文社中的成员之一，这些学者在当时开始意识到正统的程朱理学对清帝国是一种致命的压力。振奋精神需要道义上有所作为，但这种作为不是宋代玄学的“空洞”说教，也不是清代汉学枯燥的训诂，而是伦常日用的治平之术。对这个道理的认识，最初并不是很清楚，只是在19世纪90年代康有为才大胆表达了出来。这就要求人们担负起重任，并且还要顺应正在变化中的时代。今文学家从经典中找到了“合时”一词作为根据，这个概念在经典著作中屡见不鲜，足以使人们相信他们的这个理论是可靠的，因为连孔子本人也认为人们只应在现代意义上利用古代事例。过去的范例不应盲从和附和，而应酌加修改，使其适合当前用途，此即“托古改制”。

林则徐认为，这个见解能使人们很容易地懂得利用西学和西方武器来保卫中国文化。但是今文学派著作中充满着神秘主义和道德主义的微妙混合物，这一点对他的影响尤其深。如果“君子”能正确地领会天意，他就能及时地召唤天道的宏伟力量来显示奇迹。总之，圣贤乃是代表上天的。因此我们在魏源的著作中可以读到这样一段话：

> 竹萌能破坚土，不旬日而等身；荷蕖生水中，一昼夜可长数寸，皆以中虚也。故虚空之力，能持天载地。土让水，水让火，火让风，愈虚则力愈大。人之学虚空者如之何？……一阴一阳者天之道，而圣人常扶阳以抑

阴。一治一乱者天之道，而圣人必拨乱以反正。何其与天道相左哉?[1]

人们的世俗的思与行之间总是脱节的，在思辨中的与在写例行奏疏时的同一位哲学家也往往言行不一。但林则徐比大多数人更好地通过了这一关。就他那个时代的人而言，他把这两方面结合得最好。他后来秉持这样一个信念：在与英国作战时期上天是站在他这边的，正像在此前几个月那样。他用这种同样的道德热情使道光帝转变态度，接受了他的禁烟方案。

到 1838 年，道光帝对官员们的优柔寡断感到愤怒，对鸦片辩论未获结论感到灰心。他所希望的是对问题的正反意见做出清醒的判断，然后采取决定性行动，而林则徐 7 月 10 日的奏章正中他的下怀，因为林则徐开门见山地谈到这场辩论的主旨。一方面，他完全同意宝兴的意见，死刑是对吸烟者非常严酷的惩罚，但洋药对于国家强盛毕竟是非常有害的。因为烟民是道德病态的人，因破坏法律而处决他们是不对的。但是用死刑威胁他们，恫吓他们除去这种恶习是对的。“夫鸦片非难于革瘾，而难于革心，欲革玩法之心，安得不立怵心之法?”[2] 谁也没有讨论过烟瘾的心理学，也没有讨论过戒烟问题，林则徐却强调了这两点。例如，他认为，虽可以用枪决相威胁，但吸烟之辈陷溺已深，会因戒烟痛苦而拖延到追悔莫及。因此，烟瘾必须由国家帮助来戒绝。须开设戒烟院，从死刑的公布到实施以一年为期，其中又分为四个阶段，愈到后来的阶段加罪愈严。同时，在南方应加强反对烟贩的斗争。因为瘾君子虽说到处都有，但关键仍在广州。对广州外籍走私贩的处理应与本国走私贩相同。他们毕竟是罪恶的渊薮。现在已不是用温和手段对待他们的时候了，要把他们真正置于中国法律的管制之下。

这个包括多方面的纲领性文件有希望使禁烟奏效，因此林则徐立即奉召进京。他在京师受到不寻常的礼遇，他私人被道光帝召见竟达十几次。1838 年

---

① 魏源：《古微堂内集》，台北文海出版社 1964 年版，第 2 卷，第 6 页。

② Pin-chia Kuo, *A Critical Study of the First Anglo-Chinese War, with Documents*. Shanghai: Commercial Press, 1935, p. 220.

12月31日，林则徐被任命为钦差大臣。有一道上谕说明了道光帝授予这项非常任命的原因：

> 昨经降旨，特派湖广总督林则徐驰赴粤省，查办海口事件，并颁给钦差大臣关防，令该省水师，兼归节制。林则徐到粤后，自必遵旨，竭力查办，以清弊源。惟该省窑口快蟹，或以开设烟馆，贩卖吸食，种种弊窦，必应随地随时，净绝根株。①

这几点训令是果断彻底的。其意义可看作是，如有必要，准许林则徐使中国采取军事行动。毫无疑问，道光帝和林则徐讨论过这种可能性，不过他们不习惯于用“开战”这个概念，即现代意义上的正式宣战。他们认为英国人桀骜不驯，林则徐这次南行就是要驾驭和平定他们。如果形势需要，他可以动用武力，但这不是他所希望的。他在1839年9月向道光帝陈奏说：“鸦片必要清源，而边衅亦不容轻启。”② 避免危机的可靠办法是灵活地兼用胡萝卜和大棒，即“恩威并用”。正像林则徐对鸦片烟瘾所作的分析那样，这也有赖于应用心理学原则。正确地显示一下清帝国无可比拟的道德力量，可以慑服外夷。从这两方面看来，道光帝认为钦差大臣林则徐的威力在于确信可利用心理手段发动一场道德劝诫运动来禁绝鸦片。究竟如何才能不折不扣地做到这点，道光帝并不清楚。他赞同林则徐，也赞成这个措施，但其功过则将一如其他钦差大臣，由他的成败来决定。禁烟必将成功，林则徐对此是毫不怀疑的。他为人刚直不阿，做事坚决果断，易于使英国人慑服，正像容易使本国鸦片商畏惧一样。“战争”从来没有成为考虑的问题。

---

① 《筹办夷务始末·道光朝》，台北“中央研究院”近代史研究所1968年版，第5卷，第17页。

② Pin-chia Kuo, *A Critical Study of the First Anglo-Chinese War, with Documents*. Shanghai: Commercial Press, 1935, pp. 250－251. 也请参看：Hsin-pao Chang, *Commissioner Lin and the Opium War*. Cambridge, Mass.: Harvard University Press, 1964, p. 140。

广州查封鸦片

林则徐还未到达广州，就下令逮捕17名广州犯法者并调查卷入鸦片贩运的衙门属员。像大多数高级官员一样，这位钦差大臣深信，广州是贪污犯罪的渊薮。行商比起大多数人来，只不过是略为富有的走私贩。因此他辞别京师，经过60天快马加鞭的行程，驻节到越华书院后，就直接向当地士大夫求助，请他们在他打算进行的这场坚决反对该城所有敲诈勒索行为的斗争中给予协助。从他来到广州直到任职结束，他一直毫不踌躇地利用广州士绅设法禁绝吸食鸦片。这种做法有危险，因为准许各村知名人士成立拥有逮捕权的禁烟会，这就意味着把大量权力交给了不易控制之人。所以出现了许多错捕案件和麻烦事故，如邻居之间公报私仇互相告密，有些家族为了报复血仇的宿怨或者争夺财产权而中伤与自己相敌对的家族。所有这些，林则徐在其著名的7月奏折中已有预见，但他在当时解释说，为了治愈一种危险得多的社会病症，这是不可避免而必须忍受的流弊。可是他似乎没有认识到，这种流弊在不知不觉间破坏了县官和村镇名流在广东农村中的权力平衡，因为后者现在开始自己执行治安权。在19世纪50年代以前士绅私人盗用司法权和军权的现象还不明显，但到那时，要使他们放弃非分之权则为时已晚了。但是，尽管采取了拘留、逮捕和查封等狂热的行动，林钦差铲除鸦片恶习的计划并未成功。的确，随着他的禁烟计划在下一阶段——打击外国烟贩——碰壁，他打击本国烟民的行动也就马上失却凭借了。

林则徐最初切断洋药输入的努力表现在以下两个决定中：第一，利用具有保商（实际上是本国人质）资格的行商“控制”外商；第二，找出并扣留英国方面搞鸦片交易的幕后关键人物。这样，林则徐就把中国和西方之间的冲突搞成了个人之间的冲突。1839年3月18日，他采取的第一个步骤是通知行商，要他们三日内说服外商向中国政府交出鸦片存货，并具甘结答应永远不再经营洋药。否则，一两个行商将被正法，余者将统统丧失其财产。这是欧洲人所熟悉的一套手法，他们轻蔑地怀疑行商在搞两面派。最后，当林则徐确实认真照章办事时，外商答应象征性地交出 1056 箱鸦片。但林则徐现在开始相信，他所追查的这个关键性鸦片供应者是颠地，他是第二家最大港脚公司的经理，也是英国商会会长。因此，3 月 22 日，林则徐发布一项逮捕颠地的命令，并捉拿两名中国商人作为人质，如果颠地不主动向地方当局投案，则将人质斩首以代替颠地。

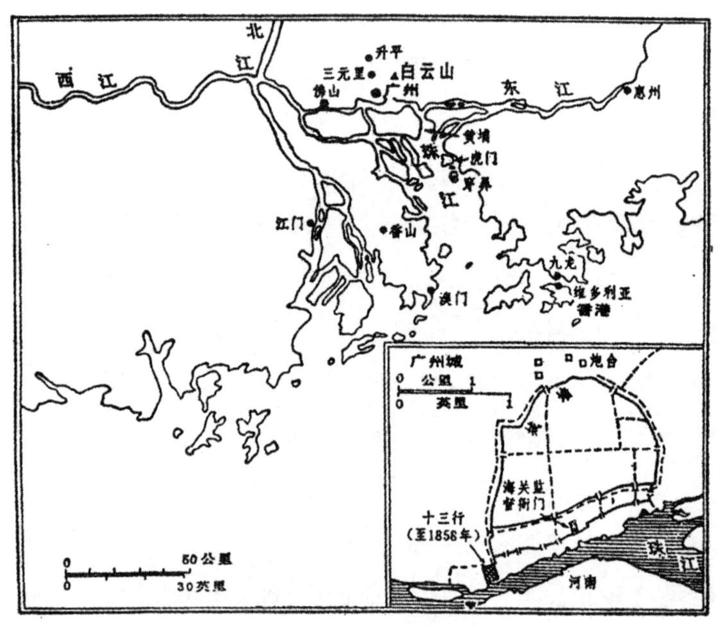

19 世纪珠江三角洲和江口

这些消息很快传给住在澳门的义律，他立刻做出最坏的估计。他认为如果说这不是战争，“至少也是战争的直接的和不可避免的前奏”①。义律命令将他手下可动用的兵船开往香港准备应战，并于 3 月 23 日在一小队护卫保护下离开澳门，于第二天耀武扬威地来到广州商馆，正好赶上接受律劳卑过去所受的

① Hsin-pao Chang, *Commissioner Lin and the Opium War*. Cambridge, Mass.: Harvard University Press, p. 162. Peter Ward Fay, *The Opium War*, 1840－1842: *Barbarians in the Celestial Empire in the Early Part of the Nineteenth Century and the War by which They Forced Her Gates Ajar*. Chapel Hill: University of North Carolina Press, 1975, pp. 142－179。以上资料就外国团体对钦差大臣林则徐的反应作了生动的描述。

惩罚：中国人停止贸易，商馆受到劳工的抵制和封锁，结果350名外商在以后47天中处于奴隶状态。义律虽然勇气十足，但现在已经处于绝望境地。他的压倒一切的考虑就是挽救他属下那些人的性命，因为不难料想，封锁了商馆周围交通线的数千中国军队正准备屠杀他们，而他却一筹莫展，因为他的船和为数不多的军队鞭长莫及。因此当3月26日林则徐说明只要得到他所需要的鸦片就释放英国人时，义律才完全放心。翌日，他命令所有港脚商人将所存洋药交给他。商人们闻之欣喜。因为烟贩被捕之后，前此五个月内还没有在广州出售过一箱鸦片。由于义律答应女王陛下政府会交付鸦片损失（后来，巴麦尊对此大为恼怒），所以英商向他保证交出甚至比存货更多的鸦片，计20,283箱，价值900万元。到5月5日，钦差大臣林则徐已开始烧毁这批存货中的一部分；他确信英商很诚实，便解除了封锁，并允许他们自愿离开广州。

走向战争

林则徐因获得成功而兴高采烈。外夷则心胆俱丧，再次表示驯服。他把外夷顺服的每个表现都上奏给皇帝。当林则徐坐在车盖下监督每日在放满石灰的海水池中烧毁大量洋药的工作时，他注视着每个好奇的外国人。外国人脱一下帽子，沮丧地摇一摇头，都被当作“心悦诚服”的毋庸置疑的证明。像误入歧途的中国农民叛乱者一样，这些外夷也将会服服帖帖地遵从这位刚毅而公正的钦命大员。

但是，这些驯服表现必须变为更加明确的保证，为此，林则徐最相信具结。外商具结后，如再走私，即予正法。换句话说，具结的目的就是置外夷于公认的中国司法管辖之下。但在这同时，巴麦尊的对外政策则坚决主张，一个英国人无论何时何地，都可以指望本国政府的保护，不受外国专横武断的起诉。因此，这个问题就是治外法权问题。林则徐本人知道此事后质问义律：

“汝何以贵国之法加于天朝?”① 但对每个英商来说，他们不敢具结的原因与其说是抽象的裁判权原则，不如说是真正害怕个人会被捕。由于港脚商人不敢屈从，他们就不敢留在广州，唯恐林则徐突然决定再次封锁他们。因此，义律要求澳门提供避难所。葡萄牙总督并不偏爱英国人，也不愿意和钦差大臣林则徐发生纠纷，但他最后还是向义律争生存的争辩让了步。到 7 月 4 日，全体英商迁到澳门。林则徐最初对此并不感到惊愕。贸易总是会使他们回来的，那时他们将不得不具甘结。正在这时，他反复整理他的书籍，吟诗写字，逐日写日记。1839 年 7 月 12 日的日记写道：“忽晴忽雨。和嶰筠制军诗。闻尖沙嘴夷船水手有殴伤华民身死之事，拟委员往办。”② 这一简略记载说明发生了林维喜被杀案件。

五天以前，一群英国水兵在一个称为尖沙嘴的小村酗酒行乐，在那里劫掠一个庙宇，并用棍棒殴打几个中国农民。有一个名叫林维喜的农民因胸部受重伤于第二天死去。犯罪一方应受惩治，但他是被哪个水手杀死的呢？是应作杀人罪还是作误杀罪起诉？关于个人责任的问题使英国人感到烦恼。但林则徐坚持他的论点，他对义律说：“若杀人可不抵命，谁不效尤？倘此后英夷殴死英夷，或他国殴死英夷，抑或华民殴死英夷，试问义律将要凶手抵命耶？抑也可以不抵命？……查义律既系职官，自有此案之后，两次亲赴尖沙嘴，查讯多日，若尚不知谁为凶手，是木偶之不如，又何以为职官?”③ 按照中国行政官员的标准，义律显然不够格，不过他至少是在尽责保护皇家海军的现役士兵。事实上，他完全是按先例行事的。林维喜凶杀案件只不过是中国人和西方人在刑事裁判权问题上不断发生冲突的另一个例子罢了。

与当时西方的观点相反，中国法律是非常合乎人道的。预谋杀人犯处以斩首，杀人犯处以绞刑，误杀罪需给予赔偿，自卫杀人者则不予追究。但是在一

---

① Hsin-pao Chang, *Commissioner Lin and the Opium War*. Cambridge, Mass.: Harvard University Press, 1964, p. 182.

② Arthur Waley, *The Opium Warthrough Chinese Eyes*. London: Allen & Unwin, 1958, p. 55.

③ 同上书，第 61—62 页。

次闹事中发生的人命案究竟是杀人罪还是误杀罪，欧洲要员和中国当局之间对此很难取得一致意见。中国人通常坚持是杀人罪。顺便说一句，在19世纪初，在英国偷一个先令以上就处以死刑。① 但从欧洲人的标准看，中国人对罪的解释常常不免于主观臆断。例如，1784年，在港脚船“休斯夫人”号旁放礼炮时，意外炸死一个旁观的中国人。不可能说是哪个炮手的罪过，但中国人一定要捉拿罪犯，使犯下罪行不致不受惩处。在中国人看来，行为远比动机重要，正像纠正冤案要比惩罚制造冤案者更加重要一样。像“复仇法”中所说的“以命偿命”的原则那样，这就是希望用罪犯的生命抵偿被害者受损害的灵魂，来恢复正义世界的道德平衡。因此，当“休斯夫人”号的大班不能交出犯罪炮手时，便把他作为“替身”抓了起来。最后，有个不幸的炮手被交给中国人正了法。1821年，同一类的事情又发生在美国船上的一名无意中犯罪的意大利船员泰拉诺瓦身上。所以到19世纪30年代，西方人决定不向中国地方当局交人，除非此人已经受到本国人民的审判，并明白无误地证明他确已犯了杀人罪。

林维喜案件不仅象征着治外法权争端，而且成了1839年那个炎热夏天加剧紧张形势的主要刺激因素，当时英国人和中国人在澳门关卡两边互相猜疑地看着对方。结果，英国人没有交出凶手，于是林则徐开始担心，认为只要英国人安然留在澳门，他们总是要在这个问题和具结问题上继续反对他。因此，他于8月15日采取了进一步抵制商馆的措施，切断了对澳门的农产品给养，同时向附近的城市香山又增派2000名军人。于是，葡萄牙人很快屈服，命令英国人离开澳门；8月24日，义律和他的同胞登船渡过海湾在香港附近海面抛锚。这时林则徐认为，他可以顺利地利用清初的海禁措施。8月27日。他奏陈皇帝说：“毫无疑者，虽其船内糗粮不乏，而所嗜之肥浓燔炙，日久必缺于供。且洋面不得淡水……此一端即足以制其命。”② 为了不使英国人登陆获得

---

① 兰德尔·埃德华兹（Randle R. Edwards）准备中的哈佛大学博士论文。

② Arthur Waley, *The Opium Warthrough Chinese Eyes*. London: Allen & Unwin, 1958, p.64.

食物，水师和重新招募的水勇封锁了沿海交通线。由于供应减少，义律变得不顾一切了。9月4日，他率领一个小船队来到九龙，告诉当地的清朝船队管带，如果30分钟内不提供食物，他将击沉他的船队，当时限一过，便开炮击溃了中国船队。

这仍是第一次不宣而战的炮击，但当义律在等候英国的训令时，这次炮击并没有弄得林则徐迟疑不决。不仅这次交火详情不明，而且这位中国钦差大臣还确信，有少数英商为了恢复商业的目的会甘愿具结。义律本人从一开始就认为，对英商来说，仅仅治外法权原则似乎并不比他们的利润更重要；特别是如果他们的竞争者美国商人得到了他们两年一次的茶叶合同时情况就更是如此。因此他请求美商，为了他们与英商将来的共同利益，希望他们与英商一起离开广州。而领导北美商人的福布斯回答说："我来中国不是为了疗养和寻欢作乐，只要能卖出一码布或者购进一磅茶叶我就要坚守岗位……我们美国公民没有女王来担保补偿我们的损失。"① 英商刚离开广州，美商立刻就大发横财。未曾染指于鸦片的英商从香港停泊地听到此消息后，开始对义律的封港感到不安。最后，九龙事件刚刚发生之后，"担麻士葛"号逃出英国船队，该船承销人签具了一项鸦片甘结。不久，从爪哇至此的"皇家萨克逊"号也有样学样。

在林则徐看来，这清楚表明，保护这种不正当鸦片利益的只是义律一人。所以林则徐散发了致英国女王维多利亚的一封公开信，从道义上恳求她制止鸦片贸易，并且相信英国政府是受了义律的欺骗并被引入了歧途。② 现在，正像他所预言的那样，其他未参与走私但又贪图利润的英商，是会回到广州服从官方控制的。杀人案虽仍未解决，但只要派水师提督关天培的水勇登上停泊于香

① Hsin-pao Chang, *Commissioner Lin and the Opium War*. Cambridge, Mass.: Harvard University Press, p. 206.

② 似乎英国女王并未收到过什么信件。参看同前注张馨保（Hsin-pao Chang）的著作，第135页；又可看 Ssu-yü Teng and Fairbank, John. K. comp. *China's Response to the West: A Documentary Survey*, 1839－1923. Cambridge, Mass.: Harvard University Press, 1954; paper reprint, New York: Atheneum, 1969, pp. 24－27。

港的某只商船，随便捉拿一个外国人作为人质来代替被义律包庇的真正罪犯，就可以轻而易举地结案。当关天培的由 29 艘清帝国战船组成的船队开始集合和准备袭击虎门通道附近的穿鼻时，义律认为它们正在准备攻击在他旗帜之下的 50 多只商船。因此他于 1839 年 11 月 3 日驶船逆流而上，想驱散中国船队。正当两路战船进入对抗状态时，“皇家萨克逊”号的水手们无意中恰于此时驶往广州。为了加强封港，英国兵船“窝拉疑”号立即对着这只商船头部发出一发炮弹。水师提督关天培即予干预，甚至也许是为了保护“皇家萨克逊”号，这时义律的炮口便转向了中国船只。经过短时间和毁灭性的阻击，四艘中国船被击毁，关天培的船队被驱散而驶离战场，这样就结束了后来所称的穿鼻战役。

但是，中、英两国任何一方都仍未正式宣战。道光帝虽获悉发生过这次海战，但并不知道打了败仗，所以他认为，无须为追究杀害农民林维喜的凶手和鸦片具结之事而再事争论了。相反，现在应是停止和所有这些讨厌的英国人打交道并把他们永远赶出中国的时候了。毫无疑问，这是能够轻易做到的，因为他的钦差大臣林则徐向他解释说，外夷战船太大，不能驶入中国江河，而且他们的士兵不能上岸作战。“且夷兵除枪炮之外，击刺步伐，俱非所娴。而其腿足缠束紧密，屈伸皆所不便，若至岸上，更无能为。是其强非不可制也。”①

实际上，英国人占绝对优势。他们的印度基地可以提供现成的军队和军需，在中国海岸上，他们拥有像吃水浅的铁甲轮船“复仇女神”号这样当时最新式的武器，这种炮舰能够很容易地把炮口转向河流上游的城镇。他们的野战炮射击精确，火力猛烈，杀伤力强。步兵的滑膛燧发枪本来就比中国的火绳枪有效得多，何况这时又正被有击发装置的滑膛枪所代替。甚至他们的战术也较好。中国人只擅长围攻战，他们坚守沿岸固定的要塞阵地，在炮火支援下，英国人总是一次又一次地以经过训练的、准确的密集队形从侧翼攻击，以便夺

---

① Pin-chia Kuo, *A Critical Study of the First Anglo-Chinese War, with Documents*. Shanghai: Commercial Press, 1935, p. 251.

取炮台或者突破敌方阵线。

与此相对照，清帝国的军队都不满员，训练极差。军队是从满、汉、蒙二十四旗中抽调来的，他们都是些懒散的驻防部队，驻扎在全国各地的战略要地，统率者都是满族将领（鞑靼将领）。同时绿营汉军（从组织上说，这支军队是从17世纪征服大部分中国的陕西和奉天部队演变而来）虽然分为陆军和水师，由各省统帅指挥，但实际上没有十足的兵力。花名册上尽是弄虚作假；为了应付点卯，就匆忙地招募市场上的苦力；也举行定期军训，但重在观瞻而不讲究实际，注意搞戏剧舞蹈的剑术程式动作。每当发动大战役时，原由互相猜忌的各地指挥官分别统率而互不配合的部队必须置于一个统帅的统一指挥之下，而这位统帅常常不是军人，对他所领导军队的特点竟然毫无所知。在实际战斗中，队伍很可能不是开小差就是劫掠农村，结果使本国人而不是使敌人害怕他们。

在这次战争期间，林则徐为了补救这些弱点曾做过各种尝试。一个办法是招募乡勇。林则徐特别强调在广东招募乡勇，因为他深信，这些乡勇单凭一股“热情”几乎可以打败一切敌人。① 为了节约军费开支，道光帝在1840年把招募乡勇的任务扩大到其他沿海省份；但许多非正规军是原先的匪徒、盐贩或者利用自己的军衔鱼肉本地农民的强盗。另一个办法是采用道家法术和中国寺院的拳术，以改善军队在西方炮舰和大炮面前软弱无力的状态。例如，武术教师们宣称自己在水下不用呼吸可以待上十个小时，因而便雇用他们藏在河底去英国船底下凿洞。② 有少数中国人还拼命钻研特殊方法，甚至试图采用西方的武器和战术。林则徐从欧洲人那里购来数百支枪和一条用于军事训练的外国船。他还使人翻译西方的新闻报道以推测敌人意图。③ 但是当时的大部分官员却自

---

① 林则徐：《林文忠公全集》，台北德志出版社1963年版，第1卷，第3页。关于赞扬乡勇的诗，参看阿英编《鸦片战争文学集》，北京古籍出版社1957年版。

② 关于某些“武术”及其可能的军事用途的讨论，参看《林文忠公全集》，台北德志出版社1963年版，第1卷，第22页。

③ 参看齐思和等编《鸦片战争》，上海神州国光社1954年版，第2册，第365—543页。

觉地认为，这种做法是对中国至高无上的文化的可耻背叛。

当清朝对鸦片战争的最初枪声尚无痛切之感时，危机的消息已传到英国。义律早在他的公文报告中竭力使伦敦确信，采取“紧急有力措施”①，以使鸦片贸易合法化和迫使林则徐一派下台的时机已到。英国商务监督的意见则与义律相对立，他确信支持这次危机的只是钦差大臣林则徐一人。义律错误地认为，如果能依靠民众的支持来炫耀一下军事力量，就可使北京不信任林则徐，随着他的撤换就可达成谅解。但是巴麦尊的打算还远不止此。辉格党中的“前进派”不断提高调门。广州最富有的商人威廉·查顿医生已在1839年1月回到伦敦，及时利用了这次因没收鸦片问题所引起的争论。他作为一个受两万元战争基金补贴的商人代表团的头目，支持展开了一场散发时文小册子的巧妙的宣传战，把“包围商馆”事件描绘为另一个加尔各答军牢事件，是对维多利亚的圣经——即女王陛下的旗帜——的不可容忍的侮辱。他在联合英国中部300家纺织商行要求巴麦尊干预广州事务方面也起了作用。查顿在10月26日私下会见巴麦尊时对他所希望的干预要达到的程度概述如下：封锁中国港口以索取赔款，签订公平的贸易协定，开放四个新港口，占领香港等几个岛屿。就在这天，巴麦尊已不必再要人们去催他了。因为在八天以前他已传消息给义律说，远征军在明年3月就可到达中国以封锁广州和位于北京南面的北河。因此，查顿的建议受到欢迎。的确，从那时起，巴麦尊经常请求该豪商的伦敦分行提供情报，后来策划以长江为界分中国为两半的策略也同样受到了鼓励。在以后四个月中这些计划不断得到充实，直到1840年2月20日为止。那时巴麦尊正式委派了两个人全权领导这次远征，即义律及其堂兄弟商船队长懿律。他们受命要为商馆被围之事索取“赔偿”，为鸦片损失获得赔款，索还所有行商的债务，撤销公行，赔偿整个远征行动的花费；要求割让一岛屿以保证英商的

---

① Hsin-pao Chang, *Commissioner Lin and the Opium War*. Cambridge, Mass.: Harvard University Press. Peter Ward Fay, *The Opium War, 1840-1842: Barbarians in the Celestial Empire in the Early Part of the Nineteenth Century and the War by which They Forced Her Gates Ajar*. Chapel Hill: University of North Carolina Press, 1975, p.190.

安全。为了迫使中国人答应所有这些要求，他们应对中国各主要港口予以封锁，并占领杭州湾外宁波附近的舟山作为保证。

议会尚未作正式磋商。因此 1840 年 4 月 7 日，反对党托利党人指出，这场不义的战争是由女王鼠目寸光的现任顾问们引起的。内阁中一位最年轻的阁员，也是伦敦社会的一个红人托马斯·巴宾顿·马可黎替辉格党作了答辩。他向议员们宣称，被封锁在广州的英国人是：

> 属于一个不习惯于接受失败、屈服或耻辱的国家，他们属于一个必将强迫虐待其子民者交付数量令人震惊的赔款的国家；他们属于能使阿尔及利亚的贝伊在其受辱的领事面前赔礼道歉的国家；他们属于为普拉塞原野军牢的受害者报了仇的国家；他们属于自从伟大护国公发誓要使英国人享有从前罗马公民所享有的同样声誉以来一直没有衰败过的国家。他们知道，他们虽然被敌人包围，被汪洋大海和大陆隔绝而孤立无援，但谁也不能损害他们的一根毫毛而逍遥法外。①

总之，他表达了一句拉丁格言的思想，即“我是罗马公民”。对此，另一位年轻而大有前途的托利党人格兰斯顿作了如下回答：

> 我不知道而且也没有读到过，在起因上还有比这场战争更加不义的战争，还有比这场战争更加想使我国蒙受永久耻辱的战争。站在对面的这位尊敬的先生竟然谈起在广州上空迎风招展的英国国旗来。那面国旗的升起是为了保护臭名远扬的走私贸易。假如这面国旗从未在中国沿海升起过，而现在升起来了，那么，我们应当以厌恶的心情把它从那里撤回来。②

但是，巴麦尊否认他的政府支持这种不法的鸦片贸易，以此手法巧妙地转移议会辩论的中心。他坚持说，他们所希望要做的一切只是为了保证将来贸易的安全和英国公民的安全。应该记住的一件重要事情是英国已经受到了侮辱。

---

① Edgar Holt, *The Opium Wars in China*. London: Putnam, 1964, pp. 98 - 99.

② 同上书，第 99—100 页。

这样，托利党的反战决议案只以五票之差被否决，但这并不足以安慰相距半个地球之远的清朝。

战争的第一阶段

正式鸦片战争的第一阶段是从 1840 年 6 月开始一直延续到 1841 年 1 月。英国的策略是明确的：绕过广州向北行进，占领舟山岛，然后驶向天津附近的北河口，递送巴麦尊致清帝的照会。到 6 月 21 日，16 艘英国战舰、4 艘武装汽艇和 28 艘载有 4000 名英军的运输舰集合在澳门沿海以外。一小部分兵力留在后边封锁广州，其余兵力立即开赴浙江。大部分广州人认为，英国人已经被钦差大臣林则徐新建的海岩炮台吓跑了，但是 7 月 5 日英国舰队在舟山岛海外重新出现。一开始，当地下级官员以为这些船只是来通商的，该小港的居民想到会大获其利而非常高兴。① 接着英国海军司令官伯麦爵士却要求这个城市投降。当中国总兵拒绝投降时，舟山就遭到九分钟的炮击。然后英国军队登陆，通过被摧毁的建筑物和尸体，没有受到任何反抗就掠夺并占据了这座城市。

巴麦尊原来希望以攻占舟山使中国人震惊而立刻投降。事实并非如此。由于舟山戍军是被英国海军大炮击溃的，所以这个岛的失陷并未能消除关于英国人不能登陆作战的荒诞想法。此外，很多人最初以为，舟山失陷严格说来只是把附近的宁波开放给英国人通商的计划的一部分，因为在战争的这一阶段上，英国人仍被仅仅看作是海盗贸易者，而未被严重地看作潜在的征服者。然而，这种安全感一俟英国舰队驶向北河口时就消失了。8 月 9 日，军机处接到关于英国船只沿海岸线北驶的报告时，陷入一片混乱。道光帝与其满族近臣开始感到英国人甚至可能想攻占北京城。必须不惜任何代价使他们从能打击首都的距离处撤退。因此在 8 月 30 日，当英国人就要强行通过守卫北河口的大沽炮台时，一位名叫琦善的使节同意在岸上接待英国全权大使并开始谈判。

---

① 齐思和等编：《鸦片战争》，上海神州国光社 1954 年版，第 4 册，第 630 页。

决定谈判，与其说这是结束了林则徐的慑服外夷的政策，不如说是否定了林则徐本人。巴麦尊的信如此怒火中烧地攻击了这位钦差大臣，致使朝廷认为，只要把林则徐撤职就会使英国人感到完全满意。这并非难以做出的决定，因为清帝本人也认为林则徐做事鲁莽灭裂而大为恼火。他不是在需要坚决性这一点上与林则徐有分歧，他所不满意的是，尽管林则徐反复乐观地预言英国人不会或不能打仗，可是南方局势突然恶化倒使这位钦差大臣失去了控制。使清帝心烦的并不是"战争"，而是"叛乱性"的敌对行为从一个省竟然转移到了帝国的心脏。这时清帝希望知道，林则徐答应迅速而妥善地解决鸦片问题的种种诺言究竟何在？

汝言外而断绝通商，并未断绝，内而查拿犯法，亦不能净尽，无非空言搪塞，不但终无实济，反生出许多波澜，思之曷胜愤懑。①

林则徐试图把战争的罪责推卸给义律。他指出这位英国商务监督犯了罪，承认做了丢脸的事而自动交出鸦片，可是他又欺骗自己的政府，说鸦片是被非法没收的。(后来清帝令琦善调查此一辩解之词，琦善否定了它。) 战争是事件的必然结局，而且现在战端已启，那便要由他林则徐来负全部责任了。林请求任命他去收复舟山，把英国人赶出去，不惜任何代价来对付外夷。因为在他看来，"抑知夷性无厌，得一步又进一步，若使威不能克，即恐患无已时"②。也许清帝可能私下同意这种估计③，但是，他不再认为林则徐可称此职。无论如何，停泊在大沽口的英国人要求撤这位钦差大臣的职。因此在9月4日清帝下诏道：

上年，钦差大臣未能仰体大皇帝至正之意，措置失当。现已逐细查

---

① Arthur Waley, *The Opium Warthrough Chinese Eyes*. London: Allen & Unwin, 1958, p.117.

② 同上书，第120页。又见 Pin-chia Kuo, *A Critical Study of the First Anglo-Chinese War, with Documents*. Shanghai: Commercial Press, 1935, pp.266-268.

③ 林崇墉：《林则徐传》，台北1967年版，第443页。

明，重治其罪，定能代伸冤抑。①

林则徐直到1841年5月3日才离开广州受审。7月1日他被判决充军到地近中亚的俄国边境的伊犁。然而，在1845年，他又被召回授以要职，以后效忠清帝达五年之久才病逝。

任何一个处在林则徐地位的官员都会同样地遭到失败和受到处分。在这些年间，对钦差大臣的每一次任命都体现着清帝的这样一个决心：在不损害他自己所提条件的情况下保持和平与秩序。因此，鸦片战争的历史就是这种决心受到英国人反复打击的过程。最后，清帝的这个愿望终将破灭，但是在此以前，他派的代理人员面临着一种矛盾的要求：既要讲和，又不许让步。这就是林则徐进退维谷的处境及其继任者的悲剧之所在。

被选出来代替林则徐的琦善是博尔济吉特氏族的一位侯爵，他担任着令人羡慕的直隶总督之职，而且是中国最富有的人士之一。他是一位很有教养的学者，也是一位知名的善于斤斤计较的官员，向北京转呈巴麦尊的照会的就是他。到这时清帝才不得不承认英国人的不满是可以理解的，但是这种不满应归之于他们受到的那种待遇，不应归之于与他们的关系的性质本身。归根到底，他们的基本要求是完全办不到的。割让一个岛屿吗？那是荒唐的。要开放几个新港口吗？那是违反旧制的。要偿还行商欠债吗？政府并未挪用商业款项。赔偿鸦片价款吗？它本来就是违禁品。由于没有先例，清帝也就不能与这些前所未闻的敌人进行谈判。反之，他反复强调说，当务之急是排除这场危险，使夷兵返回广东。这就只有靠琦善的伶牙俐齿来诱使英国人回到南方去之一法了。

琦善本人的确也意识到帝国面临种种危险，因此一再试图使清帝了解，从18世纪以来外夷问题的性质已经发生了急剧变化。但他只是有了表面的认识。他看到中国正在进入一个熟悉本国历史的学者们为之痛心的外患频仍的漫长时期，但是他又认为，必须以某种方式迫使英国人重新回到一种稍微新颖而又是

---

① Pin-chia Kuo, *A Critical Study of the First Anglo-Chinese War, with Documents*. Shanghai: Commercial Press, 1935, pp. 259 - 260.

按常规形成的外夷管理制度中去。目前，他不能轻率地做出清帝禁止的让步，但至少他必须想出权宜之策来使英军离开天津。琦善十分坦率地向军机处说明，要做到这点就得用“绥抚”之法，即变相的纳贡方法，它实际上变成了以后十年中对外夷实行“羁縻”政策的第一步。由于这政策强调要用灵活的阿谀逢迎辞令来密切与外夷谈判者的个人关系，进而产生一种个人义务，所以这种做法也是中国社会习惯的一种表现形式，即依靠私人之间的感情来缓和政治集团之间或者经济集团之间的对立的原则冲突。这种政策一般被认为是琦善施用于英国人，又被后来的外交政策专家耆英所充分发展。它在这两种情况下只能成功地拖延因双方目的不同而形成的冲突的最后解决。因为英国使者以一种被出卖的愤懑心情得悉，这些阿谀奉承的中国外交官员们一方面佯称是他们的朋友，另一方面却又向北京陈情说，要克服对那些必须打交道的性格粗野而形体污秽的外国人的自然憎恶心理实在很困难，这时英国人更加感到不愉快了。但这个办法暂时还行得通。1840 年 9 月 17 日，琦善可以把英国战舰将回广州并将在那里完成谈判的事上奏朝廷了。清帝对这消息感到高兴，派琦善本人从陆路南下妥善办理此事。他的足智多谋获得了成功，致使人们感到，与英国人打交道只用智谋就绰绰有余了。

义律和懿律从琦善的和蔼可亲的态度推测到清帝的意旨，他们相信林则徐等主战派已被比较理智的人们组成的主和派取而代之。但他们并没有充分地认识到，北方的压力一减轻，清帝的惊恐心就会减退，朝廷中的好战分子就会更加大胆。因此，由义律在 12 月（他这时是唯一的全权大使）倡议的广州谈判会议向琦善提出了一些尖锐的问题。在北京，一些年轻性急的御史和几位年长的保守官员仍然坚决主张把这些英国人消灭掉。最糟糕的是，有少数几个人背地里暗示琦善本人是一个姑息分子，他受外国人的蒙蔽或者甚至被他们腐化了。可是，英国人在广州以其全部军事优势施加压力以取得具体让步，其中最危险的一条就是准备让英国人占领香港。因此琦善首先是试图使北京认识到广州的军事防御已经危险到了毫无希望的地步。当时他作了一个非常错误的估计。他认为交一笔赔款和新开放一个像厦门那样的港口给欧洲人通商，以此作为交换条件，他最后可以不交出香港，甚而可以从英国人手里收回舟山。他通过强调不把中国领土交给外国人的重要性，希望他的君主相信仅在商业上和钱财上作点让步姿态是无伤大局的。然而甚至在他得到北京消息之前（这两个城市之间的通讯要花一个月时间），英国人已经十分明确地表示他们坚持无论如何要占据香港。义律认为需要使琦善明白他军事上的软弱无力，竟在1841年1月7日命令英军占领了虎门炮台。这时琦善才绝望地认识到，只有虎门要塞才能把英国人与广州隔开。为了避免他认为可能发生的一场屠杀，他无可奈何地于1841年1月20日同意了英国人提出的条件：割让香港；赔款600万元；两国官员在平等的基础上直接交往，并且开放广州贸易。义律因胜利而兴高采烈。在他看来，中英关系问题没有过多地流血就已得到完全的解决。然而他的胜利感还是为时过早了一些。当这些条件最后报请审批时，结果两国政府都不愿意接受。

早在1月初，道光帝已经感到英国人“反复鸱张，恐难理喻”①。甚至你如此彬彬有礼地对待过这些粗野的人，他们还是要继续进行海盗式的征服，而且甚至敢于进攻广东的要塞。因此，中国人打定主意在谈判中用无休止的辩论拖住对方，从而给南方的官军以重新武装的时间，以便最后征服外夷。1月6日，道光帝命令邻近省份的四千援军开赴广州，并于1月30日派遣了他的堂兄弟奕山率领一支靖逆军去消灭敌人。在琦善同意英国人占领香港两天之后，他收到了这个决定，这使琦善目瞪口呆不知所措。他发狂地要加以制止。首先，他设法说服驻广州的大部分官员和他共同签署一份送呈北京的奏折，说广州差一点儿被英军所占领。用陈旧大炮设防的要塞建筑在一些岛上，很容易从背面受敌。自吹自擂的水勇（林则徐招募）不是晕船就是必须得些彩头钱才去打仗，而城市里汉奸又多如牛毛。按照上述条件，义律毕竟已同意退还舟山及虎门炮台，因而此时他们将有一个较长的喘息时间来准备清帝要求的“靖逆”工作。但是琦善在那时失去了他最主要的同僚之一的支持。当广州人中

---

① 郭斌佳：《第一次英中战争评论》，上海黎明书店1934年版，第272页。

间谣传钦差大臣用香港作交易而收了一大笔贿赂时，广东省巡抚怡良向京师奏报了琦善背着他秘密割让香港之事。清帝2月26日看到奏章时勃然大怒。他遂下诏道："朕君临天下，尺土一民，莫非国家所有。琦善擅予香港。"① 于是上述条件被否决（虽然此时英国人实际上已强行占据了香港），琦善的大量财产被没收。3月13日，琦善戴着镣铐离开了广州。

当巴麦尊接到送回伦敦的关于上述条件的报告时，断定义律把他的训令完全置之不顾。义律既占领了舟山，他已经有条件定出自己的条款，但他却用这个重要基地换来了那个干燥多石的岛屿香港。那时22岁的维多利亚女皇在她致姻亲比利时国王利奥波德的信中说："中国的事件很使我们懊恼，巴麦尊极其感到羞辱。如果不是由于查理·义律的那种不可思议的、奇怪的举动，我们所要求的一切或许已经到手了。……他完全不遵守巴麦尊给他的训令，却尝试着去取得他能够得到的最低的条件。"②

此后，义律被一位做事沉着、52岁的爱尔兰人璞鼎查爵士所代替，后者曾在信德当过几年政治代表。他从巴麦尊那里得到的训令③非常明确。他在占领舟山并且绝对确信与他打交道的那些人都有进行谈判的全权以后，他即着手争取得到以下的让步：赔偿鸦片价款6,189,616元，收回行商欠债300万元；付远征军费用约250万元；至少开放四个新港口，保持香港，以及割让更多供免税卸货的岛屿，每个条约港口均开设英国领事馆；取消公行；如果有可能的话，"为了中国政府本身的利益"而解禁鸦片。④

---

① 郭斌佳：《第一次英中战争评论》，上海黎明书店1934年版，第284页。

② 引自：马士《中华帝国对外关系史》中文版，第1卷，第307页。

③ 1841年9月8日皮尔内阁当选就职时，虽然巴麦尊已被阿伯丁伯爵所代替，但巴麦尊的训令继续有效。阿伯丁比巴麦尊谨慎得多，但是他这时已来不及改变业已制定的政策。巴麦尊在这一年又回到了白厅。

④ H. B. Morse, *The Chronicles of the East India Company Trading to China*. 5 vols. London, New York (etc.): Longmans Green & Co., 1910－1918; Taipei reprint, Book World Co., 1963, pp. 655－699. 这些训令完全写在这些章页的附录K中。

赎回广州

璞鼎查虽于1841年5月接到任命，但直到8月他才到达香港。在这段时间，义律面临奉清帝诏令集结于广州的军队。琦善已由三位官员集体接替：一是皇帝堂兄弟奕山，一是满洲贵族隆文，另一位是七十高龄完全耳聋的汉族将军杨芳，后者因在喀什噶尔擒获张格尔而闻名。整个2月份，军队源源进入广州。他们重新建设防守阵地，设置水路障碍，招募地方兵勇，而且广州士绅也被鼓励对他们的城市进行爱国主义的防御。然而第一个到广州的杨芳几乎立刻看到军事形势已毫无希望：中国海军实际上已经崩溃，新城的城墙正在倒塌，佛山铸造厂新铸的五吨重的大炮没有架设起来，军队也不可靠。

所有这些行动使义律认为，他并没有受到尊重。他再次沿河而上，在击毁沿途一些炮台之后于3月2日到达广州。于是中国代表不得不再次提出举行谈判，俾使广州脱离英国大炮的威胁。杨芳没有别的选择，只得同意重新开放贸易；虽然如此，他在呈送北京的奏章中对这个协议未敢明言，只是暗示了一下。4月14日，三人中的另外两个好战分子到来，致使这种暂时的休战也不能维持下去了。当奕山和隆文开始准备火木排并武装更多的地方兵勇时，杨芳不得不跟着干。于是，义律再次看到休战受到了威胁，并要求中国方面停止这些准备，但没有得到答复。可是就在他采取行动之前，1841年5月21日奕山终于发动了一场歼灭战，他放出燃烧着的木排，顺江而下冲向停在黄浦江上的英国舰队。在随后发生的战斗中，中国战舰被击毁71艘，岸上的炮台失守60座。然后在“复仇女神”号保护下，运兵船沿城行驶送部队登陆，英军占据了广州旧城外北面的高地。省城正位于这些高地之下，因此有完全听任英军火炮轰击的危险。那时中国人已多次违背诺言，英国陆军少将郭富认为他们应该马上前进占领该城。但义律仍然相信他们会得到“未受冒犯的百姓”在感情上的支持，希望使广州免于一场屠杀。① 这位全权大使当然占了上风。5 月 27 日签订了一项协定，根据这个协定三位中国钦差大臣及一切外省军队都同意退出这个城市，并答应在一周之内交出 600 万元的“赎金”，以使广州免遭破坏。当这个协定付诸执行时，英国人回到他们的船上，等候璞鼎查的到来。

5 月份对广州的进攻，对英国人来说并没有直接的军事意义，但对中国人来说就带来了严重的后果。首先，随着这次袭击（其中有掠夺和混乱），平日无赖的本地盗匪和三角洲的海盗变得比以前更加胆大妄为了。② 两广的大部分地区——特别是两省之间的丘陵边境——几乎迅速被匪帮占据。所以从 1841 年至 1850 年社会秩序日益混乱，这实际上触发了太平军叛乱。③ 其次，产生了一种深深影响到中国后来与西方关系的排外传统。当广州北边的英军和印度军等待中国当局来履行赎买协定的条款时，他们在三元里集镇上和集镇附近掠夺了几处庙宇，还强奸了几名妇女。这些具体的刺激，再加上广大人民群众对战争的焦虑，促使对外国人的比较温和的那一套陈旧看法变成了恐外的种族主义情绪。其最直接的后果就是在 5 月份的最后两天，当地士绅召集了大约两万名义愤填膺的农民，试图用锄头、镐、铁头梭镖和大刀去杀死这些外国兵。在严重的起义发生之前，广州知府命令乡绅领袖们遵守停战协定，解散他们的非正规军。乡勇们满怀愤怒地撤退了，他们相信，如果不是官方干涉，他们能够击败敌人。后来的民间传说和官方报告对这个信念又添枝加叶，致使很多中国人认为，如果允许三元里乡勇去打仗的话，他们的国家确实会打赢这次战争。因为义律威胁着要炮击广州，广州知府这时解散他们是当然的，可是他并未被欢呼为救星，反而被称作是一个“卖国”的怯懦官僚。总之，求助无门的官

---

① 1841 年 11 月 18 日义律呈阿伯丁伯爵公函，外交部档案 17/46；义律致郭富公函，包括 3 页，见于 1841 年 5 月 21 日和 24 日的公函，外交部档案 17/46，伦敦档案局：Elliot to the Earl of Aberdeen，18 November，1841，FO 17/46 and Elliot to Gough，incl. 3，in disp. 21，24 May 1841，FO 17/46，Public Record Office，London。

② 参见《筹备夷务始末·道光朝》，北平故宫博物馆 1930 年，第 29 卷，第 23 页。

③ Frederic Wakeman，Jr.，*Strangers At the Gate*：*Social Disorder in South China*，1839 - 1861. Berkeley：University of California Press，1966，pp. 117 - 131.

员们这时正普遍成为替外夷的胜利承担过失的替罪羊。

19 世纪 60 年代后期，当排外运动扩展到北方时，同样的事件接二连三地不断发生，通常是好心的地方官充分意识到停泊在他衙门的窗外河流上的欧洲炮舰会勒索多大的代价，可是士绅们却同时在街头张贴声明，声讨地方官“背信弃义”地保护外国传教士，使之免于“正义”的民众的报复。后来，这类事件发展到这样一种程度，即地方官员个人已不再受到斥责，而累及朝廷来遭受非难了。居民中有些人有反满潜意识，这就很容易使人想到：清廷“异族”王室不惜牺牲中国人民的利益以保全他们自己，正在向外夷让步，姑息养奸。从这个意义上说，三元里事件是一长串群众骚乱事件中的第一件，这种骚乱最终形成了共和革命运动中的反满民族主义。

战争的最后阶段

璞鼎查于 1841 年 8 月 10 日到达香港，他在此指挥着一支取道印度洋和新加坡而来的远征军。到战争结束时，这支远征军包括 25 艘正规军舰、14 艘汽轮、9 艘给养船和载有 1 万名步兵的运兵船。他立刻带领第一批共 2000 名士兵和一部分舰队向北驶到福建省的重要港口厦门。闽浙总督颜伯焘[①]理应奋起应战，因为他已经说服清帝为那里的防务花费了 200 万银两。他有 50 艘大战船，3 个“坚不可摧的”堡垒和 9000 步兵，据估计，只要英军一靠近，就可以把他们打垮。当这支远征舰队于 8 月 26 日停泊在厦门口外时，海军司令巴尔克确实发现这个城堡的防护墙非常坚固，炮弹不能穿透，但是中国炮手的协同炮击时间不足以阻止登陆部队夺取炮台。该城本身坐落在一个一夫当关万夫莫开的隘口的后面，但颜伯焘却未想到予以设防。相反，英国人悄悄偷越过那里，并且很快就占据了城周围的高地。第二天，他们开进了城内。英军仅死 2 人，伤 15 人。

---

① 此处英文识作 Yen Po-shou（颜伯寿），应为颜伯焘，下同。——译注

英舰队留下了一支军队就地戍守，然后就继续驶向巴麦尊打算优先夺取的目标——舟山。郭富将军在这里倍加小心，因为中国人收回此岛后又大事加固工事。可是在他第一次侦察后的第三天，10 月 1 日，他仍然攻占了这个城市。虽然郭富在攻击中受了伤，但只有两名英兵被打死。为了完全控制这一段浙江海岸，此时只需占领附近港口宁波就可达到目的。英军在攻占河口上的据点镇海要塞之后，于 10 月 13 日向宁波推进。两江总督、钦差大臣裕谦不久就接到消息说，宁波的大炮曾打得发烫，他的军队未战而溃。大约正在裕谦打算自杀的时候，皇家爱尔兰卫队的乐队正在宁波的宽阔城墙上奏着英国国歌《天佑女王》的曲子。这年冬季，英军在这里进行休整时，这个舒适的港口城市成了远征军的大本营。这时，璞鼎查的计划（它受到查顿情报的鼓舞）是要求把战舰开进长江而把中国切为两半，并在运河穿过长江之处封锁对京师的粮运。由于他的大部分兵力都被牵制在守卫已攻占的四个城市上，他就决定等到春末夏初从印度得到增援部队时再作计议。这给了中国人发动春季反攻的时间。

清帝曾经断定，宁波的陷落说起来或许并非不幸之事。夷兵目前已经陷入陆上作战，而陆战正是中国的长处，大批帝国军队在浙江发动有组织的战斗，也许能一举把他们消灭干净。由于他的许多官员向他隐瞒了他们的失败（例如颜伯焘声称已收复厦门），因此他觉得挑选一个他能信任的指挥官是绝对必要的。所以他选择了他的堂兄弟奕经为统帅。此人是一位卓越的书法家，善写文章，但是他的军事经历主要限于主管御花园和猎苑，以及指挥北京的禁军。奕经的特长是制订计划和搞准备工作，对这些事他干得很热心。他刚到苏州，就着手把他指挥的 12,000 名正规军和 33,000 名乡勇统一组织起来。由于他要依靠当地知名人士来获得地方上的情报，所以在大本营外设置一个木箱，鼓励士绅投进名刺，并献计献策。许多热情而无经验的青年士子因时值危机而辍学应征，每个官员都争先恐后要求有权使用亲随和享受其他官品津贴。因此，这种指挥系统是极不明确的，这主要是由于从几个省调集来的正规部队都拒绝接受其他带兵官命令的情况造成的。人们只看到军队打着鲜明的三角旗，穿着绣花战袍，手执金光闪耀的武器，而忽视了后面隐藏着的分裂情况。这些士子兴致勃勃，在军营里举办了许多茶会、筵宴和诗社文会，胜利好像是没有问题了。事实上，在军队真正进入战斗之前的一个月，一位有名望的画家以北宋美丽而色彩鲜艳的院体画法描绘了一幅凯歌高奏的战斗图。奕经本人甚至举行过一次作文比赛，这使他忙了好几天以决定哪一篇宣布即将来临的胜利的文告写得最好。他最后选定了一篇，其中虚构了交战情况和对每个带兵官怎样传令嘉奖。不错，清帝的这位堂兄弟的确对开战的黄道吉日问题有些关心，但当他某日在杭州一座寺庙中求签抽到了一张虎形签时，这个问题便非常顺利地被解决了：很显然，攻击的时间应该是 1842 年 3 月 10 日凌晨 3—5 时，即壬寅年的寅月寅日寅时，碰巧这是春天雨水最盛的时期。于是在战斗前夕，大多数部队拖着沉重艰难的步伐，越过泥泞的道路和沟渠而进入阵地；又因道路泥泞，运粮困难，军队曾多日断粮。士兵体力消耗殆尽，又受雨淋又挨饥饿，他们就是这样准备进攻的。

进攻分作三路。原来的战斗计划（包括某些新增援的兵力）是要求 36,000 人打进宁波的西门和南门，15,000 人夺取镇海，还有 10,000 水兵乘战船和渔船渡海收复舟山。实际上，全部兵力的 60%被派作总部的护卫兵，奕经留下部下的 3000 名后备军保卫他在绍兴（著名的酿酒之城）的指挥部。其余的后备军守卫宁波与镇海之间的一座桥，由奕经的参谋长掌握。这样，实际上真正用于进攻每个城市的大约只有 4000 人，当时甚至没有一个人想去打头阵。由于这种畏葸胆怯，对宁波进行主攻的任务就落到 700 名四川兵身上了。他们奉命直到最后一刻才开枪，以保证攻其无备，但是他们的带兵官刚学会讲一点官话，使他们以为他们根本不应带枪。因此，这些金川土著只带着长刀溜溜达达地走进了英国工兵的布雷区和皇家爱尔兰兵的榴弹炮射程之内。当英军开火时，其他没有经验的中国部队被推向四川兵的后面，致使数千人拥挤在西门，死伤枕藉，那里的几条大街上血流成河。英国人把一排排惊慌失措的清军步兵扫射倒地。这是自从围攻巴达霍斯以来他们所见到的最恐怖的大屠杀，对此，英国人也感到恶心。

与此同时，在镇海的中国军队的作战就好得多。如果奕经把他的后备军也投进去，他们甚至可以夺回这个城市。但是，由于无须指出的那种带讽刺意味的癖好，他的指挥那些后备军的参谋长躺在驼峰桥上的轿子中大吸鸦片，而且正当需要他的兵力的时候，他已陷入一种麻醉状态。他的军官和士兵刚听到炮声就逃跑了。这样只剩下攻舟山的一路水兵了，他们之中许多人生来就没有乘过海船。他们刚一离开港口，大部分人就晕船，而带兵的军官害怕遇到英军，后来20多天里就在沿海来回行驶，定期呈交假战报。就这样结束了中国人在这场战争中的最后进攻，从而也葬送了缔结一项体面和约的任何实际的希望。此后尽管有过一些英勇的战斗，但清朝对璞鼎查所长期规划的长江战役将只能完全处于防御地位了。

长江战役从1842年5月7日持续到8月20日，它以一面倒的形势在全中国人口最稠密的地区之一（那里的数百万人以其肥沃的土地供养着这个帝国最富裕的学术精华阶层）展开。5月18日，乍浦和在那里的满洲旗军驻防地被攻占。未设防的上海在6月19日被发现已经被放弃。7月20日，长江的险要重地和满洲防军驻地镇江也被攻占。运河因此被封锁，帝国被切成两半，曾经做过明朝的都城和统治象征的南京也暴露于英军的面前。

外国人所到之处，尽是一片惊慌和混乱。郭富将军极力试图制止他的士兵任意奸淫掳掠。据中文史料记载，有些印度掠夺者被他们的将官枪毙了。英国人确曾搞过一种征集粮秣的制度，向捐献粮秣者奖一块小牌子钉在门上，作为此户免受掠夺的保证，但这措施又往往不起作用。[①] 军队不断为所欲为，掠夺城市住宅，征召船夫苦力，酒后污辱当地妇女。更为恶劣的是随营的中国侍从和长江三角洲上的无赖，他们尾随英军进入被征服的城市，把住户抢掠一空，然后放火。很多城市居民预料到这种情况而事先逃往乡下，使守军在城里阒寂无人的市场上无法弄到给养。士兵们既没有食物，又被洋鬼子有魔法的传言弄

---

① 参看齐思和等编：《鸦片战争》，上海神州国光社1954年版，第3册，第129页；Arthur Waley, *The Opium Warthrough Chinese Eyes*. London：Allen & Unwin，1958，pp. 186－196，其中也有一部分这种记载的译文。

得士气低落，于是开始猜测在他们中间有“汉奸”。

在传统的中国军事历史中，要攻陷一座设防的城市的标准方法之一就是向“内应”行贿或说服他们，使他们从城内打开城门。由于很多官员已上奏清帝，把许多失败（像宁波的失陷）完全归咎于“奸细”，因此满洲的将军们就倾向于相信英军主要依靠的是“第五纵队”。这种把外国人与汉奸联系起来的做法可以追溯到中西贸易最初的日子里，而流传下来的军事传说只是加强了这种信念：欧洲人有笼络中国同伙的特殊有效办法，其中包括使人吸食鸦片上瘾。确实有足够的证据使满洲官员们相信，汉人在任何情况下都是潜在的反抗者。贱民，即清代社会的下层人民，一般都要依附于清政权以外的任何有政治权威或军事权威的人或组织。另外，通过沿海贸易和鸦片交易，港口城市的种种罪犯、小商人和秘密会社成员都成了与西方人士有密切关系的人。这种情况在19世纪50年代中叶广州附近的红巾起义中表现得相当明显。① 所以当璞鼎查派波美拉尼亚的传教士郭施拉做被占领的舟山的地方官时，这个城市的每个不法之徒都抓住这个机会来利用与这个地区的任何权势集团（如士绅社团、衙门吏役和现有的各种股匪）② 毫无联系的这位新保护者。举例来说，郭施拉的捕快头目便是一个劣迹昭彰的操淫业的人，他利用他的新职务向富户勒索保护费。

这类消息被夸张成为不胫而走的谣言。在整个长江流域，各方面都有奸细，如船夫、私盐贩子、土匪、市场恶棍等三教九流中的人物。由于带兵军官们开始分了一半力量来清查潜在的背叛者，这就对清朝的防务造成了灾难性的影响。最糟糕的是镇江的一位鞑靼族将军，他确信，在英国人从前面进攻时，该城的汉奸一定会从后面袭击满洲人。于是他命令一看见形迹可疑的人就抓起

---

① F. Wakeman, Jr., “The Secret Societies of Kwangtung, 1800—1856,” in Jean Chesneaux, ed., *Popular Movement and Secret Societies in China*, 1840 - 1950. Stanford: Stanford University Press, 1972, pp. 29 - 47.

② 齐思和等编：《鸦片战争》，第3册，第427页。这种情况绝不仅限于19世纪。20世纪20年代上海的青、红帮与法租界的法国警长具有同样的关系。

来，此后居民一看到满洲士兵走近时就惊恐地逃走。显然，有些士兵一见有逃跑者就把他们杀死，用他们的尸体去领赏。这样的恐怖统治笼罩各地。如在上海，英国人的炮声就被一些居民误认为是中国当局在下令屠城。

尽管满洲人惊慌失措，可是在实际战斗中他们的抵抗是很顽强的。在乍浦，英军对1700名满洲守军的士气感到惊讶，对他们面对失败所表现出的拉其普特武士式的反应感到震惊。在乍浦和镇江（那里有1600名旗人），满洲士兵杀死自己的子女和妻子，以免他们遭受蹂躏，而他们自己宁可在营房自缢也不愿投降。郭富将军在发出恶臭的死尸堆中写道："我从内心深处厌恶战争。"①

中国战败：《南京条约》

春季反攻的失败引起了清廷内部一场重大的政策辩论。辩论的结果，反对过林则徐政策的官员或者从贬黜中被召回，或者被任命担任与外交事务有直接关系的高级职务。年迈的宗人伊里布曾与琦善一起被贬黜，这时又被派往浙江。有影响的穆彰阿这时实际上是宰相，被派往天津。而在反对派方面，在朝廷中曾经是林则徐主要支持者的王鼎，于6月份身故，而且据说他是自尽而死的，但清帝还不能使自己完全改变态度。自幼师傅们灌输给他的一切教诲，他对列祖列宗的政策的全部理解，朝廷中"忠义"之士对他的一切忠告——所有这些形成了一个简单的原则："明"君不会屈服于武力。姑息政策就是对帝国和皇室放弃了道德上的责任。历朝历代的历史证明，与反叛者妥协最后总是导致如下的结果：不是被征服，就是使民间对统治家族掌握王位的权力失去信任。明朝就是这样覆亡的，因此这也正是道光帝所害怕的。如果他失职，他的王朝也会灭亡。帝国政策的这个原则虽然并未因鸦片战争而有所改变，但是它已掺杂了其他成分，因为当时已到了这样的时刻，即只要有可能，就应解除顾

① Edgar Holt, *The Opium Wars in China*. London: Putnam, 1964, p. 147.

虑，出于权宜之计而与西方搞一些临时的妥协。因此当时所强调的，就是屈服或者是不屈服的立刻抉择。由于花费了许多精力反复争论这个问题，关于讲和的条件几乎没有受到注意。

虽然如此，失败是难以承认的。例如，在局势的变化中找希望，或者甚至在绝望中找出解决办法，这总是有可能的。在乍浦失陷后，一位好战的年轻御史苏廷魁奏报说，英军刚在印度被尼泊尔人打败。① 因此，清帝一度想利用这个机会收复香港。后来随着长江战役的发展，他逐渐觉得即使战死也比向这种赤裸裸的军事力量屈膝好。此后他虽然让穆彰阿和伊里布等宗人担任了更重要的职务，但仍然梦想按照他自己的要求获得军事上的胜利。

这种既想战又想和的矛盾心理，表现在那个低沉的春天他所作的两件互相矛盾的任命上。一方面，奕经仍坐镇浙江，继续沿海的作战，而耆英则于 4 月 7 日被任命为钦差大臣，也在同一地区进行和谈。耆英系出皇族，是皇帝的亲信，在北京曾担任过很多高级职务，轻易地增加了他原已巨大的家私。耆英是个老于世故而风度娴雅的人物，所以人们期待他在这样棘手的外交任务上取得成功。然而，他面临两种障碍。首先，朝廷上还存在一种要求全胜的强大意见。他必须避免琦善的悲惨下场，不能离北京的意见走得太远。其次，他必须设法与璞鼎查接触，后者当时正在迅速地溯江而上。当耆英听到上海陷落的消息，立即奔向那里，但是远征军部队已经向前迅猛推进。最后，在 6 月 28 日，他的一个代表想安排与英国翻译官马礼逊对话。马礼逊再一次向他说明，璞鼎查不愿会见耆英和伊里布，因为他不相信他们有真正的全权。除非有明确的诏旨证明他们有充分的权力谈判和约，否则他是不会满意的。

耆英奏称这名外夷倨傲不恭，这使清帝勃然大怒。清帝有好几天好像要确实不顾长江地带毫无希望的形势而决定把这场战争继续下去。最后使权宜之策

---

① 关于苏廷魁的传记，参看张其昀等编《清史》，“台北国防研究院”1961 年版，第 4589—4590 页。苏廷魁的奏章可能指的是 1842 年 1 月英国人指挥下的 16,000 名士兵从阿富汗撤退时遭到屠杀的事件。

似乎比较入耳的是耆英下的保证：即使南京即将失守，征服者也并不想在政治上进行统治。仅仅为了贸易权而冒着丢失清帝国的危险，究竟是否值得？姑息政策在道义上是令人讨厌的，但是如后来耆英所说的："伏思臣等此次酌办夷务，势出万难，策居最下。但计事之利害，不复顾理之是非。"①

这个论点起了作用。到7月15日，道光帝的思想已有所变化；7月26日，当镇江守军溃散的消息在北京被证实后，他授予耆英商谈和约的全权。耆英有了这个保证，急忙赶去阻止英军当时就要向南京发动的进攻。

英军尚等在南京城外，听到清帝国正在集结增援部队准备和他们作战，于是对这位恳请英军少安毋躁的使节失去了信任。8月11日黎明，攻击快要开始时，一批喘息未定的使节来到河岸的远征军营房。他们宣布耆英马上就来进行谈判，要英军先不要开火，中国会同意他们的条款的。

1842年夏末在南京举行的谈判中，清朝的谈判者耆英、伊里布和当地总督牛鉴实质上是英国侵略者和北京朝廷之间的调停人。他们的任务是减轻双方的恐惧并维护双方的自尊心以促进和谐。耆英必须首先和他的两个各有其幕僚和利害关系的同僚保持协调。他的主要问题是寻找能够与英国翻译官小马礼逊（第一个来华的新教传教士的儿子）和郭施拉对话的使节。他派遣过三次使节：第一次派去的仅仅是几个送信人，这些中国军方人员在以前曾送过信，是英军认识的人。为了开始谈判，第二次派遣出的使节是伊里布的侍从，名叫张喜。此人是伊里布的私人代表，在1840年至1841年早些时候的几次谈判中已经为英国人所熟悉，而且实质上是一个能想方设法引英方人士讲话和揣测他们意图的谈判者。在这一点上他是做到了的，他先与小马礼逊互致寒暄，然后在谈话中也以威胁对付威吓。据张喜日记所记，小马礼逊威吓说，如有必要，英军将长驱直入，溯江而上；张喜则针锋相对地说，如有必要，清帝将武装民众

① Pin-chia Kuo, *A Critical Study of the First Anglo-Chinese War, with Documents*. Shanghai: Commercial Press, 1935, p. 29.

并号召农村起来反对他们，使之感到“草木皆兵”。[1] 当然，哪一方对这些都没打算认真去做。

英方要求中方派出的谈判者是能够认真做出诺言的人。这个要求最后得到了满足：中方派出了能够拟订细节问题的高级官员，这就使双方的主要谈判者最后能够会面和达成协议。为了使谈判顺利进行，清朝的谈判者觉得穿戴比他们实际品级更高的顶戴要更好一些。英方很容易识别出他们顶戴的品级，但无法核对他们顶戴的合法性。在南京的清朝使者们不得不同样以弄虚作假的方法欺骗他们在北京的上司。他们为逾越敌对双方之间文化上的鸿沟，确实绞尽了脑汁。

因此，他们首先只向皇帝禀奏了英国人先前提出而清帝已经表示某种同意或要加以考虑的要求，如赔款，建立平等的外交关系，在五口和香港通商。稍后，他们又上奏说英国人要求取消公行、订立关税条约和在各港口设立领事。1842 年 8 月 29 日，当他们在璞鼎查所乘的英舰“康沃利斯”号上签订《南京条约》时，他们仍然没有得到清帝对开放福州以及容许外国人在新开商埠长期居住的默许。正像我们将要看到的，结果有十年时间福州确实没有对外贸易；而在广州，外国人直到 1858 年才获得进城的权利，当然更谈不上居住权了。另外，英国人签字的条约是用中文写的，文中提到双方时都同样地抬头书写，以示英、中两国处于平等地位，但是这些表示平等的格式并未表现在送交北京的条约文本中。实际上，清帝曾命令他在南京的奴才们在英国全部舰队撤离之前不要会见英国人，但是他的谈判者们主要关切的是使条约得以签订，从而使英舰队真正撤走。在这点上他们最后是成功了的，但这要到在南京举行关于条约体制未来形式的谈判之后一个月才能实现。在实际安排执行对外贸易和对外交往的新规章方面有许多事要做，所以双方谈判人员都同意要制订出关税

---

① Ssu-yü Teng and Fairbank, John. K. comp. *China's Response to the West, A Documentary Survey 1839－1923*. Cambridge, Mass.: Harvard University Press, 1954; paper reprint, New York: Atheneum, 1969，散见于第 39 页及其他页中。这部详细的日记是中国方面在中外谈判中现存的少数内部材料之一。

和贸易章节的细则，以便在日后的补充条约中把它们确定下来。

因此，南京条约仅仅是一个初步的文件，它只阐明了一些据以建立新贸易制度的原则。它的主要条款如下：（一）2100万元赔款分期付清；（二）开放广州、厦门、福州、宁波和上海五港为通商口岸；（三）在品级对等的官员之间平等往来；（四）在各通商口岸建立英国领事馆；（五）废除公行垄断；（六）对英商进出口货物一律秉公征税；（七）割让香港为英国领地。中国的大门终于被打开了，但是谈判者们还必须商定一些英国人能够据以进入中国的条款。

郝镇华　刘坤一　译

中华帝国晚期的地方治理之演进

（1975 年）

迄今为止，清史学者对晚清帝制的研究投注的精力最多。鸦片战争（1840—1842）前的中国几乎就被认定是一个停滞不前的社会，它百科全书式地记载了自己的过去，对自己现存的社会体制充满了自信和自恋，这种自以为是的心态导致它对西方近代君主体制的抵触情绪。作为汉化了的满族人，清朝的统治者似乎更愿意以文化保守主义者自居。基于对前朝刻意的效仿，清朝统治者极力倡导中华文化的完整性。而一些反满的汉人知识分子在 20 世纪初期，却努力将这个“非我族类”的皇权从以汉人为主体的中国历史中剔除。激进的民族主义者如章炳麟（1869—1936）认为，满族统治者自 1644 年篡位后，儒家学说沦落为他们借以欺凌汉人的工具。① 然而，当 1911 年清政权崩溃，传统文化的颠覆者们开始全面攻击儒家思想中的君父观念时，清朝统治者却又被视作传统文化秩序维护者的代言人。

马克思主义史学家的批判更进了一步，他们干脆将清代皇帝对社会进步的漠然和谨慎与之前的历代封建王朝相提并论，中国历史由此成了“一个失衡的传奇，仅有头尾两端，而鲜有中间过程。始于汉代，止于 19 世纪中叶，上下堂堂两千多年，却成为封建制度的一种尴尬，最好对此缄口不谈”②。马克思主义对变化“关键点”的关注有助于甄别出明末清初时的一些社会变化（“资本主义萌芽”），这些变化使得晚期帝制中国的历史具有某些特质。

社会史学家逐渐地意识到，自 16 世纪 50 年代至 20 世纪 30 年代，中国历

① 章太炎：邹容《革命军》序言，John Lust 译，1968 年版，第 52 页。

② 康无为、费维恺：《革命与历史：中国马克思主义历史学的起源（1919—1937）》。载于《共产党中国的历史学》（*History in Communist China*）一书，1969 年版，第 10 页。

史整个是有连贯性的。学者不再将清代看作是前朝的简单复制，亦不仅仅将1644年及1912年作为某个时代的终结点，他们发现在过去400年的中国历史中，有一些进程一直延续至共和国时期。长江下游地区的城市化进程，劳动力的货币化，地区贸易的发展，民众受教育程度的提升，以及士绅数目的增长，地方管理的商业化——所有这些都在明末出现，激发了行政及政治领域的变革，这些变革在清代持续，于20世纪初期在某些方面达到巅峰。① 其中一项进程，在本卷收入的若干论文中均清晰可循，这便是乡村政府及地方自治的演进。

乡村政府以及士绅的矛盾角色

由于乡村政府的权能取决于政府行政人员和地方精英的巧妙协作，地方自治的发展轨迹便与唐代以来士绅群体的演进有了一种唇齿相依的关系。11—12世纪，原先的军事贵族被一支新的精英队伍取代，这些精英的地位源于官僚体制。② 至明代中期，官位的高低由科举考试决定。对官职的竞争非常激烈。即使自14—19世纪地区定额（生员）扩大了十倍后③，一个名额仍然平均有30人竞争，而且一个成功的生员还必须通过在省城（乡试）和京城（会试）举行的考试才能进入行政机关。低层官员为升迁费尽心机，然而高层官员的职位数目却没有相应地增加，成百上千升官无门的生员形成一个特殊的群体，他们

---

① 有历史学家认为早在宋代，中国经济和社会基础方面就已发生“革命”，并且坚持认为明代后期这些方面的变化仅仅只是量的改变而已。实质上，在城市、工业技术以及商业等领域发生的社会变革并未超越宋代。见伊懋可《中国人以往的模式》。

② 就地方自治而言，这些精英和明清时期的贵族们还是有差异的。在宋代，有许多具有官秩的人，也有许多享有各种特权的人，当然还有许多有钱人。但是客观地说，这些社会群体尚不能被视为后来意义上的贵族阶层，社会精英的构成主要是以财富为依据，他们大多“富不过三代”，有别于享有世袭及庇荫的明清时期的贵族们。参见Brian E. McKnight, *Village and Bureaucracy in Southern Sung China*, 1971, p. 6。

③ 到19世纪晚期，有接近60万的正规生员，此外还有60万相同规模的通过捐纳获得生员身份的人。

大都受过教育，他们的诉求、质疑和批判能力对16世纪直至明末的皇权是一种威胁。① 生员们在明末城市里的示威以及党派运动中非常活跃②，他们也频繁地参与农民起义。③ 然而，大多数低层士绅避免采用这种过分激烈的对抗方式，而倾向于谋一份安稳的生计，如做教师、秘书、乡村赈济和代收代缴税款的办事员“包揽”。因此，在某些方面，生员的地位较之高级士绅其实更接近地区办事员（户吏）和衙门里靠贪些小钱过活的吏卒，这正是当时中国地方政府的特征。④

官衔高低不同可以解释士绅在这种文化体制下的角色冲突，一方面，体制需要地方自治集团有一个系统的社区发展规划，而社会本身则是复杂且有反抗性的，并不总能满足官员对稳定有序的期望。因此，在地方行政机关的集中有序的表象之下，有另一个中国——失控、混乱、不羁。恰如拉皮杜斯在其文中所指出的，宗族冲突、走私集团、秘密结社就如同作为基层治安组织的保甲制（共担责任）和上流士绅社会理想的静谧表象一样，都是这个帝国的明显特征。结果，那些对秩序情有独钟的管理者常常为他们审慎的行政决策与衙门外混乱不堪的现实之间的巨大反差而恼怒。

> 假若以苏州为例（如一个清朝官员所见），我们会发现吴地民众的身体很虚弱。能吃饱的很少，很多人贫困不堪。那些被称为“学者”的大多在外教书，家中独留有两至三个需照料的家人。穷人以做佣人或摆小摊为生，早出夜归，却仍然入不敷出。富人们只关注自己的生计，鲜与外界交往。商人亦全心经营自己的产业，提防着当下的年轻人，仿佛他们是豺

---

① 见《明实录》隆庆朝的相关记录；傅衣凌《明代江南市民经济试探》，上海人民出版社1963年版，第110页。

② 1593年的松江暴动便是一例。当时，松江知府李侯，依法惩治了几家欺压百姓的大户，并减轻了工匠的差徭，因而得到中、下层人民的拥护。后朝廷欲将李侯调往别处，松江生员群起反对，并在所属县镇张贴抗议。结果，朝廷出兵弹压，才将李侯调走。

③ 关于这一点，参见村松祐次《中国人造反理论中的一些素材》，载A. F. Wright编《儒家学说》（Muramatsu Yuji，1960，241—267）。

④ 张仲礼：《中国绅士的收入》，西雅图华盛顿大学出版社1962年版，第43—73页。

狼虎豹。若你想对人们加以控制，则不得不夜以继日地调查巡视。他们则会吵吵嚷嚷地表示抗议。①

士绅想要推行法令条规并不容易。正如杨庆堃所分析的，19 世纪的地方精英们是唱反调的中坚力量。就像衙门里的官员们时常主导犯罪活动，生员们则维持了一种有序与无序并存、控制与冲突不断的现实状态。

高级士绅亦有矛盾的特征。一个士绅可能在外县做着清官，而一旦退位（官员平均任期通常很短）②，他很可能利用做官时的影响力和社会地位为自己敛财，进行税率欺诈，袒护家人亲友。士绅在供水、慈善及教育等公益领域的作为与其在公私财产和个人收入上的私利又脱不了干系。地方社会组织因而体现了对立的管理原则：既进入国家机器，又享有自治权。这两极之间的自然互动催生了一个总体上团结的中国社会，并非通过消除矛盾，而是用诸如强调总体有序之类的手段来平衡矛盾。这种平衡恰好可以用儒家学说解释，这一学说寻求的是一种妥协，处于法家的干预主义和完全的自由放任之间的一种妥协。在政治理论中，这种妥协是指一个可以自我调整的社会，在其中私人的逐利能够通过道德教化得到控制。然而，如果作为一种行政管理方式，这一理念却将地方士绅和当地政府置于互不相容的对立双方，其中任何一方都试图消除腐败且遏制另一方的权力扩张。

社区职能以及地方行政

宋朝，官僚士绅的影响还未波及乡村社会，村政由富农管理，他们作为常规办事人员负责征税、组织民兵及实施保甲制。③ 时至 14 世纪，乡村政府仍没有完全由某一群体掌控。地方士绅和前任办事人员共同管理，形成了一个更

---

① 贺长龄辑：《皇朝经世文编》，卷 75《兵政六・保甲下》。

② 约翰・瓦特：《中华帝国晚期的地方官》，第 59—68 页。

③ 参见 Brian E. McKnight, *Village and Bureaucracy in Southern Sung China*, 1971, 6。

完善的治理体系（乡甲），基本单位为“帅”，100户人家为一“约”。通常只有平民可以编入“帅”，由可靠的生员协助管理。

“帅”既起控制的作用，又有教化的职能。两个官员管理一个“帅”。选举出一个约长负责法律调解和管理，任命一个约士（必须识字）为住户宣讲儒家经典。由于这种宣讲具有集体性的道德强化作用，“帅”便成了介于自愿与非自愿之间的一种组织形式，并不容易维系。当管理者行使治安职能时，组织内部便开始不团结，也不再持支持立场。而另一方面，当“帅”变得过于独立，它的领导便会威胁到地方官员的权威。因此，管理体系中加入了两条保障措施：若约长滥用职权，住户理论上可以向地方官员申告；严禁“帅”的管理者与衙门官员勾结。①

“帅”只是明代的诸多农村自治机构中的一种。之后的，诸如15世纪40年代的村小甲，16世纪初的十甲排法，以及17世纪的常规保甲制②，称谓各异，却持续将理想的农村社区融入强制性的国家控制网络当中。通常，后者之于世俗社会总是控制性的，而原本它应当扮演拾遗补阙的角色，这导致了保甲制最终成了保障公共安全③却不增加政府依法支出的手段。因此，这些自治机构存在的目的就蜕变为让百姓轮值管理农村事务，而这些百姓通过自我规范将削减国家常规所需任命的民政官员数量。事实上，能节省下的开销并不多。尽管衙门的支出总体较低，但是地方官员仍需雇用收受小额贿赂的吏卒和与最财大气粗的投标人进行权钱交易的办事员。

颇具讽刺意味的是，此类受贿行为促使政府更倾向于将行政职权转移至村社领导。最好的例证便是明初的税制。

---

① 闻钧天：《中国保甲制度》，商务印书馆1935年版，第171—185、193—200页。

② 酒井忠夫：《明代前中期的保甲制度》，载《明史研究》（Sakai Tadao，1962）。

③ 明代晚期，一位欧洲来访者用一种惊讶的论调评述道：“如果没有书面的允许，没有人可以离开他自己所属的城镇，即使他要去的是本省的其他城镇。如果他抗命不从，将会身陷囹圄，遭到严厉处罚。”据博克舍编注的《十六世纪中国南部行纪》（C. R. Boxer, *South China in the Sixteenth Century*）记载。

> 正如明代的一位文人所解释的那样，在明朝建立之初，皇帝对基层官吏欺压百姓、贪赃枉法的现象极为忧心。大臣们进言指出，由于地方官员均为外乡人，因此他们对当地情况不甚了解，且周围又有众多无德同僚和冥顽不化的权贵，无疑对民众的治理会出偏差，所以不如指派那些当地人信任的权贵为征税官，让他们负责百姓的税赋及上缴。权贵们便由此成了征税官。①

1371 年，在详细的土地清册调查之后，户部将中原的耕地分成若干个小的单位，以每单位每年十万担征税，任命每单位中最大的地主负责收税（粮长）。这些粮长的职责便是每年为中央政府征收并上缴逾百万吨的大麦、小麦和稻谷。明太祖希望以这种方式，可以做到既"使良民为良民所治"②，又通过授予地方权贵半官方头衔来招安他们③。

最初，权贵们对此类委派持欢迎态度，因为他们有权要求减免赋税，而且可以子承父职。的确，他们利用了这种特权攫取财产，有失公允地加重了其他农户的负担，从而为自己谋私利。皇室的对策是取消粮长的职位。但这又将使征税的工作落入不负责任的衙门办事员之手，他们甚至不拿朝廷的俸禄。因此，政府试图用其他地方实行的里长来替代中原地区的粮长。在里甲制中，十户为一甲，每年轮流由一户来监督其余九户的徭役赋税。十甲为一里，由按鱼鳞图册记录的丁粮最多的另十户进行管理，图册每十年修订一次。这十户轮换做里长，管理全部 110 户的徭役税赋。如此倚赖富农，里甲制与明代的粮长制有同样的特征，但加入了轮流应役的原则。

里甲制与粮长制的并轨，通过强化职责而非奖赏地方官吏，以整个税收系

① 译自梁方仲《明代"两税"税目》，载《中国社会史》（De Francis，John，E-tu Zen Sun，ed.，1956，p.250）。

② 同上书，第 249 页。

③ 每位粮长都配备专职财会人员、20 多位司库和 1000 多名运输工，他们每年都有机会赴南京领取他们的账簿以及皇帝本人的面诰。

统为代价削减了地方权贵的力量。[①] 由于里长更像纳税户的一个筹码，而非皇帝的地方差官，当地的权贵们便脱离了这个系统，借他们的影响力将责任转嫁至里长。而里长并不总是里甲纳税单元中最富有的。土地登记在江南等地无法与土地的快速流通同步，不再能反映财富的实际分配情况。家境一般却就任里长的百姓因此要承担全村赋税的重任，既没有社会影响力向别人收税，亦没有经济手段为自己谋利。于是这些倒霉的里长或是背井离乡，或是沦落为更有影响力的大户人家的佃户，这些大户能取消他们财产的土地登记。同时，可以享受一定程度地税减免的士绅则将他们的财产分成若干份，每一份编入不同的里甲单元，最终无须缴付任何税收。各种形式的逃税越发常见起来，而剩余普通百姓的税收负担则日益加重。当实际的税基缩水时，各地均摊的额度便上涨，致使任命某人为里长就等于宣判其破产。

税制改革

至16世纪80年代，中央政府的年度税收赤字近100万两白银。因此，地方官吏想通过役税合并来改革税制。这个新的“一条鞭”法将某一区域内的土地等分为十份。每年，其中的一份要缴纳役和税——这次改革寄希望于一种更可靠的徭役人丁注册（即黄册登记）来防范避税，根据土地情况实行轮流应役。[②]

希望带来的仍是失望。“一条鞭”法税制改革简单地将避税和士绅的税收减免等同。在旧体制下，有影响的大户地主操纵土地登记。如今，赋税和徭役

---

① 1421年的迁都也破坏了粮长的地位。首先，对于这些江南地区的收税人来说，赴朝廷觐见皇帝已经不如此前那般便利；其次，通过漕运将贡物输送至新京都无疑得要额外的花费，这些具体的花费数据可以参考黄仁宇的博士论文《明代的漕运》（密歇根大学1964年度博士学位论文，第143—148页）。

② 梁方仲：《明代“什一”税收系统》，载《中国社会史》，第271—280页。

的定额合并，要求在徭役注册中登记过的纳税农户缴纳。① 既然士绅是免除徭役的，那他的家人便不属黄册登记范围，结果便避开了合并后的税赋征收。其他的土地所有者也通过用士绅的名义登记注册而逃避上税。实行“一条鞭”法的最终结果便是，士绅的特权似乎成了政府财政危机的根本原因。

许多史学家对明末的这种假名登记很了解，邓尔麟则第一个发现，地主们大肆使用这种策略，却对他们所借用的那个士绅一无所知。根据他在本卷收入的文章中提出的观点，这场 17 世纪的中国农村危机并不完全是穷苦农人受持续上涨的税赋所迫，出让土地给乡绅以换得受庇护的佃农身份，相反，却是没有法律特权的地主在士绅背后狡猾地操控着户籍登记。

邓尔麟的研究意义非比寻常。首先，地主和士绅的社会利益是有明显的分野的。在财政危机之时，事实上，作为“政客”的士绅在道义上会感到不得不与国家合作，共同抵制地主的逃税现象，即使这些政客的内在动机无疑是为了保护士绅的特权。其次，与士绅一样，地主也是王朝倾颓的历史模式中的一个重要角色。历史学家们普遍认为，士绅期待一个无为的政府让精英阶层能够中饱私囊，但又要避免过于懈怠以至于忽视了社会和经济职责，而这可以防范农民造反。这种中庸立场很难把握。如果士绅放松政府管制，放弃对更多土地征税，那税务负担就集中转嫁至那些持有世袭土地的农民身上。一种“显著的差别对待”，如詹姆斯·波拉切克论及，就最终难以避免，到那时农民的穷困将达到一个危险的比例，以至于威胁到政治统治，便有可能推翻当权的王朝。邓尔麟的文章提到，如果士绅是唯一的决策群体，那在明末他们有可能把握住这种中庸立场的要害。但是，对政治回应度较低的地主的介入将情况推向极端，为明朝 1644 年的覆灭埋下伏笔。

---

① 当时的徭役事实上是折合成银两来偿付的。

1661年的税收风波

中原地区南明政权的缺位使广大文人学士更加体会到他们对中央统治的依赖。政局动荡和社会无序让他们一次次面对其他的地方逐权者，在这种处境下，显然武力比吟诗作赋更重要。法律上无法将非正式的民间自治转型为地方政府，17世纪的士绅最终认识到，哪怕让异族的皇室来执政，也符合他们的社会利益。

士绅在政治上归顺于清朝，换来了清朝统治前15年间的折中让步。先是多尔衮（1612—1650），再是顺治皇帝，均认为有必要与地方乡绅达成一致。可以肯定的是，高级士绅不再拥有明末时所持的政治权力。有影响力的文人群体，在当时群众眼中以江南政治会所——复社为代表，曾一度可以令最高层的官僚支持其政策主张，并且为其朋党谋求地方职位。所有这些权力，包括集结此类社团的权力，都被新的统治者一扫而光。① 但总体而言，朝廷认同其长治久安需要士绅的支持，康熙皇帝逐渐将士绅拉拢了来，并允许他们在主要城市重建政治影响力。此政策的一个例外是17世纪60年代，其时时局动荡，摄政王鳌拜决定压制江南士绅的经济特权。②

当时，政府表面上愿意为云南的军费开支提供支持。1661年2月5日顺治帝驾崩后三周，摄政王们便责令吏户二部尽力征收全国范围内欠缴的税款。各级官员如不尽责收齐款额将不得提升；如若在吏户二部给定的期限内尚不能完成，将被停职或降职。

由于政府对直隶区域（首都附近的地区）关照最多，此地持续对官员进

① Lawrence D. Kessler, "Chinese Scholars and the Early Manchu State," *Harvard Journal of Asiatic Studies*, 31: 1, pp. 79 - 200.

② 邓尔麟的文章中有关于1659—1660年间发生在江南的地籍事件的专题论述。

行制裁。一旦政府的注意力转向江南地区——国家粮食的主要进贡区[①]和“包揽”现象与假名注册最突出的地方，朝廷便开始找纳税人的麻烦。[②] 由于纳税人中有相当一部分士绅，新行的政策便被当时的人们看作是吓唬惩戒长江下游文官的手段，这些文官在郑成功（国姓爷，1624—1662）1659 年攻打南京时流露出对明朝的忠心。一位学者甚至将满族人同蒙古人相提并论，把江南税收风波比作 400 年前元代统治者对南方文人处心积虑的压制。[③]

满族的当权者当然对江南士绅心存故国、对新政权不予合作的意图心知肚明，上谕责成江宁巡抚朱国治（死于 1673 年）务必严肃看待这种趋势。朱本人也多次敦促士绅尽快解决粮税欠账问题，他确信强硬手段是有必要的，在他授意下汇编了包含 13,757 个名字的登记册（抗粮册），其中大约有一万名乡绅。[④] 朱的名册远不止将滞缴税款的人记录在案，他甚至在名册中谴责这些欠税人蓄意犯罪。由此，公示这份名录在江南引起了恐慌。清廷对欠粮者，不问是否大僚，亦不分欠数多寡，在籍绅衿按名黜革，秀才、举人、进士，凡钱粮未完者，皆被革去功名出身；现任官概行降两级调用，计共黜降 1.3 万余人。其中不少人被逮捕，械送刑部议处。

有些文人利用他们与地方官的关系钻空子。例如，常州的地方长官被当地一位有名望的文人说服推迟三天公布名单，以便让几百名“抗税者”抵押或出售他们的土地来补缴税款。[⑤] 然而，由于地价突然下跌，补缴并不容易。邵

---

① 明代晚期仅苏州就拥有全国 1%的耕地，承担着全国 1/10 的税收。其中松江地区的耕地占全国总耕地面积的 0.25%，但是提供的税收占全国 5%。粗略地统计，苏松太一带上缴的税收达到全国的 1/4 之多。见周良霄《明代苏松地区的官田与重赋问题》。

② 孟森：《心史丛刊》，中国古籍珍本供应社 1963 年香港版，第 9 页。

③ 同上。

④ 朱巡抚的行径引发了一场抗议示威。1661 年 3 月 4 日，苏州百余名秀才挺身而出，为民请愿，他们以哭庙悼念顺治皇帝的名义，组织了这场旨在反对地方官员贪污腐败的群众运动。结果反贪未成，18 名秀才反被诬为“抗粮谋反”，在江宁惨遭处斩，这是当时震惊江南的一起冤案。“哭庙案”是当时江南诸多社会矛盾尖锐冲突的结果。见安熙龙（Robert B. Oxnam）：《鳌拜摄政期的政策和法令（1661—1669）》，载《亚洲研究杂志》32. 2：279 - 280。

⑤ 引自：孟森《心史丛刊》，第 24 页。

长蘅（1637—1704），当时武进地区著名的诗人，不得不抛售400亩田地，损失惨重。“我把土地移交给了别人。”他解释道，并恨恨地指责那些贪婪的官员“无耻之尤，利用政令”诈骗他们的财产。①

那些既没有时间也没有途径出售土地的人们通常会被逮捕，并关入肮脏不堪的地下室，“拥挤得甚至无处下脚”。② 理论上说，这些在册的人应当受到统一惩罚，如果他们身处官位，应当贬降两级并调离。通过科举考试的，也要削除学位等级。240名被指控的衙门吏卒将依照他们收受贿赂的多少来判刑。然而，实际上惩罚轻重取决于负责的官员。朱总督是所有人中最严厉的，由其下属逮捕的士绅会被当众捆绑，投入衙门接受司法官员的审讯。对许多人来说，这种处理过于专横。

> 当时，吴地的士绅无法理解这种法令。有些人确实欠税，并且没有补缴（税款）。有些全额缴足了，但主管官吏没有完全记录他们用以冲销欠账的付款。有些事实上没有欠账，却被错误地划在欠款名单中。有些是此地的住户，并无欠款，却被指在其他地方欠税。有些住户百分之百地缴足税款，却由于私怨被当地官员指控。一桩接着一桩——太多了以至不胜枚举。苏州、松江、常州、镇江四府并溧阳一县，共有3700名上了黑名单的乡绅。吏部率先裁定，既然科考进士者拿了朝廷的俸禄，他们便不应拒绝缴税。在官位上的人要贬官两级并调离。乡绅则要被押解回京城，投入刑部大牢严肃查办。③

最终债务人是否会被押回北京查办，取决于他的地方长官多大程度上为其求情使之由本地羁押。然而，即使许多乡绅逃过了最终惩罚，在偿付税款后被释放，羁押的经历仍让他们心有余悸，痛苦异常。被囚者（其中之一恰好是孔

---

① 《邵长蘅传》，载恒慕义《清代名人传略》（Hummel，*Eminent Chinese of the Ch'ing Period*，1944，636）。

② 引自：孟森《心史丛刊》，中国古籍珍本供应社1969年香港版，第25—26页。

③ 同上书，第19页。

子后代）屡屡遭受衙门吏卒的鞭打和恐吓，这些当差的认为他们越快逮捕犯人，自己的职位就越有保障。有些犯人被草率地革职，或是被迫套上木枷。18人被处决。一如邵长蘅事后作评：

> 两年之后，回顾那些境遇，新的法规就如同使秋草凋零的霜冻。地方权贵像饿虎，侍从就是贪婪的走狗。为了让文人学士补缴税款而鞭笞他们。这在京城司空见惯。你真正无法想象，我如何忍受父母过世，还未尽孝，便被地方官吏拖进公堂。逼我向那专横跋扈的衙门长官下跪，赤身裸体地被鞭打。为躲避今后的灾难，我逃走了。①

遭受拘押者中有一位是钱谦益（明末士人领袖，后变节降清）的门生，被刑讯逼疯，他在被释放之后不久，由于精神错乱而手刃全家。②

这场税制风波（后人称之为“奏销案”）甚至激起了乡绅对土地所有者的短期厌恶，乡绅可以拥有奴隶的特权很快便被皇上的一纸诏书废除了。当时有人写道：“此后（指税收风波），农村的士绅们将持有土地看作是最大的负担。这样便可以理解清廷用征收土地税来威吓江南的士绅。”③ 一代士人都受了影响，包括康熙皇帝的宠臣徐元文〔顺治十六年（1659）状元〕，徐是明清之际大儒顾炎武的外甥。④ 这些人多年忍气吞声，直到17世纪70年代被康熙皇帝大赦。另有些人辞掉官职，或者甚至南下逃亡，在吴三桂后来反清时成为其随从。⑤

尽管如此，当时也有人认为，1661年的税收风波并不仅仅出于满人对江南学士的憎恨。它代表了中央政府对士绅特权的削弱，只是以一种极端的方式来表现。又如邓尔麟研究表明，此类手段在30年前的明朝就有人提议，当时

---

① （清）邵长蘅：《青门簏稿》，清康熙三十二至三十八年（1693—1699）12册刻本。

② 引自：孟森《心史丛刊》，中国古籍珍本供应社1963年香港版，第22页。

③ 这段评论见《邵长蘅传》，载孟森：《心史丛刊》，中国古籍珍本供应社1963年香港版，第23页。

④ 恒慕义：《清代名人传略》（Hummel, *Eminent Chinese of the Ch'ing Period*, 327）。

⑤ （清）周寿昌：《思益堂词钞》，清光绪十四年（1888）刻本第9页。

一些士绅为了应对政府征税的压力，而与地方权贵联合起来反对大户地主，希望以此改变税收制度。他们的改革方案，由深谙经国济世的夏允彝归结为“均田均役”的体系，因为它通过将徭役份额与土地捆绑来实现税赋均等化。地方官员为了足额征税保留了之前的在册税户，同时敦促将地主们也纳入这一体系，以防他们代替单元中的其他税户缴税。改革取得了暂时性的成功，因为一方面，地方官感到他们需要寻求一种途径对士绅的特权予以限制，但又不至于完全削弱他们的力量；另一方面，士绅也意识到要有所保留，必须有所放弃，通过标准化登记他们的土地来共担税赋。

1661 年税收风波迫使士绅放弃了一部分经济优势，在此之后，士绅与地方官之间的妥协奏效（这一解决方式，让人会想起夏允彝诸人的抗争）。然而还是没有解决代收代缴税款和假名注册的问题，尽管它确实在一段时间内减少了最初里甲制度中的不公正。

满族的统治

满族人最初得以征服明朝，依靠了明朝降将吴三桂（1612—1678）等的协助。那些握有军权的官员也协助皇上安抚平定了旗人中反对汉化的势力，这种反对主要是因为整个满族的力量增强，却以削弱贵族为代价。但是，当最初的降臣在 1673 年到 1681 年的三藩叛乱中举起反清的旗帜时，贵族们的满人情结——在汉人中保持他们满人的身份，对于皇室而言就成了至关重要的事。① 似乎只要八旗军队作为精英队伍远离汉人，满族就可以保持军事优势。但很快朝廷就意识到要把满人都圈在一个有利可图却与世隔绝的经济环境中是无比困难的一件事。逐渐地，在华北划归八旗子弟的土地 1645 年到 1647 年间

① 实际上，正如神田信夫所分析的那样，帝国政府并不能仅仅依靠满洲人来平定三藩之乱，康熙皇帝显然意识到了这一点，他正是利用汉人的总督和将军们才平定了叛乱。见神田信夫（Kanda Nobuo）的《清初三藩在地方政治中的作用》。

重回汉人之手。[①] 满人采取租出领地换取差银的方法，但很快便成了一种常规租赁形式，而租户的租金又是由汉人来统一管理收取的。久而久之，这管理者便成了中介性质的地主，而土地原本的所有者满人则弃地移居京城。由于京城的开销较大，满人需要抵押一部分地产给管理者来贴补久居京城的吃用。到 1745 年，半数的八旗封地已归汉人所有。[②]

文化上的独立自治也同样困难。[③] 满人对狩猎和林中生活的记忆起初可以帮助他们远离汉人。但是，士人文明的吸引力很快便取代了孤立部落式的妄自尊大。有文化的满人与汉人在汉文化上一决高下，而其余满人也轻易地忘记了自己的语言。尽管满人做官享受名额和职位上的优待，用以对汉人同僚进行扼制，但是到 18 世纪末期，在高级官员群体中，满人贵族已经很难辨别了。

然而，满人的身份的确帮助雍正皇帝之类的统治者巩固了皇权。一些手段——诸如为了防止派系争斗而采取非传统的皇位继承制[④]，使用八旗子弟或包衣替代宦官做内侍[⑤]，用满语书写秘密文件的皇家情报体系[⑥]——都是清朝统治的特质，使得 18 世纪的君主极权之于传统的中国式专制更进了一步。地方治理的演进也同样受到双重影响，因为雍正（通常被认为是清代最严厉强硬的皇帝）既倚靠了钦定的臣子，如忠臣田文镜（1662—1733），亦借力了诸如保甲之类的制度复兴。

雍正时期的地方治理

鳌拜摄政惩处了逃税者。雍正则反其道而行之，试图防范下等士绅从事

---

① 参见村松祐次（Muramatsu Yuji）在檀香山会议上的论文《18 世纪满洲八旗的财产和土地》。

② 马奉琛：《清初满族与汉族的社会和经济冲突》，《中国社会史》，第 349 页。

③ 参见陈捷先在檀香山会议上的论文《维持满洲传统的清代政治》。

④ 参见康无为《皇帝陛下眼中的君主制：乾隆朝的表象和现实》（Harold L. Kahn，1971）。

⑤ 参见史景迁《曹寅与康熙皇帝：奴才与主子》（Jonathan Spence，1966）。

⑥ 参见吴秀良《清初奏折制度》（Silas H. L. Wu，1970）。

"包揽"。赋税通常以银币征缴，而农民有的只是铜板。代收代缴税款的士绅便收来农民的铜板，统一缴给上头银币。政府这样确实能收到税，但是这些士绅会收取手续费，或是操纵兑换比率来为自己牟利，这样就加重了纳税农民的负担。[①] 至19世纪，有时"包揽"收取的款额会达到1713年常规税收额度的250%，而国家拿到的税款却大致不变。

一种防范税款被中途侵吞的办法就是以货代款。[②] 另一条途径就是削弱下层士绅的地方影响力。雍正皇帝双管齐下，而对士绅请愿特权的削减在当时尤为令人瞩目。例如，在江南的无锡地区，雍正执政前，下层士绅与年长者常常一同向官府请愿，自由出入衙门，限制差役职权。然而，"在雍正时期，民众请愿是被禁止的，所以官员无所顾忌，衙门吏卒有如豺狼虎豹"。[③]

雍正皇帝对生员阶层昭然若揭的敌意，可参考乾嘉学派的开山鼻祖顾炎武所书：

> 废天下之生员而官府之政清，废天下之生员而百姓之困苏，废天下之生员而门户之习除，废天下之生员而用世之材出。今天下之出入公门以挠官府之政者，生员也；倚势以武断于乡里者，生员也；与胥吏为缘，甚有身自为胥吏者，生员也；官府一拂其意，则群起而哄者，生员也；把持官府之阴事，而与之为市者，生员也。[④]

然而，顾炎武对雍正在其他方面大肆压制士绅的特权是不赞同的。如同无锡的情况所示，官员及其随从最先得益于士绅地位的降低，由此衙门的腐败现

---

① 而这也破坏了正常的税额征收。雍正皇帝自1725年开始进行的税制改革主要是源于帝国国库的日益空虚，以江南为例，所累积的税收赤字就已达到8,810,000银两。见王业键：《清雍正时期（1723—1735）的财政改革》，《历史语言研究所集刊》，第32本，22.1087/Z639/（32）。

② 《宫中档雍正朝奏折》，Taipei：Wen-yuan shu-chu，1：51。

③ 黄印：《锡金识小录》，1986年影印本，台北无锡同乡会编《无锡文献丛刊》，1972年出版。

④ 顾炎武：《生员论》，《亭林文集》，台北中华书局1966年版。非常感谢我的学生程一凡先生告诉我这段材料。

象便替代了士绅的欺上瞒下。而且，雍正皇帝并不仅仅拿下层士绅开刀。[①] 当其党羽试图削减生员时，这一地区所有的住家都受到负面影响。因此，当皇上要求地方规则以中央制定的法律为准绳，或是依靠少部分死心塌地的臣子如田文镜或李渭（1685—1754）[②] 去贯彻皇帝的意志时，康熙时期官绅结盟的许多特征便不复存在。

然而，雍正皇帝一味追求中央统治最终没能满足社会多元化的需求。尽管他有强大的意志，但皇上仍然要同地方官吏一道统治这个泱泱大国，地方官员的管理既有总体的准则，也要依照具体情况。即使是涉及刑法这样明确的范畴，地方上的变通也是正常现象，而统一的处理倒成了特例。中央可能为司法程序苦心制订了框架，而执行起来却必须给省级政府变通余地才能行之有效。官员们心知肚明，上面只要求他们与刑法典的准则不相违背，由此他们便更有理由灵活执法。这种行为无处不在，使司法程序的教条规定形同虚设。

犯罪活动及其惩治

缘何清代统治者要强调法律准则？原因之一是清代法典中道德与法律界限的含混不清。根据陈张富美女士的研究，在入狱的窃贼身上刺青不仅可以防止其出狱后再次作案，还可以在他身上打上明显的烙印，人们相信耻感会促使其悔罪。耻感的折磨解释了儒家学说非常相信个体是能够改过自新的，而且集体对于挽救失足者有重要作用——这两个法理上的特征一直传承至当代。

然而，集体的挽救是理想化的，预防性措施并不能使罪犯重回社会。事实上，明显的烙印使罪犯在人群中处于边缘游离状态。刺青，犹如现代社会的犯罪记录一样，是不容易去除的印记，使罪犯成了一个被社会制度永远抛弃的

---

① 为了证明雍正皇帝并不只是拿下层士人开刀，可以参考佐佐木正哉（Sasaki Masaya）的《广东海关的违法税收》一文。

② 关于李渭在掌管沿海商务和海外贸易中的作用，有另外一篇文章（《贸易、舆情和海禁——李渭在浙江》，发表于檀香山会议）详细论及。

人。有预见性的管理者如陈宏谋（1696—1771）因而意识到这种打烙印的方式实际上妨碍了罪犯的改过自新。确有一些办法可以防止一时糊涂犯罪之人变为惯犯，但是陈宏谋发现对罪犯行之有效的改造有一定的成本，而负担这些成本有两条途径：或者让地方官员从财政收入中支出一部分为这些人的社会福利买单，或者令社会能够冒着这些人再次作恶的危险平等地接纳他们。大多数官员因而认为控制这些有前科的人比改造他们要便宜许多。陈宏谋确实曾给一个假释犯安排过职位，让他协助治安工作，但是却弄巧成拙，这等于让一个违法的人做了执法的工作。整个罪与罚的系统降格为另一个由“贱民”组成的无序世界，因此管治安的官吏，就像窃贼或是职业演员，甚至都没有资格参加科举考试。你可能认为这种对罪犯的歧视性隔离的确阻碍了地方治安的健康发展，但是让违法者执法，普通民众则不得不承受更多的敲诈勒索和巧取豪夺。[①]

警匪一家的现象也常见于其他社会。但是出现在中国社会的极端情况是这些地方治安官吏被行政降格，以至于其他自认合法正统的官员认为治安官根不正苗不红，因而不让他们插手行政事务。显然，在一个为保证官员廉洁既要靠自律（规范性控制）又要靠监督（制度性检查）的行政体系内，这种区别对待大大滋生了腐败现象。然而，只要邻里街坊和族人乡亲能帮助控制局面，政府是可以雇用这些犯过事的人做吏卒的。诚然保甲的头人及其族亲接纳这些有前科的罪犯有一百个不情愿，当时的社会却一直处于和谐状态，直至 18 世纪末，其时地方自治体系开始分崩离析。如杨庆堃撰文所述，与“掠夺性力量”相关联的众多大规模社会运动，证明了传统的自治体系极大地依靠了一些“有效的传统秩序纽带”，如族系和乡邻关系网络。

① 正如陈志让（Jerome Ch'en）在檀香山会议论文中所提及的，在晚清，一旦政府的政策法令能被有效执行，秘密社会（如会党组织，他们的存在就是因为法令的松弛）就会通过支持革命派的反满活动来求得自保。陈志让在《现代化和地方保护：1906 年萍浏醴起义研究》一文中认为，1700 年以后，火炮的普及也在一定程度上影响了这一进程。

内忧与外患

历史学家对于清代灭亡的原因众说纷纭。有些学者认为西方文明的入侵是主要原因，另一些则更强调内因。例如，何炳棣就认为1775年后人口的增长对自然资源产生了巨大的压力①，孔飞力则继而断言社会资源也受到制约②。中国人口众多，便需要更多的地方性行政服务，而光靠清代已有的社会自治系统是远远不够的，民间的军政组织（既有秘密结社，亦有民兵组织）就应运而生来管理中国农村。

朝廷控制的弱化，也是地方军事力量加强的政治条件。我们已经看到康熙与雍正殚精竭虑地建立起一套治理国家的模式，一直沿用至清末。这两任皇帝事必躬亲的风格给继位者很大负担，因为这要求统治者有能力对中央和地方的情况事无巨细都要一一过问。由于极少有人能承受这种日益增长的工作负荷，王朝最终倾颓了。早期清朝统治者的作用就像一块配电板，只给出最重要的政策意见。到1800年左右，这块板短路了，部分原因是继任的乾隆皇帝管理不力，另外朝廷得到的信息量也在扩大。③ 我们认为，这昭示了管理系统的中枢已经报废，雍正在18世纪20年代打击过的那些地方势力东山再起，接管了整个系统。④

当然，同时，外邦的威胁出现了。1808年，英国海军少将度路利（William O'Brien Drury）占领澳门，标志了中外关系一个全新阶段的开始，在中国人眼中，内忧与外患从此密不可分。这种理解并非19世纪所特有，亦与

---

① 何炳棣：《1368—1953年的中国人口研究》（1959年版）。

② 孔飞力：《中华帝国晚期的叛乱及其敌人：1796—1864年的军事化与社会结构》（1970年版）。

③ “配电板”式类比来自吴秀良教授在檀香山会议上的建议。

④ 这并不是说帝国管理系统随之完全终止。我在《大门口的陌生人：1839—1861年间华南的社会动乱》中很清楚地分析皇权是多么地在意那些地方武装从其控制中解脱出来的企图。但是国内的综合因素，加之外部问题，以及上述“配电板”类比，最终导致了这一现状的发生。

社会自治有千丝万缕的联系。当雍正在80年前宣称攘外的最佳途径便是安内时，他不仅是与前朝皇帝们一同倡导中华文明之“艺”万不可落入蛮夷之手，同时也反映了他作为清朝皇帝所特有的忧虑——至17世纪，清朝已处于内外交困的尴尬境地，内有伪明王朝的忠臣孝子，外有纷至沓来的西方商人。时至嘉庆道光年间，这两个皇帝开始意识到要提防内贼（汉奸），于是来自蛮夷的使节都被严密监控。

为了让外国商人守规矩，中国政府长久以来一直使用的方法便是授予或削减外商的贸易优惠待遇。[①] 尽管皇上总是轻蔑地挥舞着大棒要打垮那些“利欲熏心的夷人”来标榜自己的大公无私，他却能从中获得极大的利益。1683年，当朝臣就对外贸易展开大讨论时，一些主张重农抑商的大臣企图阻止皇上与夷人直接接触，而康熙皇帝则意识到禁止通商会让省级官员有机可乘，从事走私活动，从实际出发，他将对外贸易合法化了。[②] 同时，考虑到皇室的经济利益，康熙皇帝任命亲信大臣来监督帝国的垄断贸易。皇帝设于广东的“粤海关部”（英国人称之为“Hoppo”），则被当时的大不列颠东印度公司认为是代行户部的职权，而其官员则代表内务府行事，既要监控洋人，又要负责直接向朝廷上缴关税。[③] 因此，当1760年乾隆皇帝将所有与欧洲的贸易都圈到广东时，他对广东海关的控制将直接为皇家的小金库敛财。实际上，由于粤海关督察通常为满人，处理外交事务便在18世纪逐渐成了满人的特权。然而，到阿美士德使团来朝觐见（1816年）时，外交权已由内务大臣下放给了普通官员。那以后，钦差大臣，如林则徐（1785—1850），用儒家的道德学说及前朝故事来向皇帝进言关于华夷交往事宜。19世纪30年代鸦片的泛滥流入，公然挑衅了

---

① Randle Edwards 教授在檀香山会议的论文《“条约体系”之前清政府对外侨的控制》中很详细地论述了这一方面的问题。

② 张德昌：《清代内务府的经济作用》，《亚洲研究杂志》31.2：243－274。

③ 1683年，当康熙皇帝在大臣的建议下决定缓议海外贸易事宜，他这样批复：“封疆大吏务必以民生为重，尽管本朝此前实施海禁，然而实际上只是对走私和非法贸易予以制裁，督抚大臣建言海禁多为一己之私（这样他们就可以擅自干涉所有贸易）。”CSL：KH，116：4.

此前康熙皇帝对贸易的限制。有人会认为晚清皇帝们过于汉化，错误地理解了儒家学说，以至于寡廉鲜耻地为了一己之私将毒品贸易合法化，由内务部统管。然而，这样赤裸裸的权钱交易并不太可能发生，因为“外毒”与内患常常是相辅相成的。道光年间，八旗军已多为孱弱不堪、斗志全无的烟鬼，对皇上来说，鸦片已成为内部危机的征兆和诱因。

此卷收入的史景迁的研究提及了很多重要问题，其中之一便是 18 世纪末瘾君子数量的激增究竟是由于鸦片供应量的上涨，还是由于鸦片需求量的攀升？如果是后者，那吸食鸦片是否可以与之前所讨论的政治社会治理问题一道，被看作是对社会混沌的一种衡量尺度？那我们是否可以推而论之认为此种镇静剂在心理上提供了逃避现实的方式，而由此避免了更激烈的社会冲突？

如果我们仅仅从治理的角度考察，是可以给出负面回答的。管理体系本身腐败行为漏洞太多，以至于贩卖鸦片几乎是无本万利的。鸦片买卖事实上为从事贩运的秘密组织的成长提供了土壤，从而滋长了违法行为，削弱了执法力量和原本就很不牢靠的绿营军。无论鸦片对体质的破坏作用多么大，它的倾销却将违法者与执法者紧密联系起来。鸦片战争中以及战后中国军队的屡次败北更为民众吸毒提供了借口，老百姓因为清朝国力如此衰微而抬不起头来。① 到 19 世纪末，大约有 10%的民众成了瘾君子，深感耻辱却又不得自拔，而鸦片贸易其时已成了政府的主要收入来源。

大规模游行示威

晚清内外交困，一方面是 19 世纪鸦片的泛滥，另一方面还有大规模的群众运动。杨庆堃对这段时期日益动荡的社会给出了统计数据上的佐证，他主要

---

① 这场战争的另外一个影响是鸦片贸易的逐渐合法化，以及其他物资对华输入的畅通无阻。鉴于这一结论已经众所周知，我在此采用了史景迁的建议，把需求方的因素加以夸大，以此来强调导致这一现象的复杂因素。

参考了《清实录》，尽管有所帮助，却也是失之偏颇的。因为《清实录》反映的是朝廷的意志，它便更多地关注城市里的政治示威，而非农民暴动或是城市中的底层民众运动。由此，高高在上的朝廷便难以看清不同社会群体之间的巨大差异。然而，19 世纪的社会动荡有几个重要的特征是我们可以明辨的。一个显著的特征是游行的政治性质（如以谋求政治地位为目的）。另一个是集中于城市。当时 1/3 的事件发生于治安糟糕的边境地区，但是绝大多数示威发生在行政中心城镇，有一些当地的权贵卷入进去。因此，大多数 19 世纪的农民运动看来并不由农民领导。事实上，“农民”这个词可能是张冠李戴了。底层民众通常来自客家人之类的少数族裔，或是从事农业以外其他边缘产业的人群：如盐贩、镖师、拳师及从事运输、拾炭、开采银矿的人，等等。即使农民加入这些运动，也摒弃了许多农民特质。例如，太平天国起义军创建了一个军事化的社会，赋予百姓们新的社会角色。继而，它的拥趸们——太平军沿湖南西部进军，沿途吸纳的农民——便被改造成了有尊卑的“兄弟姐妹”，塑造成为行军中的战士。

只要仍在前进，太平军便不断地吸收流离失所的农民，并将他们改造成死心塌地的追随者。但 1853 年太平天国定都南京后，却发现要面对一个既存的农村社会，公然反对太平天国统治者对他们的改造和同化。那时，太平天国的对策是拉拢地方权贵，给他们一个两司马（太平天国最基层的组织单位长官）的官职，这样来强制在农村推行他们的军事规划，那个官职的实际功用就是替太平天国收税。① 由于这种地方官僚机构完全无法控制住底层士绅，在太平天国统治下的江南地区，原先的“包揽”现象便演变成了包税制。

太平天国之后的地方治理

太平天国时期的税户们是典型的投机分子。当形势逐渐有利于清军时，许

---

① Kawabata Genji, *Acta Asiatica*, 12：42－69。

多农户便转而拥护朝廷，将他们管理的土地转让给苏州等地的高级乡绅。正是由于这些墙头草多在高层士绅的救济机构、收税单位和民兵组织中任职，乡绅阶层在江南农村中的地位才得以重建。然而，这林林总总的组织的初衷并非为了镇压太平军。相反，如波拉切克文中所述，在几十年前的中国江南就有先例可循，当时江南的乡绅正面临财政危机。

前清政府在财政税收问题上的妥协可能抵消了里甲制的一些不公平之处，但却无法完全消除大户（贵族）与小户（平民）之间的根本差异。胤禛皇帝再无力打压士绅，至18世纪晚期，当生员出于一己之私再次迫使地方官吏调整税率时，士绅的影响力已大体恢复了。[①] 至19世纪20年代，大小户之间的差异使得很多小户无力缴税，土地便落入大户囊中。

就当时的客观情形来看，明清易代之际，大部分城镇大户是愿意和地方官员合作以纠正上述这种现象的。根据波拉切克的分析，那些妄想发迹的家伙发现整个19世纪30年代，下层大户中的“包揽”活动实际上伤害到了他们自身的利益。由于地方政府无力解决灌溉等问题，苏州城中大户所经营的土地生产力开始衰减。财政危机的加剧，导致许多不动产被抛向市场。大户中的上层决定支持林则徐（时提任江苏按察使）改革税收体制。在他们的帮助下，林则徐试图打破生员与地方豪绅间的联盟关系。同时，他向中央政府进言，要求允许通过海路而非先前的运河漕运来输送贡粮，这样做的目的是避免途中的偷盗和浪费行为。不管怎样，这些措施节约了税额，相对于依靠朝中江南大臣的政治影响力，更能嘉惠地方。

然而这些措施的成功只是短暂的，为舒缓江南经济困局所做的努力在19

---

① 实际上，并非所有江南地区都是如此，以无锡为例，1724—1728年（雍正年间），许多地方官员就以种种措施来打击权贵们在地方上的代理势力。1728年，一场由地方官员积极发起的旨在收回税权的运动使城市贵族元气大伤，此后，贫富差距一度不像以前那般极端，随之而来的便是一群相对朴实的地主崛起于乡间。“多年前，由于税权的集中，导致城镇居民总是比乡间居民拥有更多的地产。现在则时移世易，乡间居民拥有比城镇居民更多的租地，而税权也趋于分散。”见黄卬《锡金识小录》，第37页。以上这段论述参见Shih Chin没有公开出版的学术论作《无锡地方上的权贵与皇权：1522—1759》（伯克利，1973）。

世纪 50 年代均告失败。太平天国运动爆发后，清廷谕令各省举办团练，这种新型的地方治理契合了生员和豪绅的利益，林则徐的税则改革措施不可避免地走向失败。同时，海路运输实际上也没有产生多少节约，而京城中的苏州游说团同样没能成功地为江南争取到减免税额。基于此种情形，一些时局感很强的政治人物，如冯桂芬（1809—1874），觉得有必要参与到这场地方治理的运作中来。1853 年（咸丰三年），太平天国定都南京后，他在苏州兴办团练，为清廷收复了松江府诸城。

在地方支绌的同时，朝中江南权贵的影响力也日趋式微，代之而起的是一群军功卓著的湘籍精英，他们与肃顺等一些苛刻的满洲贵族结成同盟①，一致反对江南士绅的减税要求。相比 1661 年清朝开国之初的减税呼声，时下的城市大户要识相得多，他们可以委曲求全，与那些不受欢迎的团练头目们合作以保护自己的利益。换言之，由于缺少中央政府的支持，地方上的文人学士们更多地倚靠当地的人脉资源，而非京城的皇令。

生员在地方自治体系中的权威地位以及乡绅和地主沆瀣一气从江南的族长所作所为中便可以窥见一二，他们惯于使用自己的警力和逮捕令来威逼欠税的佃户以追讨税款。在苏州，此种官僚化税收体系可以追溯至 1863 年在江苏元和县设立的收租局，它为后太平天国时代的财务管理开创了一种新的模式。由于地方权贵几乎一手遮天，税收与地租，公产与私产，难以区分开来。农村的乡绅，表面上看，成为自有财产的主人。

这种税租公私混淆可能导致的结果之一便是阶级矛盾的加剧。在清朝的鼎盛时期，再腐化堕落的乡绅也至少会遵从地方宗族长辈的教导。而如今城市里的收租人不复存在，取而代之的是村里收租的官吏，地主与佃户之间的一种和谐平衡关系由此被打破。到 19 世纪末期，苏州地区的士绅已经无法在衙门官

---

① 肃顺以用严苛的手段控制通货膨胀而闻名，参见《清代的货币和货币政策（1845—1895）》（Frank H. H. King，1965）。事实上，肃顺在某种程度上和鳌拜很相似，曾有人设想假如没有 1861 年的政变（这次政变导致相对温和的恭亲王一派当权），江南士绅可能会遭遇类似 1661 年的命运。

员面前为他代表的地方百姓辩解讲话了。对于身在外乡的佃户而言，士绅的角色就是一个缺位的地主，与地方政府并无二致，衙门的巡捕亦可被士绅用作自己的民团；这就为 20 世纪 20 年代的农民运动埋下了导火索，其时地方士绅由于攫取了过多的经济利益而被斥为土豪劣绅。[①]

土豪劣绅

在较短的时期内，士绅之类的地方寡头也经历了中央权力下放省级政府的逐渐演进过程。清朝的这种省级自治化[②]固然有来自西方宪政国家的潜移默化的影响，亦有经世治国的本土需要，即为统治阶级提供统治的合法性依据。[③] 如孔飞力所述，冯桂芬受到顾炎武地方主义思想的启发而提出一种新型的乡村政府，由地方保甲制中海选出的头目来运作。在此之上，衙门之下，冯桂芬期望建立一个行政层，由地方生员组成，行使对现有衙门官僚的协助和监控职能。冯桂芬很现实地意识到 19 世纪 60 年代生员已攫取的行政权力，他开始考虑废除非正式的士绅自治体系。然而，他却保留了族长和收租局的形式，因为只有通过收租，政府才得以让地主们缴税。冯桂芬也因此保护了国家赖以为生的农业。冯桂芬对经世学派中的理性逐利假说是俯首帖耳的，因此他并不认为私利与公利存在着本质的不可调和的矛盾。

但是，1909 年后发展起来的地方自治体系最终是冯桂芬等改良派所希望的那样吗？作为一句口号，地方自治需要广大群众参与地方政府的治理，需要为民族国家的建立、为反封建培养一批有政治意识的民众。但是，在实际操作

① 参见村松祐次《近代江南的租栈：中国地主制度之研究》（Muramatsu Yuji，1970）。

② 当然，江南和广东一带，士绅紧紧掌握着地方治理之权，这和那些底层农民们通过运动就能达到目的的省份是有所区别的。见霍夫海因茨（Roy Hofheinz）：《中国共产党成功的生态环境："农村包围城市"模式（1925—1945）》，载鲍大可（A. Doak Barnett）编《实践中的中国共产党政治理论》，1969 年版。

③ 傅因彻（John Fincher）：《地方政治风尚与国家革命》，载赖特（Mary G. Wright）编《中国革命：第一阶段（1900—1913）》，1968 年版，第 185—226 页。

中，根据孔飞力的研究，地方自治仅仅是用法令以便更行之有效地约束士绅的权力。在清朝覆灭之后，首都的政客们马上意识到底层的士绅仍旧在滥用职权侵吞国家的税收。于是，袁世凯（1859—1916）总统在1913年废止了村级政府办公点，而国民党（在最初对地方自治的热情很快减退之后）于1934年江苏地方巨富自建小金库时开始对“地方自治政府”大加鞭笞。

然而，时至当日，已然太晚了，地方自治机构演变成地主掌权的政府机关的趋势已无法扭转。自宋朝以来，地方士绅的权力多少还受点限制。但如今，清政府垮台，给乡绅们划定底线的这样一个权力体系不复存在。士绅们便不需要再看中央的脸色，他们开始了另外一种平衡地方权力的游戏，说白了就是把中央政府的势力从广大的中国农村赶出去。的确，江苏等地的土豪劣绅还任命了一大帮乡级以下的官吏，为的就是远离省会城市，建立自己的根据地。

高俊　译

清征服江南时期的地方观念和忠君思想——江阴悲剧

（1975年）

荣耀与梦想如此相似，

这是真理被当作谬误，

抑或谬误伪装成真理？

——彼德罗·卡尔岱龙：《生活如梦》第三场，第十幕①

位于上海和南京之间的江南，在中国历史上曾被称作吴。清朝廷对江南的征服，不是一以贯之地完成的。政府的政策年复一年地在洪承畴的安抚和瓜尔佳·巴山式的强硬之间变换；当地百姓对新王朝的反应亦从温顺的降服到流血的抵抗，各不相同；松江这样接近太湖匪寇巢穴的城市，在这一过程中所经历的平静和骚乱，与嘉定和上海也迥然有异。1645年的多铎进取扬州、1657年的科举作弊、1659年的长江之役、1661年的税收事件这样一系列的地方性事件，亦是在各地方的特殊条件下发生的，如某一地方乡绅富有组织性的凝聚力，另一个地方特殊的土地所有制，等等。因此，只叙述某一处地方史用以代表整个江南史，是不全面的。

我将这种做归纳的危险夸大了，因为江阴的抗清即使在当时的江南地区来说，也的确是非常特殊的。江阴的攻城是最血腥的，江阴的抵抗也是最著名的。相比所有江阴被杀的百姓来说，江南其他地区数以百万计的人民更多的是选择了很快在城门和城墙上写上“顺民”二字。即便与其他抵抗中心相比，

---

① Don Pedro Calderon de la Barca（1600—1681，西班牙黄金时代剧作家），*La vida es sueño*，Third Day，Scene X.

如农村武装力量扮演了主要角色的嘉定①，和由陈子龙的文人团体“几社”唤起抗清意识的松江，江阴的抵抗也是非同寻常的。② 然而准确地讲，江阴抗清是明代自杀式忠君思想的夸大，因此江阴的悲剧性抵抗比其他地方更清楚地揭示了地方抗清的真相。③

江阴城

江阴位于上海上游100英里处，沿长江南岸绵延25英里，是这片拥有富饶的农业和贸易的地区的首府。江阴城里的50万居民中一部分是渔民，更多的从事农业和手工业。④ 这片土地物产丰饶，有黄秔稻、早白稻、白菜、瓜、果、桑树以及棉花等。其中棉花，特别是在江阴城西乡镇的棉花种植，为织工提供了就业机会，织工可将织成的布与蒲包、蒲扇一并卖给江阴城的批发

---

① 参见朱子素《嘉定县乙酉纪事》，《南疆逸史》第183—202、186—187页；朱子素：《嘉定屠城纪略》；胡山源：《嘉定义民别传》，上海世界书局1938年版，第203—221页。以上史料中均有对嘉定抗清的各种叙述，叙述基本一致。

② 参见《陈忠裕公全集·年谱》1803年版，第2卷，第30—32页；褚华：《沪城备考》，《上海掌故丛书》，中华书局1936年版，第3卷，第2页。

③ 我关于江阴抵抗的论述主要基于以下史料：韩菼《江阴城守纪》，常州1715年版，再版作为胡山源《江阴义民别传》附录，世界书局1938年版，第158—198页；《明史》中的《阎应元传》，“台北国防研究院”1961年版，第277卷，第3114页；《江阴县志》中的《阎应元传》，第437页；Authur Hummel, *Eminent Chinese of the Ch'ing Period*. 1943，p. 912（有阎应元的小传）。并见苏雪林：《南明忠烈传》，国民图书出版社1941年版，第47页。对江阴抵抗的三段简短而通俗的叙述见于李天佑：《明末江阴、嘉定人民的抗清斗争》，学习生活出版社1955年版；王虹：《江阴人民的抗清斗争》，上海四联出版社1954年版；谢承仁：《1645年江阴人民守城的故事》，中国青年出版社1956年版；另有一段经典的描述见于谢国桢《南明史略》，上海人民出版社1957年版，第82—86页。

④ 这是粗略估计的人口数量。根据1377年人口普查，这一地区纳税的有29,128户。到1633年这一数字上升到51,740户。1672年清征服江阴后经过人口重组后的人口普查显示，大约与明末人口水平相同，为51,145户；同时《江阴县志》中的丁数为399,674，《江阴县志》第142页。

商。[①] 因此，江阴作为地区首府的商业地位是建立在这块肥沃的农地之上的，其中许多是沙田（圩田），由开垦沼泽地而来[②]。但是河流所给予的，终将为河流所带走。不断变化的水位和潮汐不断威胁着堤岸，并侵蚀着田地，造成了矛盾的经济发展状况。著名的经世致用思想家顾炎武（1613—1682）记载了这种矛盾："江阴素称殷富，为国家财赋之区，而地多高卬，民常苦旱。"[③] 顾炎武没有将农民的贫困与地主所有制相联系，他将之归因于过去数渠并开，导太湖之水向南至运河所引起的灌溉困难之上。连接太湖与长江的沟渠正穿过江阴，本想泄太湖之水入长江，但未及疏浚，引起长江之流倒灌。最初以为这样加强了灌溉，对江阴农民是有利的，但是潮汐往来，沟渠淤塞，引起河水泛流至田地，影响了庄稼，使农民的收成得不到保障。因此顾炎武宣称："故言水利者莫急于江阴，而言治水之难者亦惟江阴为甚。"[④] 这也是这一地区公共治安不良的原因。那些由于河水泛滥或无法偿还借债而失去了土地的人，纷纷转向以走私或做盗贼为生。顾炎武持这样一种理论，即乡绅管理下的经济稳定才能带来公共秩序，他认为江阴正是可以证明这一理论的完美例子。地方救济必须先于地方控制，一旦水利工程得到修复，河流便会重新带来利润，那么这一地区的人民便可以安于农业，建立保甲制度，并且消除社会盗贼。[⑤]

顾炎武对江阴问题的判断是重农主义的，忽略了这一地区的商业利益。江

---

① 《江阴县志》，第243—245页。

② 沙田最早出现在江阴的土地登记上，是在13世纪中叶。16世纪的最后25年里沙田才真正大面积地增长，直到总数为60,000亩，《江阴县志》，第156页。土地的界限因之频繁地变化，使得要追踪土地拥有者变得异乎寻常地困难。问题变得严重起来，后来历任地方长官开始将沙田统计入土地登记之内。顾炎武：《常镇·武进县志》，《天下郡国利病书》（台北版）第7册，第84—85页b。

③ 顾炎武：《常镇·武进县志》，第60页。江阴有1,100,000亩登记在簿的土地可征收平米税，税额在1537年直到1661年税收事件爆发前基本保持不变。1537年为179,588石，1582年为179,848石，1660年为179,849石。但是本色米税额有所增长，1639年时达到72,912石。晚明时期增收的3种税额也有所增长，约为89,798两白银。《江阴县志》，第161页。

④ 顾炎武：《常镇·武进县志》，第61页。

⑤ 顾炎武：《常镇·武进县志》，第61页；同前，第61页b。

阴作为一个商业中心的重要地位似乎在1700年时已经有所下降了（也许是由于这个城市在1645年被短暂破坏），但是在被征服之前的年代里，江阴是一个富足的纺织中心。① 无论是不是繁盛的贸易吸引了不法之徒，江阴当时确实因为犯罪行为而名声恶劣。顾炎武记载道："故江阴素称多盗贼之扰，而言弭盗者亦卒无良策。"② 村镇里的抢劫是司空见惯的，但是最严重的问题是大型匪帮在河流上肆无忌惮地劫掠。同时，江阴并没有公共治安机构。自从10世纪以来，这一地区便被看作是防御长江上游受到海盗袭击的要塞；在宋代，江阴也是重要的海军防戍要塞；在16世纪的倭寇袭击前后，江阴的军事战略地位又得到了提升。当时设在黄田港（位于江阴东北的港口）的长江海防机构已沿河修筑了壁垒，同时驻扎在黄田港的常规卫戍部队也已监督修筑了保卫首府的厚厚的城墙。③ 城墙外还有一条护城河环绕，连接着在两岸垂柳下蜿蜒穿过江阴城的黄田河。护城河外是郊区伸展到黄田闸的"防"，这块区域的边缘就是郁郁葱葱的君山和黄山，从山顶可以看到下面大河奔流的宏伟景象。④

江阴邻近长江，使之成为那些从浙江、福建而来准备穿过长江北上京城的旅人乐于停留休憩的地方。当然，邻近长江也使得江阴暴露在崇明岛海盗袭击的威胁之下，但这至少促进了地方防御反应的加快。也许正是由于这一军事防御传统，使得江阴对清廷的抵抗如此不同凡响。用一句《南疆逸史》里的话来说："自北骑南下，诸郡文武吏争献版籍，开门迎附，反为之守。"⑤ 在忠君

---

① 《江阴县志》，第245页。

② 顾炎武：《常镇·武进县志》，第61页。

③ 《江阴县志》，第37—62页。在南面、北面和东面的城墙有20多英尺厚。《江阴县志》，第68—69页。城墙在1645年被毁，但很快为清政府修复。道光年间江阴城已经完全恢复了其战略重要地位。《江阴县志》，第197页。20世纪江阴成为江南重要的军火库之一。事实上，在1916年的反袁浪潮中，年轻的蒋介石曾试图在此建立要塞。参见 Pichon P. Y. Loh, *The Early Chiang Kai-shek: A Study of His Personality and Politics*, 1887—1924. New York: Columbia University Press, 1971, p. 29.

④ 《江阴县志》，第92页；谢承仁：《1645年江阴人民守城的故事》，中国青年出版社1956年版，第3页。

⑤ 温睿临：《南疆逸史》，台北台湾银行1959年版，第373页。

史上只有两个县（浙江金山和江西赣州）和几个城市是坚决拒绝接受新的统治者的，江阴就是后者之一。

明的灭亡

北京陷落于李自成的消息是在 1644 年 6 月 4 日晚上传到江阴的。15 天后福王即在南京称帝，年号弘光，宣布了第一个南明政权的成立。但是崇祯皇帝在北京的死去似乎已标志了一个王朝秩序的终结。江阴没有像江南其他一些地方一样爆发奴变和佃变[①]，但是却发生了市井暴徒的大肆抢掠，促使维持秩序的力量开始行动，在这一行动的努力中两支主要力量合作起来了。

首先是地方显要，即在江阴儒学训导冯厚敦领导下的城市及农村的乡绅们。[②] 他们很快组织了一个地方性的委员会，请诸生中老成硕望者分往各乡，说服乡耆和其他人相信尽管王朝灭亡了，但社会结构仍会维持下去。[③]

其次是地方军队和警察系统。江阴典史陈明遇和前都司周瑞龙，让冯厚敦召集当地乡绅在社稷坛聚会，拜牌集议，募兵勤王。[④] 举行这个集会的地方本

---

① 尽管江阴农村的不满情绪不像在 1644—1645 年爆发了著名奴变的太仓那样激烈，但是发起佃变的想法一定曾在他们的头脑中出现过。参见谢国桢关于农民和佃农起义的分析：《明清之际党社运动考》书末附录《明季奴变考》；Mark Elvin，*The Pattern of the Chinese Past*. London：Eyre Methuen，1973，pp. 239 - 245。

② 冯厚敦，字培卿，金坛（江苏镇江）人，贡生，1641 年经授江阴县儒学训导，1644 年帮助在福建的福王募集粮饷。江阴陷落时，他上吊自缢于明伦堂前，他的妻妾和 13 个弟子均投井而死。1776 年，冯厚敦与陈明遇、阎应元一同被清政府祀于忠义祠。参见《江阴县志》，第 437 页。

③ 东北滨江一带派去的是许晋和诸生陈明时。

④ 韩菼：《江阴城守纪》，常州 1715 年版，再版作为胡山源所著《江阴义民别传》的附录，上海世界书局 1938 年版，第 163 页。陈明遇，浙江人，1645 年被任命为典史。《江阴县志》，第 437 页。

身就非常有名，因为“社稷”标志着国家和地方宗教崇拜仪式的分界。①

“社”是土神，代表着地方身份，不仅包括乡绅，也包括所有的当地居民。而“稷”指谷神，标志着对帝王祖先所担负的责任。这一责任本应由被皇室统治的所有子民承担，但事实上它被认为只是乡绅阶层应该承担的义务。与江阴的普通百姓不同，乡绅阶层才是王朝真正的社会支持力量，是皇帝的科举制度创造出来的精英阶层。因此这次特殊的集会与其说是普通百姓的集会，不如说是乡绅阶层的集会。更有趣的是，这次集会不是由知县召集的，而是由典史陈明遇召集的。

在明朝，“典史主管文书出纳事宜，一县若无县丞、主簿，则由典史代掌其职权”②。最初当典史被正式作为一个官职时，是负责监管文职人员的。③ 然

---

① 这些宗教崇拜的地方是乡绅实行统治的中心，这一点是为人熟知的。如 Hsiao Kung-ch'üan, *Rural China*: *Imperial Control in the Nineteenth Century*. Seattle: University of Washington Press, 1967, pp. 277 – 279, 571 – 572。明代的大多数时间里，粮长被命令定期召集其所统治地方的居民集会，解释社稷的目的。参见 Liang Fang-chung, "Local Tax Collectors in the Ming Dynasty," in E-tu Zen Sun and John De Francis, eds., *Chinese Social History*, *Translations of Selected Studies*. Washington, D. C.: American Council of Learned Societies, 1956, p. 254。

② 《明史·职官志》，转引自：Morahashi Tetsuji, *Dai Kanwa jiten*. Tokyo: Taishukan Shoten, 1958, p. 1184。

③ 典史这一官职是元代在靠近首都的北方八个地区开始设置的，其职位（一为典史，一为司吏，可能是文官与武官的区别）仅次于知县，在清代“典史”这一名称常可与“廉捕”（侦查和缉捕）互换，但只是徒有警察职责。如瞿同祖指出：“州县官不在时，佐贰官或典狱官也可能被委派主持贼盗案的调查讯问或现场勘验。但是，许多州县官不愿将调查勘验之事委托给僚属，因为他们可能接受贿赂，或者因为他们没有足够的威信获得百姓敬重，还因为百姓更愿意接受州县官的审判。甚至负有特别职责的僚属官，如狱官（吏目、典史），有时实际上并不负其头衔所标明的职责。狱官，虽然是以负责警狱之名而任命的，但有时实际上可能在警狱事务上没有发言权。”T'ung-tsu Ch'ü, *Local Government in China under the Ch'ing*. Cambridge: Harvard University Press, 1962, p. 13. 根据瓦特（John Watt）的数据显示，清代典史一官是非常普遍的。例如，1785 年有 65 个直隶州的知州和 58 个典史，146 个散州的知州和 200 个典史，1297 个知县和 1292 个典史。典史的薪俸是 915 两，县丞是 1000 两，知县是 1245 两。各个地方的知县薪俸存在差别，而典史的薪俸似乎都是差不多的。典史是未入流官，而主簿是正九品，县丞是正八品，知县是正七品。参见 John Robertson Watt, "Theory and Practice in Chinese District Administration: the Role of the Ch'ing District magistrate in the Historical Setting." Ph. D. diss., Columbia University, 1967, p. 35。

而在16世纪，典史的职责开始包括组织地方防御。典史权力的上升，相应地导致了常规京营和卫所地位的下降。随着正式世袭军户人数的减少，地方防御越来越依赖于第二个独具特点的军队系统——乡兵，这一军队系统在明朝早期便已经存在了。①

卫所制度在其鼎盛时期代表了中央军事统治的胜利和魏唐以来理想的府兵制的全盛。但是招募如此多的人进入世袭的军队阶层是非常麻烦的，到万历年间，这种招募变得更像是一种强迫劳役，而不像一个军事组织。为了应对蒙古在北方的挑战和抗击倭寇在沿海的袭击，军事系统开始被允许向着两个方向发展。首先，允许李成梁和戚继光将军训练和组织他们自己的军队。其次，扩张乡兵组织。尽管当时无论哪种方式都被防止发展为地方军阀主义或地方军事力量，但这两种方式还是构成了后来江阴抵抗的原型。

就第一种方式来说，当忆起唐朝节度使安禄山是如何建立了一支私有军队，并最后在公元755年发起了对王朝的进攻时，中央政府自然会惧怕由此产生的所谓“安禄山第二”。因此当戚继光在朝中的支持者张居正1582年去世后，原本允许戚继光练兵的政策开始倒退了。② 为这种小心谨慎的倒退所付出的代价就是军队的人心涣散，有时值勤的卫戍部队的人数只有应到的1/10。但是战争毕竟还是要打的，尤其在17世纪30年代农民起义频发的时期，因此一个妥协性的解决办法就此诞生了：左良玉和毛文龙这样的雇佣军被收编为国家部队，置于行政系统的最高号令之下。这样安排的优点是使得文和武（即军事与民事）可以分开，降低了出现一个与政府作对的势力的可能性；它的缺点是使得中层军事官员们不够团结一致以保证其忠诚，后来辽东和山东地方官

---

① 乡兵有三种类型。第一种于1384年出现于湖广地区，选土民，授以巡检，聚集乡丁，自为保障。第二种类型于四年后出现在四川，即由四川土官招司土民为兵。第三种类型出现于1393年，政府开始于巡检司下设弓兵（这意味着乡兵由早已存在的公共防御组织纳入了官僚体系），丁粮相应入户内。当时乡兵与民兵不入军籍，仅以兵名，实际皆隶于民籍或匠籍。参见闻钧天《中国保甲制度》，上海商务印书馆1935年版，第172—173页。

② 李光璧：《明朝史略》，湖北人民出版社1957年版，第126—130页。

的大量降清就证明了这一点。[①] 当刘良佐攻江阴时，他应该已经先后服从过叛军李自成、明将军黄得功、福王以及清的多铎了。[②]

就乡兵来说，皇帝关心的是防止乡镇防御力量转化为由乡绅领导的军事力量，打破地方权力的平衡。这就是为什么14世纪的乡兵最初由县丞控制，后来的乡镇军队则由从外省人中任命的典史管理。就江阴来说，这意味着地方军事系统的发展是在管理民事的衙门控制之下，而不是在军事机构的控制之下。江阴最初的卫戍部队有1000人的常规军。为了补充这支军队，15世纪后期招募了一支真正的地方军事力量——“民壮”，但是到17世纪30年代该军队注册的1460名士兵都被解散了。1532年，在巡抚吴廷的促使下，一个新的“募兵”系统成立了。江阴卫戍部队的人数被减少到了200人，以节省政府开支。吴廷还根据“丁”的统计征税，以此让地方来支付抵抗海盗袭击的额外军事开销，由此征来的税收被用于雇用专业的士兵（即“土兵”），与地方卫戍部队和民壮合作。但是到了明朝末期，事实上前者已经取代了后者。于是地方的军事防御几乎全部建立在负责公共安全的官员对雇佣军的指挥之上。[③] 本来这一地方官员指的应该是县丞，但是因为自1638年开始江阴就没有任命过县丞了，所以在清征服江南的这段时间内，对江阴地方军队的控制就全部掌握在典史陈明遇的手中了。[④]

地方官员控制下的雇佣军士兵，不仅阻碍了真正的地方军事力量的招募，而且阻碍了农民阶层和乡绅阶层的正常运转。但是在1630—1640年代，皇帝

---

① 在我目前正初步开始写作、尚未出版的关于《贰臣传》（1776年清朝编纂）的分析中发现，叛臣中最大的一支就是职业军人，49个叛臣中有15个是东北的，11个是山西的。

② 刘良佐，山西大同人，为南京的福王政权守苏州城，当多铎到达城下时，刘立即投降，带着十万军队投到清阵营。Arthur W. Hummel. *Eminent Chinese of the Ch'ing period* (1644 - 1912). Washington, U. S. Govt Print Off., 1943 - 1944, p. 534.（有刘良佐的小传）

③ 《江阴县志》，第287—288页。

④ 同上书，第198—200页。

仍不愿认可乡绅为地方防御所做出的努力，无视经世学社[①]对“团练”这一地方自我防御的呼吁正在上升的影响，仍希望只要有可能就将地方军事力量置于地方衙门的控制之下。[②] 既然为正规的卫戍部队只提供了糟糕的条件，那么唯一的解决办法就是雇用盗匪来抗击盗匪了，在罗阳曾做了这种尝试。这一问题使得皇帝如此困扰，最终他在 1643 年 6 月 7 日下旨允许在湖广和江北两个区域招募团练[③]，但是他仍坚持这些军队必须在官员的严密控制之下。这一政策在 1644 年 2 月 10 日表现得更为清楚，皇帝在这一天命令兵部重新招募伤残的小军官，让他们监管乡镇义军。[④] 尽管皇帝始终不情愿认可乡绅对军队的控制，但是地方防御的拥护者仍不断地向着这一方向努力。就在上述命令发出的第二天，户部尚书倪元璐进言，说著名的浙江乡绅如徐石麒、钱继登、刘宗周

---

① 这里我指的是陈子龙和松江的文人团体“几社”，是他们鼓舞了何刚在 2 月 27 日的请愿。（见下文）关于他们的财政政策的细节描述可见 Jerry Dennerline 的相关论文。

② 对李自成和张献忠叛军进行英勇抵抗的几个事例，激起了对真正有效的地方防御的期待。1643 年当李自成试图巩固其对山西的控制时，他贿赂了驻扎在榆林的明朝将领，使之投降。当地民众得知这一消息后便发动了动乱，明朝将领逃跑，一个已退休的军事官员被推举出来代替了明将的位置。城里的男人和女人（女人的确参与了这场战斗）进行了持续 13 天的抵抗，直到 1644 年 1 月 6 日城墙被推倒，此后巷战仍持续了数日。另一个事例发生在 1642 年 5 月 1 日，当张献忠的军队攻击安徽的舒城时，知县、参将和其他致仕官僚将士、居民组织成军队，护城抵抗了数月之久。事实上，他们比正规的卫戍部队更有效率，后者当粮食供给不足时便劫掠百姓，并且最后叛降了张献忠。地方官员和乡绅（其中一个是编修胡守恒）都因拒绝投降而被杀。参见 James Bunyan Parsons, *Peasant Rebellions of the Late Ming Dynasty*, Tucson: University of Arizona Press, 1970；彭孙贻:《平寇志》，国立北平图书馆 1931 年版，第 5 卷，第 2 页。然而当四川乡兵坚决抗击臭名昭著的梁山匪军时，四川巡抚刘汉儒请求以蜀人治蜀兵的建议被拒绝，刘汉儒被罢官。《贰臣传》，北京 1776 年版，第 8 卷，第 22—23 页。

③ “但能擒斩伪官即与授职，能收捕贼徒即与给赏，能恢城献俘即与超擢，其余部曲编成乡勇，一体团练，分垦荒田，量给牛种，便宜安插。”这一政策马上被执行了，尤其在武汉地区，那里的乡绅必须为募集资金而作战，因为武昌银库里已经几乎空了。但楚王有钱，其财富“积金数百万”，三司长跪，恳请贷金数十万以饷军，但是遭到了拒绝。也许因为他怕被以非法供养私人军队的罪名被检举，但后来军队还是被重新召集到他的领导之下。其他官员也都捐资募兵，地方防御政策圆满地得到落实。彭孙贻:《平寇志》，国立北平图书馆 1931 年版，第 6 卷，第 6 页。

④ （清）汪楫:《崇祯长编》，江苏古籍出版社 1940 年版，第 17 卷，第 1 页。

和羌应甲应被邀请组织他们自己的团练乡兵。① 正当皇帝开始动摇时，来自江南的经世学者给了他更大的压力。② 2 月 27 日兵部主事何刚请愿：

> 忠义智勇之士，在浙则有东阳、义乌，昔时名将、劲兵多出其地。臣熟知东阳生员许都，天性忠孝，素裕韬钤，一见知人，能与士卒同甘苦。乞用许都以作率。③ 东义、徽歙二方之奇才，臣愿以布衣奔走，联络悉遵戚继光遗法，申详约束，开道忠义，一岁之余，可使赴汤蹈火。臣见进士姚奇允、夏供佑、桐城生员周岐、陕西生员刘湘客、山西举人韩林，皆忧时有心，乞颁手诏，会天下豪杰，则忠义智勇，连袂而起，助皇上建业矣。④

两天后，崇祯皇帝就下达了正式批准的诏书。何刚被命令到东阳实行他的计划“以资剿寇”，与此同时吏部、兵部和刑部被要求尽一切力量帮助这一政策在其他地方的实行。⑤ 经过深思熟虑之后，皇帝才在最后一刻于 1644 年 4 月 5 日颁布了著名的“勤王令”。⑥ 然而由于典史已经垄断地方军权太长时间了，

---

① 同上书。倪还有一个富有野心的计划，那就是高金雇用一支精英军事力量在长江以南组成一个第二道防线，尝试在华南四个战略重省——广东、福建、浙江和南直隶建立经济与军政系统，他认为这四个省每个都应该被组织起来形成一个单独的区域单位。参见 Ray Huang，“Ni Yuan-lu：‘Realism’in a Neo-Confucian Scholar-Statesman，” in Wm. Theodore de Bary，ed.，*Self and Society in Ming Thought*. New York：Columbia University Press，1970，p. 422。

② 最重要的是关于松江陈子龙的“几社”的。关于他的民兵思想可参见陈子龙：《陈忠裕公全集》，收入《乾坤正气集》，台北环球书局 1966 年版，第 22 卷，第 17—18 页。

③ 事实证明许都并不是一个好榜样，实际上他成了呼吁建设民兵的经世学者的耻辱。他在浙江北部建立了一支私人军队，组织了一批当时被认为是国家最好的军事精英。但是当他的族人被当地政府杀害后，许叛变了。陈子龙不得不将许和他的部下全部杀掉以防叛变蔓延。感谢 Jerry Dennerline 向我提供了这条资料，他正在从事许都事件的另一项相关研究。

④ 彭孙贻：《平寇志》，国立北平图书馆 1931 年版，第 8 卷，第 5 页。这一请愿在《崇祯长编》第 17 卷第 1 页 b 中也曾提及，但并未引用原文。另见褚华《沪城备考》，《上海掌故丛书》，中华书局 1936 年版，4，11；第 958 页。何刚，上海举人，死于扬州陷落。《明史》，开明书局 1952 年版，7758：第 4 页（中有他的传记）。

⑤ 彭孙贻：《平寇志》，国立北平图书馆 1931 年版，第 8 卷，第 5—6 页。

⑥ 彭孙贻：《平寇志》，国立北平图书馆 1931 年版，第 8 卷，第 12 页；（清）汪楫：《崇祯长编》，江苏古籍出版社 1940 年版，第 17 卷，第 6 页 b。

此时南方许多地方乡兵的控制权仍在地方典史的手中，不会为地方乡绅热情的忠君运动所用。这一情况对忠君运动有两个大的影响，它意味着一旦清统治者可以说服地方衙门官员投降，那么军队也要痛苦地（如果有这种感受的话）投降；而对江阴来说，典史控制军队的特别之处还在于——重要抵抗运动的军队领导人并不是江阴本地人。

知县方亨

江阴祭坛前的聚会见证了两个通常关系矛盾的群体之间的联盟，确切点说，现在乡绅与地方官僚之间展开了合作。但在税收问题和地方行政管理问题上，乡绅还是常与地方官僚对抗。官僚阶层尤其是以典史陈明遇为代表的军警力量，是期待这种合作的，但他们也常常将这种合作置于一边，而选择与其他社会力量合作，并在其中招纳亲信。事实上，典史的专长就在于与地方下层社会成员如打手、衙役、盐枭以及乡下恶棍等打交道，因此人们期待乡绅能够更好地与当地的行政系统即衙门打交道。但是主簿是一个叫莫士英的贵州人，他并不愿意加入这个明朝忠君之士的聚会仪式中，他留在衙门里，在南京政权任命的知县林之骥身边。① 不过他这样做的原因很明显是想见机行事，而不是由于明清之辨。

然而当 1645 年 6 月 18 日南京陷落后知县林之骥去任时，正是主簿莫士英被留下来掌管衙门。② 顺带要提及的是，在福王被打败之后的日子里，这是在华中和华南很普遍的一种模式。华北并没有经历南明这样的中间时期，当清军到达时，知县通常已不在其位了。而在长江以南的地区，许多知县接受了忠君

---

① 林之骥，著名的福建莆田人，林不会讲江南话，江阴城民戏称为“林木瓜”。但是当南京陷落后他的方言被证明是极有用的。当时前明将领郑帅率流兵千人过境，头裹红罗，欲劫掠江阴城。林发现他和郑是同乡，于是及时地劝阻郑的劫城。见计六奇《明季南略》，台北台湾银行 1959 年版，第 254 页。

② 跟着辞官而去的地方行政人员还有参将张宿、海防程某、县丞胡廷栋，至少谢承仁《1645 年江阴人民守城的故事》第 3—4 页中的名单中提到了这些人。然而地方志的名单有所不同，是县丞林之骥、典史陈明遇和主簿莫士英，见《江阴县志》，第 288 页。

之士的指派，即使在北京陷落后他们仍然掌管着行政。由于害怕在南明陷落后被指控通敌，他们通常都选择了弃官而逃，而将地方行政交给了当地乡绅或者行政人员如主簿。

与此同时，清朝当局在南京新指定的官员们正在采取办法以加强他们对江南的控制，因为江南作为他们继续向南征伐的资源补给是至关重要的。① 这意味着目前最重要的是得到这一地区税收的控制权，即使这意味着要对前明官员做一定的妥协。由于在行政机构上存在着明显可见的不足，在每个地区要做的第一步就是派一个可信的官员（通常是本地的汉人）到地区首府去。从那里向各个地方首府发出命令，要求将赋税和户口的簿册送交给他们。这一指令清楚地标志着清征服是以何种方式进行的：首先，接管原来的行政机构，不排挤地方精英，改变税收方式，或者直接介入地方管理当中；其次，通过原有的统治者和被统治者之间（从省、地方官员到地方首府）的城市联络节点推进征服进程。如果说稍后下达的削发令意味着清廷下定决心要将自己的民族形象加诸汉人身上的话，那么对地方主簿的接纳，就意味着这一两头政治的另一面。

就江阴来说，维持主簿之职不变，最初似乎显得有点困难。负责平定常州（江阴是其辖区）的御史刘光斗②很快便收到一封来自主簿的信件，莫士英承诺随时随地可以移交主簿的职位。③ 刘光斗派方亨去接管赋税簿册，并深信他作为新的清地方官员接受移交时不会遇到任何困难。方亨是河南人，他于1645年7月17日到达江阴，只带了一小队家丁和他的无锡老师。方亨十分年轻，官服仍是明朝式样。他很快便发现莫士英（他已被重新任命为主簿）手中并没有赋税簿册，于是紧急召集江阴耆老，要求他们交出簿册。耆老坚持说

---

① 洪承畴10月8日的请愿书，见《明清史料》，中央研究院历史语言研究所编，上海商务印书馆1930—1936年版，甲编，第2卷，第170页。

② 刘光斗，前明御史，武进人，钱谦益（1582—1664）的弟子。钱是富有影响的学者，降清并促成了清的大赦。

③ 时人的另一段记述略有不同：“江阴县令林之骥、参将张宿解印绶。海防程、县丞吴相继望风遁，御史刘光斗迎降，有安抚常州之命。主簿莫士英缴印策，献善马于刘，遂命摄县事。”见沈涛：《江上遗闻》，胡山源《江阴义民别传》附录，第199页。

目前必须先造册，但他们的态度非常合作，于是方亨相信也许这只是一个时间问题，最后还是可以完成任务，并将税收移交给南京的军事中枢。①

无论他最初胜算有多大，方亨的计划突然被清廷征服政策的新发展彻底打乱了。1645 年 7 月 8 日，北京的礼部收到如下谕令：

> 向来剃发之制，不即令画一，姑听自便者，欲俟天下大定，始行此制耳。今中外一家，君犹父也，民犹子也，父子一体，岂可违异？若不画一，终属二心，不几为异国之人乎？此事无俟朕言，想天下臣民，亦必自知也。自今布告之后，京城内外，限旬日，直隶各省地方，自部文到日，亦限旬日，尽令剃发。遵依者为我国之民，迟疑者同逆命之寇，必置重罪。若规避惜发，巧辞争辩，决不轻贷。该地方文武各官，皆当严行察验。②

很难想出会有比这更好的办法将对新政权的忠诚考验如此明确地加诸汉人身上。清廷摄政王多尔衮之前应该已经了解了整个汉族，最后采取了对他们的习俗来说最为野蛮和羞辱的方式，那就是剪去前额头发而在身后拖起长辫子。为什么他在当时要强制实行这样一项命令，至今还是一个谜。有一些持民族主义的满洲王公贵族对王室过于宽松的民族政策不满，也许多尔衮这样做是为了向他们表示妥协。③ 又或者，多尔衮只是错估了全面平定的进程，以为清政权已经统治了足够多的顺民，即便偶有部分地区的反抗也不足为虑。如果是这样的话，那么他实在是犯了一个战略错误，因为剃发令比其他任何措施更强烈地激起了江南地区在 1645 年的反抗。

江阴就是这一战略错误带来的负面影响的典型。方亨已经快要获得当地的

---

① 计六奇：《明季南略》，台北台湾银行 1959 年版。方亨随后任命莫士英为衙门主簿。

② 《清世祖实录》，北京中华书局 1985 年版，第 17 卷，第 3 册，第 7—8 页。

③ 这揭示了在中央集权方式上汉族世袭制（满族皇帝和唯一的摄政王多尔衮通过对汉族叛臣的控制而大权在握）与满洲贵族封建制的不同，“满族方式”与理想化的贵族阶层统治是相联系的，这一点在贝勒一次次挑战汉族式专制，或者一群摄政大臣控制朝政中，都更加生动地被证明了。对这一复杂现象的叙述见 Robert Bromley Oxnam，“Policies and Factionalism in the Oboi Regency，1661—1669.” Ph. D. diss.，Yale University，1969。

账簿了，但是清统治者没有这么大的耐心，在常州设立的清朝军事力量使方亨感受到了压力。常州太守宗灏只给了方亨三天时间执行命令并确保当地的顺服，还派了四名满兵到江阴。在他们的严密审查之下，方亨没有别的办法，只有在7月21日命令江阴的老百姓开始执行剃头令。这一命令马上引起了普遍的反应，第二天一早便有一队来自黄田闸的乡耆来到衙门门口，恭敬地请求保留原有的头发。这使得方亨陷入了非常尴尬的境地：如果承认他是迫不得已必须执行上级的非汉化指令，会有损于他的权威；但他又不能冒被革职甚至更严重的风险而接受这些乡绅们的请求。感到进退两难，不知所措，方亨忍不住发起怒来，斥责这些乡耆厚颜无耻，直到最后一名乡耆大胆地叫喊起来："汝是明朝进士，头戴纱帽，身穿圆领，来做清朝知县，羞也不羞！丑也不丑！"①

第二天，即7月23日，方亨按例前往文庙行香。当他们向文庙进发时，一群由诸生、耆老和平民组成的超过百人的队伍跟至文庙。当方亨到达文庙，从他的轿子里走出来时，发现他正在和这些最德高望重的市民面对面。反对再次平心静气地开始了，乡耆们坚持江阴已经尽了最大努力服从新王朝的要求，不但接受了新王朝派来的行政长官，还准备将赋税和户口簿册交给他。为什么现在一定要坚持实行这个削发政策？方亨试图解释这不是地方可以选择的，

① 我倾向于相信这段由20世纪史学家胡山源逐字描述的对话的准确性（胡山源：《江阴义民别传》，第165页）。因为他的描述基于对于早期编年史料的阅读，其中许多史料是在中国以外难以看到的，也不可能验证。尽管我意识到胡是在用富有想象力的方式润饰他的叙事，但还是不得不承认他的细节与当时情境下的人物该说的话惊人地吻合。正如 Jerry Dennerline 曾经在其关于野史编纂的细致研究中曾指出的，《江阴城守纪》的作者韩菼当江阴被攻陷时应该只有八岁，而该书序言写于1715年，那时韩菼已经过世11年了，因此有充分理由怀疑该书的权威性。见 Jerry Dennerline，"A Preliminary Analysis of a Limited Form of Narrative History with a View to Establishing Its Value as Historical Evidence，" Ph. D. diss. Yale University，1967。鉴于康无为（H. L. Kahn）对使用野史和逸事的警告（"这类文学作品中的人物好像都是由历史虚构出来的，主题的真实性被充满想象力的、通常是荒谬的细节镶饰起来了"），我已尽可能地用其他资料来印证这类富有想象力的描述。参见 Harold L. Kahn，"Some Mid-Ch'ing Views of the Monarchy，" *The Journal of Asian Studies*，Vol. 24，no. 2，p. 236。

“此清律，不可违”。[①] 此外，他进而承认最近进驻江阴的四名满兵，正是被派来专门监视这条法律的执行的。有那么一会儿，形势已经向方亨这边倾斜了，直到一个当地著名的学者许用[②]奋力向前并朗声说道：“我们都是大明的百姓。我们只认得太祖高皇帝是我们的祖宗。什么鞑子胡儿，也居然敢来入主中原!”[③] 此言一出，他举出一幅明太祖的画像，于是诸生全体跪下了，开始大声地恸哭，哀悼他们旧王朝的灭亡。

为了尽可能地保住尊严，方亨将这些示威队伍丢在了文庙前，他下定决心要维护自己的权威。回到衙门后，方亨让吏书将清王朝简明的剃发令“留头不留发，留发不留头”写成布告张贴。但是不满情绪现在已经蔓延到他的属下，几名吏书拒绝写这些话，其中一个甚至厌恶地掷笔于地。方亨非常生气，下令在衙门的大厅里对这个人施以鞭刑，但随后他又紧张地收回了这个命令，因为像往常一样聚集在这里看热闹的人们开始不满地低声议论。

到现在为止，已有三股势力反对已被削弱的地方官员了。第一股势力，如上文所说的，是衙门的不服从命令的吏书，代表下层官僚。第二股势力，正如在文庙前生动上演的，是乡绅阶层。这一阶层的反对力量也许已被同时代的史学家们所夸大了，因为这些史学家过于关注明朝开国者那遥远的、已被理想化的形象以及诸生的正义性了。第三股势力以地方乡镇的耆老为代表，他们代表了对剃发令的普遍反应，并拉近了乡绅和普通百姓间的距离，这两者本来是不

---

① 计六奇：《明季南略》，台北台湾银行 1959 年版，第 255 页。

② 在《南疆逸史》中，他的名字又作许用图，似乎有误，尽管谢国桢采用了这一说法。见谢国桢：《南明史略》，上海人民出版社 1957 年版，第 82 页。《明史》中采用的是“许用”。许用的祖先中许多都是有名的地方学者。他原本考中了乡试第一名，但是出于对哲学研究的兴趣，遂决定放弃做官。许用在地方文社中享有很高声望，并在南京陷落后领导了一次在文庙前的宣誓。正是在这一事件后他促使陈明遇领导了江阴城的抵抗。后来他还在中秋节作了一首著名的曲子。当最后城破时他选择全家一同烧死，时年 36 岁。《江阴县志》，第 472 页。

③ 胡山源：《江阴义民别传》，第 165 页。“明年五月，南京亡，列城皆下。闰六月朔，诸生许用倡言守城，远近应者数万人。”同样的记述也可见于《明史》，“台北国防研究院”1961 年版，第 277 卷，第 3114 页。

会共同分担对同一个王朝的社会责任的。明代的忠君思想本来不一定会团结起这三股势力的，吏书大可以服务于新政权，农民也没理由担心统治者的变换。但是现在这一违背习俗的削发令甚至把文盲都激怒了，这就为对清朝的大规模民族反抗奠定了基础，并使得士绅阶层对儒教的忠诚更加坚定了。

关于文庙前发生的事，是在下午时分传到黄田闸村的。方亨已经发现这个位于河边的地区是会惹麻烦的。四天前，即 7 月 19 日，方亨得知村民们曾在忠君者的船上买过兵器，他命令他们将兵器上缴，但只交上来象征性的一小部分。现在受到村里少年拳勇的鼓舞，村民们拿出兵器，选出首领①，开始向江阴城进发。他们鸣锣执械，吸引了更多人的追随，当到衙门口时响应者已有万人。他们在衙门门口呐喊抗议，向方亨禁止拥有兵器的命令示威。坐在堂上的方亨怒叱衙役去收缴兵器，但是当这一命令被小心翼翼地传至门口时，人们叫喊起来：“备兵所以御敌，收之反为敌用，死不服！”② 他们的反抗激怒了方亨的老师。但是当这位老士绅矜傲地跨出衙门门口去斥责众人的时候，众人转而疯狂地攻击他。方亨绝望地试图救回他的老师，然而老人还是被殴打致死，并被焚尸。

除了这桩谋杀之外，方亨的住处和他的随从倒还未被攻击。人群停止了对衙门的进攻，而将他们的目标限定在方亨和他的属下身上。事实上，方亨已承诺他不会强行实施剃发令，以此保留了可以驱散暴乱者的权威。但是这只是拖延了时间，因为此时方亨已经无法自保了。如果只是保住赋税户口簿册这一件事，方亨是有可能实现对整个地区的行政控制而无须向清军求助的，这样可以使他成为暴徒进攻的抵抗者，一定可以使他摆脱作为暴徒同谋犯的嫌疑。但是现在剃头令一颁布，他就没有选择了，最后只能向清廷的军队求助。从地方官权力上说，这意味着现在控制权由前明官员手中转移到了降清被赦的刘良佐手中，又转移到了采取强硬统治措施的缺乏耐心的清军首领宗灏手中。因此暴徒

---

① 季世美、季从孝、王试、何常、何泰等。

② 韩菼：《江阴城守纪》，常州 1715 年版，再版作为胡山源所著《江阴义民别传》的附录，上海世界书局 1938 年版，第 166 页。

一被驱散，方亨马上派他的随从送一份紧急快报给宗灏，恳求他派兵平定江阴。常州就在江阴东南20英里，但是在援军到来之前，一个县吏将这个秘密泄露给了整夜露宿在衙门外的村勇们。方亨的背信弃义，使他的所有权威都被一笔抹杀了。被激怒的众人冲进衙门，抓住方亨，并在他的脖子上缠上了布巾。最后一刻，一个德高望重的乡绅站出来救了方亨的命，他就是夏维新，1633年的举人，他劝说村民们将方亨送到了他的府中。①

夏维新的介入阻止了对一个清朝地方官员的谋杀。如果谋杀发生的话，整个城市无疑一定会被攻击的。因此当晚城里的乡绅聚集在秀才沈曰敬的家里，商讨对策。他们的困境是十分明显的：一方面，他们不敢将方亨放回，这样会激怒村勇；另一方面，他们又希望避免这次行动将城外的村民裹挟进来，后者明显不关心如何保护江阴城不要受到攻击和破坏。因此乡绅们觉得最关键的是在两者之间进行调和，为自己与常州的清朝当局之间的谈判留些余地。但是对立的哪一方都不愿彻底地妥协。事实上，在更温和的城市和被激起的农村之间已经有了裂痕。就在7月23日这个晚上，关于城内乡绅将要背叛的谣言传遍了各村镇，使整个江阴陷入了骚动。史学家记载道，“数十万计”的人（许多只是手执白刃的三尺童子）匆匆分成队伍，树起旗帜，鸣锣行进，聚集在明伦堂里，商讨如何抵御他们认为即将到来的满族的进攻。道路都被这些人填满了，全城的市场交易都停止了，城里的集市也被关闭。②

与此同时，方亨只有假装与乡绅妥协以换取被释放的机会。他咬定削发令的发布是他的一个属下弄错了，并与众人一同宣誓，他还同意让乡勇用城里的

---

① 夏维新，常州人，后来成为掌管守城给养的人之一，似因盗用而被砍头。《江阴县志》，第373、472页。

② 聚集在这些旗帜下的可能是原来的乡兵组织的残余。江南其他地方的抵抗运动也以设置路障为特色，因为当地抵抗者试图将由运河支流连接的农村地区分成块，这样敌人就会被孤立和包围起来。很难断定江阴这些乡勇是否是由农村乡绅领导的，这一点在嘉定的历史中则表现得更清楚，当地乡绅在嘉定民兵组织中扮演了重要的角色。参见吴伟业《吴诗集览》，第20卷，靳荣藩注，《四部备要》本，台北中华书局1966年版，第15卷，第10页；黄之隽等：《江南通志》，影印1737年刻本，台北清华图书公司1967年版，第199卷，第38页。

锻造设备制造兵器。但是在有限度地对抵抗行动表示支持的同时，方亨秘密地写信给常州太守宗灏，称江阴已反。

方亨的信连江阴城外民兵设置的军事路障都没能走到，当城门的卫兵发现这封信后，他们对送信人施以脔刑，并连忙将信件作为证据送至由城里乡绅领导的防御委员会。乡绅们想再次把方亨监管起来，以此安抚那些激进分子，但是这一次这些人转而攻击其他官方人员了。其中一人喊道："既已动手，同察院中有满兵四人来押剃发者，盍杀之！"[①] 防御委员会于是下令正式逮捕四个满兵，以控制事态的进一步发展。短暂的反抗后，满兵们被抓住并押往衙门候审。一开始这些囚犯似乎听不懂汉语，完全用满语来回答。但是当从他们的行李中搜出了汉族物品时，其中一个满兵转而说苏州方言了。如果他以为来自苏州可以救他的命，那他就大错特错了，这些满兵被施以磔刑，即野蛮地将肢体分裂。对于忠君之士来说，文化上的背叛远比未开化的满族血统更令人憎恶。

防御措施

对满兵的处决使得事情的发展无可挽回了，江阴已正式陷入了一场叛乱，四个新的发展表明了这一点。首先，城里的领导权几乎马上由乡绅转到了典史陈明遇手里，他被抵抗者们推举出来组织并领导江阴城的防御。[②] 尽管城里的乡绅没有完全被取代，但是诸生家中召开的只有他们参加的防御会议，现在已经为陈明遇的公众集会抢去了光彩。这些在市场上的每日集会起到的作用，更多的是进行陈明遇自己的准备工作，而不是计划经世学社思想影响下的民兵的布置。例如，陈明遇没有选择将控制权交给身边的领导者，而是选择依靠安徽盐商程璧的捐赠。[③] 程璧的捐赠达到了 175,000 多两，他与下层社会的商业联

---

① 韩菼：《江阴城守纪》，常州 1715 年版，再版作为胡山源所著《江阴义民别传》的附录，上海世界书局 1938 年版，第 167 页。所载为《明季南略》第 225—256 页所证实。

② 曾化龙、张调鼎被命令准备武器，并为长期的围城准备供给粮饷。

③ 《明史》，"台北国防研究院" 1961 年版，第 277 卷，第 3114 页。

系也帮助陈明遇招募到了从前曾是土兵的较为专业的士兵。因此从某种意义上说，明祭坛前的联盟现在让位于城市乡绅和典史之间的竞争，因为权力由前者手中转入了被各种铤而走险的人所包围的后者手中。

这并不意味着陈明遇敢忽视乡勇，因为正是他们的热情给了他最初的权力。第二个新发展便是，在陈的军事帮手季世美的指挥下，方圆十英里以内的常备乡兵被请入城内参与防御。尽管武装抵抗发起自农村，但现在城市才是反抗清统治的中心。作为地区首府的城市里聚集了相当多的农民，这从某种程度上来说增加了冲突的可能性。城市也对这场内部斗争关注得更为密切，这成为抵抗行为向征服者暴露的一个弱点。

第三个新发展是根据经世思想招募的新的农村民兵组织。与松江和嘉定的忠君之士一样，他们也是由乡绅领导的。其中在江阴最负盛名的是一个叫做黄毓祺①的儒生。黄在行塘组织了自己的军事力量，他的许多学生，尤其是徐趋和邓大临，在江阴抵抗被镇压后仍积极地组织抗清。②

但是与乡兵和土兵比起来，团练相对不那么重要。

---

① 黄毓祺，贡生，招收了许多弟子。他在江阴的抵抗失败后，逃至淮南，其后又至泰州。1649 年春，他因携有鲁王的信被发现而被捕，被坐船押回南京的大牢中。邓大临前来探监并将老师的文章偷带了出去。《明史》，“台北国防研究院” 1961 年版，第 277 卷，第 3115 页；《明季南略》第 269—271 页有黄毓祺的传记；地方志中黄的传记提到他是 1621 年的贡生，他的兄长是一位有名的诗人，《江阴县志》，第 472—473 页；中国一些与黄同时代的学者曾根据一些我无法看到的资料，称黄毓祺曾在 1646 年试图突袭江阴，他还在舟山领导了一场起义，乘兵船进取常州，但飓风将兵船吹翻了。参见谢承仁《1645 年江阴人民守城的故事》，第 58 页。但据《南疆逸史》第 380 页，黄是因在信件上仍盖自己明朝的印章而被捕的。他痛苦地向狱卒交代：“道重君亲，教先忠孝，某避禅已久，岂有官情，义愤激中，情不容已。明主嘉诚，遣使授职，招贤选士，分所应然。哀愤旷官，死有余责。谨抱印持终，身附子卿之义。”

② 徐趋参与了 1645 年的起义，并在 1646—1647 年冬和壮士 14 人在江阴率领了一场自杀性的袭击，所有人都牺牲了。《江阴县志》，第 473 页。邓大临，常州人，是一个孤儿，来到江阴拜黄毓祺为师。在江阴起义的同时他在崇明招收士兵。当他的老师被捕后，邓也被怀疑，发现他自己——用黄毓祺富有文采的话来说——“头在刃上”，但是他“花钱保住了命”。被当局释放后，他用尽余生在华中寻找功夫精湛的剑客以策划明朝复兴，最后在失望中死去。黄宗羲：《南雷文定后集》，台北世界书局 1964 版，第 2 卷，第 5—6 页。

最后一个新发展是，江阴的防御者们开始执着于找出城内可能存在的奸细。内应[1]为敌人打开城门或引领敌人到营地这样的故事，在中国军事史里数不胜数。因惧怕奸细会向清军打开江阴城门所引起的恐慌，给了陈明遇巩固自己地位，超过乡绅领导权的机会。在7月25日到28日的四天里，人们嘴上说的都是内应，他们全神贯注于一系列真的或假的阴谋。[2] 7月27日清晨，当陈明遇公开审问一个被抓获的所谓奸细时，关于叛徒的种种怀疑得到了证实。在严刑之下这个人承认常州太守宗灏贿赂了70个城民在此后的三天内起义。[3] 陈明遇立即将这个奸细和一些他供出名字的城民一并处决，并下令如有人提供进一步相关消息，赏银50两。

第二天有个工匠报告说集市上有个可疑的人在四处闲逛。在将其抓住并搜查后，在他身上发现了一张清楚地标明了军事要略的地图。对他的公开审问揭露了他就是早前方亨派去向宗灏求救兵的属下。不仅如此，在拷问下他还供出他和另外几个衙役及沈曰敬一起参加了几次秘密集会，密谋对江阴进行屠城。无论这个阴谋听起来有多么离奇，都给了陈明遇足够的理由怀疑他的对手——乡绅阶层，他宣判了两天后对知县方亨和主簿莫士英的处决。

寻求援军

7月29日，有人报告说有1000名清骑兵和500名水军就在护城河东南几英里处。季世美兴奋地安排了鼓炮信号以指挥不同的乡兵队伍，下午便出兵去

① “内应”一词最早出自司马迁《史记·郦生陆贾列传》：“足下举兵攻之，臣为内应。”

② 第一个阴谋应是7月25日被揭露，当时城里正到处传播着未经证实的谣言，说满族军队已经突破了城外设的路障。这时保卫东门的城民突然认定其中一个卫戍部队的将领正准备携带军款逃跑。在接下来发生的莫名其妙的混战中，这个将领的旗手被杀，他自己也受了伤。他后来骑马从人群中逃了出来，在城外的田地里度过了一整夜，第二天一早垂头丧气地向民兵投降了，并和他的家人一起被关进了监狱。

③ 他们每个人发给了4斤火药、4两银子和120个铜币。一旦城外听到了爆炸声，清军便会发起攻城。当然必须要提醒一下，这些情节可能只是史家想象出来的而已。

会敌。双方第一次在虞门的作战，短暂而血腥。训练有素的骑兵击溃了这支毫无组织的队伍，并杀了季世美。本来希望第二天黄田河能阻止清军的前进，因为这里是江阴的主要防线，号称布置了多达 100,000 名士兵。[①] 但是虞门的战斗不但击溃了陈明遇的军事主力，而且击溃了他的心理防线。虽然他还有一小队由乡绅提供的武装力量[②]，但他明显更倾向于求助于专业的士兵。徽州盐商程璧的随从和护卫邵康公，被请来指挥每天到城里集合的乡镇防御力量。[③] 尽管 8 月 2 日邵的军队成功地将前来打探的清军击退至其麻皮桥的主营地，陈明遇还是对这支乡勇的实际作战能力不抱什么幻想。清军一旦向宗灏寻求援兵，乡勇便没有办法与之对抗了。但是陈明遇没有选择将不同的乡勇组织成一致的防线，而是再次选择向外部的专业军事力量寻求帮助。

其中一支就是双方作战都参与的匪帮。另外一支力量不出意料，是前明军队，他们的许多特点与现在江阴城外的清军相似：都是惯于使用弩、双剑、戟和火枪的雇佣兵。这些现在要自给自足或四处漂泊的人需要钱和食物以生存下去，江阴抗清的消息给了他们获得酬劳或捞点好处的希望。这些人里第一个出现的是周瑞龙，松江抗清著名将领吴志葵[④]手下一名忠君的都司，他在吴手下率领着一支舰队。陈明遇的特使说服了周停靠在黄田港，承诺了未来的奖赏并马上支付了 1000 两的酬劳。于是邵康公从东门进攻清的军营，而周瑞龙从北面夹攻，但是周的士兵作战意志非常低落，很快就撤回他们的船上了。

---

① 清水军将领，从前是一名海盗，他的船队在泥浆里搁浅，最终在这条防线上失去了大半兵力。

② 例如戚勋，江阴本地人，曾是一名国学生，后来成为中书，被皇帝任命在福建管理军队粮饷。当江阴最终于 10 月 9 日陷于满军之手时，他放火将自己和 21 个家庭成员烧死于家中。《江南通志》，第 153 卷，第 30 页。1776 年他与其他江阴抵抗者一起因忠诚被清朝入祀忠义祠。

③ 邵康公，徽州人，娴于武事，他管理着商人程璧的一支 50 人的私人军队。他住在程的府中，很可能也曾是一名盐贩。《江阴县志》第 473 页有邵康公的小传。

④ 吴志葵，吴淞总兵。他的忠君水兵大营设在崇明岛，支持松江抗清斗争，在 9 月初被打败。参见褚华《沪城备考》，《上海掌故丛书》，中华书局 1936 年版，3：2；《南疆逸史》，台北市台湾银行 1962 年版，第 240—244、365—366 页。

8月6日，第二支由铤而走险的人组成的队伍出现了：800多名来自太仓的擅长水上作战的沙兵。其首领夏起龙曾是高杰骑兵的一员，他派来的信使冠冕堂皇地声称他是来拯救江阴的。当然他的士兵需要一些补给作为回报，如酒、大米、火药、油、肉，还有赏银4000两。陈明遇错误地先给了夏这些酬劳，结果夏的部下们很快就消耗了大半补给，然后醉醺醺地前去作战，结果大挫。损失500人后，夏和他的残兵败将撤回岸上，并沿途抢劫。

其他一些这样的雇佣军一次又一次地出现①，但是陈明遇真正需要的是一支强大的、更正规的军队，就像吴志葵或黄蜚的水军一样。② 要请这样的军队来就要付出比米和酒更多的酬劳，于是陈明遇所依靠的盐商程璧拿出了140,000两银子，想请这两位将领中的一位前来。也许觉得江阴的斗争是没有希望的，吴和黄都拒绝了接受酬劳。程璧甚至还一路回安徽向金声请求援助，但是当他空着手回来时，江阴已经陷落了。③

当8月12日刘良佐率领的清朝援军将江阴城包围起来的时候，一切都结束了。江阴拒绝了招抚，现在它面临的将是剿灭。因为一旦这些清军被放到某个地方，他们往往会毁了这个地方。因此，在没费多大劲就将邵康公的突围军队打回城内后，清军便派出满族骑兵四处剿灭乡兵，并劫掠战利品，很快攻击就变得不分青红皂白。到8月14日，江阴城东北的大部分村镇都被付之一炬，当晚江阴西部的纺织中心也被袭击了。最惨的是大桥和周庄两个村子，它们被夷为平地，村里的女人被强奸，而男人则被杀害。

从前的民兵很快也开始加入清军的抢掠，黄田港的盐盗也很容易便回到了

---

① 例如有来自泰兴擅长拳棒的张达率领300人，包括骁勇的耿和尚，在试图捣毁清兵牛马营地时全部被杀。

② 黄蜚，辽阳著名将军黄龙的部下，被黄龙认为养子，黄龙于1633年被满人杀死后，黄蜚接过了他的领导权。见《陈忠裕公全集·年谱》1803年版。

③ 金声，1628年的进士，因1635年镇压山东白莲教起义时出色的军事指挥才能而扬名。他拒绝了福王的任命，但领导了安徽抗清的主要斗争。《安徽通史》，台北华文书局1967年版，第204卷，第10页。

原来的角色。“兵乱日久，政令不能出城，远乡叛奴乘衅索券、焚宅。”① 一群佃农和劳工闯入地主的家中，大户人家能逃的都逃到了江阴相对安全的地方。在这样烧毁农田和纺纱中心后，清军将领开始号召乡绅们投降。

地方观念

1645 年 8 月 15 日，刘良佐署名的一封信送到了城门下，信中写道：

> 传谕乡绅士庶人等知悉，照得本府原为安抚地方，况南北两直、川、陕、河南、山东等处地方俱已剃发。惟尔江阴一处，故执违国令，何不顾身家性命？即令本府奉旨平伊江阴，大兵一二日即到。尔等速剃发投顺，保全身家。本府访得该县程壁，素系好人，尔等百姓即便具保，本府题叙管尔县。如有武职官员，亦具保状，仍前题叙，照旧管事。本府不忍杀尔百姓，尔等皆系清朝赤子，钱粮犹小，剃发为大。今秋成之时，尔等在乡者即便务农，在城者即便贸易。尔等及早投顺，本府断不动尔一丝一粒也。特谕。②

刘良佐的信是写给江阴所有百姓的，但是他的意思是要使地方精英相信新王朝并不想干扰乡绅对地方的社会控制。清骑兵的袭击已经唤起了相当多佃农的抗议，无论是不是有意，这些都提醒了那些大户——他们是要依靠王朝的法律和秩序的。只要向刘良佐交出抵抗者，顺从清的剃发令，准备好户口簿册并实行保甲制度，那么以往政府和乡绅间的正常合作将恢复，生活便会恢复原状：商人仍可以在集市务商，农民在棉田务农，地主则仍可以靠沙田

---

① 韩菼：《江阴城守纪》，常州 1715 年版，再版作为胡山源所著《江阴义民别传》的附录，上海世界书局 1938 年版，第 175 页。

② 同上。

收租。①

尽管乡绅对江阴地区的个人控制已变得非常脆弱，刘良佐的信还是如当时一个江阴学者所形容的那样：非常拙劣。承认自己的个人利益对于那些自命高贵的乡绅们来说，是件过于粗俗平庸的事。此时，城市里的乡绅许多已经退出这场运动，将领导权让给陈明遇和他的军队了。那些仍旧与典史陈明遇竞争的乡绅，更多地是卷入了阴谋，而不是出于英雄主义的牺牲精神。但是故事情节很快便发生了转变。历史性的庄严感第一次注入其中，一出充满道德激情的戏剧拉开了帷幕。当一个全副武装的清朝将军站在城门外要求立即投降时，这一刻对城内的人来说现实利益便让步给了正义的使命。出于这种感情，刘良佐的

① 当想起明朝建立时江南所受到的惩罚时，江阴乡绅是很有理由怀疑这纸谕令的。当初明朝建立者选择了南京作为首都，至少有59,000户江南和浙江的富户被迁到南京，他们的土地变成由政府租给佃农的官田。对这一做法最通常的解释便是：明太祖朱元璋在对乡绅阶层实行报复，因为他们曾支持了他的对手——张士诚。参见 Albert Chan，“The Decline and Fall of the Ming Dynasty：A Study of the Internal Factors.” Ph. D. diss.，Harvard University，1953，pp. 167－170. Frederick Mote 曾描述富户迁移与明首都建立之间的关系有多么密切。也许是害怕南京原居民的反抗，朱元璋将南京原来的居民多数迁了出去，将他们与远征军一同发配云南。45,000户苏州和浙江的上户被迁入南京，成年男子登记为工匠做工，其他人被登记为普通百姓散住在城里。更殷实的富户被征税，并置于更低层的行政管理之下。参见 Frederick W. Mote “The Transformation of Nanking，1350—1400”，Conference on Urban Society in Traditional China. Wentworth-by-the-Sea，N. H.，1968，pp. 58－62. 这种出于敌意的徙民是有争议的，因为这似乎是个双重政策，一方面重新安置和处置苏州富户，一方面有些富户又被给以官职。1385年吏部受命将富户之子送往南京任命官职。参见 Robert Bruce Crawford，“The Life and Thought of Chang Chu-sheng，1525—1582.” Ph. D. diss.，University of Washington，1961，p. 22. 迁民政策明显是为了重建被战争破坏的地区。明初，有4000户苏州、松江、江西、湖州和杭州的无地之户被迁往临濠，在那里发给他们耕牛、种子、农具，并免其三年的赋税。1370年大将徐达打败了宁夏元军首领王保保，35,800户人家由北京（后来称北平）迁至西北。同时，32,800户残余的蒙古人被迁到北平地区务农，但是蒙古族不擅农耕，无法满足户部所需，于是应户部建议又由江南迁了140,000户普通人家至河北，这就是1390年代大通周围大部分地区建立起来的原因所在。为减少人口稠密地区压力而实行的移民措施，可见1382年将珠江三角洲的番禺、东莞、增城县的24,400人迁移至淮河流域的决定。见《明史》，“台北国防研究院”1961年版，第277卷，第818页；李光璧：《明朝史略》，湖北人民出版社1957年版，第23—28页。关于永乐皇帝决定定都北京的决定，见《明英宗实录》，《明实录：附校勘记》，“中央研究院”历史语言研究所1962—1968年版，第15卷，第9页。

信将乡绅们重新带回了这一事件的舞台。陈明遇为保住自己的位子，已被迫让被关在狱中的邵康公当了战败的替罪羊。

现在他本能地又转向与乡绅合作，出于某种戏剧性的自我意识，他们又上演了与去年明祭坛前同样的一幕。在与乡绅的防御委员会在衙门商议后，陈明遇请学者王华起草了一份对刘良佐招降书的回绝书：

> 江阴礼乐之邦，忠义素著，止以变革大故，随时从俗。方谓虽经易代，尚不改衣冠文物之旧。岂意剃发一令，大拂人心，是以乡城老幼，誓死不从，坚持不二。屡次兵临境上，胜败相持，皆以各乡镇勤王义师闻风赴斗。若城中大众齐心固守，并未尝轻敌也。今天下大势，所争不在一邑，苏、杭一带俱无定局，何必恋此一方，称兵不解。况既为义举，便当爱养百姓，收拾人心，何故屠戮奸淫、烧抢劫掠，使天怒人怨，怆目痛心。为今之计，当速收兵，静听苏、杭大郡行止。苏、杭若行，何有江阴一邑？不然，纵百万临城，江阴死守之志已决，断不苟且求生也。谨与诸公约：总以苏、杭为率，从否惟命。余无所言。①

尽管乡绅并不是真正的政治统治者或当地官员，王华的宣言还是鼓舞了江阴城邦。他们的区域界限完全是文化性质的——苏州地区以“礼乐之邦”闻名，但他们的地方风气还是很开化的。江南仪式是正统的，因为他们遵循儒家价值观。单就这一地区的风俗来说是俗文化，因而对当地精英来说是不够高贵的，因为当地精英不仅与这一地区在人类文化学意义上相联系，还被认为应与一种更高的文化相连。由于这种更高的文化无法用任何单一场景概括，苏杭的乡绅便无法在新政权下合理维护这一地区独特的风俗。他们的忠君思想只有指向一个正在灭亡的王朝，而不是指向民族的地方性。这使得抵抗运动容易从意识形态上被攻击，因为如果苏杭仅仅代表儒家仪式的缩影，那么征服者同样可

---

① 韩菼：《江阴城守纪》，常州1715年版，再版作为胡山源所著《江阴义民别传》的附录，上海世界书局1938年版，第175—176页。

以运用儒家仪式。抛开削发令不谈，他们在北京的宫殿里已经开始举行帝王的仪式了。

江阴在意识形态上的弱点不仅仅是文化独立。整个明忠君者集团都陷入这个困境，他们谋划成立省级自治，不与中央王朝发生任何联系。与江阴抗清者同时代的人如松江的经世思想家，也曾思考地方政府可能采取的两种模式，分别是周的封建制和秦的郡县制。这两种模式经过中国的千年历史已被系统地阐述为两种不同的理想统治方式。[①] 郡县制通常以有权势的帝王、高度集中的中央集权及官僚阶层干涉社会事务为特点。汉唐时期形成的封建制正是针对这些君主政府的特点发展起来的，并很快成为保护地方政府免受官员干涉和君主专制的武器。然而到了中唐时期，许多政治评论家开始意识到封建制已成为遥远的过去，不会再被真正地复兴了。如柳宗元（773—819）就曾阐述过不能错把封建制当作圣明的制度，确切地说，伴随着特定的历史发展，封建制复杂的官僚结构已被取代了。[②] 柳的制度历史相对论后来被宋代王安石变法的反对者所用，他们借以哀叹恢复已远去（如果不是理想化的）的周制是多么无益。但是即使他们中的许多人已经意识到封建制已不可能从周的官僚制开始恢复，他们对中央政权的其他抵抗仍继续着封地自治的梦想。历史相对论与封建理想的矛盾，持续困扰着17世纪的政治思想家们，他们大多受宋代哲学家过度中央集权化思想（如黄宗羲的《明夷待访录》）和历史相对论思想（如王夫之的“天人之学”或“势”）的影响。对东林党和复社的斗争的记忆、意识到自元

---

① 对这一传统的经典论述见于 Yang Lien-sheng, “Ming Local Administration,” in Charles O. Hucker, *Chinese Government in Ming Times: Seven Studies*. New York: Columbia University Press, 1969, pp. 1－21。Hsiao Kung-ch'üan, *Rural China: Imperial Control in the Nineteenth Century*. Seattle: University of Washington Press, 1967, pp. 408－409、461－469 对此也有论述。

② Liu Tsung-yuan, “Discourse on Enfeoffinent,” trans. Michael S. Duke, in *Phi Theta Papers*, Vol. 11, pp. 36－64.

代以来国家权力的持续增长（尽管尚增长得不够充分）① 和自己作为忠君之士的经历，使得他们对这些问题的关注度进一步提高。在江阴抵抗者中没有思想家理论化地表达过这种关注，但同时代的顾炎武在地方政治控制问题的抗争中将江阴抵抗中潜在的矛盾思想发展得更加清晰了。

顾炎武反复强调将过多权力集中于不负责任的国家手中会带来多么有害的影响。② 在统治者手中的权力集中化所带来的最终后果，不是法制的解体，就是官员权力被架空。③

> 后世有不善治者出焉，尽天下一切之权而收之在上。而万几之广，固非一人所能操也，而其权乃移于法，于是多为之法以禁防之。虽大奸有所不能逾，而贤智之臣亦无能效尺寸于法之外，相与兢兢奉法，以求无过而已。于是天子之权，不寄之人臣而寄之吏胥。是故天下之尤急者守令亲民之官，而今日之尤无权者莫过于守令。守令无权，而民之疾苦不闻于上，安望其致太平而延国命乎?④

作为一个道德哲学家，顾炎武指责了后来统治者为了拥有自己的地盘而不断增长的自私自利，也看到了郡县制中由于专制欲望而导致制度上表现出来的官吏数量的增长。然而作为一名历史学家，顾炎武认同发展变化是不可避免的，而个人对这种发展变化是无能为力的。例如，如果有人对典籍足够了解的话，很容易就会发现郡县体系不是由中央集权的秦始皇（公元前 221—公元前

---

① J. Gray, “Historical Writing in Twentieth-Century China: Notes on Its Background and Development,” in W. G. Beasley and E. G. Pulleyblank, eds., *Historians of China and Japan*. London: Oxford University Press, 1961, pp. 186 - 212.

② Etienne Balazs, *Political Theory and Administrative Reality in Traditional China*. London School of Oriental and African Studies, 1965, p. 33.

③ Liang Fang-chung, “Local Tax Collectors in the Ming Dynasty,” in E-tu Zen Sun and John De Francis, eds., *Chinese Social History*, *Translations of Selected Studies*. Washington, D. C.: American Council of Learned Societies, 1956, p. 3.

④ 顾炎武：《日知录》，卷九“守令”，转引自：Wm. Theodore de Bary, *Sources of Chinese Tradition*. New York: Columbia University Press, 1960, p. 611。

210年称皇帝）发明的，而是早在前几个世纪就逐渐发展起来了。①

这种“封建之意”在制度上将表现为什么？根据对省制演化的观察，顾炎武对中央集权制的反对更加重了。省制起源自元代的地方监察制度，到明代发展为三司机构，在旧的汉郡和中央政府之间增加了一级监察官员。这种结构毫无疑问地加强了乡绅的地位，因为1574年后省的管理剥夺了各地方衙门的领地权，不再拨给岁入，于是建设和灌溉工程所需就越来越多地依赖当地士绅的筹集。② 但是直到19世纪后期，这种方式还只是逐渐扩大影响，而并没有形成真正的行政力量，也许是封建化，但并不是封建主义。顾炎武所希望做的是，一方面通过让当地乡绅精英成为衙门官员，以使这种发展变得合理化；另一方面废除监察机构，使地方官员恢复在领地的尊严，使行政机关的发展变得有延续性，并让官员自己选择助手。③

顾炎武的建议当然被国家的废除令所否决了，但是它仍成为19世纪的经世学者如冯桂芬等人思想的重要部分。冯桂芬呼吁代表地方民意的乡绅的行政

---

① 顾炎武以《春秋》作为史料，找出许多公元前17、16世纪便已存在“县”的提法的例子。例如，公元前626年秦王便划一块属地为县。又如公元前597年楚国将其征服的一块地区也划为县。顾炎武常引用《春秋》证明被征服的地区常被划为县，例如，当公元前596年楚国伐陈，陈王降道：“我将自己的属地视作与你已拥有的九个新地区一样归你所有。”（James Legge trans.，*The Chinese Classi.* Taipei：Wenhsing shu-chü，5，p.316.）《战国策》和《史记》中也将县描述为一个由“城”产生的更为自治化的城市。“郡”，所谓秦在县上建36郡，顾炎武施展了同样考证功夫得出结论：首先，有许多史料显示最初郡是低于县的行政单位；其次，战国初期郡已被建立作为抵御外族入侵的军事殖民地和防御单位了；再次，在秦之前战国时期其他诸侯国已有设郡管县的了。顾炎武：《日知录》，台北商务印书馆1956年版，第4卷，第94—98页。但是当这种历史相对论打破了顾炎武对重新恢复的封建制度也许能够矫正中央集权制的希望时，也使他确信郡县体系自身在未来是必然会发展的，“有圣人起，寓封建之意于郡县之中，而天下治矣”。转引自：Liang Fang-chung，“Local Tax Collectors in the Ming Dynasty，” in E-tu Zen Sun and John De Francis，eds.，*Chinese Social History*，*Translations of Selected Studies.* Washington，D. C.：American Council of Learned Societies，1956，p.3。

② Liang Fang-chung，“Local Tax Collectors in the Ming Dynasty，” in E-tu Zen Sun and John De Francis，eds.，*Chinese Social History*，*Translations of Selected Studies.* Washington，D. C.：American Council of Learned Societies，1956，pp.20 – 21.

③ 同上书，第4页。

权力，并呼吁在早先真正的封建时期统治者和被统治者之间的一致性能够得到恢复。[①] 地方自治和家产制因此出现，使儒学家通过去除上层与底层、政治与社会之间的官僚中介而试图达成和谐关系的努力得到了安慰。然而，最后顾炎武对统治者和被统治者之间理想的和谐关系的呼吁，使他和他后来的追随者拒绝国家之下行政联合的自由合法化。

下面我尝试通过解释顾炎武关于"社"（早期指对土神的祭祀，后来用来指乡镇或社会）的分析来使上述问题变得更清楚。通过对礼制的研究，顾发现周朝封建王侯是如何利用从皇帝的中央圣坛得来的泥土，建立属于他们自己的举行丰收仪式的"社"的。随着历史发展，国家开始将"社"作为各个地区的居民人口登记的方式。顾炎武意识到通过这种方式，"社"既代表国家对地方身份的表达，又代表国家对贵族阶层的宗教管理，他对这种将地方与中央政权结合的理想方式表示赞赏。因为"社"也是一个自然的社会单位，是地区或村镇居民的整体代表。这意味着自发的联合，必须与非自然的或伪社区别开来。

> 后人聚徒结会亦谓之社。万历末，士人相会课文，各立名号，亦曰某社某社。崇祯中，有陆文升奏讦张溥等复社一事，至奉旨察勘，在事之官多被降罚。《宋史·薛颜传》："耀州豪姓李甲，结客数十人，号没命社。"《曾巩传》："章丘民聚党村落间，号霸王社。"《石公弼传》："扬州群不逞为侠于闾里，号亡命社。"而隋末谯郡贼有黑社、白社之名。《元史·泰定帝纪》："禁饥民结扁担社，伤人者杖一百。"不知今之士人何取而名此也。天启以后，士子书刺往来，社字犹以为泛，而曰"盟"，曰"社盟"，此《辽史》之所谓"刺血友"也。今日人情相与，惟年、社、乡、宗四者而已。除却四者，便窅然丧其天下焉。[②]

---

① 冯桂芬：《复乡职议》，翦伯赞编：《戊戌变法》（一），第 8 页。

② 顾炎武：《日知录》，广州述古堂 1869 年版，第 4 卷，第 106—107 页。

通过指责所有的伪社——无论是由暴徒集团组成的，还是由晚明学社组成的——顾炎武拒绝他那个时代可以体现地方秩序的行政自治的发展。当他否认社团组织的合法性时，他同样厌恶法律（这种法律被视为非人性化管理的表现，而不是理性权威的法则），因为法律剥夺了地方精英可以反抗国家政治同化的能力，而后者正是他所赞同的。确切地说，不一定要禁止精英分子拥有一定的地方政治权力。但是直到清末，他们仍然只能在高级中央行政机构与地方行政核心之间的夹缝中生存。实际上，最终这一体制使这个时代的乡绅阶层最为受益。与中央政权的完全分裂会损害乡绅的社会利益，而有限的地方自治恰恰有利于他们的社会利益。即使像江阴一样拥有民兵军事力量作支撑，江南的乡绅还是无力靠自己来对抗并控制 17 世纪的军事家。

如果这一地区的中国城市拥有真正的自治权，他们就会争取在异族征服者中精英阶层的统治下保有更多的自治权，就像 13 世纪伊斯兰城市在马穆鲁克的统治下的联合独立一样。① 在伊斯兰城市，由社团或基层组织（城市、宗教秩序、异族）组成的网络中每一个都分别与上层中央政权发生联系，并作为一个互相联系的整体团结于《可兰经》下。但是中国的政治理论中并不重视这个社会网络。在中国唯一能找到的在这些假定社会单元之上的共同体，就是超出社会之外的由绅士阶层组成的文化精英。尽管已强烈关注地方身份，像江阴这样的城市仍无法单独满足当地乡绅的政治野心。

从顾炎武的角度来说，作为一个为地方行政权力最卖力辩护的人，他最后却拒绝了实现这一权力的实际基础，这一点实在是很有讽刺意义的。剩下的只有更模糊的地方荣誉感和同样模糊的对忠君的赞赏。因此一个人必须满足于将对地方情况的描述（如顾炎武 120 卷的《天下郡国利病书》）视作对地方的爱，对地方情况的说明便是“封建之意”的最好证据了。其他一些写作者也

---

① 这里我指的并不是公社。正如 Ira Lapidus 指出的，没有必要在欧洲自治公社与亚洲官僚统治的城市间做一个明确的区分。参见 Ira M. Lapidus, *Muslim Cities in the Late Middle Ages*. Cambridge: Harvard University Press, 1967, pp. 1 - 7。

以这种对地方、地区的强调为特点，这不仅是由于他们出于和顾炎武同样的理由谴责中央集权制，还因为他们认为地方观念是中国抵御外族侵略的最好武器。这一点在王夫之的著作中随处可见，没理由怀疑这是从对“邦”的情感成为最强有力抵抗武器的江阴地区的观察中得出的。换言之，地方主义的神秘力量与民众上升的正义感是同等重要的。与太平天国时期同样发生的这一切相比，你甚至会发现前者超出了一般的激情。①

阎应元与二次抵抗

王华持续进行地方抵抗的号召，是建立在召集村勇的基础上。刘良佐成功围城的计划使他接下来必须提防民兵在其身后的袭击。8 月 19 日，刘良佐的司令官奉令劫掠这一地区的所有村落，任何试图逃跑的村民格杀勿论。到 8 月 21 日，刘觉得他的后方已经足够安全，使得他可以发起一场全力以赴的攻城行动了。他发现对手比他想象的防御得更好。每个白天城墙上方箭如雨下，当夜晚到来的时候，作战双方都知道围城将延续得更久了。

四天后陈明遇失去了最后一位军事专家，继邵康公之后成为乡兵指挥者的顾元泌。有城民声称顾故意将箭射得够不着敌人，顾被抓了起来，他的住所也被搜查。明白无误的降清书被搜了出来，使得顾最后被处决。陈明遇现在必须再找一个军事领袖，这个领袖绝不能只会招收唯利是图的士兵。这一次，陈明遇听从了一个前任漕粮官员的建议，向前任典史阎应元求助。②

阎是一个高个子，长相颇为凶狠，通州（直隶）武生，早先由绍兴（浙

① 在征服完成之后，清确实曾有意识地努力根除对地方的忠诚，曾在官员中禁止说方言。见何炳棣：《中国会馆史论》，台北学生书局 1966 年版，第 1—9 页。然而据此声称 19 世纪中国人已经失去了他们的地方观念，将会是错误的。在 18 世纪历史学家章学诚对编纂地方史的兴趣，当时及后来的经世学者关于地方主义的著作中，都可以看到顾炎武的影响及对地方政府持续不断的兴趣。在 Polachek 和 Kahn 的论文中都有确切论证。

② （清）温睿临撰：《南疆逸史》，第 374 页。阎应元，字丽亨，见《江阴县志》，第 287 页。

江）搬家至通州。在胜任京仓大使后，他在1641年被任命为江阴典史，其时江阴正被一个叫做顾三麻子的崇明海寇所扰。阎将自己的士兵集合起来对抗顾，但是与陈明遇不同的是，他下了很大功夫将沿河村庄的正规乡兵组织成一支纪律严明的军事力量。阎的战略成功了，他很快便将海寇从黄田港赶走了，并征服了这一地区的盐盗。阎的上级荐他去英德县（广东）任主簿，但由于通往南方的道路为匪徒所阻，阎被允许继续留在了江阴。他将全家（包括他生病的母亲）都搬到了这里，住在江阴城东面山脚下防守严密的一栋房子里。现在陈明遇派了一支由16个人组成的特殊队伍，带着任命书在夜里造访了这里。想起前任军事首领的下场，阎一开始拒绝接受任命，直到被承诺他的命令将被无条件地全部服从，他才答应。当天晚上他带着40个家丁，回到江阴城首府接受了任命。①

阎应元的防御措施包括准备重新组织现有的军事团队，召集新的乡勇，确保充足的补给，并且加强围城作战处的城墙。无法无天的乌合之众被从招募者中清除掉，江阴城里的住户全部登记，每十人守一垛。此外鼓励个体农民（不是匪帮，也不是受训练的军事团队）溜过敌人的战线，加入到抵抗者当中来。当然现在抵抗者是由一个因过去的勇敢事迹而被村民们所敬重的人来领导的了。② 当阎将邵康公从狱中释放出来，让他负责一支由城市乡绅组成的负责补给的委员会时，他随即帮助弥合农村和城市间的裂缝，同时试图弥合陈明遇和

① 《明史》，“台北国防研究院”1961年版，第277卷，第3114页；韩菼：《江阴城守纪》，常州1715年版，再版作为胡山源所著《江阴义民别传》的附录，上海世界书局1938年版，第177页。

② 地方史料中对阎应元能够打破村镇居民和城市居民间的猜疑，将“内外”融合到了一起大加赞赏。显然他的成就被夸大了。根据谢承仁《1645年江阴人民守城的故事》及胡山源《江阴义民别传》第195—196页的描述，当阎开始指挥时，城里只有1000名配备武装和受过训练的士兵，而当时城外的敌人有100,000之多，组成了“数百”军营。据推测，由于阎应元作为农村军事领袖的威望，据说有200,000余名乡勇聚集到了他旗下。去除夸大的成分，他可能的确为江阴城的抵抗聚集了大量的农民。

乡绅间的裂缝。① 阎便开始着手布置武举人王公略守东门，把总汪某守南门，陈明遇守西门，阎则带着1000名弓箭手组成的精良部队自守北门。所有的城门入口都用大木塞断，并派专人举着火把巡逻，以防备晚上的战斗。后者也许并不合理，但可能实际上正是这一举措比其他措施更有效地延长了江阴抵抗的时间。②

到8月底正是雨季，每天都有倾盆大雨，不但河流和城壕涨水，使袭击变得更为困难，还弄湿了火药，并使城墙变得更加不牢。因此到了9月1日，刘良佐不得不造浮桥、运云梯送先锋部队穿过城壕。一些紧裹盔甲的士兵真的爬到了北门的护城墙顶上，但是从城墙两边的火枪发出的交叉火力，加上城里的人从城墙上扔下的雨点般的碎片、瓦片和砖头，赶退了余下的进攻者，并使他们伤亡惨重。

不过清军的进攻还是动摇了抵抗者的决心，一些人已经开始公开谈论投降。因此阎决定发起一场进攻，以鼓舞士气。经过与敌人协商，阎应元承诺给刘一份价值四个元宝的礼物（值50盎司银锭），在9月3日由几个乡耆带出城墙。但是他们手中的匣子里其实装的是火药，当被允许进入清军营地时，这些

---

① 木匠和工匠组成工作队制造兵器，建造瞭望塔，修复城墙。每户人家都要贡献物品，以筹备军队所需的军费及盔甲、兵器等。士兵由章经世、夏维新、王华管理，他们负责米、盐、油等食物的供给。尽管平民百姓的供给已经减半，还是很快就发生了盐和油的短缺。于是盐由海寇自黄田港私运来，此外小儿推车入城，车中藏豆以供榨油。一份关于江阴城供给的清单显示，有足够多的火药和铅弹供葡萄牙重炮（佛郎机）使用，但是箭已十分短缺，于是有一班人专门在夜晚溜出城外，捡拾战场上用过的箭。还有些时候，阎应元命令大敲锣鼓，假意发起进攻，诱使清军射进大量的箭。阎还招弩王黄鸣岗造小弩千张，箭头被涂上火药以使之更具毒性。当城墙已经被加固，武器已经在墙下准备好时，南墙比其他墙都矮，因此加高了三尺。被当作投射物的瓦片和砖块在护城墙边堆放成堆，在各个战略要塞都布置了红夷炮。

② 嘉定陷落得如此快的原因之一，就是所有抵抗者都保持整夜不寐，以至于最后耗尽体力而无力作战。

乡耆炸死了自己和一些敌方军官。① 然而他们没有能够暗杀刘良佐，刘在第二天在北门以主力发起了进攻以示报复。他的士兵再一次被投石机和瓦片赶了下来。

清的援军

江阴城一直期待着外援，但是派出去联络江南其他忠君队伍的特使却迟迟没有消息，几百名士兵曾试图穿过清军防线到达崇明岛的南明政权所在地，但是没有成功。另一队伍倒是找到了一支由以往的忠君之士组成的船队，但是发现他们的领袖正是阎早期的对头——海寇顾三麻子。② 于是当 9 月 5 日刘良佐再次发起进攻时，江阴城的抵抗者们便只有完全依靠自己的力量了。这一次刘将他的炮兵布置得更近了，有条不紊地攻击北城墙，并派出了突击队在皮盔甲的保护下穿过城壕。但是忠君者将热油由城上泼在以盔甲武装的清军身上，击退了进攻，迫使敌人回到了他们的战线以内，并摧毁了余下的浮桥。阎应元乘胜追击，派出一支突袭队在午夜出动，溜进十方庵的清军大本营。刘良佐的亲信随从这次也遭受了伤亡，但是刘良佐却又躲过了这次袭击。

---

① 一个叫薛王的将军被杀了。谢国桢相信薛王是在一个军事约会中被杀的。参见谢国桢：《南明史略》，上海人民出版社 1957 年版，第 84 页。江阴的其他抵抗者也因用同样的伎俩迷惑敌人而受到赞赏。戚藩，1652 年进士，中书科中书，他也是掌管配给的乡绅之一。他曾在夜间派一支突袭队携数百只灯笼在两队清兵之间走动，使两队清兵互相开火。戚藩也是与一些神秘预兆相连的人，其神秘的故事在有关江阴抵抗和陷落的历史记载当中随处可见。当江阴城被攻破时，他将自己与所有家丁、家人都关入内室，然后放火。他写上“大明中书科中书戚藩死此”大字的墙仍然还在，这些字颜色惨白，传说晚上它们会发出鬼魅般的光亮，下雨时，雨滴也不会滑落在这些字上。见查继佐《国寿录》，《晚明史料丛书》，中华书局 1959 年版，第 160 页。

② 当时的历史学家通常已查明缺乏外援正是江阴最终陷落的最大原因。这些史家严厉地谴责吴志葵和他的家族没有在江阴抵抗中团结起来，甚至《明史》的编纂者们也相信，如果他们这样做了的话便可能是东南复兴明朝的一个机会，或者至少可以守住长江一线。于是《明史》的编纂者们将整件事情轻微地歪曲为：当城外的忠君之士都拒绝援助时，陈明遇和阎应元才站了出来。“徽人程璧尽散家赀（175,000 两，作者注）充饷，而身乞师于吴淞总兵吴志葵。志葵至，璧遂不返。康公战不胜，瑞龙水军亦败去，明遇乃请应元入城，属以兵事。”《明史》，“台北国防研究院”1961 年版，第 277 卷，第 3114 页。同时见于《南疆逸史》，第 374 页。

9月7日，刘将军亲自现身北城门，以尊重的口气劝说阎投降。他问道：江南其他地方都已经投降了，现在为什么还要坚持抵抗呢？阎回答道：

> 江邑士民咸谓三百年食毛践土，深戴国恩，不忍望风降附。应元乃大明典史，义不得事二君。将军位为侯伯，身拥重兵，进不能恢复中原，退不能保障江左，何面目见我江阴忠义士民乎？[①]

通过表达对旧王朝庇荫江阴的感谢之情，阎应元措辞得体地将乡绅和对“邦”的情感结合起来发出呼吁，这种呼吁与其说是说给敌人听的，不如说是说给他的追随者们听的。刘良佐静静地听完，便驱马离开了。毕竟，时间掌握在他的手里。每过去一天江阴的供给便减少一些，而围城的军队则又增多一些。[②] 这些援军现在已经将江阴城外全部封锁了，并训练了一支新的在城墙上作战的炮兵，在9月14日之后发起了持续的炮击。[③] 由于与外部世界隔绝，忠君者们现在只有求助于非自然力量。五座神像被放在了城墙上：关帝像，即战神；城隍神，即护城神；二东平王；睢阳王。[④] 阎应元不是江阴本地人，因而无法分享对江阴诸神神奇力量的体会。但是他大胆地沿着城墙走过，捧着剑的随从跟在身后，这时他是在有意鼓励人们坚信他被睢阳王的神力所保佑。这种信念在时人的眼中也延伸到了陈明遇身上：

---

① 韩菼：《江阴城守纪》，常州1715年版，再版作为胡山源所著《江阴义民别传》的附录，上海世界书局1938年版，第184页。

② 见吴伟业《鹿樵纪闻》之“南国愚忠”，台湾银行经济研究室编辑，台北银行1961年版，上卷。胡山源：《江阴义民别传》，第209页。

③ 新军队当然需要食物，于是劫掠又开始了——通常是将已被劫掠过的地方再次掠夺一遍，如大桥、周庄、华墅、陶城、三官、祝塘（该镇由于抵抗被烧为平地）等镇。最南掠至青旸，乡民长期严守圩堤，终于免于劫掠。

④ 东平王刘苍，光武帝（公元25—57年在位）第八子，因恢复了汉王朝的礼乐之制而受到尊崇。由于既与明复兴相关，又与吴之礼仪之邦相联，东平王便成为激励抵抗的最佳象征。睢阳王张巡，唐朝官员，领导了反抗8世纪安禄山叛乱的著名的睢阳保卫战。尽管由于援军没能及时赶到，保卫战最后失败了，张巡仍被视为杰出军事才能与正义抵抗的代表。因为他是无锡（无锡立祠纪念）人，也是江南城市信奉的最重要的神明之一，代表了地方观念中对“邦”的情感。黄卬：《锡金识小录》，台北无锡文史丛刊1962年版，第42、145—147页。

> 昔日张、许，今日阎、陈。情事不同，而围城风景，恐是一样；勋业不同，而效死心肠，亦是无二。至分城而守，性情作事，仿佛相同。说者谓阎是严父，陈是慈母，如此不愧为民之父母。[①]

阎应元甚至把磁石藏在木制神像的脸上所贴的胡须里，这样当身穿盔甲的士兵攀爬城墙时，神像的胡须就会竖起来，以此吓唬进攻的清军。[②] 神像也许短期内起到了鼓舞士气的作用，使这些已陷入绝望的抵抗者们在9月18—19日在北门和南门杀了数千名前来袭击的清兵，但是在接下来的一些日子里士气就消沉了，因为补给用完了，草被割下来当作食物。大家开始气短起来，投降的声音变得越来越大，不再只是偷偷地私下议论了。成功穿过敌人防线而来的信使告诉数百名村民，让他们在清军营地前主动剪去头发。农村民兵一开始是有强烈作战意愿的，他们曾严厉地指责一些城市里的乡绅，但是现在要付出代价的却是城市里的居民。1645年9月22日，传来了最糟糕的消息，松江已落在李成栋手里，嘉定则遭到了屠城。[③] 江阴清军不再是孤立作战，李的令人恐惧的部队现在可以加入刘良佐的围城了。为了证明抵抗已是多么无用，刘良佐甚至将忠君之士的指挥官——即前来救援的吴志葵用链条绑起来在城墙前游行，以此敦促江阴尽快投降。[④]

在这样紧张的形势下，阎应元曾在乡绅与陈明遇之间努力建立起来的统一阵线崩溃了，因为城市里的乡绅们开始试图与敌人达成某种和解。阎应元对此非常愤怒，宣布投降的人将被抓住并当场处决，抵抗委员会里的两名著名成

---

① 引自韩菼《江阴城守纪》，常州1715年版，再版作为胡山源所著《江阴义民别传》的附录，上海世界书局1938年版，第187页。

② 韩菼甚至坚持认为刘良佐的儿子攻城时正当睢阳王神像指挥，当他到城下时神像的胡子忽然张开，与此同时枪声大作，刘良佐之子死了。刘在后来的城破之日，砍开了睢阳王神像的头。

③ 李成栋，曾是史可法的部下，在指挥平定江南大部之前降清。正是他指挥了嘉定屠城。后来他又转而投桂王于广东和江西。1649年4月在信丰之战中被杀。Arthur W. Hummel，*Eminent Chinese of the Ch'ing period*（1644—1912）. Washington，U. S. Govt. Print. Off.，1943—1944，p. 452（有他的英文传记）。

④ 《明季南略》，第252—254页。

员——夏维新和王华①，也被控盗用战费公款而被斩首。② 但是城里其他的人将他们割下来的辫子扔到城墙外，告诉城下的清军他们准备投降了。正是此事让刘将军想到了分化政策，他决定唆使乡绅反抗两名典史，这样便对他有利了。首先，他派了一个使者去承诺如果城里的居民把明旗换成清旗，并将他们首领的首级用长矛挂在城墙上，那么就可以免罪。阎应元当然拒绝接受这些要求，他还试图将这些要求向城民们保密。刘良佐于是公开做出姿态，将他的部队大举后撤，使得城里要求和平的一方可以安全地出来四个人谈判。在指挥营里与这个代表团协商过后，刘宣布三天内他会派一班官员到城内对起义事件进行调查，并处罚起义的主要首领。随后他将这些特使们送回了城里。阎典史立即指控这四个人受到敌人的贿赂诱降，然后将他们在公共广场斩首，表明自己的态度。9 月 26 日当清兵聚集在北门等候城内的回复时，他们被告知刘将军的要求没有被接受。江阴，将继续抵抗下去。

一个耐人寻味的转变发生了。代表正义的忠君思想，本应是乡绅因为他们的地位与义务而特有的，但现在却被典史独占并坚持。这部分是由于阎应元没有处于和乡绅们同样的困境，后者看到他们的城市处于被毁灭的威胁之中。因为这些浸淫于儒教之“忠”的乡绅，同样也对如何使他们在战后的江南保有一席之地非常关心。这种困境有三重意义：它使忠君事实上变成一项任务，因为必须付出牺牲和代价；它使乡绅在继续斗争还是该谨慎地退出之间犹豫不决；它还使一个像阎应元这样不相干的外人反而变得比忠君之士更忠诚地保皇。当然，阎应元并不具有乡绅所有的威望，他不像陈明遇确实得到了明的科举功名。但两个人都以在明做官为傲，尽管这个官是这么小。当刘良佐敦促城里的人快投降时，阎从城墙上向下叱道：“大臣被缚，当速就死，安用喋喋

---

① 王华曾撰信拒绝了刘良佐最初的劝降。夏维新曾在抵抗运动初期干预，救了知县方亨。

② 根据韩菼书中的记载，胡山源坚持夏和王在当时被砍了头（胡山源：《江阴义民别传》第 6 页）。但当地或国内其他史家的普遍记述，将夏、王二人并列于城破时被杀的忠君官员之中。

为!”[1] 因为他自己仅是一个典史，还仍在坚持作战，这使得像睢阳王那样接受自毁命运的阎应元开始自觉担当一个历史性的角色。一旦他披上了一件忠君英雄的披风，此后的每个举动便都被描述成一个已树立起来的抵抗神话了。正如 a chanson de geste（武功歌，古法语史诗），中国历史上的史诗模式（弥补了中国文学中史诗的缺失）都需要这样一系列事件的上演：背叛，在巨大劣势下作战，不可避免的失败，然后是英雄式的死亡或自杀。历史和神话就这样在阎应元身上融合为一体了，因为知道江阴之战超过其他同类的围城记载，他对自己的看法便蒙上了这样的悲壮色彩。换言之，他既是历史的观众，同时也是他自己这出戏的观看者。他甚至说不定已预想到自己未来会被乾隆皇帝作为忠君典范[2]建祠立碑，因为阎和他同时代的人都相信可作为典范的历史将会被记载下来，并世世代代以不变的标准流传下去。

但是这种祀奉最终是超越真实的历史之上的，它否定了江阴抵抗者的特殊性。就像 17 世纪的忠君思想一样，忠君思想不可避免地会被国家政府拿来说事，即使忠的君其实并不是本朝或本民族的。“忠义祠”赞美的是抽象的对王朝的忠诚——不论任何王朝，因为这样的忠君思想可能发生在任何朝代，发生在儒教统治下的任何地方。它（用早期的话来说）将“社稷”中的“稷”分离出来，将个人从他的“邦”中分离出来，将忠诚的义务从情感的连接中分离出来。因此清朝的忠君思想就是这样一种独立的抽象的价值观，一种行为模式，而不是一个有固定目标的信念。在这里，动机转变为了结果。

尽管超越历史有时等同于伪造历史[3]，但我们还是可以这样不公平地看待

---

① 韩菼：《江阴城守纪》，常州 1715 年版，再版作为胡山源所著《江阴义民别传》的附录，上海世界书局 1938 年版，第 184 页。

② 乾隆 1776 年在江阴东门设了三公祠，表彰阎应元（“忠烈”）、陈明遇、冯厚敦，竖立三人像于其中。《江阴县志》，第 216 页。

③ 如当城破时，有四个不知名的秀才决定一同自沉。他们选了一口井，坐在井边准备饮最后一杯米酒以歃自杀之盟。但是一杯接着一杯，每个人互相赞扬对方的忠义。清军到这里时，看到这四个人已经都喝醉了，仍然还在互相感叹和赞赏。这四个人最后都被当场砍头。查继佐：《国寿录》，第 165 页。

江阴的抵抗者。因为一旦骰子被掷出，一旦阎应元拒绝了清军司令官的最后限令，那么这一刻毫无疑问是高贵而悲壮的。在这一道德危机中，乡绅们超越了他们的困境。当愤世嫉俗者回顾乡绅们的这种超越时，会认为这是残余的忠君信念在一个由真实利益主宰的世界里挣扎的历史。但是对那些支持阎应元的人来说，在当时的世界里这样做是完全正常的。乡绅们这种对困境的超越，就像是一个已经知道自己将不久于人世的人，知道在现实与理想间的挣扎与矛盾已经变得不再重要了。从这一点出发，对于所有知道这已是最后的落幕，和与阎一样深信后人会记住他们的死的所有江阴人民来说，荣誉已经变成了一种尊严。希腊诗人卜瓦非斯（Cavafy）在他为温泉关（Thermopylae）的誓死抵抗者所作的挽诗中，表达过同样的情感：

当他们预见（确实已预见）
艾费阿泰斯（Ephialtes）终将出现，
而米堤亚人终将经受这一切时，
他们便享有了无上的荣誉。①

屠城

那一年的10月4日是中秋节，双方达成短暂的休战协定，战火停息了下来。当阎应元分发月饼时，城里的人们安详地沿着城墙排着队，观赏着城北长河上那一轮满月。学者许用特就此情此景做了一首诗歌，当琵琶弹奏的旋律飘过城壕时，城里城外的人伴随着音乐一起唱了起来。据说清营里的汉族士兵听到歌词时都落下泪来。这首歌唱的是：

一更里，月初升，保守江阴城；月光照大地，江阴属大明。

二更里，月渐高，江阴人胆气豪；留得大明江阴在，性命如鸿毛。

---

① *The Complete Poems of Cavafy*. Rae Dalven trans.，1961，p.9.

三更里，月正中，江阴人是英雄；满洲三王十八将，一概无影踪。

四更里，月已斜，江阴城是一朵芙蓉花；芙蓉多美丽，大明江山多荣华！

五更里，月西沉，满洲鞑子苦凄凄；江阴攻不破，眼看大明江山寿与天齐。①

接下来的12天里，刘良佐的人马为最后的攻击做了充分的准备。② 由南京顺流送来的24架攻城大炮，全部瞄准了人口密集的城东北角。10月8日开始集中射击，枪炮如此密集，城外的人都听到了城内人的哭嚎。第二天清晨，另外200多架小型炮同样对准了城东北角的城墙，城墙已经开始碎裂。中午时分河两岸忽然狂风大作，大雨使残破不堪的城墙更加不结实了，这时清军军官命令士兵在暴风雨的掩护下进攻。在城内的抵抗者注意到敌人之前，刘的步兵已经爬上了祥符寺后的城墙，并开始在那里清敌。到黄昏时分，他们已经有充分的信心可以顺着街道去城里的其他地方了。

听说清军已经进城，阎应元知道大势已去。他要来纸和笔，给他的同伴们写下了最后的信："八十日带发效忠，表太祖十七朝人物；十万人同心死义，留大明三百里江山。"③ 然后他便聚集起手下残余人马，最后一次从西门出发。不到片刻，他便中了三箭，自拔短刀刺胸，然后踉跄投入湖中。当清军士兵发现他时，他还勉强在呼吸。他很快就被带到了刘良佐在祥符寺的指挥营中，留

① 这是胡山源《江阴义民别传》的版本，见该书第4页。Jerry Dennerline 比较了这一乐谱的不同版本，结论是所有的版本都是相近的，因此基本都来自同一文本。见 Jeny Dennerline，"A Preliminary Analysis of a Limited Form of Narrative History with a View to Establishing Its Value as Historical Evidence." Seminar paper，Yale University，1967，pp. 24－25。

② 刘良佐放弃了原来打算直接由侧面进攻江阴城的计划，他采用了精于战略的国师和尚的建议，集中攻打东北角。国师和尚对他说："江阴城形似芙蓉，若在瓣上攻打，越打越紧。其蒂在东北角，专打花家坝，花蒂既碎，花瓣自落。"韩菼：《江阴城守纪》，常州1715年版，再版作为胡山源所著《江阴义民别传》的附录，上海世界书局1938年版，第192页。

③ 韩菼：《江阴城守纪》，常州1715年版，再版作为胡山源所著《江阴义民别传》的附录，上海世界书局1938年版，第193页。又见于《江阴县志》，第437页。

下的最后一句话是："只有一死。速杀我！"① 阎的全家都自杀了。

同一天下午，江阴余下的领袖在最后结局都是一样，不是自杀，就是被杀。陈明遇下令闭衙举火，冯厚敦自缢于明伦堂，戚勋将全家合门焚死。② 丧钟一直响到第二天，因为北京朝廷给刘良佐的命令是："满城尽杀，然后封刀。"③ 刘将军确实宣布只杀成年男子，但是他的士兵不分妇幼尽在其家中焚杀。城内蔓延的大火将其他人都驱赶到了水里，于是黄田河和城中的深井里塞满了尸体。直到城破两天后，大火才烧尽，屠城结束了。少数躲在船上或寺里的幸存者，蹒跚着走了出来。江阴原来有十万人口，屠城后江阴成为一片瓦砾，幸存者据报只有53人了。④

历史和神话

近代中国史学家们声称这不是无意义的牺牲，因为这次围城也给征服者造成了同样惨烈的损失。据推测，清廷派出了24万大军来征服江阴，战斗结束时牺牲了74,000人。江阴的抵抗者们在南京政权刚刚倒台后便牵制住了这么多敌人，这给了其他南明忠君之士时间，使他们可以在鲁王的召集下重新组织起来。⑤ 至少在19世纪早期的江阴人民相信一定是这样的，一位当时的历史

---

① 韩菼：《江阴城守纪》，常州1715年版，再版作为胡山源《江阴义民别传》附录，世界书局1938年版，第193页。

② 《南忠记》，见《甲申纪事》，《晚明史料丛书》，中华书局1959年版，第114页。

③ 谢国桢：《南明史略》，上海人民出版社1957年版，第85页。

④ 同上书，江阴地方志的编写者也给出了这个数字："明末清初，清军南下之季，江阴独守八十三天，城破时死者逾十万。"《江阴县志》，卷首和第858页。而魏源认为死者数目应为74,000人，见魏源《圣武记》，台北"中华书局"1960年版，第13卷，第6页。

⑤ 谢国桢：《南明史略》，上海人民出版社1957年版，第86页。尽管谢国桢对明末清初的各种史料非常熟悉，他还是接受了满人伤亡60,000人这一数字，并争辩道：在整个江阴地区共有172,000城民牺牲。同上书，第85页。这些数字被一般学者普遍接受，如谢承仁也强调江阴牺牲的军事性。谢承仁：《1645年江阴人民守城的故事》，中国青年出版社1956年版，第61页。

学家写道："至今邑人相传，有三王八将皆死城下之说。"[①] 但是同样是 19 世纪的学者，经世致用派思想家魏源（1794—1857）对这一说法比近代中国史学家更富有怀疑精神。魏认真地查遍了当时所有重要的满汉诸臣传，发现事实上没有一人是死在江阴的，当然也没有贝勒出现过。即使是在当时其他臭名昭著的屠城中，实际上屠杀也是由汉人军队而不是由满族旗兵来实行的。此外，当时在江阴的清军总数也不是 24 万。据魏源最后的推算，围城的最多只有一万军队。[②] 并且江阴的屠城更多的是促使其他地区降清，而不是促使他们反清。如此说来，九到十万城民的牺牲，到底有什么意义呢？

被神话了的战役有时比历史上真实的成败更重要。[③] 江阴的围城不是神话，但是江阴的抵抗者们无疑是神话的制造者。阎应元、陈明遇和其他人都相信他们必将作为历史的一页被铭记。然而最后流传的神话却并不是他们所想象的那样。他们想象会成为个人的努力及个人忠君行为汇聚成集体力量的典范，而不是像后来中国史学家所认识的，成为地方主义感情的证明。这一神话的现代版本强调的是近千名江阴的汉族人民同心协力，为保卫家乡集体牺牲。当然，抛开陈明遇和乡绅间，以及阎应元和主和派间确实存在过的斗争不谈，当时江阴的确存在着一种为"邦"或国土献身的一致性，这种一致性在整个清代更加强化了。乾隆皇帝在 1776 年决定只为江阴领袖加誉，树立为个人典范，但是在他们祠坊的碑铭上微妙地提及"与民俱尽"[④]。1825 年当道光皇帝同意

---

① 魏源：《圣武记》，台北中华书局 1960 年版，第 13 卷，第 6 页。

② 魏源：《圣武记》，第 13 卷，第 6—7 页。当时中国东部的清军兵力可以大致分为两支，半屯南京，半屯杭州，魏源推算，这使得只剩下很少的兵力可攻江南：至苏州驻防兵仅千余骑，吴淞总兵仅领 2000 余人。然而 Jerry Dennerlien 的研究表明多铎并不缺少军队，因为在扬州和南京共有 238,000 士兵降清，这有利于多铎对这些军队进行调配，于是他将他们分成小队守卫整个江南。见 Jerry Dennerline，"Resistance and Tragedy." Unpublished paper，Yale University，1973。

③ Michael C. Rogers，"The Myth of the Battle of the Fei River（A. D. 383）"，*T'oung Pao.* 54，pp. 50 - 72；Frederic Wakeman，*Strangers at Gate.* Berkeley：University of California Press，1966，pp. 19 -21.

④ 《江阴县志》，第 216 页。

将138名为了保卫地方而牺牲的“殉义绅民”加入忠义祠时，表彰的重点已经转向了共同的忠君。① 清末几年，这一集体牺牲更加被强调，人们在祠坊里尊崇这些“后代子孙永世不忘”的人。② 到了民国时期，江阴市民自己在城南墙上刻下了“忠义之邦”四个大字。1937年日军的炸弹炸毁了这几个字，1947年江阴重建时蒋介石重新题写了这四个字。当“国土”取代了“忠君典范”时，这么多人的牺牲获得了一种新的重要性。愿为“苏杭国土”牺牲，意味着对国土肩负的责任，毕竟这是现代国家主义的一种基本情感。但是地方主义如果太狭隘的话，也会造成与国家利益间的冲突。我们已经看到在17世纪地方主义如何成为王朝专制的阻碍，而不是成为行政管理的方法。到了1900年，希望寓“封建之意”于郡县之中的经世致用思想，发展为新的理论，用于维护成立地方政府和联省自治的新型行政自治的正确性。无论是在广东人的反侵略主义中，还是在湖南人的革命主义中，省主义都变成了一种更深的情感连接，因此这种强烈的地方认同曾一度有助于个人的国家认同的形成。但是地方主义很快就变成了国家主义的对头，无论是以各地军阀割据的形式出现，还是以贪污的地方巨头出现。整个20世纪，乡绅管理的传统理想甚至已经发展为政治不干涉和狭隘的对地方经济利益的保护。

江阴的“邦”经过这种转变后如何发展的呢？就像清统治者将江阴领袖转变为抽象的典范一样，20世纪的神话制造者们同样将围城由仅仅是一场地方防御，转化为集体奉献和牺牲的模范事例。于是数字就变得非常重要了，因为死去的不再仅仅是个人，甚至也不仅仅是某一个“邦”的居民，而是人民、民族或者种族。先是被视作反满的汉族，然后被视作反抗外国侵略者和土豪劣绅的中国农民阶级，江阴的防御者们开始代表人民党主义，而不再是地方主义。

在本文开头提出的那个著名的问题中，卡尔岱龙（Calderon）将荣誉比作

---

① 《江阴县志》，第221页。

② 同上书，序言。

梦想，西格蒙朵（Segismundo）问道：真相最终在何处？我对这个问题的回答是，那些为了后人付出的人们，永远也无法确定他们的启示价值是否能够在未来被记住。不仅如此，有时他们的形象（无论如何被扭曲）比他们的行为更加重要，他们的形象已在后来者的眼中被重构。这并不意味着历史的神话只是虚构，因为这些事件必须是真正发生过的才会成为有力的故事。但是这应该警醒那些历史上的表演者们，就像莎士比亚在悲剧《科利奥兰纳斯》（*Coriolanus*）中写道的："我们的价值，在时代的解释中（第四卷，vii，第49—50页）。"旁听者善变，理想不可靠，荣誉将逝去。最终，信念——人类最高贵的东西——或许却是最不可靠的东西。

唐巧天　译

广东的秘密会社

（1970 年）

秘密社会似乎是达到目的的一种手段：为解放而制约。然而，工具已变成目的。而兄弟会，隐秘而又排外，它似乎无视其他更有效的政治活动形式和社会组织。也许，这是因为非法组织无法具有远见；要不，是它的政治表达与社会形式被禁止所致。和睦的结盟兄弟帮在政治上幼稚，只有官僚的纪律能使它们变得有效。浪漫的密谋家们忽略了社会组织的意义，只有群众政党能赋予他们使命感。其实，这就是三合会的历史——19 世纪初叶，在社会意义上，它成功了；在政治上却是失败的。但是，在整个过程中，三合会都是一个明显的现代征象，它与这之前或后来的任何现象都不同。

起初，三合会是由那些社会边缘群体、流动人群以及盗寇所组成的团体。18 世纪时，随着国际贸易的剧增，中国东南部高度的商业化与城市化打破了以往封闭的政治与社区界限。沿着内陆的河流体系，小商贩们可以走得很远。冒险家们则在那些沿海的贸易中心游荡。无论他们走到哪里，总会有形形色色的社会团体接纳他们并为其提供保护，如同业公会、以省或其他区域为单位组成的同乡会、垄断性的商行等。它们中的一些可以与中国的官方合法共存，但还有一些组织却并非如此。

在这次国内的移民潮中，福建人是最为活跃的群体之一。这些人很有商业头脑，并且雄心勃勃，不安于现状。他们从像厦门这样的贸易中心城市出发，翻山越岭，穿过省境，来到邻近的省份，在那些满腹狐疑而且排外的土著居民中间定居下来，以谋求进一步的发展。他们中的一群人越过福建南部边境，进入了惠州与潮州境内，同时也把三合会带到了广东。①

三合会内部讲究义气是在台湾的那些明遗民中首先产生的，之后越过台湾海峡传播到了福建。在广东这样的地区，当地的宗族与狭隘的社会团体往往会拒绝货运商人（行商）、走私者以及盗寇入境，而秘密会社则通过隐秘而紧致的网络，为这些敢于进入广东地区的人群提供了一种理想的保护组织。不久以后——当然不可能确定到底是在什么时候——三合会失去了其仅仅作为福建人社团的特性，那些稍有差异的广州当地的盗寇也开始加入进来以寻求社会庇护。这种保护的必要性是显而易见的：广州作为中国最大的口岸，迫使农民离开乡村投入它的怀抱。到 19 世纪 30 年代，在那里有大约 17,000 余名工人从事丝织业。另外还有 50,000 人则在制作锦缎与棉布。无数的苦力聚集在街角、市场以及城门附近，等待着卸货、拉货以及修建房屋。② 并非所有的人都加入了秘密会社，他们中的一些人组织了同乡会，另外一些人则成立了令人尊敬的手工业者的行会组织，但是那些真正从事边缘性工作的人群——即非农非工者——则向往三合会，当时存在着三个类似的群体。

首先是那些从事对外贸易的人群。很明显，福州海商或者是公行成员那样富有而受人尊敬的垄断群体并不需要秘密会社。但是他们周围的那些小人物——比如钱庄伙计、买办、码头工人以及小店主等——却的确组成了非法的组织，其中一些与西方人很亲近，甚至吸引了一些美国与荷兰的水手加入，还把他们的中国领导者称为领事。③

---

① Sasaki Masaya, "Shun-te hsien kyoshin to tokai jurokusa," *Kindai Chugoku Kenkyu*, 3 (1963), pp. 1－2.

② Charles Gutzlaff, *China Opened, or, A Display of the Topography, etc., of the Chinese Empire*. London, 1838, 1, p. 37. *Chinese Repository*, 4 (May 1835－April 1836), p. 193. 在这里以及本文此后的论述中，我并不想引用那些在《大门口的陌生人：1839—1861 年间华南的社会动乱》一书已经论及的背景资料。

③ FO 17/227, Desp. 86, January 14, 1855; FO 17/228, Desp. 108, January 28, 1855. Yen-yu Huang, "Viceroy Yeh Ming-ch'en and the Canton Episode (1858－1861)," *Harvard Journal of Asiatic Studies*, Vol. 6, p. 53, no. 36 and 54 (March, 1941).

第二个群体是衙门的办事人员与信使，他们也经常与三合会合作。[①] 或许是由于自明代以来，其地位的下降使得他们厌恶文人的世界，无论如何，作为与政治和权力打交道的专业人士，他们以及衙役们被吸收到了三合会的影子政府中。

第三类所谓“陌生人”是专业的罪犯。他们发现三合会是一个理想的组织工具，可以被利用来进行赌博活动、控制卖淫、敲诈勒索，甚至在“猪仔贸易”中绑架农民，并将其运往加利福尼亚、拉丁美洲以及东南亚地区。[②] 海盗，起初很明显是一个分离于社会的下层群体，同样也组成了秘密会社——特别是当他们通过非法的鸦片贸易与城市中的匪徒搅和在一起的时候。欧亚混血人群、中国的海盗以及买办们从他们设在澳门、临汀的据点出发，通过水路运输毒品，而陆上的三合会则将其运往中国内陆腹地。[③] 当时的儒家卫道士们谴责鸦片是一种有害的道德毒药，部分而言，这样的观点是正确的。对于 19 世纪 20 年代以后广东地区犯罪行为的日益猖獗以及秘密会社的蓬勃兴起，它确实负有不可推卸的责任。其结果不仅仅是那些水兵和衙役在与不法商人的密切接触中不断腐化堕落，而且那些海盗头也逐渐控制了北部与西部的整个河道网

---

① “在那些异教头目活动的区域，他们的追随者充斥于衙门中，并且成了监视政府动向的间谍。”见 1851 年 3 月的官方诏令，引自：J. J. M. de Groot，*Sectarianism and Religious Persecution in China*：*A Page in the History of Religions*. Amsterdam，1903，2，p. 548. 在曾望颜所作的一篇重要的奏折中显示，一些低级的官吏也往往是三合会成员，曾是在 70 多岁时写的这篇文章，当时他是翰林院中一位来自广东的颇有威望的人物。当然，他也是鸦片战争期间的顺天府尹，并且极端排外。我已经用过由广东的中国秘书韦德在 1855 年翻译的版本（FO 17/234，Incl. 1，Desp. 331，October 12，1855）。该文的中文版见于国立北京大学文科研究所编《太平天国史料》，北京 1950 年版，第 523—527 页。

② 陈伯陶编：《东莞县志》，第 35 卷，第 13 页 a（以下简称为 TKHC）；FO 228/270，Incl. 2，Desp. 4，November 8，1859。

③ 史澄编：《广州府志》，第 81 卷：第 14 页 a—21 页 a（以下简称为 KCFC）；TKHC，33：25a；郑梦玉：《续修南海县志》，第 14 卷，第 19 页 b，第 38 页 a；第 15 卷，第 8 页 a，第 10 页 a（以下简称为 NHHC）；田明曜：《香山县志》，第 14 卷，第 44 页 a；第 19 卷，第 19 页 b；第 20 卷，第 5 页 b（以下简称为 HSHC）。宫崎市定：《太平天国叛乱的性质》，载于 *Acta Asiatica*，8（1965 年 3 月），第 1—39 页。

络。逆流而上，他们可以到达广西，在那里三合会的种子又被散播到了当地的山贼中。①

所有这些违法勾当的存在，意味着必将出现一种由众多秘密会社参与、互相协调的犯罪共谋，但是，当时当地却并没有类似于黑手党以及莫里亚蒂教授这样的人进行幕后的牵线。尽管会社成员对所有的秘密会社组织有一个通用的称呼——洪门，它又有三种不同的称呼：三点会、三合会与天地会。他们逐次分裂为地方上基本独立的群体，只是通过共同的仪式以及对义气的模糊认知而联系在一起。海盗群体、山贼、妓院老板以及鸦片走私团体都维持着他们各自独立的认同。因此，尽管相互之间有着信息的互通与互相的支持，但三合会并非一个凌驾于各个个体和群体之上，并有着长远眼光的集权性组织。

这种相互间既团结又独立的特点对成员们也有好处。通过以某种可以确认的方式摆放茶杯盖或抚弄衣领，一个背井离乡的三合会成员就能指望从洪门的其他成员（或许这些人甚至不能听懂他的家乡话）那里得到一些帮助和在某种程度上的保护，但是不要指望他就会因此而归顺于当地的组织。相反，任何团体都没有必要担心来自权力中枢的代理人会运用强权，通过粗暴的干涉而威胁到它的自治。正如萧一山指出的，这既是一个巨大的优势，同时也是一个不小的缺陷。一方面，由于不存在一个可供打击的中央领导层，因此他们不可能被赶尽杀绝，但另一方面，他们也很难联合起来展开行动。②

当然，如果它们不局限于小打小闹，而要发动起义的话，还是有可能采取一些联合行动的。在某些情况下，为了要联合起来攻打一座当地的城市，那些小的独立的团体往往与其他的组织结成同盟。对他们来说，所希望的最好的结果就是一两天无休止的劫掠，而最坏的后果也不过是被赶回到原先的偏远区

---

① 参见 Laai Yi-faai，“The Part Played by the Pirates of Kwangtun and Kwangsi Provinces in the T'ai-p'ing Insurrection.” Ph. D. diss.，University of California at Berkeley，1950，pp. 13 - 15. 另见周朝槐《顺德县志》，《顺德县报》，1929，23，第 8 页 a（以下简称为 STHC）。Grace Fox，*British Admirals and Chinese Pirates*，1832—1869. London，1940 pp. 102 - 126；HSHC，15，第 35 页 a。

② 萧一山：《清代通史》，台北商务印书馆 1963 年版，第 3 卷，第 4—5 页。

域。这是1801年的情形，那一年一个叫陈礼南的福建人带领自己的部下攻打了惠州府城。接下来各地零星的无序状况持续了数年，直到1810年地方士绅开始采取强有力的措施帮助恢复秩序为止。[①] 他们的举措在某些地方取得了一些效果，但是到1832年，第二次大规模的动乱又爆发了。[②] 当时，在湖南边境发生的瑶民起义使广东省的军队被调离了珠江三角洲[③]，因此，在靠近澳门的香山县（即今天的中山市），三合会发动了起义。秘密会社暗地里向农民收税，有很多村庄整个被煽动起来造反，地方士绅则再一次试图恢复他们对这一区域的控制。[④]

随着鸦片战争的爆发（1840—1842），这种“起义—镇压”的周期性循环仿佛变得越来越频繁了。又或许它与当时广东社会整体上的解体混淆在了一起。事实上，要将秘密会社与其他形式的社会失序区分开来是几乎不可能的。他们当然与反英武装联合在一起，后者既为他们提供了合法的外衣，又为其提供了武器。[⑤] 但是，是否在整个的19世纪40年代，他们都始终只是领导着一群只知攻击官府和外商企业的暴徒呢？在1849年广州的不入城运动中，他们是否扮演了煽动民众排外情绪的重要角色呢？这些都很难说。不过，秘密会社运动确实出现了令人费解的变化。

沿海的海盗、城市中的罪犯以及地方上的土匪——这些社会体制外的“陌生人”，仍然像以前一样是秘密会社的一部分。但是，据称突然间秘密会社开始出现在广州府富裕的乡村地区。[⑥] 这比三合会活动的频繁更引人注目，因为他们已经延伸到了广州附近那些人烟稠密、社会安定的乡村。1843年在顺德县发生了秘密会社之间的内讧，在此之后，三合会开始大规模地招募那些原来

---

① Sasaki Masaya, “Shun-te hsien kyoshin to tokai jurokusa,” *Kindai Chugoku Kenkyu*, 3 (1963), pp. 1 - 2. TKHC，33，第20页a—20页b。STHC，23，第3页b。

② Henri Cordier, *Les societes secretes chinoises*. Paris, 1888, p. 4.

③ 对此的全面论述，参见魏源《圣武记》，台北1963年版，第7卷，第41页a—45页a。

④ 《中国丛报》，1832年5月—1833年4月，第80页；KCHC，81，第30页a。

⑤ 夏燮：《粤氛纪事》（1869），第1卷，第2页a。

⑥ TKHC，34，第22a—b页。

还无动于衷的农民。在光天化日下，几百名三合会的成员会站在十字路口。当士兵们驻扎停当后，“草鞋”——他既掌管粮饷，又负责宣传，同时还要负责招募新人——就会派出信使召集候选人。之后或许会有数千人聚集在一起，每人交300文钱入会。入会仪式在很大的纸糊的帐篷里举行，由香主主持，所谓香主是从被称为“白纸扇”的有文化的管理人员中选举产生的。他们鼓励新成员在入会后介绍其他的应募者参加组织，每介绍一人，引荐者就可以得到20文的佣金。①

此类形式的招募当然有着某种强制的因素。有时候整个村庄都来应征，其目的就是逃避三合会的非法征税，但是这种自我保护的说法并不能说明所有的问题。如果三合会仅仅是为上述的“陌生人”服务的，那么又如何说明其在原本铁板一块的乡村地区所取得的成功呢？换言之，它在民间社会起到了什么样的作用？

在海外华人中，秘密会社是上达官府，下通华人社区的中介者。② 而在中国本土，地方士绅、宗族长老以及村落首领天然地维系着县政权及其周边农村的联系。只要这种代表农民与政府沟通的传统方式还在有效运作，那么，人们就不会需要反传统的中介方式的出现。但是，如果由于地理环境的变化、农村

---

① KCFC，81，第42页b。HSHC，15，第33页a。曾望颜的奏折（见前文注释）。关于香港三合会官员及其起源的描述（这与曾望颜的细节性描述是相对应的），参见W. P. Morgan, *Triad Societies in Hong Kong*. Hong Kong，1960，pp.99－104，190－278。1845年6月22日，皇帝注意到了顺德县的暴动，并且对当地官员不愿调查此事的行为作了评论。参见《东华全录》，台北1963年版，道光朝，第12卷，第4页b—5页a。

② Gunther P. Barth, *Bitter Strength: A History of the Chinese in the United States*, 1850－1870. Cambridge Mass.，1964；Maurice Freedman，“Immigrants and Associations: Chinese in Nineteenth-Century Singapore，” *Comparative Studies in Society and History*，Vol. 3，no. 1（October，1960），pp. 25－48；Stanford M. Lyman，“Chinese Secret Societies in the Occident: Notes and Suggestions for Research in the Sociology of Secrecy，” *Canadian Review of Sociology and Anthropology*，Vol. 1，no. 2（1964），pp. 79－102；以及“Rules of A Chinese Secret Society in British Columbia，” *Bulletin of the School of Oriental and African Studies*. University of London，Vol. 27，no. 3（1964），pp. 530－539；W. P. Morgan，*Triad Societies in Hong Kong*. Hong Kong，1960. William G. Skinner，*Chinese Society in Thailand: An Analytical History*. Ithaca，New York，1958；Victor Purcell，*The Chinese in Malaya*. London，1948，p. 143。

家族的核心化以及传统政治体系的衰亡等原因削弱了以往沟通方式的有效性，那么，秘密会社就大有用武之地了。而以上这些情况在加速清朝灭亡的漫长内战期间是必然存在的。揭竿而起的农民纷纷向红枪会而不是当地名流寻求保护，当地官员只能通过类似于哥老会这样的团体来进行统治。那么，或许我们可以推论在革命前，类似于珠江三角洲这样的富裕地区并没有秘密会社产生的土壤：当地士绅都是道貌岸然的儒学信奉者，而宗族长老们也非常尽责。然而三合会却的确存在于许多的村庄中，尽管这些村庄表面看来是由当地名流所掌控着的。

最显著的新变化是出现了很多的所谓“天然领袖”，他们或以健硕的体力，或以人格的魅力赢得了人们的敬重，但是却缺乏宗族长老和地方文人所拥有的礼仪的或实际的社会地位。① 当他们对农村中按部就班的生活产生无助感，以及对农民终日辛劳的暗淡前景心存怨恨的时候，就可能把年轻的单身汉和周围的酒囊饭袋们聚集起来，成立“光棍”的组织。这些组织桀骜难驯，但一般来说不会产生危害，除非时势所迫，把他们推到叛乱群体的一边。那时，他们就能够成为决定当地社会有序或无序的关键因素。很明显，例如在广东红巾军起义（1854—1864）时，地方秩序的维持就是取决于“父老”对年轻人的控制程度。实际上，一些地方名流是挨家挨户地劝诫父亲不要让他的儿子参加三合会的。②

不过，反复强调类似于孝道这样的儒家观念并非一定可以奏效。由于在传统的中国家庭中，父子关系是产生家庭矛盾的主要因素，如果一味地对 4—15 岁处于青春期的孩子进行规训，其结果不是让他彻底屈服，就是出现青春期的叛逆行为。③ 在后一种情况下，拒绝父亲也就意味着对乡村社会中许多规则的

---

① Danial Kulp, *Country Life in South China. The Sociology of Familism*. Vol. 1, *Phenix Village*, *Kwangtun*, *China*. New York, 1925, pp. 114 - 115.

② NHHC，17，第 10 页 a；STHC，22，第 18 页 b。

③ Marion J. Levy, Jr., *The Family Revolution in modern China*. Cambridge Mass., 1949, pp. 82 - 83.

反叛，其中包括对长辈的尊敬、顺从与谦恭。此时，整个村庄对他的抵制往往不期而至，如果不加入秘密会社，几乎没有人能够在这种被抛弃的情况下继续生存下去。三合会时刻准备着接受那些“孤儿”进入到类似于血缘群体的相互平等的组织中，然后举行某种通过仪式，让他们在这里得到新生。

因此，原来只是由社会边缘人群创立并为其服务的三合会就成了可供新出现的“失根”人群——“内部的陌生者”——选择的一种生存方式。在前一种情况下，秘密会社具有解构社会的功能，而在后一种情况下，他们却成了那些年轻人所拒绝接受的制度在功能上的替代物。不过无论如何，各种各样无害的非正式群体整体仍然可以满足“光棍”们的需求。那么是什么把他们引向了秘密会社呢？

所谓“秘密”，当然有其吸引力。[①] 兄弟义气、誓言、自由而平等的联盟等等，这些都使三合会有了《水浒传》里的浪漫主义的传统。他们之所以能够带有逝去的武士精神的魅力，并不仅仅是因为讲义气，还因为与中国的拳术联系在了一起。三合会的每一个分支都有自己的红棍或者是狙击手——几乎都是受过训练的拳师——领导着战斗队伍。中国拳术被认为对作战、敲诈勒索以及自我防卫是非常有用的。通过恢复对中国历史上某些著名人物的记忆，武术还顺便给三合会带来了某种英雄主义的光环，毕竟岳飞被看作是中国南方一种非常有名的拳术——形意拳的创始人。[②]

当然，拳术并非仅仅只跟秘密会社有联系。在庙会期间，佛教寺院有时会招募年轻的拳师作表演，而一些村庄甚至会雇用正宗的拳术名家训练青年人进行徒手格斗。[③] 毫无疑问，宗族长老知道这样做是在借重于秘密会社的某些传统（如义气等），但是他们主要的动机却是显而易见的。一群训练有素的年轻

---

① 关于“秘密”（Secrecy）的讨论，载于 Kurt H. Wolff，trans. & ed.，*The Sociology of Georg Simmel*. Glencoe，Illinois，1950。

② 李存义：《形意五行连环拳》，台北 1963 年版，第 1 页。

③ 即使是在今天的澳门，城市中最大的供奉观音的寺庙——普济禅院中还有一间特别大而通风的房间，供寺院的拳师们习武。

人在宗族间的边界摩擦或者流血冲突中——它们多年来一直折磨着广东人——可以给宗族或者村庄帮上大忙。[①] 当然，通过为“光棍们”提供一个情感上的发泄口，通过增强宗族内部的团结，或者通过获得更多的族田，这种族际间的冲突可以强化宗族长老对宗族的控制。但与此同时，它也帮助了那些使族长和地方乡绅感到恐惧的秘密会社。当冲突变得非常频繁的时候，绝望的宗族长老会做出糟糕的决定，那就是请求三合会的帮助。比如在1853年的秋天，在广州东北12里的番禺县有一个族长就同意以每个人头四元钱的价格向当地的一个秘密会社的首领支付报酬。[②] 六个月后，另外一个在黄埔附近的有6000人的秘密会社夹在两个争斗的宗族之间，之后倒向了其中出价更高的一个宗族。到冲突结束时，有1000人死于非命。

无论是用于正义的战争还是罪恶的劫掠，武术会让人回忆起别的东西。人们认为岳飞的形意拳是为了反抗野蛮的女真人而创造的，这种历史上对外来侵略的反抗与三合会自己“反清复明”的口号很好地联系在了一起，但是恢复明朝的口号并不能仅仅被看作历史的回音。事实上，它赋予了三合会政治上的正当性，甚至使它跟一般的犯罪行为划清了界限，有了可以得到社会尊重的形式。毕竟，在清代的中国，士绅地位的标志之一就是从政。在把入仕作为地方权威最好保证的地方，托辞于政治革命，使得十足的流氓主义变得受人尊敬起来了。一个公开讨论推翻朝廷的乡村少年会为自己的豪言壮语感到震惊。

因此，打起明朝的大旗就为秘密会社的非法行为提供了合法性。土匪被看作是真正的叛乱分子（逆匪），这样的一个分类往往会招来由一两个钦差大臣率领的官军的围剿。他们被到处驱逐与通缉，甚至会觉得自己是政府全力镇压的目标。但是，另外的秘密组织，被叛乱的政治合法性所吸引，从而开始不安于现状，可能发动真正的大规模的叛乱。在此情况下，他们是给出了一个承诺而非仅仅是信仰。如果政治世界准备接受变革，如果预言是正确的，那就是天

---

① 曾望颜的奏折（见前文注释）：HSHC，15，第36页a。

② FO 228/158，Desp. 141，Parkes-Bonham，Oct. 8，1853.

命攸归。在以前放牛娃做过皇帝，现在为什么不行呢？

在此情况下，与激励皓首穷经的士子们的科举梦一样，这个神话是非常有效的。但是与科举只是激励个人奋发图强不同，它要激起群体性的行动。此外，如果在太平盛世，这样的做法是不可行的。土匪可以扰乱社会秩序，但是他们不可能相信大规模的叛乱可以成功，除非有其他力量动摇了中华帝国的秩序。

或许，鸦片战争就可以被看成是这样的力量。无论如何，1844 年三合会成员被煽动起来，进入香山县城，在一些主要的街道上进行勒索。一位正丁忧在家的官员感到非常愤慨，他立刻得到了总督的授权，召集当地士绅成立互助联盟，他们有权力根据自己的判断处理可疑分子。最终，他们击败了叛乱分子，并迫使其撤走。① 不幸的是，省里面的一些高级官员害怕向北京报告如此公开的叛乱活动会极大地影响到其仕途，因此决定忽略这一事件，取消一切针对"会匪"的指令。② 因此，当地官员无法要求广州军队的支持，而只能利用非正式的控制手段。地方名流与族长被要求剿除三合会的首领。如果他们拒绝合作，那么他们的祖先牌位就会被抢走，放在衙门里。但是对这些村落领袖而言，光凭自己的力量挑战秘密会社是十分困难的，他们最多能做到的是进行妥协以安靖这些组织，这就意味着要向他们交纳非法的税收。而三合会则变得越来越胆大了，他们攻击当铺，一年四季都在广州北部的白云山召开大型集会。到 1845 年，据报告在顺德、香山、南海、番禺、东莞、新会以及三水县都有地方匪徒的活动。③ 1846 年，类似的消息传到了惊恐的宫廷之中。12 月 17 日，

---

① 曾望颜的奏折（见前文注释）：HSHC，15，第 31 页 a，第 33 页 a。

② 顺德（在广州南面）县令向巡抚报告当地发生了秘密会社内部的火并，至少死亡 100 人，但有人建议他压下此事。然而，在一次调查中，它却引起了皇帝的注意，皇帝命令对此展开秘密调查。因此，当地官员要求士绅签署一份关于当地未发生冲突的书面声明，但是士绅们对此加以拒绝。最后，道台介入并强迫他们签署了该份声明。此后，直到 1853 年，土匪、盗或者贼这些名称才被公开地提及，但从来不会提到会或者是党。参见前文注释中提到的曾望颜的奏折。

③ 曾望颜的奏折；KCFC，81，第 42 页 b；HSHC，15，第 33 页 a；《东华全录》，台北 1963 年版，道光朝，第 12 卷，第 4 页 b—5 页 a。

皇帝下令整个广东省的保甲制度必须得到强化：户口登记要更新，各个家庭之间要进行互保，同时组建地方防御部队。① 现在，由于皇帝为他们做出了这样的抉择，广东的地方士绅断定最后摊牌的时候到了。“每个村庄都有大批的盗贼……乡绅领导者视察着每一个村落，召集地方武装，养精蓄锐。”② 如果仅仅从官方文献来看，如此巨大的努力似乎取得了成效。一个地区接着一个地区，乡绅们把宗族长老和地方名流聚集在了一起。一个村庄接着一个村庄，三合会的活动减少并最终平息了。③

那些“社会之外的陌生人”——山贼、海盗和土匪——回到了原先的势力范围。“体制内”的三合会成员，也就是三角洲的农民，也转入了地下的秘密活动。自从边远的山区不再被隔离于富饶的农业县之外，所谓“内”与“外”就并非永远是互相分离的了。无论如何，如果广东的政治和经济中心广州府城可以保持稳定的话，那么叛乱就能够避免。在广州附近，保甲制度和地方武装已经存在了很长时间，因此对地方士绅来说，要号召人们起来抵抗叛乱是相对容易的。所以，外部的秘密会社不会攻打三角洲，除非他们确定有潜在的同盟者在等待他们。同样的道理，如果没有外部的支援，三角洲内部由农民组成的三合会也不希望挑战士绅在地方的支配权。这样一种平衡一直被维持着，直到在19世纪发生的第二次大事件震动了整个中国南方地区。

太平天国运动（1851—1864）起初模糊了叛乱者与广东秘密会社之间的巨大差异。以下因素将广东治安的不靖与广西起义的爆发联系了起来：海盗们迁徙到了河流的上游，广东贸易垄断地位结束后产生的经济混乱，山贼的日益猖獗，缺乏约束的军队，土客之间的争斗，甚至是广州附近一些地方棉纺织业的

---

① 《东华全录》，台北1963年版，道光朝，第12卷，第20页a。

② NHHC，17，第6页a。

③ TKHC，70，第7页a。

衰败，等等。[①] 而且，朝廷首次相信所有的叛乱都是同一性质的。在一个当代旁观者看来，如此抹杀它们之间微妙的差别令人感到困惑：当所有的叛乱都代表了对政治秩序的同等威胁时，为什么单单挑出其中的一个来攻击呢？事实上，人们不难发现在三合会与拜上帝教之间存在的广泛的联系。[②] 罗大纲，这个三合会的首领以鸦片运输起家，他在太平天国兴起的过程中确实起了很大的作用。[③] 而秘密会社起义在中国沿海地区的同时爆发，更使得这种联系变得似乎更为可信了。

两者共谋的混乱情形并没有持续很长时间。秘密会社很快明白了太平军的皇帝——洪秀全，不能容忍有二心者：一个人要么是真正的信仰者，要么就是异端。而当太平军经过广东北上时，朝廷开始认识到中国东南部的战争威胁是次要的，那些秘密会社的造反只是更加汹涌的水流边缘那些小小的漩涡而已。广东的三合会可能会蛊惑人心，但他们永远不会发动大的叛乱。关键的战争总是发生在长江沿线。王权的控诉者们不得不向舞台的中央挺进，无论是在象征意义还是地理意义上，与此同时也就把南方的配角们抛在了身后，他们发出的声音显得无足轻重。

在 1850 年的夏天，土匪的声势开始衰落。[④] 五万名广西的三合会成员如潮水般进入四会县，也使得数以千计的无家可归者顺流而下，来到了广东。在

---

① （清）陈坤：《粤东剿匪纪略》，1871 年版，第 1 卷，第 1 页 a—18 页 a；李文治等编：《中国近代农业史资料》，北京三联书店 1957 年版，第 1 辑，第 415、506 页。Hatano Yoshihiro, "Taihei Tengoku ni kansuru nisan no mondai nit suite," *Rekishigaku Kenkyu*, 150（1951）, p. 34.

② 这种倾向并非局限于清代。参见谢兴尧《太平天国前后广西的反清运动》。这一讨论实际上是建立在另一个更为关键的核心问题基础之上的：洪大全的身份。彭泽益和萧一山认为一个真实的洪大全的存在确认了太平天国与三合会之间的渊源。不过，罗尔纲和荣孟源则坚持认为天德王只是一个虚构伪造的形象，因此否认两者之间的联系。

③ Laai Yi-faai, "The Part Played by the Pirates of Kwangtun and Kwangsi Provinces in the T'ai-p'ing Insurrection." Ph. D. diss., University of California at Berkeley, 1950, pp. 209 – 219.

④ 南海、番禺和顺德这三个靠近广州的县土地十分肥沃，它们与其他四个县（即新会、新宁、开平和恩平）一方面有地理条件上的差异，另一方面在广东方言上也存在差别，这在不同的三合会群体中也有所表现。

不到一年的时间里，西江地区已经被声名狼藉的凌十八的武装力量所占领。到1852年的春天，两广交界处的梧州已经被叛乱者田芳（音译）所包围。而靠近三角洲的其他秘密会社的成员则被煽动起来去攻打肇庆和从化，这两个城市离广州只有数十百里之遥。[①] 为了使广州免受刀兵之灾，大量的卫戍部队和雇佣军被布防在三角洲和边陲之间。徐广缙和叶名琛这两位先后任职的两广总督亲自率军进入山区。到1852年8月份，他们已经阻断了叛军的侵袭，并且在罗定决定性地击溃了凌十八的军队。[②]

朝廷的行动已经花费了400万两白银。[③] 这些花销的一部分来自卖官鬻爵、省级财政收入、海关税收以及地方官员征收的税额。但是边陲地区并没有完全安靖，叛乱还在继续，不久这些收入的源泉就被耗尽了。省政府唯一的求助对象就是三角洲富裕的士绅了。他们中的一些人，如天宝行的梁纶枢非常顺从地加以配合[④]，而其他人则在1853年的3月被要求自愿向省财政捐纳一个月的收入。这种额外的税负很快就经常化了。在1852年到1853年间，仅顺德县就被强迫征收了552,000两白银。[⑤] 更糟糕的是，一次声名狼藉的税收丑闻震动了整个广东省。1850年，道光皇帝试图在两广地区阻击叛军，他首先公布了一项减免税收的政策，之后又威胁要惩处地方官员，除非他们能够使这一地区归复平静，这让两广地区的省级官员别无选择。安靖地方需要财税收入，因

---

① （清）陈坤：《粤东剿匪纪略》，1871年版，1，第1页a—18页a；FO 228/113，Incl. 1，Desp. 97，August 16，1850；Desp. 112，September 3，1850；FO 228/126，inclosures in Desp. 9，January 7，1851；FO 228/127，Incl. 1，Desp. 114，July 12，1851，Desp. 97，June 14，1851；Desp. 117，July 14，1851；Desp. 143，August 26，1851；Desp. 152，September 26，1851；Desp. 174，October 25，1851；Desp. 192，November 27，1851。

② FO 17/188，Incl. 1，Desp. 42，March 29，1842；FO 118/143，Incl. 1，Desp. 111，July 21，1852；Desp. 116，August 10，1850.

③ FO 17/191，Incl. 1，Desp. 84，July 22，1852.

④ 梁鼎芬：《番禺县续志》，《番禺县报副刊》1931年，19，第23页b（以下简称PYHC）；梁嘉彬：《广东十三行考》，台北东海大学1960年增订本，第263页。

⑤ FO 17/190，Incl. 2，Desp. 57，June 19，1852；FO17/191，Incl. 1，Desp. 84，June 22，1852；FO 17/199，Desp. 16，January 27，1853；FO 228/156，Desp. 44，April 14，1853.

此，他们无耻地试图不向外公布皇帝的免税政策，财政官员继续征税。士绅们只能从北京的朋友那里打听到朝廷免税的消息。当他们知道这一情况以后，番禺县、南海县、新会县，特别是东莞县都发生了骚乱。骚乱者在地方衙门设置了路障，有影响力的地方士绅要求弹劾省里的财政官员。而即使被总督安抚以后，他们仍然怀疑政府财政的公正性：他们捐助的钱财被如何处理了？如果那些身居高位者如此欺骗他们，那么为什么还要纳税呢？①

最终，政府高额军事开销中的一部分被转嫁到了三角洲的许多佃农身上，他们在过去的15年中已经忍受了太多的苦难。1848年，当出现自1836年以来的农业大丰收，而且物价也十分平稳时，鸦片战争年代的不安感被驱扫一空；但是，第二年就发生了令人震惊的农业歉收，随之而来的严重的政治危机，进一步压缩了农民的生存空间。之后，在1852年的夏天，无休止的季风雨使数个地区发生了严重的水灾，很多人丢掉了性命。而另外一些人则离开村庄到了省城讨生活，结果却发现广州正经历着因金融危机而产生的阵痛，其原因是太平军切断了北上的贸易路线，打击了这个城市主要的外贸生意。② 早在1849年，这种经济上的动荡就已经开始扰乱自1847年抗击三合会战役胜利后来之不易的和平，奇怪的流言在乡村民众中传播，谣言的传播者被处以极刑。总督对此十分关切，他命令盐运使为剿匪提供资助，并且重新招募民兵。公开的处决变得越来越多。在1852年秋天的一个月里，广州就有237人被处死，这一数字比过去20年中任何一个时期都要多得多。③

在第二年的春天，三合会的活动、盗匪的行动以及抗租运动开始互相呼

① FO 17/153, Incl. 1 in Desp. 57, March 17, 1851; Desp. 64, April 19, 1851; FO 17 /193, Desp. 157, November 11, 1852.

② FO 17/153, Incl. 1, Desp. 6, January 12, 1849; FO 17/154, undated inclosures in Desp. 50; FO 17/191, Incl. 1, Desp. 84, July 22, 1852; FO 17/203, Desp. 63, July 6, 1853.

③ NHHC, 17, 第16页a; FO 17/154, Incl. 1, Desp. 149, June 19, 1849; FO 17/193, Desp. 157, November 11, 1852; Desp. 166, November 27, 1852.

应。在4月份，反政府的布告首次出现在广州街头。[①] 接下来的一个月，盗匪把广州城与北方的所有联系切断了十天，而在厦门，也有消息说那里发生了秘密会社的起义。成群的全副武装人员公开在乡村游弋。6月份，三合会开始根据官方的记录向农民征税。郊外的商店在光天化日下被洗劫一空。政府加固了城门，并且组织了更多的民兵团体。而广州将军像一个偏执狂，突然决定要清洗卫戍区内所有的可疑分子。地方政府得知这一计划后及时地拯救了区域内不幸的居民，但是他们也不得不接受老兵的警告，因此必须做一些事情。最后，在1853年的11月，叶名琛决定在东莞县树立一个典型，在那里，抗租者、秘密会社和武装起来的宗族都在嘲笑官府。因此，他命令村落长者与宗族首领要抗击当地的三合会。当这些行动失败以后，广州的长官下令不惜一切代价结束混乱的局面，他的军队以消灭包括妇孺在内的整个村庄的办法来惩罚那些可疑的宗族。这种不分青红皂白的暴行只能使这个地区的“光棍们”坐收渔翁之利。1854年6月17日，他们当中的一员——一个名叫何禄（六）的内河走私者（在石龙圩附近的一次全村性的屠杀中，他失去自己的兄弟）——纠集了一支由复仇者、三合会成员和被剥夺权利的农民所组成的30,000人左右的杂牌军，并且攻下了县城。官方的水兵在两周后夺回了城池，但从此后武装起义遍布了整个三角洲。红巾军起义爆发了。[②]

当政府还在忙于收拾东莞残局的时候，灾难接踵而至。在7月4日，一支

---

① 除非特别说明，我关于红巾军起义论述的主要资料来源是KCFC，82，第3页b—24页a，及陈坤编次的《粤东剿匪纪略》。除了个别地方有所出入外（如KCFC认为攻克佛山的时间是7月4日，而陈坤则认为是7月5日），两者大致是吻合的。在列举军事力量时，陈坤的论述要更细致一些。然而，与干巴巴的编年史不同，两者内容都十分丰富。

② FO 228/156, Desp. 54, April 20, 1853. FO 17/202, Incl. 2, Desp. 47, May 27, 1853; FO 228/157, Incl. 1, Desp. 85, June 17, 1853; FO 228/158, Desp. 141, October 8, 1853; Desp. 160, November 9, 1853; Desp. 170, November 25, 1853; Desp. 180, December 24, 1853; FO 228/172, Incl. 1, Desp. 5, January 9, 1854, Incl. 1, Desp. 16, January 25, 1854; Sasaki Masaya（佐佐木正哉），“Shun-te hsien kyoshin to tokai jurokusa,” *Kindai Chugoku Kenkyu*, 3（1963）, p. 8. J. Scarth, *Twelve Years in China: The People, the Rebels and the Mandarins.* Edinburgh, 1860, pp. 235－240.

由7000名三合会成员组成的武装力量攻下了佛山——广州以南的一个重要城市，这震惊了全省。他们的领袖陈开宣布了新的年号——大宁，并且宣称旧王朝的统治已经结束。很快在广州以北也发生了类似的动乱。到7月20日，在甘先和李文茂领导下的一支三合会的队伍从三个方向对广州城形成了围攻之势。一个月间，在三角洲至少发生了14次比较大的动乱。①

来自北部和三角洲内的不断攻击使得许多军事前哨很快失守，省里面的官员不得不相信这次叛乱是一次有组织的阴谋，而它的导火索就是何禄在东莞的起事。一些人甚至认为何禄是太平军的代理人，他被派遣到广东把遍布在三角洲的洪顺堂组织起来，以红巾为标志发动叛乱。② 然而另外一些人很快明白"所有的匪徒都是闻风而动"③，"当红巾军起义爆发后，每一保的地方不法分子就向这些歹徒看齐，向书院、地方学校、乡村的民兵营地和公共建筑发动了袭击，并且将这些地方变成了他们的巢穴"④。

那些勇敢的村民，通常是18岁左右的年轻男人，迅速地组织起自己的三合会分支机构，成百上千的小团体加入到了更大规模的联合叛乱队伍中，一起攻打城市。⑤ 这样，摆在叛军首领前面的主要问题就不再是号召力的不足，而是如何加强对大量叛乱人群的控制的问题。当然，在来自小城镇的地痞和职业

---

① Sasaki Masaya（佐佐木正哉），"Shun-te hsien kyoshin to tokai jurokusa," *Kindai Chugoku Kenkyu*, 3（1963），p. 9. 关于每一个地方叛乱的编年史，参见魏斐德《大门口的陌生人》一书的附录。

② TKHC，35，第3页b—4页a；STHC，23，第5页b。这是一个流传已久的传说，很难完全澄清。简又文曾举出一部新的（很明显也是未出版的）新会县志，在里面区分了当时广东主要的四股红巾军：在靠近佛山的珠江流域，是在陈开和李文茂领导下，被称为洪顺堂；东江沿线则是在何禄的控制下，称为洪义堂；北江流域则由陈金控制，称为洪兴堂；而在西江上游则是在梁培友的领导下，称为洪德堂。根据这一资料，太平军派遣了罗大冈与何禄接触，与此同时，上海的小刀会则派出了另一个使节去寻求李文茂和陈开的帮助。参见简又文：《太平天国全史》，香港简氏猛进书屋1962年版，第2卷，第962页。

③ （清）陈坤：《粤东剿匪纪略》，1871年版，第1卷，第20页b—21页a。

④ NHHC，17，第10页a。

⑤ PYHC，21，第6页a；NHHC，19，第10页a；TKHC，72，第8页b。STHC，20，第12页b；23，第6页a。

化的土匪之间有一条巨大的纽带，那就是冒险带来的利益和待夺取的城池。然而即使是围攻广州的甘先的联军也不能保持长时间的团结。随着时间的推移，番禺和南海已经无法供养驻扎在那里的30,000名叛军士兵。当钱财和粮食开始耗尽时，各个派系的头领开始围绕征税和掠夺的权利而在内部互相争吵。到1854年9月5日，联合起来的叛乱队伍开始解体。① 一次更为沉痛的首领之间的斗争则发生在南面的顺德县。在8月5日，城关镇大良被三合会首领陈吉攻克。在控制城市六个月后，陈吉接到消息说一支外地的三合会队伍正乘坐舢板船向顺德靠近。而其首领黄复（音译）已经宣称将和他分享战果。由于不愿意和他分享城市，陈吉有意放纵城市东面和北面士绅的团练组织，并且在西面设下埋伏和碉堡。在做了这些准备后，他击溃了黄复的军队，但是这也大大削弱了自己的实力，顺德县城最终为官军所攻克。②

在所有的联合部队中，佛山的三合会是最为团结的。其领袖陈开完全认识到要想控制城市，他就必须在周围的乡村地区建立一个文官网络，以替代前朝官员和地方士绅，同时还要建立起一套常规性的，但并不带有压迫性的税收制度。各个叛乱的首领被派往集镇进行巡视，试图将当地的秘密会社纳入到陈开的控制之下；如果不存在以上组织，那么就利用那些城镇中那些“并不完全可靠的群体”作为“爪牙”，用以攻打衙门、地方学校和其他实际的或象征性的抵抗中心。他们勇敢地宣称士绅和地方官员已经放弃了统治的责任，也不再有能力保护百姓。同时在佛山，通过保证仅向最富裕的阶层征税，陈开得到了市民的衷心拥护。

正是由于陈开的理智，对省政府来说，他代表了巨大的威胁。如果他在佛山建立起一个影子政府的话，那么就有可能进而控制全省。因此，广州方面向佛山派出了官方的舰队，在1854年11月到12月间，他们不断地轰击这个城

---

① FO 17/215, Incl. 1, Desp. 112, August 5, 1854; FO 17/216, Incl. 1, Desp. 135, August 31, 1854; Incl. 1, Desp. 142, September, 8, 1854.

② STHC，18，第11页b；23，第6页b。

市。与此同时，陈开发现他在乡村地区精心编织起来的政治和财政网络正受到同样足智多谋的地方士绅抵抗力量的挑战，这股力量主要来自大沥附近的许多村庄。双方都想极力限制对方对乡村的控制：主要道路都设置了路障，两者都进行征税，并且有各自的通行证。然而乡村士绅在其自己的势力范围内还是占有优势的。最终，通过切断陈开在当地的大部分税收，大沥的抵抗者们使其几乎完全仰赖于佛山城中的资源，而此时正是防务军费急剧增加之时。因此，叛乱者迟早将不得不冒着疏远城市居民的风险而提高税收。水上的攻击最终耗尽了城中的资源和 20,000 余名守城者的耐心，1855 年 1 月初，税务官员开始坚持对城中的所有地区征收重税。某一街区的人群此时表现得很无情，他们绑架了陈开的亲信之一，并且拒绝放人，除非他答应降低税收，三合会对此展开了报复，他们将佛山的该地区付之一炬。大火燃烧了 24 个小时，当它的灰烬不再浓烟滚滚时，陈开也失去了百姓的支持。1 月 18 日，官军在毫无抵抗的情况下开进了县城，而叛军在佛山人的斥责和围攻下一哄而散，又回到了乡村地区。① 每一次叛乱都遵循了基本相同的模式。通过攻打城市把人们召集在一起，相互联合而并非合并。然后，在除佛山外的所有地区，抢掠总是如期而至。接着，叛乱可能进入第二个更高级的阶段：他们自己占领了城市。这可能会导致像陈开这样的领袖的出现，但并非总是如此。在第一阶段领导叛乱的体格健硕的亡命徒通常缺乏统治智慧，不能认识到（在第二个阶段）必须恢复秩序。即使是像陈开这样勇武与智慧兼备的人，他对抢劫的禁令也往往不被遵守。② 一方面，如果他还想把队伍集结在一起，他就不敢雷厉风行地实施他的禁令；但另一方面，如果他的部下继续毫无顾忌地劫掠的话，就很难得到地方士绅的支持。这种进退两难的局面对绝大多数的叛军首领来说是致命的，因为起义最终胜利与否就取决于在两者之间的选择，但只有得到知识分子的指导与

---

① NHHC，13，第 40 页 a；17，第 13 页 a—15 页 b。FO 17/215，Incl. 1，Desp. 112，July 20，1854；FO 17/226，Incl. 1，Desp. 33，January 15，1855；Desp. 36，January 19，1855；Desp. 39，January 20，1855；FO 17/225，Incl 1，Desp. 87，February 14，1855。

② STHC，23，第 6 页 a。

合作，才能够建立起王朝的统治模式，也只有这种模式才能够为领袖戴上卡里斯玛（charisma，意为超凡的个人魅力——校者按）的光环，并且最终毫无疑问地控制住自己的军队。或许这就是为什么像朱元璋——明王朝的建立者——这样的人会如此依赖于僧道和术士。只有当粗鄙的追随者和犹疑的知识分子共同接受了神奇的征兆和预言以后，个人的魅力才能够转化为真正的卡里斯玛。于是，通过共同的迷信，原先敌对的力量联合了起来，这种迷信很容易又转化为共同的信念，让大家都认为天命真的传到他们手中了。

广东的红巾军从来没有到达过这一阶段。当他们试图利用过去改造现实时，复明口号确实满世界都是。“当洪武皇帝在位时，万国来朝，四海升平，国无征战。”① 但是，这样的说法与其说可以使对手确信红巾军起义的正当性，还不如说是有利于联合各路叛乱的军队。明朝的元帅和总督到处都是，他们都徒劳无功地试图让其他叛军首领归顺自己；但是类似于明代时曾经出现的伟大领袖却被忽略了，起义在并不平坦的道路上蹒跚而行。② 已经有太多的时光流逝：满洲人统治了两个世纪，与西方的冲突也已经持续 20 多年。因此，复明的梦想只能在起义之前用来加强兄弟义气。在这个意义上，起义的政治对手（清王朝）和要攻打的军事目标（城市）之间并没有任何差别。③ 在取得胜利之前，所有人都满怀希望地团结在一起。但是当攻陷城池，百废待兴之际，重建秩序的梦想却被放弃了。

如果说复明对许多秘密会社而言都是不切实际的概念，那么对地方士绅来说就更是如此了。当然，冲突的内容并不能完全缩略为这样几个概念。相反，三合会始终代表了对秩序力量充满仇视的群体，以致根本不可能得到地方士绅

---

① 由 Caldwell 翻译的起义公告，见 FO 17/215，Incl. 1，Desp. 123，August 26，1854。

② FO 17/215，Incl. 1，Desp. 112，August 5，1854.

③ 当敌人消逝了近半个世纪以后，在新加坡和香港，三合会成员宣誓时仍然使用这一反满口号，这就足以证明这一点。参见 W. P. Morgan, *Triad Societies in Hong Kong*. Hong Kong，1960，pp. 201－202，以及 Maurice Freedman，“Immigrants and Associations：Chinese in Nineteenth-Century Singapore,” *Comparative Studies in Society and History*, Vol. 3，no. 1（Oct. 1960），p. 33。

的支持。富裕的宗族总是最先受到攻击的对象，他们的族长会被抓走，并受到勒索。在斗争中，那些敢于窝藏官员的地方名流会被就地处死。一些读书人留了下来，把自己关在书斋里或者是当地的孔庙中，但是绝大多数的在地方上有影响的人物都逃到了广州去。[①] 由于拥有任何形式的财物都会有被这个或那个秘密会社劫掠的危险，因此甚至广州郊区过着小康生活的农民也逃进了城市。到 1854 年 8 月，整个三角洲事实上已经完全被遗弃给了红巾军。[②] 但是也存在地方上有功名的人与起义军合作的事例，这激怒了其他的士绅，使他们感到极其惊骇，以至于迅速克服了暴力叛乱所带来的最初的震惊，他们开始计划重新夺取自己的家乡。[③] 政府对此予以最大限度的鼓励，因为即使是那些没有被杀害的地方官员也被赶出了衙门，已经无力召集军队进行有效的抵抗。政府从广州的库房取出武器提供给地方士绅。那些在广州避难的声望卓著的文人试图联系留在占领区的人；而另外一些人则在官方的保证下，返回乡村组织团练。[④] 这些回乡者中的部分人发现抵抗力量已经存在，特别是在那些地方宗族首领习惯于领导族众参与边界纷争的地方。因为尽管宗族的原意在于制造矛盾，但是反之也表明了族众高度的忠诚感，只要在战争中稍加锤炼，就可以被用来抗击秘密会社。[⑤] 有时对秘密会社的反抗正是取决于个人的勇气，或者甚至是纯粹的偶然事件。在一个例子中，佛山的叛乱者派遣了一支小分队去接管一个富裕的市镇。当他们到达以后，就开始在公共场地上勒索当地的富人，这时一位长者——他在 1839 年的时候捐了一个贡生的头衔——从围观的人群中

---

① HSHC，15，第 16 页 b。

② STHC，20，第 14 页 a；21，第 6 页 a；23，第 6 页 a。PYHC，24，第 18 页 b。

③ NHHC，15，第 12 页 a；简又文：《太平天国全史》，香港 1962 年版，2，第 824 页。

④ TKHC，35，第 5 页 a，第 6 页 b；72，第 7 页 b。NHHC，14，第 12 页 a；7，第 7a，第 14 页，第 17 页 a。STHC，15，第 15 页 b；18，第 10 页 a，第 13 页 b；19，第 3 页 a。HSHC，15，第 21 页，第 24 页 a—b 页，39b。PYHC，19，第 9 页 a；20，第 19 页 a；22，第 10 页 b；第 19 页 a—b 页，第 21 页 b；24，第 13 页 b，第 16 页 b；26，第 15 页 a。

⑤ NHHC，21，第 4 页 b；Sasaki Masaya（佐佐木正哉），“Shun-te hsien kyoshin to tokai ju-rokusa,” *Kindai Chugoku Kenkyu*，3（1963），p. 173。

站了出来，并且大声地命令自己的儿子去抓捕叛乱者。当叛乱者转而攻击他的儿子时，另外的族人展开了营救。很快整个村庄都充满了愤怒的人群，结果这支队伍的成员都被扔到了河里。当然，此后这个村庄别无选择，而只能组织民兵来抵抗叛军。最后，团练组织遍布全县，成了最重要的自卫方式之一。①

这些团练组织经常集聚在市镇中作为士绅文化的象征的地方性书院和学校周围。在那里，各个边缘乡村的宗族首领结成了联盟，之后组织中那些不可靠分子都被逮捕或者处死。② 随着地方抵抗运动的不断升温，数以百计的团练组织就切断了乡村内部的三合会成员和占领城市的红巾军之间的联系，这就使得官军有可能孤立乃至击败红巾军。到当年的 12 月份，转折点开始出现，在第二年的 1 月份，官军决定性地收复了佛山。1855 年 3 月 7 日，最后一支红巾军在黄埔被彻底击溃。③

它的残部在不断撤退。当乡绅领导的民兵和官军渐渐向大良镇逼近时，一天，陈吉让他手下的亲信将 45,000 担军需物品装在任何一条可以找到的船上，然后就从水路溜走了。何禄则被逼到了增城附近，之后带着部下进入了江西和湖南境内。李文茂则溯流而上，进入了梧州。山贼和海盗仍然在广州府以外的地区打家劫舍，一直到 1864 年太平天国在南京覆亡为止，他们从来就没有消停过，1864 年以后清政府才有能力再次关注它的边疆地区，而海盗们则遇到了来自香港和上海的英国炮船。但是那些在三角洲冒出来的成千上万的乡村团体却竭力幸存了下来。④

有人宣称在随后的白色恐怖中，共有 100 万人被杀害，没有人知道真相。

---

① NHHC，19，第 21 页 a。

② 可以举出很多类似的例子。比如可以参见 NHHC，17，第 14 页 a，第 15 页 a。STHC，17，第 3 页 a。

③ （清）陈坤：《粤东剿匪纪略》，1871 年版，第 2 卷，第 1 页 a。叶名琛在他的奏折中向皇帝报告了这些连续的胜利，参见《大清历朝实录》，“（伪）满洲国国务委员会”1937 年版。

④ STHC，23，第 7 页 a；FO 17/235，Incl. 1，Desp. 268，November 13，1855；FO 17/250，Incl. 1，Desp. 282，September 11，1856. 陈坤在他的著作中用最后三卷的篇幅来记录对山贼的最终剿灭。

凭借着装备精良的团练武装，征收厘金的关卡，向有需要的穷人施舍谷物的施善局，甚至可以审判罪犯的地方法庭，得胜的广州地区的士绅通过消灭那些曾经接近于取代他们的异己力量，恢复了在乡村的统治地位。① 在广州，每天都有250名罪犯被斩首，在乡村地区，叛乱者则被就地正法。装在盒子里的耳朵取代了人头，被用来证明军事领袖的武功。邻居之间互相告密，客家人杀死土著人，宗族开始清算旧账。冬去春来，杀戮还在继续。

到1856年仲夏，强大的季风雨再次光临了。堤坝被冲毁，洪水肆意横流。红巾军起义结束了。②

当太平天国这台大戏主要在长江流域上演时，广东出现在了它的身后。如同13世纪以前那样，它又变成了一个前沿地区，当真正的帝国争夺战争在其他地方发生时，它随时可以做出牺牲。半个世纪后，黄兴这样的革命者得到了同样的教训：广州处在中国权力中心的边缘地带，但它是革命的温床，是变革压力的来源。即使是三合会，也已经表明了这一点。反清复明运动把他们和传统的过去联系在一起，但是和条约口岸世界的接触却又将他们与现代的中西关系连接了起来。

三合会的这种双重性格是与其在19世纪时中国内陆和海外的传播相适应的。当然，其他方面的双重性也能用来解释他们在急剧的社会变迁时期所具有的传统性质：如农村—城市，结构—解构，甚至是国内—国外，但是他们仍然是属于那个时代的。官方对他们的声讨是因为他们的叛乱，而不是与海外势力有染。20世纪的叛乱，表面上看是三合会的继承者，但重心已经发生了转移。

---

① NHHC，17，第13页a；19，第20页a。STHC，3，第5页a—6页b；17，第9页b；18，第6页a—b，第13页a，第14页b；23，第9页b；第14页b。PYHC，22，第20页a；25，第2页a。《东华全录》，台北1963年版，咸丰朝，第35卷，第13页b。Sasaki Masaya（佐佐木正哉），"Shun-te hsien kyoshin to tokai jurokusa," *Kindai Chugoku Kenkyu*，3（1963），p.174。

② George Wingrove Cooke，*China*：'*the Times'Special Correspondence from China in the Years*，1857-1858. London，1858，pp.406-407. FO 17/231，Incl. 1，Desp. 208，June 8，1855；FO 17/233，Desp. 297，September 13，1855；FO 17/235，Incl. 1 in Desp. 368，November 13，1855；FO 17/249，Incl. 1，Desp. 251，August 8，1856.

海外革命者孙中山的国内盟友章太炎对他的描述不是突出其反叛性，而是突出他明显的对真正中国文化的疏离。或许这也是为什么孙中山要把历史上南中国的秘密会社看作他的前辈：他也想利用过去，改造现实。① 因此，1912 年他在明孝陵的带有戏剧性的拜谒仪式在很大程度上就是在偿还他想象中的对三合会欠下的债务。汉人对满洲征服者进行了长时期的持续的抵抗运动，而秘密会社正是帮助孙中山认同于这一运动。

孙中山的反满主义与红巾军的想法并不相同。红巾军的口号带有两方面的意思（反清和复明），这个口号的提出是有限制的：他们从来没有想过要改变儒家世界所保存的纲常伦理。但孙中山仅仅需要一个目标，那就是反清，即使这也仅仅是一个服务于更大目标的手段，而这个目标就是创立一个民族国家。1911 年的革命和 1856 年的叛乱之间的连续性已经被打破了。在一系列最终取得胜利的革命中，19 世纪中叶的叛乱并非第一个或第二个失败的例子。然而，在一系列更多的传统社会的动乱中，他们却是最后一次或倒数第二次遭到挫败的例子。之后的革命在为过去辩护，但绝不是它的简单重复。

王健　译

① 萧一山在其所编《近代秘密社会史料》（北平研究院 1935 年版）的前言中提到了孙中山，第 3 页 a。

第四章

民国时期的上海

引　言

熊月之　马军*

（一）

1927年到1945年的上海，尤其独特：政治权力多元，国际国内矛盾在此纠葛缠绕，错综复杂；既有正常斗争形式（白道），又有非正常斗争形式（黑道）；有治，有乱。然而，魏斐德教授充分施展了他善于驾驭复杂局面的才能，从一般研究者重视不够的角度（警察控制能力、走私网等），将这一时期上海社会的特点相当充分地揭示出来。他对当时国际国内大局形势的把握，对上海社会实际情况的了解，掌握资料之丰赡，分析之细腻，如烹小鲜，如理乱丝，大处着眼，小处入手，充分展示了一位学术大师研究城市史的非凡才华。该章节选入的这组论文，可分为两个主题，其一是“南京十年（1927—1937）”，其二是“战时上海（1937—1945）”。

（一）

中外史学界对“南京十年”的评价，由于评价者的立场不同，结论会差

---

* 熊月之，江苏省淮阴人，1981年毕业于华东师范大学历史系，获硕士学位，同年进入上海社会科学院历史研究所工作，曾为副院长兼历史所所长、学术委员会主任、研究员，《社会科学》与《史林》杂志主编，复旦大学与华东师范大学历史学博士生导师，上海市历史学会副会长，上海市政协委员，1998年被评为国务院有突出贡献专家。著有《章太炎》（1982）、《中国近代民主思想史》（1986）、《西学东渐与晚清社会》（1994）、《上海通史·总论》卷、《万川集》（2004）、《冯桂芬评传》（2004）；主编《上海通史》（1999）、《老上海名人名事名物词典》（1997）、《圣约翰大学史》（2007）、《晚清新学书目提要》（2007）；论文有《论郭嵩焘》、《论上海租界与晚清革命》、《晚清上海私园公用与公共活动空间的拓展》等百余篇。马军为上海社科院历史所上海史专家。

别很大。国民党和蒋介石的支持者通常把这一时期称作“黄金十年”，在军阀时代的废墟上并面对外国势力，创建了一个充满活力的政府，从而开辟了“中国的新时代”。反对者则把它描绘成一个软弱和动荡的时期，“攘外必先安内”的政策，使国民政府面对日本的侵略一再退让，失地，丧权，辱国，并进而助长了后者的野心。魏斐德教授的研究对这一时期的国民政府显然持批评态度。

国民党执政之初，对上海抱有极大期望。1927 年 7 月在上海特别市成立典礼上，蒋介石声称不仅要把上海建成一个模范都市，还要把它变为完成孙中山国家建设计划的基地。维持秩序、建设市民文化与争取归还租界是特别市政府的几个主要目标，而实现这些目标的关键力量是一个现代化的警察机关。根据魏教授的研究，国民政府试图规范上海社会的行为并没有获得成功。其原因主要有四：第一，上海公安局没有集中有限的警力资源对付刑事犯罪，而是把主要力量用来对付蒋介石政权的政敌，主要是共产党人；第二，出于镇压中共的需要，中国警察放弃了收回租界主权的民族主义努力，转而与公共租界和法租界的警察密切合作；第三，国民党政府名义上表示要打击毒品，实际上则支持黑帮势力对上海毒品市场的垄断，并瓜分其利润；第四，新生活运动没有得到市民的积极响应，从而没有形成真正的市民文化。总之，上海模范都市计划的失败，是国民党国家建设努力的挫折之一。归根结底，一方面是因为该政权所掌握的有限资源难以应付内忧外患的巨大挑战；另一方面它又执着于用警察力量来控制社会力，而不是去动员社会力量，因此不能阐释出一个有分量、有生机的政治认同感，并借此发动一场以民众为基础的运动。

国民党政权对暴力、特务和警察的过分依赖是很著名的。魏教授在一篇论文中概述了中国近代警察以及警察教育形成的历史，探讨了其受国外尤其是美国警察思想及技术的培训和影响。他认为，早在 20 世纪 30 年代美国就已介入中国警察、特工的培训工作，培养了许多无恶不作的特工，后者则将学到的科学技术用于对付中国共产党的地下运动。因此，将中美间的这种合作与后来的抗日成就简单地挂起钩来，显然是不全面的说法。

魏斐德对 1932 年初国民党内部成立的一个秘密右翼组织——力行社，做了专门研究，对其脉络进行详尽的梳理。力行社由黄埔系的骨干分子滕杰、贺衷寒、邓文仪等人发起，伴之以革命军人同志会、革命青年同志会、复兴社、蓝衣社等外围组织，从最初的 300 人发展成为后来具有 50 万人以上的新的政治力量。该组织显然受到了意大利和德国的法西斯运动的影响。然而是否可以将力行社、蓝衣社等定性为西方意义上的法西斯主义组织，学术界则存在颇多的争论，魏教授则谨慎地采用"儒家法西斯主义"定义，以此概括其中西因素的混合产物属性。

（二）

战时上海的政治、社会和经济生态极其复杂，有日本占领军、傀儡伪政权，也有代表西方势力的公共租界和法租界，还有国民党的残余势力和共产党的地下活动，可谓是多方角逐。从时段上分，先是 1937 年末国民党军队西撤后的孤岛时期，进而 1941 年 12 月太平洋战争爆发，汪伪在前台，日军在后台，逐步全面地占领上海。魏斐德主要从三条主线入手，以期从纷繁杂陈的各类事件中，揭示其所处时代的基本特征。

其一是战时上海的政治恐怖主义，亦即主要在重庆势力和傀儡政权之间发生的大量暗杀和暴力事件，其要角是戴笠领导的军统和伪政权下属的"76 号"特务。魏教授通过对陈箓、傅筱庵、席时泰等一系列案件的缜密考察，试图表明：尽管几乎每一次恐怖活动的执行者都声称自己代表着"正义"，尤其是重庆方面的锄奸活动，无一例外地打着"爱国主义"的旗号，但实际上许多"理直气壮"的恐怖活动背后，往往隐藏着并不那么堂皇的目的。作者进而认为，1942 年至 1945 年日军之所以能相对稳固地统治全上海，而没有招致市民的起义和公开对抗，是因为后者已对前一时段城市里数百起的血腥搏杀心惊胆寒，厌倦麻木，以致在心理上崩溃了。

其二是战时上海的城市控制。警察是城市控制的主要手段，作为警察史专家，魏教授可谓驾轻就熟。孤岛时期，有四种警察掌控上海，即日本警察、中国伪政权警察、公共租界警察、法租界警察。其争夺的焦点是沪西地区，亦即俗称的“歹土”。由于此地介于外国租界、日本军事力量和上海傀儡政权三股势力之间，而变得紧张且难以约束，从而成为犯罪滋生的沃土。在日本人支持下，伪政权警察加强了在沪西与租界警察的对抗，力图控制越界筑路区乃至整个租界的治安，以致双方时有冲突乃至发生枪击事件。在压力之下，公共租界工部局被迫做出重大让步，于 1941 年 1 月与伪上海市长达成了关于成立沪西特别警察总署的新协议。协议规定该总署归上海市警察局管辖，租界可以推荐外人聚居区的警官人选。汪伪政权控制沪西以后，虽然摆出了“清洁城市”、消除不正当职业的姿态，但“歹土”实际上并没有变成“良土”，它仍然是赌博、毒品、娼妓和绑架的渊薮。此外，保甲制也是战时城市控制的重要组成部分，这一制度由于在当时的日本殖民地中国台湾行之有效，故此引入上海。实施保甲制度的第一个步骤是户口登记，有户口则有良民证，每户有户长，户长向甲长汇报，甲长向警察汇报，邻居签保证协议互相负责，以此构成对基层社会的掌控。

其三是战时上海的经济困境。当时的上海出现了严重的经济危机，例如米粮短缺、通货膨胀、走私盛行等等。魏教授把颇多的研究倾注于粮食问题。他指出：食米统制实际上是日军控制上海社会最有效的方法之一。日本人规定中国产的食米应供应日本军队和日本国内需求，上海、天津所需食米则由印度支那供应，而印度支那的大米又完全在日本人手中。根据这一规定，沪郊以及外省的大米不能进入上海市区，市民只能购买配给米，配额是每人每周 1. 5 升，而这本来已经很不够的配额也不能正常供应。从 1943 年到 1945 年两年间，市民通过合法渠道，只能在 730 天中买到 140—150 天的粮食配额，简直难以生存。事实上，正是数千名“跑单帮者”，以及人们痛骂的“米蛀虫”“奸商”，出于谋生或牟取暴利的目的，靠贿赂、关系网和冒险，把粮食从周边省份走私进上海，从而维持了基本供应。魏教授进而又指出，当时的走私并非局限在上海和内地之间，实际上在国统区和沦陷区之间，存在着全国性的走私网，双方都试图借此互通有无，并达成自己的经济、政治乃至情报目的。

抗战时期的政治恐怖主义

（1995 年）

1937 年的上海战役持续了三个月时间。① 它在整个八年抗战中是规模最大、持续时间最长的一次战役。② 1937 年 8 月 13 日敌人在上海开战。在最初的几天内，中国人民带着强烈的抗战热情，面对停泊在江中的日本军舰的摧毁性炮火，把日本人赶回到了黄浦江岸。③ 因为公共租界持中立立场，日军无法对国民党军队进行侧翼包围，直到他们的远征军 9 月 1 日在吴淞江和浏河之间建立了第二战场。④ 到 10 月，中国方面已经部署了 71 个师和几乎所有中央军的炮兵部队，共计 50 万人。⑤ 日本军队拥有六个师和六个独立旅，仅有 20 万人，但是他们掌握了空中优势，他们的炮火力量有绝对优势。⑥ 闸北地区遭受

---

① 傅葆石在《消极、抵抗与投敌》一书中恰到好处地概括了这一战争，第 2—5 页。同样，带有意识形态色彩的描述可参见何理的《抗日战争史》，上海人民出版社 1985 年版，第 101—103 页。

② 余子道：《论抗战初期正面战场作战重心之转移》，《抗日战争研究》1992 年第 3 期，第 1 页。

③ 8 月 16 日，蒋介石命令张治中将军“一举消灭敌人”，见 Youli Sun，*China and the Origines of the Pacific War*，1931—1941. Cleveland：The World Publishing Company，1942，p. 91。

④ 蒋介石深信中国人唯一能打败控制了领空和拥有超强武器的敌人的方法，是让他的步兵打近距离的遭遇战，并死死守住。他相信中国士兵在意志、决心和抵抗方面都优于那些快速移动和装备精良的日本军队。见蒋介石在 1937 年 9 月 13 日给战区司令的急件，秦孝仪主编：《中华民国重要史料初编：对日抗战时期》第二编《作战经过》，台北中国国民党党史委员会 1981 年版，第 50—51 页。更多的总体战略，参见同上引书中蒋介石在 1937 年 8 月 18 日关于战略原则冗长且无重点的演讲，第 44—48 页。

⑤ 见 Youli Sun，*China and the Origins of the Pacific War*，1931—1941. Cleveland：The World Publishing Company，1942，p. 91。

⑥ 在进攻上海的头四天内，在对付整个中国的防空火力和战士中，日本人损失了 47 架飞机，主要是重型轰炸机。他们仅在上海地区轰炸，直到 8 月 31 日足够的日本增援部队才带来了空中优势。见 Shu-his Hsü，*The War Conduct of the Japanese*. Shanghai：Kelly and Walsh，1938，p. 2。

了这一地区有史以来最为集中的火力攻击，但是中国人民仍然以沉着的、令人难以置信的英雄精神坚守阵线。① 11 月 5 日，柳川将军带领三万士兵抵达杭州湾，并向中国军队右翼后方的松江地区逼近，打开了第三条战线，迫使国民党军队于 11 月 9 日开始沿沪宁铁路全线撤退，而日军飞机已摧毁了沿线几乎所有的桥梁。不再被闸北的瓦砾阻挡的松井装甲部队，将国军的溃逃变成了屠杀。在淞沪抗战中，中国军队死伤 30 万人，至 12 月 12 日南京沦陷时又死伤了 17 万人。②

上海乃是第二次世界大战中第一个被摧毁的世界大都市：上海工业遭受的损失超过 56 亿元。③ 难民潮涌般进入了仅有十平方公里的法租界、公共租界内，人口从 150 万猛增至 400 万，每户的平均人数达到了 31 人。许多人在市内各政治机构和慈善团体设立的 175 所难民营中暂避风雨，但是成千上万的无家可归者仍然阻塞了街道，睡在办公楼的走廊里、寺庙内、仓库里以及同业会馆中。④ 随着冬天的来临，疾病、饥饿和暴尸街头随处可见；岁末，从街头和废墟中找到了 10.1 万多具尸体。⑤

---

① Shu-his Hsü, *The War Conduct of the Japanese*. Shanghai：Kelly and Walsh，1938，pp. 4 – 11。

② His-sheng Ch'i，*Nationalist China at Wart*：*Military Defeats and Political Collapse*，1937 – 1945. Ann Arbor：University of Michigan Press，1982，pp. 42 – 43；Edgar Snow，*The Battle for Asia*. Cleveland：The World Publishing Company，1942，pp. 48 – 51.

③ Parks Coble M.，"Chinese Capitalists and the Japanese：Collaboration and Resistance in the Shanghai Area，1937 – 1945，"向杂志 *China Quarterly* 递交的文稿，1993 年 11 月。Finch，Percy，*Shanghai and Beyond*，New York：Charles Scribner's Sons，1953；Percy Finch，*Shanghai and Beyond*，New York：Charles Scribner's Sons，1953，p. 529；Ernest O. Hauser，*Shanghai*：*City for Sale*. New York：Harcourt，Brace & Co.，1940，p. 313；Christian Henriot，*Le gouvernement municipal de Shanghai*，1927 – 1937，系其索邦大学的博士论文，1983 年 11 月。中国主要银行业的损失对国民党政权造成巨大的打击。在战争前夜，中国银行的资产共有 5,918,350,357 元，其中 5,593,794,057 元落入了敌人之手，而整个"自由的中国"仅拥有 324,556,300 元，也就是全部的 0.54%。

④ 1937 年 8 月 22 日，蒋介石命令他的小舅子宋子文使用中国银行的资金救助上海的难民。秦孝仪等：《中华民国重要史料初编：对日抗战时期》第二编《作战经过》，台北中国国民党党史委员会 1981 年版，第 50 页。

⑤ Finch Percy，*Shanghai and Beyond*，New York：Charles Scribner's Sons，1953，pp. 261 – 262.

然而，更出乎意料的是，在日本占领军的包围下，“孤岛”上海开始享受表面上异常的经济繁荣，直至四年后的珍珠港袭击事件。[①] 公共租界内的纺织厂以英、美公司的名义重新开业[②]，利润翻了两三番，出现了七家新的纺纱厂。[③] 面粉加工厂年生产量增加了10%。400家小企业——他们中的大多数公司都是从日本占领区迁入——在公共租界内涌现出来，生产工业化学制品、医用油、玻璃器皿、照明灯、热水瓶、手电筒、电风扇、糖果以及香烟。因为这些产品的原材料必须进口，因此轮船运输和保险业也增长起来。[④]

这一繁荣景象部分是受了移民生存需求增加的刺激所致，包括从欧洲法西斯占领区逃离的犹太难民。[⑤] 另外一个需求增长的原因是日本人与内陆的“自由中国”之间的贸易。靠着那些十分容易接受中国商人贿赂的日本军官们的腐败行为而繁盛起来的经济，仅仅1940年这一年的贸易额估计就高达120万美元。[⑥] 出口贸易也有所增加，主要属于在上海的50家德国公司，他们将60%的茶叶、70%的芝麻、75%的植物油、40%的猪内脏、25%的蛋类产品以

---

① Poshek Fu, “Intellectual Resistance in Shanghai: Wang Tongzhao and a Concept of Resistance Enlightenment, 1937 - 1939,” Association for Asian Studies 研讨会论文，第3—4页。

② 1939年上海的丝织业、面粉加工业和棉纺织业的生产水平与1936年持平，甚至更多。Parks Coble, “Chinese Capitalists and the Japanese: Collaboration and Resistance in the Shanghai Area, 1937 - 1945,” 向 *China Quarterly* 递交的文稿，1993年11月，第5页。

③ Emily Honing, “Women Cotton Mill Workers in Shanghai, 1919 - 1949.” Ph. D. diss., Stanford University, 1982, pp. 27 - 28.

④ Vanya Oakes, *White Man's Folly*. Boston: Houghton Mifflin Company, 1943, pp. 372 - 373.

⑤ Parks Coble, “Chinese Capitalists and the Japanese: Collaboration and Resistance in the Shanghai Area, 1937 - 1945,” 向 *China Quarterly* 递交的文稿，1993年11月，第6页；Marcia R. Ristaino, “White Russian and Jewish Refugees in Shanghai, 1920 - 1944, as recorded in the Shanghai Municipal Police Files, National Archives, Washington, D. C.,” *Republican China*, vol. 16, no. 1 (1990), pp. 51 - 72.

⑥ 同上书，第374页；Lloyd E. Eastman, “Facets of An Ambivalent Relationship: Smuggling, Puppets, and Atrocities during the War, 1937 - 1945,” in Akira Iriye ed., *The Chinese and the Japanese: Essays in Political and Cultural Interactions*. Princeton: Princeton University Press, 1980, p. 278.

及其他上海市场上所有的皮革都运送到了处于战时经济的第三帝国。①

在抗日战争开始之前，用夏衍常用的比喻来说，上海被认为是“48 层的摩天大楼城市建造在 24 层的地狱之上”。② 现在，富有的战争奸商与无家可归的难民之间的对比更加明显。③ 这暗示着在如此环境下，日本人能够相当有效地控制上海沦陷区域，巧妙地利用他们对“政府的间接机构”的熟悉程度而弱化中国人的抵抗，保全国际合作。④

这篇论文将论述：中国人对傀儡政府抵抗的严酷及支撑抵抗的暧昧；政治恐怖主义如何与暴力犯罪危险地相互纠缠；介于外国租界、日本军事力量和上海傀儡政权三者间的三角关系如何紧张而难以控制；无人管辖的沪西地区犯罪欲盛行，既是对无法忍受的社会压力的暂时逃脱，也是外国控制下城市分裂溃烂的持续指标。事实上，“歹土”本身已经成为夏衍所描述的天堂与地狱间横

---

① Vanya Oakes, *White Man's Folly*. Boston：Houghton Mifflin Company，1943，pp. 348 – 349. 在德国于 1939 年 8 月 23—24 日与苏联签订互不侵犯条约之后，希特勒于 1941 年 6 月入侵苏联之前，德国每月经西伯利亚大铁路运送达十万吨货物。在 1940 年，中德贸易额总量达 970 万美元，而上海占了总量的一半。至 1939 年 2 月，上海至美国的出口量大约每月达 100 万美元，这几乎相当于侵略前 1937 年 2 月的出口总量。Records of the Department of State，Internal，China 1930—1939（以下简称 RDS），893. 00 p. R. Shanghai/125（Feb 1939），p. 17。

② 夏衍：《包身工》，1978 年北京再版，第 26 页。

③ 珍珠港事件后，富有的通敌者的超级阶层化更加显著，当“如果生活对大多数人而言是苦难时，而它对少数人而言则是狂欢节”。Poshek Fu，*Passivity*，*Resistance*，*and Collaboration*：*Intellectual Choices in Occupied Shanghai*，1937 – 1945，Stanford：Stanford University Press，1993，p. 125.

④ “国际主义和共产主义的机构能够刺杀一些卖国者和日本人，但是被占领的上海与它的傀儡政府在很大程度上阻止这类事件在上海的发生。许多中国人选择了西迁，而不是留在上海进行抵抗。至少第二次世界大战在欧洲爆发之前，公共租界内英国和美国的领导人也愿意与日本占领方有些合作。”见 Lynn T. White Ⅲ，“Non-governmentalism in the Historical Development of Modern Shanghai，” in Laurence J. C. Ma and Edward W. Hanten，eds.，*Urban Development in Modern China*. Boulder：Westview Press，1981，p. 48。

向延伸的分界的隐喻。①

萧条

至1939年秋天，由难民潮驱动的1937年至1938年的经济繁盛开始一落千丈，那时日本人计划关闭长江流域的商业与货运往来的意图逐渐明显，因此上海与内陆的联系被切断了。② 1940年上海的股票市场失控，投机商将那些战争概念股炒到了离奇的高价，而交易则“伴随着每一次的传闻而跌宕起伏”。③ 5月，囤积商以每包1000美元的价格存贮了大量的棉花在他们的仓库内，这些棉花原本计划通过法属印度支那送到欧洲。到月底，他们已经将价格抬高至2000美元。在6月25日，法国与意大利、德国签署了停战协议，日本向印度支那的新维希（Vichy）政府提出对来自中国的船只关闭海关口岸。人为制造上涨的棉花市场坍塌了。超过50家的进出口公司破产了，预想中的利润再也不会有了，于是股市行情也一落千丈。④“诈骗！大的诈骗，小的诈骗，如棉纱事件般的巨额诈骗，诈骗剥夺了人们的生活必需品，危及整个城市的生活。”⑤

---

① “每个众所皆知的犯罪，细小的、政治的、合法的，都滋生于此。”Vanya Oakes, *White Man's Folly*. Boston: Houghton Mifflin Company, 1943, p. 362. “管辖这一有争议的地区常常是租界当局与中国政府间产生冲突的主要原因，并且好几次这种争议呈现出严重的态势。”《上海市长向公众允诺》，第2—3页。在美国人编辑的《密勒氏评论报》中广泛使用的词汇“badland”在汉语中被描述成新的词汇“歹土”（vicious land），这一词汇几乎与义为流氓的“歹徒”同音。

② 来自汉口的官方报告显示，1939年4月的数据显示自从日本人占领以来，事实上没有任何商业活动。同样地，在广东，珠江被禁止通航，重要的工业在衰退。Vanya Oakes, *White Man's Folly*. Boston: Houghton Mifflin Company, 1943, p. 375.

③ Vanya Oakes, *White Man's Folly*. Boston: Houghton Mifflin Company, 1943, p. 381.

④ 张方仁：《金融漫纪》，上海春明书店1949年版，第31页。然而在接下来的一年中，棉花在合理价格上供应短缺。在上海的仓库内存储着25万包棉纱，但是几乎无人能够买得起。同上引书，第358、382—383页。

⑤ Vanya Oakes, *White Man's Folly*. Boston: Houghton Mifflin Company, 1943, p. 359.

1941 年早些时候，上海出现了奇特的繁荣，它不同于对日战争刚开始后 1937—1938 年间高度分化的繁荣。预定旅馆房间几乎不可能（除了价格昂贵的华懋饭店之外），甚至得提前预订周末的电影票。夜总会总是挤满了人。“人们很容易想象太平日子又回来了——起码眼下如此。但实际上，上海已经在遭受着一场逐渐蔓延的毒害狂热，而且出现了不祥的囤积生活用品的混乱，在这里人们的确很容易患病。”[①] 这一狂热是通货膨胀的征兆，它同样地打击了白领工人和蓝领工人。[②] 如果说 1936 年上海工人的生活费用指数是 100 的话，那么到 1941 年 3 月食品的价格为 774，房租为 385，衣服为 503，燃煤为 636，其他生活用品指数为 599。[③] 南岛（即南市），在 1937 年 11 月日本占领上海南部后一度繁荣，也萧条了。[④] 1940 年记者奥克斯（Vanya Oakes）离开上海时，正值日本傀儡们在仔细甄别右翼与左翼，她能感受到人们与侵略者决一死战的决心。但是当她 1941 年回到上海时，却感受到了中国人精神的崩溃。她问她的中国朋友，为什么他们变得如此消极，竟接受日本人的占领？他们的回答很简单：“大米。”[⑤] 据奥克斯说，日本以大米为武器控制上海，犹如希特勒利用食品供应控制欧洲的占领区一样。中国沦陷区士气的不断低落，与日本人夺取印度支那的大米有着密切的关系。即中国农村所产的大米被用作了日本军队的粮饷，或者输往日本国内。因此，诸如天津、上海等城市便只能依靠来自印度支那的大米生活。于是，“当日本完全控制了印度支那几近 600 万吨的全部出口大米后，它当然就拥有了强迫中国沦陷区居民与之‘合作’

---

① Vanya Oakes, *White Man's Folly*. Boston: Houghton Mifflin Company, 1943, p. 357.

② “从前花 100 元买的东西，现在需要 365 元。通过比较，工资仅仅增加了极少的一点。”同上引书，第 359 页。

③ 见“The High Cost of Living and the Labor Situation,” *Shanghai* (journal published by the Metropolitan Publishing Company), July 1941, pp. 13 – 14。

④ 因为房租只有租界房租的 1/8，日本占领后的第一年，南市吸引了数以万计的新居民。*China Weekly Review*, 11 Oct. 1941, p. 153.

⑤ Vanya Oakes, *White Man's Folly*, Boston: Houghton Mifflin Company, 1943, p. 360.

的武器”。①

这一武器也非常具体地被用作控制社会的手段。例如，在1940年9月29日至10月18日之间，共有五起枪击日本人案件。为了报复，日本宪兵封锁了可疑地区的小弄堂，“将它们严密封锁，在某些地段持续很长时间，以至据说导致数人饿死”。②

大米的短缺和物价的上涨，使人们易怒而舆论哗然。1941年3月15日，工部局警务处与一支华人球队在法租界的逸园（跑狗场）举行一场足球赛。在一次犯规之后，一名中国队员被罚离场，而其同伴则随他一起离场，致使两万名中国观众涌进场内，拔起球门桩柱，并向前来阻止骚乱的警察扔掷石块、砖头。③ 这次骚乱是随后出现米价持续上涨的更糟状况的预兆。汪精卫伪政府与两个租界当局都将他们能购进的米，以相当的折扣分配或者出售给居民，以在他们同日本及伪政府之政治关系日趋紧张的时刻捂住动乱的盖子。④

帝国主义者——傀儡警察的关系

对公共租界的警察而言，伪警察无异于强盗，而沪西歹土的情形完全失去

---

① Vanya Oakes, *White Man's Folly*, Boston: Houghton Mifflin Company, 1943，第360页。自从1937年8月13日中日战争爆发以来，上海居民的大米分配成了主要问题。当年12月，人们受到饥荒的威胁，由于若干大慈善家的善举，才避免了灾难的发生。见Finch, Percy, *Shanghai and BeyonD*. New York: Charles Scribner's Sons, 1953, pp. 323 – 325。

② 见BFOR，F0371 – 24663. “1940年11月30日，一名中国枪手暗杀了一个日本宪兵之后，日本军方封锁了沪西越界筑路地区中的一大块地段，直至12月14日。只有极少量的食物和其他物品被容许进入该地区。” CSDCF, 893.00 P. R. (Political Reports)/ Shanghai, 147, Dec. 1940, p. 19。

③ BWOR, extract from Shanghai Naval and Military Intelligence Summary, No. 7, 9/4/41, W0208 – 246A.

④ 见 “The High Cost of Living and the Labor Situation,” *Shanghai* (journal published by the Metropolitan Publishing Company), July 1941, pp. 14 – 15. 沪西或歹土的警方在1940年2月开始分配大米，见SMP, D – 8155 (1), 17/2/40。

控制。弹道研究报告表明，查获手枪或发现子弹的武装罪案中的90%，都用了从歹土值勤的华籍与印籍巡捕那里抢来的“热武器”。[1] 1939 年 1 月 4 日，八名歹徒与工部局警官在沪西进行了一场枪战。当天晚上，12 名从美国乡下总会回家的英国人与美国人，在哥伦比亚路与大西路警察分所门前右侧遭到武装暴徒的抢劫，而伪警察并未努力干涉。[2]

在公共租界与法租界内长期居住的西方居民认为，沪西歹土盛极一时的“犯罪狂欢”，完全是因为罪犯们得到了伪维新政府的正规警察和极司非而路76 号秘密警察的庇护，歹徒通常都能逃到那里，寻求保护。[3]“76 号”的特工总部有八个或者更多的骨干组，分布在歹土周围的越界筑路地区的各警察分所(极司非而路、星加坡路、忆定盘路、康脑脱路和白利南路等等)。[4] 每个分所有五名佩带手枪的警员。其中的四个人每人指导一个拥有 20 名成员的，为期三个月的培训班，这些学员最终便组成暗杀队，诸如驻扎在白利南路 37 弄 119号的青年团。[5] 而青年团还只是亲日的复兴会、黄道会的外围组织。[6] 经过一段相对平静的时期后，上海在 1939 年 2 月间经历了“严重的恐怖狂潮”的冲

---

① CWR，1 March 1941，p. 462.

② 同上书，14 Jan. 1939，p. 213。

③ 极司非而路 76 号是安徽军阀陈调元的前公馆，如今则是建东中学，位于万航渡路 435 号。见 Wen-hsin Yeh，“Dai Li and the Liu Geqing Affair：Heroism in the Chinese Secret Service During the War of Resistance，” *Journal of Asian Studies*，vol. 48，no. 3（August 1989），p. 52. 亦见 Pan Ling，*Old Shanghai*：*Gangsters in Paradise.* Hong Kong：Heinemann Asia，1984，p. 47. CWR，18 Jan. 1941，229，26 April 1941，247；“Black Hole of Shanghai Described to Rotarians，” *China Press*，19 April 1946，p. 1。

④ 见 SMA，Wang 18. 285—沪西—1939 年 4 月至 1940 年 5 月。该文件包括了这些单位的武器清单，加上骨干们的背景资料。亦见 SMA，Wang 18. 282，汪伪沪西——曹家渡镇组织自卫团，1939—1940。

⑤ SMP，D－697；28/12/39；BFOR，F0371-24682，F1104，12/2/40.

⑥ SMP，D－8477，22/7/40，14 Jan. 1939，p. 213.

击。外国当局们认为，这些恐怖活动由重庆方面的国民党军事特工所操纵。① 2 月 1 日，伪警察局侦缉队队长耿寿宝被国民党秘密特工所暗杀。② 在此之后，便是一系列袭击伪警察所，以及对亲日通敌分子的五花八门的暗杀活动，其中包括：2 月 5 日对社会局局长朱锦涛的暗杀；2 月 6 日对《申报》前明星记者，1937 年 12 月以来在日本人控制的报刊审查局担任顾问的钱华的暗杀；2 月 7 日对江浙箔类捐税局局长、南京财政部顾问周纪棠的暗杀；2 月 10 日对教育处处长何舒双与山东高等法院院长张昭祺的暗杀；2 月 16 日对南市地方法院院长屠镇鹄与水警局警长高鸿藻的暗杀。③ 这些行刺行动于 2 月 19 日（星期天）达到顶峰。那天，伪维新政府外交部部长陈篆被明目张胆地刺杀了，并有两名日本人及其女伴——两名日本舞女——遭到袭击。④

---

① BWOR，Far Eastern Department，Report No. 22，13/2/39，WO-208-246A. 2 月 13 日，工部局警务处要求英国、日本和意大利部队的军事援助。经过一个星期的讨论之后，遂采取了联合行动。“当时并未获得积极的效果，但是人们认为，各方军队合作之后产生的政治和道德效果，则对于恢复信心具有最大的价值。”见同上引书，Commissioner Shanghai Area to GOC Hong Kong，Dispatch 6810，22/2/39。

② SP，1939 年 2 月 2 日，15 版。两天前，伪维新政府的顾问马育航也在新新旅馆遭到暗杀。同上引书，1939 年 1 月 30 日，第 9 版。

③ SP，1939 年 2 月 6 日，10 版；1939 年 2 月 7 日，11 版；1939 年 2 月 8 日，11 版；1939 年 2 月 17 日，10 版；RDS，893. 00 PR/155（2/39），13，and 893. 00 14329（12/2/39）；CWR，11 Feb.，1939，p. 340。虽然未能确认所有这些暗杀行动都是戴笠的人所为，但是钱华却确是他们所杀。因为工部局警务处的弹道测试证明，军统特务在 1939 年 2 月 19 日刺杀陈篆时用过的点 38 口径的手枪，也在 2 月 6 日行刺钱华时被使用过。见“Assassination of Reformed Government Official，”6；*NCDN*，21 Feb. 1939，p. 1。周凤岐是国民党上海卫戍司令，此时则是梁鸿志伪维新政府的绥靖部长。他在此时被刺，被军统上海区区长周伟龙派遣的四名特工所射杀。任援道继承周凤岐的职务，负责领导“保安”行动。见章微寒《戴笠与军统局》，《浙江文史资料选辑》第 23 辑，浙江人民出版社 1982 年版，第 140 页；“《中华民国维新政府政纲》”，“维新政府组织系统及重要职员表”（1939 年 9 月 10 日），附 311 页。

④ *RDS China*，893. 00 PR Shanghai/125（February 1939），10 - 12；CWR，25 Feb. 1939，389；ST，21 Feb. 1939，p. 1.

暗杀伪外交部长陈箓

各报将陈箓暗杀案描绘成“上海自 1937 年以来，基于爱国原因而发生的最重要的暗杀事件”[①]。陈箓死时 61 岁，他曾就学于福州马尾船政学堂，获得过巴黎大学的法学学位，出任过清朝的翰林编修，并曾被北洋军阀政府委任为墨西哥公使（1914—1918）和法国公使（1920—1927）。国民党夺取政权后，陈箓成为外交部谈判委员会副主席。日本人入侵后，他留在上海，并同意出任梁鸿志伪维新政府的外交部部长。他的儿子陈友涛（Victor L. Chen，娶了张学良的妹妹）则是伪外交部总务司司长。[②]

暗杀陈箓是由军统上海区区长王天木策动的，为的是给戴笠留下深刻的印象。[③] 王天木的行动组组长刘戈清已经在上海执行过 11 次大暗杀，是日本宪兵队通缉名单上的主要人物。[④] 1938 年秋初，刘戈清开始组织两个特工队，其中包括军统局特训学校的毕业生平福昌和谭宝义。[⑤]

平福昌，24 岁，老家在阜宁，出生于上海闸北。他曾就学于南市的小学，后就读于育青中学，18 岁时退学，在其父开设在南市的眼镜店里工作。他一定感到，为其 63 岁的老父亲磨镜片是件十分枯燥无味的事。他与只比自己大一岁的 19 岁的年轻后妈一起生活在如此闭塞的环境里，这使他于 1935 年（当

---

① *NCDN*, 21 Feb., 1939, 1. 亦见 ST, 21 Feb., 1939, p.1。Tretiak 将它列为民国时期六大政治暗杀案之一，见 Daniel Tretiak, “Political Assassinations in China, 1600 - 1968,” in James F. Kirkham, Sheldon G. Levy, and William J. Crotty, eds., *Assassination and Political Violence: A Report to the National Commission on the Causes and Prevention of Violence*. New York: Praeger, 1970, p.648。

② 见“Further Assistance to Japanese Military Police.” Report by DSI Crighton in Shanghai Municipal Police (International Settlement) Files Microfilms from the US National Archives, D - 9037, 18/3/39, p.1; H. G. W. Woodhead, ed., *The China Yearbook*. Tientsin and Shanghai, 1912 - 1939, p.219。

③ 王天木此时是个失宠者，因为他正与赵理君争夺地盘。

④ 向日本宪兵司令部所作的“Further Statement of Ping Foo Chang,” in SMP, D - 9037, 20/10/39, p.3.

⑤ 同上。

时20岁）决定参加戴笠的军统组织。平福昌表面上只是汉口湖北警察队的一名探员，但实际上则隶属于国民政府军事委员会的中央统计局第二处，负责监视和调查在永兴花园影院工作的演员们的行动和思想。①

1937年6月，平福昌被电影院派往上海。在中日爆发战事的一个月内，平福昌加入了一个便衣特务组织，成为由朱学范率领的苏浙行动团中的一名班长。在日本人夺得上海的华界之后，他依然躲在法租界内从事地下工作，直到奉命向湖南的军统局临澧特训班报到为止。该特训班分为三个处：军事处、行动处和情报处。平福昌毕业于军事处，却被派往行动组，并于1938年9月奉命回到上海，向他称之为“尤何清”的一位业务主管报到，但是此人更为人所知的名字是“刘戈清”。②

双十节刚过，平福昌便与其他三个军统特工——蒋甦、施政、林子仁——经由香港抵达上海。王鲁翘旋即与这第一组接头，声称自己代表“军事委员会上海分会主席”王天木。后来，平福昌向审讯他的日本反间谍人员揭露了很多情况：

> 我们的头头是王鲁翘，但是毛万里则领导着全上海的组织，暗杀陈箓的行动组组长是刘戈清。……我不知道组织的首领们是否与重庆政府或上海的游击队有联系。③

当然，毛万里是戴笠最信任的副手和亲戚毛人凤的堂弟。④ 而毛万里的助手王鲁翘则是军统局试图在3月21日于河内暗杀汪精卫的行动队队长，在此

---

① 向日本宪兵司令部所作的“Further Statement of Ping Foo Chang,” in SMP，D－9037，20/10/39，第1—2页。

② 同上引，第2页；《外长被刺始末》，HSP，1939年11月9日，译载于SMP，D－9037，9/11/39。约有300名临澧特训班的毕业生奉命返回上海，从事恐怖活动，诸如在1938年10月17日暗杀伪维新政府职业局官员的余达雄，以及11月12日在法租界暗杀嘉定伪警察局长的俞耀章。见SMP，1938年10月18日，1版和1938年11月13日，10版。

③ 见“Further Statement of Ping Foh Chong（Ⅱ），” in SMP，D－9037，21/10/39/，pp.1－2。

④ “毛万里……戴笠的亲戚，约40岁，浙江人，矮胖子，高约5英尺3英寸。”见“Further Statement of Ping Foh Chong（Ⅱ），” in SMP，D－9037，pp.6－7。

行动中，虽未杀成汪精卫，却杀死了他的亲信秘书曾仲鸣。①

据平福昌说，王鲁翘告诉这三人，一旦那几个已被列入暗杀对象名单的人在上海出现，他们便将奉命实施暗杀；王鲁翘还发给每人每月 48 元薪金。与此同时，平福昌与施政从一间廉价客房迁至法租界内的另一客房，以逃避监视。当然，他们仍与王鲁翘保持着频繁的接触。②

不到四个月后，第二组抵达上海，其中包括 23 岁的谭宝义。他的经验略逊于平福昌，是松江一农民的儿子，其哥哥是上海的粮食零售商，而其堂兄则是一家南货店的店员。谭宝义在松江读过小学和中学，毕业于南市的上海中华商业学校。中日战争爆发前，谭宝义一直是衡阳汉冶萍钢铁公司的勘察员。当时，他与军统签了约，并于 1938 年 7 月在临澧特训班接受了训练。当为期半年的教程进行了三个月之后，他被军统局转移至长沙，并奉命前往上海，指导那里的抗日活动。与之同行的还有两人：朱山猿和一个名叫徐国琦的指挥官。1939 年 2 月 1 日左右，谭宝义经由宁波抵达上海。当徐国琦直接向刘戈清报到时，刘戈清要他叫其他人静候进一步的命令。随后，谭宝义与一位堂兄一起居

---

① U.S. Military Intelligence Reports, China, 1911－1941, report on 9710, 1939 年 1 月 8 日，第 4 页；以及 no. 9754，1939 年 4 月 6 日、第 1 页。另见 Ching-wei Wang, *A la mmoire de M. Tsen-Tson-Ming*. Hanoi, 7 April 1939；沈醉：《汪精卫河内遇刺记》，香港中原出版社 1985 年版，第 79 页；黄美真、张云编：《汪精卫集团投敌》，上海人民出版社 1984 年版，第 441—442，449—451 页。王鲁翘被描述为操国语，28 岁，5 英尺 5 英寸高，无特殊相貌。见（向日本宪兵司令部所作的）"Futher Statement of Dan Pao Yee," p.1。"这次暗杀是我们组织在军事委员会成员戴笠的指挥下实施的，余乐醒是组织的头领，王鲁翘则是暗杀行动的直接指挥者。我当年（1939 年）4 月在香港时，从王鲁翘那里得知了这一情况。"见"Further Statement of Ping Foh Chong（Ⅱ)," p.1。"（暗杀曾仲鸣之罪）是由王鲁翘为首的我们的人员所犯下的，他直接受命于戴笠。"见"Futher Statement of Dan Pao Yee," p.6。关于行刺汪精卫的影响，见黄美真、张云编：《汪精卫》，上海人民出版社 1984 年版，第 74 页。

② "Deposition of Ping Foo Chang," in SMP, D－9037, 3/11/39, p.2；"Further Statement of Ping Foo Chang," p.3.

住和工作在法租界福履理路上的一家杂货铺内。[①] 此后，他草率地召集了几个当地的市民，诸如小职员和学徒工之流，他们是这个国民党暗杀组织的非正式成员。然而，谭宝义作为临澧特训班的毕业生，认为自己乃是专业的秘密特工，是军统局派遣出来的"嫡系成员"，对戴笠的上海分局的"地方机关"则一无所知。[②]

春节之前一个星期，谭宝义前赴大世界娱乐厅隔壁的国泰饭店客房看望徐国琦和朱山猿。徐国琦关照谭宝义要随时等候紧急召唤，并叫他搬至霞飞路的东昌饭店。平福昌也被提醒即将有暗杀行动。[③]

这一命令由刘戈清发布，因为他已得知——可能在 2 月 16 日或 17 日——伪外交部长陈箓打算秘密返回上海，在愚园路 668 弄 25 号的公馆内与亲友们一起过春节。他的情报来自陈箓的两个保镖何鹏与赵玉定，他们都是东北奉天人，由军统局一个首脑推荐给伪外交部。大家都待在南京时，唯有他俩能知道陈箓将在 2 月 16 日进行这次危险的旅行。[④]

刘戈清之所以能开发这些情报资源，首先是因为陈箓的周围都是东北籍卫兵，他们都是在统治东北的少帅张学良的妹妹成为陈箓的媳妇时，参加其卫队的。[⑤] 然而，任用一帮同乡，尤其是当自己却是异乡人时，乃是一桩危险的事情，因为一旦一个人暗中破坏，其他诸人都会迅速响应。在此情况下，刘戈清

---

① "Statement of Dan Pao Yee," SMP, D－9037, 23/10/39, p. 2; "Deposition of Dan Pau Nyi," SMP, D－9037, 3/11/39, p. 1; "How the Foreign Minister Was Assassinated," *HSP*, Nov. 9, 1939, translated in SMP, D－9037, 9/11/39.

② 出于明显的原因，谭宝义在这方面对于日本宪兵队来说始终是很有价值的。他们审讯他，希望了解当地间谍网的情况。见"Further Statement of Dan Pao Yee," p. 2。工部局警务处认为该暗杀组织即是军统上海区的行动组，见"Japanese Arrest Nine Men Detailed by Chungking (Chongqing) for Assassination Work", *CJ*, 1939 年 11 月 9 日，译载于 SMP, D－9037, 9/11/39。

③ "Deposition of Dan Pau Nyi," 1－2; "Deposition of Ping Foo Chang," p. 2.

④ "Further Assistance to Japanese Military Police," pp. 1－3.

⑤ 陈箓的三个私人保镖以及雇来守护愚园路上公馆的六个护院中的三人都是东北人，见"Assassination of Reformed Government Official." Miscellaneous report no. 89/39, dated February 19, 1939, in Shanghai Municipal Police (International Settlement) Files, D－9037, 21/2/39, pp. 3－4。

先与少帅的东北卫队的前队长刘海山接触，刘海山同意为军统局效劳，参加暗杀行动。此后，通过刘海山与陈箓家庭的东北籍保镖的接触，刘戈清才获得了有关陈箓的旅行计划以及公馆的房屋布局图。① 2月17日，陈友涛与保镖何鹏一起抵达上海，以便为其父亲做先行安排。翌日上午10时，陈箓从南京打来电话，说他将在下午3点抵达上海北站。下午2时半，陈友涛便带着两辆汽车，急匆匆地前赴火车站。陈箓的私车由其司机黄永贵驾驶，车上载着保镖张树稳及其亲戚甘慧小姐，她也是伪维新政府的工作人员。这帮人在站台上等候。3时，陈箓的车厢准时驶入北站，陈箓便与保镖赵玉定一起下车。由陈友涛驾驶的第二辆小汽车（车上还有保镖何鹏），则停在四川北路和虬江路的转角处等候。此后，两辆车一起驶向百老汇大厦，伪维新政府的“外交部”便在大厦的四楼，陈箓来上海时，有时将这里作为起居处。短暂地停留了十分钟后，陈氏家人们及其保镖便回到两辆小车内，车子驶向愚园路的陈公馆。他们都穿戴同样的骆驼毛大衣和毡帽，“以至在行驶途中一旦有人行刺（陈箓），便很难分辨彼此”②。

除夕（星期六）下午4点钟，刘戈清得知了陈箓在上海的行踪。③ 他此前已经问过平福昌是否“有勇气为国民政府干点积极的工作”。如今，他将陈箓身在上海的情况告诉了平福昌，并命平福昌于次日一早在沧州饭店与他见

---

① Wen-hsin Yeh, “Dai Li and the Liu Geqing Affair: Heroism in the Chinese Secret Service During the War of Resistance,” *Journal of Asian Studies*, vol. 48, no. 3 (August 1989), pp. 25 – 26; “Further Statement of Ping Foh Chong (Ⅲ).” Made to Japanese Gendarmerie Headquarters, in SMP, D – 9037, 24/10/39, pp. 1 – 2.

② “Further Assistance to Japanese Military Police.” Report by DSI Crighton in Shanghai Municipal Police (International Settlement) Files Microfilms from the US National Archives, D – 9037, 18/3/39, pp. 3 – 4; “Assassination of Reformed Government Official.” Miscellaneous report no. 89/39, dated February 19, 1939, in Shanghai Municipal Police (International Settlement) Files, D – 9037, 21/2/39, pp. 1 – 3.

③ “How the Foreign Minister Was Assassinated,” Hsin shen-pao, November 9, 1939, trans. SMP, D – 9037, 9/11/39, 1.

面。[①] 第二天（即农历年初一）早上，平福昌来到饭店，被刘戈清（平福昌只知道他姓“尤”）派往喇格纳路上“一个刘姓者”家中，去取行动所需的武器。平福昌准时离开了喇格纳路，回到沧州饭店时他带来一只木制的野餐盒。事后他说，盒内藏着 4 只勃朗宁手枪，每枪 4 发子弹，另有 1 只日本造的手枪，附带 15 发子弹。[②]

与此同时，行动组的其他成员也在联系。谭宝义搭乘徐国琦的车，在年初一的下午 4 时被带到沧州饭店，当时其他六个特工已经在场。他们是平福昌、朱山猿、徐志浩、尤品山、刘海山和刘戈清。[③] 刘戈清（他可能刚与陈箓的两个东北保镖联系过）从野餐盒内取出四支手枪，交给徐国琦、尤品山、平福昌每人一把，自己留了一把。[④] 据谭宝义（他可能在稍后被授予第五件武器）说：“他然后告诉我们将要去行刺一个姓陈的人，他是维新政府的高官，刚从南京抵达上海。”[⑤] 刘戈清要这些人先分成两三个小组，再在愚园路上的渔光村外集合起来。[⑥]

平福昌和徐志浩搭乘了 1 路双层汽车前赴愚园路，而尤品山、刘海山和刘戈清则乘出租车前赴集合地点。这五人一直等到下午 6 时，步行的谭宝义、徐

---

① “Deposition of Ping Foo Chang,” p. 2.

② “Further Statement of Ping Foo Chang,” p. 4; “Further Statement of Ping Foo Chang（Ⅲ），” p. 5. 媒体报道认为这些手枪是半自动的毛瑟。SMP，D－9037，23/2/39.

③ “Statement of Dan Pao Yee,” 3; “Deposition of Dan Pau Nyi,” pp. 1－2. 徐志浩，36 岁，浙江金华人，16 岁时便参加何应钦的广东训练营。1933 年，他辞职后赴上海，寻求正规的工作，却未获成功，成了一名小贩。1937 年中日爆发战事后，徐志浩参加了中国救亡团，该组织驻扎在南市的关帝庙，由赵刚义领导。1938 年 2 月，他与另一位救亡团成员平福昌一起去汉口寻工作，却很不交运，只得返回上海。1939 年 1 月，徐志浩遇到了徐国琦（也是救亡团成员），徐国琦邀他以每月 30 元的报酬为行动组效力。10 天后，他被带去见刘戈清，因此成了行动组的正式成员。见“Deposition of Zoo Ts Au,” SMP，D－9037，14/12/39，pp. 1－3.

④ 当天下午，何鹏与赵玉定离开陈公馆，直到傍晚 6 时才回来。见 “Further Assistance to Japanese Military Police.” Report by DSI Crighton in Shanghai Municipal Police（International Settlement）Files Microfilms from the US National Archives，D－9037，18/3/39，p. 5.

⑤ “Statementof Dan Pao Yee,” p. 4. 在南方话中，“陈”“成”几无区别。

⑥ “Deposition of Ping Foo Chang,” pp. 2－3.

国琦和朱山猿才到达。他们经过一番踏勘之后，认为现在宾客太多，难以立刻袭击陈箓一伙，故决定先在附近的一家酒吧中消磨时间。一直等到 7 点过后天降大雨时，这八个人才披着雨衣，穿着长衫，悄悄地穿过陈公馆周围的愚园路北侧的小弄堂。①

通常，陈公馆的前门有两名门卫，但当时主要警卫邵富生却离开了岗位。② 剩下的一个警卫宋海林配着一把没有执照的左轮手枪，正在单独值班。他看见特工们从两侧走上前来，其中的一人（可能是刘海山）用带着北方口音的国语问他是否带枪。他尚未开口回答，其他人便蜂拥而上卸了他的枪。刘海山和徐志浩留在弄堂里看守大门，朱山猿与平福昌将警卫拖入庭院。由刘戈清、徐国琦、谭宝义及尤品山组成的暗杀队拔出武器，悄悄地推开了没有上锁的厨房门。③

屋内，桌上还放着春节的晚餐，陈箓与其妻子正在客厅里款待罗文干夫妇。陈箓与前驻丹麦公使罗文干正靠在一只长沙发上，而两位女士则坐在两侧的扶手椅上。突然，一个男子从客厅的后门走了进来，他掏出手枪向陈箓近距离地开了三枪。④

陈夫人跌倒在枪手和丈夫之间，而罗文干夫妇则冲向客厅的另一道门。他

---

① “Deposition of Dan Pau Nyi,” p. 3; “Deposition of Ping Foo Chang,” p. 3; “Deposition of Zoo Ts Au,” p. 3; “How the Foreign Minister Was Assassinated,” Hsin shen-pao, November 9, 1939, transl. SMP, D-9037, 9/11/39.

② 邵富生由吴铁城市长的一位前秘书介绍给陈箓。邵富生有着长期旷工的记录，由于陈箓被刺时他不在现场，故这位保镖一度受到陈友涛的怀疑，随后被捕，遭到日本宪兵的残酷拷打。但后来证实，在陈箓遇刺的当夜，他是在大来戏院做检票员。见载于工部局档案的诸证词：SMP，D-9037，18/3/39、20/3/39、21/3/39。

③ “Assassination of Reformed Government Official.” Miscellaneous report no. 89/39, dated February 19, 1939, in Shanghai Municipal Police (International Settlement) Files, D-9037, 21/2/39, pp. 4-5; CP, 21 Feb. 1939, 1; “How the Foreign Minister Was Assassinated,” Hsin shen-pao, November 9, 1939, trans. SMP, D-9037, 9/11/39. 在审讯中，谭宝义说，他曾与值夜警卫一起留在院子里。见“Deposition of Dan Pau Nyi,” p. 4。

④ 该枪手可能是谭宝义，他从房间的北侧角落进入。见“How the Foreign Minister Was Assassinated,” Hsin shen-pao, November 9, 1939, trans. SMP, D-9037, 9/11/39。

们摸索着门锁，打开了门，却撞倒了站在厅中的刘戈清。刘戈清则向“外交部长”陈箓射出了所有的子弹，使他在太阳穴上中了致命的一枪。[①] 当陈箓从长沙发滑到地上时，刘戈清掏出早在旅馆客房中就准备好的一张纸，丢在这个汉奸的尸体上。纸上用黑色大字写道：“处死通敌分子，蒋总裁万岁！”撒在沙发上的另一纸上写道：“抗战必胜，建国必成，共除奸伪，永葆华夏！”两张纸都署名“中国青年铁血军”。四个行动组成员以及两名东北保镖何鹏与赵玉定旋即撤出了陈公馆，说了一句“事件成功”，谭宝义与刘戈清便乘出租车离开。[②] 其他人释放了门卫，消失在小弄堂内，沿途抛弃了手枪。晚上 7 时半，当工部局警务处接到发现尸体的七名妇女之一惊恐万状的电话时，这些国民党特工已经乘坐在返回各自寓所的公共汽车或黄包车上了。[③]

陈箓暗杀事件的成功是戴笠的军统局的一个胜利。在此期间，恐怕没有其他行刺能使通敌分子更加牙齿打战了。然而与此同时，这次事件几乎未给西方列强回旋的余地，导致其与日本人之间处于无法协作的状态之下。最终，杀手

---

① 罗文干从房间南侧角落的门进来。陈箓被打中头部和右腿。见“Assassination of Reformed Government Official.” Miscellaneous report no. 89/39, dated February 19, 1939, in Shanghai Municipal Police (International Settlement) Files, D-9037, 21/2/39。在陈箓被刺后，陈友涛似乎怀疑自己父亲周围的每一个人，认为开门的罗文干夫妇未遭到射击显得有些古怪。在枪击后的一两天里，罗文干夫妇便去了香港。见“Further Assistance to Japanese Military Police.” Report by DSI Crighton in Shanghai Municipal Police (International Settlement) Files Microfilms from the US National Archives, D-9037, 18/3/39, pp. 5-7。

② 汽车停在愚园路上。谭宝义记得，他乘车到了法租界内一个不知名的处所，下车后叫了一辆黄包车，前赴霞飞路上的东昌公寓。见“Deposition of Dan Pau Nyi,” p. 4。

③ “Deposition of Dan Pau Nyi,” pp. 3-4; “Further Assistance to Japanese Military Police.” Report by DSI Crighton in Shanghai Municipal Police (International Settlement) Files Microfilms from the US National Archives, D-9037, 18/3/39, pp. 7-8; Assassination of Reformed Government Official.” Miscellaneous report no. 89/39, dated February 19, 1939, in Shanghai Municipal Police (International Settlement) Files, D-9037, 21/2/39 pp. 4-6; “How the Foreign Minister Was Assassinated,” Hsin shen-pao, November 9, 1939, trans. SMP, D-9037, 9/11/39, CP, 1939 年 2 月 21 日，第 1 页；NCDN，1939 年 2 月 21 日，第 1 页；ST，1939 年 2 月 21 日，第 1 页；CWR，25 Feb. 1939。例如，平福昌乘公共汽车，沿愚园路向东，在圣乔治站下车，又在福特出租中心租了一辆小车。他驱车回到此前居住的菜市路上的单间出租公寓。见“Deposition of Ping Foo Chang,” pp. 3-4。

大部分被捕。陈箓谋杀案的结束以及汪精卫行刺阴谋的破产，也是极司非而路76号的胜利。由于逮捕了许多人，包括重庆派来刺杀汪精卫的另一组秘密特工，日本的报纸诸如《东京日日新闻》，便对伪维新政府负责特工的丁默邨、李士群等人表示了信任。因此，当李士群嗣后在秋天访问东京时，遂得以吹嘘说，他已经摧毁或彻底破坏了整个上海、南京、江苏、浙江、安徽的军统机构。“我们用左手消灭了蓝衣社，用右手击倒了CC系。”①

然而，据工部局警务处的报告说，“76号”本身也得对某些暗杀活动负责，其中包括1939年12月12日，对中国妇女职业联谊会主席茅丽瑛小姐的残忍谋杀。谋杀茅小姐的凶手有五个人，他们用手枪与警察交火，后来被驱赶而退入了极司非而路76号。②

工部局总办费利浦自己也遭到枪击，他感到只能求助于领事当局了，遂于1940年4月29日写信给时任上海外国领事团团长的意大利总领事内隆司令(L. Neyrone)。他在信中对以“76号”为大本营的汪伪“反共救国军”的特工总部的活动表示了极大的忧虑。他说，这一组织“营建了一个令人毛骨悚然的魔窟，威胁了上海的和平与秩序”。它由500名特工和武装警卫组成，七个分部遍布全市，每个分部有10—20名成员。③ 费利浦认为，如果不对这一组织加以约束，沪西警察部队能否给歹土带来新的法制和秩序，则颇可怀疑。④

---

① 少数西方记者，如Jack Belden，曾模糊了这些发展（包括对中共地下党的攻击）的概念。见Israel Epstein，*The Unfinished Revolution in China*. Boston：Little，Brown & Co.，1947，p. 135。

② BFOR，F0371－24663，3/4/40；SP，13 Dec. 1939，8.

③ 工部局档案中有一份两个这类组织（再加上周家村警察分所）的成员名单。其中有78份这些组织的官员与成员在1940年6月写下的保证书，包括担保人的名字（可能的话，就盖上店章）以及诸警探的相片。见SMA，Wang 18. 286汪伪上海特别市沪西区公署——“周家村分所关于自卫团分队众任免”，1940年6月，第1—76页。当时，另一个无总部的特务团由250人组成，主要配备手枪，驻扎在极司非而路55号、忆定盘路35号、忆定盘路上的梅花里17号、愚园路818号，以及极司非而路上的宗悦里1号。见SMP，D－8155（1），31/1/41。

④ BFOR，F0371－24663，ecnclosure no. 2 in dispatch on. 268，2/5/40. 早先，4月16日，英、美外交当局向日本领事递交了一份可信的警方报告，指出日本在鼓动对新当选的工部局成员实施暗杀。见FRUS 1940，p. 735。

不分青红皂白的恐怖活动与颠覆警察

恐怖活动的问题之一在于其不分青红皂白。日本当局一直对“猖狂”杀害“与日本事务有关系的华人生命”的行为表示担忧。[①] 然而，正是1940年5月10日由他们属下的“76号”分子挑起的“斗殴”事端，使得这一局势更为恶化。那天傍晚6点钟，手持步枪的五名男子在外滩试图拦截一辆小汽车。车上装着海关收到的正要送往横滨正金银行的17万元，这是日本特务机关发给周佛海的基金。在抢劫企图挫败之后，一个劫匪便试图取道九江路，他向三井银行的门卫们开了火，结果自己被击倒。另一人则想夺取四川路上的一辆出租车，在和平饭店外展开了枪战，结果却被制服而擒获。在这场交战中，一名工部局警务处的印籍巡捕、两名华人、一名瑞士籍报馆雇员和两名日籍银行职员都受了伤。[②]

11日凌晨0点40分，日本宪兵司令三浦少将由两名穿制服的日本官员陪同，来到工部局警务处，会见了处长包文。包括领事巴特里克在内的这次会见，一直持续到清晨4点。三浦将军“精神十足”地讲话，他说道，假如工部局警务处在下个月再不将重庆的武装活动镇压下去的话，那么“日军可能采取激烈的措施”。包文谨慎地问这位铁青着脸的日本宪兵司令，这是否是传达给美、英国防官员的警告。正在此时，副处长赤木（当然，他被委任此职，是旨在代表日本帝国在工部局警务处的利益）则小心地打断了他们的谈话。他解释道，日本宪兵队不希望采取冒犯行动，但是他们受到军事当局的强大压力，要求其有所举措。此时，稍稍平静下来的三浦将军肯定地告诉包文，东京曾指

---

① 这一特殊案件涉及5月6日戈登路上中华海运制品工业公司总裁的被杀事件。见BFOR，FO371-24663，enclosure no. 3。对于日本人而言，或许更麻烦的事是一个顶级特工、工部局警务处督察长谭绍良的被杀，他在1940年4月14日被一个中国民族主义游击队的队员所杀害。见同上引，3502/31/10（1940年5月1日）。

② 《字林西报》，1940年5月11日，摘录于BFOR，P0371-24663。

令他要汪精卫放弃在上海的反重庆暗杀行动。巴特里克领事便建议，作为响应，如今倒是个机会，即与美国大使一起建议重庆的中国政府制止上海的恐怖活动，以维持和平与秩序。东京的美国大使也提请日本政府关注此事，奉劝他们清除在汪精卫指挥下的“76号”的特工总部的歹徒。包文处长谈及此事时指出，试图抢劫海关钱款的罪犯，与极司非而路上受日本人庇护的一家赌场有关系：“我特别强调这样的事实：我在最近一年半中，曾经反复预先警告日本宪兵队，谈及赌场、鸦片馆，以及极司非而路76号、星加坡路、忆定盘路35号和其他地方的职业杀手的危险性。”①

总之，约翰逊大使在5月14日向重庆的中国外交部长表达了美国驻上海领事对此事的关注。他说，他希望中国政府“能够利用它对爱国者的影响力，避免类似事件的再度发生，这类事件只会搅乱上海的局势”。部长答应与军方交涉此事。② 翌日，工部局通过了一个决议，要求领事团采取一切可能采取的措施，镇压歹土的违法团伙，并特别提请人们注意极司非而路76号，因为它在暗杀和绑架行动中扮演了极不光彩的角色。然而，意大利总领事内隆在日本总领事的支持下，拒绝进行干涉，理由是工部局已经在2月16日与傅筱庵伪市长签署了实际上的协议。英、美领事对于按照2月16日协议，设立沪西特警队后能否有效重建歹土或租界秩序的问题表示了怀疑。尽管时间证明英、美官员的预言是十分正确的，但是，领事们依然僵持着，领事团再未采取进一步的措施。③

至少在短时期内，恐怖事件大为减少。1939年6月至1940年6月，是整个“上海孤岛”时期内恐怖活动发生最少的一个阶段。日本同盟新闻社在1940年5月18日指出，反日的恐怖活动锐减，4月份只有4起暗杀事件，而3

---

① BFOR，P0371-24663. 亦见 FRUS 1940，736－737。

② FRUS，1940，737－738. 1940年5月18日，Cordell Hull 向东京的美国大使馆发送了无线电报。6月4日，格鲁大使和克莱琪爵士则向日本外务省表达了其对这方面的关注。见同上引书，第738—739页。

③ FURS，1940，pp. 740－741.

月份却有14起。[①] 然而，最坏的情况还是发生了。1940年6月28日，亲重庆分子在公共租界内暗杀了穆时英，他是汪精卫最重要的宣传员之一。接着，7月1日，南京伪政府人员报复性地杀死了邵虚白，此人为亲国民党政府的新闻记者，于是恐怖活动骤然增多。[②]

由于法国的沦陷，法租界中立的面纱几乎被完全撕破了。1940年6月，新成立的法国维希政权将徐家汇的警权交给伪政府，方便伪政权的特工在法租界内采取对付亲重庆恐怖活动的行动。[③] 这种与当地伪政权达成的新协议，乃是鼓励1940年夏末秋初收买公共租界中工部局警察的因素之一。[④]

1940年9月16日，工部局警务处副处长兼特务股股长约克（R. W. Yorke）在离开愚园路的住宅时，遭到两名华人的枪击。他开枪回击，并将他们赶跑了。[⑤] 企图行刺约克的事件发生在工部局警务处将60多名涉嫌被收买的警察停职之后的第一天。由于约克在负责调查这种收买案，而在法租界警务处同样任职的布朗谢（Blancher）中尉在三周前险些被极司非而路76号的杀手刺杀，

---

① 恐怖活动减少的某些原因是：重庆方面特工经费的枯竭、抗日分子转移至南京、“76号”特工总部活动的增多，以及日本宪兵队特高课的效率提高。见BFOR，P0371-24663所载《同盟》的综述。有不太确切的迹象表明，戴笠与周佛海或李士群之间达成私下的暂时休战协议。见徐宗尧：《组织军统北平站和平起义的前前后后》，《文史资料选辑》第68辑，北京中华书局1980年版，第132页。

② 穆时英是《国民新闻》报的总经理，也是汪精卫的伪宣传部在上海的特别代表。李士群悬赏了1万元奖金，以破获这个案子。邵虚白是大光社（Great Illumination Society）的经理。见BFOR，F0371-24663，F3938（20/8/40）。

③ Davidson-Houston，*Yellow Greek*：*The Story of Shanghai*. Philadelphia：Defour Editions，1964，p. 164.

④ BFOR，总领事乔治给大使的信，载F0371—24663（16/9/10）。另一个因素乃是1940年8月日本与美国关于哪支军队取代撤出上海的英国军队的争端。这一争论导致美国在9月24日禁止所有碎金属出口到日本，而在三天之后日、德、意三国条约签署。见Waldo Heinrichs，“Franklin D. Roosevelt and the Risks of War，1939－1941，” in Akira Iriye and Warren Cohen，eds.，*American*，*Chinese*，*and Japanese Perspectives on Wartime Asia*，1931－1949，Wilmington：Scholarly Resources Books，1990，p. 154。

⑤ CSDCF，893.00 P. R.（Political Reports）/ Shanghai，144，Sep 1940，18.

所以其间的因果关系十分清楚。[①] 正如总领事乔治（A. H. Geroge）向英国大使解释的那样：

> 位于极司非而路76号的“南京政府警政部”的上海局，似乎正决定收买法租界与工部局的警察。其显而易见的目的，是引诱这两支由西人控制的警察部队的成员在租界被真正“收复”之前，将辖区内的“值勤”权完全转让给隶属于“警政部”上海局的特工组。作为补偿，西方警察部队的成员被允诺在租界“收复”之后仍能就业，并且，如果他们因其政治活动被西方警察当局发现而遭解雇，则可获得必需的救济。[②]

负责这种收买的人是极司非而路76号的第四处处长潘志杰。此前九年中，他一直在工部局警务处的特别巡捕队任职。潘志杰，亦名潘达、CC潘，据说这位特许会计师以每月20元和60元的报酬，收买了工部局警务处和法租界警察中的400名巡捕和60名探员。潘志杰被“市政府”任命为伪政权设想建立的沪西特警队队长。[③]

不管是否收买警察，避免在“双十”辛亥革命纪念日局势失去控制，却仍然是租界警方关注的问题。很自然地，双方都希望自己成为这一民族节日的主角，因此，究竟是悬挂亲汪伪旗帜还是亲重庆旗帜的问题变得特别敏感。鉴于最近恐怖事件上升，包括日本人经营的一家纺织公司高级职员刘玉英的被刺，工部局警务处采取了非常严密的防范措施。[④] 1940年10月9日下午6时，特务股动员起来，而日本当局则警告日籍居民，在整个紧急时期内待在苏州河以北。半夜，除了主要通道外，所有的道路都被封锁了。10日清晨5时，公共租界的南界和西界都设置了路障，十字路口设置了搜查恐怖分子的哨口。所有的车辆与行人必须服从检查。诸多城防部队（美国海军陆战队、意大利皇家

---

① 总领事乔治给大使的信，BFOR，F0371-24663（16/9/10）。

② 同上。

③ 总领事乔治给大使的信，CWR，8 Feb. 1941，p. 330。

④ CWR，21 Sep. 1940，pp. 92 - 93.

海军、万国商团等）都在桥头设立岗哨，对日本的工厂及租界里的厂区实施特别保护。①

这些预防措施似乎起了作用，尽管仍有预料中的标语和旗帜战，但伪政府在此战中占了绝对优势。② 书有亲汪和反共标语的纸旗被贴在公共汽车、电线杆和电车上。“反共青年团”散发着亲汪的传单。在歹土，极司非而路76号外搭建了一个竹牌楼，悬挂着饰有“和平反共建国”字样的小三角形的青天红地国旗。在南市，地方当局举行了一次会议，各种伪政府官方机构的代表和80名小学生出席并聆听了颂扬日本、痛斥蒋介石的演说。与此相反，中国的忠实拥护者们则仅仅在西摩路沿街墙上和南京路中百公司附近张贴了少量反日标语，并秘密地散发了一些反汪精卫的小册子。公共租界内工部局警务处控制极严，以至若在公开场合反对日本和伪政权，就是十足的鲁莽。③

因此，剩下的唯一的手段就是求助于恐怖活动。10月11日清晨，傅筱庵的厨师躲开了保镖们的注意，用切肉刀猛砍睡梦中的傅筱庵的脸、头，致其死亡。④ 厨师名叫朱升源，为傅筱庵工作了12年，却被戴笠秘密地招募了。⑤

傅筱庵的被刺，“使汪精卫阵营中的两派为了控制上海地区的不正当行业税收而进行了殊死搏斗”⑥。希望填补前“市长”空缺的两个竞争者，乃是陈公博与周佛海。汪精卫派遣周佛海前赴上海试探虚实，但是国内外对他出任

---

① SMP，D－420，10/10/40. See also Ernest G. Heppner，*Shanghai Refuge：A Memoir of the World War Ⅱ Jewish Ghetto*. University of Nebraska-Lincoln Press，1993，pp. 73－76.

② CSDCF，893. 00 p. R. （Political Reports）/ Shanghai，144，Sep. 1940. 17.

③ 同上。

④ JWSSC，63－64.

⑤ BFOR，F0371-24663；章微寒：《戴笠与军统局》，《浙江文史资料选辑》第23辑，浙江人民出版社1982年版，第138—139页；CSDCF，893. 00 P. R. （Political Reports）/ Shanghai，1940年10月15日，145；CWR，11 Oct. 1940，p. 168。当时悬赏五万元，要朱升源的人头，日本人向全中国的占领区发了通缉令。见JWSSC，64－65；程舒伟、刘福祥：《刀光剑影：民国暗杀纪实》，北京团结出版社1989年版，第168—174页。

⑥ CWR，16 Nov. 1940.

“市长”一事都反应冷淡，于是这个职位只得归属陈公博。[①] 其中一个关键性的因素乃是土肥原将军的特务机关的反应。11 月 9 日，热情支持周佛海出任“市长”的袁志安在南京被刺；11 月 12 日，周佛海的另一位支持者林泽川在上海遇刺。这都暗示了日本帝国军队参谋总部支持陈公博出任“市长”。[②]

陈公博的执政

陈公博就任上海“市长”后，最初采取的行动之一，便是声称他决定肃清其辖区。他就职宣誓时对此做出承诺，并在数周后的记者招待会上再次强调，又在 1940 年 12 月 31 日的新年致词中重申肃清歹土的“恐怖主义因素、堕落以及渎职”。[③] 在新年前后，债务到期，犯罪率按惯例上升之际，做出这样的承诺便显得过于轻率。在这一星期内的 1941 年 1 月 6 日星期一，歹土发生了一件特别残忍的谋杀案。[④] 而这类事件不仅仅发生在歹土[⑤]，整个城市的绑架案数量急剧增加。[⑥] 警察逮捕了一个共由男女 131 人组成的团伙，他们在两年内就聚敛了 1000 万元。“他们的勾当，从拐骗儿童，运至广州出售（那里

---

① 同上引书，1940 年 11 月 16 日。石源华《陈公博》，载于黄美真主编：《汪伪十汉奸》，上海人民出版社 1986 年版，第 176 页。

② CWR，16 Nov. 1940，p. 352. 周佛海在汪精卫死后很久，即 1945 年初，因对重庆戴笠的全面了解才接管了上海的警察。见张云《周佛海》，载于黄美真主编：《汪伪十汉奸》，上海人民出版社 1986 年版，第 252—253 页。

③ CWR，11 Jan. 1941，p. 198；18 Jan. 1941，p. 229.

④ CWR. 11 Jan. 1941. p. 199.

⑤ Vanya Oakes，*White Man's Folly*. Boston：Houghton Mifflin Company，1943，pp. 357 – 358.

⑥ CWR，25 Jan. 1941，p. 272.

需要大量家仆），到绑架富裕而自得其乐的商人与银行家。”①

然而，这一年的新年犯罪浪潮，性质上却比往年更为恶劣，如《密勒氏评论报》所记载的那样②：“当上星期的政治恐怖事件继续紧紧地扼住上海时，武装劫匪和小规模的犯罪活动又随着春节的临近而趋向每年的高峰。上星期四，确实标志着通常在每个春节之前都会出现的抢劫浪潮的开始，据报仅仅在公共租界内，中午之前就发生了七起劫案。按照警方的报告，整天都有歹徒、劫匪、恐怖分子在活动着。”③ 在一定程度上，政治暗杀为罪恶的凶手提供了掩饰的借口。生意人被杀，更多的是出于勒索的动机；炸弹被扔进商店，更可能是因为未交“保护费”。④

一种新的犯罪形式是抢劫公共汽车上的乘客。这似乎肇始于歹土，与极司非而路 76 号有关联的一帮恶棍拒绝买票，当英商中国公共汽车公司的售票员坚持要他们付费的时候，却遭到了袭击。⑤ 从袭击售票员到敲诈勒索乘客只是一步之遥。这一恶行便迅速蔓延到租界，持枪劫匪上了那里的公共汽车，强迫乘客们交出贵重的物品。新年期间，发生在城市大道最为“壮观”的一起劫案是 1 月 27 日，当时十名劫匪上了康脑脱路上的一辆公共汽车，强迫乘客们

---

① Percy Finch, *Shanghai and Beyond*. New York: Charles Scribner's Sons, 1953, p. 310. 1941 年 1 月 8 日，发生了一件典型的上海绑架案。三名歹徒——其中一个穿着没有编号的警察制服——拦住了福煦路上一位王先生（复昌祥颜料号老板）的汽车。他们将司机和王先生的两名亲戚赶下车，并把王先生载到法华村，那是一个“著名的匪巢”。王先生被囚禁在那里索要赎金。见 CWR，1941 年 3 月 22 日，第 90 页。那个穿制服的绑匪显然是警察。这件绑架案发生一个星期之后，“第一特区地方法院”认定沪西警察局的陈雅文犯有多次绑架罪和盗窃罪。同前，1941 年 1 月 25 日，第 272 页。对他进行了九天的审判之后，静安寺捕房的一名华籍巡捕被指控以每把 47 元的价格将枪租给盗匪。盗匪作案结束后便把枪还给他。同前，1941 年 2 月 15 日，第 387 页。

② 有一封致编者的信写道：“由于上海郊区被日本侵略者及其以汪精卫为首的走狗所占领，先前号称和平与秩序大都会的本市，如今成了恐怖之地。”同上引书，1941 年 3 月 29 日，第 109 页。

③ CWR, 25 Jan. 1941, p. 273. 老百姓的家中经常遭到五六名匪徒的抢劫。

④ CWR, 25 Jan. 1941, p. 272.

⑤ BWOR, Shanghai summary no. 74, 18/7/41, W0208-246A.

交出外套和节日礼服。①

租界里的居民们被反复地告知，他们每天遭遇的风险之源来自歹土，他们如果不采取适当的措施，即依据新“市长”傅筱庵与工部局总董樊克令在1940年2月签署的协议而推进沪西的警察治理，那么，他们将继续生活在危险中。② 尽管双方各持己见，工部局警务处的包文少校与伪上海市政府警察的卢英上校继续进行谈判，并且鉴于公众对1月份犯罪浪潮的大声疾呼，着手达成了一项临时协议，即在歹土组建一支特警队，主要由伪上海市政府挑选警员，但是由租界当局、伪政权以及日本巡官共同任命警官。③ 卢英与包文在1941年1月达成的协议分别呈交给上海工部局以及伪南京政府当局，很快得到了批准。不用说，关于那些新招募警员的工资问题仍未解决。④

林吉雄事件

工部局警务处的预算对于公共租界来说，是个沉重的包袱。多年来，工部局警务处一直依靠1929年卖掉市电厂而得的8100万元的储备基金度日。为了避免另一个年度赤字，工部局曾在1936年试图将地税从14%提高到16%，但是遭到了日籍纳税人的强烈反对。⑤ 由于在与日本交战之前，公共租界的净债务（以工部局拥有的价值6700万元的土地与房产为抵押）已经达到了39,692,284元，因此工部局别无选择，只得从电厂储备基金中再拿出200万

① CWR, 8 Feb. 1941, p. 342. 亦见 25 Feb. 1941, p. 273。

② CWR, 11 Jan. 1941, p. 198.

③ 1941年1月，汪精卫伪政权下的上海“市政府”警察局的警力为7501人，这与此前的7801人相比，稍有下降。其中有6381人是巡捕。见SMP, D-8115 (1), 24/1/41。关于分局和巡捕房的全部指挥人员，参见同上引书，1940年10月3日。关于伪上海市政府之沪西警察的组织与规章，参看SMA, Wang 18.16,《汪伪国民政府内政部等单位分部各级警察机关组织法规》，1940年1月至1942年12月，第11—12页，第24—25页。

④ CWR, 11 Jan. 1941, pp. 198-199.

⑤ Shanghai Municipal Council, *Report for the Year* 1937, p. 85; CWR, 28 Nov. 1936, 437.

元，以平衡1936年的预算。1937年的预算也如法炮制，又在快速减少的储备基金中提取了325万元，尽管警察开支削减了8%，并且降低了各种警务津贴。①

战争使得财政开始日益糟糕，随着租界越来越依赖上海国际区域（也包括虹口地区的“小东京”）中不断增加的日籍居民交纳的税捐，财政事务也越来越涂上了令人厌恶的政治色彩。到1941年1月，约有87,000个日本臣民居住在上海本土，这其中有79,000名日本人、5000名高丽人以及3000名中国台湾人。② 在工部局1940年的纳税人年度会议上，上海日侨中的纳税人试图增加其在工部局中董事的席位，但是提案未获通过。然而工部局当年的财政极其窘迫，于是在1941年1月23日召开的纳税人特别会议上，提出了提案，即对地捐征收40%的附加费，自1940年1月1日起生效，同时增加普通许可证的费用。③

日本人纳税者会议以及合并起来的马路商会，在其70岁的主席林吉雄领导下，强烈反对这一大大加重其负担的增税提案。但是，工部局内董事构成状况的弊端使得其中的日籍纳税人毫无希望击败该增税提案，更不用说使一个修正案获得通过，即依靠银行借贷的方式为租界重新筹措资金。④ 工部局总董事恺自威（W. J. Keswick）是怡和洋行的经理。恺自威被某些人视作7月5日将

---

① CWR, 28 Nov. 1936, p. 473；以及12 Dec. 1936, p. 68。

② 至1941年6月1日，居住在上海以及周边地区的日本臣民总共为138,020人。其中有87,277人生活在上海：79,192名日本人，5144名朝鲜人，2911名台湾人。CWR, 5 Jul. 1941, p. 155.

③ CWR, 1 Feb. 1941, p. 291.

④ 日本的土地主们自己直接交纳市政税，然后再将这项费用分摊给各自的租户。由于英、美人的选举权来自人数众多的地捐纳税人，因此日本人也打算让各自的租户自己直接交纳地捐，以获得选举权。“最大的秘密就是，英、美人的财产又以类似的方式复分开来，而这是日本人做梦也没有想到的。经过安排，这些新选举者登记注册的最晚截止日期，是1938年‘市政府’选举之前，因此，日本人面临着一个‘既成事实’，当他们考虑到要走自己的道路时，已没有时间进行反击。所以说他们‘被激怒了’还属于婉转的措辞。”见 Hugh Collar, *Captive in Shanghai*. Hong Kong: Oxford University Press, 1990, pp. 2－3。CWR, 1 Feb. 1941, pp. 294－295。

中国市政当局的土地档案与地契移交给日本人的绥靖者，而这些文件本来是收藏在公共租界内保管的。① 这是最坏的印象。而最好的印象则是，另一些人相信他只是日本的临时朋友，培养日本人对他的好感，是为了在怡和洋行极其需要获得被日本控制的中国资源时，保护其公司在东亚的利益。② 虽然身为工部局董事，恺自威却并未主持1月23日（星期三）聚集在面对跑马场跑道的露天大看台上2084名本地居民（代表13,066张选票）的大会。大会的主持人换之以资深外交官、丹麦总领事保罗·谢尔（Paul Scheel，他自从希特勒占领了其祖国之后，无正式官职）。大会轻而易举地通过了增税提案：谢尔总领事只是简单地把那些非日本人的脸庞等同于赞成票，而并未确切地计算一下反对票。而这一无意识的种族主义行为，立即导致了露天大看台上日本人的骚动，嘘声和顿足声混成一片。林吉雄主席于是提出了纳税日本人的修正案，以深沉和愤怒的语气说，如今的税收制度是不公正的，并且仍然坚持“某些银行”以生意为基础，会满足工部局的任何需求。③ 由于众人知道工部局已经达到了其信用极限，许多人大笑起来。林吉雄涨红了脸，以毫不掩饰的威胁口吻结束了其演说：

> 如果这些重要的建议，不幸地因拥有强权的少数派的反对而被击败的话——我们对这类情况记忆犹新，他们在最近一次董事选举中，利用我们选举制度的缺陷而丢失数千张决定性的选票——……如果增税提案面对数百万计受其影响的华人和日本人的反对，仍然获得通过的话，那么我必须

---

① CSDCF，893.00 P.R.（Political Reports）/ Shanghai；182，Jul. 1940，p. 22. CWR，16 Nov. 1940，p. 352.

② 日本的入侵曾限于怡和洋行在中国沿海的航运业（虽然有人说，怡和洋行因在日本与中国大陆之间运输军队而获得了巨额利润），生丝和棉花的运输则并非始终通过怡和洋行。英华公司（怡和洋行的一个金融子公司）垄断了从上海到沈阳的中国最长铁路线上的销售供应。自1937年日本占据了中国铁路以来，铁路设施内的销售业日益凋敝。同上书，第351页。

③ 唯一可能成为贷款方的银行，不是横滨正金银行（它扣押了海关基金），就是汪精卫的“中央银行”（它正在各地滥发毫不值钱的纸币）。

指出，由此造成的后果，必须全部由这个少数派和工部局负责。①

林吉雄回到主席台旁自己的座位上之后，恺自威走上讲台，反驳日籍居民提出的修正案，说它是“荒谬的建议”，并下结论：“我竭力奉劝你们拒绝这一修正案。”当谢尔要把这一修正案交付表决时，林吉雄也站起来，走向了讲台。人人都看着这位70岁的小个子老头慢慢走上台阶。当他到达讲台上时，却突然从口袋里拔出一支点32口径的左轮手枪，瞄准恺自威开了两枪，子弹穿透了这位英国人厚实的大衣，射入他的胸膛。随着恺自威的倒下，会场上立即爆发了一场大混战。台上的其他三名男子——工部局董事冈本一测以及总办处的池田和野口——从林吉雄手中夺过手枪。椅子和垫子在空中被掷来扔去。警务处处长包文站在台阶上，阻挡试图冲上讲台台阶的其他日本人。同时，警察们推搡着林吉雄，将其拘禁；恺自威则被抬上了救护车，送往宏恩医院。②

恺自威幸免于难。在其同党中成为英雄的林吉雄，向日本领事馆自首；后者称要将其送往长崎审判。③ 日本外务省发言人说，在长崎法庭，“不一定”要求上海的证人出席。“无人——当然除了《密勒斯评论报》外——注意到日本人枪击恺自威先生的讽刺意义，他在过去的一年内一直是试图与日本人亲和的领头人。”④ 当时也无人知道，日本偷袭珍珠港后，恺自威会成为英国“特别行动作战部”驻华战时情报处处长。

虽然两名日本人企图在2月2日纵火烧毁上海跑马总会的大看台，上海的纳税人——除了联合抵抗这次会议的日籍居民——三天后在康复的恺自威的主持下集合起来，以7055票对5票，批准了增收40%附加税的提案。这些新税有助于支付工部局特警队进行西郊巡逻所花的费用了，尽管反日的恐怖主义活

---

① CWR，1 Feb. 1941，p. 292.

② CWR，1 Feb. 1941，第292—293页。

③ 在日本的报纸上，他被说成是“出于崇高的理由而被迫采取拼死的手段，以反抗工部局英、美官员的自私态度”。CWR，1 Feb. 1941，p. 295.

④ 同上书，第294页。

动仍持续到了1941年夏天。[①]

报 复

早在8月17日，日本人就在“大上海”边界上设置了新的铁丝路障。[②] 徐家汇与虹桥地区的歹土边界都布满了隔离网，以至许多小路都被堵上，杨树浦河上的所有桥梁都被封锁，只有两座桥没有被完全封锁。[③] 如今，经陆路去上海的华人都要经由军事检查站，接受严格的搜查，以防携带武器。虹口的“小东京”变成了难以进入的要塞。1941年8月28日以后，华人从下午7时至凌晨5时之间，不得进入“日本城”。当他们在白天要过苏州河时，衣服、包裹、行李、车辆以及本人都要接受岗哨的严密搜查，岗哨的数量是往日的一倍，桥头的岗哨则是成倍增加。“装甲车通宵达旦地在苏州河以北的大街上巡逻，从虹口至苏州河南岸的所有进出口都被关闭了。”[④] 伪政权也采取了严厉的措施。8月下旬，伪南京政府颁布了上海的“新刑法”，它将歹土以及公共租界、法租界以外地区的所有偷盗案件都交给当地的军事机关处理。也就是说，原先由民事法院审理的案件——按照2月的“临时协定”，歹土的案件由南市法院审理——如今都由汪精卫伪政权根据军事法而做出单方面的裁决。实际上，这意味着陈公博伪“市长”指令沪西特警总署首脑潘志杰要将

---

① “这是上海保守派特权阶层的巨大胜利，是1月23日枪击事件后上海的西方人的感情的巨大胜利，更是无意识的种族制度的胜利，工部局的‘中心人物’依赖于这一制度维持着报酬优厚的职位，其代价则是牺牲那些在他们受到沉重打击时只能提供最少帮助的人。”见CWR，8 Feb. 1941，p. 333；亦见同上引书，10 May. 1941，p. 324。

② “Wave of Local Terror Rises as Gunmen Kill Chinese Banker Here,” *China Weekly Review*，23 August 1941，p. 361. 日本宪兵至少在1月份以来就使用了旧的裸导线路障，只置于街道的十字路口。见CSDCF，893. 00 P. R.（Political Reports）/ Shanghai，148，Jan. 1941，p. 16。

③ 8月28日后，中国的送货员被禁止将日用杂货送往虹桥的外国人居住地。见CWR，6 Sep. 1941 p. 16。

④ “Terrorist Killings Cause Japanese to Restrict Movements in Hongkew,” *China Weekly Review*，August 30，1941，p. 393.

武装的歹徒和绑匪引渡给保安队。[①] 虽然这些变革是警察中央集权化总政策的一部分，但是它们也起因于“警政部长”李士群和“社会部长”丁默邨的政治斗争。8月16日之前，汪精卫和周佛海都对这两人越来越不满意，尤其是对李士群。身为“财政部长”的周佛海对李士群明显地感到愤怒，因为流入极司非而路76号的非法税收很少收入伪中央政府的账内。而作为伪政府首脑的汪精卫，则害怕李士群的权力日益扩张，不喜欢他使用“公开乃至专横的手段开展警察活动，特别是这些活动过于直接地引起公众的注意”[②]。

李士群——既是控制“76号”歹土叛徒的首领，也是老资格的“警政部长”——随心所欲的独立性也惹恼了“内务部长”陈群。陈群作为前“维新政府”的官员，拥有厚实的日本背景，他不喜欢李士群与吴世宝两人难以驾驭的行事方式。[③] 因此，当陈群坚持要求将这两人置于其管辖之下时，汪精卫必然会同意此举。丁默邨被任命为另一同级职务，但权力更小了；李士群出任总部设在苏州的“清乡委员会秘书长”。[④]

所有这些变动都对极司非而路76号的伪政权秘密特工活动产生了明显的影响。虽然这一机构如今由李士群的前副手、“警政部副部长”佟克明负责，

---

① Terrorist Killings Cause Japanese to Restrict Movements in Hongkew," *China Weekly Review*, August 30, 1941, p. 393.

② 同上。

③ 陈群是梁鸿志的“维新政府”的“内政部长”。见“《中华民国维新政府政纲》”，“维新政府组织系统暨重要职员表”（1939年9月10日），附311页。

④ 黄美真、张云编：《汪精卫集团投敌》，上海人民出版社1984年版，第116—118页；刘峰：《在伪警察局里的斗争》，《文史资料选辑》上海解放三十周年专辑（上），上海人民出版社1979年版，第178页；余子道：《汪精卫国民政府“清乡”运动》，《抗日战争研究》，1992年第3期，第323页；Argus，“Motives Behind the Reorganization of the Puppet Government,” *China Weekly Review*, 6 Sep. 1941，11、28。李士群最终被日本人毒死，或是应周佛海的要求，或是因为李士群暗中与扬州郊区的共产党新四军发展了某种关系。见章微寒：《戴笠与军统局》，《浙江文史资料选辑》第23辑，浙江人民出版社1982年版，第145页；陈恭澍：《抗战后期反间活动》，台北传记文学出版社1986年版，第370—371页；Poshek Fu, *Passivity, Resistance, and Collaboration: Intellectual Choices in Occupied Shanghai*, 1937－1945, Stanford: Stanford University Press, 1993, pp. 132－133。

李士群本人完全退出了这个舞台，而南京下令秘密警察的活动以“更加隐秘的方式”进行。如今，周佛海的“财政部”对“76号”的收入——包括赌博的抽成——拥有了更加直接的控制权。显然，陈群声称“内务部”有权控制全部的秘密警察机关一事，与卢英将军在7月专任南市警察局的侦缉队长首脑是出于同一目的的两个举措。卢英取代潘志杰成为沪西特警之首，控制了歹土和那里的一帮乌合之众以及充任秘密特工的通敌分子。①

“孤岛上海” 的终结

那么，声称南市警察控制了形形色色的暴徒、秘密特工、恐怖分子、极司非而路76号缺乏训练的巡捕以及沪西特别警察，就真的将“歹土”变成“良土”（借用当时上海伪政府报纸上的可笑词语）了吗?② 答案几乎是否定的。南市本身与沪西不同，1941年整个秋、冬季节，它依旧是赌博与毒品交易的安全港湾。③ 恐怖战争继续盛行，特别是在银行与通货的控制权以及报纸的主宰权方面更是如此。④ 凶杀案与犯罪率呈现出螺旋形上升趋势。尽管工部局警务处与日本宪兵队在围剿蓝衣社方面进行了充分的合作，工部局最后一任董事

---

① Argus, “Motives Behind the Reorganization of the Puppet Government,” *China Weekly Review*, 6 Sep. 1941, 11; CWR, 30 Aug. 1941, p. 391.

② 1941年7月17日至19日，伪上海市政府警察局从江湾迁到了位于南市的前砂锅内第二中学。卢英将军打算在9月日本宪兵从蓬莱路上正规的公共安全局撤走以后，再行搬迁。见SMP, D-8115（1），24/7/41。

③ 早些时候，在1940年8月，南市设有30家赌场。见CSDCF，893.00 P. R.（Political Reports）/ Shanghai，143，Aug. 1940，p. 20；CWR，11 Oct. 1941。

④ 陶菊隐：《孤岛见闻：抗战时期的上海》，上海人民出版社1979年版，第90—92页；CWR，11 Nov. 1941，p. 168；“Japanese Demand Changes in Settlement Police as Terrorist Wave Continues Unabated,” *China Weekly Review*, 27 Sep. 1941, p. 108；CSDCF，893.00 P. R.（Political Reports）/ Shanghai，108，16 Oct. 1941，p. 322。

们与日本总领事继续着关于最终控制租界警权问题的无聊谈判。[①] 一旦发生战争——如今对许多人而言此事似乎已十分明显，公共租界——对于许多生活在其中的华人而言，它已经只是名义上的独立实体了——将被移交给伪政府，而这仅仅是中国主权的虚幻胜利。[②]

与此同时，贫富差距继续扩大，双方都被日益恶化的战时通货膨胀压得喘不过气来。对于中国工人而言，自 1937 年抗战开始以来，物价上涨了十倍；对于外国人而言，每月的生活费则上涨接近 9%。[③] 在 1941 年 12 月 8 日上海全城落入日军手中之前的两个月间，乞丐和小偷肆无忌惮地在大街货摊上偷窃食品，直至摊主无货可卖，而一边的警察却熟视无睹。租界当局试图将米价控制在每担 130 元，但是奸商盛行，甚至上层的中产阶级也开始意识到，已经来临的生存斗争主要集中在食品和日常用品的争夺上。“似乎孤岛正在沉入无边无际的苦海之中。”[④]

四年的“孤岛”经历，在大部分人的眼中成了“恐怖的梦魇”。[⑤]“在过去的许多个月中，”工部局总董李德尔（J. L. Liddell）在 1941 年 9 月说道，“租界成了周期性恐怖活动的战场，受害者大多数为中国人。”他要求枪手们放下手中的武器，李德尔补充道：“我希望我的呼吁能被听到，并得到各帮派和所

---

① “Japanese Demand Changes in Settlement Police as Terrorist Wave Continues Unabated,” *China Weekly Review*, 27 Sept. 1941, p. 108. 关于 8 月 23—28 日恐怖活动高潮之后，双方联合围剿蓝衣社的例子，见 SMP 中的冗长文件：D－8299，29/8/41。

② 在天津和广州租界移交给汪伪政府后 17 个月，即 1943 年 8 月 1 日，上海租界才移交。关于这一耽搁的某些战略性考虑，见唐振常、沈恒春主编《上海史》中第 829—830 页的精彩探讨。关于战争必然性的理解，见 Hugh Collar, *Captive in Shanghai*. Hong Kong：Oxford University Press，1990，p. 13。

③ 在法租界的电车公司雇员罢工的同时，工部局的 100 名华籍巡捕为抗议低工资和高米价，也于 1940 年 11 月 29 日举行了一天的罢工。他们的工资加上津贴，只抵得上四口之家最低生活费用的 60%。见 CSDCF，893. 00 P. R.（Political Reports）/ Shanghai，146，Nov. 1940，p. 17。

④ 陶菊隐：《天亮之前的孤岛》，上海中华书局 1947 年版，第 5、7—8 页。亦见 Oakes，Vanya，*White Man's Folly*，Boston：Houghton Mifflin Company，1943，p. 358。

⑤ CWR，4 Oct. 1941，p. 186.

有政党的支持。我真心地请求他们利用各自的全部影响力来恢复法律和秩序，使得生活在这里的居民重获安宁，这是他们最大的愿望。”①

毫无疑问，在经历了歹土的混乱后，人们对和平、法律与秩序十分渴望。因此，当1941年12月7日美国舰队在珍珠港沉没后，日本人十分容易地便直接统治了上海。日本帝国的统治是严酷的。他们使用修改过的保甲制度（该制度在其殖民地台湾得以完善），将全市市民编入相互担保的组织中，置于警察的直接控制之下，一旦发生反抗活动，日本人以及伪政府便采取孤立以及饥饿的方式进行惩罚。② 日军的占领给上海人留下了痛苦的记忆。但是，日本人在将其“新秩序”强加给所有的上海人之后，实际上并未发生市民的起义和公开的对抗。日军得以在1942—1945年间轻易地占领和统治中国最大的城市的原因之一，可能是1937—1945年间给这个城市造成巨大创伤的各种骚乱。厌倦感和谨慎感从未远离生活，以当时上海流行的调侃方式是这样表述的：“在和平中生活如此长久是难熬的。”③ 日本人之所以能够稳固地统治上海，并不是因为他们在政治上有多能干，而是因为这个城市中的中国人在心理上已经崩溃了。

宋京　译

缩略语

BFOR—British Foreign Office Records. London：Her Majesty's Public Record Office.

BWOR—British War Office Records. London：Her Majesty's Public Record Office.

---

① “Japanese Demand Changes in Settlement Police as Terrorist Wave Continues Unabated,” *China Weekly Review*, 27 Sept. 1941, p. 108.

② 刘峰：《在伪警察局里的斗争》，《文史资料选辑》上海解放三十周年专辑（上），上海人民出版社1979年版，第178页。

③ 引自：Poshek Fu, *Passivity, Resistance, and Collaboration: Intellectual Choices in Occupied Shanghai*, 1937－1945, Stanford：Stanford University Press, 1993, p. 4。

CP—*China Press*（《大陆报》）

CWR—China Weekly Review（《密勒氏评论报》）

CJ—Chung-yang jih-pao（《中央日报》）

CSDCF—*Confidential U. S. State Department Central Files. China*: *Internal Affairs*, 1940 - 1944.

FRUS 1940—*Foreign Relations of the United States.* Diplomatic Papers, 1940. vol. 4, the Far East. U. S. Department of State. Washington: U. S. Government Printing Office, 1955.

HSP—*Hsin shen pao*（《新申报》）

JWSSC—*Shanghai shi tang-an kuan*, *comp. Jih wei Shanghai shi cheng-fu*（《日伪上海市政府》）Shanghai: Tang-an ch'u-pan-she, 1986.

NCDN—*North China Daily News*（《字林西报》）

RDS China—*Records of the Department of State Relating to the Internal Affairs of China.* 1930 - 1939. Government Documents Library, microfilm 31217.

SMA—*Shanghai Municipal Archives*（上海工部局档案）

SMP—Shanghai Municipal Police（International Settlement）Files. Microfilms from the US National Archives.

ST—*Shanghai Times.*

SP—*Shen pao*（《申报》）

参考文献

陈恭澍：《抗战后期反间活动》，台北传记文学出版社 1986 年版。

程舒伟、刘福祥：《刀光剑影：民国暗杀纪实》，北京团结出版社 1989 年版。

秦孝仪主编：《中华民国重要史料初编：对日抗战时期》第二编《作战经过》，台北中国国民党党史委员会 1981 年版。

张方仁：《金融漫记》，上海春明书店 1949 年版。

张维汉：《戴笠与军统处》，《浙江文史资料选辑》第 23 辑，第 79—151 页，内部出版，浙江人民出版社 1982 年版。

张军:《周佛海》, 载黄美真主编《汪伪十汉奸》, 上海人民出版社 1986 年版, 第 196—259 页。

"《中华民国维新政府政纲》", 南京"中华联合通讯社" 1939 年版。

《中央日报》

何理:《抗日战争史》, 上海人民出版社 1985 年版。

《新申报》

徐宗尧:《组织军统北平站和平起义的前前后后》,《文史资料选辑》第 68 辑, 第 126—151 页, 北京中华书局 1980 年。

黄美真、张云主编:《汪精卫集团投敌》, 上海人民出版社 1984 年版。

刘峰:《在伪警察局里的斗争》,《文史资料选辑》上海解放三十周年专辑 (上), 上海人民出版社 1979 年版, 第 175—194 页。

《申报》

沈醉:《汪精卫河内遇刺记》,《政治暗杀实录》, 香港中原出版社 1985 年版, 第 77—84 页。

《陈公博》, 载黄美真主编《汪伪十汉奸》, 上海人民出版社 1986 年版, 第 129—195 页。

唐振常、沈恒春主编:《上海史》, 上海人民出版社 1989 年版。

陶菊隐:《孤岛见闻: 抗战时期的上海》, 上海人民出版社 1979 年版。

陶菊隐:《天亮前的孤岛》, 中华书局 1947 年版。

余子道:《论抗战初期正面战场作战重心之转移》,《抗日战争研究》, 1992 年第 3 期, 第 1—21 页。

余子道:《汪精卫国民政府清乡运动》, 载复旦大学历史系编《汪精卫汉奸政府的兴亡》, 上海复旦大学出版社 1987 年版, 第 302—349 页。

"Assassination of Reformed Government Official." Miscellaneous report no. 89/39, dated February 19, 1939, in Shanghai Municipal Police (International Settlement) Files, D-9037, 21/2/39.

"Black Hole of Shanghai, Described to Rotarians," *China Press*, 19 April 1946, 1.

"Further Assistance to Japanese Military Police." Report by DSI Crighton in Shanghai

Municipal Police (International Settlement) Files. *Microfilms from the U. S. National Archives*, D - 9037, 18/3/39.

"How the Foreign Minister Was Assassinated," *Hsin shen-pao*, November 9, 1939, trans. SMP, D - 9037, 9/11/39.

"Japanese Demand Changes in Settlement Police as Terrorist Wave Continues Unabated," *China Weekly Review*, 27 Sep. 1941, 108.

"Shanghai Mayor Keeps His Promise to the Public," *Shanghai* (journal published by the Metropolitan Publishing Company), July 1941, 2 - 4.

"Terrorist Killings Cause Japanese to Restrict Movements in Hongkew," *China Weekly Review*, August 30, 1941, 393.

"The High Cost of Living and the Labour Situation," *Shanghai*, July 1941, 12 - 15.

"Wave of Local Terror Rises as Gunmen Kill Chinese Banker Here," *China Weekly Review*, 23 August 1941, 361, 373.

Argus. "Motives Behind the Reorganization of the Puppet Government," *China Weekly Review*, 6 Sep. 1941, 11, 28.

British Foreign Office Records. London: Her Majesty's Public Record Office.

British War Office Records. London: Her Majesty's Public Record Office.

Ch'i, Hsi-sheng. *Nationalist China at War: Military Defeats and Political Collapse*, 1937 - 1945. Ann Arbor: University of Michigan Press, 1982.

China Critic.

China Press.

China Weekly Review.

Coble, Parks M. "Chinese Capitalists and the Japanese: Collaboration and Resistance in the Shanghai Area, 1937 - 1945." Paper submitted to The China Quarterly, November, 1993.

Collar, Hugh. *Captive in Shanghai.* Hong Kong: Oxford University Press, 1990.

Davidson-Houston, J. V. *Yellow Creek: The Story of Shanghai.* Philadelphia: Defour Editions, 1964.

Eastman, Lloyd E. "Facets of an Ambivalent Relationship: Smuggling, Puppets, and Atrocities during the War, 1937 – 1945," in Akira Iriye, ed., *The Chinese and the Japanese: Essays in Political and Cultural Interactions.* Princeton: Princeton University Press, 1980, 277 – 303.

Epstein, Israel. *The Unfinished Revolution in China.* Boston: Little, Brown & Co., 1947.

Finch, Percy. *Shanghai and Beyond.* New York: Charles Scribner's Sons, 1953.

Foreign Relations of the United States. Diplomatic Papers, 1939, vol. 4, the Far East, the Near East, and Africa. U. S. Department of State. Washington: U. S. Government Printing Office, 1955.

Foreign Relations of the United States. Diplomatic Papers, 1940, vol. 4, the Far East. U. S. Department of State. Washington: U. S. Government Printing Office, 1955.

Fu, Poshek. "Intellectual Resistance in Shanghai: Wang Tongzhao and a Concept of Resistance Enlightenment, 1937 – 1939." Paper delivered at the Association for Asian Studies meetings, San Francisco, March 24, 1988.

——*Passivity, Resistance, and Collaboration: Intellectual Choices in Occupied Shanghai, 1937 – 1945.* Stanford: Stanford University Press, 1993.

Hauser, Ernest O. *Shanghai: City for Sale.* New York: Harcourt, Brace & Co., 1940.

Heinrichs, Waldo. "Franklin D. Roosevelt and the Risks of War, 1939 – 1941," in Akira Iriye and Warren Cohen, eds., *American, Chinese, and Japanese Perspectives on Wartime Asia, 1931 – 1949.* Wilmington: Scholarly Resources Books, 1990, 147 – 178.

Henriot, Christian. "Le gouvernement municipal de Shanghai, 1927 – 1937." Thèse pour le doctorat de 3ême cycle prêesentê a l'Université de la Sorbonne Nouvelle (Paris Ⅲ), Juin 1983.

Heppner, Ernest G. *Shanghai Refuge: A Memoir of the World War Ⅱ Jewish Ghetto.* Lincoln: University of Nebraska Press, 1993.

Honig, Emily. "Women Cotton Mill Workers in Shanghai, 1919 – 1949." Ph. D dissertation, Stanford, 1982.

Hsü, Shu-hsi. *The War Conduct of the Japanese.* Shanghai: Kelly and Walsh, 1938.

Oakes, Vanya. *White Man's Folly.* Boston: Houghton Mifflin Company, 1943.

Pan Ling. *Old Shanghai: Gangsters in Paradise.* Hong Kong: Heinemann Asia, 1984.

Records of the Department of State Relating to the Internal Affairs of China, 1930 – 1939. Government Documents Library, microfilm 31217.

Shanghai Municipal Archives.

Shanghai Municipal Council. Report for the Year 1937 and Budget for the Year 1938. Shanghai: North China Daily News and Herald, 1938.

Shanghai Municipal Police (International Settlement) Files. Microfilms from the U. S. National Archives. Shanghai Times.

Snow, Edgar. *The Battle for Asia.* Cleveland: The World Publishing Company, 1942.

Sun, Youli. *China and the Origins of the Pacific War.* 1931 – 1941. New York: St. Martin's Press, 1993.

Tretiak, Daniel. "Political Assassinations in China, 1600 – 1968," in James F. Kirkham, Sheldon G. Levy, and William J. Crotty, eds., *Assassination and Political Violence: A Report to the National Commission on the Causes and Prevention of Violence.* New York: Praeger, 1970, 635 – 671.

U. S. Military Intelligence Reports, China, 1911 – 1941.

Wakeman, Frederic, Jr., and Yeh, Wen-hsin. "Introduction," in Frederic Wakeman, Jr., and Wen-hsin Yeh, eds., *Shanghai Sojourners.* Berkeley: Institute of East Asian Studies, 1992, 1 – 14.

Wang, Ching-wei. *A la mmoire de M. Tsen-Tson-Ming.* Hanoi, 7 April 1939. Pamphlet in Records of the Department of State Relating to the Internal Affairs of China, 1930 – 1939, 893. 00/14394.

White, Lynn T., Ⅲ. "Non-govemmentalism in the Historical Development of Modern Shanghai," in Laurence J. C. Ma and Edward W. Hanten, eds., Urban Development in Modern China. Boulder: Westview Press, 1981, 19 – 57.

Woodhead, H. G. W., ed. *The China Yearbook.* Tientsin and Shanghai, 1912 – 1939.

Yeh, Wen-hsin. "Dai Li and the Liu Geqing Affair: Heroism in the Chinese Secret Service During the War of Resistance," *Journal of Asian Studies* 48, no. 3 (August 1989): 545–562.

—— "The Liu Geqing Affair: Heroism in the Chinese Secret Service During the War of Resistance." Paper presented at the Association for Asian Studies, April 10. 1987.

汉奸——战时上海的通敌与锄奸活动

（2000年）

你们年轻人要爱国，不要替日本人做事，当汉奸。现在南岛需要一些便衣，你们要想参加，就跟我来。

——别动队招兵人员，上海，1937年9月

20世纪三四十年代中国大众新闻界最流行的骂人话之一便要算“汉奸”了。据《汉语大词典》解释，该词“原指汉族败类，后指向外族或外国侵略者卑躬屈膝、惟命是从、出卖祖国民族利益者”。①

越 轨

“奸”一词有两种形式（见《麦氏汉英大辞典》）。“姦”（奸）由三个“女”字组成，主要意思是“私下的、自私的、秘密的”以及“不正经的、败坏的、堕落的、邪恶的、恶劣的、恶毒的”。古代文字学著作《说文解字》认为这些含义本于沉湎于或迷恋于三个女子。第二层意思包括“丑恶的事物、地痞、流氓、强盗；伪造的、虚假的；内外混乱；狡诈的、堕落的、狡猾的、奸诈的；不正当的性交；暗中通敌；强奸”。② 第二种形式最常见于“汉奸”这

① 罗竹风主编：《汉语大词典》，第6卷，香港三联出版社1990年版。辞藻不如其华丽、由张其昀主编的《中文大辞典》第20卷，对该词的定义为“为了外国人的利益故意伤害自己国家者”，中国台北“中国文化学院”出版部1967年版，第79页。

② 张其昀主编：《中文大辞典》，1962—1968年出版，第9卷，第143页。罗竹风主编：《汉语大词典》，第4卷，香港三联出版社1990年版，第349页。

一复合词当中，除了其他含义外，还加上了“越轨行为”这层意思。[①]“奸”在这里更像一个及物动词，指“通奸、性交、犯法、对抗、侵犯、侵害、侵占”。[②]

在这些诸多的诠释当中有三个密切相关的含义最终和“叛徒”一词联系了起来。一个是“越轨行为”，或者从某种意义上说，是超越常规到对方一边去。第二个是这种越轨行为导致、产生、引起了“乱”。第三个是非法的越轨行为同过度强烈的性欲之间的关联。

“汉奸”这一复合词最早流行于宋代，指为女真人的金朝充当密探的汉族（即中国）官员。据目前用于中华人民共和国的最权威的字典解释，“汉奸”指“帮助异种危害其同种者”。[③] 毋庸赘言，该词实际上比其字面上的意思更具有排他性，也就是说，只有汉族人才能当汉奸。换言之，很难从语义上将政治上的叛国和种族上的越界行为分离开来。

转 变

当违反普遍的文化规范和投向特有的民族敌人这两种罪行在外国入侵中国期间同时发生时，“汉奸”一词便成了挂在通敌分子脖子上的耻辱的牌子。明清交替期间，在明朝官员眼里最大的叛逆便要算是1644年满族人刚一入关占领中原时便投敌的汉奸了。早期越过国界在境外生活的人，其种族往往不明，他们对新的清朝的忠诚紧紧围绕着满人的汗，也就是他们所效忠的皇

---

① 其他相关的复合词包括“奸人”“奸巧”“奸谋”及“作奸”。和“汉奸”一样，“奸细”（写作“细”）一词最早流行于宋朝（但该用法亦见于《旧唐书》中），指胡人金朝的密探。张其昀主编：《中文大辞典》，1962—1968年出版，第9卷，第145页。

② 罗竹风主编：《汉语大词典》，第4卷，香港三联出版社1990年版，第268—269页。在《左传》中，它读作gan，用作动词，指篡夺君位。亦见张其昀主编《中文大辞典》，第9卷，第53页。

③ 罗竹风主编：《汉语大词典》，第6卷，香港三联出版社1990年版，第49页。

帝。而受到史家痛斥的是洪承畴和吴三桂这类后来的投敌分子。不过，在乾隆年间大兴文字狱的时候，背叛汉族这一概念受到有意的压制，儒家意义上的叛逆被称为“贰臣”，专指投降清朝的前明朝官员。自然，清朝的“普天之下，莫非皇土”的文化主义同当时朝野对其种族的专一之间的紧张关系依然存在。①

即使在乾隆年间（1736—1795）以前，尽管仍存在着这种晚期文化和早期民族主义者间的紧张状态，“汉奸”一词便在清朝政府中被广泛用来指加入西南部落的汉人。② 清朝的总督和巡抚们对于苗族居住区有着两种倾向。一种和世袭的官员（即满族和汉族的旗人）有关，要防止异族通婚，并将与苗族人之间的麻烦归罪于“无赖汉奸”。另一种是同化苗族人，而不是将他们隔离开，哪怕这意味着汉苗通婚。在18世纪早期，清政府根据1707年的一项立法实行种族隔离，汉族人不许住到苗族村庄里，苗族人不许到内地来。“汉奸”则成了那些越过边界的汉族人。到了雍正年间（1723—1735），这条边界已经

---

① Pamela Kyle Crossley, “An Introduction to the Qing Foundation Myth,” *Late Imperial China*, vol. 6, no. 1, (December 1985), pp. 3 - 24; “Manzhou yuanliu kao and Formalization of the Manchu Heritage,” *Journal of Asian Studies*, vol. 46, no. 4 (November 1987), pp. 761 - 790; *Orphan Warriors: Three Manchu Generations and the End of the Qing World.* Princeton: Princeton University Press, 1990; Joseph Richmond Levenson, *Confucian China and Its Modern Fate: A Trilogy.* Berkeley and Los Angeles: University of California Press, 1968; Frederic Wakeman Jr, *The Great Enterprise: The Manchu Reconstruction of Imperial Order in Seventeenth-Century China*, 2 vols. Berkeley: University of California Press, 1985.

② 在15世纪早期的明朝，“战事不仅发生在蛮人和汉民之间，而且发生在投敌分子和守法百姓之间”。Leo K. Shin, “Contracting Chieftaincy: Political Tribalization of the Southwest in Ming China.” Paper presented at the Center for Chinese Studies Annual Symposium, “Empire, Nation, and Region: The Chinese World Order Reconsidered.” Berkeley, California, March 3 - 4, 1995, p. 37.

无法严格地维持了。[①] 在乾隆年间，中国社会要远比 17 世纪初期更加一体化，主张文化融合的人逐渐占了上风，“种族隔离派丧失了市场，他们将汉族叛逆打入冷宫的企图也无人响应了”。直到 19 世纪西方入侵中国时，“汉奸”的形象才再次广泛出现。[②]

叛逆与变节

鸦片战争将“内应”“卖国贼”“奸商”和“汉奸”这些概念重新引入中国社会，他们成了清王朝对英帝国战败的替罪羊。他们有的为在英军枪炮庇护下担任行政长官的波美拉尼亚传教士郭士立（Karl Friedrich August Gützlaff，1803—1851）充当恬不知耻的衙役，有的地方官员在英舰“复仇女神”号上对广州进行要挟，他们被斥为出卖国家的“叛逆”。[③] 不过，笔者无意赘述 19 世纪这段丰富的历史，而只是想重申背叛民族文化与越境通敌之间的联系，以

---

① 这些“汉奸”们往往和苗族人通婚，成为苗族人与汉族官员、商人之间的媒介。不过，“奸民”们则是边界地区世袭的苗人头领们的部下、军官和跑腿的。Donald Sutton，“Sinicizing and Signifying in the Eighteenth Century：Ordering the World of the Ethnic Frontier.” Paper presented at the Center for Chinese Studies Annual Symposium，“Empire，Nation，and Region：The Chinese World Order Reconsidered”，Berkeley，California，March 3－4，1995；long version of the paper March 2，1995，p. 12.

② Donald Sutton，“Sinicizing and Signifying in the Eighteenth Century：Ordering the World of the Ethnic Frontier.” Paper presented at the Center for Chinese Studies Annual Symposium，“Empire，Nation，and Region：The Chinese World Order Reconsidered.” Berkeley，California，March 3－4，1995；short version of the paper March 2，1995，p. 19. 在这一过程中，最有意思的是世袭官员将越轨分子定为汉奸的权力。

③ Arthur Waley，*The Opium War through Chinese Eyes*. London：Allen and Unwin，1958；Wakeman Jr.，*Strangers at the Gate*：*Social Disorder in South China*，1839－1861. Berkeley：University of California Press，1966.

及后者同兽行、性侵犯和恶行之间的关联。①

减少普遍与具体的认同之间在认识上的矛盾的方法之一，是将人性与汉族性等同起来。被排除于群体之外，就意味着成为“别人”，失去成为真正的人的能力，不再是汉人，甚至不再是条汉子。②

失去这种做人的状态，便意味着与魔鬼、“猪”之类的动物或者当时的反基督教招贴画上的天主教传教士等为伍。③

在20世纪的大众心理当中，做汉奸便是分裂行为，是疯狂之举，为国人所不齿。1938年的一篇题为《校长做汉奸》的文章说：“本埠甘白小学前校长陈器白，自抗战以来，不知自爱，于首都沦陷后，携眷离甬，近竟丧心病狂，化名陈道量，公然担任南京伪行政院秘书。”④ 所以，当汉奸便意味着良心丧尽，名誉扫地。

1927年第一次统一战线破裂后，白色恐怖开始。共产党组成了专门的暗杀队，隶属周恩来领导下的中央特科。该暗杀队的正式名称是红队，但其成员

---

① Paul Cohen, *China and Christianity: The Missionary Movement and the Growth of Chinese Antiforeignism*, 1860－1870. Cambridge: Harvard University Press, 1963; Mark Elvin, “Tales of Shen and Xin: Body-Person and Heart-Mind in China during the Last One Hundred and Fifth Years,” Michel Feher ed., *Fragments for a History of the Human Body*, pt 2, New York: Zone, 1989, 267－349; Frank Dikötter, *The Discourse of Race in Modern China*. Stanford: Stanford University Press, 1992; Federic Wakeman Jr., *Strangers at the Gate: Social Disorder in South China*, 1839－1861. Berkeley and Los Angeles: University of California Press, 1966. 当然，叛国与通敌之间的这种联系有其实用性。柯伟林指出：“控制外国渗透对国内的影响的一个办法，是以叛徒罪名惩罚里通外国的中国人。”参见Kirby, “Intercultural Connections and Chinese Development: External and Internal Spheres of Modern China's Foreign Relations,” in Frederic Wakeman Jr. and Wang Xi eds., *China's Quest for Modernization: A Historical Perspective*。Berkeley: University of California Press, 1997, pp. 208－233, 215.

② 在汉语口语中，“汉”亦指“男人”，属阳性词，如“老汉”“汉子”“大汉”及“好汉”。从这个意义上说，作为一个汉族人便等于作为一个人，以此可以追踪一个人成为非人的“奸人”的轨迹。

③ Paul A. Cohen, *China and Christianity: The Missionary Movement and the Growth of Chinese Antiforeignism*, 1860－1870. Cambridge: Harvard University Press, 1963.

④ 《申报》，1938年12月24日，第6页。

自称“打狗团”，专门暗杀叛徒和汉奸。“汉奸”一词并非总是用来指那些“背叛马克思主义”或“背叛原来的阶级”的人们，但那些脱离党的怀抱的政治上的“叛徒”，常常被称为“汉奸”。① 右翼的国民党也将共产党视为“汉奸”。② 秘密警察头目戴笠最终在“打狗团”设于上海某珠宝店的据点里将其破获，它的成员被南京国民党政府处决。③

背叛与绥靖

蒋介石政权打击汉奸的中坚力量是蒋的一群弟子，即在蒋重新掌权后于1932年2月成立力行社的黄埔学员们。力行社的这些成员构成了蓝衣社的核心。虽然他们都是坚定的反共分子，但最早唤起他们的却是日本的对华侵略。1931年的九一八事变时，他们当中的许多人正在日本的军事学校或警察学校留学。这些留学生在东京举行游行示威，被警察驱散，他们便回国参加了由龚德柏等人成立，由贺衷寒的朋友和同学萧赞育领导的留日学生抗日救国会。龚德柏的报纸《靖国日报》呼吁中国人起来抗日锄奸。尽管龚本人并未参加力行社的活动，但这个秘密组织的筹备处成员们却利用该报为掩护，以其记者和编辑的身份进行工作。④

隶属力行社的蓝衣社成员们狂热地拥护其领袖蒋介石，致力于铲除汉

---

① 李肇春：《身份复杂的潘汉年》，《共党问题研究》第9卷第3期（1983年3月15日），第114—118页；Roger Faligor and Remi Kauffer，*Kang Sheng et les services secrets chinois*（*1927－1987*）. Paris：Robert Laffont，1987，p.105；SMP，D－9319，1939，pp.2－3；沈醉：《军统内幕》，文史资料出版社1984年版，第64页。

② 沈醉：《军统内幕》，文史资料出版社1984年版，第92页。

③ 同上书，第63—64页；Concession Franpaise de Changhai，Direction des Services de Police，Service Politique，Document No 237/S. *Étude le mouvement communiste en Chine*，1920－1933. Shanghai，December 15，1933，pp.40－41.

④ 邓元忠：《三民主义力行社史》，台北实践出版社1984版，第110页。

奸。[1] 力行社的骨干认为，汉奸既是中国软弱的表现，又是其根源，它说明中国缺乏那种激励了大和民族的精神。他们认为：

> 中国大众的民族意志极弱，这可以从中国有那么多的汉奸卖国贼这一点上看出来……几乎可以说，这种丑恶的现象在世界各国是绝无仅有。在东北和长江流域，他们无耻地争权夺利，出卖国家。中国的内地可以说是汉奸遍地。这是因为在现代中国同外国屡战屡败之后，大众的心理从反洋排外变为崇洋迷外。于是出现了中国人恨中国人，但却不恨外国人的奇怪景观……我们认为，间接帮助敌人毁灭中国的人和汉奸卖国贼一样可恶。他们同那些完全不负责任、不讲仁义之徒是一丘之貉。在消灭汉奸卖国贼的同时，我们还要根除那些间接帮助敌人毁灭中国的人。[2]

换句话说，不仅那些常常各怀鬼胎、彻头彻尾的投敌分子被列为汉奸，有待处决，连“间接”或被动的旁观者也属于潜在的目标。而且，国民党右翼当中的恐怖主义分子，常以洗清前一世纪中国饱受列强侵略的耻辱为名，不分青红皂白地从事这些迫害活动。易劳逸（Lloyd E. Eastman）在他对南京政府十年统治的具有开拓性的著作中，探讨了那时的中国人明显丧失民族自信心，被视为“劣等民族”的情况。它与文化主义的、充满民族自信的乾隆时代形成鲜明对比。

---

① 徐有威：《力行社与日本（1932—1938）》，在第十三届国际历史学者亚洲会议上的论文（Sophia University，Tokyo，September 5－9，1994）；Tien-wei Wu，“Contending Political Forces during the War of Resistance，” in James C. Hsiung and Steven I. Levine eds.，*China's Bitter Victory*：*The War with Japan* 1937－1945. Armonk N. Y.：M. E. Sharper，1992，pp. 51－78，citation on pp. 55－56；日本国际政治协会、太平洋战争原因研究部编《通向太平洋战争之路》第 8 卷，东京：朝日新闻社，1962—1963)，第 3 卷，第 250 页；Frederic Wakeman Jr.，“Confucian Fascism.” Conference paper presented at Columbia. University，April 1989；Maria Hsia Chang，*The Chinese Blue Shirt Society*，*Fascism and Developmental Nationalism*. Berkeley：Institute of East Asian Studies，University of California，1985.

② 徐有威：《力行社与日本（1932—1938）》，在第十三届国际历史学者亚洲会议上的论文（Sophia University，Tokyo，September 5－9，1994)，这是作者对五六本力行社小册子的摘要。

城市里的投敌活动

当然，蓝衣社曾目睹了汉奸在日军于1932年1月至5月占领闸北期间同敌人紧密勾结的惨痛情景。在日军进攻闸北时，“汉奸”一词被用来指那些在日本海军陆战队和陆军攻击北站之后趁火打劫的人。这个词很快就被引申到包括那些跑到战场上为日军工作、从事“捣乱”活动的人。据说这些汉奸当中有200人是来自江北和安徽的中国特工人员，其中有的被上海公安局和国军抓起来枪毙了。①

日军将十九路军逐出闸北，对上海实行军事占领之后，中国的一批投敌分子便成立了“闸北人民维持会”，亦称“上海北市地方人民维持会”。起初它是一个清扫街道的组织，因为当时闸北的街上尸横遍地。1932年3月24日，日军雇了150名中国苦力，从苏州河到北站，沿街清扫。他们由中国的工头监督，工钱来自每月从闸北的街头摊贩那里征收的税款。工头们可能是苏北的黑社会成员。该组织设在前闸北的市财务处，由一个号称“大日本新政务局”的机构管理。它属于伪市政机构，由日军防守，不过，在4月1日之后，其成员都是中国的投敌分子。②

上海市民本来就对苏北人有偏见，这些投敌分子与苏北人的勾结便更使“汉奸”一词与外来的不轨分子联系在了一起。③ 三个以敲诈勒索著称的人参加了敌伪组织的活动：顾竹轩、顾松茂兄弟和韦钟秀。“江北大亨”顾竹轩是上海最臭名昭著的黑社会成员之一。他的兄弟顾松茂当过黄包车苦力，此时在

---

① 上海市公安局：《上海市公安局业务报告》，第5卷，上海公安局1931年7月—1932年6月，第54、84—85、214页。

② 译自《新晚报》（1932年4月5日），in SMP，D－3445，5/4/32。另见统一档案中谭绍良4月5日的报告。

③ 当时以及后来在1937年，数百名韩国人和中国台湾人到了上海，为日本的特务机构工作。有1000多名韩国人在上海郊区的农村落户。“汉奸”一词又一次与外来人联系了起来。

星星人力车公司当工头，而且拥有一个戏院，专演苏北方言戏。韦钟秀也是苏北人，曾任公安局的探长，是青帮头目杜月笙的门徒。于是，上海市民和驻沪的外国人都张口闭口“江北汉奸”，好像他们与日本宪兵的勾结同他们的黑脸庞和乡巴佬有什么关系似的。① 到了4月份，上海市民“对这些汉奸的胡作非为已经反感透顶”，结果日本人终于决定解散维持会，并准备将闸北归还给中国国民政府。②

蓝衣社

尽管日本人在国际压力下放弃了其在上海的占领区，他们却大举进犯华北，一方面巩固对热河的占领，同时进攻察哈尔。信奉基督教的军阀冯玉祥决定发起抵抗运动，以此争取全国领导权。他从退隐的张家口出来，于1933年5月26日宣布成立民众抗日同盟军，开始招兵买马。③ 然而蒋介石却充分相信对日实行绥靖政策以争取时间消灭共产党的重要性。④ 5月31日，在冯将军宣布起兵抗日之后第五天，蒋介石的代表黄郛便同日本人议和，但舆论却似乎支

---

① 谭绍良报告，“Citizen's Maintenance Association，” SMP，D3445，5/4/32，4－5；and D. S. Golder to Special Branch，SMP，D－3445，7/4/32；Emily Honig，“The Politics of Prejudice：Subei People in Republican-Era Shanghai，” *Modern China*，vol. 15，no 3，(July 1989)，pp. 243－274；Emily Honig，“Creating Ethnicity：Subei People in Shanghai，” *Modern China*，vol. 15，no 3，(July 1989)，p. 26；Emily Honig，“Migrant Culture in Shanghai in Search of a Subei Identity，” (n. p.，n. D.)，p. 10.

② 译自《新晚报》，in Shanghai Municipal Archives，D－3445，27/4/32.

③ 冯谴责蒋介石政府对日不抵抗的行为。Howard L. Boorman，*Biographical Dictionary of Republican China*，vol. 2. New York：Columbian University Press，1967－1971，1979，p. 42.

④ 邓元忠：《三民主义力行社史》，台北实践出版社1984年版，第110页。在两广集团谴责了国民党中央之后，蒋于1931年7月23日的一次讲话中宣布“安内”为头等大事。同上书，第126—127页。

持冯玉祥，《塘沽协定》被斥为卖国行为，黄郛也被骂为亲日派“汉奸”。[①]

蒋介石的蓝衣社对委员长的“安内攘外”政策唯命是从。此时，他们将注意力转向另一类叛国分子，即投靠日本人、甘当沦陷区傀儡政府省长的人。后来担任军统（即军事统计局，秘密警察的婉称）头目的戴笠，当时全权负责蓝衣社的情报和秘密活动。在戴笠打击内部而不是外部敌人的命令下（这种命令有时颇有寻找替罪羊的味道），特务郑介民安排了暗杀正与日本人谈判的湖南军阀张敬尧的活动[②]，以惩一儆百，使其他“汉奸”不敢与日本人合作。

原来，有相当一批政治人物曾经是前北洋政府的军政要人，他们对孙中山的政党和其他采取了激进的革命民族主义议程的南方人深怀不满。中国北方的这些领导人文化上保守，往往在清末时留学日本的军事院校和大学，在他们眼里，以“东亚新秩序”的名义和节节胜利的日军将领们合作，一方面驱逐英美帝国主义，另一方面抵制苏联的布尔什维克，没什么不好。即使他们并不想冒险完全投敌，他们也很容易看出，创造一个效忠对象复杂模糊的灰色区域，给自己留条退路，只有好处。

然而戴笠的策略却是迫使这些政治舞台上的演员们在活豪杰和死汉奸之间选择其一。力行社创始人之一的干国勋后来曾说，刺杀张敬尧激起了“燕、赵豪杰人人奋发，原充满封建享乐之华北社会，气象一新，所有汉奸如王克敏、王揖唐、鲍文越等皆龟缩藏匿，不敢蠢动，而段祺瑞、吴佩孚具有代表性之北洋人物，亦皆顺应舆情，倾诚中央”[③]。张敬尧被刺也使日本人确信，1934—1935年间华北针对汉奸的恐怖活动大部分是蓝衣社干的。在日本人的坚持下，

---

① 研讨会论文：Park M. Coble，“Super-Patriots and Secret Agents：The Blue Shirts and Japanese Secret Services in North China，” presented at the Center for Chinese Studies Regional Seminar，Berkeley，21 March 1987，p. 18.

② 章微寒：《戴笠与军统局》，《浙江文史资料选辑》第23辑，浙江人民出版社1982年版，第137页。

③ 干国勋：《关于所谓“复兴社”的真情实况（下）》，《传记文学》1979年第35卷第5期，第83页。

蓝衣社表面上被解散了，但实际上，它在暗中继续活动，一方面在戴笠指挥下从事抗日活动，另一方面在全中国进行许多打击汉奸的爱国和恐怖主义活动。①

战争与救国

1937年7月7日，在北平郊区发生了“卢沟桥事变”，中日战争正式爆发。早在那以前，中国商会便组织了上海商团，在上海报界刊登广告，为店员们免费讲授关于公民权利和义务的课程。② 从华北战斗之初到“八一三”长江三角洲爆发战事的六个星期里，有更多的公民义务组织在国民党将军张治中松散的监督下于上海成立。③

例如，中华全国青年救国会于7月15日在早已成为爱国人士聚集地的上海关帝庙成立。有1000多人到会，聆听救国会主席赵刚仪和执委会主任孙亚兴的讲演。④ 锄奸队的副队长是梁同方（音译）。很多人是看到《中央日报》上的广告后来的，孙亚兴把其中的一些人叫到一边单独面谈，了解他们参加救国会的原因。其中有三人后来成为孙亚兴的锄奸队成员，他们是23岁的工厂

---

① 晴气庆胤：《决策于上海的76号》，东京每日新闻社1980年版，第33—35页；Parks M. Coble, *Facing Japan: Chinese Politics and Japanese Imperialism*, 1931－1937. Cambridge: Council on East Asian Studies, Harvard University, 1991, p.228. 据美国国务院的密探汤玛斯·赵说，蓝衣社控制了首都和全国各战略要地市级和省级的警察机构……他们几乎完全把持了政府的军队。“Blueshirts Organization.” Report from Nelson Trusler Johnson, Nanking Legation, to secretary of state, May 8, 1937, in Records of the Department of State Relating to the Internal Affairs of China（以下简称RDS），1930—1939. Government Documents Library, microfilm 31217, U.S. National Archives, College Park, Maryland. No. 00/14121, to June 1937, 3－4。上海《时报》报道说，蓝衣社的12,000名成员多数是年轻人。“Blue Shirts to Suspend Anti-Japanese Activities,” *Shanghai Times*, January 21, 1936, p.1.

② 上海商团于1937年2月成立。

③ “Shanghai Special Service Corps Arrest.” Report by Detective Sergeant Pitt, in SMP, D－8039a, 25/10/37, p.1.

④ “Deposition of Sun Yah Shing,” in SMP, D－8635, 24/7/38, p.7.

学徒王志固、19 岁的学生江海生和 25 岁的排版工周守刚。[①] 第四个成员孙景浩（音译）于 1937 年 12 月 3 日在南京路上庆祝日军胜利的游行中引爆炸弹身亡。[②]

救国会的这些新会员都是学生、徒工或店员。他们听完时事讲演后，组织者便请他们报名，于 7 月 21 日到沪郊义务构筑工事。大约有 200 人报了名，其中多数年纪在 18—21 岁。在孙亚兴的率领下，他们到了南翔，被编入国民党军队的第八十七师。在之后的一个月里，他们都在挖战壕，政府对他们管饭不管饷。为了躲开日军的轰炸，工作多在夜间进行。[③]

接　收

“八一三”闸北战事爆发后，国民党的特务机构便开始接管这些半军事的行动。戴笠在法租界和青帮头目杜月笙会面，商谈组织浦东游击队、太湖别动指挥部和忠义救国军以及后来的苏浙行动委员会事宜。[④] 9 月初，蒋介石的

---

① 王志固出生于宁波郊区，父亲是共和军里的军官。他从村里的小学毕业以后，在南京中学读了三年的书。后来在叔叔的介绍下，到浦东的一家机械厂当学徒，住在厂里，一直到“卢沟桥事变”爆发。他看到报上的启事，便赶到关帝庙，被分配到孙亚兴的锄奸队。“Deposition of Wang Tz Koo,” in SMP，D－8635，27/7/38，p. 1. 江海生出生于南京，是一个店员的儿子。读完小学后，到南岛的上海中学住校，1936 年 3 月到 1937 年 6 月研读中国文学。那天他搬到了父亲的一个朋友家里，顺便买了一份《中央日报》，看到了救国会的启事，便瞒着母亲入了会。SMP，D－8597，22/7/38，pp. 1－2. 周守刚是重庆人，在家乡读完小学后，14 岁时只身来到上海，在法租界一家印刷厂里当学徒。他曾在四家印刷厂里打过工，后来到《中国导报》当了排版工。“Deposition of Tsou Sue Kong”，SMP，D－8635，26/7/38，p. 1.

② 《密勒氏评论报》(*China Weekly Review*，以下简称 CWR)，19 February 1938，p. 321.

③ “Deposition of Sung Yah Shing,” p. 89；Shanghai Municipal Archives，D－8597，2－3；“Deposition of Wong Tz Koo,” pp. 1－2；“Deposition of Tsou Sue Kong,” p. 2.

④ 王方南：《我在军统十四年的亲历和见闻》，《文史资料选辑》，第 107 辑，中国文史出版社 1987 年版，第 144—145 页。徐铸成：《杜月笙正传》，浙江人民出版社 1982 年版，第 95 页；朱作同、梅益主编《民国丛书》第三编 93《上海一日》，第 1 卷，上海书店 1991 年据上海华美出版公司 1938 年版影印，第 133—136 页。

军事委员会批准成立了非常时期服务团，专门对付叛徒和奸细。后来，军事委员会这个服务团划归八十七师的王敬久将军管辖，并将其特务团设立在南岛的绍兴会馆里。①

特务团里还设有调查处，负责搜集有关汉奸的证据，以便警察逮捕这些投敌分子，交给特务团总部审问。② 调查处的成员们和其他类似的爱国志愿人员有充分的机会组成“反奸协会”，从经销日货的店家那里榨取钱财。③

军事委员会苏浙行动委员会于9月下旬成立，旨在将帮会成员们改造成半军事干部，名义上由蒋介石领导。它的成员们包括杜月笙、黄金荣、王晓籁、虞洽卿、张啸林、杨虎、梅光培、向松坡和陆京士。戴笠任书记长，他利用委员会的职权组织了一个别动军总指挥部，设在南市祁齐路对面、枫林桥附近的沈家宅1号。这里后来成为淞沪别动总队的指挥部，它名义上由杜月笙指挥，实际上则是戴笠及其特工们在经营。④

别动队队员多为上海店主协会所属商店的店员、地痞流氓、国民党的散兵

---

① “Emergency Period Service Group Report,” Shanghai Municipal Archives, D-8039A, 23/9/37, pp. 1-2; Shanghai Municipal Archives, D-8039A, 10/9/37, 1, and D-8615, 22/9/39, p. 1; 徐铸成：《杜月笙正传》，浙江人民出版社1982年版，第100页。

② 27岁的定海人傅多马于1937年8月20日参加别动队。当天，公安局请求上海市警察局协助，逮捕据说在公共茶壶里投毒的“汉奸”（这一传说激起了公愤，8月17日有几个嫌犯被打死）。“八一三”开战后，傅多马搬到了他曾任校长、现已关闭的闸北长兴里新光小学。1937年9月16日，傅多马被警察逮捕。Shanghai Municipal Archives, D-8039A, 22/8/37, 26/8/37, and 10/9/37. “[1937年8月日军轰炸以后] 爱国热潮如火如荼，到处在‘捉拿汉奸’。任何游手好闲的倒霉蛋，哪怕仅仅是因为无处可去，便会被拳打脚踢，置于死地。有几天，谣传汉奸在茶水里放毒，结果卖茶的摊贩们便遭了殃。”参见 Oakes, Vanya, *White Man's Folly*, Boston: Houghton Mifflin Company, 1943, p. 174.

③ “Deposition of Sung Yah Shing,” pp. 3-4; Emily Hahn, *China to Me: A Partial Autobiography*. Philadelphia: Blakistone, 1944, pp. 54-55.

④ 章微寒：《戴笠与军统局》，《浙江文史资料选辑》第23辑，浙江人民出版社1982年版，第100—101页；沈醉：《我所知道的戴笠》，载沈醉与文强著《戴笠其人》，文史资料出版社1980年版，第21—22页；“Shanghai Special Service Corps Arrest.” Report by Detective Sergeant Pitt, in SMP, D-8039a, 25/10/37, p. 3；徐铸成：《杜月笙正传》，浙江人民出版社1982年版，第99页；晴气庆胤：《决策于上海的76号》，第48—50页。

游勇、日军进攻时关闭的厂家商店的工人以及工会会员。[①] 这些队员在经过训练、配备了毛瑟手枪之后，唯一的任务是“搜寻汉奸”，然后将他们交给附近的中国警察局。[②]

别动队的其他队员来自原来中华全国青年救国会的成员。比如，到了 8 月底，孙亚兴的锄奸队改名为特务队，被调到龙华接受军训。9 月底，队员们装备起了手榴弹、手枪和步枪，负责老西门戒严司令部附近地区的巡逻任务。他们奉命采取一切必要措施“镇压汉奸”，如果他们抓获了“有叛国行为”的人，嫌犯便在戒严司令部受审，如果被判有罪，立即枪决。[③] 批评者们后来将特务队描绘为“乌合之众”，在军事上对付日本人几乎无能为力。[④] 日本人一对苏州河发起攻击，被派去守卫苏州河南岸、日晖港对面、沿万航渡和曹家渡地区的单位便溃不成军。[⑤] 但 1937 年 10 月底被派往南岛外滩协助警察预备单位抵御来自黄浦江的日军进攻的孙亚兴的部队却坚守阵地。11 月 11 日中国国民党军队“淞沪会战”的最后一战便是在这里进行的。[⑥] 特务队的有些队员英勇抵抗，战死江边；有的跑到了法租界或公共租界，被当局抓住后送往特别的看守营。1938 年 2 月 1 日，最后一批特务队队员向中国报界发出告别信，说他们“为了外国管辖区居民的安全”离开租界。从那以后，那些看守营成了专门打击汉奸的市区恐怖活动分子的滋生地。一家报纸评论说：“多数汉奸恐怕都死于特务队队员之手。”[⑦]

---

① 章微寒：《戴笠与军统局》，《浙江文史资料选辑》第 23 辑，浙江人民出版社 1982 年版，第 100—101 页。

② SMP，D - 8030a，10/9/37.

③ “Deposition of Wong Tz Koo,” pp. 1 - 2；“Deposition of Tsou Sue Kong,” pp. 1 - 2. ；“Deposition of Sun Yah Shing,” pp. 9 - 10.

④ 徐铸成：《杜月笙正传》，浙江人民出版社 1982 年版，第 100 页。

⑤ 同上书，第 100—101 页。

⑥ Edgar Snow，*The Battle for Asia*. Cleveland：World Publishing，1942，p. 52. 另见朱作同、梅益主编《民国丛书》第三编 93《上海一日》，第 1 卷，第 101—111 页。

⑦ 《淞沪中国特务队离沪》，《大美晚报》1938 年 2 月 1 日。译文载 SMP，D - 8039A，4/2/38/，p. 6。

傀　儡

1937年12月5日，从日本早稻田大学毕业的哲学家苏锡文成立了上海“大道”傀儡市政府。[①] 苏曾在江湾私立的持志大学讲授政治理论。[②] 他的信仰兼收并蓄了佛教与道教（“天下一家，王法归一”）；伪大道政府的旗帜是以黄色为底的太极图案，这个设计便受到他的理论的影响。[③] 苏锡文政权投降日本、复古守旧的特点可以从其文件的日期上显示出来：它们同时使用中国的阴历和日本的昭和年号。当时，伪政府正开始清理上海战斗结束后满街的尸

---

① 上海市档案馆编：《日伪上海市政府》，档案出版社1986年版，第1—2页。（另见卷首插图中的第一幅，市政府成立布告的影印件。）Lynn White，“Non-governmentalism in the Historical Development of Modern Shanghai，” in Laurence J. C. Ma and Edward W. Hanten eds.，*Urban Development in Modern China*. Boulder，Colo.：Westview Press，1981，p. 48.

② 47岁的苏锡文是厦门人，曾任福建财政局局长。上海市档案馆编：《日伪上海市政府》，档案出版社1986年版，第13页。不过请注意，波尔和朱子家都说他是被日军从台湾带到上海的。John Hunter Boyle，*China and Japan at War*，1937－1945：*The Politics of Collaboration*. Stanford：Stanford University Press，1972，p. 112；朱子家（金雄白）：《汪政权的开场与收场》，第4卷，香港春秋杂志社1961年版，第32页；Robert Barnett，*Economic Shanghai*：*Hostage to Politics*，1937－1941. New York：International Secretariat，Institute of Pacific Relations，1941，p. 19。

③ 这也是“新民会”会旗的图案。该会为华北的伪临时政府训练干部，宣扬儒家的“王道”。华北傀儡政府后面的主要牵线人喜多诚一将军曾在东北建立“协和会”，作为华北军队特务单位组织的保甲制度和地方保安委员会制度的一部分。“新民会”也如此效法。“新民会”会长缪斌也强调佛教是中日共同的历史遗产。John Hunter Boyle，*China and Japan at War*，1937－1945：*the Politics of Collaboration*. Stanford，Calif.，Stanford University Press，1972，pp. 85，91－94；George Edward Taylor，*The Struggle for North China*. New York：International Secretariat，Institute of Pacific Relations，1940，pp. 72－74. 普拉森吉特·杜维拉指出，这些“现代复古组织”中有的最早出现于20世纪20年代，吸引了各类士绅；有的如“黄道会”等则集合了流氓团伙，专门替日本人从事暗杀和爆破等活动。Presenjit Duara，“Of Authenticity and Woman：Personal Narratives of Middle-Class Women in Modern China.” Paper prepared for the conference “Becoming Chinese：Passages to Modernity and Beyond，1900－1950.” University of California at Berkeley，June 2－4，1995，pp. 2－3；《文献》（1938年10月刊第1分册）：D45。

体。[①] 用伪警察局长朱玉轸的话说，伪大道政府的当务之急是“成立地方秩序”。[②] 也就是说，在思想上强调“普天之下是一家，四海之内皆兄弟；日月之道，众法归一；世界大同，以道建国”。[③] 在政治上，伪大道政府答应消灭国共两党，铲除军阀势力，为“东亚和平”建立牢固的基础。[④] 实际上，伪大道政府至少在名义上是短命的。[⑤] 它的主要成员包括无生老母的宗教狂徒、走私犯、毒贩子、拉皮条的和以前的黄包车夫，这些人的恶名已经够让伪市政府声誉扫地了。这些市政官员的名单及其罪行录[⑥]，再加上日本主子看不起苏锡文，因此自从日本特务机构从华北调来了心狠手辣的汉奸王子惠负责其在沪的

① SMP，Wang 1. 1. 10——伪大道政府档案封面上阴阳历并用（1938 年 2 月 24 日）——《警察局章则》，第 2、5—7 页。1932 年日军进攻后，上海的“汉奸”傀儡政府也是从清理尸体和废墟起家的。朱子家：《汪政权的开场与收场》，第 4 卷，香港春秋杂志社 1961 年版，第 32 页；Frederic Wakeman Jr.，*Policing Shanghai*，1927 - 1937. Berkeley：University of California Press，1995，p. 197。并见 RDS，899. 00 P. R. Shanghai/117 June 1938，p. 15。伪大道政府旗帜的照片见《日伪上海市政府》卷首插图的照片以及 CWR，8 January 1938，p. 152。为了给其统治制造合法依据，傀儡政府指控国共两党在全国展开内战，而它则保证恢复和平与安宁。上海市档案馆编：《日伪上海市政府》，档案出版社 1986 年版，第 6 页。

② SMP，Wang 1. 1. 10，pp. 5，9b，18，p. 24 a. 伪市政府负责公共卫生的是 36 岁的获浙江医药专门学校医学学位的范纪民（音译）。他曾是松江县医院院长。SMP，Wang 1. 1. 58——伪大道政府档案（1938 年 4 月）——《关于警局内外远景》，pp. 2b。侦缉队的首席顾问是曾在淞沪警察厅当过侦探的流氓李金标（音译）。李后来于 1939 年 10 月 28 日被国民党特务暗杀。参见《申报》，1939 年 10 月 29 日，第 9 页。关于伪大道政府的结构图，见上海市档案馆编《日伪上海市政府》，档案出版社 1986 年版，第 3—5 页。

③ 上海市档案馆编：《日伪上海市政府》，档案出版社 1986 年版，第 12 页。

④ 同上。

⑤ SMP，Wang 1. 1. 58——伪大道政府档案——《关于警局内外远景》，p. 19。在 1938 年 3 月的上海市政府档案，Wang 1. 1. 226——大道政府档案当中有一份《警察局三月份清册》。包括刘宛清（音译）督察长和徐文冰（音译）探长在内的调查人员都列在上海市政府档案，Wang 1. 1. 34——伪大道政府档案——《警察局委任及任免》，66a；其他要员如侦缉队长胡正固（音译）及副队长霍良臣（音译）则列于上海市政府档案，SMP，Wang 1. 1. 29——伪大道政府档案——《警察局存任》，pp. 2b - 3b。人们一听到“大道市政府”都难免发笑，因为“道”与“盗”同音，听起来好像“大盗市政府”。朱子家：《汪政权的开场与收场》，第 4 卷，香港春秋杂志社 1961 年版，第 32 页。

⑥ 《文献》，第 2 卷（1938 年 11 月 10 日）：E42-E44。

活动后，日本人对苏锡文哲学便没什么兴趣了。①

与此同时，诗人、前北洋政府官僚梁鸿志对日本人“暗送秋波”，表示愿意与日合作。② 后来，在华北的诸傀儡政权于1938年1月合并为一个由北平的王克敏领导的伪临时政府，而华南则于1938年3月在南京成立了以梁鸿志为首的伪维新政府。③

傀儡政权宣布，要成立“立宪政府”，扫除一党专制；消灭共产党，防止东亚“赤化”；巩固中日之间的和平合作；使难民们重返家园；建立保安组织

---

① 王子惠后来在南京伪维新政府中任实业部长。秦孝仪：《中华民国重要史料初编：对日抗战时期》第六编《傀儡组织》，台北中国国民党党史委员会1981年版，第139页。

② 曹振威：《梁鸿志》，载黄美真编《汪伪十汉奸》，上海人民出版社1986年版，第406—407页；朱子家：《汪政权的开场与收场》，第5卷，香港春秋杂志社1961年版，第108—109页。朱子家的《汪政权的开场与收场》（第4卷，香港春秋杂志社1961年版，第36—37页）对梁进行了深入精湛的描写。梁1881年生于福建长乐，其祖父、著名文学家梁章钜是1802年嘉庆进士，在鸦片战争期间任广西巡抚，曾协助守卫广州，抗击英军。梁鸿志1903年中举人，但等到他赴京参加殿试时，科举制度被废除了，于是他便进了京师大学堂。20世纪20年代期间，他是安福系的骨干分子。1920年8月安福系被推翻，他逃入日本公使馆避难。1924年段祺瑞重新掌权后，梁回到政府任职。1925年段祺瑞政府倒台，他在天津、上海和大连待了十年。朱子家：《汪政权的开场与收场》，第6卷，香港春秋杂志社1961年版，第108页；Hummel, *Eminent Chinese of the Ch'ing Period*（1644-1912）, vol. 1, 1943, p. 499.

③ “维新政府组织系统及重要职员表”，载“《中华民国维新政府政纲》”，南京“中华联合通讯社”，1939年9月10日，附于第311页；秦孝仪主编：《中华民国重要史料初编：对日抗战时期》，台北中国国民党党史委员会1984年版，第127—128，132—138页；梨本祐平：《日本人在中国》，第2卷，东京平凡社1958年版，第65—74页；刘其奎：《王克敏》，载黄美真编《汪伪十汉奸》，上海人民出版社1986年版，第342—343页；Israel Epstein, *The Unfinished Revolution in China*。Boston: Little, Brown & Co., 1947, p. 315；郭：“关于华北日伪政权起源的一些经济文件”，载于T. K. Koo, “Some Economic Documents Relating to the Genesis of the Japanese-Sponsored Régime in North China,” *Far Eastern Quarterly*, vol. 6, no. 1（November 1946）, p. 66；John Hunter Boyle, *China and Japan at War, 1937-1945: the Politics of Collaboration.* Stanford, Calif., Stanford University Press, 1972, pp. 88-89, pp. 110-111；E. C. Jones, *Japan's New Order in East Asia: Its Rise and Fall, 1937-1945.* London: Oxford University Press, 1954, p. 72；今井武夫：《支那事变的回想》，东京みすず书房1964年版，第282—283页。据说，王克敏的伪政府成员包括“疲惫不堪、退休了的老无赖，被人遗忘的小军阀，还有在过去十年里一直抽大烟的人”。Emily Hahn, *The Soong Sisters.* New York: Doubleday, Doran, and Company, 1941, p. 306.

来“剿匪清乡”；在“友邦”资金援助下促进工农业生产；改革教育，使传统道德观念与国际科技知识相结合；废除苛捐杂税；鼓励人才自由批评“政府”，严格限制下级官员和职员的腐化霸道行为。①

1938 年 3 月 28 日，上海的亲日派和日本驻南岛的华中占领军的特务处不冷不热地庆祝了新的伪维新政府的成立。伪自主委员会在孔庙开会，到会的投敌分子在五道杠的旧北洋军阀的旗帜下，向孔子像鞠躬。② 另外一批包括流氓和苦力在内的人从虹口坐卡车来，先在大夏大学听《新申报》（日文报纸《大陆新报》的中文版）主编的讲演，接着便是一片“新政府万岁”的欢呼，鞭炮噼啪作响，管乐齐鸣。③

在一个月之内，伪维新政府于 1938 年 4 月 28 日任命了一个新的督办公署，接管原由伪大道政权掌握的市政管理权。④ 5 月 3 日，苏锡文采用了伪维新政府的旗帜，正式承认其更高的合法性，但他继续担任督办公署的头目，一直到 1938 年 10 月 15 日傅筱庵接任上海特别市市长职务为止。⑤ 苏锡文下台

---

① “《中华民国维新政府政纲》”，第 1 页。另见秦孝仪主编《中华民国重要史料初编》，台北中国国民党党史委员会 1984 年版，第 140—141 页。关于“清乡”政策，见秦孝仪主编《中华民国重要史料初编》，第 142—143 页；黄美真编：《伪廷幽影录：对汪伪政权的回忆纪实》，北京中国文史出版社 1991 年版，第 52—53 页。

② 朱子家：《汪政权的开场与收场》，第 4 卷，香港春秋杂志社 1961 年版，第 33 页。由于日军占用了南京最重要的政府建筑，伪维新政府起初只能在虹口的新亚饭店办公。John Hunter Boyle，*China and Japan at War*，1937 - 1945：*the Politics of Collaboration*. Stanford，Calif.，Stanford University Press，1972，p. 112.

③ SMP，D - 8155D，30/3/38，p. 1. 佛朗茨·迈克尔指出，“真正的主人是日本特务局和宪兵”。Michael，“The Significance of Puppet Governments，” *Pacific Affairs*，Pro 4（December 1939），pp. 400 - 412.

④ 上海市档案馆编：《日伪上海市政府》，档案出版社 1986 年版，第 18—20 页。有关伪南京中央政府和伪上海特别市之间关系的规定，见“《中华民国维新政府政纲》”，第 79—80 页；《日伪上海市政府》，第 18—19 页。督办公署连选定办公地点的权力都没有。1938 年 10 月，它的代表还在寻寻觅觅，因为他们发现“最合适的地点都已被日本当局占用”，参见 RDS，893 - 00 PR Shanghai/121，October 1938，p. 15.

⑤ 上海市档案馆编：《日伪上海市政府》，档案出版社 1986 年版，第 31、38 页。关于伪上海特别市政府的组织，见上，第 43—45 页；《申报》，1938 年 10 月 15 日，第 10 页。

后，被任命为伪汉口市长，但实际上经常往东京跑，也许是为了躲避暗杀吧。[①] 苏锡文曾率领一个由十名伪官员组成的代表团，在十名日本军特官员的陪同下，访问东京。[②]

傅筱庵叛国

傅筱庵是中国通商银行行长兼总商会会长。蒋介石曾于 1927 年将他投入监狱，使他成了蒋的死对头。[③] 傅筱庵刑满释放后，曾在日本控制的东北流亡了一段时间，然后回到上海，决心对蒋介石进行报复。（他曾说："我值五千万块钱，每一块钱我都要花在和姓蒋的作对上面。"）在大多数上海人眼里，正是傅的这种复仇心理导致他敢以名誉和生命冒险，成了上海最穷凶极恶的汉奸。[④]

傅筱庵马上变得名誉扫地。在当时的报刊上，他的表演不过是日本主子操纵的又一出"傀儡剧"而已。[⑤] 他和蹩脚文人梁鸿志充其量被比作诸如侯方域一类明末降清的知识分子。侯假充"遗民"，但实为满族入侵者的"顺民"。一位记者评论说，每当国难当头，便有壮士抛头洒血，宁死不屈，青史留名；但也有不少人丧失信心，成了"叛国分子"。这些"汉奸"与"国贼"活得心安理得，可能甚至把诗题献给那些"壮士"；他们靠"维持和平"聊以自慰，

---

① *Shanghai Evening Post and Mercury*, 25 November 1938, 1, in SMP, D－8870, 25/11/38.

② 《文献》，第 3 卷（1938 年 12 月）：F40。

③ 傅筱庵原名为宗耀，浙江镇海人，曾就职于军阀孙传芳手下，当过上海法商电车公司董事长。章微寒：《戴笠与军统局》，《浙江文史资料选辑》第 23 辑，浙江人民出版社 1982 年版，第 138 页。

④ Perry Finch, *Shanghai and Beyond*. New York: Charles and Scribner's Sons, 1953, p. 312.

⑤ 关于这类木偶师的想象的例子，见《申报》1938 年 11 月 4 日第 2b 版《皖傀儡剧开幕》一文，报道 1938 年 10 月 28 日，日本扶植傀儡政府在安徽上台。每当抗日的报刊报道某某傀儡掌权时，都使用"登场"一词。见《文献》，第 6 卷（1939 年 3 月 10 日）：D80。

好像自己是做出牺牲的“无名英雄”。[①] 在对其虚伪的抨击下，傅筱庵的回答是，他不过是一个“现实主义者”而已，为了中国人民的利益在同征服者合作。但傅筱庵作为一个傀儡官员，显然飞黄腾达；他和其他许多投敌分子一样，在食品短缺时自己却丰衣足食；在日军的支持下，掌握着征税的权力；别的店家被没收，他却拥有经济特权。在这种情况下，他的“现实主义”理论便难以自圆其说了。

换句话说，傅筱庵的“现实主义”不过是自我圆场而已，难通情理。左翼专栏作家丁三强调说，真正的现实主义者是那些中国的战士们；他们放眼未来，认清绝对真理，和世界人民站在一起，抵抗对阿比西尼亚[②]和捷克斯洛伐克的侵略。而傅筱庵的“现实主义”则是目光短浅，自私自利；它在中国的代表人物，包括那些加入“反共联盟”，为了“太平”，不惜妥协的人们。他们的这些做法，实际上是当了“准汉奸”或者“汉奸”，同世界人民更崇高的事业作对。[③]

两极分化

1942 年 11 月盟军进攻北非以后，法国的主战派和投降派之间的分裂加深，collabo（法语：投敌分子）一词成了通用的贬义词。1938 年，中国沦陷区的抗日部队和“汉奸”之间的斗争也日益加剧。这种斗争增强了全民团结，

---

① 《扫除遗民气》，《申报》，1938 年 10 月 12 日，第 4 页 16 版。在本书中，毕克伟（Pickowicz）指出，多数投敌分子在衣着举止上都洋气十足，他们卷入“一种外来的、资本主义的商业文化”，丧失了“基本的中国的民族性”。

② 全名：埃塞俄比亚联邦民主共和国，旧称阿比西尼亚。

③ 丁三：《现实主义者》，《申报》，1938 年 11 月 19 日，第 4 页第 16 版。

并把投降活动都归罪于一小撮不三不四的汉奸。① 例如，这一点可以从据说是由一位年轻姑娘，“一个汉奸的女儿”，写给她的情人“一个抗日战士”的一系列书信中看出来。②

在月光下，她躺在床上，反复呼唤着他的名字“坚”，向他倾诉着自己的痛苦与悲哀。③“我虽是汉奸之女，但我绝对不是一个汉奸。”谁会想到，这片安宁的土地会落入敌手？她怎能料到，她的父亲会“被动”地当了伪维持会长？④

等到她意识到自己身在日本鬼子的巢穴之中，已为时过晚。灾星已经临头。她想到过自杀，最终她强颜欢笑，逢场作戏，熬了过来。他们怎么知道她内心的痛苦？在这险恶的环境里，她把自己同坚的三年恋爱藏在心底。他们曾经海誓山盟，要永远像夏夜天空上的两颗闪烁的星星，天不垮，星不灭。是那段恋情使她活了下来，时刻准备逃离虎口。坚把她当作日本兵的情妇予以唾弃；她对他说，“我不会怪你”，“我现在的处境中，没有人能了解的”。她经常想到他的戎马生涯。每当“他们”为游击队的胜利而忧虑时，她在暗中欢

---

① 在这一点上，斯坦利·霍夫曼为亨利·鲁梭所著《维希综合症》一书写的前言颇能说明问题：“鲁梭明确生动地指出，法国人宁愿相信维希政府是一小撮误入歧途但并非邪恶的坏人制造的产物，犯下的罪行都是德国人和极少数投降分子干的，而大多数的法国人还是在不同程度上抵抗了德国的入侵。” Stanley Hoffmann，foreword to *The Vichy Syndrome*：*History and Memory in France since* 1944，by Henry Rousso，trans. Arthur Goldhammer. Cambridge：Harvard Univerisity Press，1991，viii.

② 统一战线杂志《文献》报道说，王遵侗和她的姐妹们未能阻止父亲王克敏充当北平伪政权的头目。一个多月以后，这些书信问世。后来，遵侗逃离“这个汉奸”一方，抛弃了她父亲家庭的“精神监狱”，到香港避难，并决定把精力献给国家与人民。《文献》，第1卷（1938年10月10日）：D69。战时的宣传反复敦促妻女们阻止男人当汉奸，不仅自己不当汉奸，还要劝告父母、兄弟、丈夫、儿子和亲友们不要做有害人民和子孙后代的事，确保周围没有一个汉奸。《文献》，第7卷（1939年4月），增刊3：《妇女文献》。

③ “坚”的意思是“坚硬，坚实，坚定，坚决”。

④ 维持会通常和自治会一样，是当地伪政权维持法律和秩序的单位。江苏十几个县的维持会成员的名单曾被公布于众，目的在于鼓励暗杀活动。见《文献》，第2卷（1938年11月10日）：E44-E45。

庆，为“你是我们一个堂堂的中国人”而欣喜。当她听到“你的部队一天一天的实力雄厚”时，她从心底感到慰藉。①

有一次，她想逃出虎口去找坚，但被盯得太紧。而且，即使她能找到游击队，她也不知道坚是否会原谅她。何况她凭着自己的地位，能比参加游击队起到更大的作用。②“你们不信吗？”坚是不是认为，“一个汉奸的柔弱女儿”无力办成大事？其实，她已经做到了连她父亲都不知道的事情。一个鬼子班长觉得维持会的副会长对老百姓敲诈勒索太甚，为了日军的名声，便把那副会长枪毙了。而实际上，是她引鬼子上当，“借刀锄奸”的。③

她必须承认，自从那副会长被杀后，她总是害怕他的鬼魂会来兴妖作怪，尤其是在今天这样的月夜，这使她毛骨悚然。但到后来她对那“东西”的恐惧便消失了，因为她知道，“我们抗日勇士”的英灵会在冥府里将那鬼魂降服。对他应该痛恨，而不应恐惧。人一旦怒火满腔，恐惧便会消失。

现在她到了关键的时刻，同时这又是她最大的机会。她要利用自己最后一刹那的生命，来干一番满心快意的工作。④ 鬼子几次三番地要“把我吞噬”，她都熬了过来。“如果我是个弱者——坚！以前，我向来对你说，我是个绝无能力、绝无意志的弱者，然而，现在我可不承认了。我认为我并不是一个弱者，并不是和一般落后的女子一样的弱者了，我也是强有力的意志坚决的一个人，一个堂堂的中国人！不信，你看，如果我至今还是个弱者，那么我不是被吞噬、被宰割，便早已自杀了！但是，我却活到现在，我不曾被吞噬，不曾被宰割！”⑤ 她打算杀死霸占她的日军班长，因为“恶魔终究是恶魔，它们没有

---

① 叶山：《我是一个战士了》，《申报》，1938 年 11 月 18 日，第 4 页第 14 版。

② 抗日媒介大肆宣传在战场上死于日军刺刀之下的太湖女战士蔡一飞一类的女英雄。《文献》，第 3 卷（1938 年 12 月 10 日）：F47。另见《妇女文献》增刊，第 7 卷（1939 年 4 月）：第 18—19、2324 页。

③ 这来自成语“借刀杀人”，指利用他人，除掉对手。

④ “刹那”是佛教用语，来自梵文 kshana。

⑤ 叶山：《我是一个战士了》，《申报》，1938 年 11 月 19 日，第 4 页第 16 版。

文明人类的聪敏的理智。”①

当然，将“霸占”或“吞噬”用于遭到侵略的中国，并不是头一次。早在邹容的《革命军》发表以前，这类词语便已出现在吴伟业的诗篇和孔尚任的剧作当中。正如许多学者所指出的，这样的比喻在20世纪三四十年代十分普遍，只不过在这里它更形象地表达了对日本人一路奸淫烧杀，打到长江畔的愤慨，而这种情绪又扩展到了他们的傀儡们身上。日本人是“吞噬”中国妇女的“鬼子”，他们没有心肝，不可理喻。而只配遭到其女儿们唾弃的汉奸们则变成了一群饿鬼，一群“东西”，不论生前还是死后都应该遭到宰杀。② 只有和他们决裂，英勇杀敌，才能从一个“落后”的弱女子转变为一名壮烈的中国战士。③

那位“汉奸的女儿”在给坚的最后一封信里透露了自己最终的计划。那鬼子向她求婚，她答应了，对他提出，为了两人的名声，为了她父亲的脸面，为了显示当地的“和平”景象，应该举办盛宴，以此开始在一起的快乐生活。所有的日本军官都被邀请大宴三天。她准备打扮得花枝招展，和鬼子举杯庆祝，一醉方休。她让坚带游击队来突袭，自己则打算像一名战士一样，用那鬼子送给她并教她使用的手枪，把鬼子打死。“我要以清白的身心，走向自己光荣的归宿。”她知道自己必死无疑，让她的情人明白：“我也许是汉奸的女儿，坚，但我自己却绝不是丧心病狂的叛徒！”④

“英雄”和“汉奸”的分化在统一战线当中也体现了出来。抗日报刊曾坦率地承认，1938年10月武汉撤退之后，中国人当中出现了不少“动摇分

---

① 叶山：《我是一个战士了》，《申报》，1938年11月19日，第4页第16版。

② 妖魔鬼怪、为虎作伥之类的主题在抗击日伪的宣传中比比皆是。1938年，国际反侵略运动大会中国分会挂出的一张招贴画上描绘了一个中国复仇战士将一支火把投在一只恶虎的脸上，那恶虎踉跄后退，摔在一堆它的受害者的尸骨上。《文献》，第3卷（1938年12月10日），卷首插图。

③ 每当有儿子和卖国求荣的父亲决裂的消息，抗日报刊便会予以刊登。这被称为“大义灭亲”。《文献》，第3卷（1938年12月10日）：F47。

④ 《申报》，1938年11月18日，第4页第14版。

子”，强调要“同仇敌忾”，也就是既仇恨日本占领军，也仇恨汉奸，从而使人们紧密团结在使共产党回到全国政治生活中来的统一战线周围。[①] 1938 年 1 月 1 日，重庆国民党政府发表通告“严惩汉奸”：

> 自从全面抗战以来，全国军民无不同仇敌忾，以国以民为本，坚决抵抗，誓不动摇。现有一小撮丧心病狂之徒，甘愿为入侵之敌所用，奴颜媚骨，为虎作伥，可恶至极。[②] 政府已明令军事委员会，对参加各地伪组织者予以调查，下令逮捕，依法严惩。并颁布惩处汉奸之法令，明确规定对投敌行为之刑事处罚，勒令执行，以清除叛徒。目前正值抗日战争出现转机之时，日寇诡计多端，若不根除败类，何以维持治安？[③]

国民党政府愿意宽恕“洗心”的汉奸，相信其中某些人有悔过自新的可能。但那些继续充当民族叛徒、继续公开当傀儡或者秘密当汉奸的人，不仅苍天不容，而且会被国人所唾弃。

国民党里英雄和汉奸的日益分化是汪精卫脱离重庆政权、发动“和平运动”、对日和谈的结果之一。[④] 然而尽管他的敌人们越来越肯定地称他为汉奸，汪及其追随者们却越来越意识到自己地位的暧昧。他们当中的许多人在二三十

---

① 《文献》，第 3 卷（1938 年 12 月 10 日）：F11。“动摇分子”可以留在沦陷区，为统一战线通风报信，或者担任特工。同上书，第 5 卷，1939 年 2 月 10 日，B38。

② “伥”是被老虎吃掉的人变成的饿鬼，它怂恿老虎再去吃别人，以便自己脱身。

③ 《文献》，第 5 卷（1939 年 2 月 10 日）：D11。通告中反复使用“丧心病狂”一类的语言，既可能表明政府采用了当时的流行语言来形容汉奸，也可能说明“给坚的信”实际上是政府的宣传人员写的，而且可能是男性。尽管“给坚的信”的真实性令人怀疑，但这些日常用语从政府流入民间，又从民间回到政府，却是显而易见的，这是好的宣传的特点。

④ 汪的追随者们总是将自己的投敌行为称为“参加和平运动”。在 1946 年 10 月 21 日对战犯进行的审判当中，周佛海告诉法庭：“当时我们努力进行和平运动，因为我们想帮助沦陷区人民脱离苦难。这并不是通敌，也不是叛国。”南京市档案馆编：《审讯汪伪汉奸笔录》，江苏古籍出版社 1992 年版，第 156 页。

年代里都是“浪漫革命派”，以自我怀疑、政治上摇摆不定而著称。[①] 据周佛海日记载，1940 年 5 月 13 日，汪精卫在汉口的日军司令部外面说道，在重庆人们互称“民族英雄”，而他却被称为“汉奸”，可是他和他的拥护者们也认为自己是“民族英雄”。[②] 其实，谁是民族英雄，要看谁“救了国”。汪和他的朋友们认为，要想救国，只能寻求和平解决。“我要是成了民族英雄，中日之间便有永久和平。我要是成了汉奸，中日之间便永远无法解决纠纷。”[③]

同年晚些时候，汪精卫于 9 月 2 日在北平说：“有一伙中国人要杀我。还有一伙日本人也要杀我。他们都有自己［这样做］的证据。这说明我的立场是正确的。中国人想杀我，说明我不主张抗日。日本人想杀我，说明我不是汉奸。”[④] 据朱子家说，这种态度影响到汪精卫随从的思维和举止。他们竭力坚持自己是“民族英雄”的说法，但周围的环境终于使他们明白，自己最终会被斥为“汉奸”。[⑤]

汪精卫的连襟褚民谊本来认为，抗日战争有两个方面：一是军事抵抗，那是蒋介石的任务；二是和平谈判，这是汪精卫的工作。毕竟连蒋介石都说，“抵抗容易，和平难”嘛。这就是褚民谊决定参加和平运动、“委曲求全”的

---

① 对汪精卫作为两面派，既投降日本，又想最终留下一个爱国者的名声，波尔曾有精辟的描写。见 John Hunter Boyle, *China and Japan at War*, 1937 - 1945: *the Politics of Collaboration*. Stanford, Calif., Stanford University Press, 1972, pp. 350 - 351.

② 汪精卫仇恨汉奸。1937 年 3 月，汪精卫看到中国伪军在绥远的行动，便宣称：“过去中国受到侵略，汉奸的丑恶行径往往比外族的侵略对国家的打击更加致命。居然有中国人不忠于自己的民族，这真是我们历史上可耻的污点。再这样下去，中国便会亡国灭种。” Lawrence K. Rosinger, “Wang Ching-wei: the Technique of a Traitor,” *Amerasia*, vol. 4, no. 6 (August 1940), p. 271.

③ 朱子家：《汪政权的开场与收场》，第 1 卷，香港春秋杂志社 1961 年版，第 91 页。

④ 同上。

⑤ 朱子家：《汪政权的开场与收场》，第 1 卷，香港春秋杂志社 1961 年版，第 92 页。

原因："我不下地狱，谁下地狱?"[①] 汪精卫的伪教育部长李圣五在1946年作为战犯受审时宣称："当时多数的志士都说，如果汪先生真的能捍卫国家的地位，打入敌人后方，实行救国的任务，那么这对抗日战争不无好处。"[②]

珍珠港事件20年后，朱子家在其对伪南京政权的回忆录第四卷的前言中就这种对投敌行为模棱两可、矛盾重重的心理有所描述。关于对汉奸的丑化，他从文化主义的角度做了复杂的答复，写道：

> 我写本书的另一目的，我要告诉所有炎黄的子孙[③]，让他们知道这一群被指为"汉奸"者们，并不如宣传中、想象中那样地丑恶。陈公博说："抗战是对的，和平是不得已。"周佛海也说："抗战是为了救国，和平也是为了救国。"所以，我全书中绝没有疵议过抗战，而且我也不至于为了小我，而昧着良心以左袒"汉奸"。我要以事实来告诉所有炎黄的子孙，假如一国而真有那么多卖国"汉奸"的话，自将成为中华民族史上永远洗不清的耻辱；尽管你不曾做过"汉奸"，而民族中会出现数十百万"汉奸"的话，也就是整个民族的耻辱，任何一个人都不会有例外。[④]

但所有这些充满文化上的复杂心理的含糊其词在当时都被作为一个直截了当的叛国问题而一笔勾销了。1939年1月5日，李宗仁把汪精卫形容为"背叛党国"的人。还有人指责汪为了牟取私利，出卖国家，是东方的佛朗哥，是日本人的"应声虫"。[⑤] 在华北，很多中国人和日本人妥协，因为他们缺乏自尊心，觉得自己是劣等民族，被称为"东亚病夫"。为了消除自我怀疑，证明

---

① 南京市档案馆编：《审讯汪伪汉奸笔录》，江苏古籍出版社1992年版，第277页。褚还以宣传公共卫生著名。不过，必须把他的这种无私精神和他一生中的其他方面相对照。他当伪外交部长的时候，大肆紧缩政府开支，自己却大发横财，后来，在汪夫人陈璧君的活动下，他当上了伪广东省长。John Hunter Boyle，*China and Japan at War*，1937－1945：*the Politics of Collaboration.* Stanford，Calif.，Stanford University Press，1972，pp. 279－280.

② 南京市档案馆编：《审讯汪伪汉奸笔录》，江苏古籍出版社1992年版，第583页。

③ 炎黄——指炎帝和黄帝。

④ 朱子家：《汪政权的开场与收场》，第4卷，香港春秋杂志社1961年版，ii－iii。

⑤ 《文献》，第5卷（1939年2月10日）：D11；第8卷（1939年5月10日）：B17。

自己是“优秀民族”，中国人便和他们当中的叛徒决裂，哪怕这些叛徒是自己的家庭成员。①

对汉奸的抨击不仅可以恢复自信，而且可以加强日占区中国人的爱国情绪。1938年12月，上海报纸的编辑们宣布：“共处在孤岛上，我们越感到自己是个‘中国人’，越感到作为一个中国公民责任的重大，也越感到除了无耻的汉奸之外，彼此的格外亲切。”② “虽然说‘中国人不打中国人’，但大家要明白，对‘大汉奸’必须正法。”③

1939年5月，《译报》的编辑们写道：“自从汪精卫叛国出亡后，全国民众都认识了他通敌求降的汉奸面目，一致拥护中央予以制裁，反汪逆的斗争成了反汉奸斗争的主要一环。”同一篇社论呼吁中央政府清洗所有的汪精卫分子，惩办主张对敌妥协者，调动部队进攻上海的汪精卫势力，在理论上把汪定为打击汉奸的中心，揭露他的叛国活动，利用这个运动，振扬自由中国的民心，动员抗日力量。④

当时界限已经十分明显。不管“和平党”的投敌分子对他们自己的矛盾心理如何敏感，汉奸不属于中国人，这已是人人皆知。民族团结、共同抗日要求必须扫除汉奸。汉奸该杀，并不仅仅因为他们他们是“奸商”，走私黑市大

---

① 《文献》，第5卷（1939年2月10日）：B38。方仁植的父亲方炎初是“青浦自治会”的秘书。1938年7月，方仁植在汉口《大公报》上刊登了下列启事：“家父炎初于沪地国军西移后，突回青浦，任维持会要职。仁植屡次劝阻，无奈不能促其反悔。此种行为实属寡廉鲜耻，有害国家，而又辱门庭。现仁植因不甘为汉奸之子孙，特此登报，敬告各亲友，于今日起，仁植与其完全脱离父子关系（唯与家母无涉），并愿为国效劳，以雪此蒙被之大辱。”同上书，第1卷，1938年10月10日，D69。

② 《文献》，第3卷，1938年12月10日，H14。

③ 同上书，第5卷，1939年2月10日，B38。

④ 同上书，第8卷，1939年5月10日，E23－E24。

米，使正直的中国人当中的粮价大涨[①]，开办鸦片供应局“毒化”同胞[②]，从日本人允许其统治的农民身上肆无忌惮地“搜刮”苛捐杂税，并向他们在东京的主子出卖中国的经济利益[③]。他们该杀，纯粹因为他们是汉奸，没别的原因。

自1938年10月起，抗日报纸《文献》开始以《锄奸调查表》为标题，公布傀儡官员和地方警察局长的名单。[④] 当年11月，梁鸿志的伪维新政府中各级的“群丑”都被公之于众。接着，华北、浙江、安徽、山西和江苏等地的

---

① 汉奸和“奸商”在沿海的江浙地区走私大米。《申报》，1938年12月3日，第2页第7版。高昂的米价被归罪于“某些暗中控制大米市场的奸商，勾结日伪，牟取暴利”。SMP，D－8039，7/3/39，p.1.

② 当时的人们常用“毒化”一词来指日伪勾结，用海洛因和鸦片来毒害中国，削弱中华民族。例如，《毒化嘉善》一文描述了日本人和伪县长在县城开办鸦片销售局一事。《申报》，1938年11月22日，第2页第7版；M. S. Bates，“The Narcotics Situation in Nanking and Other Occupied Areas，” *Amerasia*，vol.3，no.11（January 1940），pp.525－527；《文献》，第1卷（1938年10月20日）：D43；第2卷（1938年11月10日）：E40；及第3卷（1938年12月10日）：F43。重庆当局指责说，日本人鼓励吸毒活动的原因有三：（1）收入；（2）养活那些不受欢迎的日韩分子，将他们排除于日本之外；（3）毒害中国人民，削弱中国抗战力量。见Joyce Ann Madancy，“Propaganda versus Practice：Official Involvement in the Opium Trade in China，1927－1945.” Cornell University，1983，pp.29－30，33。对日本人来说，毒品和叛逆行为之间的联系是显而易见的。“奸细一般都是歹徒，聪明的歹徒。钞票对他们毫无价值。他们要鸦片。在大城市和较大的村庄里永远有贱民。我们找到他们后，对他们进行训练，再加上威逼利诱。我们对他们说：‘你们要是走入歧途，我们就会把你们杀了。可是你们要是按我们说的做，你们就会造仓库来装自己的金银财宝。’然后我们就会把鸦片拿出来。不消一分钟，他们就会说：‘我干！’” Statement by Uno Shintarō，in Haruku Taya Cook and Theodore F. Cook，comp，*Japan at War*：*An Oral History*. New York：New Press，1992，p.154.

③ 据报道，在松江担任地区官员的汉奸不断增税，搜集所有的白米，从农民百姓身上榨取钱财。《申报》，1938年11月26日，第2页第7版。伪维新政府的“实业部长”王子惠从东京参加经济会议回国后，被上海报界称为“出卖民族利益”。《申报》，1938年12月6日，第3页第10版。

④ 《文献》，第1卷（1938年10月10日）：D51。

"群奸"名单也纷纷见报。[①] 到了1939年1—2月，该报公布了伪维新政府官员，包括上海市伪政府局处级官员在沪办公室和住宅的地址。[②] 4月，《文献》刊登了浦东、南市、沪西、闸北、宝山、川沙和南汇区公署长的名单及其来自傀儡政府的薪水。随后，该报又公布了长江三角洲地区30家汉奸报纸的执行编辑和曹家渡地区14家鸦片馆老板的地址，以及后者每月总共225,000元的收入。[③] 每次对这些人点名，轻则让他们丢脸，重则使他们丧命，这连那些身居高位、处于严密保护之下的傀儡官员都难以幸免。[④] 1940年10月11日将近拂晓，伪市长傅筱庵的厨师朱升源悄悄绕过这个汉奸的警卫，用菜刀将沉睡中的"市长"砍死。[⑤] 朱升源为傅筱庵工作了12年，但他被戴笠将军领导下的国民党特工秘密策反，为了更高的事业，撇开了对傅筱庵个人的忠诚。[⑥]

---

① 《文献》，第1卷（1938年10月10日）：D51，D49－D50；第2卷（1938年11月10日）：E41—E42。该报还刊登了这些"走狗们"的劣迹，进行嘲笑。例如，伪江苏省长下令所有人尊孔，因为孔子是"东方文化"的导师；伪海宁市长组织了持灯游行，参加者高呼"大日本万岁！维新政府万岁！"；等等。《文献》，第2卷（1938年11月10日）：E44—E46。

② 《文献》，第5卷（1939年2月10日）：D59，以及第7卷（1939年4月10日）：D82。

③ 《文献》，第6卷（1939年3月10日）：D80，以及第7卷（1939年4月10日）：D83—D86，D88—D89。

④ 《文献》同时还刊登了"锄奸"名单，目标往往是被国民党暗杀小组暗杀的当地维持会会长。同上书，第2卷（1938年11月10日）：E46；第3卷（1938年12月10日）：F41—F42；第5卷（1939年2月10日）：D59—D60；第6卷（1939年3月10日）：D80；以及第7卷（1939年4月10日）：D84。

⑤ 上海市档案馆编：《日伪上海市政府》，档案出版社1986年版，第63—64页。

⑥ British Foreign Office Records，Her Majesty's Public Record Office，London，FO－371－24663）；章微寒：《戴笠与军统局》，《浙江文史资料选辑》第23辑，浙江人民出版社1982年版，第138—139页；Confidential U. S. State Department Central Files，China：Internal Affairs，1940－1944，893. 00 P. R.（Political Reports）/ Shanghai，145，October 1940，15；CWR，11 October 1940，p. 168. 捉拿朱升源的悬赏达五万元，日本人在其整个占领区到处搜查，但最终也没有将朱抓获。上海市档案馆编：《日伪上海市政府》，档案出版社1986年版，第64—65页；程舒伟、刘福祥：《刀光剑影：民国暗杀纪实》，北京团结出版社1989年版，第168—174页。

瞄准汉奸

第二次统一战线已经相当稳定之后，戴笠的手下便将其注意力转移到日本人及其合作者身上。到了 1938 年，军事统计局（“军统”）已经和民警正式分开，归戴笠领导。它的基本任务之一是防止蒋介石的对手们对日和谈，成立一个骗人的傀儡政府。实施这一任务的关键地点在上海，因为那里的国民党特工可以利用租界为掩护，对汉奸开展恐怖主义活动。[①] 日本人接管了上海的中国管辖区之后，军统的上海站便很快停止了活动。不过，在“孤岛”期间(1937 年 11 月至 1941 年 12 月)，戴笠保留了两个特别行动组织。由于蒋介石对上海投敌分子的叛国活动十分恼怒，这两个在赵理君和林之江率领下的组织得到了政府的支持，尽管他们的活动有可能刺激日本人，使他们动用大军，占领上海的公共租界。其实，如果真的如此，那么它对蒋介石将美国吸引到抗日战争之中的长远战略未尝没有好处。[②] 这些组织，特别是赵理君的小组，执行了当时许多重大的刺杀行动，其中包括周凤岐和张啸林之死。[③] 有人估计，从 1937 年 8 月到 1941 年 10 月，戴笠手下的人进行了 150 多次暗杀活动，尽管当

---

① 恐怖主义活动对在沪的投敌分子打击巨大。周佛海将重庆对空袭的恐惧和上海对恐怖主义的惧怕相比：“坦率地说，如果［重庆］遭到空袭，像我这样地位的人不论在哪里都会十分安全，会有最坚固的防空洞……［在 1939 年的上海］我的生命经常受到共产党和重庆政权的特务分子的威胁。由于暗杀前没有警告……我想这些恐怖主义分子对生命形成的危险比日本空袭要严重得多。” John Hunter Boyle, *China and Japan at War*, 1937 - 1945: *the Politics of Collaboration.* Stanford, Calif., Stanford University Press, 1972, p. 261.

② 出于同一原因，陈立夫和陈果夫也于 1939 年夏天命令吴开先整顿国民党在上海的地下组织。吴开先建立了上海党政统一委员会，并通过杜月笙得到了敲诈勒索的老手黄金荣的帮助，抑制或者消灭投敌分子。江绍贞：《杜月笙》，见李新和孙思白主编《民国人物传》，第 1 辑，中华书局 1978 年版，第 317 页。

③ 王方南：《我在军统十四年的亲历和见闻》，《文史资料选辑》第 107 辑，中国文史出版社 1987 年版，第 144 页。周凤岐将军刚被提名为伪维新政府的“国防部长”，便于 1938 年 3 月 7 日在上海法租界被两名军统特工暗杀。RDS, 839, 00/14214, report of assistant naval attaché, Shanghai, 7 March 1938. 陆伯鸿在组织了伪南市自治政府委员会后于 1937 年 12 月 30 日被杀。

时这些组织遭到位于极司非而路76号的伪特务组织的渗透。[①] 充分认识到中国古代刺客的特殊地位和20世纪革命民族主义的兴起十分重要。[②] 在被认为是公元2世纪东汉儒家文化代表作的武氏祠里，刻有33幅表现过去的孝子、良臣、名妇、贤君等故事的壁画。其中有六幅描写忠诚的刺客兼门客：曹沫挟持齐桓公、专诸刺杀吴王僚、荆轲刺秦王、要离刺吴王子庆忌、豫让谋刺赵襄子以及聂政刺韩王季父。[③] 这些刺客都是平民，他们不为私仇，而是出于一片忠心，满腔怒火，不惜牺牲自己的生命，为主杀敌，因而被视为英雄。刘向在《说苑》里记载道："夫专诸刺王僚，彗星袭月，奔星昼出；要离刺王子庆忌，苍隼击于台上；聂政刺韩王之季父，白虹贯日。此三人皆布衣韦带之士怒矣……士无怒即已，一怒伏尸二人，流血五步。"[④]

第一个企图进行政治暗杀的中国革命者名叫史坚如。这位志士在1900年

---

① 40多个日本军官也被击毙。陈恭澍：《北国锄奸》，台北传记文学出版社1981年版，第10页。国民党非军方的特务组织中央统计局（"中统"）也从事独立于戴笠组织之外的活动。黄美真和张云编著：《汪精卫国民政府成立》，上海人民出版社1984年版，第297页。"在沦陷区里，军统是不是比中统更活跃？它们都很活跃。沦陷区军统和中统的协调是不是比自由区里更紧密？我们不想让它们彼此了解。[如果两者互相协调的话]一条系统暴露了，另一条系统也会暴露。在敌占区的地下工作中，最好把两条系统分开。"见"陈立夫档案"（"Ting Mo-ts'un, Chün-t'ung, and Chung-t'ung during the War," 1, in Ch'en Li-fu Materials. Materials relating to the oral history of Mr. Ch'en Li-fu, done with Miss Julie Lien-ying How as Part of the Chinese Oral History Project of the East Asian Institute of Columbia University between December 1958 and July 2, 1968）。

② Jonathan Spence, "Goodfellas in Shanghai," *New York Review of Books*, vol. 45, no. 9 (May 28, 1998), pp. 36-38.

③ Hung Wu, *The Wu Liang Shrine, The Ideology of Early Chinese Pictorial Art*, Stanford: Stanford University Press, 1989, pp. 168-169.

④ 译文出处同上，第190页。

10月企图刺杀旗人、广东巡抚德寿。[①] 虽然史坚如对自己这种自杀性的努力并无完整的想法，但他的企图标志着从封建时代刺客对主人个人的忠诚到革命的民族主义者的政治责任的过渡，两者都有为某一正义事业献身的清白的动机。1902年，中国其他的激进分子受到日本的无政府主义和俄国的虚无主义的影响，开始宣扬一种以自我牺牲为特征的恐怖主义理论。烟山专太郎写的《近世无政府主义》，中文版译为《自由血》。早稻田大学一位名叫杨笃生的中国留学生从中了解到俄国革命者的暗杀活动，后来，他协助湖南学生领袖黄兴建立起第一支暗杀队。随后，其他的暗杀组织接连出现，直到1905年北方暗杀团成立。[②]

北方暗杀团最著名的成员是吴樾。他于1905年9月在北京火车站企图炸死清政府出洋考察宪政的五名大臣，结果自己却被炸身亡。他的遗作于1907年4月刊登在同盟会机关报《民报》的增刊《天讨》上，其中引用维新运动烈士谭嗣同的话，号召"暗杀主义"，并用崇敬的口气提到陈胜领导的反抗秦朝专制的农民起义，将他作为浪漫主义的"侠"，鼓舞人心的正义榜样。[③]

起初，从事暗杀的革命志士形象既来自国际革命新世界，也是对古代富于忠义和自我牺牲精神并发誓为其主人报仇雪恨的游侠、门客传统的沿袭。从1907年徐锡麟刺杀安徽巡抚恩铭，1911年在广东发生的暗杀孚琦和凤山事件，

---

① 史坚如是广东番禺人，参加了孙中山团体后，三次企图炸死德寿，在第三次行刺时被捕遇害。Krebs, "Assassination in the Republican Revolutionary Movement," *Ch'ing shih wen-t'i*, vol. 4, no. 6 (December 1981), pp. 49 - 50. "政治暗杀作为死亡的一种形式，经过一人或数人的密谋，突然发生在涉身政治的某个人身上。" 见 Daniel Tretiak, "Political Assassinations in China, 1600 - 1968," in James F. Kirkham, Sheldon G. Levy, and William J. Crotty eds., *Assassination and Political Violence: A Report to the National Commission on the Causes and Prevention of Violence.* New York: Preager Publishers, 1970, p. 637。

② 杨笃生为黄兴的"华兴会"写了主要宣言《新湖南》。他认为："在改组社会时，我们不能只是简单地重新组建旧社会。我们必须摧毁旧社会并清除之。" Krebs, "Assassination in the Republican Revolutionary Movement," *Ch'ing shih wen-t'i*, vol. 4, no. 6 (December 1981), pp. 53 - 54.

③ Krebs, "Assassination in the Republican Revolutionary Movement," *Ch'ing shih wen-t'i*, vol. 4, no. 6 (December 1981), pp. 45 - 55.

到1912年1月彭家珍刺杀良弼，尽管具体动机各异，但这些事件都继承了上述两个传统，而辛亥革命前夕发生的汪精卫谋炸清朝摄政王载沣（醇亲王）的著名事件，则是这两种传统最生动的体现。①

清朝被推翻后，政治暗杀并未终止，但就像臭名昭著的袁世凯暗杀宋教仁一案那样，它已不再打着革命的幌子。而且，在这个政治分裂的时期，个人野心无限膨胀，具有“好汉”传统的冒险者们毫不犹豫地在武装人员中挑起头来，他们或给一些人当雇佣军，或者紧跟另一些人，心甘情愿地充当争权夺势者的爪牙。戴笠正是这样一个头目，而且他并不是个独一无二的例子。

除了个人英雄主义之外，戴笠手下军统的特务活动还得到许多退伍军人、各类民众志愿团体以前的成员，以及七七事变之后不久四起的特务队的协助。我们已经看到，孙亚兴在“八一三”淞沪会战期间招募人员，组织特务队。在上海落入日军之手以后，他作为一个受到正规军事训练的领导和中华全国青年救国会前主席，成为打击投敌分子的城市斗争中的一个主要战士。

孙亚兴的恐怖主义小组

上海沦陷后，孙亚兴逃到杭州，省政府主席让他担任绍兴县的一名警官。1938年2月底，孙亚兴可能已经在特务组织控制之下。他回到上海，想把前特务队第三连在沪的成员召集到汉口，促进该市的救亡运动。② 后来参加他的

① 见Daniel Tretiak，“Political Assassinations in China，1600 - 1968，” in James F. Kirkham，Sheldon G. Levy，and William J. Crotty eds.，*Assassination and Political Violence*：*A Report to the National Commission on the Causes and Prevention of Violence.* New York：Preager Publishers，1970，p.644。虽然传说汪精卫没被杀掉是由于他英俊的长相打动了隆裕太后，但更可信的解释是日本人的秘密干涉使汪精卫免于一死。据公众所知，民政部大臣肃亲王被汪精卫的慷慨陈词所感动，而把死刑改为终身监禁。肃亲王后来还到监狱去探访他。John Hunter Boyle，*China and Japan at War*，1937 - 1945：*the Politics of Collaboration.* Stanford，Calif.，Stanford University Press，1972，pp. 17 - 18；Barbara Brooks，“Spies and Adventurers：Kawashima Yoshiko，” presented at the Center for Chinese Studies Regional Seminar，Berkeley，21 March 1987，pp. 2 - 3.

② “Deposition of Sung Yah Shing，” p. 13.

暗杀队的江海生和赵良曾回忆起他们参加该组织、乘船去香港、1938 年 2 月底到达汉口的情景。①

当时孙亚兴已在等候他们了。不久前，他在上海某家报纸上看到一篇报道，说中华全国青年救国会领导人——也就是孙亚兴本人——正在上海，于是他仓促离沪。② 除了江海生和赵良以外，还有蒋介石的卫队长兼行刑官王世和的侄子王志固等人，也当场参加孙亚兴的暗杀队。③ 队员的任务各有不同。有十个人被派往长沙执行“特殊任务”。1938 年 4 月 25 日，13 个人得到通知，他们被选中参加上海城市游击队“镇压汉奸”的工作。④ 这是暗杀队和戴笠的一个联络点，戴笠告诉暗杀队的成员，他们直接受孙亚兴指挥。⑤ 王志固加入以后，暗杀队分成三四个小组，分别于 5 月 1 日和 2 日经由九江、南昌、金华和宁波奔赴上海。⑥

崇明的印刷工人周守刚于 1938 年 2 月回到上海，完全靠亲戚生活。6 月下旬的一天，他遇到王志固，告诉王说，他已经“一贫如洗”。王志固说，如果周守刚愿意参加刺杀汉奸的活动，他“也许能［替周守刚］找到工作”。周表示愿意干。后来，王志固把孙亚兴带到他在宁兴街 13 号的住所，周守刚又重复了他的意思。7 月 3 日，孙亚兴让他把家搬到环龙路 62 号，负责给孙送信。⑦

类似的情况（失业、对伙伴的需求、爱国和仇恨汉奸）也把小学毕业后

---

① 34 岁的赵良是杭州人，1937 年战争爆发前，当了 12 年做纸箱子的工人，后来他志愿到孙亚兴手下工作。“Deposition of Zau Liang,” in SMP, D－8635, 26/7/38. Microfilms from the U. S. National Archives, p. 1.

② “Deposition of Sung Yah Shing,” pp. 13－14.

③ 章微寒：《戴笠与军统局》，《浙江文史资料选辑》第 23 辑，浙江人民出版社 1982 年版，第 132 页；“Deposition of Wong Tz Koo,” p. 2.

④ SMP, D－8597, 22/7/38, pp. 7－8；“Deposition of Sung Yah Shing,” p. 15.

⑤ “Deposition of Zau Liang,” p. 2. 江海生说，他们接到明确指示，必须直接执行孙亚兴的暗杀命令。SMP, D－8597, 22/7/38, 8.

⑥ “Deposition of Sung Yah Shing,” pp. 15－16.

⑦ “Deposition of Tsou Sue Kong,” pp. 1－2；“Deposition of Zau Liang,” pp. 2－3.

找不到工作的陈开光吸引了进来。[①] 赵良找到陈，邀请他参加中华全国青年救国会。陈开光出于爱国，表示“愿意协助消灭汉奸”。赵良肯定了这名青年的理想主义，但告诉他说，为了证明他的忠诚，他必须于 1938 年 7 月 7 日执行一项特殊任务。陈同意了。[②]

陈的任务是在公共场合引爆炸弹，以纪念七七事变。暗杀队已经打伤了伪上海市民协会的一名委员，企图暗杀敲诈勒索的张啸林，谋杀了一名和日本人合作的律师的两名助手，击毙了一名获得日本国籍的中国人。7 月 7 日，暗杀队准备发动更为不加选择的袭击，好像为了打击汉奸，可以不择手段。各小组以投掷手榴弹的方式共发起了 18 起袭击，炸死日本工厂的两名雇员和两名中国人；他们还把炸弹扔到外滩的一个浮动餐厅，炸伤了八个中国人。[③]

在一片混乱当中，警方共逮捕了 1000 多名嫌犯，日本人提出了正式抗议，英美外交官企图说服蒋介石取消他的别动队。然而蒋介石一口咬定，他跟这些罪行毫无关系。[④] 后来，中国外交部长在重庆告诉美国临时代办说：“如果受害人是伪官员，那么暗杀行动多半是某些个人出于爱国动机自发而为，或者是对日本人所做坏事的报复……日本人自己就曾暗杀过政治对手，他（外交部长）不排除他们杀死同伙以诋毁上海市政府的可能。”[⑤] 与此同时，公共租界的警察从孙亚兴的一个同伙那里逼出了口供，将暗杀队破获，同时逮捕了 24 名保证消灭汉奸的年轻市民。

---

① 陈开光化名陈元良，上海人，父母原籍广东，父亲在法租界给私人当看守。“Deposition of Zong Kwei Kong,” in SMP，D－8635，25/7/38，1.

② “Deposition of Zong Kwei Kong,” in SMP，D－8635，25/7/38，p. 2.

③ 同上，3；Deposition of Zau Liang,” pp. 3－5.

④ RDS，893，102 S/1654，11 July 1938.

⑤ Barbara Brooks，“Spies and Adventurers：Kawashima Yoshiko,” presented at the Center for Chinese Studies Regional Seminar，Berkeley，21 March 1987，pp. 9－10.

恐怖主义活动继续进行

孙亚兴被捕，并没有使打击汉奸的活动停下来。原因正如孙亚兴在受审时所承认的："像我的小分队一样从事这类暗杀的小组不止一个。"[①] 1939年2月19日，这类小组其中的一个在受到严密保护的伪维新政府外交部长陈箓位于法租界的起居室里将陈暗杀，震惊了社会。[②] 刘戈清率领一队军统刺客，当着陈箓家人和两个客人的面，将陈击毙。[③] 陈的身体倒地后，刘戈清拿出一个纸卷，扔在这个汉奸的身上，上面写着几个大字："处死通敌分子，蒋总裁万岁!"另一张纸摊在了沙发上，上面写着："抗战必胜，建国必成，共除奸伪，永葆华夏!"两张纸上的落款都是"中国青年铁血军"。[④]

十天以后，"血魂锄奸队"在大东旅社、先施乐园、仙乐舞宫和大东舞厅等四个华人舞厅外面同时引爆炸弹。恐怖主义者留下了一张题为"警告跳舞朋友"的传单，上面说：

> 跳舞的朋友们：你们有的会跳狐步，有的会跳华尔兹，为什么不去前方拼杀？你们有些人在白兰地和威士忌上面挥霍，为什么不把钱给我们的

---

① "Deposition of Sung Yah Shing," p. 27.

② 《文献》，第6卷（1939年3月10日）：D-81。

③ "Further Assistance to Japanese Military Police." Report by D. S. I. Crighton, in SMP, D-9037, 18/3/39, pp. 5-7.

④ "Deposition of Dan Pau Nyi," in SMP, D-9037, 3/11/39, pp. 3-4; "Deposition of Ping Foh Chang," in SMP, D-9037, 3/11/39, pp. 3-4; "Further Assistance to Japanese Military Police," pp. 7-8; "Assassination of Reformed Government Officials," Miscellaneous Report no. 89/39, dated February 19, 1939, in SMP (International Settlement) Files, D-9037, 9/11/39, pp. 4-6; "How the Foreign Minister Was Assassinated,"《新申报》，1939年11月9日，译文载于SMP，D-9037，9/11/39; Wen-hsin Yeh, "Dai Li and the Liu Geqing Affair: Heroism in the Chinese Secret Service during the War of Resistance," *Journal of Asian Studies*, vol. 48 no. 3 (August 1989), p. 551; *China Post*, 21 February 1939, p. 1; *North China Daily News*, 21 February 1939, p. 1; *Shanghai Times*, 21 February 1939, p. 1; CWR, 25 February 1939, p. 3.

部队来买杀敌的弹药？

跳舞的朋友们：你们为什么把钱花在脂粉上，让身上散发出亡国奴的气味？去掉这种气味的唯一办法，是把热血献给国家。你们在新年寻欢作乐，今晚我们的炸弹，是给你们助兴的一点薄礼。①

这种对新资产阶级和政治上的汉奸掺杂着多种感情的敌视反映了蓝衣社对西方化的上海的反感。显然，恐怖主义者们扩大了打击范围，连力行社的宣传扬言要消灭的“半汉奸”和“间接投敌”都被包括在内。换句话说，阶级仇恨和排外思想合二为一。20多年后，这种本土主义和极“左”思想在“文化大革命”当中得到更加鲜明的再现。正如晚年的易劳逸（Lloyd E. Eastman）曾经指出的那样，在国民党的蓝衣社和共产党的红卫兵眼里，按照农村的汉族老百姓的价值观，西方生活方式和资本主义对群众的剥削使通商口岸的资产阶级成为“奸”。②

1939年3月初，国民党上海党部组织了人民动员协会，“在不违反法律法令的前提下，在上海开展广泛的群众运动，进行军事、政治和抗日救国工作”。协会的宣言说：“我们从此发誓，与掠夺的敌人不共戴天。我们要显示各阶级人民的力量，不仅要使在郊区的顽敌退避三舍、无处藏身，归还中国领土，还要在外国租界里宣传中华祖先的后代的英勇无畏精神……有些人将负责侦查和特务工作，有些人会担任打击和消灭汉奸的任务。”③

---

① CWR，4 March 1939，p. 12. 另见《文献》，第7卷（1939年4月10日）：D90。

② Lloyd E. Eastman，*The Abortive Revolution*：*China under Nationalist Rule*，1927—1937. Cambridge：Harvard University Press，1974.

③ “Regulations of the Shanghai People's Mobilization Society Enclosed，” in *Foreign Relations of the United States.* Diplomatic Papers，1939，Volume 4，the Far East，the Near East，and Africa（16 May 1939），U. S. Department of State（Washington，D. C.：U. S. Government Printing Office，1955），pp. 50 - 51.

几天以后，恐怖主义者谋刺伪浦东税务局长朱干庭。[①] 尽管那次暗杀未遂，但国民党“英雄们”下一次对著名汉奸的打击却得手了。他的名字叫席时泰，是上海伪警察局的秘书主任。[②]

暗杀席时泰

席时泰曾受训于日本，后来在自己的时泰医院行医。[③] 国民党撤出上海后，席大夫加入了日本军方的新闻处，成了伪警察局长卢英的首席秘书。[④] 于是，席时泰成了重庆特工的主要刺杀对象。[⑤] 率领一个三人暗杀小组的是22岁的松江人袁德昌。[⑥] 他的两个同谋是20岁的侍者彭福林和一个名叫赵志祥的服装售货员。[⑦]

赵志祥年纪也在22岁，是个典型的上海小市民。他在法租界的一家裁缝

---

① CWR，11 March 1939，p. 48；《申报》，1939年2月28日，第11页；1939年3月7日，第11页。朱毕业于保定军校，曾在北洋军阀手下任职，是伪大道政权财政局里的主要官员之一。梁鸿志的伪维新政府得到保证，如果他们死于恐怖主义者的枪下，他们的家属将会得到丰厚的抚恤金。CWR，4 March 1939，10，p. 47.

② 《申报》，1939年4月12日，第10页。

③ 他是苏州人，在东京医科大学学习期间娶了一个日本太太。到上海后，日本太太在他的两个姨太太当中成了地位较高的一个。大太太和另一位姨太太都是中国人。同上，SMP，D-9122，4/11/39。

④ 据《申报》说，席时泰的长子行志负责一个专门的电台“散布耸人听闻的消息”，并给日本人当特务。《申报》，1939年4月12日，第10页。

⑤ 《大陆新报》，1939年4月12日，译文载于SMP，D-9122，13/4/39。

⑥ 袁德昌的原籍不是松江便是昆山。据说他身高五英尺半，“个子瘦俏，脸庞消瘦，皮肤苍白，长发梳到脑后，身着奇装异服，不戴帽子，说着一口上海话”。SMP，D-9122，15/4/39，pp. 2-3.

⑦ 彭是溧阳人。他曾回忆起在永安百货商店的屋顶花园里同袁、赵会面的情景。SMP，D-9122，12/4/39. 不过，赵志祥后来告诉警察，他在上海战事爆发之前便认识彭。当时彭在大东新旅馆当侍者，经常和几个朋友租一间屋子打麻将。SMP，D-9122，11/4/39. 彭很可能是受过训练的军统特工。他后来告诉警察说，他4月7日碰巧在爱多亚路上的一家中国电影院外面碰到袁德昌，他对袁说，他对参加“爱国活动”不感兴趣。

店当了一段学徒之后，又在另外两家“洋装店”干了五年的售货员。他攒足了钱，在浦东老家娶了一个农家女。但在1937年大萧条时期，他失了业，不得不回家和他兄弟住在一起。当时河对岸的南市正打得不可开交，他自己都只能苟延残喘，便让老婆回了娘家，从此他们便一直分居。①

1939年3月5日，赵志祥决定过河到未被占领的公共租界再去试着找找工作。他记得白跑了一趟之后，遇到了袁德昌。袁和浦东游击队有联系，经常在山西路上的南京饭店租房间。② 赵志祥刚走近南京饭店的接线员，袁德昌便从后屋闪了出来。③ 袁德昌认出了赵，让他于3月14日下午在大世界游乐场门口碰头。④ 赵志祥如期赴约，立刻被袁带到辣斐德路附近的一处公寓。袁在那里租有一个亭子间。同一天，这个小组的第三个成员彭福林也和他们搬到了一起。从此三人成了知心朋友，共同生活。那亭子间居然能够让赵志祥把老婆接来住了一星期。在那之后，她又回浦东老家去了。⑤

1939年4月4日下午，袁德昌让赵志祥出去买吃的。赵回来后，看见袁和彭正在擦几支手枪。五天以后，三个人住进了南京饭店。袁和彭进来不久便又走了。4月10日晚上，这两名特工回来了，他们告诉赵，次日早上他们要去“刺杀一个叛徒”。⑥ 他们的秘密使命被一个名叫周剑华的人签署、寄往赵志祥

---

① SMP，D-9122，11/4/39.

② 赵首次遇到袁，是经过浦东游击队一个姓张的分队长的介绍。张于1939年1月投奔了日本人。SMP，D-9122，11/4/39.

③ SMP，D-9122. 那个电话接线员可能是军统的特工。军统拥有一个出色的电话电报监视部门，经常把上海的旅馆作为监听站。沈醉：《军统内幕》，文史资料出版社1984年版，第46—47页。在暗杀发生之后，本案当中的接线员浦福新受到上海市警察的审问，随后便被释放了。日本领事警察后来说，他是这个暗杀团伙当中的核心人物。但即使有上海市警察的协助，日本人也没能把他抓获。SMP，D-9122，13/4/39，p.1；12/5/39，p.1.

④ 赵对这次巧遇的描述令人怀疑。后来警方在南京饭店彭福林的房间里找到周剑华（见下文）的一封信，上面提到袁、彭和赵以前曾经办成的一件“事情”，充分表明赵曾与其他两名军统特工在以前的一次行动中共事。SMP，D-9122，11/4/39.

⑤ SMP，D-9122，11/4/39.

⑥ 同上。

在宁波的地址的信所证实。[①] 袁给两个半文盲读了这封信。信中说，三个人肩负着中国“四万万人民”的委托，嘱咐他们要“勇敢、坚定、热忱、机智”，要“锻炼强身”，鼓励他们“按照蒋委员长发动的新生活运动的原则”生活：实行礼（作为同志，他们应该互爱）、义（作为公民，他们应该为国尽忠，粉碎背叛祖国的叛徒）、廉（作为英雄，他们应该惩治贪官和汉奸）、耻（作为爱国者，他们应该采取行动，不仅要打击那些“贪图高官厚禄、中饱私囊”的汉奸，而且要反对那些只知“跳舞、赌博、寻欢作乐”的人）。信的结尾呼吁：“杀敌锄奸！”[②]

次日早晨，4月11日，三人在劳合路居易里胡同口重新集合。袁德昌让彭福林解决胡同里的岗哨。[③]

9点15分，席时泰从他家后门出来，沿着胡同走过来。袁德昌埋伏在阴影里。等这位医生走近，袁跨到他的面前，向他发射点38口径的达姆弹。彭福林同时冲向哨卡。他看见坐在岗哨旁边的巡警，便开枪射击，打中巡警的右臂。岗哨掏枪还击，击中彭的胸部。彭从胡同里奔出，从一家茶馆的后门逃走。受了重伤的席时泰倒在家人的怀抱里，他们把他抬回家，不久他便死在正堂的地上。[④]

与此同时，袁德昌和赵志祥也分头逃走。赵志祥犯了一个错误：他回到山西路上的南京饭店，正碰见身受重伤的彭福林跌跌撞撞地走进旅馆前厅，向一

---

① 信封上贴了半张三分钱的邮票，而且赵注意到没有盖邮戳。警方后来在彭福林的旅馆房间里发现了这封信，证实了这一点。SMP，D－9122，15/4/39. 信封上的回信地址是位于法大马路416号的冠生园。伪上海市警察局的侦探后来到该店调查，发现根本没有一个叫周剑华的人，他们对此也并不奇怪。SMP，D－9122，11/4/39 and 15/4/39.

② SMP，D－9122，11/4/39. 另见1939年4月14日的证词。

③ 席时泰的家位于劳合路第127巷12号，但后门朝着第139巷。SMP，D－9122，11/4/39. 赵志祥负责监视巡逻的警察。某一次审讯表明，可能还有第三个放哨的。彭福林的弟弟彭金义和袁德昌一起逃跑了。SMP，D－9122，13/4/39. 他们谁都不知道，胡同里的岗哨已经把执勤的警察请到自己的哨卡里喝茶去了。岗哨是40岁的山东人宋江荣，也是一名警察，他的警号是227，拥有持枪执照。执勤的中国警察姓赵，巡警号码是730，只配一只警笛。SMP，D－9122，11/4/39.

④ SMP，D－9122，11/4/39.

名侍者求救；那侍者扶住彭福林，赵志祥站在旁边，束手无策。①

医院接纳了彭福林之后，随即打电话报告老闸巡捕房，有人中了枪伤。不到11点，伪上海市警察局侦探便赶到了宝隆医院。彭福林胸部的枪伤太重，无法正式受审，但他告诉调查人员，他在劳合路上，莫名其妙地挨了一枪。赵志祥坐在彭福林床边，也替这一派胡言帮腔。赵立刻被带到老闸巡捕房受审，日本宪兵队派人参加了审讯。②

赵志祥被审问的同时，上海市警方的其他侦探搜查了彭、赵位于文览里11号的住所，发现了周剑华的信，证明两人是国民党特工暗杀小组的成员。③ 在确凿的证据面前，赵志祥无法抵赖，只好招供。同天下午2点30分，警察将戴着手铐的赵志祥带到彭福林的病房。彭当时的“伤势十分严重”，他见赵志祥已经招供，便也坦白了。次日凌晨3点，彭因体力不支死亡，而对赵志祥来说，更大的折磨还在后面呢。④

1939年4月19日，伪上海市警察局为了表示“诚意”，将赵志祥押到苏州河边界的对面，交给日本宪兵队。这位过去裁缝店的学徒便从此消失了。⑤

---

① 那位23岁的侍者是大东新旅馆的茶房，名叫李杏和。警察起初把他当成了彭福林的弟弟彭金义，但很快便搞清了他的真实身份。李杏和自称，他在劳合路上遇到受伤者，便叫了两辆黄包车，把他们带回南京旅馆。但在路上，两人在袁德昌的住处停了一下，彭福林把手枪交还给他。SMP，D-9122，11/4/39，12/4/39，15/4/39. 他只得雇了三辆黄包车，驰往附近的宝隆医院。SMP，D-9122，11/4/39.

② SMP，D-9122，11/4/39 and 15/4/39.

③ 这两人其中之一显然在旅馆办完了结账手续之后，把行李带回了寓所。

④ SMP，D-9122，11/4/39，15/4/39.

⑤ SMP，D-9122，20/4/39. 两天以前，国民党刺客在法租界“处决”了伪市政府一个名叫王宪明的科长。同一天，伪市统税处处长杨其观被一个“壮汉”乱刀捅死。《申报》，1939年4月18日，第12页；1939年4月21日，第11页。1939年7月21日，日本宪兵队通知将赵志祥交来的上海市警方，犯人已于7月10日被处死刑。SMP，D-9122，22/7/39，p. 1.

勾 结

1940年和1941年死人更多，也就是说有更多的汉奸被消灭。但在日本袭击珍珠港以后，上海的爱国恐怖主义活动和市民自发的抵抗行为停止了。当时，国民党情报机构“曲线救国”的策略使双方鲜明的对抗变得模糊起来，这种策略主张既公开同敌人的情报机构合作，又秘密派遣数千名下级双重特工打入伪特工组织。① 据中国大陆人士说，这种盘绕政策是蒋介石和戴笠于1940年3月30日汪精卫被定为统一的伪政府领导人和1941年1月“皖南事变”之间秘密制定的。②

汪精卫的伪政府遭到彻底唾弃：③

> 过去王克敏的“临时政府”和梁鸿志的“维新政府”，都是奸字号老前辈，沦陷区人民统称之为“前汉”。汪精卫的伪政府自然是“后汉”。许多奸丑们口头上常常承认自己是“后汉”而觍然不以为耻。自“后汉”代“前汉”为日本人之傀儡以来，人人切齿痛恨，因为前者远不敌后者为恶之甚，后者为七十六号（伪特务机关），是杀人如麻的魔窟，人人谈虎色变。④

然而，蒋介石的特务机构照样与他们相勾结。

---

① 程一鸣：《军统特务的真相》，《广东文史资料选辑》第29辑，广东人民出版社1980年版，第231—233页；沈醉：《军统内幕》，文史资料出版社1984年版，第83页；章微寒：《戴笠与军统局》，《浙江文史资料选辑》第23辑，浙江人民出版社1982年版，第146页。20世纪40年代，谣传蒋介石与汪精卫不断进行秘密联系，爱米丽·汉对此开玩笑地说，这标志着中国人对间谍活动着迷的程度。其实，就戴笠而言，这一点未尝不属实。Emily Hahn，*China to Me*：*A Partial Autobiography*，1944，p. 96.

② 香港群众出版社编：《戴笠之死》，香港群众出版社出版，第16页。

③ 一封致《中国周报》的读者来信说：自从上海郊区被日本侵略者及其以汪精卫为首的走狗占领后，这个曾被称为安宁与秩序之都的城市变成了恐怖之地。CWR，29 March 1949，p. 109.

④ 陶菊隐：《天亮前的孤岛》，上海中华书局1947年版，第1页。

蒋介石曾给陈立夫和徐恩曾（中统局长；“中统”是国民党中央执行委员会调查统计局的简称）领导的非军事特务机构下达了同样的命令。徐和前中统特工、时任伪南京政权特工总部主任的丁默邨保持着直接和个人的联系。每当重庆国民党政府的中统密码组收到丁默邨发来的电报，便立即直送徐局长，徐将其译解之后，只供蒋介石和他自己阅读。①

根据国民党公开的说法，戴笠同南京的大汉奸周佛海也有类似的安排。戴还把诸如毛森等重要特工安插在伪南京政权的安全保卫机构当中，其所作所为，包括逮捕、刑讯和处决中国的爱国战士等，有时为军统的目的服务，有时则为傀儡政府服务。② 与此同时，伪特务也替日本人打入军统。共产党特工则同时与伪政权、日本人和美国战略情报局“合作”，并力图派特工渗入军统局内部。这些支离破碎的秘密政治活动多数都完全不为人知，参加者最终对谁效忠的问题在整个战争期间都是个谜。尽管“抗日战士”和“汉奸”似乎泾渭分明，但两者之间的区别却并不像法国抵抗运动战士和纳粹之间那么明显。③

虽然关于法国抵抗运动战士的神话在战后被迅速地揭穿，但某些根本的分歧依然存在：“每当一个党派提到［法国的］沦陷时，它便不可避免地触及本世纪的中心问题：是社会还是民族，平等还是等级制，国家还是个人，道德还

---

① 在此之后，这些电报便存入他办公室里一个绿色保险柜中的编号为0042的档案（42是7和6的乘积，代指“76”，即极司非而路76号的伪特务组织）。刘恭：《我所知道的中统》，《文史资料选辑》第36辑，文史资料出版社1962年版，第79页；朱子家：《汪政权的开场与收场》，第2卷，香港春秋杂志社1961年版，第68—74页。

② 徐宗尧：《组织军统北平站和平起义的前前后后》，《文史资料选辑》第68辑，北京中华书局1980年版，第206页；徐肇明：《汉奸周佛海勾结军统及其下场》，《文史资料选辑》第64辑，北京中华书局1979年版，第204—208页；Poshek Fu，*Passivity*，*Resistance*，*and Collaboration*：*Intellectual Choices in Occupied Shanghai*，1937－1945，1993，pp.152－153；程一鸣：《对沈醉〈我所知道的戴笠〉的补充订正》，《广东文史资料》第22辑，广东人民出版社1978年版，第248页。

③ 茅盾（沈雁冰）：《腐蚀》，四川人民出版社1981年版，全书；Henry Rousso，*The Vichy Syndrome*，*History and Memory in France since* 1944，trans. Arthur Goldhammer. Cambridge：Harvard University Press，1991，p. 114. 另见 Ralph Hewins，*Quisling*，*Prophet without Honor*. London：W. H. Allan，1965，p.20；并见 H. R. Kedward，*Occupied France*，*Collaboration and Resistance*，1940－1944. London：Basil Blackwell，1985，pp.32－33。

是效率，隔离还是融合外来文化与民族。”① 在战后的中国，这种非此即彼的思维方式经常由于妥协与权宜而变得模糊不清。例如，毛森被戴笠释放，成为第三方面军第二处处长。② 更有甚者，何应钦和戴笠不顾广东省政府代表大会的反对，给处于其监护之下、双手沾满许多爱国志士鲜血的广东“四大汉奸”郭卫民、赵桂章、许廷杰和李辅群以优越的待遇。③

中国的历史学家们从未充分探讨过战时的汉奸问题。④ 中国史学家在研究这个题目时，必须面对选择的清晰程度的问题。要知道，当时至少有三个政府——重庆的国民党一党政府、南京的傀儡维新政府以及延安共产党的革命政府——的特工人员互相竞争，力争在打败日本之后的局势当中占据有利地位。研究人员起码必须显示，在这种情况下当时各色人等的打算，以及敌友界限是如何地模糊不清。⑤

尾　言

战后的重建工作使这一问题更加暧昧。至少一个原因是国民党的接收大员们从日本人手中接管中国的沿海地区。尽管蒋介石把“肃奸”的任务交给了

① Henry Rousso, *The Vichy Syndrome*, *History and Memory in France since* 1944, trans. Arthur Goldhammer. Cambridge: Harvard University Press, 1991, p. 300.

② 程一鸣：《对沈醉〈我所知道的戴笠〉的补充订正》，《广东文史资料》第 22 辑，广东人民出版社 1978 年版，第 249 页。

③ 香港群众出版社编：《戴笠之死》，第 13—14 页。

④ 不过，投敌活动却是 80 年代中国大陆一部关于战时北平的多集电视连续剧的主题。这部连续剧名叫《四世同堂》，是根据老舍的小说改编的。正文所述状况的一个例外是复旦大学黄美真教授的研究小组。见黄美真和张云编著：《汪精卫国民政府成立》，上海人民出版社 1984 年版。

⑤ 这段讨论在很大程度上受到以下著作中敏锐的分析的启发：Poshek Fu, *Passivity*, *Resistance*, *and Collaboration*: *Intellectual Choices in Occupied Shanghai*, 1937 – 1945, Stanford: Stanford University Press, 1993, pp. 162 – 165. Poshek Fu, “Intellectual Resistance in Shanghai: Wang Tongzhao and a Concept of Resistance Enlightenment, 1937 – 1939.” Paper delivered at the Association for Asian Studies meetings, San Francisco, March 24, 1988, p. 7.

戴笠，而且也确实有不少首要“汉奸”被审判和处决，但某些有名的投敌分子则在曾是戴笠的忠义救国军的秘密成员之类的幌子下，逃脱“汉奸”的下场。[①] 从另一方面说，由于戴笠1946年死于飞机失事，一些真的和军统保持秘密联系的伪政府成员在以叛国罪受审、被处死刑的时候，无法请戴将军为其忠诚作证。[②]

事实是，事情从未像“战士”和“汉奸”之间那样泾渭分明。包括潘汉年这样的共产党人和缪斌这样的国民党人在内的许多人物，在战时暗雷密布的浅滩中航行时，都处于模棱两可的地位。[③]

缪斌是黄埔军校孙文主义学会于1925年12月成立时的创始人之一。他当警察局长时，因贪污腐化被解职，便回到老家无锡，和荣宗敬的侄女结了婚，当上了这位工业巨头的面厂的总经理。1937年，缪斌参加了北平的伪政权，成了汪精卫的“青年训练所”的所长，并组织了亲日的“新民会”。1940年，他担任汪精卫的伪考试院院长、立法院副院长和宣扬“大东亚共荣圈”的“东亚同盟”副会长。但据他后来在江苏高等法院的证词，他在1943年1月以前便和戴笠的情报机构取得了联系，向上海的国民党特工提供资金和情报；到了8月份，他已是军统固定的工作人员。1945年3月，缪斌到东京，和小矶国昭首相会谈，自称是国民党政府的代表。由于小矶听信了缪的鬼话，在1945

---

① 程一鸣：《对沈醉〈我所知道的戴笠〉的补充订正》，《广东文史资料》第22辑，广东人民出版社1978年版，第247页。在王时璟一案中，这个“大汉奸”交出了五吨金银，从而被免死刑，便是一例。《文汇报》，1946年10月16日，第1页。

② 这种含混不清的情况在审判战犯的案子中比比皆是。详见南京市档案馆编《审讯汪伪汉奸笔录》，江苏古籍出版社1992年版。

③ 李肇春：《身份复杂的潘汉年》，《共党问题研究》第9卷第3期（1983年3月15日），第114—118页。

年4月被撵下台，缪遂回到中国。①

日本投降后，缪斌起初并未被当作战犯对待，而是被监护起来。1946年4月，在舆论呼声的压力下，缪斌受到江苏高等法院的审判。他刚要被定罪判刑，军统的一封信证实了缪确于1943年8月成为军事统计局的特工，使他免于一死。但缪斌刚被高等法院释放不久，便忽然又被抓了起来，押到苏州，迅速受审，并以叛国罪处决。其中奥妙，恐怕将永远无人知晓。②

当然，这种政治上含糊不清的状况并不限于抗战时的汉奸。但汉奸问题的独特之处，在于效忠与背叛“华人本色”之间貌似严格，实则灵活的界限。这一点可能有助于我们理解作为一个中国人的含义。

如果考虑到三个战时政权之间八年的竞争加上内战期间两个分离的主权实体的存在，那么要想谈论把中国作为一个国家来效忠是很麻烦的。但我们依然可以把不忠分为三类：背叛自己的“天性”（“你是民族的叛徒”）、背叛自己的天职（“你背叛了自己的天职”）以及背叛自己的事业（“你背弃了自己的诺言”）。

在清朝的中坚力量当中，忠诚有多种多样：最忠实的是旗人；此外，朝廷还可以要求受过儒家教育的汉族官员忠于自己的天职。当然，其中含有某些个人特征。比如，乾隆皇帝可以奖赏忠实的官僚，也会在不忠的大臣死后仍对其追加惩罚。但这种区别对待公开躲避了最基本的忠诚问题。同盟会革命运动的兴起也是如此，尽管它在思想上的解决办法并不足以形成一种政策。在民国时

---

① 程一鸣：《对沈醉〈我所知道的戴笠〉的补充订正》，《广东文史资料》第22辑，广东人民出版社1978年版，第16页；Howard L. Boorman，*Biographical Dictionary of Republican China*. vol. 3. New York：Columbia University Press，1967—1979，p. 36. 小矶国昭是日本政府中的实权人物，曾任驻朝鲜日军司令官。缪斌事件给了他在内阁中的对手以解除他职务的口实，这一信息由厄文·晒纳（Irwin Scheiner）博士提供。

② 程一鸣：《对沈醉〈我所知道的戴笠〉的补充订正》，《广东文史资料》第22辑，广东人民出版社1978年版，第17页；Howard L. Boorman，*Biographical Dictionary of Republican China*. vol. 3. New York：Columbia University Press，1967－1971，1979，p. 37. 尽管没有什么证据，但缪斌先被释放，在戴笠死后又重新被捕，恐怕并非巧合。

期，又形成了另外一种矛盾：对事业的忠诚和对身份认同的忠诚。这就是为什么汪精卫痛苦地悲叹说，是“群言”杀死了明朝“真正的爱国者”。“高调是诅咒，自尊扼杀胜利，适度避免失败。”①

只有在忽视20世纪中叶当汉奸的充分含义的情况下，汪精卫的这种卖国贼的哀叹才会有说服力。在中国历史的那一阶段，曾经一度普遍存在的对自己文化的忠实以及当代特有的对人民和种族的忠诚，占据了中心地位。认同至关重要。如果你出了圈，便失去了联系；但你要是回来，那么在多数情况下仍可以恢复这种联系。汉奸比某一事业的叛徒具有更深的含义，它意味着背叛对自己种族与文化的认同。被排除在外的代价高昂得不堪忍受，但被重新接纳的代价要低于含辱受罚。

换句话说，汉人的身份可以使你重新回到圈内，而以往则被一笔勾销。在抗战期间和以后，恰恰是中国共产党处理认同问题的能力——以中国种族文化中心论为号召——使它在中国成为人心所向。投敌问题便无人再提（虽然它在特殊时期又重新出现），因为不论一个人是否曾经出国在外、生活于殖民政权统治之下或任职于流亡政府之中，他只需承认对中华民族的认同，改邪归正，便可置身于“黎民”之中。

如果叛逆、叛徒或汉奸的含义是对自己文化与民族的背离，那么政治上的变节者则可以通过保持最基本的忠诚，也就是文化上和种族上的融合，而减轻罪责。外人可能会对这种模模糊糊的“我们与他们”之间的界限感到气馁，但中国人对自己既往不咎的能力却颇为自信。这就是为什么中国大陆政府仍以最实际和现实的方式，继续执着地期待统一台湾的缘故。也正是为了这一原因，台湾海峡两岸的两个主要政党都持有这种“一个中国”的立场。

吴晓明　译

---

① John Hunter Boyle, *China and Japan at War*, 1937–1945: *the Politics of Collaboration*. Stanford, Calif., Stanford University Press, 1972, p. 33.

缩略语

CWR—*China Weekly Review.*

RDS：Records of the Department of State Relating to the Internal Affairs of China.

RWSSZ：上海市档案馆编辑，《日伪上海市政府》，档案出版社 1986 年版。

SMP：Shanghai Municipal Police（International Settlement）Files. Microfilm from the U. S. National Archives.

战时上海的走私

（2004 年）

战时的抵抗运动本身代表了一个民族为共同的目标团结奋斗的神话。中国人民反抗日本侵略的历史充满了可歌可泣的英勇事迹。在共同牺牲和广泛合作的大背景下，国共两党或独立或合作，都发扬了英勇献身的精神。

这些神勇的故事大多有关英勇牺牲，都有一定程度的真实性。但故事的背景大都在乡村：军事基地、游击队营、红军分遣队以及那些愿意为祖国奉献自己生命的国民敢死队们。在中国城市，尤其在上海这个被围困的大都市里，日军的占领导致了最初的分化和无序。① 不仅因为"上海孤岛"时期刺客之间的相互斗争，也因为 1941 年后由于食品供应紧张所发生的为生存而进行的日常挣扎。②

为存活的竞争随后导致了背叛。肥胖成了通敌的外在标志。"汉奸"被描绘成一个肥胖而油水十足的人：他是自私自利在溃散的氛围中见利忘义、认贼作父的代表。正直的人是消瘦的，他拒绝为个人的生存和舒适而投降和妥协。奇怪的是，战争时期这两种漫画形象，走私贩们普遍兼有。他们的大量走私使牟取暴利成为可能，却同时保证了食品（主要是米）的供应，使上海市民得以维持生存到解放。走私品的进出，从个人意义上看是市民正当维持生计的手段，在公共范畴内则成为政府和军队的牟利方式。

---

① 《孤岛的印象》，见李基林选编《抗战文学期刊选辑》第 1 辑，河北书目文献出版社，第 269 页。

② 魏斐德：《上海歹土：战时恐怖活动与城市犯罪（1937—1941）》，人民出版社 2011 年版；方显廷：《论粮食统治》，方显廷编辑《战时中国经济研究》，重庆商务印书馆 1941 年版，第 68—69 页。在"以战养战"政策下，日本人建立了"米粮统治委员会"，或称"米统会"，最终与汪精卫政府机构合起来监管长三角地区粮食的调拨与购买。唐振常、沈恒春主编：《上海史》，上海人民出版社 1989 年版，第 836 页。

被困的城市

上海的沦陷，从中国居民的角度看，分为三个不同的阶段。第一阶段是在傅筱庵市长在职期间，这时对居于租界的中国居民影响不大。第二阶段是在汪精卫接管之后，这时公共租界的绑架杀人案泛滥，骇人听闻。第三阶段是在日本袭击珍珠港并对英国宣战之后。尽管很多人认为汪精卫政府会向租界扩张势力，日本人却仍然占领这些地区并继续维持这些地区的治安，并在此按照自己的意志强行推行他们的制度。在这段由日本人直接控制租界的日子里，城市的中产阶级基本不出门，晚上都在家里。这时的城市变得黑暗和消沉。① 人们交流时都很戒备，“就像一面被蒙了布的鼓”，甚至人们打电话时也是极端谨慎，生怕谈话被监听。那时有一个传言，说有四个朋友打完牌后，赢家给一个输家打了一个电话，表示要给他反攻的机会，这个赢家后来遇到很大的麻烦，因为电话已被当局监听并被误解成有一项组织反击日军侵略的计划。

于是，新闻也很难获得，尤其是当局查封了所有反日报纸并没收所有短波收音机后更是如此。谣言四起。上海市区居民在谈话时一直回避某些话题，这使他们的精神压力很大。② 对信息的渴求使得他们非常欢迎那些来自上海近郊的人，这些人可以把信息带给他们。

不用说，日本军警把持着这座城市所有的入口，进入上海是不易的。日本占领上海时这种控制已经成了控制市场的有效手段。③ 在中国所有的沦陷区，集镇的大门和主要的高速公路都由关东军的特殊部门把持着。他们要求所有的

---

① 屠诗聘主编：《上海春秋》，香港中国图书编译馆 1968 年版，第 76 页；陈存仁：《抗战时代生活史》，香港长兴书局，未注明年份［其前言所注年份为 1975］，第 204 页。

② 即使短波收音机也只提供有限的信息。这就是为什么在临近抗战结束的日子里，拥有与外界信息沟通渠道的汉奸对美国在日本广岛的轰炸程度的了解以及对外界局势变幻的认识比普通上海市民快得多的原因。

③ 林美莉：《抗战时期的走私活动与走私市镇》，《纪念七七抗战六十周年学术研讨会论文集》，台北 1997 年出版，第 15 页。

货船都要持有特别军事区的特别服务办公室批准的许可证。① 在上海郊区，这些岗位通常都由日本军警扶持的傀儡把持。农民路过这些带刺的铁丝网以及带有沙袋的检查岗时，被迫脱帽并向当局鞠躬。他们也经常被搜身。如果他们的衣袋里有英美品牌的香烟，日本岗哨就会打他们。如果仅仅是中国的品牌如大连珠或金兔，那么他们就不会遇到麻烦。② 光天化日之下在市内行走也很麻烦，甚至令人难受。上海人要过四川北路桥时，他们必须下车并向岗哨上的日本军警鞠躬。这些控制慢慢有所松动，人们不必徒步过桥而可以乘坐黄包车了(但是他们仍得脱帽并向哨兵致敬)。然而这些控制对其他外国人仍然有效，日本人欲通过羞辱外国人，做出亚洲同胞一起反对白人统治的样子，来获得中国人的好感。③

比如有一次，一个欧洲人乘黄包车过桥时向岗哨简单地礼貌性地点了下头，日本军警就大发雷霆，强迫欧洲人脱帽并鞠躬。然后他给了这个欧洲人一记重重的耳光，强迫他趴在路边，并在他身上踩来踩去。还有一次，一个日本警官命令欧洲人下黄包车，将中国车夫引上车，然后让这个欧洲人来拉车，这就取悦了围观的中国人。④

米　粮

日本人对通行的限制和检查不仅是对上海人、中国人和西方人的公然侮辱，而且是对这个城市所需食品和营养的扼制。当时上海每年至少需要五亿磅

---

① 林美莉:《抗战时代的走私活动与走私市镇》,《纪念七七抗战六十周年学术研讨会论文集》，台北 1997 年出版，第 4 页。

② 陈存仁:《抗战时代生活史》，香港长兴书局，未注明日期［其前言所注日期为 1975］，第 200—201 页。

③ Frederic Wakeman Jr.，“*The Craigie-Arita Talks and the Struggle Over the Tientsin Concessions*,” pp. 11－15;《新申报夜报》，42 年 4 月 1 日，第 1 页。

④ 陈存仁:《抗战时代生活史》，香港长兴书局，未注明年份［其前言所注年份为 1975］，第 201 页。

粮食（约 400 万石）。[①] 上海战役爆发之后，日军离上海越来越近，他们开始给上海人灌输这样一个概念：中国准备打一场持久战，食物供给不久就会非常紧张。[②] 难民的涌入[③]增强了上海市民囤积一房间粮食的决心（即使那些由机器烘干的大米最后受潮坏了）。[④]

当下的关键是找到粮食的供应商。普通上海人每天或每周去一次米店。[⑤] 个体米店一般很小（65%的个体米店只有约 200 美金的资产），有时它们会依附于一些较大的米行，这些米行专门引进某些省份或国家（比如江西或泰国）的粮食。上海米粮公会的 1544 个会员，大部分都是在自己居室（里弄石库门）的前厅开店，每个店可以为 2000 名左右的顾客提供五到十天的粮食。供应的粮食很快被那些囤积居奇者抢购一空，他们在这个艰难的时期尽力收购粮食然后哄抬价格。[⑥] 为了庆祝中国农历新年的到来，统治当局于 1942 年 1 月 1 日宣布会有两万袋大米的特殊供应。但与此同时，上海市政委员会颁布法令，规定租界内米店的营业时间只能是从早晨 8 点到下午 4 点，而且周三、周日全天关闭。[⑦] 后来有些大米没有卖完，这些禁令便有所松动，而且除夕那天

---

① 与安克强教授的个人交流；Hanchao Lu，“Away from Nanjing Road：Small Stores and Neighborhood Life in Modern Shanghai，” *Journal of Asian Studies*，vol. 54，no. 1（February 1995），pp. 93 – 123.

② 胡留璋：《抗战回忆极短篇之回响》，《传记文学》，1995 年第 401 期，第 52 页。

③ 陈存仁：《抗战时代生活史》，香港长兴书局，未注明年份［其前言所注年份为 1975］，第 225 页。

④ 同上，第 60—61、225 页。《上海春秋》，香港中国图书编译馆 1968 年版，第 1 册，第 77 页。

⑤ 1942 年 4 月之前，在上海的公共租界大约有 450 家大米和面粉商店。为了将大米发放到更小及更容易控制的商店里，上海市政委员会在 4 月份关闭了 250 家米店。《申报》，1942 年 1 月 9 日，第 5 版。安克强（Christian Henriot）的研究表明，在 1939 年之前，上海法租界有超过 400 家米店。

⑥ Hanchao Lu，“Away from Nanjing Road：Small Stores and Neighborhood Life in Modern Shanghai，” *Journal of Asian Studies*，vol. 54，no. 1（1995），pp. 93 – 100.

⑦ 《申报》，1942 年 1 月 1 日，第 6 版。

暂时性地完全放开。[①] 然而当新年真正来临时，黑市上黄金、债券、股票和棉花期货的价格却突然上涨。[②] 这次通货膨胀使得自由市场的米价也涨到了 280 元/石。为了买到管制的大米、煤炭和食用油，人们排起了长长的队伍。[③]

当局试图再次采用相同的应对之法，宣布米粮办事处在 1942 年 2 月 4 日公开销售两万袋大米。[④] 然而 3 月 9 日黑市的米价涨到了 300 元/石。由于担心米粮的高价位会影响统治，日本当局颁布了一项法令，规定暂时允许米粮的自由买卖，3 月 14 日为了抑制黑市的米粮买卖又颁布了一项法令，规定国米不能进入租界。然而事与愿违，当天下午米价就涨到了 400 元/石，到了晚上，米价已是 500 元/石。第二天，也就是 1942 年 3 月 15 日，每石米要卖到 600 元，而且有传闻说福州的米价已经飙升到一石 1000 多元（参见表格 4.1，1943—1944 的数据）。于是此地人人都开始囤积米粮。[⑤]

当局再次试图通过限制米粮的销售天数以及在周三和周日限制卖主来控制局面。到 1942 年 9 月，这种限制的结果仅仅是促进了黑市交易。为了维持一个相对公开的价格和反映成本的“白市”，当局宣布于 1942 年 1 月 12 日也就是中国农历新年那天恢复“正常”的营业时间。每个米店轮流实行。[⑥]

但那时商店里米粮的供给已基本枯竭，因此通过正常渠道获得米粮麻烦很大。一开始很多上海人都试图穿越环城的铁栅栏，自己到周边村庄去买米。但他们的行动过于明显，日本的岗哨用受训过的警犬在铁丝网周围巡逻，或咬或

---

① 《申报》，1942 年 1 月 5 日，第 5 版。

② 陈存仁：《抗战时代生活史》，香港长兴书局，未注明年份［其前言所注年份为 1975］，第 208 页。

③ 陶菊隐：《天亮前的孤岛》，上海中华书局 1947 年版，第 63、65 页；《上海春秋》，香港中国图书编译馆 1968 年版，第 1 卷，第 78 页。亦见《上海解放前后物价资料汇编》，上海人民出版社 1958 年版，第 18 页。

④ 《新申报夜报》，1942 年 2 月 4 日，第 2 版。在保甲制度颁布后，沪西的米粮销售执行得相当不尽如人意。《新申报夜报》，1942 年 2 月 6 日，第 2 版。

⑤ 《上海解放前后物价资料汇编》，上海人民出版社 1958 年版，第 64 页。

⑥ 《申报》，1942 年 1 月 11 日，第 5 版。

伤这些业余走私者。不久，这些业余走私者就被那些更有办法逃脱追捕的职业米贩所取代。①

那时大约有3000余名小的职业米粮走私贩在上海郊县“运作”。他们通常搭乘火车。② 他们一般以三倍的价格向内地销售上海产的雪茄等违禁品，然后换取米粮。职业走私贩和业余走私贩往往都坐火车往返于上海和苏州之间，一天可能要跑两三个来回。日本当局估算，如果每人每次带30箱（15,000支）雪茄，减去旅费和行贿开支，每人每天至少可以赚50—60元钱，如果这个人回程时再走私米粮，这个利润可以翻番。③ 除了可观的利润之外，雪茄买卖也是短期内应付通货膨胀的较为有效的方式。

表格4.1　从占领区进口至福州和福建港口的货物
（1943年7月1日—1944年7月1日）

物品	数量（千克）	价值（中储券元）
汽油、柴油及其他机器用油	354	29,120
工具、配件	450	168,427
金属	12,797	1,745,930
机器、电子设备和配件	2493	1,843,261
信号工具和配件	72	46,408
车辆及配件	7863	7,897,010
药品和医疗设备	139,309	33,475,316
化学品	85,492	53,249,868
酒类	12,500	50,000
棉制品	763,093	313,577,695
羊毛制品	825	6,254,274

① 陶菊隐：《天亮前的孤岛》，上海中华书局1947年版，第64—65页。陈存仁：《抗战时代生活史》，香港长兴书局，未注明年份［其前言所注年份为1975］，第196页。

② 林美莉：《抗战时代的走私活动与走私市镇》，《纪念七七抗战六十周年学术研讨会论文集》，台北1997年出版，第16页。

③ 同上书，第15—16页。

续表

物品	数量（千克）	价值（中储券元）
米、谷类和面粉	11,651	1,126,481
纸张	3728	6,167,570
皮毛	11	27,000
总计	1,040,638	425,658,360

资料来源：Office of Strategic Services，Research and Analysis Branch，R&A#2121 East China Coast，1/11/44（OSS reel no.2，document no 8.），pp.250－251.

通货膨胀

1940年至1941年间，物价涨了好几倍，工资却没能跟上。① 1936年至1940年，基本工资翻了一倍，但是同期的生活成本却涨到四倍。② 于是自发的罢工，尤其是在交通行业的罢工，越来越多。在1940年夏到1941年夏这长达一年的时间里，平均每月在哨兵线上都会有10,000到50,000名罢工者。③

起初傀儡政府和日本当局是支持这次罢工的，因为这次罢工在一定程度上削弱了西方（尤其是英国）的工业领导权。1940年12月1日，社会事务部长丁默邨（他是位于极司非而路76号的“穷凶极恶的魔窟”发起人之一）组织了一个社会运动指导委员会。这个委员会在1940年12月到1941年12月间领导了29场罢工，参与人数达52,000之多。珍珠港事件后，傀儡政府的社会事

① Yu Maochun，*American Intelligence*：*The OSS*（*Office of Strategic Services*）*in China*. Ph.D.thesis，University of California，Berkeley，1994.p.67；Laurence K.Posinger，*China's Wartime Politics*，1937－1944，Princeton：Princeton University Press，1944，p.38.

② Alain Roux，“*The Guomindang and the Workers of Shanghai*（1938－1948）：*The Rent in the Fabric.*” Paper presented at the conference on China's Mid-century Transitions，Harvard，Sept.8－11，1994，p.8.

③ 同上书，第9页。

务局却变得寂寥无声，汪精卫的秘密警察开始转向破坏而非支持工人运动。[①] 在公共交通部门有一些罢工，但是劳工的要求也不是很坚决，因为通货膨胀和失业迫使工人从事第二份工作，他们的养老保险也要依靠公司、储蓄和贷款社团或消费者联合会，以弥补原来上海劳工界的同乡会或兄弟会，度过价格飞涨、供给稀缺的艰难时光。[②]

那段日子实在艰难困苦。[③] 失业的基本原因之一就是能源的匮乏。日本人霸占了煤矿，电力供应便下降了。到了1943年12月，只有不到40%的纺织厂和27%的面粉厂（参见表格4.2）还在运营；用电量只有1941年的70%，每人每月仅允许用照明电25度和生活用电8度。电车每晚8点半就停运了。每个鸡蛋要550元中储券，米价涨到2500元中储券/石。没有煤，柴火每斤卖到500元中储券。[④]

也有很多人富裕起来。战争期间的上海，贫富差距进一步拉大，富人通过一定渠道控制货物，然后随着物价的上涨一天天地把货物卖出去。[⑤] 这些“新贵”们衣着奢华，挥霍无度，在人群中很容易辨认。像粤人钟标开设的新亚大酒店、红棉酒家等地方就是为这些穿着考究、精心打扮的“新贵”们及日本人提供高档粤菜的地方。[⑥]

与此同时，就在这些堂皇的场所外面，普通的上海市民小心翼翼地把路摊上买来的大饼油条分出一点施舍给那些露宿街头无家可归的乞丐大军。[⑦]

---

① Alain Roux, “The Guomindang and the Workers of Shanghai (1938 - 1948): The Rent in the Fabric.” Paper presented at the conference on China’s Mid-century Transitions, Harvard, Sep. 8 - 11, 1994，第7—8页。

② 同上书，第16—17页。

③ 陶菊隐：《天亮前的孤岛》，上海中华书局1947年版，第63页。

④ China Intelligence Wing Report No. C - 35 - 83, 26 April., 1944, in FO371/41680, BFOR.

⑤ 《大东报》，1942年11月29日，第3页。

⑥ 陈存仁：《抗战时代生活史》，香港长兴书局，未注明年份［其前言所注年份为1975］，第223—225页。

⑦ 同上书，第224页。

表格 4.2　战前的江苏的面粉厂

地点	数量	年生产能力（袋）	年实际产量（袋）
镇江	1	700,000	600,000
南京	3	2,900,000	2,380,000
南通	1	1,800,000	1,500,000
上海	11	22,810,000	15,014,000
泰县	1	1,000,000	900,000
无锡	1	576,000	435,000
淮阴	4	5,000,000	3,700,000
东海	1	700,000	600,000
东山	1	600,000	479,000
总计	24	36,086,000	25,608,000

资料来源：Office of Strategic Services，Research and Analysis Branch，R&A#2121 East China Coast，1/11/44（OSS reel no. 2，document no 8.），pp. 65－66.

货币改革

通敌卖国的政府在周佛海的领导下，起初指望通过发行伪币来稳定物价且降低工资。然而在租界内，原来由国民政府发行的“旧”货币仍然盛行。12月8日，也就是租界被占领的那天，日本人宣布了一个叫做“划分新旧币”的政策，这个政策迫使承办商接受伪币以承担日本人的军事开销，并且宣布“旧”货币为非法货币，继续使用者会遭逮捕。① 这个政策引起了股票、债券以及期货市场的混乱，最后零售商店也受到影响，这些店铺纷纷调整柜台价格以适应这个严峻的变化。② 然而法币仍然继续流通，汇率现在是5∶1。

新条例强制施行的一个直接后果就是在3月9日货币改革后，黄金价格猛涨，从14,000涨到20,000每条。另一个后果就是伪币的价值渐涨。即使爱国

① 陶菊隐：《天亮前的孤岛》，上海中华书局1947年版，第66页。

② 陶菊隐：《天亮前的孤岛》，上海中华书局1947年版，第66—67页。

的上海人还在用老法币，他们在1942年3月14日后也逐渐转而使用新的货币，这时他们被允许用老货币来换取伪币。伪币的相对价值逐渐涨了20%，突然间人们开始在银行前排队兑换伪币了。然而，对于新币的稳定性人们仍然缺乏信心，它的价值相对于愈演愈烈的通货膨胀来说仅仅是涨了一丁点儿，之后的一次物价上涨又增加了这种不信任感。这次涨价的有麻布、奶粉、英国雪茄、空白的新闻用纸和白糖，它们本身是不太会涨价的。① 日本官兵自己却用换回的法币到非占领区去买东西以应对上海不断上涨的物价，这种现象使得走私更为严重。②

与此同时，上海也不仅仅是个依靠从东南亚以及中国内地进口米粮的城市。③ 在太平洋战争早期，由于1937年到1938年间战争的严重破坏，长江三角洲地区粮食都减产了，粮食问题变得更加关键。④ 1939年和1940年的稻米产量是正常的，而且比往年略有提高，但是日本人（日本人储存大量的白糖和大米供自己在上海使用）每年向日本出口该地区5%以上的稻米。⑤ 他们想收购或征收更多的大米运回国内，但是他们的税收和收集办法并不十分有效。⑥

---

① "Trade between Occupied China and Free China," Situation Report #6, Office of Strategic Services, Research and Analysis Branch, Far Eastern Section, R&A 553, June 16, 1942, 5；陈存仁：《抗战时代生活史》，香港长兴书局，未注明年份［其前言所注年份为1975］，第206—207页。

② 陶菊隐：《天亮前的孤岛》，上海中华书局1947年版，第67页；Kathryn Meyers and Terry Parsinnen, *Power and Profit*. Unpublished manuscript, Lafayette College, 1997, ii; R. Keith Schoppa, "The Structure, Dynamics, and Impacts of the Shanghai-Coastal Zhejiang Trading System, 1938 - 1944." Paper prepared for the conference on Wartime Shanghai, Lyon, France, Oct. 15 - 17, 1997, p. 25.

③ "Current Food, Coal, and Transportation Situation Prevailing in China," RA No. 3433, Department of State Interim Research and Intelligence Service, 2 January 1946, Appendix Two, 4.

④ Office of Strategic Services, Research and Analysis Branch, R&A # 2121 East China Coast, 1/11/44 (OSS reel no. 2, document no. 8), p. 46. 由于上海巨大的人口数目，这座城市对粮食的需求长期以来已经超出了为它提供必需粮食的腹地的生产力。尽管上海市区内集中了四个面粉厂，它还出口粮食。根据同上，第38、47页。当代学者对OSS资料数据的可靠性存在疑问。

⑤ 同上书，第38、45—47、49页。

⑥ Office of Strategic Services, Research and Analysis Branch, R&A # 2121 East China Coast, 1/11/44 (OSS reel no. 2, document no. 8), p. 47.

至此为止，通过合法地从印度支那进口及非法地从长江三角洲地区走私粮食，上海的粮食短缺得到弥补。[①] 1941 年，法国—印度支那政府被要求向日本人提供 583,000 吨大米，1942 年是 937,000 吨，1943 年是 1,008,000 吨。[②] 越南农民被强制要求以低于市场的价格把米粮卖给日本人，同时被迫种植黄麻，1944 年到 1945 年在印度支那爆发的那场饥荒中，有数百万人（相当于总人口的 10%）失去生命。[③]

在这种状况下，为了维持上海的公共秩序，日本和傀儡当局搞了一个“户口米”制度，粮站根据户口以受控制的价格向市民分配粮食。[④]“公共秩序”被认为有双重含义。首先，通过降低米价，当局希望可以消除粮食骚乱及其他不安定因素。第二，粮食配给，连同对燃料和其他必需品的指令，都是经济统治的一个方面；经济统治与以户口制度为基础的保甲制度直接关联。[⑤] 也就是说，如果没有一张可以据以鉴别你的户口的身份证，你在上海就不能获得基本的粮食配给。[⑥]

---

① 虞洽卿虽然被说成一个从东南亚运粮的奸商，但是他对维持上海粮食供应的贡献是值得表彰的。见陈存仁：《抗战时代生活史》，香港长兴书局，第 61 页。同时，他也将“新宁绍”的旗号换成“Mohlenhoff”，在德国领事馆登记注册，以便在上海与宁波之间运输货物，这项业务在 1941 年 4 月由日军接管。R. Keith Schoppa，“The Structure，Dynamics，and Impacts of the Shanghai-Coastal Zhejiang Trading System，1938 - 1944.” Paper prepared for the conference on Wartime Shanghai，Lyon，France，Oct 15 - 17，1997，p. 5.

② Bùi Minh Dũng，“Japan's Role in the Vietnamese Starvation of 1944—1945，” *Modern Asian Studies*，vol. 29，no. 3，p. 597.

③ 同上，第 591—593、607、611—618 页。

④ 大米的量很不平均，有时很多，通常很少。见陈存仁《抗战时代生活史》，香港长兴书局，未注明日期［其前言所注日期为 1975］，第 196 页。

⑤ 方显廷：《论粮食统治》，方显廷编辑，《战时中国经济研究》，重庆商务印书馆 1941 年版，第 68—69 页。1941 年 12 月 10 日，日本人通告租界的居民说，如果有任何恐怖事件发生，这一特殊地区的户主代表就会被带到军警处接受严厉的审问。见陶菊隐《天亮前的孤岛》，上海中华书局 1947 年版，第 15—16 页。

⑥ 张济顺：《时空移位：战时上海的保甲制度》。研讨会论文：Seminar on Urban Culture and Social Modernization of Twentieth-Century Shanghai，“Wartime Shanghai，” Center for Chinese Studies，University of California，Berkeley，Dec. 2 - 3，1994，p. 4。

表格 4.3　谷类、豆类和面粉的平均进出口量（单位：千吨）（上海，1934—1937）

种类	进口	出口	净进口	净出口
大米	220	94	126	
麦和面粉	210	186	24	
其他谷类	3	6		3
豆类	106	30		76

资料来源：Office of Strategic Services，Research and Analysis Branch，R&A #2121 East China Coast，1/11/44（OSS reel no. 2，document no. 8），p. 46.

排队的生活

确保得到粮食，意味着“排队的生活”，这是上海人已经渐渐习惯的购物方式。① 一开始每户只需派一人去排队申请整个家庭的配额。但考虑到这样计算起来十分麻烦，1942 年 7 月当局要求每个人申请自己的配额。②

人们往往在天没亮就排起了长队。尽管有时会分发一些印好的数码牌来标明他们的次序，还是有人插队，然后开始打架，骚乱时有发生。那些在旁监管的警察（这些警察教育人们要遵守日本的“东亚新秩序”中所谓的秩序）就用警棍打他们，让他们遵守纪律，回到队伍当中。市民们认为整个申请米粮配给的过程相当危险，其间中产阶级和普通民众搅和在一起。他们在极度的无可奈何下，唯有去排队。③

当天气转凉或是下雨下雪时，排队尤其令人难受。即使是那些穿着华贵的

---

① 赵炎（音译）：《保甲制》，《杂志》，第 15 辑第 5 期（1945 年 8 月 10 日），第 88—89 页。

② 张济顺：《时空移位：战时上海的保甲制度》。研讨会论文：Seminar on Urban Culture and Social Modernization of Twentieth-Century Shanghai，“Wartime Shanghai，” Center for Chinese Studies，University of California，Berkeley，Dec. 2－3，1994，p. 4。

③ 赵炎（音译）：《保甲制》，《杂志》，第 15 辑第 5 期（1945 年 8 月 10 日），第 88—89 页。陈存仁：《抗战时代生活史》，香港长兴书局，未注明年份［其前言所注年份为 1975］，第 197 页。

厚衣服的人也不得不站在队伍中，受凉感冒成了平常事。① 更可怕的是夏季的跳蚤和冬季的虱子，它们都是斑疹伤寒症的传播媒介。这种病一旦发作，人们就会发热，七到八天后就死了。由于害怕受到感染，人与人的社会交往进一步减少，紧张的人们穿起长袖衣服。②

简而言之，如果不去排队，健康就会安全些。米粮本来是在一些小商人那里买的，这些跑单帮的小贩走遍上海边缘的所有村庄收购各种粮食。③ 他们的买卖在占领区和非占领区的交界处进行，这里管辖不明，使得人员和货物（棉花、药品、武器、轮胎、米粮）得以自由流动（参见表格 4.4）。④"日本士兵也可能认为买卖很不错。"⑤"这算不算走私？很难说。但是无论如何，这种活动使得中国人和日本人共同谋利，并且促进了一个前所未有的繁荣市场的形成。"⑥

---

① 那个时候，穿着长袖外套和其他体面衣服的人不得不避免在黑暗的小巷里行走，免得被人架起来脱掉衣服。这被叫做"剥猪"。见陈存仁：《抗战时代生活史》，香港长兴书局，未注明日期［其前言所注日期为 1975］，第 224 页。

② 同上书，第 197—198 页。

③ Hanchao Lu, "The Workers and Neighborhoods of Modern Shanghai, 1911 - 1949." Ph. D. thesis, University of California, Los Angeles, 1991, pp. 130 - 131.

④ Lloyd E. Eastman, "Facets of an Ambivalent Relationship: Smuggling, Puppets, and Atrocities during the War, 1937 - 1945," in Akira Iriye, ed., *The Chinese and the Japanese: Essays in Political and Cultural Interactions.* Princeton: Princeton University Press, 1980, pp. 276 - 277. 亦见 Joyce Ann Madancy, "Propaganda vs. Practice: Official Involvement in the Opium Trade in China, 1927 - 1945." M. A. thesis, Cornell University, 1983, p. 35.

⑤ "Trade between Occupied China and Free China," Office of Strategic Services, Research and Analysis Branch, RNA #2121 East China Coast, 1/11/44 (OSS reel no. 2, document no. 8), p. 5；林美莉：《抗战时代的走私活动与走私市镇》，《纪念七七抗战六十周年学术研讨会论文集》，台北 1997 年出版，第 24 页。

⑥ Lynn Pan, *Tracing It Home: A Chinese Family's Journey from Shanghai.* Tokyo: Kodansha International, 1992, pp. 3 - 4.

全国走私网

走私并不只发生在上海，这种现象在全国都有。[①] 毕竟整个走私系统取决于各区的粮价差异。这些差异在报纸的广告上都有体现：比如在长兴米价是3.8元/担，在吴兴则是10元/担。其他商品也一样，例如茶（浙江西部的茶叶价格是原产地的两倍）和牲畜（内陆每只猪是40—50元，杭州则是200元)。有些情况下，在日军占领区和非占领区的价格相差六倍之多，因此一个商人只要跑两趟就能得到可观的利润。[②]

战争使得贩卖违禁品成为一项职业。第一批走私者是难民，他们带着货物，计划抵达安全地后就卖掉它们。[③] 后来他们被一些小商贩取代，后者开始投资交通，用来投机。“机会主义者、奸商、买办、公共服务人员、政府官员、间谍、妓女、记者”，包括70岁的妇女和幼小的孩童，都卷入这场非法交易。[④] 由于日军的封锁，游击区的中国军队不能从后方获得补给，只有在敌区寻找补给。与此同时，“灰色”地带的居民发现由于传统的销售渠道被战争即刻切断，大量食物都面临腐坏的危险，于是纷纷到管辖不明的走私贸易区做买卖。[⑤]

界首位于河南和安徽交界处，这里的封锁线极长，日军很难派出足够数目

---

① Hsi-sheng Ch'i, *Nationalist China at War: Military Defeats and Political Collapse*, 1937－1945. Ann Arbor: University of Michigan Press, 1982, p.171.

② 林美莉：《抗战时代的走私活动与走私市镇》，《纪念七七抗战六十周年学术研讨会论文集》，台北1997年出版，第124—125页。

③ 尹以瑄：《国防与粮食问题》，上海正中书局1936年版，第87页；朱通九：《战时粮食问题》，重庆独立出版社1939年版，第63页。

④ 林美莉：《抗战时代的走私活动与走私市镇》，《纪念七七抗战六十周年学术研讨会论文集》，台北1997年出版，第14页。

⑤ 同上书，第5—7页。

的士兵沿线巡逻。①"这里是前线，但是生活似乎并不笼罩在炮火之下。这个地方充斥着那些唯利是图的商贩，这些人只有在一个国家处于战争时才能看得见。其他人或是交易者或是买办。他们来自海边、黄河及长江沿线的内陆地区。这个小镇变得异常繁荣。"② 1941 年后交易成本增高（有时"买路钱"达到全部商品价值的 40%），但这对资本实力较为雄厚的商贩更为有利。③

表格 4.4　自由区和占领区间的主要贸易物（已知的数量已标注）

自由区向占领区出口的货物	合法/违法	占领区向自由区出口的货物	合法/违法
大米（约 3000 石/月）	违法	棉布	合法
木油（每月几百吨）	违法	棉纱	合法
明矾（500—1000 吨/月）	违法	外国式药品	合法
锑（数量可观）	违法	染料	合法
钨（数量可观）	违法	灯	合法
其他矿石（细节未知）	违法	鸦片（量大）	违法
木材（1943 年数量大，次年较少）	违法	外国式纸张	违法
木炭（量大）	违法		
糖（量大）	违法		
中草药（量大）	合法		
茶（量大）	合法		
纸张（量大）	违法		

资料来源：Office of Strategic Services, Research and Analysis Branch, R&A #2121 East China Coast, 1/11/44 (OSS reel no. 2, document no. 8), p. 249.

在其他地方，比如华北的产棉区，纺织原料用来交换占领区的工业品，比

① 林美莉：《抗战时代的走私活动与走私市镇》，《纪念七七抗战六十周年学术研讨会论文集》，台北 1997 年出版，第 8 页。

② Lynn Pan, *Tracing It Home: A Chinese Family's Journey from Shanghai*. Tokyo: Kodansha International, 1992, p. 85.

③ 林美莉：《抗战时代的走私活动与走私市镇》，《纪念七七抗战六十周年学术研讨会论文集》，台北 1997 年出版，第 8—9 页。

如收音机晶体管或是其他必需品。① 这种形式的走私远远早于日本1937年大规模入侵中国。也就是说，在九一八事变之后，一张紧密的连接渤海湾的大连和营口及山东海岸线的浅海湾的违禁品网络就编织而成了。1935年5月“何梅协定”签署后，在滦东建立了一个“特殊政治”政权，河北东部变成了大规模走私的场所，主要从事毒品贸易。② 鸦片和其他毒品由“满洲国”和热河地区运入，在那里日本人鼓励种植罂粟。贸易主要掌握在日本和朝鲜匪徒的手里，1935年后他们成为这个地区令人讨厌的群体。经由河北东部把白银走私到国外的行为极其严重，以至于影响到南京政府稳定金融的政策。③ 另外，为了获取急需的收益以及激活日本国内萧条的出口，日本政府与通州当局共谋，使得一大堆日本货在通过河北东部时免税，也不受任何规则的限制。④ 当这些货物通过河北东部当局建立的关口时，只被征收远低于中国海关规定的税。我

---

① Report of an American Who Escaped from Peking on May 21, 1943, dated 31/7/43. General William J. Donovan. Selected OSS Documents, 1941 - 1945. Microfilm, Record Group 226 [File no. 62].

② 李正华：《“九一八事变”至“七七事变”期间日本在华北走私述略》，《云南教育学院学报》，1991年第1期，第55—59页；OSS Documents R&A No. 2121, Chapter 10, “People and Government in East Asia (A Survey of Conditions in Fuchien, Chekiang, and Kiangsu),” 1/11/44, (OSS Reel 2, doc. No. 7), p. 56. 并见 Lloyd E. Eastman, “Facets of an Ambivalent Relationship: Smuggling, Puppets, and Dtrocities during the War, 1937 - 1945,” in Akira Iriye, ed., *The Chinese and the Japanese: Essays in Political and Cultural Interactions.* Princeton: Princeton University Press, 1980, pp. 277 -278。

③ Arthur N. Young, China's Wartime Finance and Inflation, 1937 - 1945. Cambridge: Harvard University Press, 1965, pp. 3 - 4.

④ Oliver J. Caldwell, *A Secret War: Americans in China*, 1944 - 1945. Carbondale and Edwardsville: Southern Illinois University Press, 1984, p. 102.

们很难得到可靠的数据①，但是可以从不少国家向日本提出强烈抗议这件事中窥出走私的规模，这些国家的贷款和赔款都可以由中国海关开出的收据得到证明。②

网络的确是全国性的，尽管地区之间各有不同。③ 就像界首连接安徽和河南，三峡下游的宜昌，也连接四川、湖南以及其他的沿江省份。这些地方向四川提供药品、棉线以及上游地区没有的染料。此外，上游港口比如万县、巴东等提供食盐、木油、猪鬃、草药等给下游，以交换棉线、布匹、缝纫材料以及家用五金等。④

江西是特别重要的一个点，除了拥有丰富的稀有金属（钨、锑、锡、锰、钼及银）之外，还有稻米、其他农产品（茶叶、苎麻纤维、菜籽油）和景德镇（已被日军占领）出产的珍贵瓷器。⑤ 浙江沿海的某些城市（比如有“小上海”之称的宁波与温州）除了作为江西货的出口储运仓库外，还通过内河航运输送了大量的运输工具（摩托、小汽车、卡车，轮胎、仪器设备和汽油）。与此同时，较少量的大物件通过北平—绥远铁路线上的货车从中国大西北途经

---

① 林美莉：《抗战时代的走私活动与走私市镇》，《纪念七七抗战六十周年学术研讨会论文集》，台北1997年出版，第10页；Joyce Ann Madancy，“Propaganda vs. Practice：Official Involvement in the Opium Trade in China，1927－1945.” M. A. thesis，Cornell University，1983，p. 35；Lloyd E. Eastman，“Facets of an Ambivalent Relationship：Smuggling，Puppets，and Atrocities during the War，1937－1945，” in Akira Iriye，ed.，*The Chinese and the Japanese*：*Essays in Political and Cultural Interactions.* Princeton：Princeton University Press，1980，pp. 278－279；“Trade between Occupied China and Free China，” 1，Office of Strategic Services，Research and Analysis Branch，RNA #2121 East China Coast，1/11/44（OSS reel no. 2，document no. 8），p. 47.

② John Hunter Boyle，*China and Japan at War*，1937－1945：*The Politics of Collaboration.* Stanford：University of Stanford Press，1972，p. 40.

③ 林美莉：《抗战时代的走私活动与走私市镇》，《纪念七七抗战六十周年学术研讨会论文集》，台北1997年出版，第24页。

④ “Trade between Occupied China and Free China，” 1，Office of Strategic Services，Research and Analysis Branch，RNA #2121 East China Coast，1/11/44（OSS reel no. 2，document no. 8），p. 7.

⑤ 同上，第3页。

包头、兰州和陕西运到中国东南部。① 走私燃料特别吸引上海消费者的目光。在珍珠港事件之后，虽然上海人对小轿车有着强烈的爱好，但再也找不到一滴汽油了。尽管许多小轿车的引擎系统不得不很快适应了以木头和木炭为燃料，很多人还是习惯用汽油，以至于那些把装满汽油的容器埋在自家后院的新贵们能够通过黑市交易获取巨额利润。②

走私警察

很多国民党官员通过各种形式的贸易公司而大发国难财，而那些贸易公司是作为中情局控制下的货物运输机构的前方阵地建立的。③ 战时官僚资本主义导致了个人收益的积聚，同时也养活了中国的特务头子——特别是军统的首脑戴笠将军，为他们提供了充足的机会，以建立起一个跨越缅甸、阿萨姆（印度的一个邦）至云南、广东、福建的巨大非法走私帝国，这里雇用了超过 50 万

---

① "Trade between Occupied China and Free China," 1, Office of Strategic Services, Research and Analysis Branch, RNA #2121 East China Coast, 1/11/44 (OSS reel no. 2, document no. 8), p. 1. 关于其他几条走私线路，参见 Lloyd E. Eastman, "Facets of an Ambivalent Relationship: Smuggling, Puppets, and Atrocities during the War, 1937 – 1945," in Akira Iriye, ed., *The Chinese and the Japanese: Essays in Political and Cultural Interactions*. Princeton: Princeton University Press, 1980, pp. 279 – 282.

② 陈存仁：《抗战时代生活史》，香港长兴书局，未注明年份［其前言所注年份为 1975］，第 308 页。

③ 林美莉：《抗战时代的走私活动与走私市镇》，《纪念七七抗战六十周年学术研讨会论文集》，台北 1997 年出版，第 20—21 页。

的男性劳动力，他们只从事一项活动，那就是将汽油走私到自由中国。[①]

戴笠的走私帝国是建立在一整套征税体系之上的，可追溯到20世纪30年代早期税警总团的建立。[②] 1931—1932年冬宋子文当财政部长时，国民政府已经成立了税警总团。[③] 它的主要对手是交通检察局，那时正处于长沙驻军指挥官酆悌的管辖之下。1938年10月15日，长沙爆发了一场灾难性的火灾，蒋介石盛怒之下命令对酆悌实行火刑。[④] 酆悌被烧死之后，他掌管的交通检察局很快由戴笠接手。随后，戴笠在不到两年的时间内迅速将它改组成"战时货运管理局"，也叫"运输统治局"，何应钦任局长，戴笠负责"监察处"，这个机构通过分散在自由中国境内的80多个"检察所站"，实际上控制着整个战时货运

---

① "Trade between Occupied China and Free China", pp. 3 - 4, Office of Strategic Services, Research and Analysis Branch, RNA#2121 East China Coast, 1/11/44 (OSS reel no. 2, document no. 8), pp. 246 - 247, 250; OSS XL13558, "China's Intelligence Activities in India," 10/7/45, p. 2. 沿海地区的走私交易主要是由驶出沈家门外、舟山群岛上的海盗船执行的。其中一些是持有日本人颁发的执照的"傀儡海盗船"，目的是改善通往自由中国的鸦片贸易的交通状况，同时将获得的木头、大米、桐油、纸张和黄金销售到沦陷区。他们也运送一些来往于上海和浙江、福建和广东港口城市的乘客。Office of Strategic Services, Research and Analysis Branch, RNA# 2121 East China Coast, "People and Government in East Asia (A Survey of Conditions in Fuchien, Chekiang, and Kiang-su) 1/11/44 (OSS reel no. 2, document no. 7), p. 41, 58. 国民党军队也卷入走私活动中，并见 Lloyd E. Eastman, "Facets of an Ambivalent Relationship: Smuggling, Puppets, and Atrocities during the War, 1937 - 1945," in Akira Iriye, ed., *The Chinese and the Japanese: Essays in Political and Cultural Interactions*. Princeton: Princeton University Press, 1980, pp. 281 - 282.

② C. Lester Walker, "China's Master Spy." *Harper's*, 193 (August 1946), p. 165;《戴笠之死》，香港群众出版社 [日期不明]，第1页。

③ 宋子文最初命令西点军校毕业的曾稀贵（音译）去训练税警总团。据说蒋介石认为此举标志着宋子文正在暗中策划夺取政治权力，于是将他撤职，任命孔祥熙为财政部长。祝世康：《关于国民党官僚资本的见闻》，见《文史资料选辑》第11辑，北京中华书局1960年版，第74页。

④ 烧毁长沙城的火灾发生在1938年11月13日凌晨，称"文夕大火"。事后酆悌被枪毙。——编注

管理局的运转。[①]

监察处被指派暗中进行与敌人的走私交易，也为军统提供了另一条财源。戴笠的代理人在各个省份建立起“货运管理处”，这些管理处对“货运管理站”的运营网络进行监督。这一网络打着当地一些商行的旗号（如兴隆庄、振兴庄、协昌庄等），私底下同日本特殊服务机构控制下的傀儡商号相互勾结。[②] 走私活动本身就成了一种目的，使得沦陷区的每一个傀儡警察实际上都在为戴笠服务。[③] 此外，一直以来由中美合作所提供枪支弹药的军统，现在能够为绝大多数富商提供武器。富商们把这些枪支弹药送给当地警察或安保公司，取代了原先的金钱贿赂。这就进一步加强了国民政府的秘密服务机构，一旦内战到来之时，它们便能够对与共产党争夺的领土进行控制。[④]

从某种意义上说，走私与国家控制的贸易关系密切，实际掌握在以戴笠将军和汤恩伯将军为代表的中国军队手里。民政官员们则使用由中央银行专用的美国印刷机伪造北方日本军队的临时货币和汪伪政权的货币，在占领区内购买物品。[⑤] 忠义救国军通过各式各样的军队运输管理站的雇员走私货品，再把货

---

① “战时货运管理局拥有350个控制所站和60个检查所站。戴笠负责着所有供应物品的流动。通过公路、铁路或是飞机运输人和货物都需要他的批准。”见Adeline Gray，“China's Number Two Man,” RG226，entry 139，box 183，folder 2449，OSS Files，National Archives，Washington，D. c. p. 15. 秘书长是王抚洲，随后由楼国威接任。见章微寒：《戴笠与军统局》，《浙江文史资料选辑》第23辑，浙江人民出版社1982年版，第117页。林美莉：《抗战时代的走私活动与走私市镇》，《纪念七七抗战六十周年学术研讨会论文集》，台北1997年出版，第16页。

② 林美莉：《抗战时代的走私活动与走私市镇》，《纪念七七抗战六十周年学术研讨会论文集》，台北1997年出版，第16—17页。

③ 《戴笠之死》，香港群众出版社，第2页。

④ 林美莉：《抗战时代的走私活动与走私市镇》，《纪念七七抗战六十周年学术研讨会论文集》，台北1997年出版，第16、23页。

⑤ 戴笠非常自豪于他和汤恩伯在走私领域的成功，他很怨恨孔祥熙（即孔财神）瞧不起他，认为“我还是以前的戴笠”。因为孔祥熙不认为这位特务头子能搞到钱。继而他直接在蒋介石面前恬不知耻地炫耀他新发现的生财之道。林美莉：《抗战时代的走私活动与走私市镇》，《纪念七七抗战六十周年学术研讨会论文集》，台北1997年出版，第16—17页。

品运回到内地，而这些雇员从中牟取巨大的利润。①

预防走私

货运管理局是一个军队实体，最终对蒋介石政府的军事委员会负责。但是这个负责限制、打击走私贸易的文官机构又是怎么回事呢？对财政部来说，这个油水很大的机构是潜在的可观利润来源。在1940—1941年间，英国顾问曾建议委员长通过更好地控制走私活动来增加政府收入。②

于是乎蒋介石在财政部下设立了缉私署，有六万名雇员，直接听从戴笠这个战时中国最大的走私头子的指挥。③ 缉私署遍布国民党每个统治区，这些机构轮流监督和控制每一个查缉哨所④，这暂时使得戴笠完全控制了中央政府下属的秘密走私机构。⑤

> 在中国对于走私的控制（除了海关负责征税外）都授权给戴笠手下的秘密警察。事实上，戴笠的组织逐渐掌管了增长中的与敌贸易的绝大部分，并形成了垄断。当许多戴笠手下的人变富的同时，组织自身也筹集到了数百万美元，用于延伸它的地下网络。“交易”成为它主要的资金来

---

① 章微寒：《戴笠与军统局》，《浙江文史资料选辑》第23辑，浙江人民出版社1982年版，第117页。

② 同上书，第112页；黄康永：《我所知道的戴笠》，《浙江文史资料选辑》第23辑，浙江人民出版社1982年版，第156页；章微寒：《戴笠与军统局》，《浙江文史资料选辑》第23辑，浙江人民出版社1982年版，第117页。

③ Lloyd E. Eastman, "Facets of an Ambivalent Relationship: Smuggling, Puppets, and Atrocities during the War, 1937 - 1945," in Akira Iriye, ed., *The Chinese and the Japanese: Essays in Political and Cultural Interactions*. Princeton: Princeton University Press, 1980, p. 277.

④ 章微寒：《戴笠与军统局》，《浙江文史资料选辑》第23辑，浙江人民出版社1982年版，第114—115页。

⑤ 徐宗尧：《组织军统北平站和平起义的前前后后》，《文史资料选辑》第68辑，北京中华书局1980年版，第68、206页。参见 Roy Stratton, "Navy Guerrilla," United States Naval Institute Proceedings, July 1963, p. 85。

源，这笔数目是如此之大，以至于1944年时，估计戴笠要为手下50万人的官员、代理商和密探支付工资。①

戴笠对缉私署的控制也不是一帆风顺的。他的头号代理人、被指派去接管缉私署的是金润生，此人控制了点验团和税警总团。然而。孙立人不愿意丧失他对这个重要部门的控制权，将它设置在他本人领导的第三十八军下。戴笠以在税警第一分队下设置一个势均力敌的机构作为回敬，将这个机构驻扎在四川，并将它与其他四个分散的总团一起组建成为一个新的总部。②

更明显的——最终更具有伤害性的——挑战来自蒋介石的姻亲们。通过戴笠的缉私署，他们参与战时走私的事实曝光在蒋总司令面前。尤其令人震惊的是，孔祥熙的儿子孔令侃被戴笠指控通过滇缅公路向自由中国走私轮胎和奢侈品。在他父亲的敦促下，孔令侃向他的姨母——也就是蒋介石夫人宋美龄寻求保护。这下子，戴笠发现自己站到了整个孔、宋两家阵营的对立面，这两家人坚持要求总司令站到他们这一边。蒋介石夹在当中左右为难，一边是家族的诉求（公众眼中以“四大家族”为代表的官僚资本家的私利），另一边是戴笠将军认为，这是对军统的公然冒犯，因为现在军统监控着曾由宋子文、孔祥熙掌管的财政部。③

蒋介石最终站在了家族的一边，尤其是当历来不和的孔、宋两家因为共同的敌人——戴笠——而团结一心之后。蒋介石首先指责戴笠的越权行为，随后在1943年7月将戴笠赶下了缉私署头目的位子，找了孔祥熙的亲信宣铁吾取而代之。与此同时，缉私署在各省办公室的领导权也都转移出去，所有的军统

---

① Israel Epstein, *The Unfinished Revolution in China*. Boston: Little, Brown & Co., 1947, p. 238.

② 章微寒：《戴笠与军统局》，《浙江文史资料选辑》第23辑，浙江人民出版社1982年版，第115页。

③ 黄康永：《我所知道的戴笠》，《浙江文史资料选辑》第23辑，浙江人民出版社1982年版，第156—157页。

成员都被解雇了。①

戴笠被免职一事被中国的美国盟友误解成对军统局过分行径的一次更广泛的打击。在重庆的美国大使馆向国务卿汇报说，普遍认为“作为蒋介石政府最重要的秘密政治、宪兵队以及情报机构的头目，臭名昭著的戴笠”已经被解除了职务，基于以下几个原因：第一，对高层人物的代理人或雇员的任意绑架、处决等所累积的坏影响，其中包括1942年秋对中央信托局交通部部长林世良的处决。他宣称林世良没有将手中的卡车用于从滇缅公路运输政府物资，而是用于运输一些向达官贵人们进贡的奢侈品。第二，该情报组织非法的反走私活动，与达官贵人们的切身利益产生冲突。第三，恶性竞争波及国民党的秘密警察，他们的主要职能是在控制“危险思想”领域。第四，日本人成功的反间谍活动造成沦陷区中戴笠领导的情报体系的崩溃。第五，宋美龄访美期间听到了种种对戴笠和他手下“盖世太保”的批评，这给宋美龄一种印象——“美国人相信真正控制中国的人是戴笠而不是总司令蒋介石，戴笠不遗余力地利用纳粹势力和日本军警的残酷手段达到控制的目的”。②

然而，缉私署的控制权落到文官手中，并没有妨碍到戴笠所从事的活动。首先，他很快确信他手中有一张王牌——“军事紧急动员”，这就压制住了完全依赖财政部对战时走私实施监管活动的孔祥熙。在同一个月——1943年7月，戴笠直接将税务警署总部置于军事委员会之下，并重新命名它为“别动军”，它由11支原有纵队组成，分散在自由中国境内国民党统治区的每个战区，并被专门委派去监督并确保地面交通线路的安全。③ 其次，戴笠重组了国

---

① 章微寒：《戴笠与军统局》，《浙江文史资料选辑》第23辑，浙江人民出版社1982年版，第115—116页。黄康永：《我所知道的戴笠》，《浙江文史资料选辑》第23辑，第156—157页。

② Atcheson to Secretary of State, Chongqing, 10 Sep., 1943. *Foreign Relations of the United States*. Diplomatic Papers, 1943, China. Washington, D. C.; Government Printing Office, 1957, pp. 112-113.

③ 章微寒：《戴笠与军统局》，《浙江文史资料选辑》第23辑，浙江人民出版社1982年版，第102—103页。

民军的交通和通信部门，使之成为一个独立统一的司令部，负责地面巡逻、区域检查站、广播和邮政网络，甚至包括飞行通信。同样在7月，军事委员会下的运输统治局监察局首次改组为水陆交通统一检查处，随后由戴笠的亲信——陆军中将吉章简改组为交通巡查处。后来在1945年，交通巡查处扩充，覆盖到无线电通信领域（以前戴笠军统第三处的所辖范围），邮航检查处管辖的空中交通则由另一名陆军中将刘番负责。①

最终，戴笠建立起了一整套对抗孔祥熙的防御体系。文官们非常渴望通过扩展财政部下属的中美合作组织的活动来接管对预防走私的监管权。1944年时，财政部战时货运管理局运输处的负责人是黄荣华。黄曾以华侨的身份在美国旅居多年，同时担任中美合作所通信和交通部门的长官。他的工作是照管好拥有将近1000辆大卡车的车队，确保它们在中国南方的正常运转，把武器运送到前线的士兵那里，并装满从沦陷区傀儡公司购买的货物回来。②

1944—1945年，这些车辆的装载完全听从戴笠的指挥，同时实际上他还把持着财政部下货运交通局局长的位子。③ 就像中美合作所的代所长梅乐斯所解释的那样：

> 每一辆卡车都有一张写着装载货物名称的清单，清楚地显示着车上装的是什么；在每个关卡，司机都要出示这份清单，卡车也要被搜查。对于卡车司机来说，搭便车是捞外快的非常普遍的一种方式，以至于人们将此视为“运输黄鱼”——一种昂贵的美食。戴笠将军亲自负责这项应该用来阻止走私和从事间谍活动的管制任务，当然，这种管制也是在有限范围

---

① 章微寒：《戴笠与军统局》，《浙江文史资料选辑》第23辑，浙江人民出版社1982年版，第113页。

② 沈醉：《军统内幕》，文史资料出版社1984年版，第243页；林美莉：《抗战时代的走私活动与走私市镇》，《纪念七七抗战六十周年学术研讨会论文集》，台北1997年出版，第16页。

③ C. Lester Walker, “China’s Master Spy.” *Harper’s*, 193 (August 1946), p. 162.

内进行的。[①]

浦东走私贩

戴笠在上海郊区的缉私行动是与忠义救国军在该地区的活动紧密联系的，当然也与其他国民游击队在顾祝同将军掌管的第三战区的渗透有关。[②]

淞沪会战后在该地区约有各式各样的散兵游勇队伍约13,000支。其中在太湖流域出没的有4000支，接受王巍的指挥[③]；7000支分布在上海近郊，葛森是他们的头目；另有2500支散布于宁沪铁路沿线，听命于沈君良（音译）。这是一支杂牌军，“并不是完全没有爱国主义和英雄主义分子”，同时又“主要由流浪者与土匪强盗组成，还有少数亡命之徒，一旦出现有利于达到个人目的的机会，他们绝不会有丝毫的犹豫”。[④] 事实上这些人是从杜月笙的青帮中招募而来，并且主要效忠于戴笠。[⑤]

说到上海的走私货物，另一个同等甚至更为重要的因素是战时浦东出现的

---

① Milton E. Miles, *A Different Kind of War: The Little-Known Story of the Combined Guerrilla Forces Created in China by the US Navy and the Chinese during World War* Ⅱ. Garden City, NY: Doubleday, 1967, p.37. 亦见“Talk by Admiral Miles before the Conference of the New York Stat Association of Police Chiefs, Schenectady, New York, July 24, 1957,” in Milton E. Miles, Personal Papers, Hoover Archives, Stanford, California, Box 3。

② Yung-fa Chen, *Making Revolution: The Communist Movement in Eastern and Central China*, 1937-1945. Berkeley: University of California Press, 1986, p.37；陈存仁：《抗战时代生活史》，香港长兴书局，未注明年份［其前言所注年份为1975］，第308页。

③ “Po Hang Sheng,” OSS XL 13215, 19/7/45, Office of Strategic Services, US Army U.S. Army U.S. National Archives, Military Reference Division.

④ Enclosure in Shanghai dispatch to His Majesty's Ambassador, no.632, 22/11/39, F1005, FO371-24682, BFOR.

⑤ Jonathan Marshall, “Opium and the Politics of Gangsterism in Nationalist China, 1927-1945,” *Bulletin of the Committee of Concerned Asian Scholars*, vol.8, no.3 (July-September 1977), p.41. 游击队被描述为“游而不击”。陈存仁：《抗战时代生活史》，香港长兴书局，未注明年份［其前言所注年份为1975］，第328页。

国民游击队组织，他们和上海市区隔了一条黄浦江。浦东东部地区忠义救国军二大队的领导人是陆军中校张均亮（音译）。此人是一个55岁的浦东本地人，战前还是一名目不识丁的小商贩。据一名在该大队中待了四个月的美国OSS（美国战略情报局简称）情报人报告称：

> 浦东的大部分地区都处于张均亮的控制之下。他掌握了面向太平洋的浦东东部地区。浦东铁路线以西处于日军控制之下，南部则处于一位南京傀儡头目的控制之下，他与张均亮达成了某种“共识”。由于缺乏兵力，日本人只能够在浦东西部面向黄浦江的狭长地带实施有效控制。游击队遍布的浦东东部没有日军，因为日军视该地区为“不合作”区。①

起初这一地区存在着大量游击队员同日军和伪军的武装冲突，日军和伪军只在浦东西部狭长的海岸线地带实施了非常严密的控制，在几个主要的渡口附近设立了他们的粮食仓库和战俘营。② 在更深入内陆的地区，早在1941年7月，浦东当地的游击队员已经成功消灭了南京伪政府警察机关的一支分遣队和一个日本宪兵头子。其后，他们又对此地的一些村庄实施了大量军事打击。③ 但是在日本正规军“平定”这一地区后，公开的战争状态消失了。从占领者方面来看，村庄里的族长代替了地方官员，当地的保安队改组为乡村警力，表面上忠诚于上海市区的傀儡政府。④

然而，对忠义救国军的游击队员而言，这些新上任的村庄头领只是名义上承认日本人及南京政府的统治。⑤ 陆军中校张均亮不仅与浦东南部的傀儡头子

---

① Adeline Gray, “The Loyal Patriotic Army: A Guerilla [sic] Organization Under Tai Li,” RG226, entry 139, Box 183, folder 2449, OSS Files, National Archives, Washington D. C., p. 21.

② 陈存仁：《抗战时代生活史》，香港长兴书局，未注明年份［其前言所注年份为1975］，第328页。

③ The China Weekly Review, 19/7/41, p. 221.

④ Adeline Gray, “China's Number Two Man,” RG226, entry 139, Box 183, folder 2449, OSS Files, National Archives, Washington, D. C., p. 21.

⑤ 同上书，第26—27页。

达成了“共识”——忠义救国军会得到关于日本军事袭击的提前通知，而且浦东东、西部的警察头子也答应绝不会去袭击张在沿海的基地。事实上，他拥有一个秘密的当地政府：“张有一个广播站；他负责着当地使用重庆版教科书的学校；他负责对强盗和罪犯的判决——如果张没有时间为监狱的事情费心，他们就会被枪毙。”

但是浦东东部忠义救国军的主要目标并非保护张均亮的游击（也有人称为“强盗”）政府。[①] 它在战时的主要任务是确保上海与浙江之间走私和通信路线的畅通，这也是通往中国腹地的主要通道。尽管日本人没有意识到这一点，忠义救国军实际上指挥着所有进出杭州湾的船只，其中 12 艘是通过杭州湾去余姚（靠近宁波）的远洋船，通常在午夜离开浦东的海岸，次日白天到达钱塘江口。忠义救国军在余姚有一个广播站，这是一个停满了无数废弃船只的港口城市，在那里走私者可以轻松将船只靠岸，而不会引起日本人的注意，甚至其中一些船只是被日方许可的，作为运输无害商品（除大米之外）的商船。[②] 有许可证的船只大多数被用来运送报纸或游击队首领，一旦遇到搜查，船主就把报纸扔到甲板上，游击队员们看上去像无辜的船夫。[③]

在“珍珠港事件”爆发之前，陆军中校张均亮使用美国船只往浙江运送

---

① OSS Documents R&A No. 2121, Chapter 10, “People and Government in East Asia (A Survey of Conditions in Fuchien, Chekiang, and Kiangsu),” 1/11/44, (OSS Reel 2, doc. No. 7), p. 56.

② 一个出门在外的商人必须得到一位保甲长的许可，一张公司出具的担保书、身份证件以及一份从日军那里买来的接种过天花疫苗的证明。那些经过日本人许可在浙江沿海从事贸易活动的木船必须沿着日本海军规定的水上路线行驶，交易船只必须以购买海盗头子名片的方式给控制沿海一带的海盗们送钱，才能自由地出入行驶。R. Keith Schoppa, “The Structure, Dynamics, and Impacts of the Shanghai-Coastal Zhejiang Trading System, 1938 – 1944.” Paper prepared for the conference on Wartime Shanghai, Lyon, France, Oct. 15 – 17, 1997, pp. 11, 19 – 20.

③ Adeline Gray, “China's Number Two Man,” RG226, entry 139, box 183, folder 2449, OSS Files, National Archives, Washington, D. C., p. 23.

汽油[①]，燃料是由一个希望帮助自由中国的美国石油公司支援的。忠义救国军的船只同时也运输橡胶轮胎和大米给国民党军队。在1941年12月8日以后，轮胎和汽油几乎得不到了；张能够冒一定风险从松江得到大米。1942年春，中国东部新开通的自钱塘江通往金华的航线被日本人占领，也相应地影响了张的弟兄们的工作。[②] 然而让人更为紧张的是，这种控制延伸到了上海市区。尤其是当日本人及其伪军负责在上海建立起一个“和平区”的封锁地带后，这种控制被加强了。[③]

和平示范区

1940年11月，日本陆军参谋本部次长沢田茂（Sawada Shigeru）中将调至华东战区指挥第十三军。汪精卫傀儡部队仍然无法控制农村地区。沢田茂中将急于稳定上海内陆地区，遂求助于陆军上校晴气庆胤（Haruke Yoshitane），晴气庆胤制订一项平定计划。晴气庆胤仔细研究了曾国藩、蒋介石所进行的镇压运动，提议建立一个“和平示范区”，需要中国的合作人士帮助建立一个基层的政治体制，该体制以政府自治、军事自卫、经济自行发展为基础。这个“和平示范区”是在日本镇压运动之后建立的，通过使用竹子编成的栅栏、电网

---

① R. Keith Schoppa, “The Structure, Dynamics, and Impacts of the Shanghai-Coastal Zhejiang Trading System, 1938 - 1944.” Paper prepared for the conference on Wartime Shanghai, Lyon, France, Oct 15 - 17, 1997, p. 14.

② 林美莉：《抗战时代的走私活动与走私市镇》，《纪念七七抗战六十周年学术研讨会论文集》，台北1997年出版，第26—27页；R. Keith Schoppa, “The Structure, Dynamics, and Impacts of the Shanghai-Coastal Zhejiang Trading System, 1938 - 1944.” Paper prepared for the conference on Wartime Shanghai, Lyon, France, Oct 15 - 17, 1997, p. 20.

③ R. Keith Schoppa, “The Structure, Dynamics, and Impacts of the Shanghai-Coastal Zhejiang Trading System, 1938 - 1944.” Paper prepared for the conference on Wartime Shanghai, Lyon, France, Oct 15 - 17, 1997, pp. 22, 29.

和瞭望塔将占领区域围起来。[1] 在区内，建立了保甲制度、警察制度、秘密服役体系和防卫军团。[2]

第一个和平示范区受到清乡运动的保护，由常熟、江阴、昆山、无锡和太仓五个地方组成。虽然这个计划得到中国区指挥官畑俊六（Hata Shunroku）将军的支持，汪精卫政权依然摇摇欲坠。上海伪政府官员更乐于从事走私活动，而不会抢夺日军的食物和商品；他们也害怕被重新派到农村地区。[3] 农村安抚委员会 1941 年 5 月 22 日建立，这项充满风险的任务就落到了警察总长李士群肩上，他曾经策划了极司非而路 76 号的党羽同戴笠的手下在上海的暗杀战争。

晴气庆胤在苏州设立了办公室，他是李士群的上级。李将他在上海的一些手下带来，组成了一个情报网络，训练 5000 名干部和警察，他们中的多数人来自华北地区，同李士群和伪地方长官高冠武（音译）共事。在日本士兵的帮助下，傀儡警察和干部压制住了这一地区大多数的忠义救国军和至少 1/4 的共产党新四军成员。李士群也把他们的清乡运动向北延伸至宝山，并越过长江到达江北。[4] 在保甲制度下家家户户都要登记注册，所有 14 岁到 45 岁之间的男丁被征召入伍组成防卫团，然而，不允许他们携带枪支巡逻。[5] 最终，随着日本在军事上遭受重创，对这种体制至为重要的地方同伙不再愿意合作，但至少至 1942 年末，和平示范区体制构成了农村体制的雏形，与城市中心区如上海的控制机制相平行。[6]

---

① John W. Dower, *War without Mercy*: *Race and Power in the Pacific War*. New York: Pantheon Books, 1986, p.43.

② Yung-fa Chen, *Making Revolution*: *The Communist Movement in Eastern and Central China*, 1937 - 1945. Berkeley: University of California Press, 1986, pp.81 - 82.

③ 同上书，第 95 页。

④ 《宝山县志》，由上海市宝山区地方志编纂委员会编辑，上海人民出版社 1992 年版，第 22 卷，第 721 页。

⑤ Yung-fa Chen, *Making Revolution*: *The Communist Movement in Eastern and Central China*, 1937 - 1945. Berkeley: University of California Press, 1986, pp.83 - 88.

⑥ 同上书，第 97 页。

事实上，截至1941年9月初，日本人已经成功地恢复了长三角和平示范区多数地方的秩序，虽然他们不得不应付伪军纪律不严的情况——日本人称他们为“半改造的土匪”。[①] 伪军征粮，实则是掠夺，在一些哨点索贿，同国民军游击队合伙，非法没收行人的货物，密谋走私要价。[②]

岗 哨

确切地说是由于走私的风险以及遍布在上海城市周围各个布有铁丝网的搜查点的警卫们不断索取贿赂，小贩们的大米价格不断上涨。如果小贩被日本人或傀儡警察当场发现或认出，他们不得不向巡逻的军人或警官“纳税”。通常，面对岗哨和铁丝网，胆子最大的米贩子是年轻女人，她们经常被看“门”的阿尔萨斯警犬咬伤。[③]

在上海封锁区内走私大米的商贩一度不得不沿街和在城市巷道秘密叫卖，就是为了避免被捕。老百姓想买大米的时候，他们就把这些米贩叫进屋里，并把门锁上。小贩中一半以上是女性，当他们谈妥价格后，她们就会背过身去在口袋里翻找，掏出一个有大米价格的口袋或包或一个钱袋或围裙下的背心。然后，一手交钱，一手交粮，走私商贩们又继续上路。[④]

在和平示范区内，当地居民仍需持有居民身份证，以便通过日本人和傀儡的哨点。将货物运进运出，需要每个区内日本人专门的军役组织的允许。这种压制造成的整体后果就是贸易萎缩，农民们在经济上自给自足。与此同时，日

---

① Yung-fa Chen, *Making Revolution*: *The Communist Movement in Eastern and Central China*, 1937 - 1945. Berkeley: University of California Press, 1986, 第94—95页。

② 同上书，第89—90页；张耀祥、陆康常、李贻钧：《上海近郊农民抗日斗争片段》，《上海文史资料选辑》第5辑《抗日风云录》，上海人民出版社1985年版，第29—30页。

③ Yung-fa Chen, *Making Revolution*: *The Communist Movement in Easternand Central China*, 1937 - 1945. Berkeley: University of California Press, 1986, pp. 196 - 197. 陶菊隐：《天亮前的孤岛》，上海中华书局1947年版，第65页。

④ 陶菊隐：《天亮前的孤岛》，上海中华书局1947年版，第65—66页。

本人和傀儡商人利用他们的特权，控制被封锁的粮食和棉花的价格。进口化肥、机械、灌溉水泵的成本就相应地变得更为高昂，产生的结果就是自给自足。农民采用现货交易和手纺织品，使用熏香而不用火柴，自己制作酱油、米酒和食用油。①

米　虫

日本人将大米作为武器控制上海，就像希特勒通过控制食物供应迫使欧洲屈服一样。② 也就是说，各省种植的大米被用来供给日本军队或日本平民。一些城市如天津、上海都依赖从印度支那进口的大米，以致“当日本控制了印度支那将近600万吨的总出口时，它就自然拥有迫使被占领的中国进行合作的武器”。③ 这种武器被明确用作社会控制的方式之一。例如，在1940年8月29日至10月18日期间，有五宗日本人被杀的案子。作为报复，日本军警封锁了所有可疑区域的巷道，并且“人为制造了严重的堵塞，据当时的报道说，在某些地区堵塞持续的时间过长以致发生了数起饿死人的事件”。④

难怪这些大米商贩被称为寄生虫——米蛀虫，他们就靠食品买卖过活。在

---

① Yung-fa Chen, *Making Revolution*: *The Communist Movement in Eastern and Central China*, 1937－1945. Berkeley: University of California Press, 1986, p. 90.

② *Relief and Rehabilitation in China*. Government of the Republic of China. Document No. R & R－1, Sep. 1944, 1; Ernest G. Heppner, *Shanghai Refuge*: *A Memoir of the World War* Ⅱ *Jewish Ghetto*. Lincoln: University of Nebraska Press, 1993, pp. 77, 114; Christophor Simpson, Blowback: *America's Recruitment of Nazis and its Effects on the Cold War*. New York: Weidenfeld and Nicolson, 1988, p. 14. 但是，让我在这里进一步指出，至今为止我们缺乏证据来表明日本人的全盘计划印证了这种观点，如同安克强教授对我指出的那样。日本人掠夺长江中下游的资源，但对自己的军队在中国的给养却关心不多，对日本侨民的关注就更少了。1941年后日本食品控制政策的最直接的影响就是迫使很多居民离开了。用安克强教授的话来说，这是对一个越来越大的空壳子的统治。

③ Vanya Oakes, *White Mans Folly*. Boston: Houghton Mifflin Office of Strategic Services, Research and Analysis Branch, RNA#2121 East China Coast, 1/11/44 (OSS reel no. 2, document no. 8), 1943, p. 360.

④ FO371/24663, BFOR.

沦陷期间，两个最被鄙视的人是米业工会头头、省粮食局局长侯大春（音译）和苏州、常州、松江、太仓一带粮食购买办公室的主任胡征（音译）。[①] 抗日战争爆发前，侯大春是上海商务印书馆最高领导者之一。胡征娶了侯的大姨子吴宜卿（音译），之前在伪粮食局下属的水产管理局做事。这两位在汪精卫政府当政时，利用他们的裙带关系形成联盟。[②]

例如，侯大春的妻子吴韵卿（音译）是秘密特务头子李士群的妻子的结拜姐妹。胡征的妻子吴宜卿同粮食部次长周乃文（音译）是亲戚。侯大春利用这层关系，得以连任商务印书馆编辑。然后，在汪伪政府教育部长李胜武（音译）的推荐下，侯大春很快升至江苏省粮食局局长一职。不久，胡征负责主管苏州、常州、松江、太仓地区的米粮采购办事处。[③]

不用说，侯大春利用他新获得的职位从大米贸易中获利。[④] 作为日军采购代理，他同不法粮贩非法勾结，迫使农民以低于市场价出售他们的产品。[⑤] 然后，他把产品运送到日本军需官那儿，发现他们货币紧缺，于是他很快同意以香烟、煤炭和其他黑市上的商品作为部分货币支付，并与胡征建立起日常联系，通过商人进行销售。在这方面，由于这两位有日本特需队和极司非而路 76 号的支持，整个买卖交易混浊起来。例如，1943 年 4 月，侯大春按市场价从青浦大粮商史凯潭（音译）处购得 1000 石黄米，并将之囤积起来。然而，侯大春不愿意当场支付米钱，而是先将大米放在史凯潭处。在接下来的几个月，粮价上涨，侯

① 侯大春也是 1927—1937 年间国民党上海支部的重要人物。他叛逃出国民党的 CC 派，在 1931—1932 年间活跃于控制商会的斗争之中（感谢安克强教授提供这一信息）。

② 陈存仁：《抗战时代生活史》，香港长兴书局，未注明年份［其前言所注年份为 1975］，第 61 页；计锡林、赵天一：《1943 年“粮食贪污案”真相》，《江苏文史资料》1989 年第 29 辑《汪伪政权内幕》，第 289 页。

③ 计锡林、赵天一：《1943 年“粮食贪污案”真相》，《江苏文史资料》1989 年第 29 辑《汪伪政权内幕》，第 289 页。

④ 陈存仁：《抗战时代生活史》，香港长兴书局，未注明年份［其前言所注年份为 1975］，第 250—251 页。

⑤ 计锡林、赵天一：《1943 年“粮食贪污案”真相》，《江苏文史资料》1989 年第 29 辑《汪伪政权内幕》，第 290 页。

大春却仍以先前的价格向史凯潭支付米钱，再按市场价销售，从中获利40万元。青浦的商人当然知道是谁给侯大春撑腰，但他们不敢质疑这项交易。[①]

侯大春和其他奸商们勾结，慢慢建立起他自己的仓储链，将囤积的粮食储藏起来。地方的大米种植者被他的这种剥削所激怒，他们只能静待时机。随着日本战败，侯大春的好运也到头了。然后，他被通报至国民党当局，当局发现他的许多仓库内有满仓的未申报的白米。他在接受审讯时，揭发了一个大规模的走私、黑市网络，牵涉到许多同事，包括松江地区备受尊重的人物耿济治（音译），耿在被抓之前身上佩着枪。[②] 侯大春最后受到中央特别法庭审判，然后被国民党在南京郊外的雨花台刑场处以极刑。[③]

矛盾的一体

1944年夏，中国东南沿海省份遭遇持续的饥荒，但是，即使在伪政府的粮食购销体系比较失败的情况下，总体而言江苏省的粮食供应仍然充裕（参见表格4.5）。[④] 部分原因在于日本占领了湖南，掌握其粮食支配权。上海每个成人的月口粮供应量增加到4.3千克或者9.5磅。[⑤] 一般每人每天适度的口粮补助是1磅，1944年上海的总人口约为350万到500万，即使这样，上海可供的粮食数量与日常的需求量相比仍然有相当大的盈余。[⑥] 根据军方的报告，1943

---

① 计锡林、赵天一：《1943年“粮食贪污案”真相》，《江苏文史资料》1989年第29辑《汪伪政权内幕》，第289—290页。

② 耿曾任上海市政府的法文秘书。陈存仁：《抗战时代生活史》，香港长兴书局，未注明年份［其前言所注年份为1975］，第152页。

③ 计锡林、赵天一：《1943年“粮食贪污案”真相》，《江苏文史资料》1989年第29辑《汪伪政权内幕》，第289页。

④ 唐振常、沈恒春主编：《上海史》，上海人民出版社1989年版，第836页。

⑤ Office of Strategic Services, Research and Analysis Branch, RNA #2121 East China Coast, 1/11/44（OSS reel no. 2, document no. 8）, p. 38.

⑥ 同上，第47—48页。

年10月上海的人口数量恢复到战前的水平。① 事实上，在1943年1月间，关于开创新的配给体制问题有一场相当激烈的讨论，即在实行“普遍配给”（fuhenhaikyu）的地方实行“优先配给”（jutenshugi）体系，该体系将按照公民居住地、职业、地位、年龄以及性别的不同来分配给养。② 到1944年8月，粮食控制当局召开了一系列的会议讨论采取何种方式来增强他们对战时供需品的控制。③

表格4.5　三个东部沿海省份粮食盈余与短缺情况表

	福建（估计人口11,755,000）		浙江（估计人口16,093,000）		江苏（估计人口37,000,000）	
食物类别	盈余或短缺量（单位：吨）	产量所占百分比	盈余或短缺量（单位：吨）	产量所占百分比	盈余或短缺量（单位：吨）	产量所占百分比
大米	−28,800	−1	+64,500	+3	+400,000	+10
小麦	−69,450	−14	−130,650	−22	+841,000	+33.6
大麦	−15,800	−9	−5500	−1	+318,500	+27.7
谷物	−100	−5	−2850	−5	+38,800	+6.0
高粱	0	0	−150	−5	+239,700	+51.6
小米	−50	−0.5	−50	−0.4	0	0
甘薯	+78,300	+5	+11,530	+8	+44,900	+27.2
大豆	−18,100	−26	−11,100	−18	+168,900	+26.0
总量	−166,200				+2,160,400	

来源：Office of Strategic Services，Research and Analysis Branch，R&A#2121 East China Coast，1/11/44（OSS reel no. 2，document no. 8），p. 55.

注：“总量”一栏中的数据是把所有类型的食物折算为等量大米后得出。

---

① Office of Strategic Services，Research and Analysis Branch，RNA #2121 East China Coast，1/11/44（OSS reel no. 2，document no. 8），p. 49. 这些估计需要以人口数量为基础，不确切。“Current Food，Coal，and Transportation Situation Prevailing in China，” R & A No. 3433，Department of State Interim Research and Intelligence Service，2 January 1946，Appendix 2，4.

② “Shanghai shokuryo haikyu seido no jutenshugi ka ni kansuru iken to kengi，” in *Chugoku seikei*，vol. 5. Shanghai：Chugoku seiji keizai kenkyujo kan，March 1943，pp. 111－116、119.

③ 《申报》，16/8/44，2；28/8/44，2.

召开那些会议的部分原因是长三角常州、无锡等地区洪水严重泛滥，洪灾以及肥料供应的紧缩使当年的粮食产量比一般的丰收之年减少了10%，在丰收之年，江苏的大米产量可达3,579,000吨，小麦产量达2,500,000吨。[①] 然而，直到1945年，社会上仍普遍认为粮食危机无论如何都会很快结束。[②]“因为上海人喜欢吃米饭，虽然在家庭供需品的分配上还存在一些混乱，谷物市场偶然还会出现价格波动，但这个时候粮食市场已经被安定下来。”[③]

然而矛盾的是，据当时某些人的直言不讳，那些“不忠诚的”投机商以及大发国难财的人对上海粮食市场的稳定也发挥了积极的作用，因为这些人能够像令人讨厌的“粮食蛀虫”一样把粮食偷运到上海来。[④] 在某种意义上，抛开城市原有的建制格局，除了日本的铁丝网以及傀儡保安团的巡逻队所控制的势力范围，“新贵们”已经统一了大都市及其腹地。[⑤] 从中我们得知的不仅是关于上海的走私活动加深了新贵与遗老、积极的合作者与消极的抵抗者、富人与穷人之间裂痕的描述，还有当社会的上层人士也不得不依靠黑市米、燕麦酒、二手货、旧衣服来维持生计时，由于在外敌占领下共同遭受迫害、剥削，

---

① Office of Strategic Services, Research and Analysis Branch, RNA#2121 East China Coast, 1/11/44 (OSS reel no. 2, document no. 8), p. 38, 47.

② Office of Strategic Services, U. S. Army U. S. National Archives, Military Reference Division. Document 2 in Reel 3, no title, no date; Appendix 2, 7.

③ 陈存仁：《抗战时代生活史》，香港长兴书局，未注明年份［其前言所注年份为1975］，第228页。“Current Food, Coal, and Transportation Situation Prevailing in China,” R&A No. 3433, Department of State Interim Research and Intelligence Service, 2 January 1946, Appendix 2, 7.

④ 陈存仁：《抗战时代生活史》，香港长兴书局，未注明年份［其前言所注年份为1975］，第61页；陶菊隐：《天亮前的孤岛》，上海中华书局1947年版，第65页。

⑤ “战争改变了上海的建制体系，把邻近的地方变成了上海的‘腹地’，把远的地方变‘近’。战争破坏了自然的地域都市体系，使小渔村对上海以及建制体系的延续性而言比城镇和郊区更为重要，使温州比宁波距离上海更近、对上海更重要，而宁波一直是上海长期的商业伙伴。” R. Keith Schoppa, “The Structure, Dynamics, and Impacts of the Shanghai-Coastal Zhejiang Trading System, 1938–1944.” Paper prepared for the conference on Wartime Shanghai, Lyon, France, Oct. 15–17, 1997, p. 32.

人们对共同城市身份认同的陈述。[①]

还有许多的问题我们不能在这篇文章中一一加以讨论。到底有多少沿海城市居民向西南迁徙？战时的人口迁徙对“黑色经济”带来了什么样的影响？——“黑色经济”的繁荣养活了自由中国的难民，同时也维持了上海自身人数日益膨胀的难民的生计。日益猖狂的走私贸易是否也刺激了国民经济几个关键部门的成长壮大？走私贸易显然填充了黑社会力量——军统秘密组织、日本宪兵、四川贸易公司的企业家、横滨投机商——的腰包。[②] 抗战结束之后，这些膨胀的秘密势力又给中日两国带来怎样的影响？如此等等。

当考虑到基于妥协才恢复的中国主权，考虑到大规模走私活动所带来的利与弊，考虑到在日本人控制下社会无序行为的暂时减少时，市民们都会心情矛盾，百感交集。他们战胜了外来的侵略者，但是重庆的政客们却接踵而至，这些自以为是的政客鄙视上海的幸存者，并强迫他们唯自己马首是瞻。

李亦婷　李伟华　译

参考文献

缩略语

BFOR—British Foreign Office Records. London：Her Majesty's Public Record Office.

《戴笠之死》，香港群众出版社。

陈存仁：《抗战时代生活史》，香港长兴书局，未注明年份［其前言所注年份为1975］。

---

① 《孤岛的印象》，见李基林选编《抗战文学期刊选辑》第1辑，河北书目文献出版社，第269页；陈存仁：《抗战时代生活史》，香港长兴书局，未注明年份［其前言所注年份为1975］，第223—224页。

② 林美莉：《抗战时代的走私活动与走私市镇》，《纪念七七抗战六十周年学术研讨会论文集》，台北1997年出版，第9页。

大东报（L'Impartiel）. ca. 1914—。

方显廷:《论粮食统治》,《战时中国经济研究》, 长沙商务印书馆 1941 年版, 第 68—72 页。

《孤岛的印象》, 见李基林选编《抗战文学期刊选辑》第 1 辑, 河北书目文献出版社, 第 269—270 页。

胡留璋:《抗战回忆极短篇之回响》,《传记文学》, 1995 年 10 月第 401 期, 第 52 页。

黄康永:《我所知道的戴笠》,《浙江文史资料选辑》第 23 辑, 浙江人民出版社 1982 年版, 第 152—170 页。

黄美真编:《汪伪十汉奸》, 上海人民出版社 1986 年版, 第 429—475 页。

计锡林、赵天一:《1943 年"粮食贪污案"真相》,《江苏文史资料》第 29 辑《汪伪政权内幕》, 1989 年出版, 第 289—295 页。

李基林选编:《抗战文学期刊选辑》第 1 辑, 河北书目文献出版社。

李正华:《"九一八事变"至"七七事变"期间日本在华北走私述略》,《云南教育学院学报》, 1991 年第 1 期, 第 55—60 页。

林美莉:《抗战时代的走私活动与走私市镇》,《纪念七七抗战六十周年学术研讨会论文集》, 台北 1997 年出版。

南京市档案馆编辑:《审讯汪伪汉奸笔录》, 扬州江苏古籍出版社 1992 年版, 第 2 册。

《上海春秋》, 香港中国图书编译馆 1968 年版, 两册。

《上海解放前后物价资料汇编》, 上海人民出版社 1958 年版。

《申报》。

沈醉:《军统内幕》, 文史资料出版社 1984 年版。

唐振常、沈恒春主编:《上海史》, 上海人民出版社 1989 年版。

陶菊隐:《天亮前的孤岛》, 上海中华书局 1947 年版。

《新申报夜报》。

徐日洪:《上海投机商》, 第 1 部分,《大东报》, 1942 年 11 月 28 日, 第 3 页; 第 2 部分,《大东报》, 1942 年 11 月 29 日, 第 3 页。

徐宗尧:《组织军统北平站和平起义的前前后后》,《文史资料选辑》第 68 辑,北京中华书局 1980 年版,第 126—151 页。

尹以瑄:《国防与粮食问题》,上海正中书局 1936 年版。

张济顺:《上海里弄》。[Neighborhood lanes], trans. Ma Xiaohe.(未发表的讲话)Center for Chinese Studies, University of California, Berkeley, 1994.

张济顺:《沦陷时期的上海保甲制度》。Paper presented at the Seminar on Urban Culture and Social Modernization of Twentieth-Century Shanghai, "Wartime Shanghai", Center for Chinese Studies, University of California, Berkeley, Dec. 2-3, 1994.

章微寒:《戴笠与军统局》,《浙江文史资料选辑》第 23 辑,浙江人民出版社 1982 年版,第 79—151 页。

赵燕:《轧票记》,载于《杂志》15 期(1945 年 8 月 10 日),第 88—95 页。朱通九:《战时粮食问题》,重庆独立出版社 1939 年版。

祝世康:《关于国民党官僚资本的见闻》,见《文史资料选辑》第 11 辑,北京中华书局 1960 年版,第 72—88 页。

Adeline Gray, "China's Number Two Man," RG226, entry 139, box183, folder 2449. OSS Files, National Archives, Washington, D. C.

Adeline Gray, "The Loyal Patriotic Army: A Guerilla [sic] Organization Under Tai Li," RG226, entry 139, box 183, folder 2449, OSS Files, National Archives, Washington D. C., 18-29.

Alain Roux, "The Guomindang and the Workers of Shanghai (1938-1948): The Rent in the Fabric." Paper presented at the conference on China's Mid-century Transitions, Harvard, Sep. 8-11, 1994.

Albert T. Lu, "The Unabated Smuggling Situation in North China," *Information Bulletin*. 11: 1-30 (Aug. 21, 1936), published by the Council of Intertional Affairs, Nanking, China.

Arthur N. Young. 1965. *China's Wartime Finance and Inflation*, 1937 - 1945. Cambridge: Harvard University Press.

BFOR—British Foreign Office Records. London: Her Majesty's Public Record Office. Bùi Minh Dũng. 1995. "Japan's Role in the Vietnamese Starvation of 1944-1945," *Modern Asian*

Studies 29. 3：573 – 618.

Brian G. Martin，“Resistance and Cooperation：Du Yuesheng and the Politics of the Shanghai United Committee，1940 – 1945.” Paper prepared for the conference “Wartime Shanghai（1937 – 1945），” Lyon，France，Oct. 15 – 17，1997.

China Weekly Review.

Christopher Simpson. 1988. *Blowback：America's Recruitment of Nazis and its Effects on the Cold War.* New York：Weidenfeld and Nicolson.

C. Lester Walker，“China's Master Spy.” Harper's 193：162 – 169（Aug. 1946）

Ernest G. Heppner. 1993. *Shanghai Refuge：A Memoir of the World War Ⅱ Jewish Ghetto.* Lincoln：University of Nebraska Press.

Foreign Relations of the United States. 1943. Diplomatic Papers，China. Washington，D. C. 1957. Government Printing Office.

Frederic Wakeman，Jr. 1962. “The Craigie-Arita Talks and the Struggle Over the Tientsin Concessions.” Unpublished paper，Berkeley，California.

Frederic Wakeman，Jr. 1996. *The Shanghai Badlands：Political Terrorism and Urban Crime*，1937—1941. Cambridge：Cambridge University Press.

General William J. Donovan，Selected OSS Documents，1941 – 1945. Microfilm，Record Group 226.

Hanchao Lu. 1991. “The Workers and Neighborhoods of Modern Shanghai，1911 – 1949.” Ph. D. thesis，University of California，Los Angeles.

Hanchao Lu. 1995. “Away from Nanjing Road：Small Stores and Neighborhood Life in Modern Shanghai，” *Journal of Asian Studies*，54. 1：93 – 123.

Hsi-sheng Ch'i. 1982. *Nationalist China at War：Military Defeats and Political Collapse*，1937 – 1945. Ann Arbor：University of Michigan Press.

Israel Epstein. 1947. *The Unfinished Revolution in China.* Boston：Little，Brown & Co.

John Hunter Boyle，*China and Japan at War*，1937 – 1945：*The Politics of Collaboration.* Stanford University Press，1972.

John W. Dower. 1986. *War without Mercy：Race and Power in the Pacific War.* New

York: Pantheon Books.

Jonathan Marshall, "Opium and the Politics of Gangsterism in Nationlist China, 1927 – 1945," *Bulletin of the Committee of Concerned Asian Scholars* 8. 3: 19 – 48 (1977 年 7—9 月).

Joyce Ann Madancy. 1983. "Propaganda vs. Practice: Official Involvement in the Opium Trade in China, 1927 – 1945," M. A. thesis, Cornell University.

Kathyn Meyers and Terry Parsinnen. 1997. *Power and Profit*, Unpublished manuscript, Lafayette College.

Lau Kit-ching Chan. 1990. *China, Britain and Hong Kong*, 1895 – 1945. Shatin: The Chinese University of Hong Kong.

Laurence K. Rosinger. 1944. *China's Wartime Politics*, 1937 – 1944. Princeton: Princeton University Press.

Lloyd E. Eastman. 1980. "Facets of an Ambivalent Relationship: Smuggling, Puppets, and Dtrocities during the War, 1937 – 1945," in Akira Iriye, ed., *The Chinese and the Japanese: Essays in Political and Cultural Interactions.* Princeton: Princeton University Press, 275 – 303.

Lynn Pan. 1992. *Tracing It Home: A Chinese Family's Journey from Shanghai.* Tokyo: Kodansha International.

Mabel Wain Smith. 1957. Springtime in Shanghai, London: George G. Harrap and Co.

Maochun Yu. 1994. "American Intelligence: The OSS (Office of Strategic Services) in China." Ph. D. thesis, University of California, Berkeley. Milton E. Miles. 1967. *A Different Kind of War: The Little-Known Story of the Combined Guerrilla Forces Created in China by the U. S. Navy and the Chinese during World War* Ⅱ. Garden City, NY.: Doubleday.

Milton E. Miles, personal papers, Hoover Archives. Stanford, California.

Office of Strategic Services, Research and Analysis Branch, RNA #2121 East China Coast, 1/11/44 (OSS reel no. 2, document no. 8).

Office of Strategic Services, U. S. Army. U. S. National Archives, Military Reference Division.

Oliver J. Caldwell. 1984. *A Secret War: Americans in China*, 1944 - 1945. Carbondale and Edwardsville: Southern Illinois University Press.

OSS Documents R&A No. 2121, Chaper 10, "People and Government in East Asia" (A Survey of Conditions in Fuchien, Chekiang, and Kiangsu). 1944 (OSS reel 2, document no. 7), 54 - 66.

Poshek Fu. 1994. "Struggle to Entertail: The Political Ambivalence of Shanghai's Film Industry Under the Japanese Occupation, 1941 - 1945," in Law Kar, ed., *Cinema of Two Cities: Hong Kong Shanghai. Hong Kong*: Urban Council, 39 - 62.

Relief and Rehabilitation in China. Government of the Republic of China. Document No. R&R - 1, Sep. 1944.

R. Keith Schoppa, "The Structure, Dynamics, and Impacts of the Shanghai-Coastal Zhejiang Trading System, 1938 - 1944." Paper prepared for the conference on Wartime Shanghai, Lyon, France, Oct. 15 - 17, 1997.

Roy Stratton, "Navy Guerrilla," *United States Naval Institute Proceedings*, Jul. 7, 1963.

"Shanghai shokuryo haikyu seido no jutenshugi ka ni kansuru lken to kengi" [Opinions and suggestions about the priority systematization of Shanghai's food rationing system], in *Chugoku seikei* [Chinese political economy], vol. 5. shanghai: *Chugoku seiji keizei kenkyujo kan* [publication of the research institute on Chinese politics and economy], March. 1943, 110 - 140.

U. S. Military Intelligence Reports, *China*, 1911 - 1941.

Vanya Oakes. 1943. *White Mans Folly.* Boston: Houghton Mifflin.

Yung-fa Chen. 1986. *Making Revolution: The Communist Movement in Eastern and Central China*, 1937 - 1945. Berkeley, Los Angeles, London: University of California Press.

美国警察顾问与中国国民党特工（1930—1937）

（1992 年）

后来，我发现戴笠这个卑鄙的家伙，曾于 1927 年至 1937 年间在中国警察学校担任过校长。当时中国警察学校坐落于华东的杭州，它曾为整个中国的警察队伍培养骨干力量。正像他们当时认为的那样，中国正在培养一支自己的国家警察队伍。我想，这大概就像美国的国民警卫队。然而不同的是这里的学生们接受的是正规的警务训练，并且还有美国和英国助理教官给他们做培训。掌控整个培训机构的老板就是戴笠。戴笠是一个让所有中国人听到其名就肃然起敬的人物，也是让这些警察学校的学员们敬仰的一个教官，他们对待教官们就像对待自己的父亲一样，因为一旦成为教官则“终身为师”，所以那些在警察学校里受过戴笠栽培的成千上万的学生，无论后来怎么样，他们始终是戴笠的学生。

海军上将弥尔顿 · 梅乐斯

（1957 年纽约州警察局长协会开幕式上的讲话）

如今，中国当代的历史家们对太平洋战争期间由戴笠将军和美国的海军上将梅乐斯将军建立的中美合作所已相当熟悉。中美合作所是由戴笠将军和梅乐斯上将在太平洋战争中建立的。① 战后中美合作所被美国媒体当作中美合作游击抗日的一个成功典范来大肆宣扬（Durdin，1945：1，5）。然而，中美合作所的阴暗面直到很久后才为人所知——美国的军事和警察顾问们为戴笠培养了

① 关于中美合作所的故事起先是梅乐斯本人告诉美国听众的（见 Miles，1967）。Michael Schaller（1979）和沈醉则提供了更广泛的相关历史题材。沈醉写了许多关于他的前老板戴笠的热门书籍，其中有专门叙述中美合作所的篇章。沈醉：《中美合作所内幕》，《文史资料选辑》第 32 辑，文史资料出版社 1962 年版。

无恶不作的特工人员，这些顾问最终将他们的科学技术用于对抗中国共产党的地下运动（Caldwell，1984）。

这一方面是由于在训练戴笠的高级特务时，美方在机构的人事安排上有意不让中方插手，不让戴笠训练高级特务的单位介入的缘故。① 另一方面，是因为20世纪80年代前，对于西方的史学家来说，他们更容易得到国民党方面有关中美合作所的正面报道，却不容易得到中国共产党历史学者们那些尖锐地批评和谴责美国为蒋介石培养了反间谍骨干的内部分析材料。② 然而，现在我们不仅可以对国民党军统局、美国海军情报局和美国战略情报局之间的这个联盟做更深一步的了解，而且可以得知早在1941年日本袭击珍珠港之前十年，美国就已开始培训中国警察特工了。

当代间谍是培训班和专业学校的产物。从“契卡”之时起，间谍和特工无一例外地都是从这样一个特殊形式开始的：培训机构或短训班。这些机构和短训班会使学员们从一个彻头彻尾的平民老百姓变成一个地地道道的特工。在这里，对学员来说，与特殊情报课程相比，军事学校的经历对他们的影响更加深入和持久，但后者训练强度更大，尤其是为了保护便衣特工的秘密身份而对学员进行的机密培训。间谍王戴笠早就认识到了这种特殊训练形式的重要性，于是，1930年，他在黄埔军校内建立了一个办公处：黄埔校友会，并开设了一个特殊训练所来培养他的秘密特工。③

在抗日战争爆发后，秘密特工训练系统才开始独秀一枝，独立地发展起

---

① 有关那些单位的知情人的详述，见汤涛《中美合作所第六特种技术训练班内幕》，《福建文史资料选辑》第4辑，福建人民出版社1980年版，第148—163页。仲向白：《我所知道的中美特种技术训练第三班——临汝训练班》，《河南文史资料选辑》第5辑，河南人民出版社1981年版，第125—133页。

② 国民党的有关版本，可见国防部情报局（1970）。与此相反的观点可见天声辑（1965，第82—88页）。至于中华人民共和国最新看法，可见邓又平（1988，第26—39页）。

③ 戴笠的秘密训练点设置在南京的洪公祠内。当时的名称是“参谋本部谍报参谋训练班”，由申庭蝉管理，其学员都是黄埔毕业生，其中有徐远举、何龙庆、田动云、廖宗泽、陈善周，见沈醉《我所知道的戴笠》，文史资料出版社1980年版，第8页。

来。这之前及随后爆发的太平洋战争中——美国的援助那时被证明至关重要，戴笠的培训机构只能在幕后，或在那些随20世纪现代警察部队的建立而发展起来的常规警察学院系统内运作。① 在这篇文章里，我将首先简明扼要地概述一下在这些现代警察队伍的形成过程中，外国顾问扮演的角色，接下来我将具体探讨美国顾问及受过美国培训的警察顾问们在其中的作用。

现代警察

在1898年百日维新期间，中国的第一支现代警察队伍创建于湖南的省会城市长沙。当时湖南省巡抚陈宝箴效仿外国租界上各式各样的警察体制创建了保卫局，并根据区域将其划分，同时配以巡捕以进行犯罪调查和夜间保安工作。尽管在百日维新遭到反扑期间，陈宝箴被撤职，保卫局也随着当地一些机构的改革被解散了，但是，在义和团运动后，外国人占领北京期间，在帝国主义的支持下，中国现代警察再次出现在历史舞台上，成为一个令人瞩目的焦点。在清廷逃往西安后，八国联军中不同国家的武装力量分别掌控了北京城的不同部门：日本人建立了军事警察局，其他的几个国家建立了安民公所。安民公所的职责是负责处理警务、修路及其他市政管理工作等事宜。安民公所所长和高级官员均由外国人担任，主要骨干为外国军事警察，一般的巡捕则由中国人担任。1901年9月，当八国联军从北京撤走时，安民公所也被撤销了，但"善后协巡营"很快就取代了安民公所的职能。"善后协巡营"是按照安民公所的模式由中国人建立的，1902年成为"工巡总处"的核心，很快又成为中国华北警察队伍的一个模型（李，1965，第27—28、32页）。②

袁世凯是华北地区新型的欧式警察力量的主要资助人。1901年至1907年

---

① 尽管有人认为在常规警察的改组和培训秘密警察系统之间应该有清晰的分界，但我认为二者自1932年后紧密相连。前者的观点，见Mackinnon，1983，p.6。

② 警察——欧洲官员领导下的中国巡逻人员，是在1901年后北京的外交区域建立的。

任职直隶总督期间，他用八国联军占领北京期间欧洲和日本的警察模式取代了传统的巡捕和衙役。1902 年 5 月袁世凯从省会保定开始，重组了 500 个士兵来进行警务工作。这些士兵隶属于“警务总局”，“警务总局”的另一职责是监督“警务学堂”。1902 年 9 月，天津从八国联军手中收复，袁世凯将他的警察总部设在天津，并把保定的警察和新的警察学校调至天津。于是，新的“天津警察”就与“当地的八国联军时期的警察”合并成了一支 1800 人的队伍。1902 年至 1903 年的冬天，袁世凯又从直隶省南部招募了 1000 个新成员来壮大这支队伍（MacKinnon，1975，pp. 82 - 83）。袁世凯用这支当代警察力量既安抚了民心，又为总督府提供了一条绕过地方势力来扩充自己实力的途径。操纵这些地方势力的为当地武装和乡村团练。①

新的天津警察被称作“巡警”。“巡”的意思是“巡视”或“巡逻”，“警”的意思是“警告”。从词源上讲，“巡警”的意义似乎介于传统的“巡捕（巡逻和逮捕）”和“现代警察（警告、调查）”之间。“现代警察”一词最早是由 1872 年去欧洲学习西方警察体制的日本人提出的。这些人当时曾向日本明治政府提议建立警察机构，后来这些提议于 1874 年至 1875 年被日本政府采纳。大约在 1915 年至 1925 年间，“警察”一词开始在中国被普遍使用（李，1965 年第 6 辑，第 14—15 页）。②

日本顾问

1901 年后，清政府开始派中国学生前往日本东京学习明治政府的国家控制体系，此时日本的警察模式已遍及中国，因此“警察”一词来源于日本也就没什么奇怪的了。这些留日学生归国后，大多数在新式军事学校和警察学校

---

① “从这个事实看，很明显，袁世凯把警察看作是渗透到地区衙门之外的一种方式，一种有利于绅士利益同时与百姓保持直接联系的方式。”（MacKinnon，1983，p. 4）

② 这个词语在中国传统文学中存在，但并无后来的“警察”的意思。

里担任警官或教官。这些学校多由势力强大的省政府官员如袁世凯所建，或由对清朝君主忠心耿耿的改良派所建（李，1965，第6—7页）。其中一个由改良派建立的主要组织就是在日本警察专家川岛浪速的帮助下，由总理衙门满洲头领靖王在北京建成的警察培训机构。川岛浪速与中方签订了合同，旨在监督这个新式警察学校的训练。可是不久，川岛浪速在改革的最后关头充当起了清政府的总顾问。实际上，在1902年川岛浪速递交的一份备忘录里，提出了1905年至1908年间改组警察计划的基本纲要。关于此项计划的理论基础在备忘录里阐述得很详尽：

> 世上任何一个国家都有自己的警察体系，它是军事力量的补充。首先，建立它是为了保护国家的利益和权力，抵抗外侮；其次，它是国家执行法律和法规，进行内部管制的一个工具。这是国家最强大的两股力量，无此力量，国家则一日也无法生存（李，1965，第33页）。

除了建立象征国家政治统治的军队和警察之外，随后几年，川岛浪速在备忘录中还呼吁建立一支中央集权制的国家警察队伍。这支警察队伍应直接对皇帝负责，隶属于警务部，应由警务部内的皇室成员领导。在警务部之下，每省应设立一个警务衙门，每个城市应建警务主管局，每个州和县应设警务局，每个市场、每条河流、每条高速公路应设警务分局。就像川岛浪速明确指出的那样，这个新的中国警察体制是按照欧洲大陆式的中央集权制的警察模式建立起来的。说得具体些，更像荷兰和柏林的警察体制（李，1965，第33—34、47页）。

为寻求欧洲的财富和权力，1905年清政府决定接受川岛浪速的提议，颁布命令建立培训警官和新警察的警察学校。1905年10月8日，兵部侍郎徐世昌成立了“巡警部”并出任“巡警部”尚书。1907年绿营兵被废除后，“巡警部”被合并到“民政部”，所有警察工作都归“警政司”管，而正是这个警政司，20年后成为戴笠在国民党内政部里的主要的核心力量（李，1965，第6、38—39页；Yee，1942，p. 29）。

在1907年和1911年辛亥革命期间，北京警察成了清王朝警察力量的典范。即使在清王朝被推翻后，北京警察还是全国警察代表大会的典范（李，1965，第5辑，第39—40页）。1914年8月，袁世凯颁布了一条法令，令内政部推荐的官员掌管警政司，并且将警政司警力增至10,000人。[①] 袁世凯死后，北京警察依旧是全国警察的典范。1917年4月，内政部长召集各省的高级警官，在北京召开了“警务会议”，来探讨有关警察培训和警察组织的问题。会上突出了警政司特殊重要的地位。1917年11月，内政部下令各省建立警察培训学校。然而，由于当年军阀混战爆发，中央和各地政府无暇顾及警察管理的细节问题，因此有关于警察队伍的改革搁浅了，在这方面，早期的民国历史和晚清的历史是一样的：尽管有中央集权化的日本和欧洲的管理模式作为典范，但如果在中国没有军事的统一，对警察队伍的控制便无从谈起，有效和长期的警察改革只得等到北伐完成和南京新政府成立后才能实现（Yee，1942，pp. 31－32）。

国民党公安局

如果北京的警察队伍在某种意义上是北洋军阀时期全国的警察典范的话，那么国民党的警察典范便是在1927年成立的广州公安局——一个受到当时美国警察机构名称启发而起的名字。广州公安局是由孙科建立的，在北伐前，他把美国市政管理的一套体系运用到了广州。国民党执政后，除了南京市警察总部外，所有警察部门都一律将他们的名称改为“公安局”（Yee，1942，p. 30）。[②]

名称的统一使得管理也得到了统一。1928年，由四个来自京城和八个来

---

① 当时有250个“巡官”，750个“巡长”，6000个“巡警”，300名侦缉队成员，750名保安警察队员，再加一些文职人员（李，1965，第41—42页）。

② 在南京政府下省警察队伍也建立起来了，以对付土匪（Yee，1942，p. 30）。

自其他省的官员组成“全国警察专家委员会”，直属内政部警政司领导。次年，全国警察专家委员会颁布了一条规定，要求对所有警官和新招募的警察进行教育。于是，浙江、江苏、山西、广东、江西、湖北、陕西、山东、云南、河北、甘肃、察哈尔、青海、福建和广西分别建立了警察学校。全国警察专家委员会按规定每年举行四次会议，但实际上，他们从未碰过头或者开过会，后来该组织干脆解散了（Yee，1942，p. 33）。

1931 年，在全国范围内正在进行一场有关警察改革的讨论。1931 年 1 月，内政部在南京举行了“第一次全国内政会议”，讨论有关警察管理的问题。接着，1932 年 12 月，召开了第二次全国内政会议，到会的有来自全国各省市的 100 多名代表。他们提出了开始实施警察抚恤金制度，使用新式武器，雇用女警察和统一指纹制度等建议（Yee，1942，pp. 33 - 34）。

在这一整个阶段，日本的警察体系仍然享有极高的声誉。1930 年，内政部举行了一场考试，从高级警察学校第十五届学员中选拔了十名最优秀的毕业生去东京内务省警察训练学校接受培训。就在同一年，浙江警察学校也选派了 21 名最优秀的毕业生去日本学习。但此时欧洲警察队伍的创建模式仍为中国警察队伍所仿效。1929 年，全国警察专家委员会委员之一王达瑞，利用参加当年 9 月在巴黎举行的第五届国际警察会议的机会考察了欧洲的警察体系。他认为，维也纳的警察体系似乎是欧洲所有警察体系中最值得中国模仿的。于是，1930 年浙江省政府主席邀请了鲁道夫·缪克博士（Rudolph Muck）和其他一些奥地利专家来担任管理和培训顾问。同年，浙江警察学校毕业班的十名学员被送到维也纳去学习。到 1932 年，缪克博士已成了南京中央政府的警察顾问，同时他还担任上海公安局改组工作的顾问。两年后，统战部派酆悌率一个委员会前往英国、法国、意大利、德国，考察这些国家的警察和军事体系。1935 年，蓝衣社核心成员之一，也是力行社骨干成员李士珍，也被派去考察欧洲、美国和日本的警察体系（Yee，1942，p. 35；干国勋，1979，第70 页）。

1930 年，被邀请到中国的司法专家之一是加州伯克利警察署警官吴兹（A. S. Woods）（Yee，1942，pp. 36）。作为世界上最好的警察队伍，伯克利警署享有越来越高的声望，所以吴兹被选择为帮助改组南京警察的顾问，这得归功于奥克斯特·沃尔默（August Vollmer）。他为当地警署培养出了优秀的警察。所以，奥克斯特·沃尔默培养出的警察对于地方警署的重要性并不亚于艾德加·胡佛（Edgar Hoover）培养出的国家警察对美国政府的重要性（Carter and Carte，1975，p.3）。

奥克斯特·沃尔默及美国式警察在中国的专业化

奥克斯特·沃尔默，美国的警察职业化之父，是在加州长大的第二代德裔美国人。1905年，在西班牙和美国的战争期间，29岁的沃尔默已是菲律宾反间谍战场上的一个老兵。在这之前，他是伯克利一家燃料和煤炭店的老板。沃尔默被伯克利的一帮社会名流以改革为由推荐去参加警察局长竞选，结果大获成功。沃尔默上任后第一个重大举措就是关闭城里最大的中国赌场和其他的各种赌场。与此同时，他采取了一系列行政改革和技术革新，使伯克利警察学校闻名全国：他开创了骑自行车巡逻的先河，建立了第一个正规的巡逻制度，还从洛杉矶的一个私人侦探那里学到了电话报警以及如何设立公共电话亭（他通过一项特殊的民众投票，集资建立了一整套报警系统），建立起档案制，完善了指纹存档方式，率先发明了测谎仪，首先在巡逻车里装上了无线报话机，并开始任命大学毕业生当巡警（Parker，1961，pp.35－60）。

随着奥克斯特·沃尔默名声大振，特别是在他当选为国际警察局长协会主席后更是如此，他不仅同意在美国其他城市改组司法机构，而且接受了外国政府的邀请去帮助改革他们存在问题的警察部门。比如说，1926年，沃尔默应古巴总统赫拉尔多·马查多（Gerardo Machado）的邀请去了哈瓦那。当他到达哈瓦那时，古巴总统称他为治疗社会症结的专家。赫拉尔多·马查多对他说："你是警察部门的医生，我们这里需要你。"沃尔默在那里建立了警察培训学校，并设立了电讯通信系统，借以治疗了这位古巴独裁者手下司法机构的症结。回到伯克利后，他又收到了另外一个政府寻求帮助的请求：南京国民政府。据说，沃尔默警长把吴兹队长叫到他的办公室说道："队长，这封信来自中国南京的警察局长，他需要些实质性的帮助，派你去完成此任务如何?"于是，1930年，吴兹以中央政府的警察顾问和广东省内政部的警察顾问的双重身份来到了中国。沃尔默则留在伯克利为加州大学进行他的犯罪学研究，同时他训练了大批前来向他学习警察管理的学生，凸显出国家警察对美国政府的重要性（Carter and Carte，1975，pp. 68－70）。①

沃尔默的中国学生

那年，沃尔默的外国学生中有一个叫酆裕坤的人在加州伯克利大学学习了六个星期的暑期特别课程"警察组织和管理"，然后在秋季进了密歇根大学，在这所大学，他是15名被中国派来学习市政管理的学生之一。1930年11月，酆从安阿伯（Ann Arbor）给奥克斯特·沃尔默写信说，他对"发现犯罪原因和预防方法"感兴趣，而且他希望在著名犯罪学家瑞蒙·富思第克（Raymond Fosdick）文章所提供的数据的基础上，做一个犯罪统计的比较研究。1931—1932年，酆裕坤在加州伯克利大学学习犯罪学课程，次年夏天他回到中国，用沃尔默的科学犯罪学帮助他的同胞们改革警察体系（Vollmer Correspondence：letter from Frank Yee，December 3，1933）。

作为一个接受过最先进的警察训练的归国留学生，酆裕坤并非默默无闻。1932年7月，他很快应邀拜见南京的警察局长陈焯将军。不久以后，他受到蒋介石的接见。他向蒋递交了两份中文报告：一份是"世界警察现状"，另一份是关于"中国警察现状"的研究计划（Vollmer Correspondence：letter from Frank Yee，August 2，1932）。这以后，他当了很短一段时间的南京交通处处长。1933年3月，酆被调到陈局长办公室，在他麾下安全处当了一名"特别

① 酆裕坤把吴兹警官作为顾问推荐给国民党广东内政部工作，该部正在筹建一个警察学院，见Vollmer Correspondence：letter from Frank Yee，July 25，1934。

秘书”（Vollmer Correspondence：letter from Frank Yee，September 12，1933）。刚一上任，他就立即推广沃尔默的理念：首先他翻译了发表在《刑法和犯罪学》杂志上的一篇关于警察专业化的文章，接着，他在大学里讲授他的美国教授推崇的“以科学为依据”的工作作风。当然，他也力图寻求沃尔默的帮助，以引进最先进的刑警技术：仿效伯克利警察署的通信系统，在南京装起了直线报话机（Vollmer Correspondence：letter from Frank Yee，March 25，1934）。

1934年3月酆裕坤接到浙江警察学校校长赵文龙的邀请，去杭州当警察训练部主任。浙江警察学校是新成立的国民党政府培养骨干的主要机构之一，它在北伐刚结束时由朱家骅建立。朱是中山大学的行政管理主任，1927年，他被任命为浙江省民政厅厅长。作为“地方自治专修学校”的校长，朱家骅保证了警察学校有足够的资金来源（章微寒，1982，第86页）。

酆裕坤是被任命在警察学校担任要职的回国留学生之一。另一个在国外受过培训的警察专家是梁帆博士。他是学农业的，也是一个秘密特工，在里昂警察实验所当过法国法医学家洛咖（Locard）博士的助理（Yee，1942，pp. 37－38）。梁从里昂结束学习回国时，身边有两个法国女人：一个是他妻子，另一个是后来当了浙江警察学校女警部头儿的女侦探。他同时带回来的还有一整套警察实验室技术设备，包括发射学、毒品学、手迹分析以及指纹分析所需要的所有器械和化学材料。这些设备被装备在上海国际租界警察部门以外中国的第一个实验基地。尽管后来梁作为法医学家的能力受到怀疑，但他当时很快在警察学校里开起了最新警察实验技术这门课程。①

第三个杰出的回国留学生是沃尔默的另一个弟子，叫余秀豪（Frank Yee）。余是广东人，在旧金山的中国人圈子里很有名气。他请沃尔默在这所名牌警察学校——浙江警察学校——给他推荐工作，于是沃尔默给酆裕坤写信

① 余秀豪对沃尔默说：“梁博士在我看来不行。”他要求伯克利一个姓朴的学生接受特殊实验室的技术培训，这样当这名学生成为警察学院教员时就可以接管法医学的教学，见 Vollmer Correspondence：letter from Frank Yee，June 18，1935。

谈了余秀豪的事。当余到达上海时，酆裕坤已经与余的“许多表兄弟们”一起在码头上迎接他了（Vollmer Correspondence：letter from Frank Yee，March 25，1934）。之后，他在浙江警察学校谋到了一个位置。后来他发现，他所任职的这所学校是“是中国目前最大的一所警察学校”，而且在蒋介石眼里也是“所有警察学校的典范”（Vollmer Correspondence：letter from Frank Yee，November 13，1934）。

浙江警察学校

浙江警察学校坐落在杭州上仓桥，占地10亩。那里可以容纳500多个学生（Report by Superintendent Tao Shaoliang，SMPF，D－7675A，April 2，1937）。据余秀豪介绍，招收的350名男女学员都是高中毕业生，年龄在20—30岁之间。他们都享有良好的条件，除食宿之外，每月还有15元的津贴，并配有“步枪、左轮手枪、机关枪、自行车、马匹和汽车”（Vollmer Correspondence：letter from Frank Yee，August 2，1932）。尽管有些教官是从维也纳警察学校回国的留学生，但学校风格主要是军事院校型。学生在早晨的军号声中起床，然后升国旗，行注目礼，接着由军事教官带领进行操练，由从中央政府来的国民党指导员教授政治课程。指导员为政治指导员，他们实际上是戴笠的特工，这点我们很快在下文就会看到（Vollmer Correspondence：letter from Frank Yee，June 30 and September 10，1934）。

就像沃尔默在伯克利创建的警察模式一样，浙江警察学校本身与地方警察力量联系密切。当时在杭州的警察署有2000名警察，每年有100万元的经费。1934年9月1日以后，警察学校校长赵文龙还担任了杭州公安局局长。余、酆和另一个从柏林警察学校毕业的学生被任命为他的机要顾问（Vollmer Correspondence：letter from Frank Yee，November 13 and December 18，1934）。在以赵文龙为主席的“计划委员会”的建议下，军校生制度建立了，如此，警察学校的学生便有机会在杭州警察署内全面实习。到了1935年1月，余秀豪已经按沃尔默在伯克利创建的巡警体系建立了一个巡逻制度。杭州警察署的正式成员强烈地抵制新制度，但在酆裕坤的支持下，1935 年 4 月 1 日余成功地在西湖一带开始实施巡警制，在两个月之内，犯罪率下降了 50%（Vollmer Correspondence：letter from Frank Yee，January 22，1935）。

从余的角度看，在浙江警察学校的领导地位给了沃尔默的学生们一个大好机会，让他们能够看到“伯克利的体系和精神被移植［到中国］”（Vollmer Correspondence：letter from Frank Yee，July 25，1934）。他告诉沃尔默：“我们的学校一直仅受日本和奥地利影响，因为学生们只被派到上述的两个国家去学习。但现在你可以说这支队伍被输入了新鲜血液，即来自美国的血液，更具体地说，是来自伯克利的血液”（Vollmer Correspondence：letter from Frank Yee，July 25，1934）。他还请沃尔默告诉他在“著名的［伯克利］研讨会上”结识的朋友们，他们准备通过翻译关于犯罪调查和秘密特工方面的最新著作，引进警犬，建立现代警察实验室和进口新发明的测谎仪，“目的是使整个中国警察管理现代化”（Vollmer Correspondence：letter from Frank Yee，July 25 and September 10，1934）。

留美派的改革并不是一帆风顺的。在给沃尔默的信中，余经常埋怨他的其他教官们，甚至包括酆在内，不愿全盘接受他的革新。① 但酆裕坤同意协助余为浙江警察学校起草一个新的教学计划，并将经济、心理、犯罪预防、城市政府、无线电、警犬等课程加入了常规教学中，扩充了由“蒋委员长发起”的“新生活”课程。余和酆还按照伯克利警训项目为警察学校设计了一年级教学大纲，其中必修课包括打靶、游泳、自卫（柔道）和军事科学（Vollmer Correspondence：letter from Frank Yee，September 10，1934）。二年级的学生可以从以下四个系中挑选一门自己的专业：管理、刑事侦查、外事以及女警训练和管

① “到杭州时，我满怀信心决意要让警察教育在中国有一个崭新的开始。有过英语训练的裕坤很保守，就别提其他老教员了。”见 Vollmer Correspondence：letter from Frank Yee，January 2，1935。

理。余是管理系的主任，该专业的课程包括英国、欧洲大陆和日本的警察制度、警察人事、交通事故的防范、人口数据统计和警察记录、无线电通信和警察力量分布。刑事侦查专业设有法医化学、摄影、犯罪鉴定、警犬、密码术和警察记录。尽管外事专业中设有欧洲历史、世界外交、无线电和心理学课程，但外事、女警的训练和管理远远不如前两个专业（Vollmer Correspondence：letter from Frank Yee，September 10，1934）。到了1934年秋天，浙江警察学校已经成为全国的典范。9月，教官们得知南京的国家警察学院和中央军事学院合并成一个单位，这样一来，浙江警察学校就成了全国唯一一所警察学校，其招生范围遍及全国，其中有些新学员是来自地方警察机构的警官。他们必须通过余从伯克利学来的包括“陆军甲种测验”在内的一系列身体和心理的测试，才得以进入警察学校。

全国警察训练

那年初冬，当余秀豪和酆裕坤就全国警察改革计划一事等待蒋介石的特殊会见时，就连上海市市长吴铁成这样重要的地方官员也向他们大献殷勤：

> 我们立刻被邀请到上海接管一些重要职位。吴市长对我在上海警察杂志《警光》上的文章尤其欣赏。但无论如何，控制全中国警察组织的特派员们绝不会同意我们离开警察学校。我们和酆裕坤、梁帆一起负责全中国的警察教育（Vollmer Correspondence：letter from Frank Yee，January 22，1935）。

吴铁成市长在上海市政府里喜欢使用广州同乡人，他器重余可能因为余是广东人。总之，中央政府——包括让酆和余成为他的秘密特工的戴笠本人——是不会让那些在国外受过最佳培训的警察专家们仅仅成为自己将来希望控制的一些大城市的警察顾问。因为浙江警察学校是一个全国性重要机构，它并不为地区和省级机构提供支持，所以，当浙江大学向余提供一个教职时，他不得不因为自己在浙江警察学校的职位而谢绝（Vollmer Correspondence：letter from Frank Yee，January 2，1935）。

作为全国性机构，浙江警察学校也管辖江西北部山区的游览胜地庐山的治安。蒋介石在那里建有避暑别墅（Vollmer Correspondence：letter from Frank Yee，July 25，1934）。庐山那时已被用来作为反叛乱部队的训练区，当地设有“军校庐山特训班”。当特训班的一些毕业生被分配到邓文仪领导的反共调查机构南昌行营的同时，戴笠也组建起由连谋领导的一支特殊干部纵队（在康泽的协助下），为特务处（军统的前身）培养特工（黄雍，1960，第10页；曾扩情，1961，第134页；沈醉，1980，第8页）。夏季里，这个地区会有两万多旅游者，他们很容易成为窃贼的猎物。于是自然而然地警察学校学生便有了一个实习的机会，他们不但能加强总司令喜爱的避暑山区的治安，同时还能够向英国租界牯岭地区的外国人管理的警察部队显示：中国的警力完全能够为中国人提供一个良好的治安环境。

1934年7月，酆裕坤奉命带领浙江警察学校第二届毕业班的100名警察到庐山地区巡逻，随后，这个夏天和次年夏天，酆裕坤和他的人员都干得非常出色：建立了存档和其他刑事调查程序，破获了一系列早已闻名的要案。余秀豪也不落后，他与学生一起爬上了3500米左右的牯岭峰，避开了山下的炎热，一头扎进了警务工作当中。尽管这些警察学校学员们希望能有一架沃尔默那样的新式测谎仪，但他们仅用余从伯克利带回的指纹和摄影设备，就成功地进行了盗窃案件的调查，还协助推广了蒋介石的“新生活运动”（Vollmer Correspondence：letter from Frank Yee，August 1，1935）。他们的成绩如此斐然，以至于英国人在租界区撤出了他们的警力，让中国人来管辖。对江西、湖南地区的警官来说，浙江警察学校的学员成了全国的典范。秋天，这些深受启发的官员们回去后便举行了选拔考试，从中挑选出了20名男女学员去浙江警察学校接受类似的训练（Vollmer Correspondence：letter from Frank Yee，June 30，1934 and April 6，1935）。

不管余有多么直接和坦率，他只字未对自己的导师提起浙江警察学校最神秘之处：这个从外表看是个致力于培养正规警官的省级机构警察学校，实际上是戴笠自 1932 年以来建立起来的全国秘密警察机构的一部分。警察学校校长赵文龙就是戴笠的一个特工，实际上，全校所有的政治指导员都是特工处的骨干（邓元忠，39 辑第 4 期，第 155 页；Tien，1972，p. 60）。

戴笠和浙江警察学校

1932 年夏天，戴笠夺取了对浙江警察学校的控制权。当时第二届学生刚刚毕业，他们住在雄镇楼 30 号的校友会宿舍等待分配（章微寒，1982，第 86 页）。戴笠利用蒋介石给予他在浙江警察学校特训班的“政治特派员”的特权，以及能够直接与政府进行无线电联系的优势，带了一批特工驻进了警察学校。这批特工中有王孔安、毛人凤、毛宗亮、赵文龙、胡国振、谢厥成、罗杏芳和刘乙光，他们在那年假期里几乎完全控制了整个警察学校。王孔安被任命为政训处书记长，毛人凤任秘书，毛宗亮任通讯官，其余的人被任命为政治指导员（章微寒，1982，第 86 页；沈醉，1980，第 8 页）。到了 1932 年秋天，戴笠在政治处这个外表的掩护下建立起一个秘密特工特别训练组织。该组织又分成甲组、乙组、丙组和通讯组。每个组又分为若干个班级，每个班级的学期为六个月，由 20—30 名学员组成，他们将是特工处的“基干人员”。于是，“军统后期的许多高层特工人员”——在 20 世纪 40 年代这类“高干”中有毛森、肖勃、杨超群、阮清源、丁默邨、章微寒、娄兆元和黄雍——1932 年至 1935 年期间就这样在浙江警察学校开始接受最初的秘密训练（黄康永，1982，第 155 页；沈醉，1980，第 8 页）。

乙组由每年从警察学校毕业班里选拔出来的 30 名学生组成，他们的组长是刘乙光，也是该班的政治教官。训练班结束后，毕业生被派到蒋介石警卫组当便衣特工（章微寒，1982，第 86—87 页）。

丙组专门培训掩护人员，她们都是女特工。从警察学校毕业生里选拔出来的六名女生被送到特训组，该班由警察学校女警班的政治指导员章粹吾监督管理。章为男性，其后台是戴学南。在专门学习过理发、烹调等课程后，这些学生作为人事员被分配到特工机关，负责掩护工作（章微寒，1982，第88页）。

甲组是几个培训组中最重要的一组，其毕业生直接被分配到特工处处长手下当骨干。此班由警察学校的第二届和第三届毕业生和已经在特工处任职的特工人员组成。戴笠名义上是该训练班的教官主任，实际上该班教官主任是余乐醒。他监督指导在雄振楼30号的训练班，也教授特工理论和如何使用密码和化学方法来进行联络，如何使用毒品的课程。前共产党员谢力公教军事地理、国际间谍和密码；李世璋教有关政党及其派系的课程；梁翰芬教痕迹学；殷振球教爆破学；管容德教速记；叶道圣教情报学；朱惠清教看相；王文钊教摄影；金民杰教擒拿；刘金声教国术（武术）；曾惕明和黄士钦教驾驶；谭金城教骑马术。日文课由霍淑英和一个叫山田一隆的日本人负责（章微寒，1982，第87—88页）。

这里主要课程的编制参照了中国共产党编写的课本内容：在苏联留过学的王新衡翻译了两本俄语书：《格伯乌》（即GPU）和《契卡》。学生们还要读顾顺章编写的《特工理论和技术》一书。顾顺章为前共产党保密处处长，1931年叛变，投靠到陈立夫和徐恩曾领导的特工处，后投奔到戴笠手下。顾顺章担任过苏联农村和城市党支部的联络负责人。由于此经历，他对布尔什维克的秘密特工有一个深入的了解。实际上，前军统官员们认为顾的信息对戴笠简直是太宝贵了，这也许是他丧命的原因。顾顺章作为最大的共产党叛徒加入中统不久后就被暗杀了。虽然凶手从未被获，但研究军统的历史学家们认为，刺客是陈立夫派的。因为陈立夫不能饶恕顾顺章向戴笠告密，同时也不想让其他间谍截取有关中共的情报。但陈立夫否认了这一切。他向本书作者暗示：必须除掉顾顺章，因为他是个病态的杀人狂（陈立夫：1988年

9 月我的个人采访)。①

到了 1935 年，浙江警察学校完全处于戴笠的控制之下。但同年，蒋介石宣布将浙江警察学校与南京警官高等学校合并，成立一个“中央警官学校”。这个合并对戴笠来说既意味着挑战，也意味着机会的到来。

中央警官学校

蒋介石有一个远见：农村警察体制会与地方势力合二为一，正由于此，他决定创建一个中央警官学校。1936 年蒋介石召集了一个“地方高级行政人员特别会议”以讨论地方警察和治安问题（Yee，1942，p. 36)。会议的背景是中央政府与地方官员之间长期争论保安队的去留问题。地方官员自然倾向于保留由他们自己资助和控制的地方武装，而中央政府的代表则持反对意见，他们主张成立一个直接由新的国民党政府领导和培训的正规警察部门，但要地方出资。

蒋介石在听取了双方的意见后，决定站在中央政府一边。正如余给沃尔默的信里说的那样：“现在委员长非常关心改善中国警察管理的问题。他欲取消所有的保安队、宪兵，而把他们维持内部治安的职权在三年内交给警察。”（Vollmer Correspondence：letter from Frank Yee，August 6，1936）行政院正式地通过了一项提议，要求各省在警政司制定的原则基础上提交警察改革计划。警政司宣布：第一，在 1936 年底以前取消保安队，并在三年中将他们的职权逐渐移交给正规警察；第二，在解散保安队的同时，将它的资金转到县警察部门；第三，不同级别的地方警察队伍建设应尽量统一；第四，在无力供养正规警察的穷乡僻壤，执法权将归前保甲互助单位；第五，为提高警察素质，对警

① 关于原军统局人员的直叙，见章微寒：1982，第 87—88 页。虽然中国大陆的许多学者认为顾顺章是被周恩来派遣的人员除掉的，但在台湾的国民党调查局记录表明：顾顺章在 1936 年由于想重新回到共产党那里而被枪决（徐恩曾，1953，第 21b 页；中央调查统计局，调查局档案，276/7435a/19930 号，第 24 页）。

务工作的要求将逐渐提高，服役人员必须小学毕业；第六，警察的底薪将为每月十元；第七，高级警官将一律在新的中央警官学校学习；第八，正规的警察将从各省市的培训班中挑选；第九，被解除的保安队的武器将归正规警察使用（Yee，1942，pp. 41－42）。

显然，加强中央集权制的队伍标准化建设的一个重要工具就是中央警官学校。在完成了保安队的取缔工作后，它被“赋予的一个使命就是将旧的保安队转变成正规的警察队伍”（Vollmer Correspondence：letter from Frank Yee，May 14，1937）。就在这个新的全国性组织取代各省的地方机构时，浙江警察学校关闭了它的大门，并把它的第五届学员转到了南京。① 现在，赵文龙的学生——也就是戴笠的，在名义上都是中央警官学校40岁的校长李士珍的学生了（黄雍，1982，第155页）。

李士珍是中国杰出的警察专家。李于1924年毕业于黄埔军校，在浙江保安队当过队长，1931年在日本警察学校完成了正规训练课程。1935年，李士珍率团去欧美19个国家考察它们的警察体制，回国后被任命为南京的警官高等学校教务长。1936年9月，他接替陈又新在新成立的中央警官学校任教育长（干国勋，1979，第70页）。②

李马上开始建立他自己风格的校园。他在南京郊外麒麟门附近选了一个地方，在那里盖楼房、建设备，并招收学员和学生。③

> 培训班的学员已是各省、市、区服役的警官，按照规定，他们必须参加这里各式各样的新式培训，比如：指纹、户籍登记、侦讯、擒拿、追踪、通讯、信号以及警犬训用等。培训为期半年。正规的学生是在初、高中程度学生中通过考试选拔的。在这里，学生们要上有关警务科目、政治

---

① “自从其业务被南京的内政部接管后，警官培训学校就不存在了”，见 Report by Superintendent Tan Shao-liang，in SMPF，no. D－7675A，April 2，1937。

② 刘诚之是该校的教务处长（干国勋，1979，第70页）。李士珍的职位也许是由于陈立夫的提拔，陈把他当作一个嫡系。

③ 抗战中警校迁移到了重庆南部一个叫弹子石的地方（干国勋，1979，第70页）。

理论课、外语课、军事课，还要参加军训、体能训练。培训期三年，旨在革新警察的管理（干国勋，1979，第 70 页）。

李士珍还把行政领导与学术结合起来。他从欧洲回来后发表一篇有关世界警察体制的重要调查报告，1937 年由商务出版社出版。他还资助并出任中华警察学术研究社主席。由此可见他高超的专业水平（陈允文，1935，第 3—6 页）。

然而，戴笠不顾一切地排挤李士珍。他利用自己对中央警官学校的控制与李士珍争夺训练权。当时的中央警官学校坐落在南京郊外一幢价值 25 万美元的巍峨的新大楼里。为在学生中贬低李士珍的威信，戴笠首先当上了“校务委员会”的委员。然后，他利用手中的秘密特工权力，在学校内建立了一个“特务委员会”，自任主席。特务委员会的成员包括王固磐、酆裕坤和赵文龙在内的他的弟子和亲信们，而且他还把前浙江警察学校教官如胡国振、卢振纲和余秀豪安插到新中央训练机构的教职员中。另外，为了赢得学员们在学术上对他的尊敬并能够与李士珍的警察学术组抗衡，戴笠还成立了一个“中国警察学会”。该学会与李士珍的“中国警察学术研究社”就有关各项政策进行了各种激烈的辩论（章微寒，1982，第 89 页）。

戴笠和他的警界对手

李士珍的全国警察体制改革是建立在沃尔默的伯克利调查问卷基础上的。为了在竞争中战胜李士珍，戴笠需要控制内政部的国家警察管理政策。① 为此，他把酆裕坤安插到中央政府警政司司长的位置上，管理各省警察项目。警政司负责计划、领导和监督全国的警察。在这个位置上，酆裕坤“控制了各省属的警政科，掌握了整个警察系统的人事权”（Vollmer Correspondence：letter from Frank Yee，November 17，1936）。就这样，酆掌控了各省人民政府内的警

① 关于沃尔默的调查卷，见《警察月刊》，第 11—18 页。

务科，抓住了整个警察系统的人事权（章微寒，1982，第 89 页）。

在酆裕坤得到晋升的同时，他在伯克利的同学余秀豪被安排到警政司负责警察教育、消防、外事、刑侦和特工。在给沃尔默的信中，余把他们的新职位当作伯克利警察改革的胜利的象征。他说："从此以后，整个警察管理和教育都将完全掌控在伯克利的 V 派［Vollmer（沃尔默）的缩写］手中"（Vollmer Correspondence：letter from Frank Yee，September 10，1936）。事实上，真正的控制权落到了戴笠的特工手中。在 1936 年至 1937 年期间，这位秘密警察头子通过操纵人事安排和内政部训练项目，将其影响扩展到了九江、郑州、武汉、洛阳等城市的警察局（沈醉，1980，第 8 页；Tien，1972，p. 60）。

酆裕坤在戴笠扩展其影响力的过程中起了至关重要的作用。作为内政部级别最高的警政官，无论何时，只要戴笠需要用中央政府的合法权力把正规的警察队伍变成秘密特工队，酆裕坤就利用职务之便对他大开绿灯。这一点在抗战爆发后尤其明显。1941 年，戴笠要把重庆警察局侦缉队扩充成一个大队，并把它置于前上海站头目沈醉的领导之下。当戴笠向重庆警察局局长唐毅提出这一要求后，唐自然向内政部警政司请示：

> 当时主管全国警察工作的内政部警政司司长酆裕坤，是军统特工，警政司也在军统控制之下。戴在写信给唐的同时，还给酆打了个电话，说明他要改变这一体制（将此正规的侦探队改编为一个由军统控制的大队）。酆在电话中诺诺连声，遵命办理（沈醉，1984，第 108 页）。

于是不到一周，戴笠的助手和门徒沈醉就被任命为重庆侦缉大队队长。

中国秘密特工从法律教育机构中招收新成员的计划，与美国联邦调查局警察长的培训项目有共同之处。从某种意义上说，它们的共同之处是：二者都有着一个共同的目标，在地方执法机构中使警察专业化得到普及。余秀豪向沃尔默汇报说，从 1936 年 9 月 15 日起，"全国各地的高级警官将在南京的警官学校接受强化培训"，其他警官将于夏季在庐山参加一个特别训练班。那里的教学大纲由余编写，其中包括翻译沃尔默关于美国警察体系的教科书（Vollmer

Correspondence：letter from Frank Yee，September 10，1936）。除此之外，余秀豪还举办了讲座，视察了全国。酆裕坤还频繁地对公众进行电台广播，“强调警政的重要性和警民合作的必要性”，同时，内政部警政司还引进了美国最先进的集中鉴定法和存档程序方法。例如，1937 年初，酆裕坤与艾德加·胡佛（美联邦调查局局长）进行了联系，了解到美国联邦调查局是如何整理和处理指纹的，于是，国民党政府也开始在南京建立自己的中央指纹局（Vollmer Correspondence：letter from Frank Yee，March 23，1937）。

因为中国政府对地方上半军事化体系的管理是传统的、长期的和全国性的，引进最新的警察技术，将确保现代化的管理效率同全国性的控制目标结合起来。从这个角度出发，留美的警察顾问们对改革的热忱正好与蒋介石要统一他自己的管理，要把警察和军队当作他的政府统治的两大羽翼的决心不谋而合。作为中央警官学校的校长，蒋介石在 1937 年对高级毕业班的学员说：

> 我们的国家有两股重要力量：军队和警察。一个用于国防，另一个用于治安，就像一架飞机要有双翼才能飞行一样，但因为现代警察职责的复杂性，也因为仅有他们才是经常与公众紧密联系的公务人员，所以警察对我们的社会至关重要（Yee，1942，pp. 38－39）。

然而，从另一意义上来说，美国警察技术的引进给了戴笠这个从 1937 年抗日战争爆发以来一直忙着扩充军统势力的家伙技术上的资本。凭着这个资本，他还或多或少地可以与他势均力敌的两个对手李士珍和陈立夫进行较量。陈立夫的国民党中央调查统计局的秘密警察们认为他们自己简直就是美国联邦调查局特工人员的翻版。① 相反，戴笠的军统的官员们在国民党错综复杂的官僚体制下，个个像无法无天的恶棍和流氓，只会刀枪硬拼却不善用科学手段去和蒋介石的敌人斗争。如果戴笠想在战时的竞争中战胜他的对手们，以垄断对

---

① 在戴笠企图与李士珍争夺对中央警校培训项目控制权的同时，他也力图从陈立夫那里争夺到对邮电通信的侦缉权。在军统与 CC 派之间对安排邮政审查员上的激烈争夺，一直延续到戴笠得以在邮电系统内建立一个特检处为止（章微寒，1982，第 89 页）。

公开或秘密警察的掌控权，那么，他必须想尽一切办法去垄断来自美国的技术资源去和敌人抗争，无论这敌人是共产党还是日本侵略者。

这就是在1942年除夕之夜，签署第一份“中美合作所合同”初稿的真实意义。1943年4月又签署了第二份更加明确的合同。在合同中，美方首先需要配备天气预报站，其次需要游击队的配合。而戴笠需要的则是轻便式武器以及他的军统队伍所需要的军事设备，但他首先需要的是来自美国的专业技术以支持他不断壮大的秘密特工、间谍和游击队伍（沈醉，1962，第216—218页；1984，第237页）。而戴笠必须给美方提供的交换条件之一，是在日占区的当地警察人员名单，他们在太平洋战争爆发前已接受过部分的美式训练。

中美合作所的副所长弥尔顿·梅乐斯，把这个接受过美式训练的警察网视为沃尔默的学生在中国推广的早期警察训练项目的自然而然的延伸。正如他在战后向纽约警察局局长大会所作的解释：

> 理论上我们会尽力去培训这些人来完成我们所需要的工作。既然戴笠早在30年代就建立起一个警察学校而且对其的掌控已达五年之久，不仅如此，从技术上说，当时沦陷区的警察完全在他的控制之下，所以，我们应该使用这批人。因此我们在重庆开设了一个班，命令来自全国各地沦陷区的警察局长到此学习。① 学员们大部分是中国各地的警察局长。当我们对他们全体进行培训之后，我们会从中培养出一些警察局长助理，还有三到四个侦探。在此之前，尽管他们都接受过良好训练，但是我们会教会他们我们需要他们了解的一切。

这里“我们想让他们了解的”指的是美国最好的犯罪学技术课程，包括如何使用测谎仪、警犬、电子监视系统等等。这些课程是由15名来自美国的执法人员教授的，这些官员分别来自美国毒品稽查局、纽约爆破队、地方消防和警察部门以及州警，他们全部受美国联邦调查局特工查理·琼森（Charlie Johns-

---

① 这些警察假装是去参加亲属的葬礼。他们在一个事先约好的地点接头，然后被运送到重庆，在第九班内参加一个为期三周的训练。

ton）的指挥。查理·琼森当时是美国一位海军少校（Smith，1972，p. 254）。

梅乐斯后来承认说，美国在中国建立了“一个美国联邦调查局类似的‘前卫’学校”，这完全是应戴笠最急切的需要——这个需要如此迫切，以至于戴笠不惜一切代价来达到目的。不用说，戴笠所需要的，一是在重庆城外建立一个培养高级军统特务的特别警官培训机构；二是从该培训机构中选出 40 个毕业生送往美国去参加为期一年的更高级别的培训（沈醉，1984，第 238 页）。梅乐斯后来说，这样做的结果是，在中美合作所里“我们从来就无法把警察的活动与游击活动区分开”（Miles，1957，p. 181）。

二战期间，很多在中国的美国人在得知美军正在培训后来杀害进步学生和自由民主人士的秘密警察骨干后大为震惊。当时，对那些新闻记者、外交人员和士兵来说，这就是战争的代价。他们不得不违心地接受这些不受欢迎却非常必要的联盟。现在回想起来，美国的单纯，可以更为公正地说，是以自我为中心而产生的无知的结果。早在十多年以前，美国的犯罪学家们认为他们高超的执法科学技术一直在帮助中国政府训练他们的警察。当然，在 20 世纪 30 年代，他们似乎在与其敌对势力作斗争，即布尔什维克、逼良为娼之人和贩毒者们——所有这些都威胁了沃尔默和国际警察局长协会发誓要维护的世界秩序。但事实是，美国人将先进的管理科技与实质性的进步混为一谈，因此，无论是中国现代化进程的内容还是背景，他们都没能够完全理解。

王平　译

参考文献

常兆儒：《国民党统治时期的警察制度》，中国社会科学院法学研究所法制史研究室编《中国警察制度简论》，北京群众出版社 1985 年版。

陈立夫：个人采访，台北 1988 年 9 月。

陈允文：《中国的警察》，上海商务出版社 1935 年版。

邓又平：《简析“中美合作所集中营”》，《美国研究》1988 年第 3 期，第 26—39 页。

邓元忠：《三民主义力行社初稿》，《传记文学》1981 年第 39 卷 4 期，第 155 页。

干国勋：《关于所谓“复兴社”的真情实况（中）》，《传记文学》1979 年第 35 卷 4 期。

“国防部情报局”编：《中美合作所志》，“台北国防情报局”1970 年版。

黄康永：《我所知道的戴笠》，《浙江文史资料选辑》第 23 辑，浙江人民出版社 1982 年版。

黄雍：《黄埔学生的政治组织及其演变》，《文史资料选辑》1960 年第 11 辑，北京中华书局 1960 年版。

《警察补习及警长警士教育规程》，南京第二档案馆 12/158/1938。

《警察月刊》，南京第二档案馆，1936 年 12 辑第 5 期，791/31－3。

沈醉：《军统内幕》，文史资料出版社 1984 年版。

沈醉：《我所知道的戴笠》，文史资料出版社 1980 年版。

沈醉：《中美合作所内幕》，《文史资料选辑》第 32 辑，文史资料出版社 1962 年版。

汤涛：《中美合作所第六特种技术训练班内幕》，《福建文史资料选辑》第 4 辑，福建人民出版社 1980 年版。

天声辑：《美帝直接指挥的“中美合作所”》，《四川文史资料选辑》第 17 辑，四川人民出版社 1965 年版。

徐恩曾：《我和共党斗争的回忆》，调查局档案，信电文件 6002 号。

曾扩情：《何梅协定前复兴社在华北的活动》，《文史资料选辑》第 14 辑，北京中华书局 1961 年版。

章微寒：《戴笠与军统局》，《浙江文史资料选辑》第 23 辑，浙江人民出版社 1982 年版。

中国国民党中央组织部调查科编：《中国共产党之透视》，台北文新书店 1962 年版。

中央调查统计局编：《消灭共匪红队案子经验简述》，调查局档案，276/7435/59400 号。

中央调查统计局编：《中共特务部部长顾顺章之自首及其与中共之打击》，调查局档案，276/7435a/19930 号。

《中央警官学校及各省市警察训练所概要》，南京第二档案馆，12/157/1939 号。

仲向白：《我所知道的中美特种技术训练第三班——临汝训练班》，《河南文史资料选辑》第 5 辑，河南人民出版社 1981 年版。

朱汇森：《内政部呈行政院整顿警官高等学校方案》，1929 年 1 月 28 日，《警政史料》1989 年第 1 期，台北“国史馆”1989 年版。

关于南京政府的修正观念——儒家法西斯主义

（1997 年）

这个社团的背景现在已经交代了。人们管我们叫蓝衣分子或恐怖分子，这没关系，关键是如何制造一个新的革命气氛来引导革命群众……在中国必须采取果断的行动来暂缓局势，这也是一种根本的解决办法。而我们现在需要的正是一种根本的对策。我们当前的问题不是日本人。我们的问题不是东北省份及热河受到侵略。假如我们能够维持现状，目前就够了。作为一个革命政府，丢失一点领土关系不是太大。当我们的力量不足时，撤退是自然的。今天我们丢失了领土，但当我们有力量时，我们将把它们夺回。历史告诉我们，失去领土的人们必须努力才能收复它。重要的问题是民族的生存，为使中国免遭毁灭，我们应当重振民族精神。虽然我们仅有一个县的领土，但是如果我们能够重振中国民族精神，我们就能够收复失去的领土。为了这个根本的解决办法，我们的组织应当担负起责任——重振我们的民族精神……忠、孝顺、德性、爱、和与平应当成为我们取得礼、义、廉和耻的核心指导原则——中国的民族精神由它们组成。日本法西斯和意大利法西斯的成功全靠了这些。我们若要革命成功，我们必须建立党的独裁。

据称为蒋介石 1932 年春的秘密演讲①

子曰：好学近乎知，力行近乎仁，知耻近乎勇。

《中庸》第二十章

西方学者关于南京时代（1927—1937）政治形态最重要的两大争论，分别

---

① 引自 Wilbum Burton，“Chang's Secret Blood Brothers，” *Asia*，May 1936，p. 309。

发生在16年和11年前，发生在已故学者易劳逸（Lloyd E. Eastman）和他的同事之间。前头那次是他直接与张霞，间接与詹姆斯·A. 格雷戈尔（James A. Gregor）之间展开的关于“法西斯和现代中国”的争论。[①] 后一次，是与傅士卓（Joseph Fewsmith）和盖斯白（Bradley Geisert，又译盖瑟特）进行的关于“国民党政权的本质”的辩论。[②] 头次争议发生在回忆录形式的关键新证据材料——干国勋1979年发表的复兴社活动回忆录——即将出现之前，后次在邓元忠在1984年对其父邓文仪回忆建立力行社的摘要——引起了重新审视中国法西斯主义问题并修正对蒋介石政权本质理解的著作——问世前。[③] 本文将主要论述前次争论，但不可避免会涉及后次辩论。

中国国民党政府，尤其是南京政府当政的十年，当蒋介石决意将其控制力扩展到整个中国的中原和东部省份时，是一个法西斯政权吗？如果法西斯主义的概念就是弗里德里希所提供的经典定义，那这个问题文本就显然有误。[④] 蒋介石的中国完全缺乏意大利和德国在同时期所具有的极权控制手段。也正是因为这一点，墨索里尼和希特勒的政权使蒋介石特别向往，他私下对其部属说，要“纳粹化”中国，并且应当秘密效法欧洲褐衣党和黑衫党，开展一场“领

---

① Maria Hsia Chang, “ ‘Fascism’ and Modern China,” *The China Quarterly*, no. 79 (September 1979), pp. 553 - 567; Lloyd E. Eastman, “Fascism and Modern China: A Rejoinder,” *The China Quarterly*, no. 80 (December 1979), pp. 838 - 842.

② Lloyd E. Eastman, “New Insights into the Nature of the Nationalist Regime,” *Republic China*, vol. 9, no. 2 (1984), pp. 8 - 18; Joseph Fewsmith, “Response to Eastman,” *Republic China*, vol, 9, no. 2 (1984), pp. 19 - 27; Bradley Geiser, “Probing KMT Rule: Reflections on Eastman's New Insights,” *Republic China*, vol, 9, no. 2 (1984), pp. 28 - 39.

③ 干国勋:《关于所谓“复兴社”的真情实况（上）》,《传记文学》1979年第35卷第3期，第32—38页;《关于所谓“复兴社”的真情实况（中）》,《传记文学》1979年第35卷第4期，第68—73页;《关于所谓“复兴社”的真情实况（下）》,《传记文学》1979年第35卷第5期，第81—86页。

④ Carl J. Friedrich ed., *Totalitarianism: Proceedings of a Conference Held at the American Academy of Arts and Sciences*, March 1953. Cambridge, MA: Harvard University Press, 1954; Carl J. Friedrich and Zbigiew K. Brzezinski, *Totalitarian Dictatorship and Autocracy*. Cambridge, MA: Harvard University Press, 1956; Carl J. Friedrich, *Totalitarianism in Perspectives: Three Views*. New York: Praeger, 1969.

袖”运动来树立个人崇拜。

尽管蒋介石的蓝衣社远非意大利法西斯或德国纳粹的拷贝，但是在西方历史学者之间出现的关于国民党中国是否存在法西斯活动的热烈讨论，依然将蓝衣社与他们视为一体。本文特意使用“儒家法西斯主义”一词来指出，蓝衣社的创立完全是中西因素的结合，因此这个运动既不是中国传统的体现，亦非纯粹的现代法西斯主义。本文对蓝衣社核心——力行社——成形的描述，意在指出后王朝中国政权的几种象征——它们统治了整个国民党时期，而且，也许继续隐蔽地延伸到 1949 年以后。

力行社

力行社如此机密，以至在 1932 年和 1937 年之间，外界很难察觉其存在。人们总是把它与其前沿组织相混淆，将其成员当作“蓝衣社”成员，而其活动经常与蒋介石特务部门指挥的宣传伪装和情报工作紧密相连。然而，力行社却是那个广称“黄埔圈子”里最重要的一个政治组织，其成员们组成了一个崇尚法西斯主义、发誓在最高领袖蒋介石领导下致力于执行孙逸仙的三民主义的军事“共济会”。

尽管它的存在被隐藏了 40 多年，但在其鼎盛时期，力行社控制了一个 50 万人员以上的周密的组织机构，“从新生活运动”到“中国童子军”，到大学的军事训练项目和高中的夏令营，秘密地动员了数百万人。现在，由于近 20 年来在台湾发表的回忆录，力行社的重要性得到公开认可，而它在“（伪）满洲国”和卢沟桥事件期间的政治作用也被充分认识。力行社的成立实际上是 1931 年夏天和秋季爆发的政治危机的结果，那场危机最后导致蒋介石放弃他在政府的职位，并暂时退休到浙江。1930 年，冯玉祥、汪精卫和阎锡山的“扩大会议运动”失败后，国民政府决定通过召集国民会议、颁布临时宪法的方式，来采纳被击败了的反叛分子们的部分呼吁。胡汉民作为立法院院长，遵从孙中山关于一党专制是构成政治监护的基础的观点，拒绝支持这个受到新当选的“总统”蒋介石支持的提议。胡在宣布这个立场的同时，于1931年2月28日辞去了他的院长职位。蒋立刻下令对他进行软禁，在这个令人震惊的步骤之后又把他带到了南京附近的汤山继续扣押。

国民党的元老们对蒋的不法举动感到愤怒。[①] 4月30日，国民党中央监察委员会的四名高级成员——林森、古应芬、萧佛成、邓泽如——弹劾国民政府新总统。四个星期后，这些以及其他反对蒋武断独裁的人们——其中重要人物有汪精卫、孙科、唐绍仪、陈友仁和李宗仁——在“南王”陈济棠的保护下，于1931年5月28日在广州宣布成立他们自己的国民政府。[②] 在接下来的1931年夏天的三个月里，长江流域洪水泛滥，整个国家在政治上被分成两半，而南北间的战争似乎迫在眉睫。[③] 蒋介石本人认为他和他的事业正受到严重威胁。他最亲近的随从——如滕杰和贺衷寒，对此也不得不表示赞同。[④]

后来成为力行社第一任秘书长的滕杰，是个有经验的学生运动家。他是江苏阜宁一个地主的儿子，在1925年的五卅运动爆发时，他当过在南通的美国新教会职业学校的学生会主席。就像发生在大多数教会学校的情况那样，那里的年轻人最坚定地反对西方文化帝国主义。当别的学校的学生代表团来校“串联”时，滕杰发现自己的领导受到了想攻击校方的激进分子们的挑战。最后他决定，美国学校应该解散。于是在那个夏天他主持了一个会议，这个会议导致了全部学生退学。他在确保这些学生能够被其他学校录取后，在18岁时离开南通，进入上海大学的社会学系。[⑤]

---

① William Wei, *Counterrevolution in China: The Nationalist in Jiangxi During the Soviet Period*. Ann Arbor: University of Michigan Press, 1985.

② Howard L. Boorman, *Biographical Dictionary of Republican China*. New York: Columbian University Press, 1967－1971, 1979, vol. 2, pp. 164－165；章微寒：《戴笠与军统局》，浙江人民出版社1982年版，第83页。

③ Christian Henriot, “Le gouvernement municipal de Shanghai, 1927－1937.” Ph. D. diss., Université de la Sorbonne Nouvelle, 1983, p. 102.

④ 邓元忠：《三民主义力行社史》，台北实践出版社1984年版，第33—34页。

⑤ 邓元忠：《三民主义力行社史》，台北实践出版社1984年版，第64—65页。

1925 年秋，上海大学是黄埔军校在长江下游地区的招生中心。共产党的影响非常大，施存统是社会学系主任。滕杰非常敬仰孙中山，他在南通研究过孙的三民主义。尽管施存统在课上将马克思主义和三民主义进行比较，并贬低了后者，滕杰在到达上海后不久还是加入了国民党。滕杰很讨厌共产党学生，认为他们胆怯而虚伪，在他看来，他们搞统战都是假的。他坚信，国民党由于不如共产党那样诡秘，这对它组织学生很不利，当他悄悄地考入黄埔军校后，便带着这种看法离开上海去南方，参加那里的军事训练。

北伐期间，滕杰在广州黄埔军校学习了一段时间，在中部地区接受了一段军事训练后，他便去日本学习。这是蒋介石在 1928 年做出的打算的一部分：在他首次退离公职后，便系统地将黄埔毕业生送到日本去深造。蒋亲自在黄埔头 6 个班里挑选了 5 名学生。1 年后另外 30 名学生也被选送去。于是在 1931 年夏，有 60 多个前黄埔军校生进入了日本皇家军事学院和其他各种学校，包括陆军士官学校（日本的西点军校，蒋在那里学习过）、早稻田、炮兵和骑兵学校。滕杰被送到明治大学，该校专门为中国学生设立了一个政治经济系。两年的寒窗苦读，滕杰的时间大都花在上野图书馆里，这之后他于 1931 年 7 月下旬回到了中国，那时中朝边境由于万宝山事件而紧张起来，使得日中战争很有可能全面爆发。①

在回国之前，滕杰希望与日战争的可能性将能使全中国联合起来。但实际与之相反，他发现民族被分裂得支离破碎，政治跟他离开前一样地腐败，政客们一心只为谋私利。若要动员民众，那就需要建立一个新的组织来成立一个真正强大的政党，它应当具有获得群众支持的能力。由于想到了共产党在五卅运动期间地下指挥学生组织的成功例子，滕杰起草了一个以黄埔校友为骨干来建立一个绝密组织的计划。这个新组织将以“民主集权［来］建立一个具有统一意志、铁的纪律、分工明确、有自愿行动能力的强大组织”的原则来联合

---

① Maria Hsia Chang, *The Chinese Blue Shirt Society*: *Fascism and Developmental Nationalism*. Berkeley: Institute of East Asian Studies, University of California, 1985, pp. 55 - 56.

军民中的优秀青年。[①]

滕杰怀揣这个计划，去见朋友曾扩情。曾被分配在南京中央党部的军事处，听了这个想法后很兴奋。作为实行这个计划的第一步，他请了九个朋友吃晚饭。所有的客人都是黄埔毕业生，其中两位湖南来客酆悌和邓文仪，是一期毕业生。[②] 他们的湖南身份非同小可。他们都充分意识到家乡盛产像曾国藩和左宗棠这样的军事家的传统，因此都感到自己尤其应当在拯救民族的事业中担任领导角色。在酆悌和邓文仪的协助下，计划得到一致通过，而且大家还都同意举行第二次晚餐，到时候每人再领一个人来。当他们第三次聚会时，到场的有 40 多人，其中有在南昌主管反共“剿匪”宣传运动的官员贺衷寒。[③]

贺衷寒是黄埔内部圈子里的湖南派领袖，1898 年生于长沙附近的岳阳。[④] 他的家境小康，上过私塾，13 岁时，能够提出老师也无法回答的问题。结果，1913 年贺衷寒于当地的一个新式小学，开始接受从西方引进的现代教育。[⑤] 1915 年贺衷寒转入湖南省在武昌的一所特殊中学，他的作文能力在那里受到注意：他揭露旧社会罪恶的文章经常被展示在高中的墙报上。1917 年到 1919 年，他在武昌的一家新闻社当学生记者，在五四运动中被选为学生领袖。1920 年冬天，董必武和陈潭秋在武昌组织了一个马列主义学习小组，贺衷寒是里面的学生成员。[⑥] 次年他与一位湖南的马克思主义者去上海，在陈独秀办的专门学校里学俄语。1921 年 9 月他被选为东方劳工代表大会代表。当年下

---

① 邓元忠：《三民主义力行社史》，台北实践出版社 1984 年版，第 104、105、127 页。

② 干国勋：《关于所谓“复兴社”的真情实况（中）》，《传记文学》1979 年第 35 卷第 3 期，第 71 页；邓元忠：《三民主义力行社史》，台北实践出版社 1984 年版，第 70 页。

③ 邓元忠：《三民主义力行社史》，台北实践出版社 1984 年版，第 63、106—107 页。

④ 同上书，第 322 页。

⑤ 同上书，第 67 页。

⑥ Howard L. Boorman, *Biographical Dictionary of Republican China*. New York：Columbian University Press，1967－1971，1979，vol. 3，p. 342.

半年，他与张国焘前往莫斯科赴会。[①] 那一次他在苏联逗留了七个月，但没有参加中国共产党。他于次年回到中国，对苏联政治制度的进步印象很深，但对列宁“新经济政策”前夕苏联生活的“苦”感到沮丧。于是他得出结论，共产主义革命的策略不合中国国情。[②]

回国不久，贺衷寒便接受了武昌中学的一个教职，像同乡的另一个教师毛泽东一样，他投入了动荡的湖南政治之中，成了武汉人民通讯社的一名记者。1923 年通讯社关闭，贺衷寒到了长沙，创办了平民通讯社。该通讯社成立时正值省长赵恒惕在长沙被谭延闿赶下台，于是贺衷寒得以在他的报刊上发表革命宣传文章。他的宣传小册子之一与工人领袖黄爱和庞人铨被杀事件有关，并激烈抨击赵恒惕，名为《黄庞之真相》。[③] 军阀赵恒惕重掌长沙政权以后，下令逮捕贺衷寒。要不是两位省议员设法营救，他几乎死于狱中。出狱后，他回到了岳阳。父亲让他在家教书，但贺衷寒觉得政治义务为先，于是离家去了南京，打算上那里的东南大学。然而，1924 年春，他听说广州的革命派正在为黄埔军校招生，于是他离开上海去参加那里的入学考试。最后，贺衷寒以复试险些落榜的成绩，于 1924 年 5 月进入了黄埔第一期。[④]

在黄埔，贺衷寒是第一个起来反对在鲍罗廷与共产党员创办的青年军人联合会刊物上出现的反孙中山言论的人。贺还与缪斌一起在 1925 年 12 月成立了孙文主义学会。[⑤] 1926 年初，贺衷寒第二次访问苏联，在莫斯科伏龙芝军事学

---

① Chang Kuo-t'ao, *The Rise of the Chinese Communist Party*, 1921－1927. Lawrence: University Press of Kansas, 1971, vol. 1, pp. 179－181.

② 邓元忠：《三民主义力行社史》，台北实践出版社 1984 年版，第 67 页；Howard L. Boorman, *Biographical Dictionary of Republican China*. New York: Columbia University Press, 1967－1971, 1979, vol. 2, p. 64.

③ Howard L. Boorman, *Biographical Dictionary of Republican China*. New York: Columbia University Press, 1967－1971, 1979, vol. 2, p. 94.

④ 邓元忠：《三民主义力行社史》，台北实践出版社 1984 年版，第 67—68 页。

⑤ Howard L. Boorman, *Biographical Dictionary of Republican China*. New York: Columbia University Press, 1967－1971, 1979, vol. 3, pp. 36－37.

院接受了常规训练。他在苏联的经历，再加上他在孙文主义学会里积极的领导角色，更坚定了他反共的信念。他认为社会主义缺乏人道精神。1928 年 1 月他和萧赞育一起从苏联回来后，蒋介石授命他负责在杭州的军校生军事训练中心。[①] 在国民党总部对南京市进一步限制后，贺与萧获得蒋介石的许可去日本，贺在日本与滕杰成了寝室室友。他们从 1929 年到 1930 年在一起住了有一年多。在那段时间里，他出版了两本批判汪精卫和改组派的书。1931 年 2 月，贺衷寒奉命回国，接管南昌部队司令部的政治宣传部门。[②]

贺衷寒参加滕杰的第三次晚餐纯属偶然：九一八事变不久，他正巧从南昌到达首都。全国上下到处爆发了抵制日货和示威游行等活动，成千上万的学生汇集到南京，要求国民政府和广东的分裂派联合起来，一致抗日。10 月 14 日，蒋介石释放了胡汉民，并答应在上海举行谈判以联合双方，但学生抗议仍然不断。到了 12 月初，南京实行军管，上海有 15,000 名学生在示威。[③]

在这种情况下，滕杰要求贺衷寒支持他们成立“筹备处”的呼吁便十分中听。贺衷寒意识到，如果他们真的希望在军校学员中建立一个由“志士”组成的地下网络的话，那么他作为黄埔国民党学生运动中的老资格成员，又是一个身兼反共宣传重任的官员，他的支持将对他们的成功举足轻重。但尽管在国难之中，贺衷寒还是非常谨慎。他很知道蒋介石多次表示反对黄埔学生形成任何政治团体，曾说“这些黄埔学生缺乏政治经验，所以不能有效地从事任何政治活动”[④]。贺衷寒还顾虑到校长可能会对背着他搞的活动产生误会，但滕杰向他保证，自己会在筹备工作完成后向蒋介石汇报整个事件过程。最后，贺对提案表示同意，并建议滕杰为秘书，他的妻子陈启坤为秘书助理。邓文仪从

---

① 邓元忠：《三民主义力行社史》，台北实践出版社 1984 年版，第 73 页。

② 同上书，第 83 页；黄雍：《黄埔学生的政治组织及其演变》，《文史资料选辑》第 11 辑，北京中华书局 1960 年版，第 14 页。

③ Howard L. Boorman, *Biographical Dictionary of Republican China*, New York: Columbia University Press, 1967 - 1971, 1979, vol. p. 161; John Israel, *Student Nationalism in China*, 1927 - 1937. Stanford: Stanford University Press, 1966, pp. 59 - 63.

④ 邓元忠：《三民主义力行社史》，台北实践出版社 1984 年版，第 108 页。

他的书店里捐献了300元作为经费。他们还在南京康济医院附近的二郎庙街上的一幢木房子里的二层楼上租下了三间屋子。康泽（一个28岁的单身汉，出身于一个非常贫穷的四川农民家庭，家里穷到未婚妻家与他退了婚）搬到了楼下做掩护，于是“筹备处”开始投入工作。①

“筹备处”诞生了，这可以说是适应了以组织方式来解决国难这一普遍要求。② 从某种意义上讲，当初的情况与六年前的五卅运动很像。随着与日本的危机加深，全国上下的学生和知识分子团结一致，爱国热忱高涨。③ 煽动年轻人的狂热无疑是受了当时意大利和德国的法西斯运动的影响。刘健群在1931年国民党中央执行委员会的一次全会上发布的一小册子里建议成立蓝衣社，他写道：“国民党应当遵循意大利墨索里尼黑衫党组织的榜样，完全服从领袖的命令，并让它的成员穿蓝色衣衫作为他们意志的象征。”④

尽管外人尤其是日本人能够很快地把那些动员工作与外国法西斯背景联系起来，但这场运动中有一种很强的本国色彩。在滕杰和贺衷寒的眼里，他们这种动员工作像上世纪末的改革派运动一样，表明爱国领袖能够组织青年志士联合救国，以此引起大众支持。这跟他们到底是CC派看中的平民学生还是以原黄埔军校毕业生为骨干的军事干部无关。⑤

后者已经在黄埔同学会中形成一个核心。这个同学会继承了已被解散的孙文主义学会的反共传统。⑥ 除了向成员们分配工作以外，它还鼓励成立类似力行社的俱乐部。力行社的总部设在南京黄埔路上的一座楼里，该社的名称使人本能地想起16世纪哲学家王阳明强调“行的哲学”。这类俱乐部既现代又具有

---

① 邓元忠：《三民主义力行社史》，台北实践出版社1984年版，第108页。

② 萧作霖：《复兴社述略》，《文史资料选辑》第11辑，北京中华书局1960年版，第72页。

③ Parks M. Coble，“Super-patriots and secret agents：the Blueshirts and Japanese secret service in North China”，系其提交伯克利中国研究中心的论文，1987年3月21日，第13页。

④ 引自：Hung-mao Tien，*Government and Politics in Kuomingtang China*，1927－1937. Stanford：Stanford University Press，1972，pp. 55－56.

⑤ 恽逸群：《三十年见闻杂记》，镇江金陵书画社1983年版，第43页。

⑥ 邓元忠：《三民主义力行社史》，台北实践出版社1984年版，第78页。

传统特点，既带有西方或日本极端民族主义青年团体的色彩，又体现了帝制时代后期学院和社团中学者兼绅士的传统。①

“筹备处”的传统色彩是通过它的名称力行社体现出来的。“力行”一词的字面意思是“有力的行动”，它出自《中庸》。该组织的全称如贺衷寒提议的那样，为“三民主义力行社”。在后来的五个月里，它的创建人开展的准备工作，主要包括在筹备处二楼的办公室里开会起草这个秘密组织的章程和纲领。这些人员全部是二三十岁，生于清末，先接受过传统古典教育，民国初期又进入现代学校，又都是黄埔一至六期的毕业生。据邓文仪的儿子说，他们来自全国各地，但大部分来自长江流域，尤其是“各省的乡间和小城市”，而这些地区“仍保持了是好是坏的中国传统社会情况——从好的一面讲，这批人曾亲身体验过其真正的价值，故有保存之义；从其坏的一面讲，他们也深知其弱点而急于谋求改革”。②

作为黄埔的毕业生，这些军官们经受过军事训练，养成了在集体行动中注重效率、在个人日常生活中讲究果断的意识，他们接受服从命令和等级制度的必要性。他们也是在国外受过教育的年轻人。在这些创始人中间，除了桂永清曾在德国受训，其他人均在日本或者苏联学习过。九一八事变后，日本警察的镇压使大批的前黄埔学生从日本涌回国。他们中许多人参加了龚德柏和另一些人在贺衷寒的朋友加同学萧赞育领导下成立的旅日学生抗日救国会。龚德柏的《救国日报》接二连三地发表社论，呼吁中国人抗日锄奸，而且尽管龚本人并没有参与力行社的活动，但许多“筹备处”的成员利用了他的报纸作掩护，假装成是它的编辑或记者来开展他们自己的工作。显然，蒋介石的这些弟子们首先想到的是积极争取用军事防卫来对抗日本，而蒋却正在否定这种政策，因为他已逐渐认定，当务之急是要安抚日本，以便争取时间消灭共产党。③

---

① 萧作霖：《复兴社述略》，《文史资料选辑》第 11 辑，北京中华书局 1960 年版，第 35 页。

② 邓元忠：《三民主义力行社史》，台北实践出版社 1984 年版，第 62、109 页。

③ 邓元忠：《三民主义力行社史》，台北实践出版社 1984 年版，第 79、109、110、126—127 页。

蒋的政策直接与全国特别是继续呼吁抗日的学生们的情绪背道而驰。在上海，复旦大学的学生在1931年12月6日召集了大规模示威。那天学生们召开代表大会，请来了上海所有大学的代表和南京及北京的两个代表。会议结束时，这两个外来代表遭到十来个当地国民党员的攻击，而公安局的便衣人员对此却无动于衷，北京代表被绑架到一辆车里带走了。学生们认出了有一些是国民党的暴徒，便于12月9日在市政厅前集合，要求释放他们的北京同志，并惩罚国民党暴徒。市政府为了自我保护，宣布实行宵禁，但最终无法阻止抗议者：他们捣毁了国民党总部，迫使蒋介石的党徒市长张群辞职。① 八天后，12月17日，部分是迫于学生压力，蒋介石辞去了国民党政府主席的职位，回到奉化老家。②

尽管蒋可能对他的心腹随从谈起过制定解决国家危机方案的重要性，但他对成立力行社的计划仍一无所知。筹备处的成员们想等预备工作完成后才向他请求批准成立这个组织。③ 但当滕杰听说有走漏消息给校长的危险时，便决定给陪同蒋在奉化的秘书邓文仪发一个私人信息，要求他立刻汇报他们的计划。总司令由于受了必须动员人们支持安内政策的信念左右，做出了相当肯定的答复。当时在他面前摆着一系列关于成立救国社团和协会的提案，他显然认为，力行社的计划是手头对付国内外危机的方案中最有希望的一个。④

蒋介石在短期流亡中，与汪精卫达成了妥协，准备重返原职。1932年1月17日，蒋介石宣布他将重新执政，四天后他回到了南京。2月29日，军事委员会重新组成。一周后，3月6日，蒋被指定为政府主席。在这关键的两个

---

① Christian Henriot, "Le gouvernement municipal de Shanghai, 1927 - 1937." Ph. D. diss., Université de la Sorbonne Nouvelle, 1983, pp. 105 - 106.

② John Israel, *Student Nationalism in China*, 1927 - 1937. Stanford: Stanford University Press, 1966, pp. 71 - 75; Howard L. Boorman, *Biographical Dictionary of Republican China*. New York: Columbia University Press, 1967 - 1971, 1979, vol. 1, pp. 328 - 329.

③ 章微寒：《戴笠与军统局》，《浙江文史资料选辑》第23辑，浙江人民出版社1982年版，第84页。

④ 邓元忠：《三民主义力行社史》，台北实践出版社1984年版，第111—113页。

月里，力行社从纸上谈兵变成了一个由 300 个效忠蒋介石的分子组成的最高机密组织。它的成员后来成为具有 50 万人以上的新的国家政治力量的核心，被普遍视为像复兴社这类前线组织的成员。①

筹备工作

力行社变成一股重要政治力量的过程，是从一份会议通知开始的。那份通知发给现被称为"护党救国筹备处"组织的三名领导，要求他们在 1932 年 1 月 22 日，即蒋介石回到南京的次日，到他的办公室开会。② 这三人是康泽、滕杰和贺衷寒。在见校长之前，他们先与秘书邓文仪在前厅碰了头。这四人共同决定，在见到蒋时他们将头一次不用"校长"称呼他，而以一个全新的、首次在他面前使用的头衔"领袖"向他致敬。蒋介石一开始对这个新称呼没做评论，而是仔细听了他们的计划汇报。据邓文仪的回忆③，听完后，他说："你们为什么不继续叫我校长？你们知道在现在的情况下应该怎么做。这个计划非常合适。不过，你们都太年轻，太没有经验，我怕你们失败。让我来领导你们。"他后来建议，召集筹备处的所有人员到他城外的陵园别墅开"谈话会"。④ 会议安排在 2 月最后一周的一个晚上。至于那个"领袖"的称呼，蒋自那时起就被他最亲近的随从们这么叫了。⑤

"筹备处"在 2 月的第一次会议有 25 人参加。除了滕杰以外，还有黄埔

---

① 邓元忠：《三民主义力行社史》，台北实践出版社 1984 年版，第 25、112 页。

② 干国勋：《关于所谓"复兴社"的真情实况（上）》，《传记文学》1979 年第 35 卷第 3 期，第 35 页。

③ 邓元忠：《三民主义力行社史》，台北实践出版社 1984 年版，第 113 页。

④ 干国勋：《关于所谓"复兴社"的真情实况（中）》，《传记文学》1979 年第 35 卷第 3 期，第 35—36 页；邓元忠：《三民主义力行社史》，台北实践出版社 1984 年版，第 114 页；Maria Hsia Chang, *The Chinese Blue Shirt Society*: *Fascism and Developmental Nationalism*. Berkeley: Institute of East Asian Studies, University of California, 1985, p. 56.

⑤ 邓元忠：《三民主义力行社史》，台北实践出版社 1984 年版，第 130 页。

一期的贺衷寒、潘佑强、酆悌、孙常钧、杜心如、桂永清、邓文仪和萧赞育；二期的葛武启和蔡烃军；三期的周复、康泽、韩文焕、李一民、黄仲翔、邱开基和骆德荣；四期的娄绍恺；五期的干国勋、彭孟辑和易德明；六期的戴笠、刘诚之和陈祺。三名筹备处人员缺席：一期的胡宗南、曾扩情及四期的叶维。①

滕杰将所有人，包括那三名不能出席的人点名之后，蒋介石逐一看着每一个人。停了一会儿，他说："党国现处于非常危难中，特约你们来谈谈，听取你们各个人的意见，故不采取正式会议形式，重在听取你们每个人发表的意见，说话不限时间。"他们按照黄埔校友的聚会习惯，由期次最早和最年长的成员最先发言，每人讲了 20 分钟至半小时。在讨论过程中门外没有设警卫，而这是非常罕见的。带枪的戴笠会不时地起身在室内和楼外检查。他显得警惕、认真而镇定。据干国勋回忆，蒋介石坐在那里沉默不语，非常仔细地听着，还不时地用一支蓝铅笔记笔记。偶尔没有听清楚，便会轻声地问一两个问题，好像尽量避免打断发言人的讲话。他显得冷静而耐心，这与他通常对他们的严厉、生硬和居高临下的态度完全不一样。他差不多是请他们发表意见，让每个人把话说完。桂永清讲得最长。他刚从德国途经苏联，穿过张家口和北平回到南京。他汇报了欧洲和中国北方对"一·二八"事变和九一八事变的反应。11 点时，蒋说，那些还没有机会发言的人将在次日晚上同一个时间和地点继续发言。

会议继续了两个多晚上才结束，第三个晚上最后轮到筹备处秘书长滕杰，他本应在娄绍恺之后就发言，但他作为发起人和会场负责人，应有始有终，所以一直等到蒋作训话之前才发言。② 在他看来，他们应当加强自己的组织，在领袖的指引下重振革命精神，用从内部消灭异己、在外部抵抗日寇的方式来

---

① 干国勋：《关于所谓"复兴社"的真情实况（中）》，《传记文学》1979 年第 35 卷第 3 期，第 35 页；邓元忠：《三民主义力行社史》，台北实践出版社 1984 年版，第 76 页。

② 邓元忠：《三民主义力行社史》，台北实践出版社 1984 年版，第 35 页。

“死里求生”。他坚信：“我们若能掌握形势，那我们必将成功。”滕杰认为，历史已经证明他们不可战胜。在广东，他们仅以几千人马，便能够联合同盟，消灭比他们多达十倍的敌人。他们一不怕在香港向敌人输送大量武器和钱财的英帝国主义者，二不怕在他们中间充当苏联傀儡的共产党人，统一了广东，完成了北伐。如今凭着30万大军，占着几个省份的要地，他们何不能联合盟国、动员友善力量来剿共抗日呢？滕杰在对他们的事业表示了极大的信心后宣布，他们一定能够继续孙中山总理未竟的事业，完成革命，建设国家，气壮山河。这是唯一能够安抚孙中山和革命烈士们的亡灵，实现整个民族希望的道路。①

在滕杰召唤民族精神和革命烈士亡灵的慷慨激昂的言词后面，存在着一个简单的信息：中国人在蒋介石的领导下，能够在粉碎内部敌人共产党的同时，赶走日本侵略者。但蒋介石并不想听这个信息。内政已经开始转向对他有利，而且在汪精卫被任命为行政院院长后，蒋即将成为军事委员会的主席。从这个制高点出发，蒋认为他能够集中全力消灭共产党，甚至不惜暂时对日本人让步。“攘外必先安内”的口号很快就变成了一种政策：安定在先，抵抗在次。而对蒋来说，戡乱的成功完全取决于确保他最亲近的随从彻底同意执行“安内”政策。②

针对滕杰热情洋溢的讲话，蒋介石先强调了日本人对中华民族带来的极大危险：

> 日本军阀准备侵略中国已50年了，其陆、海、空均已现代化了。一旦战起，我们官兵在前线，几不能抬头瞄准射击，只有挨打牺牲。牺牲完了，只有后退，退到最后再无可退之地，亦无可用之兵时，便只有订城下

① 邓元忠：《三民主义力行社史》，台北实践出版社1984年版，第36页。

② 章微寒：《戴笠与军统局》，《浙江文史资料选辑》第23辑，浙江人民出版社1982年版，第84页；萧作霖：《复兴社述略》，《文史资料选辑》第11辑，北京中华书局1960年版，第38页。

> 之盟。城下之盟一订，便是亡国灭种。①

蒋介石继续说，在满人统治中国的268年期间，犯下扬州十日、嘉定三屠这类暴行，又大兴文字狱，颁布了虐待汉人的各种法律。而日本人在过去的50年里在朝鲜和中国台湾的暴政比清王朝有过之无不及。不幸自孙中山去世后，“革命责任不幸落在我的肩上，我断不可失于知己知彼，不负责任，上负总理先烈，下负国家人民”②。

蒋介石强调，日本人凭着现代化的军队几乎可以为所欲为，而中国人则完全缺乏防御能力：

> 要攘外必先安内，就是必先要内部团结统一，全国一致来从事生聚教训，以求具备对日长期抵抗的条件，然后再实行全面抵抗，那才有获得最后胜利的把握。我们只有在这一次战争中得到胜利，然后也才有机会去放手建设我们三民主义的理想国家。③

同时，蒋说道，那些成千上万反对他的退让政策、颂扬第十九路军的英雄们在上海的自杀性抗战的中国人，完全是陶醉在个人英雄主义的状态中。其实，他们中间没有一人自愿去前线。而中国此刻正需要“无名英雄”来“实干，硬干，快干，苦干”。④ 蒋介石对他的弟子们说，他的确有30万人的军队。假如他唯一的目标是成为一个受人仰慕的民族英雄，而不顾民族危机的更大的历史性后果，那么他很容易实现自己的目标。但他个人的荣誉比起革命的成功和人民的安全来微不足道。为了自己的声誉而牺牲国家，那便是背叛总理和革命烈士们的英魂，是将危机转嫁给后代。蒋宣称自己“只有忍辱负重”：

---

① 干国勋：《关于所谓“复兴社”的真情实况（上）》，《传记文学》1979年第35卷第3期，第36页。

② 干国勋：《关于所谓“复兴社”的真情实况（上）》，《传记文学》1979年第35卷第3期，第36页。

③ 邓元忠：《三民主义力行社史》，台北实践出版社1984年版，第117页。

④ 干国勋：《关于所谓“复兴社”的真情实况（上）》，《传记文学》1979年第35卷第3期，第36页；邓元忠：《三民主义力行社史》，台北实践出版社1984年版，第117页。

在牺牲未到最后关头，决不轻言作战，和平未到绝望时期，决不放弃和平。争取准备时间，所谓最后关头与和平绝望时期，就是敌人不顾一切进攻，非逼我们订城下之盟亡国不可的时期。①

凭着这一席话，蒋介石似乎完全赢得了听众们的心。这些黄埔毕业生被他的真心实意深深感动，他们全都站了起来，表示对这番教导的敬服。那时已是次日凌晨，蒋让他们在早上8点到南京黄埔路的立志社办公室再来见他。

次日上午，他们被领到一个悬挂着孙中山遗像的长方形教室里，遗像两边配挂了一副对联，上书："革命尚未成功，同志仍须努力。"这些黄埔的校友们就像教室里的学生一样按年龄依次排列入座。这时，身穿蓝色长袍的蒋介石在邓文仪的陪同下进来，向大家致意。蒋在黑板上用白粉笔写道"知难行易，力行哲学"。接着，他开始讲话。他不时地提到《孙文学说》和桌上的其他一些著作。讲话持续了一个多小时，话题是孙中山对王阳明"知行合一"理论的发展。

讲话完了之后，滕杰给每人发了一张纸，让这些前军校生在上面写下自己对这个新组织领导的选择。选票被滕杰收集起来后装进一个信封里封好，然后交给蒋介石。接着"领袖"发了两个考试题目："论俾斯麦的铁血政策"和"试述合作社之意义"。他规定每人在其中选一个题目并用文言文或白话写一篇论文，长短不论。论文规定在次日上午8点交。②

次日，2月29日上午，这些人回到了那个教室，把论文交给滕杰。③ 蒋一边看这些论文，一边在上面写些评语并打分。除了易德明的论文蒋认为不合格以外，其余的他交给了滕杰发还作者，同时让这些以前的学生考虑他给的评语

---

① 干国勋：《关于所谓"复兴社"的真情实况（上）》，《传记文学》1979年第35卷第3期，第36页。

② 干国勋：《关于所谓"复兴社"的真情实况（上）》，《传记文学》1979年第35卷第3期，第36页；邓元忠：《三民主义力行社史》，台北实践出版社1984年版，第118、119页。

③ Maria Hsia Chang, *The Chinese Blue Shirt Society: Fascism and Developmental Nationalism*. Berkeley: Institute of East Asian Studies, University of California, 1985, p. 57.

和分数。在这个基础上，再根据他们在前几个晚上会议上的言谈、仪表，在黄埔的期次、经历，以及他们在选举中得到的票数，蒋依次给每个人授予在新组织中的职位。①

然后，“领袖”和他的弟子们走到了立志社的大会堂，那里挂着孙中山的巨幅画像。他们和“领袖”一起手拉手地围成一圈。蒋宣布：“这个组织将被命名为三民主义力行社。”接着每人取出了事先准备好的一个书面誓言，并朝着总理遗像神情严肃地站了起来。他们举起了右手，宣誓道：

> 余誓以精诚，力行三民主义，恢复革命精神，复兴中华民族，牺牲个人一切利益，服从命令，严守秘密，完成革命建国任务。如违誓言，愿受最严厉制裁。谨誓。②

接着，每个人又在盖着蒋介石印章的誓言上用右拇指按上指印，然后这些纸被滕杰收集起来，庄严地烧掉，就像为了祭神而烧纸钱一样。他们又拉起了手，最后聆听蒋介石的讲话。他说：“大家从此要更加精诚团结，不达目的决不终止。我现在预祝大家成功。”于是，三民主义力行社就这样诞生了。③

核心与前沿团组

这个在右翼运动和国民党秘密组织内部形成的蒋介石个人的“共济会”，从一开始，就与革命军人同志会、革命青年同志会、复兴社以及臭名昭著的蓝衣社这类“外围”组织混淆得一塌糊涂。蓝衣社从未正式作为力行社的工具，

---

① 邓元忠：《三民主义力行社史》，台北实践出版社 1984 年版，第 118、119 页；干国勋：《关于所谓“复兴社”的真情实况（上）》，《传记文学》1979 年第 35 卷第 3 期，第 37 页。

② 干国勋：《关于所谓复兴社的真情实况（上）》，《传记文学》1979 年第 35 卷第 3 期，第 37 页。

③ 邓元忠：《三民主义力行社史》，台北实践出版社 1984 年版，第 119 页。

但在官方文件里却被这么认为，且被认为带有自己的特征。[①] 这种情况的部分原因，是由于力行社的成员尽量对其存在保守秘密，只有他们自己才知道其真相。

> 此秘密性可从三种不同的角度来看：（一）是人事上的秘密；（二）是组织上的秘密；（三）是活动上的秘密。其实，三者是互相关联而不可分的。从人事上看，对外绝对不准泄露自己的组织身份，就连对自己的家人也不得泄露，否则受纪律的制裁。不在职务范围的同志，亦须尽量避免接触，减少泄露身份的机会，故团体内高级干部的姓名，不是所有同志都能知道的。[②]

力行社成员由于隐藏在其他前沿团体里，在公众眼里他们是“蓝衣分子”：一群类似法西斯的狂热分子和恐怖主义暴徒，正式组织是复兴社。其实，力行社有着自己独特的身份，通过广为人知的复兴社来行动，在宣传、警察和特务部门中秘密运作，促进蒋介石的事业和三民主义。[③]

1932 年 3 月 1 日，在宣誓成立力行社的次日，力行社的创始人们在南京黄埔路的办公室开了一个干部会议。[④] 开会的目的是建立一个领导班子并成立外围组织。邓文仪宣读了蒋介石定的该组织干事名单，干事会将成为该社的常务领导班子。该社第一年的常务干事兼书记是总书记滕杰。次年由贺衷寒接替，第三年由刘健群担任。[⑤] 除书记处以外还有四个部门：郑介民负责的总务处，萧赞育下面的组织处，康泽领导的宣传处，以及先由桂永清、后由戴笠指挥的

---

① 恽逸群：《三十年以来见闻杂记》，镇江金陵书画社 1983 年版，第 43 页；胡梦华：《CC 外围组织诚社始末》，《文史资料选辑》第 14 辑，中华书局 1961 年版，第 147 页。

② 邓元忠：《三民主义力行社史》，台北实践出版社 1984 年版，第 128 页。

③ 邓元忠：《三民主义力行社史》，台北实践出版社 1984 年版，第 129 页。

④ 干国勋：《关于所谓“复兴社”的真情实况（上）》，《传记文学》1979 年第 35 卷第 3 期，第 28 页。

⑤ 同上书，第 71 页。

特工处。①

1933年1月，从各外围组织来力行社的代表变得越来越多，又一个检察会成立了。它负责指导分支机构的工作、执行纪律、审查账目和主持新成员入社的宣誓仪式。其成员听从干事会指挥，但他们有权在组织内关押和枪决不法分子，而且他们的秘密报告可以直接呈送力行社书记处。②

为执行保密原则，他们都宣誓不泄密，干部们决定建立两个前沿组织。第一个是革命军人同志会，潘佑强为常务干事和总书记。这个同志会很快就办得非常成功，其会员也迅速增加。许多人认为它之所以得人心是由于胡宗南的资助，该同志会被当作是“浙江圈”（包括戴笠）在军队里的一个臂膀。结果，革命军人同志会很快被解散了。1933年春力行社成立代表大会后，蒋介石以它会干扰军队里的正常指挥系统为理由，命令废除革命军人同志会，但他授权在力行社总部内成立了军事处，并任命杜心如为其头目。③

第二个外围组织存在的时间与力行社一样长，它叫“革命青年同志会”④，是力行社的一个内层。葛武启任常务干事和总书记，干国勋负责组织，康泽管宣传，刘诚之调度总务。革命青年同志会是力行社最早的掩护组织，它的名字被用来招收新成员，在它的资助下，许多力行社的特务活动得以在其他组织和机关里展开。大多数成员是黄埔的毕业生或其他右翼组织的中层干部。另外还有包括大学教授在内的高级知识分子，以及党组书记、科长、处长、局长和厅长这类的中层官僚。组织内层的所有骨干或书记要么是力行社成员，要么是在

---

① 干国勋：《关于所谓“复兴社”的真情实况（上）》，《传记文学》1979年第35卷第3期，第37页；又见萧作霖：《复兴社述略》，《文史资料选辑》第11辑，北京中华书局1960年版，第23—24页。

② 干国勋：《关于所谓“复兴社”的真情实况（中）》，《传记文学》1979年第35卷第4期，第72页。

③ 同上书，第37页。

④ 黄雍：《黄埔学生的政治组织及其演变》，《文史资料选辑》第11辑，北京中华书局1960年版，第13页；Hung-mao Tien，*Govemmentand Politicsin Kuomintang China*，1927 - 1937. Stanford：Stanford University Press，1972，p. 56.

该社通过支会扩大后的中央级干部。[①] 革命青年同志会的总部设在南京中央军事学校明瓦廊大院内校友信息局的调查处里面。[②] 革命青年同志会一度有两万名成员，经过“民主集中”和预算制度得到加强。[③]

“长”和“少”，“核心”与“内层”很快在一起控制了军政官员们参加的国民党军政培训系统中关键的意识形态灌输项目。力行社和革青会的成员参与步兵、炮兵、工程兵和军需部门干部的政治培训，并彻底渗透到内政部领导下的地方人事管理的会议以及在庐山为党的高级干部和军政人员举办的夏季培训项目当中。力行社的成员们还指挥军官高等教育纵队。1932 年，有 600 名学员毕业于该纵队为中央军事学校头六个班举办的为期六个月的培训课程。[④]

力行社和革青会的成员还进一步控制了军校附设的军官训练班的领导。这个训练单位的四个纵队在 1932 年 8 月合并后有 1700 名干部，其级别在中尉至上校间，他们离开原单位来此受训一年，其忠诚不渝可在他们的班歌《领袖歌》中略见一斑：

大哉中华，代出贤能，虽有变乱，均能复兴，蒋公中正，今日救星，我们跟他前进，前进，复兴，复兴。[⑤]

纵队有三名德国顾问，其毕业生大都回到原职位，小部分留在军校，成为教导纵队的成员。力行社建立的最重要的附属组织是复兴社。1932 年 7 月，在任觉五担任革命青年同志会的总书记时，这个第三外围组织被补充到力行

---

① 萧作霖：《复兴社述略》，《文史资料选辑》第 11 辑，北京中华书局 1960 年版，第 23—24 页；又见恽逸群：《三十年以来见闻杂记》，镇江金陵书画社 1983 年版，第 43 页。

② Paul K. T. Sih, ed., *The Strenuous Decade: China's Nation-Building Effort*, 1927 - 1937. New York: St John's University press, 1970, p. 50.

③ 萧作霖：《复兴社述略》，《文史资料选辑》第 11 辑，北京中华书局 1960 年版，第 24—27 页。

④ 干国勋：《关于所谓“复兴社”的真情实况（中）》，《传记文学》1979 年第 35 卷第 4 期，第 68、70 页。

⑤ 干国勋：《关于所谓“复兴社”的真情实况（中）》，《传记文学》1979 年第 35 卷第 4 期，第 69 页。

社——革青会的组织结构里，该组织由任觉五秘密提议并申请组建。①

复兴社

据干国勋说，复兴社名声很大：

> ［因为］概无干部组织及办事处所与经费，其事务是一律由青会办理，第这层分子吸收时不甚严格，人数日益加多，遂因“民族复兴运动”之名而驰名于世。②

卫星组织的成员由内向外自动属于力行社的成员，但在其他方面，越是接近内部核心，越是得到严格控制。作为一个相对保持距离的卫星组织，复兴社相应比较容易加入，只要有老会员或前会员的介绍即可。申请表很简单，入会仪式由十来个人一组在蒋介石的像前进行。在南京有几次蒋介石亲自到场接受宣誓，每次有300—600个人参加入会的宣誓仪式。③

另一方面，如果复兴社的人员被提名为革命青年同志会成员，他必须由所属组织的大会赞成通过，然后在此人的名字送到最高领袖那儿审批之前，得经过力行社的审查。再上一级的程序同样如此：“但［想加入力行社的］青会会员，必须经力行社会议通过，呈领袖核准后，才提升再宣誓得为力行社员。”④ 复兴社没有任命干部的权力，但它的高层次干部在政训处则保有委员

---

① 同上书，第37页。

② 干国勋：《关于所谓“复兴社”的真情实况（上）》，《传记文学》1979年第35卷第3期，第38页。

③ 黄雍：《黄埔学生的政治组织及其演变》，《文史资料选辑》第11辑，北京中华书局1960年版，第16页。

④ 干国勋：《关于所谓“复兴社”的真情实况（上）》，《传记文学》1979年第35卷第3期，第37、38页。

的职位。[①] 至于它的内部管理，复兴社由一个干事会控制[②]，但其实权则掌握在由会长蒋介石直接指定的书记长手中。[③] 在总书记（一般来说是滕杰）下有管组织、宣传和培训的组或处，它们分别由周复、康泽和桂永清领导。[④] 自然，特务处由戴笠掌握。省市一级采用同样的结构，它们的基本分支单位一般是小组，一般每周开一次会议。[⑤]

除了区和分会偶然聚会以外，全社大会很少开。所有的决定都是自上而下地贯彻，也没有全会或由代表们参加的核心会议。[⑥] 支部周会的内容是根据上一级组织的书面指示。通常这些会议是关于国内和国际政治事件、重大宣传要点、地方组织的活动，以及对共产党嫌疑分子和“CC”圈子嫌疑分子的调查等。每次会议之后，支部负责人得写一个报告送到上一级。情报汇报会越过分会支部而直接送到中央组织。[⑦]

复兴社从中央总部到分会的每一级组织，都是与革青会内相对的同一级别机构挂钩的。它们间互相包含，革青会的负责人也是复兴社的负责人。不过有人曾试图将这两个组织的会员区分开来。革青会的人互相以“挚友”称呼，而复兴社的人只能以“好友”相称。复兴社和革青会的人只要每月的收入超过200元，就应该向组织上缴10%（几乎没人履行这个义务）。但在违反组织纪律的情况下，复兴社的成员只会被开除，而革青会的人则会遭到软禁，有时甚至会被枪决。事实上，两个组织的会员经常重叠，而革命青年同志会的支部

---

① 萧作霖:《复兴社述略》,《文史资料选辑》第11辑，北京中华书局1960年版，第26页。

② 章微寒:《戴笠与军统局》,《浙江文史资料选辑》第23辑，浙江人民出版社1982年版，第85页。

③ 黄雍:《黄埔学生的政治组织及其演变》,《文史资料选辑》第11辑，北京中华书局1960年版，第13页。

④ 同上书，第14页。

⑤ 萧作霖:《复兴社述略》,《文史资料选辑》第11辑，北京中华书局1960年版，第25页。

⑥ Wilburn Burton, “Chang's Secret Blood Brothers,” *Asia*, May 1936, p. 310.

⑦ 萧作霖:《复兴社述略》,《文史资料选辑》第11辑，北京中华书局1960年版，第24—25页。

和复兴社支部之间的区别也往往含混不清。一个在省级任两个组织的书记的人解释说："除了有内外层之分外，实际是一个东西，即以'复兴社'这个名称来代表这两个组织，也是完全可以的。"①

从总体上看，这个团体由三个层次组成，力行社为"核心"，另两个组织做外围。这三个组织一起构成了一个等级平行的结构，并从首都通过各级官僚机构和职业团体到各省，柱形地自上而下展开。② 在它活动的高峰期，这个三环结构一共有 50 多万成员，外围的人在被吸收为内部成员以前，并不知道内层人员的存在。③ 最核心的部分总是在力行社，它的名字有时被简称为"力社"（力量之社），其中八九十名积极分子一直主要由黄埔毕业生组成。④ 也有一些非军事人员被邀请参加，如中国驻意大利的外交官刘文岛，他与意大利法西斯有很好的关系。⑤

要是连革命青年同志会和复兴社的成员都把自己各自的"内层"和外围笼统地叫做复兴社的话，那么便难怪一般公众把它们整个的结构一起叫做复兴社了。另外，人们总是不加区分地将复兴社与无处不在却无影无踪的蓝衣社混为一谈。当某个被推荐给蒋介石加入真正的力行社的"外人"，宣称创建了独立的蓝衣社时，这种混乱就更严重了。

1932 年 2 月下旬，在蒋介石的官邸召开的第二次"筹备部门"的晚会上，在前一天晚上滔滔不绝讲述其欧亚之行的桂永清突然举手发言，让每个人都很

---

① 同上书，第 24—27 页。

② 邓元忠：《三民主义力行社史》，台北实践出版社 1984 年版，第 129 页。

③ 萧作霖：《复兴社述略》，《文史资料选辑》第 11 辑，北京中华书局 1960 年版，第 24 页。中国大陆能接触到有关复兴社成员的详细情况的情报人员说，他们对整个组织最高环节的"内部"详情几乎一无所知。

④ 同上；黄雍：《黄埔学生的政治组织及其演变》，《文史资料选辑》第 11 辑，第 12—13 页。

⑤ "Blueshirts-Fascisti Movement in China," Special Branch Secret Memorandum, Jun. 20, 1933, in Shanghai Municipal Police (International Settlement) Files, D－4685. Microfilms from the U.S. National Archives, p. 4. 非军事人员对蒋介石尤其重要。见 Hung-mao Tien, *Government and Politics in Kuomintang China*, 1927－1937. Stanford: Stanford University Press, 1972, p. 59.

惊讶。他说他要在众人面前向领袖推荐一个"人才"。此人是何应钦的秘书——贵州的刘健群将军，他跟何将军一样担任过战争部长，是中央政治院特务委员会成员，也是蒋介石在军队里的忠实支持者。① 对这些原黄埔军校生来说，刘健群是个外人。② 虽然有许多人认识并尊敬他，但他从来没有上过军校，而作为一位非军事人员，他仅持有"相当于"少将的头衔。不过桂说："他是一个忠实的党员和爱国者，他对护党救国有具体的建议。我们必须得到并使用他。"蒋介石表示同意。③

介绍刘健群参加他们的组织工作，使力行社的创建者们与臭名昭著的蓝衣社彻底混淆了起来。这个混乱延续至今，主要是由于日本媒介长期以来，不论是特务处的行动还是一些自发的爱国抵抗活动，都无一例外地把力行社及其外围组织的活动统称为蓝衣社行动的缘故。确切地说，这个混乱一开始是由刘健群自己造成的。他为了在蒋介石的右翼支持者中得到认可，迫不及待地要在这个准军事组织的建立上表功。④

蓝衣社

1933年1月，力行社建立11个月之后，刘健群在一次新闻发布会上提出了这些说法。当时他在北京，任华北宣传队队长。他在会上散发了三篇自己的论文，其中包括题为《中国国民党蓝衣社》的文章。他曾于1931年10月在南京国民党中央执行委员会让人传阅过此文。它呼吁成立蓝衣社"作为强化党的

---

① Howard L. Boorman, *Biographical Dictionary of Republican China*. New York: Columbia University Press, 1967-1971, 1979, vol.2, pp.79-80. 又见 William Wei, *Counterrevolution in China: The Nationalists in Jiangxi during the Soviet Period*. Ann Arbor: University of Michigan Press, 1985, pp.35-36.

② 邓元忠:《三民主义力行社史》，台北实践出版社1984年版，第69页。

③ 干国勋:《关于所谓"复兴社"的真情实况（上）》，《传记文学》1979年第35卷第3期，第35页。

④ 邓元忠:《三民主义力行社史》，台北实践出版社1984年版，第13—14、16—17页。

内部组织的一种努力”，同时指出，有太多的国民党员成了贪官污吏、土豪劣绅。①

刘接着说，关于这个建议中的社团有一些争议，有些人偏向“青年团”，另一些人则喜欢把它叫做“布衣团”。刘觉得都不太合适。“前者可能被误解为共产党的青年团，而后者又不太完整，因为还有丝一类的其他国产料子。”②

由于国民党把青和白视为党的颜色，而且既然蓝制服被定为国民党成员的制服，同时又是自古以来老百姓的正规服装，于是刘建议把“中国国民党的蓝衣社”用来做他的新组织的名字。这些建议既含有本土文化成分，也含有民众意识：土布象征爱国，西服则表示文化背叛。“该社的成员必须处处使用国产货，而那些参加社里正式大会的人，必须穿中山装。”③

那个记者招待会很可能确实开过，因为刘在力行社权力机制中建立自己地位的同时，也想在蒋介石的亲信中提高自己的身价。在桂永清把他引荐给蒋介石之后，刘健群又被贺衷寒和滕杰介绍进了力行社的内部圈子。通过他们的正式推荐，刘健群被邀请加入该组织的第二层内，成为革命青年同志会名副其实的一个会员。现在，刘健群想用自称在18个月前督促蒋介石建立蓝衣社的方法，既增强他自己的权力基础，又在力行社的核心与外围机构中获得更高的权力。④

事实证明他的努力非常成功。一年之后，1934年4月，刘健群从北平的

---

① 《蓝衣社》，《北平晨报》，日期不详。又见曾扩情：《何梅协定前复兴社在华北的活动》，《文史资料选辑》第14辑，第131页；邓元忠：《三民主义力行社史》，台北实践出版社1984年版，第16—17页。

② Maria Hsia Chang, “‘Fascism’ and Modern China,” *The China Quarterly*, no. 79 (September 1979), pp. 564-565; Lloyd E. Eastman, “Fascism and Modern China: A Rejoinder,” *The China Quarterly*, no. 80 (December 1979), p. 842.

③ “The Blue Shirt Society,” *Beiping Chenbao*, date unknown. Translated in Special Branch Secret Memorandum, Dec. 9, 1940, in Shanghai Municipal Police (International Settlement) Files, D-4685. Microfilms from the U. S. National Archives, pp. 2-3.

④ 曾扩情：《何梅协定前复兴社在华北的活动》，《文史资料选辑》第14辑，第135页。

政训处被调到南京的复兴社总部当书记。与此同时，在酆悌涉嫌1935年11月对汪精卫的暗杀后，刘再次被任命为力行社常务干事。尽管刘健群在力行社的职位是秘密的，但他的复兴社总书记的位子想来在众人的眼里起到了强化复兴社和蓝衣社的作用。而这一点激怒了力行社的核心成员，他们后来对这种把他们的运动与法西斯蓝衣运动混为一谈的说法表示十分不满。革命青年同志会常务干事、力行社的创始人之一的干国勋，曾说刘健群这类后来的人只属于卫星组织，被有意排斥在最高层或最核心层以外，并被禁止做任何把力行社与他们自己的组织平起平坐的联系。他说，这类外人出于无知或恶意，把力行社与蓝衣分子混为一谈。

神秘的力行社与复兴社及蓝衣社之间的关系，由于其他卫星成员而强化。他们中间有许多是黄埔校友中的年轻一代，他们知道，这些组织中起码有一些是在1932年3月1日左右，由蒋的一群在宣传、军训和情报部门里地位显赫的亲信建立起来的。他们知道有一个力行社，认为这个组织是建立在三个原则基础上：蒋介石为其长期的最高领袖；黄埔毕业生为其骨干；它的成员必须遵循三民主义原则，运用共产党的组织技术，并培养日本的武士道精神。这三个原则被列举于波多野乾一的研究中①，他们认为，建立和组织力行社的实际责任交给了创始者当中的五个人：贺衷寒、酆悌、滕杰、周复和康泽。② 他们意识到，这个组织完全围绕着包括这5人在内、共55人左右的“核心组”转。其中包括桂永清、袁守谦、邓文仪、萧赞育、易德明、李一民、蒋忍坚和戴笠。他们听说力行社里有些人每周在蒋介石位于明瓦廊的官邸开会，听校长讲授“力行哲学”，并研究德国和意大利的法西斯组织。③

---

① Hung-mao Tien, *Government and Politics in Kuomintang China*, 1927－1937. Stanford: Stanford University Press, 1972, pp. 55－56.

② 章微寒：《戴笠与军统局》，《浙江文史资料选辑》，第23辑，浙江人民出版社1982年版，第84页；萧作霖：《复兴社述略》，《文史资料选辑》第11辑，北京中华书局1960年版，第12页。

③ 黄雍：《黄埔学生的政治组织及其演变》，《文史资料选辑》第11辑，第12页。

在日本人确信了这个组织的存在之后，它和蓝衣社的关联变得更加密切。这一方面来自刘健群的新闻发布会，另一方面是傅胜蓝的文字。傅出版了一本叫做《蓝衣社内幕》的书，他在其中讲到蓝衣社是一个秘密特务组织。傅是共产党员，他被康泽说服后于1933年加入了力行社的外围组织。后来他转而效忠于汪精卫的伪政府，抗战时他以合作分子的立场当了杭州市长。他关于蓝衣社的书被日本在上海的军事警察用来做教材，训练替他们秘密服务的中国人。①

与此同时，据刘健群说，唯一为人所知的是蓝衣社成员的身份是绝对保密的：

> 为了达到立刻铲除封建影响、消灭赤匪和抵御外侮的目标，除了国民党中央总部和其他政治机构的工作必须以正式的方式来进行以外，蓝衣社的成员们得在各省、县和城市秘密地开展他们的活动。②

尽管蓝衣分子应该去“发动群众运动”，但他们奉命为“秘密特工”的职责做准备，而且永远不能向他人透露他们是国民党的人。的确，正如后来上海市政警察别动队所说，在蓝衣社存在的七年里，人们对其细节知之甚少，原因是那些宣誓入社的人“禁止向外人承认是蓝衣社的成员或透露其秘密，否则将处以死刑，这也是唯一的惩罚手段”。③ 无须说，蒋介石对蓝衣社的存在从未公开承认过。④

---

① 邓元忠：《三民主义力行社史》，台北实践出版社1984年版，第17页；又见Parks M. Coble, “Super-patriots and secret agents: the Blueshirts and Japanese secret service in North China,” 提交伯克利中国研究中心论文，1987年3月21日。

② “The Blue Shirt Society.” *Beiping Chenbao*, date unknown. Translated in Special Branch Secret Memorandum, Dec. 9, 1940, in Shanghai Municipal Police (International Settlement) Files, D-4685. Microfilms from the U. S. National Archives, p. 3.

③ “Blueshirts-Fascisti Movement in China,” Special Branch Secret Memorandum, Jun. 20, 1933, in Shanghai Municipal Police (International Settlement) Files, D-4685, p. 3.

④ Hung-mao Tien, *Government and Politics in Kuomintang China*, 1927-1937. Stanford: Stanford University Press, 1972, p. 56.

刘健群，在宣称是他提议创办蓝衣社的同时，在正式场合则必须向媒介说没有成立过这么个组织。当他被《北平晨报》的记者问到蓝衣社是否已经成立时，刘回答说：

> 1931年秋，我曾建议以促进对三民主义原则的普遍尊重为唯一目的来改组国民党。蓝衣社的成立与国民党紧密关联。现在蓝衣社将有它自己超越国民党以外的教义。我们从它最初的名称可以立刻理解这个组织的宗旨——蓝衣社，而非蓝衣党。我的这个计划只是对国民党的一个建议。我实际上并没有参加任何有关这类的运动。有关这个组织的活动，我无法回答任何问题。①

1933年1月的新闻发布会结束后，这个记者得出结论说："从刘先生的话来看，我们仍旧无法确定这个社是否存在。"② 但可以确定的是，新闻界、外国情报机构以及警方从此以后便开始把复兴社（包括在其背后的力行社）的活动与他们中间的右翼或法西斯蓝衣分子的活动视为一体。③ 比如说，在1933年4月成立的中国童子军的背后是谁？自1917年以来中国就有童子军运动，那时经亨颐成立的中国童子军参加了战后的世界童子军大会。但30年代的中国童子军掺入了许多军国主义的成分，而且与1932年7月成立的国民军事教育组关系密切。军校毕业、当了该教育组组长的赵范生，以及任国民军事教育组教务部门头头的杨克敬，都曾经在全国童子军总部里担任过部门的头目。在力行社创始人干国勋的帮助下，赵和康两人起草了一个附有表格和预算的计划，以在全国培训童子军军官。在蒋介石批准了这份计划之后，有160名学生被招来接受干部培训。其中三分之一是军校生，其余是已经在各省当童子军军官的人。六个月的培训目的是培养军官和教员们"为加强和扩大组织，增进智

---

① Maria Hsia Chang, *The Chinese Blue Shirt Society*: *Fascism and Developmental Nationalism*. Berkeley: Institute of East Asian Studies, University of California, 1985, pp. 1 - 2.

② 同上，第2页。

③ Maria Hsia Chang, *The Chinese Blue Shirt Society*: *Fascism and Developmental Nationalism*. Berkeley: Institute of East Asian Studies, University of California, 1985, p. 1.

力和体力能力，提高觉悟，坚定爱国和革命的意志，并向这些青年们提供一些军事知识，而改革中国童子军”①。与此同时，力行社又建立了一个外围组织，叫做“力进社”，它负有向童子军渗透的具体任务。到了1933年4月，力进社的成员达300人，所有的人都是新中国童子军在各省市的干部。②

一些力行社卫星组织的成员，经常把自己认作是蓝衣社的人。他们声称，他们有一个共同的政治纲领，致力于加强“蒋介石将军的独裁”，为此甚至不惜使用武力。③ 他们认为：

> “蓝衣社”成立于1931年，其目标是建立一种有效的“党的统治”。它得到蒋介石和他的一些最热诚的支持者们的赞助。这是一个秘密组织，它只在国民党内部运作。它的主要目标是制造“在普通军人中的强烈的国民党感情”。一旦达到这个目标，军阀们以及他们对军权的滥用便会被挫败。④

根据秘密情报，将要掀起三个运动。第一，“建军运动”。其目的在于对全国的将领们进行监视，并通过在政治训练学院搞军事训练班来使中国的军队“法西斯化”。这个运动也许是对“国民军训运动”的呼应（在关于力行社的叙述里曾经提到过这个运动）。⑤ 第二，“建党运动”。它致力于驱逐竞争集团，恢复蒋的全面总统权力；同时“为确保该组织的法西斯运动”而把蓝衣社成

---

① 干国勋：《关于所谓“复兴社”的真情实况（中）》，《传记文学》1979年第35卷第4期，第69页。

② 同上书，第38页。

③ “Memorandum on the Blue Shirt Society.” Special Branch Secret Memorandum, Dec. 9, 1940, in Shanghai Municipal Police (International Settlement) Files, D-4685. Microfilms from the U. S. National Archives, p. 3; “The Fascist or ‘Blue Shirt’ Party in China,” Special Branch Secret Memorandum, Dec. 9, 1940, in Shanghai Municipal Police (International Settlement) Files, D-4685. Microfilms from the U. S. National Archives, pp. 1-2.

④ Shanghai Municipal Police Files, D-4685 (C), 3/10/40.

⑤ 干国勋：《关于所谓“复兴社”的真情实况（下）》，《传记文学》1979年第35卷第5期，第82页；Maria Hsia Chang, *The Chinese Blue Shirt Society: Fascism and Developmental Nationalism.* Berkeley: Institute of East Asian Studies, University of California, 1985, p. 5.

员送往各级地方党支部。第三，“建财运动”。它将平分土地，为国有企业集资，并“向法西斯运动提供物质援助”。①

最后这个“建财运动”也许就是力行社所谓的“国民经济建设运动”。它遵循孙中山的民生原则，致力于创造一个土地拥有者和开发者的国家。在明确的“自力更生”的精神下，力行社力图重新分配土地，支援农田耕作和生产，并积极鼓励农业生产和出口。② 这个计划本应以黄埔校友会会员费为基金来执行。1932 年夏天，蒋介石下令校友会团体从它的经费里拨出 35 万元，在这个基础上再加上南昌行营财务部的 65 万，用这些钱来为河南、湖北、安徽和江西四省建立一个农民银行。根据计划，土地从“土匪”那里夺回以后，该银行应向回来耕作的农民提供贷款。1933 年春蒋介石为此又增加了资金，使总数达到 400 万。凭着这笔资金再加上财政部的批准，一个国家农民银行成立了，它向信用社提供低息贷款。陈果夫被任命为董事长。

不过，对公众来说，中国农民银行与蓝衣社之间是毫无联系的。后者的思想原则从该团体的三大“理论家”——贺衷寒、邓文仪和刘健群——的演说和文字中得到阐明。③ 他们反复强调的宗旨是，为了赶走外国侵略者，中国人民首先应当团结起来，通过消灭共产党来强化国家。等到这个歼灭任务完成后，在农村会有一个社会与经济的振兴，从而向中国人民提供所需要的资金来建立自己的军队，使之能够集中“民族精神”于唯一的领导和政党上，而后者将指挥人民打击外来侵略者。在这些文字中隐约可见一个政治纲领，但一个前省级领导人后来模糊地记得它的大致内容：绝对支持蒋介石领导，实行中央

---

① “Blueshirts-Fascisti Movement in China,” Special Branch Secret Memorandum, Jun. 20, 1933, in Shanghai Municipal Police (International Settlement) Files, No. D－4685, p. 2; Hung-mao Tien, *Government and Politics in Kuomintang China*, 1927－1937. Stanford: Stanford University Press, 1972, pp. 58, 64.

② Maria Hsia Chang, *The Chinese Blue Shirt Society*: *Fascism and Developmental Nationalism*. Berkeley: Institute of East Asian Studies, University of California, 1985, pp. 68－81.

③ “Two Sources of Anti-Japanism,” in *The Osaka Mainichi and Tokyo Nichi Nichi Supplement*: *The China Emergency*, 20 (Oct. 1937), p. 29.

集权政府，收复失地，捍卫国家主权，废除不平等条约，平均地权，发展农业，实行经济控制，发展国家资本，加强国防；实行征兵制，严格训练和发展国家军队；在政府中清除官僚腐败，普及教育，彻底消灭共产党，给国家带来和平与社会秩序。在所有这些当中，他记得最清楚的是两个最被强调的要点：全面支持蒋介石和彻底消灭共产党。①

"法西斯主义化"

很难说人们对这些"法西斯化"的提法应该看得有多重，甚至很难估计它在什么程度上代表了蓝衣社的整个思想意识形态。② 当然，那时的报纸文章把蓝衣社当作具有国家社会主义倾向的"法西斯"或"半法西斯"来描述。《中国北方日报》（*North China Standard*）曾报道在香港"一帮以'蓝衣社'著称的半法西斯分子在恺因（Caine）路一家豪华的公寓里建立了一个总部"，该报声称他们要按照墨索里尼政府的模式来建立一个独裁政权。这些中国法西斯分子认为，要有一批强人来控制政府，为此，将以纳粹手段来对付政治上的对手。③ 还有，从当时的警方报告来看，复兴社当中至少有些人直言不讳地表示对法西斯的标签非常当真。黄埔毕业生中属于这一类的人大多曾在德国、法国、意大利和比利时留过学，他们把曾任复兴社第一届书记、后来当了驻柏林的中国武官的酆悌看作自己的领导。酆悌相应地与唐纵结盟，后者也任过驻柏林的武官。还有在法国留学过的顾希平，在比利时接受警训的刘番，以及在意

---

① 萧作霖：《复兴社述略》，《文史资料选辑》第 11 辑，北京中华书局 1960 年版，第 30、43 页。Maria Hsia Chang, *The Chinese Blue Shirt Society*: *Fascism and Developmental Nationalism.* Berkeley: Institute of East Asian Studies, University of California, 1985, p. 22.

② *China Quarterly*, 2 (summer 1937), cited in Walter E. Gourlay, " 'Yellow Unionism in Shanghai: A Study of Kuomintang Technique in Labor Control, 1927 – 1937," *Papers on China*, vol. 7. Cambridge, MA.: Harvard University Committee on International and Regional Studies, 1953, p. 106.

③ "The Blue Shirts for China," *The North China Daily News*, 20 June 1933. Clipped in Shanghai Municipal Police (International Settlement) Files, No. D – 4685, 8 July. 1933.

大利学习过的汤武。[①] 这批人要求蒋介石以希特勒和墨索里尼为榜样，他们通常被认作是无所不在的所谓的蓝衣社。[②]

不管蓝衣社的真相如何，上海市政警察特别分局把蓝衣社的成员（据日本外交部调查局估计，其成员在1935年底达14,000人左右）视为复兴社的三重结构中的“法西斯派”。无论戴笠在绝对秘密的特务处里有多重要，他的名字没有被这些警察当作蓝衣社的头子列入名单。而贺衷寒则被当作蓝衣社的主要领导人。[③] 贺衷寒显然认为自己正在成为所谓的“黄埔派”的政治领导人。该派系一般是指黄埔军校最初三年的毕业生，但使它最接近一个派系结构的是复兴社。[④] 因此，蓝衣社有时被简单地当作纯粹的黄埔派，而且就像力行社及其外围组织的成员们自以为的那样，它也被认为是蒋介石的“嫡系”。[⑤]

“嫡”这个字显示了一个家族中妻生与妾生子女的等级差别，用在这里很说明问题。蒋介石的嫡系是在他与汪精卫和胡汉民为争夺对行政院和政务会这类国家合法机构的控制权的过程中产生、直属于总司令本人的权力结构。这些团体在实行政策方面展开竞争，因为该领域里集中了国家的资源。他们的斗

---

① William C. Kirby, *Germany and Republican China*. Stanford: Stanford University Press, 1984, pp. 137, 232.

② 黄雍:《黄埔学生的政治组织及其演变》,《文史资料选辑》第11辑，北京中华书局1960年版，第11页；Maria Hsia Chang, *The Chinese Blue Shirt Society: Fascism and Developmental Nationalism*. Berkeley: Institute of East Asian Studies, University of California, 1985, p. 22.

③ “The Blue Shirt Society.” *Beiping Chenbao*, date unknown. Translated in Special Branch Secret Memorandum, Dec. 9, 1940, in Shanghai Municipal Police (International Settlement) Files, D-4681. Microfilms from the U. S. National Archives, p. 7；萧作霖:《复兴社述略》,《文史资料选辑》第11辑，北京中华书局1960年版，第58页；“Memorandum on the Blue Shirt Society.” Special Branch Secret Memorandum, Dec. 9, 1940, in Shanghai Municipal Police (International Settlement) Files, D-4685. Microfilms from the U. S. National Archives, p. 4；“Blue Shirts to Suspend Anti-Japanese Activities,” *The Shanghai Times*, 21 Juanuary, 1936.

④ Hung-mao Tien, *Government and Politics in Kuomintang China*, 1927-1937. Stanford: Stanford University Press, 1972, p. 53.

⑤ 邓元忠:《三民主义力行社史》，台北实践出版社1984年版，第130页。

争伴随着蒋介石在中国政府结构中即便不是称王称霸，至少是上升到了顶峰。① 因此，在嫡系和旁系之间的区别，不仅是一个重要的行政分界，而且被用来鉴别蒋介石的军队（嫡系部队）：由陈诚、胡宗南和汤恩伯将军们指挥的50万军队，被认作是总司令的“禁卫军”。② 在这些自认为“嫡出”的人眼里，蒋的权力结构中其他派系的人不过是假装孝顺的外来户而已。例如，CC派的人被当作蒋的“养子”（螟蛉子），而“政学系”领导人杨永泰和张群则被看成是“师爷”和“管家”。③ 虽然蓝衣社的人并没有对政学系的人持太多的敌意，在他们看来政学系的人跟雇来的帮工差不多，但他们着实把“养子”CC派当作真正的敌人。从1933年起，他们搞了许多活动来削弱陈家兄弟的影响，尤其是在新闻出版界和教育界。④

除了CC派与力行社之间声名狼藉的竞争以外，在公众的眼里，陈立夫还跟新“法西斯”的形成有关。据法国情报机构1933年8月12日的一份报告，那年蒋介石在庐山召开了一次夏季会议，陈立夫、曾扩情、吴醒亚（上海社会事务局局长）和潘公展（国民党上海教育局局长）等到会。

会议过程中讨论了法西斯运动在中国的进展。会议决定，首先在国民党党部的“忠实军事机构里”和大学院校里成立法西斯支部……我们获悉的情况

---

① Hung-mao Tien, *Government and Politics in Kuomintang China*, 1927 - 1937. Stanford: Stanford University Press, 1972, pp. 46 - 47.

② 张新：《胡宗南其人》，《浙江文史资料选辑》第23辑，浙江人民出版社1982年版，第172—173页。

③ 萧作霖：《复兴社述略》，《文史资料选辑》第11辑，北京中华书局1960年版，第54—55页。

④ 同上，又见Hung-mao Tien, *Government and Politics in Kuomintang China*, 1927 - 1937. Stanford: Stanford University Press, 1972, p. 63; “The Fascist or ‘Blue Shirt’ Party in China.” Special Branch Secret Memorandum, Dec. 9, 1940, in Shanghai Municipal Police (International Settlement) Files, D - 4685. Microfilms from the U. S. National Archives, p. 2. “The Blue Shirt Society and the Arrest of Yuan Hsueh Yi.” Report prepared by Detective Inspector Sih Tse-liang, June 29, 1935, in Shanghai Municipal Police (International Settlement) Files, D - 4685. Microfilms from the U. S. National Archives, p. 1; Howard L. Boorman, *Biographical Dictionary of Republican China*. New York: Columbia University Press, 1967 - 1971, 1979, vol. 1, pp. 48 - 49; vol. 4, p. 18.

中包括：法西斯分子的影响开始在以下大学里越来越明显：中山大学（广州）、中央大学（南京）、河南大学（开封）和静安大学（上海）。①

尽管CC派和力行社在“法西斯运动”上相结合，中山大学校长邹鲁在那年夏初唯独指责蓝衣社是他大学里的主要麻烦。他把不久前本科生向教育部要求弹劾他的运动归罪于蓝衣社。邹指控说：“在某些想在政府内像贝尼多·墨索里尼或阿道夫·希特勒那样篡夺绝对权力的军国主义者的指示下，蓝衣社企图破坏国民党。”② 报刊舆论则仍然认为，这个与纳粹同时出现，并由忠蒋分子组成的新团体，一直在考虑使用各种不同的名称，其中包括“中国法西斯社”和“黑衫党”。③ 然而，他们最终选定了蓝衣社的名字，“因为他们认为［其他］名字可能会使国民党以为这个新组织会违反国民党不容许国民党外有其他党，而且国民党内也不容其他党的规定”。④

法国情报机构的报告里提到的庐山会议，有可能是军官训练团的夏季班。蒋介石在7月23日该班的总理纪念周演讲仪式上发表了讲话。在那个题为《现代军人须知》的讲话中，蒋这样形容意大利、德国和土耳其三个“新兴国家”，把它们当作一个“汇综的口号”：“劳动！创造！武力！”他解释说，劳动，意味着全国所有的人，所有行业和所有层次，从统治者到老百姓，从将军

---

① French Public Intelligence Report, August 12, 1933, in Shanghai Municipal Police（International Settlement）Files, D－4685, August 26, p.33.

② “Blue Shirts for China,” *The North China Daily News*, June 20, 1933, in Shanghai Municipal Police（International Settlement）Files, D－4685（C）, 3/10/40.

③ *Shanghai Times*, January 7, 1935, clipped in Shanghai Municipal Police（International Settlement）Files, D－4040, 8/7/35.

④ “The Blue Shirt Society.” *Beiping Chenbao*, date unknown. Translated in Special Branch Secret Memorandum, Dec.9, 1940, in Shanghai Municipal Police（International Settlement）Files, D－4685. Microfilms from the U.S. National Archives, p.7. 关于蓝衣社是党内之党的看法，见“Memorandum on the Blue Shirt Society.” Special Branch Secret Memorandum, Dec.9, 1940, in Shanghai Municipal Police（International Settlement）Files, D－4685. Microfilms from the U.S. National Archives. p.3; “Two Sources of Anti-Japanism,” in *The Osaka Mainichi and Tokyo Nichi Nichi Supplement*: *The China Emergency*, 20（Oct. 1937）, p.29.

到士兵，一起不遗余力地不懈工作；创造，表示建设一个新国家，从旧社会上建立起一个新社会；武力，是一种“实质的力量”，它要引起革命，为国家的发展而扫除一切障碍。蒋坚持说，所有这三项都互相关联而不可或缺，它们解释了为什么“新兴国家”能够发展得如此迅速。①

儒家公民

两个月后，即1933年9月20日，蒋在江西星子县的讲话主题是，法西斯主义是现代国家主义的一种形式。蒋声称“实在”是革命党员的首要品质，呼吁以禁欲甚至愚蠢的死板来抵制城里人的自作聪明和浮浅。

> 随时随地要做到“坚实”“确实”“朴实”“充实”。绝对不好有一点畏难苟安、浮华、躐等等投机取巧的心思！革命本来就是很危险很艰苦的事情，我们要做革命党，就要做呆人、笨人，古人所谓守拙，又所谓“以拙制巧”“以实击虚”，只有呆人、笨人才会实干！②

在指控现代社会的轻浮与空虚时，蒋宣称应在“共同的”法西斯主义的“基本精神”中寻找这种基岩。而那个法西斯精神的实质便是民族的自信。一个法西斯分子必须坚信他自己的国家是“最优秀”的，有最辉煌的历史和高于任何其他国家的文化。对中国人来说，这意味着承认《大学》基本纲要是“我们民族最高的文化”。

> 忠孝仁爱信义和平——就是“礼义廉耻”，为我们民族固有的道德，智仁勇三者为我们民族传统的精神，三民主义为我们民族革命唯一的原

---

① 《现代军人须知》，“《先总统蒋公思想言论总集》”卷十一，台北1984年版，第321—322页，关于蒋言及土耳其、意大利及德国因为纪律与组织而成功建国，见Maria Hsia Chang，*The Chinese Blue Shirt Society*：*Fascism and Developmental Nationalism*. Berkeley：Institute of East Asian Studies，University of California，1985，p. 26。

② 《如何做革命党员》，“《先总统蒋公思想言论总集》”卷十一，台北1984年版，第564页。

则，而归纳之于“诚”。因此我们要做革命党员必先要以精诚来保持固有的道德和传统的精神，才能复兴民族最高的文化，恢复民族在世界上特殊的地位，为人类创造灿烂的世界，完成救人救世的高尚远大事业！①

蒋继续说，作为一股国际力量，法西斯主义被概括成极端的军事化。尽管革命党党员不总是来自军事单位，但他们必须有意识地采用军事化的生活方式：“就是要有军人的习惯和精神，军队的组织和纪律，换句话说，统统要服从，牺牲，严肃，整齐，清洁，确实，敏捷，勤劳，秘密，质素朴实，共同一致，坚强勇敢，能为团体，为党为国来牺牲一切。”②

蒋酷爱整洁，看到自己所指挥的农民军队绑腿系不紧，扣子没扣好，时常为他们的邋遢作风感到沮丧，这种将风度和道德混淆一体的冒牌法西斯主义掺杂着过于强调细节的气氛。显然是被日本和德国村庄的整洁和具有科学性的精确所震撼，蒋介石似乎把刷牙和公共卫生与法西斯在30年代中期所体现的集体权力机器及民众意志相提并论。而且，中国人显然无疑地将他们眼中的德国人突出的军事素质与法西斯主义联系在一起。他们觉得那是一个对自己不太具有威胁的民族，因为德国在前一次世界大战中丢失了他们在中国享有的治外领地。③

蒋介石就这样将其对法西斯军事纪律的观点融进了有关社会阶层和家族世系牢固的新孔学中。无疑，这透露出他在富裕农家小康环境下成长的痕迹，那种家庭往往受一位自信的母亲控制，她坚信孩子们必须用对长辈毕恭毕敬的态

---

① 《如何做革命党员》，“《先总统蒋公思想言论总集》”卷十一，台北1984年版，第565—566页。

② 同上书，第566页。

③ 干国勋：《关于所谓“复兴社”的真情实况（上）》，《传记文学》1979年第35卷第3期，第69页；关于中德两国在一战所经历的不幸关系，请看《前途》杂志，摘引自：Maria Hsia Chang, *The Chinese Blue Shirt Society*: *Fascism and Developmental Nationalism.* Berkeley: Institute of East Asian Studies, University of California, 1985, p. 24.

度来对待打扫农舍。[①] 于是，带有中国色彩的法西斯军事化便成了用孔学教育中国人民的另一种方法。[②] 力行社的国民军训运动即打算汇聚起小农社会那一盘散沙，教育人民如何为保卫自己、反共抗日而集汇和结社。为此，在训练总监部的助力下力行社成立了国民军训教育处。它的任务是在行政院领导下，在所有的省市建立地方国民军训会。据其发起人之一所说，这种民间军事训练是一场"带有革命性的社会改革"，意在使中国进入"科学的群众时代"。正如1934年5月5日宪法草案在次年成立了一个总务处来选举国大代表那样，正如1935年和1936年的初选那样，这个军训运动意在遵循孙中山的"全国重组计划"第24条的呼吁：在1937年后把权力归还人民。一言以蔽之，军训运动的目的在于成为孙中山所预见的中华民国政治监督制度总体演变的一部分，但它在1937年7月由于日本人的入侵而中断了。[③]

中国与欧洲的法西斯主义

尽管力行社内部成员们宣称，蓝衣社的军事训练活动事实上只是对民众进行教育的一种形式，但一般人并不这么认为。当时的报纸和杂志经常把蓝衣社比做盖世太保，而且蓝衣社本身对欧洲的法西斯主义也非常感兴趣。[④] 一般民众对纳粹和法西斯同样热衷：在1933年的中国，谈论法西斯主义是一种时髦，

---

① Mary Backus Rankin's comments at the "Reappraising Republican China" conference, London, 18－19 December 1995, p.3.

② 上海通社编：《上海研究资料》，上海中华书局1936年版，第184页。

③ 干国勋：《关于所谓"复兴社"的真情实况（下）》，《传记文学》1979年第35卷第5期，第82页。

④ "Memorandum on the Blue Shirt Society." Special Branch Secret Memorandum, Dec. 9, 1940, in Shanghai Municipal Police (International Settlement) Files, D－4685. Microfilms from the U.S. National Archives, p.2. "中国的秘密警察显然是模仿了盖世太保"，见Caldwell, *A Secret War: Americans in China*, 1944－1945. Carbondale: Southern Illinois University Press, 1984, p.23. 许多前蓝衣社成员视复兴社形同法西斯组织，此论多在中国大陆盛行。如艾经武《复兴社河南分社的片断回忆》，《河南文史资料选辑》第5辑，第108页。

上海《申报》曾连篇累牍地发表这方面的文章，反映了公众对黑衫党和褐衫党的普遍兴趣。① 然而，尽管在南京立志社办公处内部成立了“中德编译学社”，复兴社杂志《前途》（该杂志由贺衷寒从政训处提供资金）的编辑们对提法西斯主义仍感到惶恐，他们怕因此而冒犯某些读者，包括蒋介石在内。② 后来，编辑们对纳粹的雅利安种族优化的概念深感忧虑。③ 1933 年，复兴社另一家杂志《中国革命》的编辑萧作霖说，尽管人们对法西斯主义到底与墨索里尼和希特勒现象的蔓延有何关系的解释很感兴趣，但他和他的撰稿人们都怕写这一类的文章，因为蒋介石本人没有使用这个词。

> 当时我们也实在对于法西斯主义还只知其然不知其所以然，要说也说不出个名堂来。并且蒋介石虽然在实际上把法西斯主义当作三民主义来实行，但是他在口头上自始至终都不谈法西斯这个名词，开口闭口也还是三民主义，因此大家也就都不敢公然使用这个名词了。④

与此同时，《前途》总编刘炳藜决定把该杂志第六期专门用来考察法西斯主义。关于刘炳藜⑤，据该杂志说，其目的大致是要终止传统的个人主义并迅速促进集团主义在中国的普及。⑥ 但那一期杂志有关德国和意大利法西斯的文章非常具体，对法西斯的许多方面，包括它的经济政策，都有详细的研究。

除此之外，至少从兴趣和意识形态上的自我表白来看，蓝衣社的确与 30 年代德国和意大利的法西斯运动有部分的相似之处。

> 我（易劳逸）相信蓝衣社可以被准确地形容为法西斯，因为他们所

---

① 邓元忠：《三民主义力行社史》，台北实践出版社 1984 年版，第 15 页。

② 邓元忠：《三民主义力行社史》，台北实践出版社 1984 年版，第 16 页；萧作霖：《复兴社述略》，《文史资料选辑》第 11 辑，北京中华书局 1960 年版，第 35 页。

③ Maria Hsia Chang, *The Chinese Blue Shirt Society*: *Fascism and Developmental Nationalism.* Berkeley: Institute of East Asian Studies, University of California, 1985, pp. 22 - 23.

④ 萧作霖：《复兴社述略》，《文史资料选辑》第 11 辑，北京中华书局 1960 年版，第 35 页。

⑤ Maria Hsia Chang, *The Chinese Blue Shirt Society*: *Fascism and Developmental Nationalism.* Berkeley: Institute of East Asian Studies, University of California, 1985, pp. 22 - 23.

⑥ 同上书，第 33—34 页。

采用的方式和他们表达的观点与显而易见的法西斯运动不谋而合。他们有意识地追慕、模仿并宣传欧洲法西斯思想，而且他们中的许多人都把自己当作法西斯分子。①

然而，从结构上看，蒋属于军事独裁，其统治与其说是法西斯不如说是专制式的，而且他的复兴社的信仰是一种反动的、发展中的民族主义的形式，政治学家们通常把它当作一种“延迟的工业化的意识形态”。② 政权和党所赖以建立的国家和社会的组织概念，是基于既要避免资本主义社会非道德化的个人主义，又要避免社会主义革命所预言的阶级斗争。③ 就像沃特·高雷（Walter Gourlay）所指出的那样，国民政府与城市工人阶级的关系和欧洲法西斯体制与工会间的联系非常不同。

法西斯的工会主义既带有官僚特点又生气勃勃。它有意识地教育、灌输和引导工人在法西斯主义的“新秩序”里承担一部分角色。作为个人，工人们不断受到成为法西斯工会领导的鼓励，而且这样的领导地位也在党的等级制里设立了。由此，工人阶级便直接地与国家联系了起来。工人们不但没有被非政治化，相反在一种谨慎而受制约的方式下被政治化了。于是，当然就有了以工厂群众为基础的因素。与此相反，蒋的解决方式是官僚性的，但却毫无生气。对“黄色”工会的控制和管理中几乎少有工人的参与。领导们来自工人以外的阶层，这在意大利是不可想象的，同样不可想象的是墨索里尼会允许自己与“青帮”分享对工人的控制。如其他

---

① Lloyd E. Eastman，“Fascism and Modern China：A Rejoinder，” *The China Quarterly*，no. 80（December 1979）. Hung-mao Tien，*Government and Politics in Kuomintang China*，1927 – 1937. Stanford：Stanford University Press，1972，pp. 64 – 65.

② Mary Matossian，“Ideologies of Delayed Industrialization：Some Tensions and Ambiguities，” in John H. Kaustsky ed.，*Political Change in Underdeveloped Countries*：*Nationalism and Communism.* New York：Wiley and Sons，1962，pp. 252 – 264.

③ Joseph Fewsmith，*Party*，*State*，*and Local Elites in Republican*：*Merchant Organizations and Politics in Shanghai*，1890 – 1930. Honolulu：University of Hawaii Press，1985，p. 178.

许多事情那样，在控制劳工上蒋是个折中主义者，他会模仿战术和技巧，却无法模仿他们的精神。蒋并不是一个法西斯分子，他成不了。他是个军事官僚。他的方案不是去赢得工人，而是凌驾于他们之上。①

简言之，与欧洲法西斯主义相比，最为显著的差异在于国民党的无能亦无心制造真正的群众运动，这转而表现于政权对社会动员与政治参与始终不信任。②

而且，1936 年撰写的蓝衣社的训练手册否认与西方法西斯主义有过多的相似之处。它承认："许多同志认为，我们的组织成立时正值欧洲法西斯主义上升时期，于是，为抵抗日本军国主义及奠定中国社会的基础，我们必须与世界潮流保持一致，并采用法西斯主义，因此我们的意识形态是法西斯主义。"但手册说，这个观点会使人产生误会，因为一旦模仿外国人，必然会使蓝衣社无视中国的特殊条件，从而无法认识到三民主义是适合当时中国国情的完整意识形态纲领。力行社的创始人之一干国勋，在许多年后写道，他对把所谓蓝衣社当作法西斯组织感到愤怒："我们怎能让敌人诬陷我们的事业，并称我们是法西斯分子的蓝衣特务呢?"③

据干国勋回忆，一些成为复兴社三级组织成员但从未真正介入力行社核心部分的记者和评论家们，不但完全误解了原黄埔的运动发起人的目的，而且太轻而易举地滥用了"法西斯"这一词语。这些人，包括《动乱的回忆》的作者陈敦正，都被复兴社个别领导人模仿欧洲法西斯的表面现象蒙蔽了。比如在复兴社训练处工作过的陈敦正曾这样形容刚访问德国和意大利旅行回来、带着

---

① Walter E. Gourlay, "Yellow Unionism in Shanghai: A Study of Kuomintang Technique in Labor Control, 1927 - 1937," *Papers on China*, vol. 7. Cambridge, MA.: Harvard University Committee on International and Regional Studies, 1953, pp. 128 - 129.

② Mary Backus Rankin's comments at the "Reappraising Republican China," conference, London, 18 - 19 December 1995, p. 1.

③ 干国勋:《关于所谓"复兴社"的真情实况（下）》,《传记文学》1979 年第 35 卷第 5 期，第 81、84 页。

一副纳粹冲锋队派头的上司滕杰：

> 滕先生穿了一身油绿色的军装，上身是中山装型式结领带，下面是马裤细裤脚，着马靴，精神饱满，非常神气……滕先生告诉我，这就是当时德国希特勒的制服。①

滕杰不过是复兴社仅有的几个去过德国、意大利、英国、法国和比利时的官员（其他人有杜心如、李国俊、酆悌、潘佑强和胡轨）。他们访问的目的并不在于研究法西斯本身，而是从蒋介石的安内攘外政策的角度，去观察德国和意大利是如何摆脱曾阻碍英法在本国铲除共产主义的自由主义桎梏的。②

如果说，欧洲法西斯对共产党的残酷攻击有助于力行社成员抛开对侵犯民权仅有的一点顾忌的话，德国的褐衫党和意大利的黑衫党则为复兴社树立了一个新的可参照的会议风格和集会仪式。③ 此后不久便有一些蓝衣社前沿组织的集会，以一种法西斯雏形的文化形式出现。而这种集体性被后来的一个成员称为“警察前卫的刀剑文化”，在那时的确显示出一种与欧洲法西斯仪式相似的场面。

例如，复兴社于1934年在杭州建立了一个“文化前卫队”，它由浙江大学、之江大学和国立艺专学校的三四百名学生组成。它的成立仪式是在代表了“血和铁”的长剑和匕首前举行的。仪式上，中央空军学校和江苏警察训练学校的干部们身穿军装列队成行，在警察学校校长及力行社的创始成员赵龙文的指挥下组成了一列仪仗队。成千上万的人观看了新卫队成员荷枪实弹宣誓效忠

---

① 陈敦正：《元霞阁随笔》，引自干国勋《关于所谓“复兴社”的真情实况（上）》，《传记文学》1979年第35卷第3期，第84页。

② 陈敦正：《元霞阁随笔》，引自干国勋《关于所谓“复兴社”的真情实况（上）》，《传记文学》1979年第35卷第5期，第84页。

③ 艾经武：《复兴社河南分社的片断回忆》，《河南文史资料选辑》1981年第5辑，第107—114页。

的场面，他们似乎被这种严峻的秩序和庄严的场面深深地感动了。[①]

确切地说，在这组相对来说不大、对着蒋介石像宣誓的半军事化的学生团体，同在纽伦堡向元首列队致敬的军队或是在罗马广场上挥动拳头对元首欢呼的人群之间，是有很大差别的。[②] 当时一名记者一针见血地指出了这种差别：

> 像蓝衣社这类组织在西方也不是鲜为人知的。墨索里尼和希特勒都有他们自己监视党内外分子的秘密警察。有些中西方的评论家把蓝衣社定义为法西斯。但如此简单的标签使人产生误解。首先，没有一个法西斯政党能够或者愿意是秘密的。它的力量在于其大规模地公开宣传与组织的能力，并由此来建立一个包括所有阶层在内的共同阵线来支持这个运动。其次，中国的情况与西欧任何国家都如此相异，其政治程序也有本质性的区别，因而无法用西方的概念来界定。国民党本身与西方法西斯在某种程度上有所类似，但它具有太广的多面性——也因为它在更大程度上是源于西方民主制，而非独裁传统，它对现代中国的特殊条件的适用性还没有被证实。[③]

不过，即使欧洲的黑衫党和褐衫党与中国的蓝衣社不完全是一回事，法西斯主义的形象在那些年代里在全世界范围内都非常强大而且具有吸引力。正如我们所见，为数不少的中国军官被派往德国和意大利受训，他们回国后充满了对“法西斯主义”的崇敬，“而且相信法西斯主义在中国当时情况下的价值”。[④] 而且，即便蓝衣社仅仅渴望寻找新鲜的政治观点，以向陈氏兄弟及其党徒对报刊出版的垄断进行挑战，那么法西斯主义的冲动口号对极端民族主义

---

① 萧作霖：《复兴社述略》，《文史资料选辑》第 11 辑，北京中华书局 1960 年版，第 40—41 页。

② Maria Hsia Chang，*The Chinese Blue Shirt Society*：*Fascism and Developmental Nationalism*. Berkeley：Institute of East Asian Studies，University of California，1985，p. 50.

③ Wilburn Burton，“Chang's Secret Blood Brothers，” *Asia*，May 1936，pp. 308 – 310.

④ Shepherd-Paxon Talk，in Records of Department of State，Internal，China，1930 – 1939，No. D130，00/14127.

化的中国人来说，也必然成为他们的某种意识形态的基础。①

中国文化主义的象征性含糊

为了提供给蓝衣社一个前沿组织以使其活动深入文化界，由蒋介石的亲信，包括蒋的私人秘书邓文仪组建的中国文化学会，于 1933 年 12 月 25 日成立了。② 邓文仪长期以来对文化事务持有商业兴趣，他曾经向朋友们借钱开办了提拔书店，那书店出版过蒋介石的言论集和军人手册系列。当力行社的蓝衣社成形时，邓的提拔书店已经发展成了连锁店，并在南京、汉口、南昌、长沙、贵阳及其他城市发行了该运动的刊物。中国文化学会也因此汇入了邓文仪的一个已经建立好了的简单而面广的宣传网络。它的出现正值新生活运动开始：新生活运动由江西省省长熊式辉于 1934 年 2 月在江西发动，这种道德复兴观的基础，来源于“传统孔学信条、基督教道德准则及军事理想的意识形态大杂烩”。③

在力行社内部，新文化运动被当作蓝衣社的“四大运动”之一。社团中所有的干部和成员都受到它的左右，尤其是在他们个人财产和收入方面。力行社的规定要求所有的成员都应当登记他们的私人财产，将来所有的财产增减都将通过其工资来调节，而这些财产应当由书记处的会计或力行社的监察员抽查。贪污 200 元的，处徒刑；偷窃 500 元的，处死刑。力行社在地方的协调组织因此而制造出“一个新气氛”以清除挥霍、贪婪、懒惰、欺骗、叛逆、赌博、淫乱，以及所有封建士大夫的好逸恶劳之类的种种恶习。在这个扫除浪费和到处封官许愿的新道德秩序下，男女大众将“复兴我固有的日新又新之创造

---

① 萧作霖：《复兴社述略》，《文史资料选辑》第 11 辑，北京中华书局 1960 年版，第 55 页。

② 萧作霖：《复兴社述略》，《文史资料选辑》第 11 辑，北京中华书局 1960 年版，第 37、41、56 页。

③ William Wei, *Counterrevolution in China: The Nationalists in Jiangxi during the Soviet Period.* Ann Arbor: University of Michigan Press, 1985, pp. 76 – 78.

民族精神”，以“恢复自鸦片战争战败后之民族生存发展信心”。[1]

中国文化学会相应的主要目标是，通过把人的注意力转移到大众共同利益的方法来“更新生活”。这种努力的关键是一个“军事化”项目，它原先只针对复兴社成员，后来通过新生活运动促进协会的运作扩展到了一般公众。正是这个协会采取了许多极有争议、强加于人的运动措施，如限制吸烟、跳舞和穿某些西化的衣服。[2] 蓝衣社后来遭到外国人尤其是美国传教士们的指责，说他们颠倒了新文化运动最初的宗旨，而把它变成了一场法西斯统治的运动。[3]

传教士属于右派吗？蒋氏政权——即使不是在事实上，起码在意图上欲效仿法西斯，那它到底是不是一种法西斯主义政府？实际上，“儒家法西斯主义”作为形象仍然不乏其暧昧性。它的一系列权力象征也迅速融入了传统社会关系的色调之中。这类社会关系把对帝国的忠诚与更加倾向于平等正义的中世纪游侠——中国王朝晚期结拜武装兄弟会的江湖好汉们——结合起来。这种深厚的乡土主义也从共产党领导人毛泽东等一批浪漫的民族主义革命家身上得以体现，它可以追溯到《水浒》和《三国演义》等民间文学，也源于儒家道德。其暧昧性——弥漫四处的模糊——既是文化上的强大，也是意识形态的无力。一旦抽去结构上的支撑，领导人物在舞台上消失，蓝衣体系的信仰体系将退落至庞大的民众排外主义和种族复兴的象征性领域中。这一排外与种族复兴是近代中国的不少运动，包括国民党自己的敌人——政治上的左派所具有的特点。正如易劳逸在其《流产的革命》（*Abortive Revolution*）一书中聪敏地点出的那样：红卫兵和蓝衣社相去并非甚远。

王郡　译

---

① 干国勋：《关于所谓“复兴社”的真情实况（下）》，《传记文学》1979 年第 35 卷第 5 期，第 81 页。

② Wilburn Burton, “Chang's Secret Blood Brothers,” *Asia*, May 1936, pp. 308 – 310.

③ Political implications of “The New Life Movement” in China, Nanjing dispatch no. 473, 21 May 1937, in Records of the Department of State, Internal, China, 1930 – 1939. 又见 William Wei, *Counterrevolution in China: The Nationalists in Jiangxi during the Soviet Period*. Ann Arbor: University of Michigan Press, 1985, p. 77.

第五章

关于中国史学

引 言

周锡瑞（Joseph W. Esherick）*

伟大历史学家的论述，超越了研究史料本身——我们可以从本文集的各部分读到这类学术论述。大师水平使他们能通晓自己领域的发展史，同时保持对社会科学相关的理论发展的认识，成为跨越政治和文化分野的学者，而且还要把自己的经验和专门技术传授给下一代的历史学家。我们在魏斐德先生的论述中发现了这些特点。他把某一领域的相关研究和社会科学知识融合起来，并不断寻求同大陆与台湾地区、美国学者的相关切磋。这也是他运用多学科知识交叉的方法治学的明证。

本章选入的几篇论文，都讨论了中国历史研究领域的发展演变。这里魏斐德提出了我们常遇到的几个重大问题：明清转变时代的连续性相对于断裂性、清朝种族划分的作用，经济的演变相对于动态增长、城市史、家族史、地方精英的作用。那篇《关于中国档案和美国的中国近代史研究》的论文在考察新

---

* 周锡瑞（Joseph W. Esherick）为加州大学圣迭戈分校历史系教授、中国学讲座教授。曾在哈佛大学师从费正清，并于1964年获该校学士学位。次年去加州大学伯克利分校师从列文森。其研究生时代与魏斐德先生的教授生涯在伯克利同年起步。列文森教授不幸溺水亡故之后，魏斐德成为周锡瑞的博士论文导师，该论文后来成了他的第一本著作：《改革和革命：1911年在湖南和湖北的革命》。之后，其论著有：《义和团运动的起源》《中国档案指南》。此外编辑及合编的有：《在中国丢失的机会：谢伟思在二战中的报告》《中国地方精英与统治模式》《重建中国城市——1900—1950：现代化与民族认同》《从帝国到国家：关于重建现代世界的历史观》《历史地审视文化大革命》。

档案的作用方面特别重要，它显示了以下的轨迹：随着人们利用档案研究的发展，从费正清利用已出版的文件集研究中国19世纪外交史，到史景迁和学生们在台北故宫博物院档案馆的研究，再到最近利用中华人民共和国丰富的档案材料研究新型的社会、经济、法制和人口史。

《跨国界的比较性研究》那篇论文，明显地体现了魏斐德对社会科学发展的密切关注。此文是他任美国社会科学研究理事会主席时的一篇年度报告，文章显示他对不同专业与地区性研究之间建立有效的学术互动联系一贯的坚决支持。他明确意识到存在于以文化为基础的研究方法和现实主义模式之间的冲突，于是坚持两者都需要搞清作为当代世界特点的跨国界人口流动和文化变动现象。在一贯提倡与社会科学进行交流的同时，魏斐德并不回避对社会科学持批评态度。

魏斐德是属于在不能访问中国的年代里就开始进行中国研究的那代美国人。在他的整个学术生涯中，他都在努力克服政治和文化的分野。文集这部分中的许多论文涉及他促进与海峡两岸的中国学者进行交流的努力。该章中《关于中国史研究的几个问题》和《中国历史档案新近解密》的报告，使我们想起了魏斐德在促进中外学术交流中的关键作用，这种作用对中国历史研究的转变有重大影响。这些报告也使我们想起他很早就对中国档案向中外学者开放问题极为关注。所有的这些论述都说明魏斐德在学术上对当代中国史学研究的充分了解，以及他对中国学者面临困境的令人敬佩的体谅。这份体谅甚至在他的观点与中国学者相悖时，或在1974年他对中国学者在和外国学者谈话时必须坚持的说法不赞同时，也得以体现。早年的中美学术交流在很大程度上需要个人外交，毫无疑问，魏斐德热情的为人和他的智慧使他在这方面很有成就。

最后，作为他以前的学生，读这些论文，我情不自禁地被他在许多有关美国中国学方面的论述中所表现出来的达人精神所感动。他当时介绍给中国观众的许多东西是自己的学生和学界新人的著作。我们看到他一次又一次地推荐詹姆斯·波拉切克（James Polachek）、曾小萍（Madeleine Zelin）、欧立德（Mark Elliott）、叶文心，甚至我自己的著作。当然许多其他学者也被推荐，但魏斐德总是对他加州大学伯克利分校的学生特别关心。他将这种关心作为导师情意的一部分，曾经贯穿了我们的整个学术生涯。虽然他在将来或许不能再亲自指导我们了，但这些论文将使我们铭记他给我们的指导和他对这个领域的贡献。

徐有威　张凯　译

反思清朝——西方关于帝国晚期研究中未解决的问题[①]

（1994 年）

在 20 世纪 70 年代早期，对晚期帝国的社会史研究中，西方清史学家，尤其是美国历史学者，从被称作“哈佛学派”的“冲击—回应”模式转向了一个新的模式。这个模式突出明清变迁的重要性，研究强调直接解读自 17 世纪以来国家与社会、控制与冲突之间的关系。[②] 这一模式产生了大量有关明末清初的史学著作。他们主要是利用 20 世纪 30 年代公布的材料，而当时中国的历史学者则将他们的注意力投向了 18 世纪。那是一个与他们生活的时代类似的时期，都刻有“外族入侵、征服，抵抗与妥协”的特征。

在这一史学史研究中，其主要的争论焦点之一是：当满族征服明朝时，中国的历史是延续还是中断了？[③] 清朝的历史是否应当被视为汉人受征服被击败的历史？——无论是从满族独裁统治者为镇压异己和遏制求知欲所产生的结果这个意义上看，还是从中国文人抵制明末“道家”思想家踊跃的积极主义和与生俱来的自我沉溺的失败的角度。[④] 这些论点中有许多反映了 20 世纪早期在梁启超、章太炎、汪精卫以及其他参政知识分子之间的争论：即关于清朝统治对中国思维结构上的冲击问题，这种冲击也许导致了某种停滞状态，而这一状态可以解释 19 世纪清王朝面对帝国主义时所做出的尴尬无耻的反应。

---

① 本文系作者 1994 年 1 月 19 日在台北“中央研究院”社会科学与哲学研究所发表的演讲稿。

② 费正清是自 1969 年以来这一历史研究转向的先驱，尽管随后他的结论遭到了新社会历史实践者的攻击。

③ 余英时关于“唯理智论”的研究，将宋明理学与清朝的经验主义结合起来，同艾尔曼（Benjamin Elman）从哲学到语言学转折的研究一起，为那些希望强调延续而不是中断的学者提供了一个重要的支撑点。

④ 参见魏斐德的《洪业》。

但是，当台北故宫博物院的珍贵文物在台北被分类和出版图录时，当明清档案在中国大陆被公开时，西方学者的注意力迅速从那些十分熟悉的问题转向了一系列全新的问题，即关于17世纪和18世纪期间国家与社会关系的问题，这些问题至今仍未得到解决。接下来我愿意以一种尝试与初探性的方式来讨论其中的几个问题，探索这些问题对清朝的没落与民国的兴起的意义。

国家与社会

清朝政府最大的自身矛盾之一是它的体制设置。这一体制是明朝官僚机构有效的复制品，然而，与此同时它协调某些区域内经济活动的创新力却是前朝制度所不具备的。西方历史学者以自己的方式关注着这一矛盾，他们将注意力投向了两种不同的现象。一种是对新制度或者说是贯彻清朝新制度方法的引进：内务府，皇帝包衣[①]的使用，逐渐成形的宫廷密奏制，以及决定皇帝继位人的多种方式等，诸如此类都增强了帝国统治的能量。

第二种是我们十分熟悉的机制复兴。比如清朝的常平仓粮食储备制度和京杭大运河的管理，目前人们似乎比以前任何时候都要更加意识到它们对18世纪经济萌芽的影响。这后一种认识与一批较年轻的中国历史学者的观点不谋而合，这些史学者们在1979—1989年的国家市场经济改革中，强调了18世纪国家扮演的积极角色。

第二种观点吸引了一大批在20世纪70年代培养出来的社会和经济史学者（通常都受到了法国年鉴派史学理论的间接影响），现在他们都逐渐成了美国史学界的高级专家。尽管其中一个经济史学派系的主张是：中国经历了一种“经济的退化”，它表现在整个清朝早期至中期，经济持续地增长，但却未有

① 包衣，是满语，它最初指私人家庭中的奴隶，具有世袭性。在八旗之中，上三旗包衣的后代成了皇室的家奴，下五旗包衣的后代成为亲王的家奴。鉴于明朝宦官擅权的危害，清朝开国时即采取措施削减太监的影响力。在这种背景下，包衣开始登上历史的权力舞台。——译注（此注释转引自《曹雪芹家族等世袭包衣》一文）

实质性经济发展的特征。大多数学者都同意林满红的观点：18 世纪上半叶经济戏剧化地膨胀，同时伴随着白银需求的前所未有的增长，以及遍及帝国沿海省份的持续不断的城市贸易的增长。这种膨胀伴随着人口的剧烈增长。何炳棣在许多年前首先提到，这个增长既引起了流向海外的移民，也引起了国内向东北和整个中部丘陵地区的移民。这些人口变化中未解决的方面，关系到中国与欧洲人口格局之间令人困惑的差异。这种差异在数据非常详尽的皇族记录和沈阳档案中一览无余。同时，美国历史学家继续说明，与我们从前了解的相比，清帝国对社会灾难有着更强的承受力。

换句话说，与我们过去曾经了解的相比，西方历史学者目前更倾向于将清朝政府描述为一个面对经济环境具有更加灵敏反应的政府，而不是把它描述成一个统一而遥远的国度，一个在自然灾害的冲击下对社会状况漠不关心、无力做更多努力来改善社会状况的国家。事实上，晚期中华帝国历史中巨大的能动力的部分，是来自新的积极的国家各级政权与地方社会利益之间对公共资源的竞争。这一竞争特别是在供水系统的领域内十分明显。当经济在 18 世纪中增长时，供水系统中的“水循环”也获得成功。越来越多的供水装置被转移到了私有田地，而这些私有田地阻塞了供水水路，并且助长了 19 世纪早期与中期遍及整个华中与华北地区破坏性洪水的出现。国家权力的增强与私有化的加深同时发生，导致了另一个帝国晚期至关重要的、需要我们更深入去理解的矛盾。

当然，对帝国这一新看法已经对君主政权本身的性质提出了新的问题。清王朝的核心，乾隆皇帝（1736—1795 年在位），这位每种任性都得到满足，且通过绝对顺从的官僚们对文人进行迫害的皇帝，是一个强有力的专制暴君，还是一个被包围在礼节与仪式中，被公文所困的囚徒？尽管公文分类制度甚至阻碍了皇帝本人看到某些文件，而且存在一群高官幕僚时刻援引礼制道义以限制皇帝使令的事实，但西方的一些学者仍然认为乾隆皇帝是自己理论的囚犯。而那些应在皇帝眼皮底下苦干的学者们，尤其是致力于《四库全书》的那些学者，被认为是相对具有自主性的文人，他们很知道如何充分利用制度以给自身最大的灵活性。

于是，中国君主政权的性质一直是个疑问。魏特夫（Karl August Wittfogel）时代的古老“东方暴君”不再是西方学术界可信的形象，但在帝王权力范围上的争辩仍在继续展开。孔飞力（Philip Kuhn）认为：对那场剪辫子运动及其相关的宗教偏狂的处理，看似缘于衰老的清帝国的恐慌，实际却是皇帝以此来打破韦伯所谓日常官僚烦琐铁链的一个伎俩。他的这一说法颇显才华，但不确凿。对此我们将继续探讨。

这个问题已经引起争论的一点，是满汉之间的关系问题。目前，已知晓的存放于北京第一历史档案馆中的文件至少有15%是用单一的满文书写的（而且有时还明确地指出禁止被翻译成汉语，因为这些文件涉及了敏感的民族问题和国家安全问题），许多在美国的年轻清史学者开始把满文列入他们必须掌握的语言之中，以便能够对这一王朝的历史进行研究。他们中间最资深的学者已经提出满族作为一个种族，在某种程度上是18世纪的创造——当乾隆皇帝鼓励他半开化了的满族臣民编制全新的宗谱，以庆祝他们的祖先对清朝帝国的忠诚时，一种“想象出来的社会”在皇帝的支持下兴盛起来。建立在乾隆皇帝和他们的鞑靼将军之间的王室来往之上的满族八旗军的历史证据，使认为满汉仇恨在18和19世纪没有变化的观点受到质疑。这一正在形成的争论，一定会成为西方历史学家在今后沉思清朝历史时的一个重要的问题。

我们也将会继续思考民间宗教以及农民谋反的问题——自从韩书瑞依据故宫档案中的供词写出的一些关于教徒叛乱的作品问世以来，它们从20世纪70年代就开始成为西方史学家主要关注的话题。[①] 问题简单如下：白莲教是否因充分地融合了无生老母[②]与弥勒佛等民间宗教的千年信仰，而使各种教派不时地起义，以用“劫”来确保自我拯救？或者白莲教本身无害，只是那些以千

---

① 如：S. Naqui，*Millenarian Rebellion and Shantung.*

② 无生老母，原称无极老母，是明、清以来许多民间宗教，包括罗祖教、无为教、大乘教、闻香教、天理教、一贯道等最主要的神，无生老母被明代中叶的罗祖教教主罗梦鸿创造为“无极圣祖”，尊崇为人类真正的始祖。

年布道去激发追随者的期望的危险谎言家和阴谋家乃是有害的？抑或，该教是一种自然和社会灾难的衍生物，人们加入宗教运动是为了获得慰藉或拯救？

这是目前争论非常热烈的问题。宗教历史学者站到了宗教运动无害论者一边，而其他也许受到早期欧洲关于教派运动学术思想影响更深的历史学者，则声称基督再临的信条本身足以激起几乎遍及整个华北平原的忠实信徒们此起彼伏的反抗。对18世纪末期汉江丘陵地区白莲教派的活动进行广泛的档案研究，已经证明了叛乱选择的偶然性，而这种偶然性转而为那些政治学者们的“理性选择”论增加了一层深刻的历史含义。这些政治学者们以小报新闻为证，论说宗教信仰在广泛的反王朝运动中没有扮演重要的角色。

关于这一点，致力于民间宗教研究的西方史学家们使其他历史学者意识到，更多地去了解在清朝前期、中期缓和国家与社会矛盾的众多群体的重要性。城市史研究的兴趣正在增长，因此，现在我们被提醒：这些社会组织可能具有公民社会的运作力，但是这种运作力也并不像早期现代欧洲的调解力量那样拥有自治或者是同类的劳动章程。特别是年轻一代的史学者们对城市历史和市民文化历史产生了敏锐的兴趣。何炳棣的观点是否有道理？扬州盐商仅是模仿他们资助的文人的文化吗？还是更“资产阶级化”的市井文化的新形式中，因有商人出钱做后台，而出现了奢侈消费和艺术商品化？

当然，在晚明清初时期，以收集艺术品作为身份标志的行为创造了一种新的消费文化。这种文化既转变了市场关系，也在拜金思想泛滥时为18世纪显著的商业扩张建立了条件。然而手工业的扩张并不意味着大量新的市民手工业者群体出现具有必然性。家庭作坊式生产有力地强调了一种新型的家庭生活模式——鼓励妇女留于家中，在炉膛边编织。这种家庭生活模式伴随着17世纪性别的社会融合的反映，这与清朝过分规矩、严格的上层政治与社会秩序的特性十分一致。

因此，尽管在性别研究领域中对清朝的研究并不十分完善，目前不断壮大的对女性历史感兴趣的历史学者群体提出，在清朝中期女性的社会形象相对地被贬低了。而此时的社会道德与社会规则都约束着妇女在家中恪守妇道、一字不识。在这一点上，一大批博士研究生基于中国大陆当地档案做出的新成果也将衍生出丰富的研究成果。

作为生产与市场分离的一部分——这或许也影响了劳动成本而帮助解释了“经济内卷化”（economic involution），不论是在市场或是通过地方衙门，在禁锢妇女的同时新的社会交易人崛起。近来的研究成果已经提出，在盛清时期讼师的增长不仅为几十万持低学位的生员提供了生计（不然他们会不得已地被地方复杂的教育体制困住），而且几乎也使一个类似西方律师的职业阶层出现了。

政府不允许这样的律师阶层建立，拒绝认可讼师在法庭代表委托人出席的合法性的一个原因，是政府确信讼师阻止了积案的快速清理。目前一个活跃的美国法律史学者团体认为新近开放的地方档案证明了清朝的臣民非常喜欢打官司，也证明了在刑法典中相应地存在一定的民法，去处理家庭内部争端、财产安置、遗产和合同违约事务。

西方历史学者近几年获得了对清朝社会历史更深入的理解，通过与外部世界相比，对这个朝代的定位有了更正确的评价。既然我们能够从其内部看到这些变化的文献记录，在《中国对西方的回应》（*China's Response to the West*）一书中曾描述的“乾隆皇帝傲慢地告诉乔治三世中国不需要西方的任何东西”的旧形象，因我们所看到的文件记录而内在地得到纠正。在20世纪80年代早期，贝菲特（Alain Peyrefitte）从北京大学西方史学教授张芝联那里获得了一大批关于马戛尔尼使团的文献。在戴廷杰带领下，一批法国汉学家曾经翻译了这批文献。这些档案显示出乾隆皇帝意识到英国海军更为强大，以及因此与其保持安全距离的重要性，而不是要保持傲慢藐视。英国人对中国人几乎一无所知，而清朝政府对英国人同样知之甚少，但是马戛尔尼和乾隆皇帝都意识到两个帝国很可能在朝着冲突的方向前行。

最后，应简单提及近来关于晚清中国时期“公民社会”是否存在的辩论。由于哈贝马斯（Jurgen Habermas）在西方的影响，美国历史学者最近已经投入大量精力去关注晚清与民国早期“公共空间”的问题。那些倾向把17和18世纪的中国比作早期现代欧洲的社会史学者们（他们甚至使用“早期现代中国”的提法），也声称找到证据证明：17 世纪中期中国的公民社会已经浮现，他们将这新出现的公民社会与太平天国整顿时期之后，特别是江苏、湖南和浙江等省贵族们的激进主义联系起来。他们通过重新定义相对“私”领域的“公”而非“官”的概念，强调了这个公民社会的概念。无疑，在清朝晚期的确出现过地方精英的活动组织，然而其准确的性质却被肤浅地理解。目前西方历史学者们在 20 世纪前期的中国历史研究中，面临的迫切任务之一便是弄懂这一精英组织在 1912 年清朝覆灭之后，是如何与新的精英联系起来，并对他们产生直接影响的。

宋京　译

关于中国史研究的几个问题

（1985 年）

很高兴有机会和广东的史学界同行们讨论中国社会历史的研究问题。在这里，我将就中国史研究的问题发表几点意见。

正确对待中国与世界的关系

在美国和欧洲的经济史学界中，沃尔斯坦的观点很有影响。他是一个新马克思主义者，主张用马克思主义的观点分析世界历史。他把 16、17 世纪的欧洲历史当作世界性的模式，以欧洲为核心，认为这个核心的发展是世界文明的基础，欧洲工业化的根本原因在于剥削周边的国家。他的思想对美国青年学者有较大的影响，但我不完全同意他的看法。

我有一个学生在《亚洲学会周刊》上发表一篇评论性文章，认为不能简单地把中国看成一个周边的国家，不能用沃尔斯坦的观点来研究中国历史。我同意这个看法。根本的问题是要真正地把中国内部的历史和世界历史结合起来。我认为鸦片战争是中国世界历史的门槛，在鸦片战争后，中国和外国有了不可分开的关系。

有的学者认为，问题不在于中国为什么没有像欧洲一样出现工业化，而在于为什么欧洲与中国等大多数国家不同，出现了工业革命。这才是应该解决的问题。

从社会经济方面说明政治事件的原因

我并不是马克思主义者，但认为必须这样做。对这个问题，美国学者中有不同的看法。费正清教授就认为，鸦片战争的主要原因不在于经济，不在于鸦片贸易，而在于两种文化制度的矛盾，在于中国人不能平等地对待外国人，平等地与外国贸易。费正清的这种观点有其渊源，因为他是蒋廷黻的学生。他的这种观点目前在美国还有发展的趋势。

我不完全同意他的看法，他曾邀请我写一篇关于鸦片战争的文章，作为《剑桥中国史》的一部分。我们花了很多时间来寻找一种共同的看法，但没有成功，我们最后和气地分手了。

1839 年、1840 年查顿回到伦敦时，巴麦尊就承认关于中国的最大问题是印度。东印度公司向英王借了一大笔债，其还债利息等于英国王室每年收入的 16%，他们必须把印度出产的鸦片运到中国贩卖，再把中国的茶叶运到伦敦卖给英国人，没有这种三角贸易，他们就难以偿还债务。美国独立战争爆发后，墨西哥白银的出口减少，使鸦片贸易显得更加重要。英国人也承认卖鸦片是英国的耻辱，但仍然必须把鸦片作为主要商品，这说明鸦片战争爆发的原因在于经济方面。

对中国历史的研究要注意与其他国家的比较

我最近写了一文，叫《明末清初政治的变化》，对 17 世纪中国政治变化的状况进行了分析。17 世纪出现过一次全球性的危机，这次危机一部分是由于气候方面的原因。当时全球各地的平均气温下降 2—3 摄氏度，被一些史学家称为“路易十四小冰期”。我在北京大学图书馆看到一份材料，在 30 年代已有中国学者注意到这个小冰期，17 世纪初中国东北地区的作物收获时间推迟了 15—20 天。我不敢说这是满族人入关的主要原因，但它肯定对当时的政治、经济有很大影响。有人认为 1605 年至 1655 年间，中国人口减少了 35%，这与欧洲各国人口减少的幅度大致相同。例如同时期德国人口减少了 45%，英国减少了 35%。这一比较，说明当时中国人口减少不仅由于李自成起义和满族入关，而且有其世界性的原因。清朝统一全国所花的时间很少，人口恢复也很快，而欧洲各国的人口都要到18世纪才开始恢复。相比之下，中国是经济恢复最早的国家。

傅衣凌先生认为中国社会既早熟又不成熟，既发展又不发展。现在一些美国学者也同意这种观点。

有一些比较年轻的美国学者受到中国学者的启发，开始探讨18世纪中国社会具有自己发展特点的原因，但他们的研究只是初步的，还没有达到最高水平。要联系土地制度、租佃制度等问题，不仅要注意到经济的发展，而且要注意到社会的变化，这种全面的工作应该有中国学者来完成，希望你们的研究速度更快一些。

研究中国史要注意到世界性网络的影响

研究中国历史，特别是中国近代史，必须了解世界网络，进行深入、广泛的分析。对中国内部的网络也要加强研究，这个网络在世界上很重要，但又不容易发现，对外国人来说是个谜一样的东西。

近三四年来我对上海开埠以后的历史尤为感兴趣。过去我们对国民党统治下中国的历史、对国民党腐败和衰亡的历史研究得很少。要了解1927年至1937年的上海，就必须研究上海控制的网络，了解青帮和红帮，还要了解警察。

对警察的研究表明，当时中国的警察制度也与世界网络性格局发生了联系。美国一些学者注意到袁世凯时代的警察制度受到日本的影响，这是过去人们较少注意到的。美国著名的警察长协会会长沃尔默有两个中国学生，这两个人在美国伯克利跟沃尔默学了三年的警察技术后，回杭州办了一个警察学校。这所学校后来又被戴笠接管，搬到南京，成为国民党的中央警官学校。这两人给沃尔默写信，请他当顾问。结果美国的警察模式被搬到了中国。他们给沃尔默的信件被保存下来，现在和沃尔默的其他档案一起，收藏在伯克利大学图书馆。

国民党的军统组织也与美国有密切联系，梅乐斯就曾和戴笠合办“中美合作所”，在斯坦福大学有梅乐斯的档案，我仍然利用这些档案继续对网络问题的研究。我还发现蒋介石的统治网络与美国海军也有密切关系。

在美国国家档案馆有一个特别秘密的档案，就是财政部在第二次世界大战时对鸦片贸易网的调查，其中牵涉到周佛海、戴笠、梅乐斯和蒋介石的亲信。

以上情况表明了一种世界性网络对当时中国统治网络的影响。我们在研究时必须注意这种影响。

我认为我们应该用当代的方法，从当代的角度来研究过去，必须把政治性的现象和社会经济的改变联系起来加以考虑。

陈志和　整理

跨国界的比较性研究

（1985 年）

一段时间以来，社会科学家一直强调需要提出一些重要论点以寻求解决某些基本假设的捷径，诸如关于“国家的”和“国际的”等常见词汇的概念化研究，以及关于单一民族国家作为一个分析单位被赋予突出的作用。

这个新的重点，部分归因于过去十年间各种网络的急剧全球化。这些全球的联结从世界银行、贸易和市场网络，到经济和军事的互相依赖、劳工和政治移民、国际标准和规则、知识和信息交流、多边条约、跨国组织及能源和技术流动，乃至宗教传播活动、广告传媒和中产阶级消费文化的世界化。

它在相当程度上也部分受生态学的和气候的冲击影响。世界石油的消费量已从 20 世纪二三十年代的每年 10 亿吨，上升至目前的每年 60 亿吨。我们所见的几乎所有事物都表现出这样的增长指数，意味着人类交互行为的强度和速度日益迫使社会科学家用新奇的方式在地区和世界分析之间往复研究。

分析的观点分类

在社会科学研究委员会发起的会议上，社会科学家们反复申述：只要我们假定人们需要了解特定国家的内部动力学和它们之间的国际关系，就不能宣称从概念上理解了当代的世界。然而，在同样的场合，这些学者们又反复表达了他们对自己分析模型的解释力弱点的不满。例如，即使世界组织抽象方案中最具肯定思想的设计师们也承认国际关系中的“新现实主义”不能解释机构合作现象的动力学。“新现实主义”是国家利益和权力的学说。现实主义理论被从事安全研究的学者们视为解释和预测国际行为和结果的最简便、最有力的理论。他们设想国家确立了目标，然后调动社会中的各种力量——军事武装、经济力量、技术和自然资源、地理政治学立场等，就可以实现这些目标。然而，“新现实主义者”承认国际体制的变化对处于这一背景下的国家行为发挥着重要作用，虽然如此，他们主张国家和国家权力与大量不变的要素诸如地理和人们行为的利己主义特征结合起来，将导致民族利益的冲突和斗争，因此在国际的和跨国界的关系中发挥关键作用。然而，从事国际关系研究的学者又自我区分为系统理论专家和世界经济学专家，系统理论专家将分解国家方方面面的情况，世界经济学专家倾向于视自己为宏观模型者或商业贸易专家。

区域研究的学者也可见此种划分，与两个截然不同的亚传统密切关联。首先是与经济学、政治学和国际关系相关联，通常被描述为“地域性的”观点。第二个传统更常常与人文主义学者联系在一起，强调历史、语言和文明的观点。人类学和社会学在绝大多数非西方的背景中倾向居于这两个区域传统之间。然而，在许多当代的区域研究领域，除对世界特定民族或地区的共同关注外，那些主要对国际贸易和外交政策感兴趣和那些主要对文化感兴趣的学者始终存在矛盾。前者批评后者学院派的烦琐和个别的特殊神宠论，而后者指摘前者缺乏语言、文化和历史感。

当然在区域研究的专家间也有一定程度的调适，关心国际贸易和外交政策及国际关系的学者一度对解析一个国家感兴趣。后者则渴望了解有关国家具体的知识，因为他们企业的逻辑需要理解国内具体的外交政策研究。尽管这两个群体已有大量交互作用，但在过去专攻文化研究的区域研究学者和热衷于体制理论、国际秩序特征和现实主义范例运用的国际关系专家之间很少进行对话。即使系统的比较文学学者强烈依赖于产生自区域研究传统的人口、思想及其学识（他们与海外的同行学者有特别密切的关系），有时也很难发现本该可以出现的相同范围，例如，当一个理性选择的理论家观察村庄的决策过程。在这个特殊的二分体中，讨论必须将这两类不同的知识结合起来，譬如关注文化的人们认为如果没有文化背景的知识就无法进行有效的决策研究。

概念的争论和混淆

所有这些方法的分析范畴是值得怀疑的，有一种舆论不赞成基本原理。在这些学科中，许多社会科学家已经不赞同他们学科领域的一些核心概念，诸如政治学家的“权力”，经济学家的“资本”，社会学家的“地位”，以及人类学家的“文化”。范例是模糊的，即使最为肯定倾向于此的学者，也可能表达对这些不能解决问题的概念实际上的不耐烦，许多最具思想的社会科学家表达了对他们从事的知识分类的不安。

例如，理性选择理论被规范问题和历史决定论所破坏。有些社会科学家强调文化，而且知道规范也是重要的，但没有清晰的规则将这个意识与有效的模型联系起来。另一方面，政治经济学家有非常清晰的方法建立起经济行为者的分析和行为的国际背景。但他们不能对当代社会中浮现的许多财产进行恰当的归类，比如世界范围的娱乐习惯对大众的理解和进一步的冲突控制模式产生压倒性的影响。美国的电影工业已日益控制欧洲的电影院，但日本的电影没有类似的冲击。为什么会如此？最经常的回答是日本的文化不同，但这个解释援引残留风尚的文化分析，只给出一个虚假的答案，又为我们提供了一个实例证明我们缺乏适当的分析范畴。

当然，事实是我们大部分人倾向于用常规的反应来回答上面提到的类似问题，即“世界正变得越来越复杂了”。但这种思考世界的方式有失清晰，不利于我们理解世界，尤其是在过去的十年里，我们曾贴上复杂性标签的事物发生了如此巨大的变化。一位研究东亚的历史学家曾谈及他在研究生院时曾被传授中国和韩国不会发展资本主义的观点，因为儒家价值妨碍企业家的理性。现在，这位专家认为正是富有侵略性的儒教解决了这些国家的经济变革。曾一度被视为革命的国家如中国和朝鲜，现在被认为是本质上保守的国家，激进的国家变成新兴的工业化国家，以熊彼得曾观察到的各种巨变来采纳资本主义。

范畴变动不定的一个重要原因是世界本身正在经历快速的“去地方化”，

历史学家已经开始谈论西方的“后殖民地”时代。清晰的范畴看来与帝国主义的世界结构相关联。时间在19世纪后期或20世纪的五六十年代，那时我们有社会科学应该遵循的明确概念，至少就建筑学意义上的世界结构而言世界自身表现得也更清晰。随着这些结构日渐模糊，社会科学的范畴也失去了透明度和精确性。我们今天正处于一个在概念上和结构上都不精确、不定型的时期。

新的问题取向

针对这种概念模糊的一个有力反应是国际和区域研究中实在的、有问题导向的方法。正如我们的会议上一位政治学家简明地指出的：当你攻击一个真实的问题，尤其是指出现存范例中的异常之处时，你发现自己学会了你必须知道的东西。与此同时，你发现自己为没用的理论所苦恼，并且明白了这些理论与手头的任务不相关而被迫临时准备新的分析模式。当你处理与政策密切相关的问题时尤其如此。

尽管社会科学领域的某些最重要工作目前关注的焦点集中在制度上的、回顾的和比较的研究，我们在国际和区域研究上的策略是要允许重要的问题取向的论点从我们的分析网络中溜掉。诸如下层阶级的全球出现、英语的传播、拥有权力与讲英语相关、国家间运用同样技术方式上的差异等，与普通的纪律或区域取向委员会的议程不一致。然而，尽管没有用于跨国界研究的纯粹理论结构，但某些共同的性质是很明显的。

跨国界的方法

区域体制研究如规范、制度和过程，提供了分析的中间标准，据此某些变化能够更易持续并可能为全球分析提供更好的打磨工具。一个较好的例证即是工业发展和信仰价值的问题，所谓的“新儒家观点”，这是一个用于东亚区域分析的跨国界观点。另一个更具历史性的例证是日本殖民地统治对东南亚区域制度影响的比较研究。

另一特点与经济和文化意义上的国际政体有关。“去领土化”的观点不仅包含诸如跨国组织和货币市场的明显例证，而且包括种族群体、宗派主义者联盟和政治运动，他们的活动方式日益超越明确的领土边界和身份认同。“去领土化”已影响到复杂的犹太人群体的忠诚，他们操纵的货币、其他形式的财富和投资以及国家策略。人口、财富和边界纽带的松弛相应改变了许多重要的全球互动的基础，同时引发了对国家的传统定义问题。

国家的结构范围也已被日益增加的国际特点所质疑，如对环境的主要威胁、地区和全球安全体制日益增长的依赖性、许多国家对他们理论上控制的相关社会的权力日渐削弱。所有这些发展都对国家的传统职能，如为他们的公民或精英提供福利及作为跨国互动和人口流动仲裁者等，提出挑战。

在微观或亚国家的水平上，那些政治的、发展的、环境的“非政府组织”和各种种族及信仰团体的数量和影响都不断增加。在宏观水平上，有联合国、世界银行和国际货币基金组织等正式的机构，还有关税贸易总协定、世界人权宣言等国际体制，更不要说多国组织、秘密武装和禁毒网络。还有更通常意义上的全球化过程或国际投资、劳动力市场、媒体、消费化和知识交流制度。事实表明这些相对新的和数量更多的亚国家和超国家的参与者和过程的存在、潜力和持续引起大量的抱怨，即我们已失去对今天世界上的事件进行概念化、模式化和系统理解的能力。

其间，尽管许多国家日益关心控制他们的公民和其他政治组织的交往，但他们对某些其他的跨国行动基本上放任自由。例如，印度对美国的政策包含一个经常的穿迷彩服军人的“姿态”，从对军队和安全问题的高度戒备到计算机和工业政策的相对开放。这些国家间姿态的功能变化进一步刺激国家的分解，不再视其为政策制定的垄断者。

同时，我们必须注意文化因素不再限于国家范围而是侵入国际领域。在加强国家间交流之组织者的政治和文化关系的调查时，至关紧要的是记住“文化”本身不再是人类学家曾认为的那样：同类的、当地的、有明确边界的和特定的社会个体进行清晰的面对面交流。文化现在失去了民族的界限，这种跨国界的流动不仅与以民族人口为特征的众多犹太人密切相关，而且与媒体（电影、杂志、磁带、录像带、电脑等）拉近外国人和本国社会文化距离的难以置信的力量密切相关。

因此，我们需要仔细调查那些政府和精英的“官方”政策结果的互动和不同国家人员之间的非正式和非官方网络、运动和交流结果的互动之关系。譬如，如果不理解从台湾地区到美国的“智囊流失”的结果和继起的这些台湾精英身份的变化，我们就会对台湾统一的观点严重误解。这类互动的其他例证包括：

劳动力流动的跨国界含义

无论我们在讨论中东地区的印第安人和巴基斯坦人，美国的菲律宾人和西班牙人，马来西亚的中国人还是瑞典的土耳其人，移民之间的关系、去地域化群体的文化再生、各种客籍工人聚居的安全含义、跨国界劳工力量的其他财政含义都需要探究。单一的框架需要发展，其中跨国界的劳工流动（无论是捡垃圾的还是计算机技术人员）的财政、组织、文化、政治含义能够被分析和理解。

战后全球信仰的正统派基督教

尽管我们习惯于将正统派基督教视作复杂的跨国界力量，我们几乎没有同样仔细地去调查跨国界的天主教、佛教或印度教。这些不同跨国界的信仰形式的受约束的比较将吸引更多的传统区域研究学者，此后一个大的论点是当代全球信仰形式和它们早期的超地域对应物之间的关系。

资本发展的代表性和贯通性的区域分析

国家和社会结构研究委员会已经逐步展开一个广阔的研究规划，调查一些选定的工业区域的全球演变方式和新兴工业国家在国际劳工分配体制内转变他们自己的制造工业地位的尝试之间的交叉。

美国化的自相矛盾

为什么有这么多的非西方世界在国家政策和普遍情感的某些方面如此强烈地反对美国，然而其他的精英行为和流行的情感（特别在休闲领域和生活方式）如此深地受美国模式的影响？美国政府和美国文化的这种脱离是否表明美国在国外自我展现某种急转的功能？这是发展中世界的政治文化的特征，还是两者兼具？

媒体研究

尽管有大量关于跨国界的媒体及其影响和关于“新的国际信息秩序”的研究，但由文化地理分隔的媒体影像的生产者和消费者之间关系的研究工作极少。在一种文化环境中制造的影像被一种完全不同的文化环境中的观众接受，其中的综合原因几乎未被探究过。例如，我们几乎不知道在摩洛哥、越南、尼日利亚和埃及等不同社会中观众都消费孟买出品的商业电影，这种电影是好莱坞和欧洲模式的复杂变革。由于外国人的思想、消费、犯罪和城市生活经常通过电视和电影跨国界地形成，接受这些看似不同的影像并非与国际关系如和平和安全研究无关。追踪这些联系的方法论目前极为薄弱。

英语和阿拉伯语的全球化

英语已成为科学、商业和交通领域的国际语言，而阿拉伯语目前在许多非阿拉伯语国家传授。这些发展对新的霸权形式、媒体、阶层的形成和跨国精英形成的含义是什么？

“民族特征”研究的复兴及其与“政治文化”的关系

尽管欧洲和东亚在空间上距离遥远，但它们都在经历一场文化民族主义的复兴。德国和法国正在讨论历史主义的新形式，而日本和中国的知识精英日益将主要的注意力集中到“日本特性问题”和“中国文化特性与现代化的关系”。这些国家中从事知识分子历史研究的专家已关注到他们在某些特定问题上争论的程度，但还远未试图努力通过有意识的比较方式将个别现象组合起来，当然更谈不上有人去问这些国家探究民族特点的知识分子运动同时出现是否建立在更普遍的全球性基础上。

将新的分析范畴与区域研究联系起来的需要，毫无疑问将在本世纪最后12年集体的全球关注中得到加强。

张秀莉　译

中国历史档案新近解密

（1988 年）

中国历史上最后的两个封建王朝——明朝（1368—1644）和清朝（1616—1911），将儒家官僚体制的管理技术发展推向了顶峰。政文形式因此变得精练且系统化，而政府的通信渠道——帝国的命脉，被扩展增强。18 世纪统治了东亚地区的清帝国是建立在堆积如山的公文纸上的，而能够控制帝国政体的关键之一，便是管制那个把统治者与其大臣和官员们联系起来的“文字通道”。

近年来西方历史学者们接触到大量的中华帝国晚期的文书档案，其中大部分是 19 世纪印刷的版本，一部分是在 20 世纪 20 年代紫禁城的库房中被发现的。仅到了 20 世纪 60 年代，清帝国的原始档案才在台湾开放。它们是当年国民党人从北京故宫博物院中拿出来的藏品的一部分。其中 80 万卷清代档案被仔细地加以分门别类，收藏在蒋介石国民党政府在台北新建的“故宫博物院”内。1970 年后，台湾当局将这些官员们直接呈报皇帝的“宫廷密件”卷宗公开出版。

在中国大陆，1966—1976 年正是无产阶级“文化大革命”时期，外界对这批原存于北京的 20 世纪 30 年代的珍贵档案下落一无所知。一些外国专家猜测，这批档案最好的下落是被忽略，最坏的结果是被红卫兵们在“破除四旧”的运动中全部销毁了。

1976 年粉碎“四人帮”以后，外界隐约地感觉到这批文书依然完好存在。仅极个别的外国学者（其中包括法国的历史学家玛丽安·巴士底教授），被允许有限地接触一部分故宫博物院内的机密文件。1979 年 6 月，我随同美国明清史研究的专家代表团访问中国，这次出访由美国国家人文学科基金（National Endowment for the Humanities）和美中学术交流委员会（Committee on

Scholarly Communication with the People's Republic of China）赞助。访问北京的第三天，我们被邀请参观紫禁城内的明清两代机密档案。在游览了宫殿之后，我们乘车前往紫禁城的西部，对外国人来说那里是禁止入内的。门口警备森严，经过一扇厚重的大门后，我们被领着进入安全过道，历史上它是紫禁城用来防御的，现在俨然已成废墟。走过通道以后，共有五幢硕大的建筑，这便是中国第一历史档案馆。

很难形容当时接触到这批机密档案的激动心情。我们被带领进一间间拱形圆顶的房间，里面存放着大约九到十万件的原始文档。每件档案少则有一两份文档，多则有上百卷的文档。其中的内容包罗万象，例如帝国的粮食价格、帝王起居注、文渊阁藏书目录、数百万卷的官方编年史，分别用汉文、满文和蒙古文记载，囊括明清两代王朝四个世纪以来的统治实录。很快我们便发现这些材料是世界上现存的最为庞大的前现代档案记录。那个闷热的午后，在湿度调节器的控制下，呼吸着库房的空气中弥漫的樟脑味，我们意识到，中国历史研究正在步入一个新的历史阶段。

对于中外学者而言，这批明清档案的开放仅仅是一个起步。中国的档案整理工作者们因在"文化大革命"中获得中央最高层的政治支持，得以把这批档案完整地保留下来。1980—1981 年间在国家档案局的授权下，不仅北京故宫博物院和沈阳故宫博物院，而且民国时期的首府南京——国家第二历史档案馆所在地，自 1980 年始也将 1912—1949 年间的档案向部分学者开放。另外，国家和市级的公共档案目录也陆续公布，其中最令人兴奋的莫过于四川省以及上海租界的档案，还有山东省孔家后人多年来保存的档案。1979—1987 年，中国有关部门鉴定了 3004 份档案卷宗，包含近 100 万卷的历史文献。

我们如何评价这批具有珍贵价值的档案文献对于了解中国和世界历史的影响呢？在本文写作的同时，各研究机构和大学的学者们正在将部分档案文献加以整理，准备出版成册。但这部分只是冰山一角。1979 年起已有超过 1500 位外国学者使用第一历史档案馆的资料，这批原始真迹对于我们这批学者而言简直是无价之宝。此前台北、东京或是伦敦英国公共记录办公室（Public Record

Office）的有关收藏，曾经被我们认为是可以查阅到的最全的清代资料，但与这批开放的档案相比，它们现在只能算是一小部分而已。

有时，人们的发现会产生相当具体准确的效果。举例说，大多数人在长达四分之三个世纪的时间里确信，光绪皇帝（1875—1908 年在位）那位声名狼藉的姨妈慈禧太后，在临终前仓促下令要毒死他。这个故事不免让我们想起理查三世将约克公爵投入［伦敦］塔内并杀死的传言，而且已经成为晚清宫廷中的一个著名的事件，它也成为很多戏剧演绎的题材。当宫廷档案披露以后，中国学者发现了皇宫御医的有关记录，记载了皇帝临终前日益垂危的几个星期的情况。剧作家们于是失去了一个编造故事的机会，但我们对这段历史的了解由于中医史的记载而变得更加可靠丰富了。

档案开放所解决的另一个历史论争乃是 1899—1900 年义和团的起源。一些西方历史学者将义和团的兴起归结于清廷的支持，并谴责清朝政府从秘密转而公开地支持百姓对西方传教士和基督徒的仇视。尽管对这类解释也有人曾经提出异议，而认为义和团是一个自发的民众运动，但山东爆发的农民起义和清政府之间的准确关系一直是个谜。在北京的档案中，我们发现了当时山东府的相关记载。包括周锡瑞在内的美国历史学家们意识到：清廷最初资助了这场最终反清的运动，因为朝廷把他们与另一个名字完全相同的民间组织——由地主们自行组织以协助政府抵抗外国帝国主义者的护卫队，相混淆了。

然而从更为广泛的角度看，历史学家们开始着力分析明清档案中数万件法律案件，试图从中了解 18 世纪的中国乡村社会。这批档案在中国历史学者和档案整理专业人员的努力下出版成册，它们被用来显示：在 18 世纪的中国乡村，地主与雇农之间的阶级冲突是普遍的。而加州大学洛杉矶分校历史教授黄宗智在对第一历史档案馆所存的法律文书广泛阅读的基础上做出的新研究表明：此类案件所揭示的社会关系并非简单地纯属阶级冲突，实际情况要复杂得多。争吵和杀人经常发生在下层社会中，它们反映出与中国北方商田制相连的乡村经济关系的复杂性。

最后，从历史分析最广泛（同时也是最学术）的角度来看，随着北京、沈阳的大批档案的解密，中国的人口史疑团将逐步破解。清代军事家族的“八旗”户口登记，自1700年以来的记录都完整精确地保持至今。它们是世界上最详尽可靠的关于人口学的资料。加州理工大学的李中清（James Lee）和拉德兰茨大学的伍若贤（Robert Eng）成功地运用了这些数据试图重做18和19世纪中国东北部的人口统计表。对于中国的历史学者来说，甚至有可能对沈阳附近的某个村庄制做出一个从1700年起一直到1982年连续的人口统计数据索引，这将构成世界上历史覆盖面最大的人口统计数据。

1985年10月，为纪念故宫博物院的建立和庆祝档案的开放，中国档案委员会在北京主办了国际研讨会。来自世界各地的学者们认为，对这批档案的利用将有助于历史学者们更深刻地理解世界上现存的古老文明社会在五六个世纪以来的演化和发展，同时令我们更进一步理解中国在世界上的地位。对于大众而言，或许这批档案的开放并不如公元前3世纪的兵马俑出土那样即刻引起轰动，对于旅游观光者来说，它们也并不像公元初期汉代王子妃子们的玉器那么引人注目，但对于训练有素的汉学家和历史学家们，这批档案的存在和可被使用，则完全可列为本世纪重大发现之一。其全部重要意义，仍待我们继续挖掘认识。

饶玲一　译

关于中国档案和美国的中国近代史研究

（1996 年）

在过去的半个世纪里，美国的中国近代史学是在资料和主观性二者间复杂的相互关系中发展的。这个探索和理解的过程，以史料开放和学术重点两方面为基点，可以划分成四个主要时期：

1950—1960 年：除了北京出版的清代档案——有关 19 世纪西方对中国的冲击，其他史料完全关闭；

1960—1965 年：台湾的档案收藏首先开放——中国本土史以及大陆纪念的重大事件史（鸦片战争、太平天国运动、中法战争、戊戌变法、义和团运动、辛亥革命等）；

1965—1979 年：台北故宫博物院收藏的密档开放——清代早期和中期的制度史；

1980 年迄今：中国大陆档案开放——新社会史，特别是 18 和 20 世纪的新社会史。

关闭阶段

在 20 世纪 50 年代，美国的历史学者们仍然依赖道光朝以来的公文档案的出版印刷资料。这些公文档案资料包括：《筹办夷务始末》《清季外交史料》《清季各国照会目录》《清宣统朝中日交涉史料》《清光绪朝中法交涉史料》《清光绪朝中日交涉史料》《清代外交史料》《故宫俄文史料》。这些资料最初由清政府编辑以作为外交关系的指导，后来在 1932—1936 年间由故宫博物院陆续出版。

由于无法直接查阅这些外交事件的原始文件及与之相关尚未出版的档案资料，美国学者只好将上述资料编纂起来（Swisher 1953；Fu Lo-shu，1966），或做成索引（Rowe，1960；Irick，1961），这些编撰和索引后来成了鸦片战争期间及此后（Eastman，1967）中外关系研究的系列资料。其中最重要、最有影响的是费正清在博士论文基础上进行的清代朝贡体制的研究（费正清和邓嗣禹，1961）。该研究运用的史料，有伦敦英国档案局的文件和上述中国出版的资料（Fairbank，1953）。这个先驱性的研究，不仅导致了一个历史学术流派的成形，而且着实成为所有从事晚清和近代中国史研究的美国历史学者的入门书或教学大纲，他们以此为准来学习如何阅读这些出版的外交关系文件，来写他们自己关于中国对西方反应的博士论文。（Fairbank，1952；Feuerwerker，1958）。

尽管美国学者只能依靠主要与外交事务相关的中文出版资料，但他们确实可以查阅法国外交部、美国国家档案馆和伦敦英国档案局（Pong，1975）的外交文件。其中最后一项，即英国外交文件，被证实对于费正清的优秀学生芮玛丽（Mary C. Wright）的研究发挥了极其重要的作用。她在博士论文基础上修改出版的著作，为其后一代的美国中国史研究者树立了典范，此时恰逢1960年代早期台湾的档案收藏初步开始对外开放（Wright，1962）。

初步开放

随着清代外交文件的出版甚至翻译的资料的开放，随着有关中国近代史上重要的事件如太平天国运动和义和团运动的史料由北京中国史学会编辑出版，随着有关海防的总理衙门档案部分由台北“中研院”出版（海防档，1957），关于19世纪中国的自强运动和对西方化之普遍反应的研究繁荣起来了（Banno，1964；Rawlinson，1967；Kennedy，1978）。

在这个初始阶段，有三类档案对美国的历史学者尤其重要。一为台北“中研院”近代史研究所从总理衙门档案中编辑出版的教务档案（教务教案档，

1974—1981)。加州大学戴维斯分校的刘广京教授及其学生，以及哈佛和韦尔斯利（Wellesley）的柯文（Paul A. Cohen），在研究中都充分利用了这套资料（Cohen，1963）。第二类资料是关于外交的档案，包括日本领事的报告和有关中国战俘如两广总督的记录，以及第二次鸦片战争（或称“亚罗”号战争）期间英国占领广东时查封的总督衙门的档案（Pong，1975）。某些关于清末新政和1911年辛亥革命的最有影响的研究，就是以这些外国领事报告为基础的（Eisherick，1976）。而上述广东的档案和这一时期台湾再版的许多地方公报使国外学者首次窥见了中国省一级的档案，有助于发展出新意义上的区域社会史研究（Kuhn，1970；李秀成，1977；Sasaki Masaya，1967；Wakeman，1966）。第三类资料是台湾淡水发现的地方法院档案。这些法院的记录首次使探究晚清帝制下的民事诉讼程序成为可能（Buxbaum，1971；Chen Fu-mei，1976；Chen and Myers，1978）。

清宫档案

最值得一述的是，在20世纪30年代、40年代及50年代早期，研究清代的西方历史学家可资利用的基础资料极少，他们将重点放在学习如何利用《清史稿》上，无论是奉天关外还是北平关内的版本（《清史稿》1928，《清史稿》1938，另见Griggs，1955；Wang Gongwu，1975）。在某种意义上看——尤其是当美国的历史学者们将注意力从费正清学派及其“西方冲击论”移开而开始对中国“内部”历史越来越关注时（Cohen，1984），可以说美国的中国史学发展是一个从王朝史往下，通过《东华录》和《清实录》日益接近原始资料的运动过程（Biggerstaff，1939）。

从美国历史学术的观点看，利用故宫档案的最早当然也是最著名的著作，当推史景迁对曹寅和康熙的研究。这些研究是以台北故宫博物院收藏的曹寅的记录为基础的（Spence，1966）。史景迁的著作很有感染力——无论是对皇帝形象的刻画还是对其最亲密的助手以及内务府包衣内心世界的揭示（Torbert，1977）。

正如已故的房兆楹先生帮助史景迁利用这些档案那样，随着故宫博物院档案收藏的日益开放，史景迁也引导他自己的学生利用这些档案进行研究。自承有反叛色彩的开创性研究导致了韩书瑞（Naquin）对1813年八卦教起义引人入胜的、近乎电影化的研究出现（Naquin，1976 and 1976A）。与此同时，白彬菊（Beatrice Bartlett）开始发表她在台北故宫博物院数年艰苦查阅档案后写成的系列论文，她后来完成了有关18世纪官僚机构的主要研究（Bartlett，1991）。其他美国学者到达台湾查阅大内档案，以全新的视角探索清代官僚机构的运作，包括帝国的通信领域、财政税收政策以及外交关系（Wang Yeh-chien，1973和1981；Wu，1970；Zelin，1984）。事实上，"内部"与"外部"历史学之间的关系经由对18世纪末19世纪初的士大夫网络的文化活动更全面更深刻的理解开始联系起来。

在第三个发展阶段，台北故宫博物院开始出版其档案中保存的密档（Bartlett，1974；Hao and Liu 1974）。这项计划始自年羹尧和袁世凯密档的出版（《年羹尧奏折专辑》，1971；《袁世凯奏折专辑》，1970）。其后陆续出版了康熙、雍正、乾隆、光绪朝的密档（《宫中档康熙朝奏折》，1974；《宫中档雍正朝奏折》，1977；《宫中档乾隆朝奏折》，1982；《宫中档光绪朝奏折》，1973）。目前在各主要研究中心学习的美国学生都可以使用他们图书馆购置的这些资料，直接利用真正的原始资料，而不是文件的删略版本和诸如雍正皇帝朱批抄件之类的帝国档案（《雍正朱批谕旨补录奏折丛目》，1930）。

尽管如此，即使在台湾发现了以广东土地注册文件形式存在的一些地方档案，绝大多数美国学者在"文化大革命"末期曾认为在中国永远不可能找到像社会史学家在欧洲或美国发掘的，那些有重大推进意义的人口统计学、人物志和其他整体社会史形式的各类资料。1977年，时任美中学术交流委员会副主席的天才经济史学家费惟凯（Albert Feuerwerker）即悲叹由于19世纪50年代以来对档案的巨大破坏，中国缺乏教区注册的相应资料，因此我们永远不可能将社会史研究做到欧洲或美国那样的水平。当然，我们当时没有人知道北京故宫明清档案的存在。

中国档案的开放

美国历史学者最初隐约得知大量档案的存在——不久被称为第一历史档案馆档案，是听说了两位外国学者巴斯蒂（Marianne Bastid）和李中清在 1978—1979 年间获准利用故宫的原始档案（Bastid，1988 and 1988A；Lee，1982）。这一消息被 1979 年访问中国的明清史历史学家代表团所证实，他们是在美中学术交流委员会著名学者交换计划支持下访华的。这一行 12 位历史学家永远也不会忘记他们初次进入明清档案馆并得知数以千万卷计档案资料的存在时的兴奋。当时许多档案尚未分类整理，它们因中国档案权威部门历经多年的收集保护而免遭 20 世纪 60 和 70 年代的损坏和掠夺。那个发现改变了一大部分美国中国史学者的研究方向，其影响结果一直延续到今天（Wakeman，1980）。

最明显的结果是立即出现了 18 世纪研究的高潮（Wu，1979），其中以哈佛大学的历史学家孔飞力为主导。正如专注于 19 世纪的中国对“西方冲击反应”的一代学者利用费正清使用的清代档案中已出版的外交史料那样，投身于 18 世纪研究的新一代学者研读新档案资料的方法，则深受哈佛大学的韦庆远教授的影响，且以白彬菊对大陆和台湾明清档案的研究为基础（Kuhn and Fairbank，1986）。一些已准备撰写以 18 世纪为主题的博士论文的孔飞力的学生，在 1979—1980 年第一历史档案馆对外国学者开放后迅速投入其中，并通过强调清政府水利和福利体制的重要性撰写出一系列“重构这个国家”的著作（Perdue，1987；Will and Wong，1991）。曾小萍（Zelin）利用新开放的第一历史档案馆档案，深化她已在台北故宫博物院开始的雍正朝财政改革研究（Zeline，1984）；韩书瑞和罗友枝（Rawski）将他们对中国社会史的研究延伸到整个 18 世纪（Naquin and Rawski，1987）；白彬菊圆满完成了她对乾隆朝皇帝和官僚机构关系的权威研究（Bartlett，1991）；孔飞力自己也从对 20 世纪的研究转回，在此领域他已完成了民国时期地方政府研究的权威著作，而投入第一历史档案馆档案的阅读，历经长时间的研究，推出了他非常值得祝贺的著作——《叫魂》，已于八年前出版（Kuhn，1990）。

同时，清朝研究在整体上有所扩展。利用张芝联编辑、杜兰德（P. H. Durand）翻译的档案资料，佩雷菲特（Alain Peyrefitte）对1793年的马戛尔尼访华有了新的看法，揭露了乾隆皇帝面对英国全球扩张的表面自满和傲慢背后隐藏的忧虑（Peyrefitte，1989，1992）。黄宗智利用刑部的审查记录（《刑科题本》）——其中有些资料已被出版并被中国的历史学家广泛利用——来分析清代中期乡村社会中社会冲突的导火索，反对认为地主和佃户之间的矛盾是最尖锐的阶级矛盾的观点（Huang，1985，1990）。通过发现第一历史档案馆档案中收集的有关山东地方长官档案的证据，周锡瑞澄清了美国史学界自1927年施达格（Steiger）首次研究义和团以来即流行的混淆，认为是对一群义和团与另一群义和团的错误辨识导致了清政府对该运动的支持（Steiger，1927；Eisherick，1987；Tan，1955；Purcell，1963）。最后，有关清朝的根本特征和1911年抢先反满革命的事件的西方观点，正被大量满文档案资料的发现所改变（1000余万件的第一历史档案馆档案中，据估计约有200万件用满文书写，未毁的皇宫档案中约有17%是满文）。许多涉及最敏感观点（包括满汉关系）的满文档案，从未被翻译成汉文（Elliott，1992）。满汉关系的特点是一个有争议的问题，这些档案资料将来会帮助解决中国历史上最后一个集权王朝的许多基本问题（Crossley，1990；Elliott，1991）。

利用北京第一历史档案馆和沈阳的辽宁省档案馆档案的最重要结果之一，是历史人口统计学和家庭史领域研究的推进。罗友枝（Evelyn Rawski）曾用清代皇帝的宗谱进行历史研究。李中清和两地的学者团队及加州理工学院的学生，建立了始自18世纪早期一直延续到1982年人口普查时连续的人口统计资料。这是世界上时间最长的人口系列统计，来自这些资料的发现对于了解中国的人口出生率、计划生育和婴儿死亡率极其重要（李中清，1992）。

南京第二历史档案馆档案的开放，也对美国的中国历史学研究产生了重要的冲击，即使它不是即刻的。第一批在南京大学的帮助下利用这些档案的研究生，完成了有关民国时期研究的优秀作品（Chauncey，1992；Stross，1986；

Coleman，1983；Strauss，1991）。其他的研究成果已经或即将出现在美国的学术期刊上（Wakeman，1992）。叶文心对中国银行的研究，部分便是建立在第二历史档案馆金融和财政档案的基础上，已在《美国历史评论》上发表。这些从事民国时期研究的许多学者也利用市一级档案和地方上的档案进行研究。

魏斐德对上海警察的研究，受益于对上海工部局档案的利用（上海市档案馆，1987—1988），但在这之前一年多的时间，顾德曼（Bryna Goodman）已在那里从事同乡会的研究，其书由加利福尼亚大学出版社出版。其他研究上海市政府（Henriot，1991，1993）、20世纪20年代革命（Clifford，1991）、上海妓女（Hershatter，1989，1992）和九一八事变后的上海政治（Cohen，1991）的西方学者都利用对市档案的研究重建这个城市的社会史，这在十多年前是不可能的。这一影响在对照裴宜理（Elizabeth Perry）对工运史的研究与谢诺（Jean Chesneaux）的研究时尤其明显。谢诺是1978—1979年改革开放前最早利用上海档案的外国学者之一（Perry，1993；Chesneaux，1962，1968）。

过去几年中美国有两个上海城市史研究中心——伯克利和康奈尔，它们都由卢斯基金（Luce Foundation）资助。前者的上海研究会关注一系列广泛的问题，但最显著的历史主题是民国时期文化和政治的社会背景，过去几年里有几个博士生正利用市政机关的档案进行研究，有其他学生希望在未来几年里进行这方面研究。康奈尔的讨论会以企业史和商业文化作为他们关注的主题，以白吉尔（1986，1989）和高家龙（1980）的研究为基础，在过去7年里帮助上海社会科学院建立了企业史资料中心。

对美国学者开放的地方档案馆，以及充实了学者们对近现代中国社会历史理解的档案数量，正在日益增多。地方档案对罗威廉富有影响力的汉口研究产生了重要作用（William T. Rowe，1989）。黄宗智、白凯（Kathryn Bernhardt）和他们的学生研究了地方法律记录，尤其是那些研究四川巴县档案的人，全面修订了美国的中国历史学家关于民法、离婚、契约诉讼的观点。过去几年里黄宗智和白凯在加州大学召集的卢斯学术讨论会上都在讨论上述问题（Huang，1993）。由欧中坦（Jonathan Ocko）和马德林·齐林通过哥伦比亚和北卡罗来纳州立大学组织的卢斯学术讨论会情况相同（Ocko，1989）。

这些新的资料来源为日益增长的新社会史美国学者们关于晚清帝国和近代中国的主题研究提供了客观条件。新社会史的特征是多方面的。其中之一，在编年史学派传统的强烈影响下，他们把可被称作基础研究的人口增长、市场发展和地方社会变动等，与强调帝制国家应对影响和直接历史变化的能力结合起来。另一特征，他们在主要扎根于人文学，但很大程度上运用社会心理学、文化人类学和政治经济学的同时，通过对社会背景和权力关系重要性的认识，力图将文化和政治融合起来。

尽管我们可以发现18世纪和晚清研究最清晰的趋向，但对于这些新型历史研究者们关于20世纪的研究来说，所缺少的是政治档案——尤其是警察和政党的档案。我们对台湾多年耐心的研究，终于迎来了政治档案的开放，从而为西方对20世纪革命史的基本理解奠定了基础（Hofheinz，1977；Selden，1971；Chen Yong-fa，1986）。某些研究者可利用到的其他台湾档案，直接涉及国民党的政治控制和演变的论题（Yeh，1990）。外国的档案收藏，如阿姆斯特丹的国际社会史学会（Internationaal Instituut voor Sociale Geschiedenis）保存的马林（Sneevliet）档案或美国国家档案馆军事参谋部的上海市警察档案（Washington），确实塑造了20世纪中国警察文化的新形象，尽管某种程度上是尝试性的（Saich，1991；Wakeman，1994）。

当然，有关政治事件的许多档案资料已出现在中国出版的卷帙浩繁的回忆文献中（《中共党史资料》，1981；《文史资料选辑》，1960—1980。尽管偶尔规定仅限内部交流）。也有关于特殊事件（如中国共产党第一次全国代表大会、遵义会议等）的大量资料汇编，还有共产国际文件译成中文的资料，清楚地显示了中国执政党的政治史（Vande Ven，1991）。但是，只要这些档案对那些共产党以外的人——当然也包括中国人自己——继续完全封闭，西方对中国现代政治史的理解将仍旧非常有限。

尽管如此，美国的中国史学家对中国档案保管部门对外国学者开放阅览的意愿非常感激。中国支持档案开放的决定在1985年北京第一历史档案馆的档案会议上被反复强调。美国的历史学家相信我们对晚清和现代中国的了解将不断进步，学者的联系和理解会日益加强，因为这种基于相同学术使命的互相信任在继续成长。

张秀莉　译

参考文献

《筹办夷务始末》，故宫博物院文献馆编印，1930 年版。

《宫中档康熙朝奏折》，台北故宫博物院，1974。

《宫中档乾隆朝奏折》，台北故宫博物院，1982。

《宫中档雍正朝奏折》，台北故宫博物院，1977。

《故宫俄文史料》，王之相翻译，故宫博物院文献馆编印，1936 年版。

《海防档》，台北“中央研究院”近代史研究所 1957 年版。

《教务教案档》，台北“中央研究院”1974—1981 年版。

《年羹尧奏折专辑》，台北故宫博物院 1971 年版。

《清代外交史料》，故宫博物院文献馆编印，1932—1933 年版。

《清光绪朝中法交涉史料》，故宫博物院文献馆编印，1932—1933 年版。

《清光绪朝中日交涉史料》，故宫博物院文献馆编印，1932 年版。

《清季各国照会目录》，故宫博物院文献馆编印，1935—1936 年版。

《清季外交史料》，故宫博物院文献馆编印，1932 年版。

《清史稿》，北平联合书店 1938 年版。

《清史稿》，奉天国史馆 1928 年版。

《清宣统朝中日交涉史料》，故宫博物院文献馆编印，1933 年版。

《上海市档案馆开放档案全宗目录》，上海市档案馆编印，1987—1988 年版。

王业键：《中国近代货币与银行的研究（1644—1937）》，台北“中央研究院”经济研究所，1981 年版。

《雍正朱批谕旨补录奏折丛目》，故宫博物院文献馆编印，1930 年版。

《袁世凯奏折专辑》，台北故宫博物院。

张伟仁（Chang Wei-jen）:《明清档案》，台北“中央研究院”历史语言研究所。

《中共党史资料》，中共党史资料出版社 1981 年版。

中国人民政治协商会议全国委员会文史资料研究委员会编:《文史资料选辑》，北京中华书局 1960—1980 年版。

Banno, Masataka, *China and the West*, 1858 – 1861: *The Origins of the Tsungli Yamen.* Cambridge Mass. Harvard University Press, 1964.

Bartlett, Beatrice S., 1972, "Imperial Notations on Ch'ing Official Documents in the Ch'ien-lung (1736 – 1795) and Chia-ch'ing (1796 – 1820) Reigns," *National Palace Museum Bulletin*, vol. 7, no. 2, pp. 1 – 13; vol. 7, no. 3, pp. 1 – 13.

——, 1974, "The Secret Memorials of the Yung-cheng Reign (1723 – 1735): Archival and Published Versions," *National Palace Museum Bulletin*, vol. 9, no. 4, pp. 1 – 12.

——, 1975, "Ch'ing Documents in the National Palace Museum Archives,

Part Ⅰ: Document Registers: The Sui-shou teng-chi," *National Palace Museum Bulletin*, vol. 10, no. 4, pp. 1 – 17.

——, 1991, *Monarchs and Ministers: The Grand Council in Mid-Ch'ing China*, 1723 – 1820. Berkeley: University of California Press.

Bastid, Marianne, 1988, *Educational Reform in Early Twentieth-Century China.* Translated by Paul J. Bailey. Ann Arbor: Center for Chinese Studies, University of Michigan.

——, 1988A, *Reforme Politique en Chine.* Paris: Documentation francaise.

Bergere, Marie Claire, 1989, *The Golden Age of the Chinese Bourgeoisie*, 1911 – 1937. Trans. by Janet LloyD. Cambridge, New York: Cambridge University Press.

——, 1986, *L'âge d'or de la bourgeoisie chinoise*, 1911 – 1937. Paris: Flammarion.

Biggerstaff, Knight, 1939, "Some Notes on the Tung-hua lu and the Shihlu," *Harvard Journal of Asiatic Studies*, vol. 9, no. 2, pp. 101 – 115.

Buxbaum, David C., 1971, "Some Aspects of Civil Procedure and Practice at the Trial Level in Tanshui and Hsinchu from 1789 to 1895," *Journal of Asian Studies*, vol. 30, no. 2, pp. 255 – 279.

Catalog of Kuang-tung Land Records in the Taiwan Branch of the National Central Library.

Intro. by Roy Hofheinz, Jr. San Francisco: Chinese Materials Center, 1975.

Chauncey, Helen R., 1992, *Schoolhouse Politicians: Locality and State during the Chinese Republic.* Honolulu: University of Hawaii Press.

Chen Fu-mei, 1976, "Provincial Documents of Laws and Rugulations in the Ch'ing Period," *Ch'ing-shih wen-t'i*, vol. 6, pp. 28 – 48.

Chen Fu-mei and Ramon H. Myers, 1978, "Customary Law and the Economic Growth of China during the Ch'ing Period," *Ch'ing-shih wen-t'i*, vol. 10, pp. 4 – 27.

Chen Yung-fa, 1986, *Making Revolution: The Communist Movement in Eastern and Central China*, 1937 – 1945. Berkeley: University of California Press.

Chesneaux, Jean, 1962, *Le mouvement ouvrier chinois de* 1919 à 1927. Paris: Mouton.

——, 1968, *The Chinese Labor Movement*, 1919—1927. Trans. By

H. M. Wright. Stanford: Stanford University Press.

Clifford, Nicholas Rowland, 1991, *Spoilt Children of Empire: Westerners in Shanghai and the Chinese Revolution of the* 1920*s*. Middlebury, Vt.: Middlebury College Press.

Coble, Parks M., 1991, *Facing Japan: Chinese Politics and Japanese Imperialism*, 1931 – 1937. Cambridge: Council on East Asian Studies, Harvard University.

Cochran, Sherman, 1980, *Big Business in China: Sino-foreign Rivalry in the Cigarette Industry.* Cambridge: Harvard University Press.

Cohen, Paul A., 1963, *China and Christianity: The Missionary Movement and the Growth of Chinese Antiforeignism*, 1860 – 1870. Cambridge: Harvard University Press.

——, 1984, *Discovering History in China: American Historical Writing on the Recent Chinese Past.* New York: Columbia University Press.

Coleman, Maryruth, 1983, "Municipal Authority and Popular Participation in Republican Nanjing." Paper delivered at the Association for Asian Studies Meeting, San Francisco.

Crossley, Pamela Kyle, 1990, *Orphan Warriors: Three Manchu Generations and the End of the Qing World.* Princeton: Princeton University Press.

Eastman, Lloyd E., 1967, *Throne and Mandarins: China's Search for a Policy during the Sino-French Controversy*, 1880 – 1885. Cambridge: Harvard University Press.

Elliott, Mark, 1991, "Review of Orphan Warriors: Three Manchu Generations and the End of the Qing World," *China Quarterly*, vol. 126, pp. 394 – 396.

——, 1992, "Working with the Manchu Archives of the Qing." Paper presented at the Association for Asian Studies Meeting, Washington, D. C.

Esherick, J. , 1976, *Reform and Revolution in China: The* 1911 *Revolution in Hunan and Hubei.* Berkeley: University of Califonia Press.

——, 1987, *The Origins of the Boxer Uprising.* Berkeley: University of California Press.

Fairbank, J. K. , 1952, *Ch'ing Documents: An Introductory Syllabus.* Cambridge Mass. Harvard-Yenching Institute.

——, 1953, *Trade and Diplomacy on the China Coast: the Opening of the Treaty Ports*, 1842 – 1854. Cambridge: Harvard University Press.

——, 1961, Ch'ing Administration: Three Studies by John K. Fairbank and Ssu-yu Teng. Cambridge: Harvard University Press.

Feuerwerker, Albert, 1958, *China's Early Industrialization: Sheng Hsuan-huai* (1844 – 1916) *and Mandarin Enterprise.* Cambridge Mass. Harvard University Press.

Fu Lo-shu, 1966, *A Documentary Chronicle of Sino-Western Relations*, 1644 – 1820. Association for Asian Studies Monographs and Papers, no. 22. Tuscon: University of Arizona Press.

Griggs, Thurston, 1955, "The Ch'ing Shih Kao: A Bibliographical Summary," *Harvard Journal of Asiatic Studies*, vol. 18, no. 1 – 2, pp. 105 – 123.

Hao Yen-p'ing and Kwang-ching Liu, 1974, "The Importance of the Archival Palace Memorials of the Ch'ing Dynasty: The Secret Palace Memorials of the Kuang-hsu Period," *Ch'ing-shih wen-t'i*, vol. 3, no. 1, pp. 71 – 94.

Henriot, Christian, 1991, *Shanghai*, 1927 – 1937: *Elites locales et modernization dans la Chine nationaliste.* Paris: Editions de I'Ecole des hautes etudesen sciences socials.

——, 1993, *Shanghai*, 1927 – 1937: *Municipal Power*, *Locality*, *and Modernization.* Trans, by Noel Castelino. Berkeley: University of California Press.

Hershatter, Gail, 1989, "The Hierarchy of Shanghai prostitution, 1870 – 1949," *Modern China*, vol. 15, no 4, pp. 463 – 498.

——, 1992, "Courtesans and Streetwalkers: The Changing Discourse on Shanghai Prostitution, 1890 - 1949," *Journal of the History of Sexuality*, vol. 3, no. 2, pp. 245 - 269.

Hofheinz, Roy, 1977, *The Broken Wave: The Chinese Communist Peasant Movement*, 1922 - 1928. Cambridge: Harvard University Press.

Horst, van der, 1985, *Inventaris van het archief van H. Sneevliet.* (1901) 1907 - 1942, (1945 - 1984). Amsterdam, The Netherlands: IISG.

Huang, Philip C. C., 1985, *The Peasant Economy and Social Change in North China.* Stanford: Stanford University Press.

——, 1990, *The Peasant Family and Rural Development in the Yangzi Delta*, 1350 - 1988. Stanford: Stanford University Press.

——, 1993, "Between Informal Mediation and Formal Adjudication: The 3rd Realm of Qing Civil Justice," *Modern China*, vol. 19, no. 3. pp. 251 - 298.

Irick, Robert L., 1971, *An Index to Diplomatic Documents of the Late Ch'ing Dynasty* (1875 - 1911). Taipei: CRM.

Kennedy, Thomas L., 1978, *The Arms of Kiangnan: Modernization in the Chinese Ordnance Industry*, 1860 - 1895. Boulder: Westview Press.

Kuhn, Philip A., 1970, *Rebellion and Its Enemies in Late Imperial China: Militarism and Social Structure*, 1796 - 1864. Cambridge, Mass: Harvard University Press.

——, 1990, *Soul Stealers: The Chinese Sorcery Scare of* 1768. Cambridge: Harvard University Press.

Kuhn, Philip A. and John K. Fairbank, comps., 1986, *Reading Documents: The Rebellion of Chung Jen-chieh*. Compiled with the assistance of Beatrice Bartlett and Chiang Yung-chen. Cambridge: John King Fairbank Center for East Asian Research, Harvard University.

Lee, James, 1982, "Food Supply and Population Growth in Southwest China, 1250 - 1850," *Journal of Asian Studies*, vol. 41, no. 4, pp. 711 - 746.

——, 1992, "Historical Demography of Late Imperial China: Recent Research Results and Implications." Paper presented at the US-China Conference on "China's Quest for Modernization: Historical Studies on Issues Concerning the Evolution of Modern Chinese Society,"

Fudan University, Shanghai.

Lee, James and Robert Y. Eng, 1984, "Population and Family History in Eighteenth-Century Manchuria: Preliminary Results from Daoyi, 1774 – 1798," *Ch'ing-shih wen-t'i*, vol. 5, no. 1, pp. 1 – 55.

Li Hsiu-ch'eng, 1977, *Taiping Rebel: The Deposition of Li Hsiu-ch'eng*. C. A. Curwen, translator and editor. Cambridge, New York: Cambridge University Press.

Naquin, Susan, 1976, *Millenarian Rebellion in China: The Eight Trigrams Uprising of* 1813. New Haven: Yale University Press.

——, 1976a, "True Confessions: Criminal Interrogations as Sources for Ch'ing History," *National Palace Museum Bulletin*, vol. 11, no. 1, pp. 1 – 17.

Naquin, Susan and Evelyn S. Rawski, 1987, *Chinese Society in the Eighteenth Century*. New Haven: Yale University Press.

Ocko, Jonathan K., 1989, "The Emerging Framework of Chinese Civil Law," *Law and Contemporary Problems*, vol. 52, no. 2. 3, pp. 1 – 26.

Perdue, Peter C., 1987, *Exhausting the Earth: State and Peasant in Hu-nan*, 1500 – 1850. Cambridge: Council on East Asian Studies, Harvard University.

Perry, Elizabeth J., 1993, *Shanghai On Strike: The Politics of Chinese Labor*. Stanford: Stanford University.

Peyrefitte, Alain, 1989, *L'empire immobile, ou, le choc des mondes: récit historique*. Paris: Fayard.

——, 1992, *The Immobile Empire*. Trans. by Jon Rothschild. New York: Knopf.

Polachek, James, 1992, *The Inner Opium War*. Cambridge: Council on East Asian Studies, Harvard University.

Pong, David, 1975, *A Critical Guide to the Kwangtung Provincial Archives, Deposited at the Public Record Office of London*. Cambridge, Mass: East Asian Research Center, Harvard University.

Purcell, Victor, 1963, *The Boxer Uprising, a Background Study*. Cambridge, Eng: Cambridge University Press.

Rawlinson, John L., 1967, *China's Struggle for Naval Development.* Cambridge: Harvard University Press.

Rowe, David Nelson, ed., 1960, *Index to Ch'ing tai ch'ou pan yi wu shih mo.* Ch'eng-sun Chang, comp. Hamden, CT: Shoe String Press.

Rowe, William, 1989, *Hankow: Conflict and Community in a Chinese City*, 1796 - 1895. Stanford: Stanford University Press.

Saich, Tony, 1991, *The Origins of the First United Front in China: The Role of Sneevliet (Alias Maring).* Leiden, The Netherlands: E. J. Brill. Two Volumes.

Sasaki Masaya, 1967, *Shinmatsu no himitsu kessha.* Tokyo: Kindai Chugoku Kenykyu Iinkai.

Selden, Mark, 1971, *The Yenan Way in Revolutionary China.* Cambridge: Harvard University Press.

Spence, Jonathan D., 1966, *Ts'ao Yin and the K'ang-hsi Emperor: Bondservant and Master.* New Haven: Yale University Press.

Steiger, GeorgeNye, 1927, *China and the Occident: The Origin and Development of the Boxer Movement.* New Haven: Yale University Press.

Strauss, Julia Candace, 1991, "Bureaucratic Reconstitution and Institution Building in the Post-Imperial Chinese State: The Dynamics of Personnel Policy, 1912 - 1945." Ph. D. dissertation, University of California at Berkeley.

Stross, Randall E., 1986, *The Stubborn Earth: American Agriculturalists on Chinese Soil*, 1898 - 1937. Berkeley: University of California Press.

Swisher, Earl, 1953, *Ch'ou pan i wu shih mo. China's management of the American barbarians: A Study of Sino-American Relations*, 1841 - 1861. New Haven: Far Eastern Publications, Yale University.

Tan, Chester C., 1955, *The Boxer Catastrophe.* New York: Columbia University Press.

Torbert, Preston M., 1977, *The Ch'ing Imperial Household Department: A Study of Its Organization and Principal Functions*, 1662 - 1796. Cambridge: Council on East Asian Studies, Harvard University.

Van de Ven, Hans J., 1991, *From Friend to Comrade: The Founding of the Chinese Communist Party*, 1920–1927. Berkeley: University of California Press.

Wakeman, F. E., 1966, *Strangers at the Gate: Social Disorder in South China.* Berkeley: University of California Press.

——, 1980, *Ming and Qing Historical Studies in the People's Republic of China.* Berkeley: Institute of East Asian Studies.

——, 1992, "American Police Advisers and the Nationalist Secret Service, 1930–1937," *Modern China*, vol. 18, no. 2, pp. 107–137.

——, 1994. *Policing Shanghai*, 1927–1937. Berkeley: University of California Press.

Wang Gongwu, 1975, "Some Comments on the Later Standard Histories," in Donald D. Leslie, Colin Mackerras, and Wang Gongwu, eds., *Essays on the Sources for Chinese History.* Columbia: University of South Carolina Press, pp. 42–63.

Wang Yeh-chien, 1973, *An Estimate of the Land-tax Collection in China*, 1753 *and* 1908. Cambridge: East Asian Research Center, Harvard University.

Will, Pierre Etienne and R. Bin Wong with James Lee, 1991, *Nourish the People: The State Civilian Granary System in China*, 1650–1850. Ann Arbor: Center for Chinese Studies, University of Michigan.

Wright, Mary Clabaugh, 1962, *The Last Stand of Chinese Conservatism: The T'ung-chih Restoration*, 1862–1874. Stanford: Stanford University Press.

Wu, Silas H. L., 1970, *Communication and Imperial Control in China: Evolution of the Palace Memorial System*, 1693–1735. Cambridge: Harvard University Press.

——, 1979, *Passage To Power: K'ang-hsi and His Heir Apparent*, 1661–1722. Cambridge: Harvard University Press.（中译本《康熙朝储位斗争纪实》由张震久、吴伯娅合译，中国社会科学出版社 1988 年版）

Yeh, Wen-hsin, 1990, *The Alienated Academy: Culture and Politics in Republican China*, 1919–1937. Cambridge: Council on East Asian Studies, Harvard University.

Zelin, Madeleine, 1984, *The Magistrate's Tael: Rationalizing Fiscal Reform in Eighteenth-Century Ch'ing China.* Berkeley: University of California Press.

第六章

国家与现代化

引 言

傅高义（Ezra F. Vogel）*

我们这些与魏斐德同时代的学者都是从20世纪60年代开始研究中国的。那时整个西方的中国研究领域的大小还可以驾驭，我们基本上能够跟上西方学界出版的主要学术研究，因此总知道有哪些可以使用的研究资料。但中国研究领域自那时起经历了迅猛发展，其广度与深度如今都超出了任何个人可以把握的程度。西方中国研究派生出的各种分类专业之繁多，使那些从事非常具体细致的专题研究人员很难掌握整个学术领域的总体研究进展，而中国国内开放的资料数量及从事中国研究的学者们不断提出的新题目，使我们这些60年代的学者欲跟踪掌握整个领域研究进程的心理习惯难以保持。

然而，假如在我们这代学者中有某个人基本能跟得上全领域所有学术的新

* 傅高义（Ezra F. Vogel）是哈佛大学亨利·福特社会讲座荣修教授。1958年获哈佛大学社会关系学博士学位。之后在日本学了两年日语，同时进行关于日本中产阶级的调查研究。1960—1961年他在耶鲁大学当助理教授，1961—1964年在哈佛大学做博士后研究，主攻汉语和中国史，1964年起在哈佛执教，直至2000年6月退休。傅高义于1972—1977年接替费正清成为哈佛大学远东研究中心的第二任主任，1977—1980年任哈佛远东研究理事会会长，后来任该理事会的荣誉会长。

傅高义先生曾担任过一系列哈佛大学有关远东学的重要领导职位及美国国家情报局远东部情报官（1993—1995），并于1998年任哈佛迎接江泽民主席委员会主任，2001年任美国政府远东政策亚洲基金会特别委员会合作主任。作为日本学和中国学专家，傅高义的研究从日本中世纪延伸到中国共产党时代，涉及中国的社会改革、"亚洲四小龙"、中日关系等。他的论著多次获奖，并于1996年、1998年先后荣获日本基金会奖、日本社会学大奖。

发展，同时以自身的具体研究继续做出知识贡献，这个人一定是魏斐德。对于他驾驭欧洲多种语言和历史（他的本科专业）的能力，他对西方理论的熟悉程度，对从明朝一直到共产党中国历史资料的阐释力，对他与此同时又能挤出时间继续以非凡的深度和广阔视角独创地撰写明清历史、中西方的接触史、毛泽东的历史意志、中国的警察制度、上海史以及国民党间谍王戴笠等的事实，我们都非常羡慕。我们常常赞叹他能自如地运用中文、日文和各种西方理论，同时又能娴熟地使用各种历史档案。

作为一个多年跟踪关于国家现代化的理论性研讨和各种论述的社会学家，我发现自己很自然地会把斐德当成我的同行。然而与我们这些在具体某个理论论述上花很多时间来加以消化和系统化的社会学者不同，斐德把他的时间用到了吸收各种新发现的史料上。

本章收集的各篇论述中，我尤其受《历史变化的模式》一文震动，它简直是 tour de force（大师篇章）。此论文卓越地纵观了当时主要的学术动态，审视了具体的研究主题和对原始资料运用的情况。借此他以非常新颖的视角指出西方各学术团组如何从国家和地区的角度来研究中国近代史：（1）我们从中看到有些学者的研究强调了从专制统治到现代军阀主义的过渡（如 Wittfogel，George Taylor，及华盛顿大学的其他教员）；（2）重兴儒学的努力（其中有芮玛丽关于同治中兴和国民党后期努力的分析），以强调文化在中央控制统治上的永久地位；（3）地方绅士精英阶层与国家之间的竞争（如 1839—1860 年间地方精英们与中央力量竞争抗英领导权等）；（4）国家权力向地方的渗透扩张。让人惊讶不已的是，不知怎的，斐德竟能做到跟上所有这些方面的研究进展与趋势，并用特殊的视角来加以考察。他的《大门口的陌生人》、《上海警察》《上海歹土》及《间谍王戴笠》在这方面尤其为原创。

关于魏斐德广博的知识、罕见的能力、他那伟大的谦逊以及他似乎毫不费力地把各种社会理论与原创性研究结合起来阐释广阔的历史和人文学的功底，我们所有有幸认识他的人都能讲出许多故事来。

我个人还出于另一原因而对他尤其感激，那就是在他的帮助和努力下，我和麦金农（Steve McKinnon）教授、莱蕊（Diana Lary）教授聚集了中国大陆和台湾地区及日本、西方国家的学者们，共同探讨二战对中国到底发生了什么影响。他大力支持我们把中日学者请到一起坦诚地交换观点。那次会议上，他作了关于中医在上海沦陷时期如何受日本占领影响的报告。不幸的是，那次学术研讨会召开时，他的生命已所剩无几。令大家感到悲伤的是，那次是他在美国所作的最后一次学术报告。

梁禾　译

历史变化的模式——1839—1989 年中国的国家与社会

（1991 年）

因为儒家学者一直都在宣称专制者应如何凭借仁爱之心、文化习俗及文雅礼仪来实施治理，故而我们对于这样一个事实所知甚少，即专制者的统治更多的是依凭恐怖与胁迫……谋杀一直是统治者尤为依赖的方式，通过消灭异己，扫除障碍，来确保制度体系中多种渠道的畅通。恐怖行为或许可以说是一种润滑剂，而单以暴力来统治将是致命的，并将丧失上天赋予的统治权。

——费正清：《中国的统治者为何惧怕民主》

本文不是对过去 150 年来中国的国家—社会关系的演变过程作一个无结论的概述，而是试图用 1949 年之后在西方出版的关于中国论述中所盛行的一些史学模式，来分析现代中国革命的变化，这种变化既发生在我们的理解中，也存在于革命的过程中。有关当代中国国家—社会关系本质的重要讨论①，本文将探究四种模式：第一，19 世纪东方专制主义（oriental despotism）下地方主义（regionalism）的发展，其成为现代军阀主义的演变过程；第二，同治时期儒家统治的复兴及其以民族主义者形象再现的过程；第三，从晚清到 20 世纪 50 年代前期地方精英与国家之间展开的角逐；第四，这 150 年中国家权力对社会进程的不断渗入。这些历史模式，尤其是关于第四种的论述，在国家对社会控制的制度发展上的重要意义，将通过追溯 20 世纪中国现代警察力量的形成过程得以证实。

---

① 可参考 David Mozingo and Victor Nee，“Introduction，” in David Mozingo and Victor Nee eds.，*State and Society in Contemporary China*. Ithaca：Cornell University Press，1983，pp. 17 - 24。

地方主义—军阀主义—专制主义

这四种模式都认为，国家—社会关系根本的变化起源于1839—1842年鸦片战争刚刚结束之后。那时太平天国的运动开始扰动中国南部，至19世纪50年代时，已在湘江流域乃至中国中部的广大地区引发骚乱。农民叛乱与地区军事主义之间的并行不悖，在一个世纪后的20世纪30年代，首先吸引了乔治·泰勒（George Taylor）的注意力，当时他正在撰写有关中国北方当代军事冲突的著述。20世纪50年代和60年代，乔治·泰勒有关清朝对太平天国回应的著作对在华盛顿大学工作的历史学者们产生了极大的影响。①

华盛顿大学远东及俄罗斯研究所开展的有关现代中国历史研究的项目，是由一组观点相同的学者们进行的。尽管对每一项计划的研究者而言，均应文责自负，但这组项目研究计划是作为共同合作的结果面世的。至少对局外人而言，地方主义模式在每份研究中的各种概念要素中所占的支配地位，将它们紧密连成一体。

魏特夫（Karl August Wittfogel）的“东方专制主义”似乎隐现在整个结构之后。一个接一个的帝国王朝，成为愈来愈强大的专制制度稳定的各个部分后，却遭到了“征服王朝”诸如辽和元的激扰，但依然能在明朝这样的本土朝政下继续下去。② 士绅阶层不过是国家创造出来的，虽然他们的儒家抱负，他们对皇权的道德批评，起了一种平衡作用。③ 然而，在本质上，士绅只是君主政体的附属物：他们的一生受制于科举考试，他们的生活来源主要出自官

---

① George E. Taylor, “The Taiping Rebellion: Its Economic Background and Social Theory,” *Chinese Social and Political Science Review*, vol. 16 (1932 - 1933), pp. 545 - 614.

② Frederick W. Mote, “The Growth of Chinese Despotism,” *Oriens Extremus*, vol. 81 (1961), pp. 1 - 41.

③ 有关此点，可参见 Kung-chuan Hsiao, *A History of Chinese Political Thought*, vol. 1, *From the Beginnings to the Sixth Century A. D.*, trans., F. W. Mote. Princeton: Princeton University Press, 1979, pp. 473 - 483。

俸，而不是其他更为独立的资源，诸如地租或其他收入。① 而征服他们的满族人，尽管属于长城另一边的外人，但在了解了明朝的边防卫所旗营制而得以窥视明朝的政治制度后，却燃起了创建清朝的雄心。②

这种本质上不变化的历史——根据黑格尔提出的准则，是反复性的，而非历史——由于1839年西方的出现而发生了改变。由于鸦片战争带来的社会和经济方面的后果，以及中国千禧年信仰和基督教信徒的意识形态结合，太平天国运动爆发了。③

继而，太平天国对自我维系的华—夷帝国专制主义（Sino-barbarian imperial despotism），是一种全新的挑战，其结果是帝制开始大崩溃。④ 清代行政精细复杂的体制，包括"回避制"——避免官员在其本省任职，在危机中被搁置一边。像曾国藩这样的"团练大臣"被允许筹建地方军队，并获得了对省财政资源前所未有的控制权，而在此以前，这是绝对不允许的。⑤ 受他们保护者，如李鸿章和左宗棠，得以轻易地获得新的和更易于转手的税收资源，

---

① Chang Chung-li, *The Chinese Gentry*: *Studies on Their Role in Nineteenth-Century Society*. Seattle: University of Wanshington Press, 1955, p. xiii; *The Income of the Chinese Gentry*. Seattle: University of Wanshington Press, 1962, pp. 196 - 198.

② Franz Michael, *The Origin of Manchu Rule in China*. Baltimore: Johns Hopkins University Press, 1942. 关于此点，法夸尔（David Farquhar）在一篇文章中的相关论述后来被证实是不正确的。参见"Mongolian versus Chinese Elements in the Early Manchu State," *Ch'ing-shih wen-t'i*, (June 1971), pp. 11 - 23。更多的阐释，无论是魏斐德还是柯娇燕（Pamela Crossley），都认为这一进程是 相当复杂地混合在一起。具体可参见 Pamela Crossley, "An Introduction to the Qing Foundation Myth," *Late Imperial China*, vol. 6 (December 1985), pp. 13 - 24。

③ Vincent Y. C. Shih, *The Taiping Ideology*: *Its Sources*, *Interpretations*, *and Influences*. Seattle: Washington University Press, 1967.

④ Franz Michael, *The Taiping Rebellion*: *History and Documents*. Seattle: Washington University Press, 1966 - 1971, 3 vols.

⑤ Franz Michael, "Military Organization and Power Structure of China during the Tarping Rebellion," *Pacific Historical Review*, vol. 18 (1949), pp. 469 - 483, and "Regionalism in Nineteenth-Cetury China," introduction to Stanley Spector, *Li Hung-chang and the Huai Army*: *A Study in Nineteenth-Century Chinese Regionalism*. Seattle: Washington University Press, 1964, pp. xxi - xliii.

如上海的关税资金或者山西钱庄的银票，用来招募、训练和装备仅仅忠于他们的军队——当然以他们继续忠实于朝廷为前提。① 而这些团练大臣派系的要员们，像袁世凯之辈，又能够在此基础上进一步创建起一支独立的精英部队，用现代军事理念加以训练，使其在20世纪初期成为北洋军阀的核心组成部分。

这种历史编纂学通常关注的是：清廷对太平天国挑战的应对，是否导致了19世纪60年代地方军队的勃兴。尽管有一些军队遭到裁减，但地方军事武装——特别是李鸿章的，在经历了1870年的天津教案之后，在同西方和日本发生冲突的阶段中仍然保持了相当的完整，并在20世纪早期为北洋军阀输送了给养。换句话说，地方主义滋生的军阀主义，乃清朝衰亡以及帝国体系最终崩溃的主要原因。毫无疑问，伴随着帝国体系崩塌的还有中国传统的士绅阶层。

儒学的复兴

这一地方主义—军阀主义—专制主义的模式起码在上文里被过分地简单化，还经不起推敲。而且，即使审视所有各种复杂性因素，这一地方主义的主题比起芮玛丽（Mary Clabaugh Wright）搭起的儒家相继复兴的结构所提示的，还是不那么明显。

这全都起源于“冲击—回应”的影响，芮玛丽是在太平洋战争结束后，在费正清参加的哈佛的一次著名研讨会上获得这个视角的。这里的历史研究法也是以鸦片战争和太平天国运动为起点。后者既是一个大家熟悉的现象（安禄山与洪秀全毕竟相差不甚远），也是一个相当新奇的事件（梁阿发的基督教小册子最终足以成为一种意识形态上的挑战，并激起了对文化的重新评估）。这使得芮玛丽将清朝的叛乱视为一种唐朝式的旧“复兴”，也是一种儒家的新回

① S. Spector, *Li Hung-chang and the Hua, Army: A Study in Nineteenth-Century Chinese Regionalism.* Seattle: Washington University Press, 1964, pp. 270-283.

应，结果产生了她关于同治中兴的名著。此书认为，像曾国藩这样的自强主义者，出于文化上的忠诚主义而要复兴清朝，并受政治现实主义的引导而欲保卫统治政权的利益。可以肯定，他们创建了自己的地方官僚机构，但是最终其儒家保守主义使他们一直效忠于现存的国家结构。①

将政体与文化如此密切地等同起来有两个后果。第一，把满—汉君主制存在的根本理由与捍卫文化传统视为一体，乍看上去似乎很有道理，但是最终却被证明具有致命弱点。帝国衰落崩溃，传统的儒家文化也随之崩塌。列文森对该主题提出了变相的尼采论：健康的机制，其内部对立的各方间具有一种创造性的张力。中国在经历了被内藤湖南（Naito Konan）称作中世纪贵族统治的终结（列文森认可这一点）之后，仍然存在了如此之久，恰恰是因为在皇帝和士大夫之间存在着一种至关重要的张力。② 太平天国领导人受了基督教影响的先验天命论，对儒家观念中与生俱来的帝王权威提出了如此本质性的挑战，使得清朝皇帝与其大臣们因自卫而站到了一起。而一旦士绅阶层发现自己处于决意维护传统价值的君权的怀抱之中，这一具有批判力的精英阶层便失去了融会贯通地使用西方学识的所有优势。1898 年百日维新失败后，运动领导人康有为成为被幽禁的光绪皇帝的英雄。他们都各自损害了对方，而到头来革命者们把功劳都归于自己。③

还有第二种后果。把文化与政体视为一体意味着，1911 年之后传统文化的未来因与正在死亡的古老政体连在一起而变得致命地孱弱起来，而保守的政治文化则相对保持稳定。芮玛丽在她的著述中写道，曾国藩意识形态的这种

---

① Mary C. Wright, *The Last Stand of Chinese Conservatism*: *The T'ung-chih Restoration*, 1862 - 1874. New York: Atheneum, 1966, pp. 1 - 10.

② Frederic Wakeman, "A Note on the Development of the Theme of Bureaucratic Monarchic Tension in Joseph R. Levenson's Work," in Rhoads Murphey and Maurice Meisner, eds., *The Mozartian Historian*. Berkeley: University of California Press, 1976, pp. 123 - 133.

③ Joseph R. Levenson, *Confucian China and Its Modern Fate*, vol. 1, *The Problem of Monarchical Decay*. London: Routledge and Kegan Paul, 1964, pp. 100 - 116.

“刚健的儒教气质”，同样也出现在蒋介石的政治哲学中。① 许多年轻的政治家，包括毛泽东在内，20 世纪早期都很钦佩曾国藩。然而，芮玛丽把蒋介石的反共大“围剿”战略和 1934 年新生活运动的许多方面连接起来，认为它们都是受了曾国藩的影响。② 由此，民族主义者的保守主义被视为是回退到同治中兴，因而被芮玛丽认作一个彻底的时代的错位。芮玛丽在生命的最后阶段日益确信：所有伴随革命大潮的中国现代历史，均开端于世纪之交。③

芮玛丽在写《革命中的中国》的序言时，西方汉学家们开始意识到“文化大革命”的重要性。由于她认为“文化大革命”在某种程度上与 20 世纪早期的革命运动相关联，于是她辨认出了现在中国的一组新的力量：妇女、青年、现代军队、工人等，他们才是革命的真正源泉。《革命中的中国》的序言，以及其中包括的多篇研讨论文，都对国民党和共产党官方历史编纂学将 1911 年辛亥革命中孙中山的关键角色定位为“国父”的正式提法，做了本质性的质疑。④

在该书中，相比对孙中山的偶像崇拜的质疑，当时不太受注意的是“士绅革命”的新主题。这一主题是通过对满族的衰亡与王朝衰败前期——那时士大夫精英阶层按理不再支持统治政权——的类比仓促地提出的。⑤ 把 1911 年辛亥革命仅仅看作是王朝循环的另一个例子，这种论断在绝大多数历史学家们

---

① “刚健的儒教气质”这一用语出自本杰明·史华慈的《寻求富强：严复与西方》一书。参见 Benjiamin Schwarts, *In Search of Wealth and Power*: *Yen Fu and the West*. Cambridge, Mass.: Harvard University Press, 1964, pp. 15 – 16。

② Mary C. Wright, “From Revolution to Restoration: The Transformation of Kuomintang Ideology,” *Far Eastern Quarterly*, vol. 14 (1954 – 1955), pp. 525 – 532.

③ Mary C. Wright, Introduction: The Rising Tide of Change, Mary C. Wright ed., *China in Revolution*: *The First Phase*, 1900—1913. New Haven: Yale University Press, 1968, pp. 1 – 63.

④ 尤其请参见 Vidya Prakash Dutt, “The First Week of Revolution: The Wuchang Uprising,” Mary C. Wright ed., *China in Revolution*: *The First Phase*, 1900 – 1913. New Haven: Yale University Press, 1968, pp. 383 – 416。

⑤ Chuzo Ichiko, “The Role of the Gentry: An Hypothesis,” Mary C. Wright ed., *China in Revolution*: *The First Phase*, 1900 – 1913. New Haven: Yale University Press, 1968, pp. 297 – 317.

的眼中行不通。但是有许多迹象表明，地方精英参与了革命——而且越来越明显的是，各个省、地区都开始相继脱离中央而独立。芮玛丽模式中的“士绅”主题最终对后来的学术具有持久的影响，其影响既超过了她反孙中山偶像化的论点，也远胜于她对“新力量”的论述。①

地方精英

托克维尔（Tocqueville）将社会革命与统治精英及现代国家之间各种形式的竞争相联系的理论，已经成为过去25年来美国历史社会学一个重要的再发现。② 在中国学研究中，这一点首先体现在力图把上述模式中的成分与相关广东地方史结合，该地方史所强调的是鸦片战争时期地方官及国家官员与士绅阶层之间的紧张状态。1839—1860年在珠江流域展开的抗英团练运动，在舒缓这种紧张状态的同时，在穷苦农民之中激发了一种原始的阶级觉悟，这种阶级觉悟超越了自明代以来就存在于珠江三角洲的家族血缘利益所缔结的宗族界限。尽管由于清政府同有权势的地方士绅结成联盟，从而导致19世纪50年代广东的红巾军遭到总督叶铭琛的镇压而失败，但地方士绅得以控制维持社会秩序的武力。也就是说，战后的广东，在国家与乡村精英的竞争中，后者最先取得胜利，战后他们相继垄断了地方资源并且夺取了国家的警察力量，且达到一种前所未有的程度。③

这在当时应是一项有益的洞察，但是广东人的例子在历史进程中局限性太

① 特别参见 P'eng-yuan Chang, “The Constitutionalists,” Mary C. Wright ed., *China in Revolution: The First Phase*, 1900 - 1913. New Haven: Yale University Press, 1968, pp. 143 - 183。

② Barrington Moore, Jr., *Social Origins of Dictatorship and Democrary: Lord and Peasant in the Making of the Modern World*. Boston: Beacon Press, 1966; Theda Skocpol, *States and Social Revolutions: A Comparative Analysis of France, Russia, and China*. Cambridge, Cambridge University, 1979.

③ Robert Y. Eng, “Institutional and Secondary Landlordism in the Pearl River Delta, 1600 - 1949,” *Modern China*, vol. 12 no. 1 (January 1986), pp. 3 - 37; F. Wakeman, “The Secret Societies of Kwangtung,” Jean Chesneaux ed., *Popular Movements and Secret Societies in Modern China*. 1972.

大，并受制于地理空间的约束，以至于历史学家无法在更重要的方面将这一模式拓展到中国的其他地域。孔飞力后来做出了一种更加广泛的解释，他的“军事化论题”成为最经常被引用的对于晚清历史进行结构分析的路径。孔飞力对太平天国时期士绅领导的地方团练的历史所做的细考，显示地方精英不但已经从太平军手里夺回了乡村，使后者在 19 世纪 50 年代中期的活动局限在他们所征服的中国中部城市中，而且叛军和皇权国家双方都经历了一种平行的军事化过程，他们都从底层无经验的队伍或者单一的团练发展为省级最高层的多元化地方军队。除此之外，孔飞力还论证，这种额外的国家军事力量扩展，是地方精英非正式治理的民间程序中的一部分，这一过程可以追溯至 18 世纪晚期，当时正式的国家官僚机构不足以应对中国不断增长的人口和拓展的疆域。总而言之，19 世纪的这一军事化过程就是国家与地方精英之间的激烈竞争的一种表象，他们不但为了现有的资源而竞争，同时也争夺因人口需求和外来竞争而产生的新的政治资源。①

孔飞力的分析中唯一一个显而易见的不足，是对意识形态的忽视，对此他在该著作的第二版中有所弥补。意识形态在其范围之内达到一种平衡，在 20 世纪早期也是如此。在稍后的一篇文章中，孔飞力在地方精英垄断和启蒙的利己主义的意识形态之间确立了一种联系，这种联系对于鸦片战争之后的经世运动非常重要。由冯桂芬提出的这一至关重要的联系，是指地方自治观念。正如孔飞力所言，此点可追溯至 17 世纪的理想模式，即在“郡县”国家的专制权力与开明的儒家士绅为寻求自身最大利益而提出的“封建”关系之间保持平衡。19 世纪晚期地方的自治运动渐渐涌现，但是，这既不是完全开明的，也不是彻底的利己主义。正如孔飞力之前所察觉的，这种含混不清的性质，使地

---

① Philip Kuhn, *Rebellion and Its Enemies in Late Imperial China*: *Militarization and Social Structure*, 1797－1864. Cambridge Mass.：Harvard University Press, 1970.

方精英开展的地方自治至少以三种不同的表象呈现出来。①

士绅自治的表象

第一种表象，如曼素恩（Susan Mann）所提示，是良性的、积极的，由于一系列地方领导人积极寻求建立由自己负政治责任的合理公共领域，而引发了城市自治政府的出现。这是一种“士绅民主”，伊懋可（Mark Elvin）在描述20世纪初上海地方精英的管理制度时曾经提起过。② 无论是受到条约口岸西方商业的影响，还是像汉口那样是中国商业贸易中心的一种内生现象，这些新的城市慈善业和自治协会通常都是由地方商人与同业公会资助的。他们作为总体，代表了“与私有化的经济权力相平行的（尽管总是跟在后面）政治职能的逐渐普及化”③。他们与乡村也保有联系，通常是通过太平天国后的税收征收机构，后者用新的厘金税收来资助地方的兴建计划。施坚雅（G. William Skinner）指出，像这样的地方精英活动经常被地方官员禁止，因为尽管地方精英对出生地表现出一种相当程度的忠诚，但他们侵犯了官员的特权。此外，许多乡村的公共服务事业，是由那些因其佛教慈善业绩而闻名的士绅家族以传统的慈善方式资助的。然而，这一现象被认为是精英参政极为现代的一种形

① Philip Kuhn, “Local Self-Government under the Republic: Problems of Control, Autonomy, and Mobilization,” F. Wakeman and Carolyn Grant eds, *Conflict and Control in Late Imperial China*. Berkeley: University of California Press, 1975, pp. 257 – 298.

② Mark Elvin, “The Administration of Shanghai, 1905 – 1914,” Mark Elvin and G. William Skinner eds., *The Chinese City between Two Worlds*. Stanford: Stanford University press, 1974, p. 250; and “The Gently Democracy in Chinese Shanghai, 1905 – 1914,” Jack Gray ed., *Modern China's Search for a Political Form*. London: Oxford University Press, 1969, pp. 41 – 65.

③ William T. Rowe, *Hankow: Commerce and Society In a Chinese City*, 1796 – 1889. Stanford: Stanford University Press, 1984, p. 344. 同时参见 Susan Mann Jones, “Merchant Investment, Commercialization, and Social Change in the Ningpo Area,” Paul A. Cohen and John Schrecker eds., *Reform in Nineteenth-Century China*. Cambridge Mass.: Harvard Univerisity Press, 1976, pp. 41 – 48。

式，它伴随了义务公共服务的新领域的产生。①

第二种表象远没有第一种那么具有正面性，它与东方专制主义模式的独裁特征比较一致，而不是与一些美国史学者们所相信的出现在19世纪末期的公民社会相符。村松祐次（Mummatsu Yuji）在其有关江南租栈的精湛研究中提出，太平天国后长江三角洲一带的乡村规定公共税收和私人租金，使地主能用政府的警察来逮捕凶狠好斗的佃户，并施行他们自己的租金征收制度。② 在这种表象中，一方面，地方精英事实上控制了地方政府，并最终彻底阻挡了中央政府获取税收的途径；另一方面，地方精英同时对他们的依附者和下属进行剥削。③ 也就是说，在国家与社会接触的最底层面上，精英统治削弱了国家政体，增加了社会革命的可能性。④ 在第三种表象中，地方精英被看作是对抗国家的革命运动的动员者。⑤ 1911年辛亥革命时期各省的立宪领导人，像谭延闿这样的城市改革家，后来在反抗军阀和帝国主义的统一战线中资助了由毛泽东领导的青年激进分子。在中国革命阶段，城市精英分子同他们在知识分子中的平民支持者共同支援农民运动以反抗地主。然而，当貌似整体的民族主义被马克思主义的阶级斗争所取代时，城市精英的统一战线瓦解了。城市改革家拒绝援助乡村穷人的呼吁，于是相当一部分共产党人背弃了城市，站到了乡村一

---

① Mary Backus Rankin, *Elite Activism and Political Transformation in China*: *Zhejiang Province*, 1865 - 1911. 1986, pp. 136 - 169.

② 村松祐次：《近代江南の租栈——中国地主制度の研究》，日本东京大学出版会1970年版，第681—747页。

③ James PoLachek, "Gentry Hegemony: Soochow in the T'ung-chih Restoration," F. Wakeman and Carolyn Grant eds, *Conflict and Control in Late Imperial China*. Berkeley: University of California Press, 1975, pp. 211 - 256.

④ F. Wakeman, *The Fall of Imperial China*. New York: Free Press, 1975, pp. 253 - 254.

⑤ Joseph Esherick, Jr., *Reform and Revolution in China*: *The* 1911 *Revolution in Hunan and Hubei*. Ann Arbor: University of Michigan Press, 1977; Edward J. M. Rhoads, *China's Republican Revolution*: *The Case of Kwangtung*, 1895 - 1913. Cambridge Mass.: Harvard Univesity Press, 1975; Arthur L. Rosenbaum, "Gentry Power and the Changsha Rice Riot of 1910," *Journal of Asian Studie*, vol. 34, no. 3 (May 1975), pp. 689 - 716.

边。因此，第三种表象将地方精英当作政治动员者的陈述，追寻了一条相当典型的路线：一旦革命运动的社会后果被特权阶层看清，上层阶级就从他们与青年激进分子的联盟中退却，最终背叛了统一战线。另一方面，共产党人则拥护了中国乡村无产者，于是，最后获得胜利。①

只要中国革命的目的论仍然存活在毛泽东这样的人物中，那么，关于地方精英作用（虽然也涉及有关农民民族主义的理论）的第三种提法，就会在年轻的西方社会历史学者中占优势。早已存在无产阶级“文化大革命”造成损害的证据，但民粹主义者们对政策的关注点仍在如何缩小知识分子与农村大众之间的差距，而这种情况依然占据主流。所有的这一切，都随着 1976 年毛泽东的逝世而发生了急剧的变化。

传统国家的权力

毛泽东曾经告诉安德烈·马尔罗（André Malraux），他“独自站在大众那一边”。其实在这两者间并没有任何障碍物，主席本人协助创建的国家与政党尤其不可能成为其障碍。中国最大的晚期帝王独裁者朱元璋则不然，他在 14 世纪残酷地清除了数万户地方精英家族——人众达数百万，因为他们成为朱元璋与农民阶层之间的障碍，朱本人是 14 世纪中叶兵荒马乱时作为农民起家的。

朱元璋将自己的帝国理解为一片村庄聚合体，由他一人统治。这是中国专制主义的一种极端体现：在君主独霸方面完全可以和秦始皇相媲美。但是在这两位同样残酷、果断的独裁者之间，仍存在着一个独特且相当重要的差别。秦始皇的帝国是官僚政治中央集权化的胜利，以牺牲地方税收和区域权利甚至方言为代价。朱元璋统治天下的专制性要局限得多。这位明朝统治者的雄心在更大且更加个人化方面是无止境的，且建立在他本人和帝国资源的基础上。但对

① Angus W. McDonald, *The Urban Origins of Rural Revolution: Elites and the Masses in Hunan Province, China*, 1911 - 1927. Berkeley: University of California Press, 1978.

于地方，他反对地方政府统治，特别是长江流域下游地区——那里的地方官员和世家大族曾经支持过他的劲敌张士诚，这种反对如此强烈，以至于朱元璋宁可依赖于非政府人员，甚至在税收及豁免这样重要的事务上也使用他们。①

在这位明朝的开创者看来，地方政府的理想模式是自我管理，即地方“税收长官”（粮长）有义务承担收税职责，作为报酬，粮长亦能获得其他一些至关重要的权利，如直接面觐皇帝，以及公开享受一些消费上的特权。与宋代的税收依靠领取薪俸的地方人员不同，明朝一方面依靠那些能够自我供给的征收代理，另一方面则依靠相对非正式的控制机构。随着士大夫考举制的兴起（按理中举的士大夫们通过向乡民传达皇帝的圣旨，而最终成为非正式控制的代理），最终“粮长”确定下来。“粮长”现在由衙门胥吏、巡捕和补办取代了，除了固定的税收外，他们常常为自己牟取非法收入。中央政府增加税额的任何努力，最终都鼓了衙门胥吏的腰包，而这种状况在15世纪前期之后已经成为帝国的一项无法承受的负担。回头看，明朝若愿意雇用更多拿正式俸禄的官吏，来如数收纳增长的税额，便能渡过17世纪的经济危机。显然，这个机构的成本对朝廷是有益的。② 然而，明代没有能够渡过这一危机，但它的税务制则得以保存下来。

清朝只继承了朱元璋关于地方统治极少的一部分政策。③ 清朝开国的前两位皇帝为获得中国东部的经济资源做出了英勇的努力：抑制地方贵族的特权，

---

① Ray Huang, “Fiscal Administration during the Ming Dynasty,” Charles O. Hucker ed., *Government in Ming Times: Seven Studies*. New York: Columbia University Press, 1969, pp. 73 - 128, and *Taxation and Government Finance in Sixteenth-Century Ming China*. London: Cambridge University Press, 1974. 同时参见 Charles O. Hucker, *The Traditional Chinese State in Ming Times* (1368 - 1644). Tuscon: University of Arizona Press, 1961。

② William Atwell, “Notes on Silver, Foreign Trade, and the Late Ming Economy,” *Ch'ing-shih wen-t'i*, (December 1977) pp. 1 - 33; S. A. M. Adshead, “The Seventeenth Century General Crisis in China,” *Asian Profile*, vol. 1, no. 2, pp. 271 - 280.

③ Joseph Needham and Ray Huang, “The Nature of Chinese Society: a Technical Interpretation,” *Journal of Oriental Studies*, vol. 12, no. 1 & 2 (1974), pp. 1 - 16.

鼓励开垦荒地、保护维修、拯救灾荒和改革税制。① 这些努力在很大程度上获得了成功，乾隆时期的清帝国是中国前现代历史中，国库帑银最为充裕，军事力量最为强大，政治统治最为坚固的。② 但其税收制没有什么根本性的改变，1712 年康熙皇帝宣布的“永不加赋”，以及雍正皇帝的财政改革在 18 世纪 40 年代最终遭到破坏③，使得私人的囤积居奇扰乱了水利系统。水道受阻，而 18 世纪 50 年代和 60 年代，皇帝得依靠这些水道纳贡和贸易。④ 18 世纪 70、80、90 年代的人口增长对国家的政治资源造成多种压力，这些在前面讨论孔飞力的军事化模式时讲述过。⑤

光绪朝晚期，在 1898 年的百日维新失败后，国家权力的无效已经明显到让皇权（实为慈禧太后和她的大臣们）遭受挫折的地步：皇权无法越过省级官员而直接召唤帝国臣民。因此，朝廷决定绕过这些中间官僚层级，谨慎地支持向县府州省各级幕僚“借谋”，鼓励直接向皇权进言。这些措施是在朝廷派遣使团出国考察其他君主国的管理体制后采用的，它们代表了朝廷决意渗入社会，要在帝国中央与民众间建立更加密切的联系的最后一搏。然而，政府方面

① Pierre-Etienne Will, “Un cycle hydraulique en Chine: la province du Hubei du XIXe au XIX siècles,” *Bulletin de L'ecole francaise d'exlrême Orient*, 68 (1980), pp. 261 - 287; Bin Wong and Peter Perdue, “Famine's Foes in Ch'ing China: Review Article,” *Harvard Journal of Asiatic Studies*, vol. 43, no. 1 (June 1983), pp. 291 - 331; Jerry Dennerline, *The Chiating Loyalists: Confucian Leadership and Social Change in Seventeenth-Century China*. New Haven: Yale University Press, 1981.

② Pierre-Etienne Will, *Bureaucratie at famine en Chine au 18a sièccle*. Paris: Ecole des hautes etudes en sciences sociales, 1980.

③ Madeleine Zelin, *The Magistrate's Tael: Rationalizing Fiscal Reform in 18th-Century Ch'ing China*. Berkeley: University of California Press, 1984.

④ Peter C. Perdue, “Official Goals and Local Interests: Water Control in the Dongting Lake Region during the Ming and Qing Periods,” *Journal of Asian Studies*, vol. 41, no. 4 (November 1982), pp. 747 -766.

⑤ Susan Mann Jones and Philip A. Kuhn, “Dynastic Decline and the Roots of Rebellion,” in *The Cambridge History of China*, ed. John K. Fairbank, vol. 10, part 1. London: Cambridge University Press, 1978, pp. 107 - 162; R. Bin Wong, “Food Riots in the Qing Dynasty,” *Journal of Asian Studies*, vol. 43, no. 1 (August 1984), pp. 767 - 788.

欲将顶层与底层连接起来以巩固自己的统治的冲动，在地方精英看来将有利于立宪制，是承认他们有权参与并分享更广泛的政治治理。这样便在主权问题上存在着根本的误解——这一误解最终导致了许多立宪派人物支持 1911 年的辛亥革命。

有关国家与社会的关系，存在着两种激烈的观点——各自具有的概念在汉语里都属于新语汇。20 世纪早期这两种观点发生冲突。第一种是国家社会主义（etastiste），它不但要恢复帝国对民众的控制，而且还要在统治者与被统治者之间建立更紧密的联系。第二种同样激烈，是地方精英渴望加强在地区或省府层级的地方参政权。1903 年至 1910 年，有关铁路的债权和管理的斗争正是这两种观点碰撞的例子。① 辛亥革命的一个主要起因，就是清政府决意对不断增强的自治要求施行中央集权。②

国家政治领导人企图将政权延展至中国社会的努力，并没有随着清王朝的覆灭而减弱。③ 当袁世凯粉碎了 1913 年的“二次革命”，试图重建君主政体时，他执意将中央的意志强加于各省之上。④ 当然，最后中央并没有守住，袁死后留下了一个滑稽而恶毒的形象。但是国家对各级地区的渗入，包括甚至在税收和司法方面对村庄一级的干涉，产生出新的“摇摆人”，他们以乡村头脑及其他地方权力掮客的形式出现。⑤ 要考察民国早期国家权力的表征与 1949

---

① Tu-ki Min, *National Polity and Local Power: The Transformation of Late Imperial China.* Philip Kuhn and Timothy Brook eds. Cambridge Mass.: Harvard University Council on East Asian Studies, 1989, pp. 207 – 218.

② Joseph Eisherick, “Review Article: The 1911 Revolution,” *Modern China*, 1975.

③ P’eng-yuan Chang, “Political Participation and Political Elites in Early Republican China: The Parliament of 1913 – 1914,” *Journal of Asian Studies*, vol. 37, no. 2 (February 1978), pp. 293 – 313.

④ Emest Young, *The Presidency of Yuan Shih-k’ai: Liberalism and Dictatorship in Early Republican China.* Ann Arbor: Unicersity of Michigan Press, 1977.

⑤ Philip C. C. Huang, *The Peasant Economy and Social Change in North China.* 1985; Prasenjit Duara, “State Involution: A Study of Local Finances in North China, 1911 – 1935,” *Comparative Studies in Society and Histoty*, vol. 29, no. 1 (January 1987), pp. 132 – 161; William T. Rowe, “A Note on Tipao,” *Ch’ing-shih wen-t’i*, vol. 3, no. 8 (December 1977), pp. 79 – 85.

年之后中国共产党的控制系统之间的关系，我们必须密切观察中国现代警察的演变过程。

现代国家与社会控制

20世纪中国政权演进，最为显著的一个例子就是现代警察体制的发展，其肇始于1898年百日维新时期由湖南总督陈宝箴在长沙设立的一个特别警卫局（保卫局）。① 在对百日维新的反扑中，陈宝箴被免除官职，随之保卫局连同其他地方维新运动机构均被裁撤。尽管如此，足以说明问题的是，在义和团运动、外国联军侵占北京时期，在帝国主义的支持下，现代的警察武装重新出现了。②

清廷逃亡西安之后，各国联军侵占并分别控制着北京城的各个区域。日本人建立了军事警察站，各国势力则建立了安民公所，意在处理警察工作、道路修筑以及其他市政管理任务。③ 1901年9月当联军撤出北京时，安民公所即被废止，但是很快就被从事同样事务的善后协巡营所取代，二者的不同是后者只用中国人。1902年协巡营转而成为公巡总处的核心部分，并很快成为华北其他警察力量的典范。④

袁世凯是华北欧洲式新警察力量的主要资助人。⑤ 1901年至1907年袁担

---

① 有关民族—国家的壮大与现代警察制度的形成，二者之间的关系，参见 David H. Bayley, "The Police and Political Development in Europe," Charles Tilly ed., *The Formation of National States in Western Europe*. Princeton: Princeton University Press, 1975, pp. 328－379。

② 关于这一时期武汉的地方警察的建立，颇具启发意义的讨论，参见 William T. Rowe, *Hankow: Commerce and Society In a Chinese City*, 1796－1889. Stanford: Stanford University Press, 1984, pp. 283－315。

③ 安民公所的首脑及上层是由外国人组成的，其骨干也是外国的军事警察，常规的巡逻人员则是中国人。

④ Victor Li, *The Development of the Chinese Police during the Late Ch'ing and Early Republican Years*, Harvard Law School, 1965, pp. 18－27.

⑤ 上海通社编：《上海研究资料》，上海中华书局1936年版，第104页。

任直隶总督期间，他开始用欧洲和日本占领北京时所用的警察模式，取代传统的衙门差役及捕快。1902年5月，袁首先在省府保定用500名前士兵组建警察队伍，将其设置在警务总局之下，该局也监管警务学堂。当然，清朝这时已经使用士兵承担警察的职责。[①] 1902年9月，天津从联军手中收复，袁即在该城设立了警察局总部，当年秋天他将其在保定的警察队伍连同警务学堂一起搬至天津。新的天津警察队伍与联军占领时的“本土警察”合并成一支1800人的新武装力量。1902—1903年的冬天，另外1000名来自河北南部的新兵又加入了这支队伍。[②] 所有这些，意在使用现代警察力量平定民众，并为省总督提供控制本地军事团练和庄兵的地方自治自利的手段。[③] 天津因此成为直隶全省的典范。直隶的地方警察武装在1905年新成立的警察部控制之下建立。[④]

在被清朝学习的日本东京，依照明治维新的精神，对警察武装进行了改革。1871年东京的市镇治安官制度被一支首都警察武装取代。在对西方国家的几个首都城市的警察制度做了一番调查后，1874年，日本的警察（该词源于日文keisatsu）由内务部（Maimasho）掌管；1881年天皇颁布诏书宣布将成立议会政府时，计划建立警察教育的现代体制，该计划重点在于1885年在东京设立警察训练学校。普鲁士的警官们（19世纪80年代的Wilhelm Hoehn，19世纪90年代的Karl Krueger和Edward von Keudell）对日本警察学校的课程有很大的影响。德国与日本于1899年签署修订法案（该法案允许外国人拥有居住在日本的特权）的前后六年中，该校培养了1000多名警官和侦探。其实，训练这支现代警察力量的目的之一就是创建一支受过教育的官员队伍，使其有能

---

① 参见Narakino Shimesu，“Shindai ni okeru joshi goson no jian iji nit suite，” *Shicho*，49（1953），pp. 35－48。

② Stephen MacKinnon，“Police Reform in Late Ch'ing Chihli，” *Ching-shih wen-t'i*，vol. 13，no. 4（December 1975），pp. 82－83.

③ Stephen MacKinnon，“A Late Qing－GMD－PRC Connection：Police as an Arm of the Modern Chinese State，” *Selected Papers in Asian Studies*，new series，no. 14（1983），p. 5.

④ Stephen MacKinnon，“Police Reform in Late Ch'ing Chihli，” *Ching-shih wen-t'i*，vol. 13，no. 4（December 1975），pp. 82－83.

力应对并且保护生活在他们中间的外国人。①

日本警察训练项目——其中包括为分配到地方警所当翻译的专门人员提供英文教学，也在于防止外国人与日本人混杂居住时发生排外事件。这是为什么在排外的义和团运动发生后，中国要派遣学生到日本接受警察训练的一个原因，它也是一批日本警察专家——前警察所的侦探长们——在中国当教官的原因之一。②

这些专家中最著名的，是一位名叫川岛浪速（Kawashima Naniwa）的“大陆冒险家”（tairiku ronin）。川岛浪速在“新兴亚洲社会”语言学校学习后成为一名中文翻译。义和团运动后，他成为北京的日本占领区警察首脑，之后又当上一所学校的校长，用训练日本警察的方法训练中国人。③

1902年，川岛浪速提交了一份备忘录，它成为警察重建计划的基本文件。该备忘录本身体现了他的有关思路：“没有一个国家不拥有警察系统。它是对军事力量的补充。一个是防外并抵御外部各国以保护本国利益与权利，另一个是内控和制约人民以延伸国家的法律与秩序的工具。它们是一个国家最重要的两股力量，不可一日没有它们。”④ 除了建立后来成为国家政治控制的双翼保护——军队和警察以外，此后的数年中，川岛浪速在备忘录中还倡导建立一个中央警察机关，由警察事务部领导，并直接对皇帝负责，其首脑由皇族成员担任。警察事务部下面，各省都应建立警察事务衙门，每个城市和地区应建立警察事务局，每个州县也要建立相应的警察事务局，每个市场、河流、公路都应设相应的警察事务分局。川岛浪速相当明确地指出，这一新的中国警察制度是

---

① Oura Kanetake, “The Police of Japan,” Okuma Shigenobu comp., *Fifty Years of New Japan*, New York: E. P. Dillon, 1909, 1, pp. 281 - 295.

② 同上书，第294—295页。

③ 沈醉：《军统内幕》，文史资料出版社1984年版，第3页。

④ Victor Li, *The Development of the Chinese Police during the Late Ch'ing and Early Republican Years*, Harvard Law School, 1965, p. 33.

以欧洲大陆中央集权的警察力量为模型的，尤以荷兰和柏林的警察机构为主要楷模。①

为得到欧洲的财富与权力，1905 年清政府相应地采纳了川岛浪速的许多建议，从而下令建立培训警察官员的学校并征召学员。1905 年 10 月 8 日，巡警部成立，由军机大臣徐世昌任巡警部尚书。1907 年绿营军制被废止，巡警部划归民政部管辖。在民政部内，所有的警察事务均由独立的警政司负责。正是这个警政司，约 20 年之后，成为国民党内政部中蒋介石秘密警察机构的关键行政核心。②

尽管存在上述这些直接的行政联系，我们必须认识到，在世纪之交这一向着警察体制现代化迈出的初步尝试，在本质上与 25 年之后国民党政权采取的警察现代化计划完全不同。③ 国民党对此的努力，不但受到当时有关警察制度现代化实例的启发，比如英国、法国、德国以及美国的警察职业化及打击犯罪的技术，而且在于为国家加装一只高效的臂膀，它尊重地方精英，但不受他们制约。晚清的改革家们，在希望仿效明治政府组建警察力量的同时，更对动员核心区域的精英改造地方政府感兴趣。比起协助把国家的权力延伸到地方衙门以外的范围，那些精英更关注的是扩展他们负责的"公共领域"，以保护日常法律与秩序。"清末十年的政治可被视为一场冲突，是对于核心区域地方精英

---

① Victor Li, *The Development of the Chinese Police during the Late Ch'ing and Early Republican Years*, Harvard Law School, 1965, pp. 33 – 34, 41。

② Victor Li, *The Development of the Chinese Police during the Late Ch'ing and Early Republican Years*, Harvard Law School, 1965, pp. 38 – 39; Frank Yee, *Police in Modern China*, 加州大学伯克利分校博士论文，1942 年，第 29 页。

③ "［1911 年左右的浙江］警察无所不在……地方市民不断地反抗警方的行为，警察助手想要扮演传统衙门捕快的角色，勒索民众，接受贿赂，提倡赌博。随着警察的涌现，在整个民国早期这些问题变得越来越严重。"参见 R. Keith Schoppa, *Chinese Elites and Political Change: Zhejiang Province in the Early Twentieth Century*. Cambridge Mass.: Harvard University Press, 1982, p. 70。

的持续动员与清政府雄心勃勃的国家建设之间的冲突。”①

在另一层面上，袁世凯继续用新警察系统来取代地方精英的武装团练。比如，1911 年辛亥革命前夕，上海的士绅阶层创建了南市总工程局，用来监管一所现代警察学堂和与商团（1911 年时由 3000 人组成）有关的四个警所。辛亥革命中，当陈其美进攻清朝驻沪卫戍部队时，这些商团成员起了决定性作用。1911 年 11 月，革命取得胜利，对于地方显贵获得的报酬，包括上海所有的警察部门都合并到自治公所的领导下，并重新命名它为闸北市政厅，新民国政权授予该厅的职责是管理北市与南市。②

尽管士绅的武装力量作为一个相对自治的组织幸存下来，但它的警权却很短命。③ 1913 年的“二次革命”，当袁世凯把他的统治扩张到华中时，上海的中国警察武装被置于省的控制之下。新成立的淞沪警察厅直接受总督办领导，淞沪警察厅转而监管两个分厅：一个位于南市，称为沪南厅；一个位于北市，称为闸北厅。两个分厅在地理上被公共租界和法租界隔开，由淞沪水陆警察督办统管。1914 年，袁世凯在上海把士绅组织降低到类似堤防养护单位的角色，完全剥夺了它们控制地方警察局的权力，淞沪水陆警察督办被撤销，北市与南市分厅合并成一个强大的淞沪警察厅。④

---

① 参见 Mary Backus Rankin, *Elite Activism and Political Transformation in China*: *Zhejiang Province*, 1865 - 1911. 1986, p. 27；同时参见 Ch'eng I-fan, “Kung as an Ethos in Late Nineteenth-Century China: The Case of Wang Hsieh-ch'ien,” P. Cohen and Schrecker eds., *Reform in Nineteenth-Century China*, pp. 170 - 180；Vivienne Shue, *The Reach of the State*: *Sketches of the Chinese Body Politic*. Stanford: Stanford University Press, 1988。

② 朱怡声：《上海警察沿革史》，《上海警察》（1），1946 年，第 3 页；Christian Henriot, *Le gouvernement municipal de Shanghai*, 1927 - 1937, Université de la Sorbonne Nouvelle，博士论文，1983 年，第 19、22—23 页。

③ Christian Henriot, *Le gouvernement municipal de Shanghai*, 1927 - 1937, Université de Ia Sorbonne Nouvelle，博士论文，1983 年，第 15—16 页。

④ 袁在 2 月宣称，地方自治组织将被废止。尽管他在 12 月做出妥协，颁布了地方自治条例，但上海的市政厅已经成为一个从事公共工作、巡逻、城市税收的一般政府机关。同上引，第 24 页。

除了将上海所有的警察整合为一，置于一个权力部门的控制下以外，袁世凯还试图变更其人事——用北方人取代主要来自浙江、江苏的警察。袁任命萨镇冰为淞沪水陆警察督办，萨从北平、天津地区带来了100多名警察官员。① 自此起，上海警察力量中有一股强烈的北洋军阀的军事气息，但这气息到了20世纪30年代便屈从于上海的地方文化了。比如，在民国早期，警察长通常会派遣代表前往河北和山东招募警察，因为“该城的警察工作麻烦棘手，是极端辛苦劳累的艰难事。北方人拥有强壮的体格，因此他们可以忍受所有这些”②。此后在1924—1925年的江浙战争中，北京警察的整个分遣队被派到上海，战争结束后，他们便留在那里了。③

国民党的警察改革

袁世凯去世后，1917年4月，内政部部长在北京召开了警察事务全国会议，他从各省召集了较高级别的警察官员，讨论警察训练与组建等事宜。在随后的11月中，内政部命令各省开设警察训练学校。然而，由于同年爆发的一系列国内军事冲突，中央和地方政府都无暇顾及警察管理事务的细节，改革的努力因此被拖延了。从这个意义上看，民国早期的历史与晚清历史一脉相承：尽管以日本模式和欧洲典范建立的警察制度似乎确保了中央集权的权威，但是如果军事力量无法统一，在中国施行警察控制依然相当困难。更有效持久的警察改革，还得等到完成北伐及南京建立新政权之后才能进行。④

1927年国民党的警察改革是以广州公安局为模式的。“公安”这一称呼是那个时期美国对于警察一语的婉称。广州公安局是由孙科创建的，北伐前，他

---

① 上海通社编：《上海研究资料》，上海中华书局1936年版，第91、104页。

② 同上书，第105页。

③ 这些分遣队包括25名官员，35名警官，444名巡逻员。同上，第104页。

④ Frank Yee, *Police in Modern China*，加州大学伯克利分校博士论文，1942年，第31—32页。

将美国的市政管理体系在广州付诸实施。当国民党当权后，除了南京的警察总部，所有的警察部门都更名为“公安局”。①

行政管理单位实际上有名无实。1928 年，警察专家全国委员会成立，由四位首都警官和八位各省警官组成，属内政部警察司长领导。② 1929 年有关条例颁布，要求所有的警察与新召入人员接受培训。在浙江、江苏、山西、广东、江西、湖北、陕西、山东、云南、河北、甘肃、察哈尔、青海、福建和广西都设立了警察学校。同时，中央政府还颁布命令，全国的地方武装（团练）应处于县政或市政的官方控制之下。③ 1931 年 1 月，内政部在南京召集了第一次全国内政会议，讨论警察系统的行政管理。1932 年 12 月接着又召开了第二次会议，来自各省市的 100 多名代表参加了会议。他们对有关警察养老金制度的引介、新式武器的使用、女警察的雇用以及指纹系统的统一化提出了各项提案。④

这一整个时期，日本警察制度依然享有盛誉。1930 年，内政部通过考试，从高等警察学校第 15 届毕业生中选拔了十名最优秀者，派往东京进入日本内务省的警察训练学校学习。同年，浙江警官学校也选派了 21 名优秀毕业生赴日本学习。⑤

然而，欧洲的警察体系依然是中国警察制度的基本模式。1929 年，全国警察委员会会员王达锐（音译），利用同年 9 月前往巴黎参加第五次国际警察大会的时机考察了欧洲警察制度。王认为，维也纳的警察部队似乎最为出色，且最易于模仿。1930 年，浙江省主席邀请如道夫·缪克博士（Rudolph Muck）

---

① Frank Yee, *Police in Modern China*，加州大学伯克利分校博士论文，1942 年，第 30 页。

② 同上。

③ 同时，国民党的中枢领导层命令内政部接管南京首都警察局的直接管理权。参见 Maryruth Coleman, “Municipal Authority and Popular Participation in Republican Nanjing.” Paper delivered at the Association for Asian Studies annual meeting, San Francisco, March 27, 1983, p. 5。

④ Frank Yee, *Police in Modern China*，加州大学伯克利分校博士论文，1942 年，第 33—34 页。

⑤ Frank Yee, *Police in Modern China*，加州大学伯克利分校博士论文，1942 年，第 35 页。

和其他奥地利警察专家担任行政管理和训练顾问。同年，浙江警官学校的十名应届毕业生被派往维也纳学习。1932 年，缪克博士担任了南京中央政府的警察顾问，同时还担任改组上海公安局的顾问。[①] 然而，欧洲大陆司法专家对中国国家警察系统的影响力很快遇到来自美国警官的挑战。[②] 比如，1930 年，内政部邀请了美国加州伯克利警署的伍兹（A. S. Woods）警官到中国担任顾问。[③] 伍兹受邀帮助改造南京的市政警察，因为伯克利警察局日增的声誉，使其成为世界上最出色的警察队伍，而这又要归功于当时任伯克利市警察局长的奥古斯特·沃尔默（August Vollmer），他的警察，被称为“沃的人”（V-men），成了警察局的代称，正如联邦调查局局长埃德加·胡佛手下的人被称为“政府的人”（G-men），代表国家警方的概念那样。[④]

奥古斯特·沃尔默同时还是加州伯克利大学的首位犯罪学教授，正是由于这一教职，沃尔默培养了两名后来成为蒋介石主要警察顾问的中国学生：酆裕坤和余秀豪。1932 年，酆裕坤结束了加州大学伯克利分校的犯罪学课程后，

---

① Frank Yee，*Police in Modern China*，加州大学伯克利分校博士论文，1942 年，第 35 页。缪克建议组建一支专门处理外国事务的警察机构。他还提出建议，上海当局应从北平招募 500 名警察。上海市政警察档案，案卷号 0—3433，1932 年 4 月 1 日。关于浙江警官学校派送十名优秀毕业生前往维也纳学习，可参见 August Vollmer，“Correspondence：Letters from Frank Yee，” Bancroft Library，CB－403（letter dated July 25，1934）。两年后，军政部（Ministry of War）派遣酆悌率领一个调查团前往英国、法国、意大利和德国学习警察及军事制度。1935 年，李士珍（最后担任中央警察学校校长）被派往国外学习欧洲、美国和日本的警察制度。参见干国勋：《关于所谓“复兴社”的真情实况》，《传记文学》1979 年第 35 卷第 3 期，第 70 页。酆悌于 1936 年被任命为中国驻柏林的军事专员。参见 William C. Kirby，*Germany and Republican China*. Stanford：Stanford University Press，1984，p. 137。

② 然而，在 20 世纪 30 年代早期，警察改革的模式以折中的方式，选择了来自欧洲、日本和美国的例子。可参见惠洪《刑事警察学》，上海商务印书馆 1936 年版，第 2—3 页。

③ Alfred E. Parker，*Crime Fighter*，*August Vollmer*. New York：Macmillan，1961，p. 170；Frank Yee，*Police in Modern China*，加州大学伯克利分校博士论文，1942 年，第 36 页。

④ Gene E. Carte and Elaine H. Carte，*Police Reform in the United States*：*The Era of August Vollmer*，1905－1932. Berkeley：Univerisity of California，1975，p. 3.

返回中国，并亲自向蒋介石呈递了一项调查全国警察队伍状况的计划。[①] 此后，酆裕坤曾出任南京交通局局长，时间不长（在任期内他对南京市的交通规则进行了修订）。1933 年 3 月，酆被调派至警察总长陈超（音译）的办公室，在保安处担任“特别秘书”。[②] 在任职期间，酆引进了一些美国警察技术，包括无线电巡逻车、测谎仪、指纹识别系统、警犬等。在 12 个月之内，他应邀出任浙江警官学校的警察训练部主任。[③] 浙江警官学校是国民党新政权培养干部的主要机构之一，北伐结束后由朱家骅创建。1927 年，时任广州中山大学校务委员长的朱家骅被任命为浙江省民政厅厅长。[④] 当酆裕坤出任浙江警官学校的主任时，这所学校在蒋介石的眼中已经颇具典范意义。[⑤]

与军队相似，它拥有几名外国来的警察训练专家，酆很快就邀请他在伯克利学习犯罪学的同学余秀豪加入学校。[⑥] 酆裕坤和余秀豪两人共同努力，与杭州警察力量建立紧密联系，并依照伯克利的巡逻制度创建了一支巡逻队，还引进了新生制，并在学校课程中添加了法医科学课程，以及来自美国的最新警察训练方法。[⑦]

到了 1934 年秋天，浙江警官学校已经在朝着一所全国性的机构发展。警校的教员们获悉，南京的警察学院和军事学院已经合并为一个单一学院，使浙江警校成为“该领域中唯一的一所全国性警察学院”，于是它开始在全国范围

---

① August Vollmer，“Correspondence：Letters from Feng Yukon，” Bancroft Library，CB - 403 (letter dated August 2，1932).

② August Vollmer，“Correspondence：Letters from Feng Yukon，” Bancroft Library，1933 年 9 月 12 日。

③ 同上，1934 年 3 月 25 日。

④ 章微寒：《戴笠与军统局》，《浙江文史资料选辑》第 23 辑，浙江人民出版社 1982 年版，第 86 页。

⑤ August Vollmer，“Correspondence：Letters from Feng Yukon，” Bancroft Library，CB - 403 (letter dated July 25，1934 and November 13，1934).

⑥ 同上，1934 年 5 月 25 日.

⑦ 同上，1935 年 1 月 2 日。

内面向通过了类似美国军队智力测验那样的体能及智能测试的地方警察和警官招生。[①]

作为一个全国性机构，浙江警官学校还负责庐山的治安。庐山是江西北部的一处著名的风景胜地，蒋介石的避暑别墅设在那里。[②] 庐山已被用作镇压武装力量的训练基地，那里设有“军校庐山特训班”，在一些毕业生被分配至南昌行营中的反共调查单位的同时，另一些则加入了由蒋介石的军统特务组织首脑戴笠创建的为军统培养特务的特殊干部纵队。[③]

每年夏季，庐山地区有20,000多名的参观者和旅游者，小偷很容易盯上这些游客。因此，给浙江警校的学生们一个执法练兵的机会，似乎合乎逻辑，同时还可以加强这处总司令最喜爱的名山胜地的安全，并向租借给英国人的牯岭地区的外国警察机构显示，中国人完全有能力管辖自己的地区。[④] 他们的成绩如此优秀，以至于英国把租借地的维持治安权让还给中国人了。于是，浙江警校的学员们被树立为全国的典型，成为来自江西和湖南部分地区的警官的楷模。对此印象颇为深刻的各省官员在秋天从庐山返回本省后，即刻举行选拔考试，从自己的省里选派20多名男女学生奔赴浙江警官学校，接受类似的训练。[⑤]

同时，浙江警官学校也是戴笠军统机构中顶级机密的特务训练中心。这些

---

① August Vollmer, “Correspondence: Letters from Feng Yukon,” Bancroft Library, CB－403 (letter dated July 25, 1934 and November 13, 1934), 1934年9月10日。

② August Vollmer, “Correspondence: Letters from Feng Yukon,” Bancroft Library, 1934年7月25日。

③ 黄雍：《黄埔学生的政治组织及其演变》，《文史资料选辑》第11辑，中华书局1960年版，第10页；曾扩情：《何梅协定前复兴社在华北的活动》，《文史资料选辑》第14辑，中华书局1961年版，第134页；沈醉：《我所知道的戴笠》，文史资料出版社1980年版，第8页。

④ Frank Yee, *Police in Modern* China，加州大学伯克利分校博士论文，1942年，第39—41页。

⑤ August Vollmer, “Correspondence: Letters from Feng Yukon,” Bancroft Library, CB－403 (letter dated June 30, 1934 and April 6, 1935).

特务们是蒋介石准备用来接管地方警察部队和输送到秘密特工系统的。[1] 1932年夏天，戴笠已经控制了浙江警官学校，并运用蒋介石赋予他的权威，以“政治特派员”的名义指挥浙江警校“特训班”。[2]

1935年，蒋介石决定将浙江警官学校与警官高等学校合并成中央警官学校，此时戴笠的人掌握着好几个政训地的要职，而特殊的秘密训练单位正在为军统系统准备人员，以承担蒋的警卫、情报特工和秘密警察的工作。他们学习的课本是中共叛变者提供的契卡（全俄肃反委员会简称）和格伯乌（即GPU，苏联国家政治保卫局简称）训练手册的翻译版。[3] 国民党创建的这个复杂精细的秘密特务系统，其中包括陈立夫的中统局，与共产党的机构相对应。中国共产党的特工部门成立于20世纪20年代末，即与国民党决裂后不久，到了1930年，它已经拥有各省的机构，包括各个苏维埃地区的特工组织，都归江西苏维埃临时中央政府管辖的特务公署下的中央办公室负责。1931年，在国民党控制地区，由于中共中央特科负责人顾顺章的叛变，中共遭受了惨重的顿挫。但是共产党的另一支秘密特务机构，在周恩来的领导下，从崩溃中渐渐恢复。[4]

1935年，蒋介石决定创建一所中央警察训练机构，此决定出自他对全国统一警察制度的远见，即将地方控制系统合并，并将之与军队一起作为其政权的两股关键支撑力量。[5] 作为中央警官学校校长，蒋介石告诫1937年的毕业生：“我们的国家有两支强大的力量：军队和警察，一支用来保卫国家，另一

---

① 邓元忠：《三民主义力行社初稿》，《传记文学》第39卷4期，第155页。

② 章微寒：《戴笠与军统局》，《浙江文史资料选辑》第23辑，浙江人民出版社1982年版。沈醉、文强：《戴笠其人》，文史资料出版社1980年版，第86页；沈醉：《我所知道的戴笠》，文史资料出版社1980年版，第8页。

③ 章微寒：《戴笠与军统局》，《浙江文史资料选辑》第23辑，浙江人民出版社1982年版，第86页。

④ Roger Faligot and Remi Kauffer, *Kang Sheng et les services secrets chinois* (1927－1987). Paris: Robert Laffont, 1987.

⑤ 余秀豪引用蒋介石的话：“要建立一个国家，首先必须建立警察机构。”参见余秀豪《警察手册》，上海警声书局1948年版，序言，第1页。

支用来维系和平，这就像一架飞机得有两翼才能飞翔。但是，由于现代警察职责的复杂性，并因为他们是唯一持续与人民接触的公职人员，在我们的社会里警察的位置甚至更为重要。”①

1936年，蒋召开“地方高级行政人员会议”，讨论地方警务与安全问题。② 会议的背景是在中央政府官员与各省领导之间关于控制保安队的长期争议。③ 省级官员当然希望保留他们自己能控制的地方武装，而中央政府代表则反对地方保安队，提出要建立正规的警察部门，由新的国民党政府来控制和训练，但仍由地方财政予以资助。在听完双方的论述后，蒋介石决定采用警察制度。④

行政院及时批准了一项提案，要求各省依照警政司列出的原则方案提交警务改革计划，当时的警政司由酆裕坤控制。⑤ 酆宣布，截至1936年底，保安队将被裁撤，三年之内其职责将逐渐由正规警察接管。每当一个保安队被解散时，它的预算经费及军械库将划归县警察局所有，而县警察局要尽可能做到在收入、级别和训练方面的统一化。为了提高地方警察力量的质量，警政司计划在各省的首府和城市中，对新警察进行全面培训，而级别更高的警官则要到新成立的中央警官学校接受全面教育。不用说，这将是朝着公安武装的全国性整

① Frank Yee, *Police in Modern China*，加州大学伯克利分校博士论文，1942年，第38—39页。蒋介石曾言：“警察必须明白，他们在国家中的位置，要比军队更为重要。军队只是在国际间用来抵御外侮，保卫国家。警察则要对内维系社会秩序，保护人民的生命和财产。否则，社会秩序将无以维系，人民的生命财产得不到保护，国家也将陷于混乱之中。”余秀豪：《警察手册》，上海警声书局1948年版，第1—2页。

② Frank Yee, *Police in Modern China*，加州大学伯克利分校博士论文，1942年，第36页。

③ 何其登（音译）：《当前之警政机构问题》，《理性月刊》，第2卷第5期，1940年8月30日，第18页。

④ August Vollmer, “Correspondence: Letters from Feng Yukon,” Bancroft Library, CB-403 (letter dated August 6, 1936).

⑤ August Vollmer, “Correspondence: Letters from Feng Yukon,” Bancroft Library, CB-403 (letter dated November 11, 1932). 同时参见《警察长谭绍良》(Superintendent Tan Shao-liang)，上海市警察档案，档案号D-7675A，1937年4月2日。

合目标更迈进了一步。①

1936 年 7 月 25 日颁布的地方警察条例立刻引发了有关新成立的地方警察局与地方行政机关之间关系的问题。警察局究竟是一个完全独立的机构，还是在特别警务助理的管理下，与地方行政官员相合并呢？1939 年 10 月，内政部无法解决这个难题，转而向行政院求助，要求获得国防委员会的指示。国防委员会最终决定，在地方行政官员的领导下，设置一个顾问办公室，裁决有关事宜。由此，地方行政官保有最终的警政权。②

在这期间，安全机构内部对中央训练体系的控制展开了激烈的竞争。军统头子戴笠对于掌管全国警察队伍的骨干，一直没有大权在握。但是他的一些副手位居要职，其中包括伯克利的毕业生余秀豪，他掌管警政司中的一个部门，主要负责警察教育、防火、外事、刑侦和特工。在写给奥古斯特·沃尔默的信中，余指出，他们的任命可视作伯克利警察改革计划的成功。“从此以后，”他写道，“所有的警务和教育都将完全置于‘沃的人’的控制之下。”③ 事实上，控制大权掌握在戴笠的特工人员手中。1936—1937 年，通过操纵人事分配及内政部训练计划，这位秘密特工首脑的影响力已经拓展到九江、郑州、武汉、洛阳等地的常规市政警察局。④

---

① Frank Yee，*Police in Modern China*，加州大学伯克利分校博士论文，1942 年，第 41—42 页。在 农村地区，由于太贫困、太遥远而无力建设正规警察局，执行法律的职责就分派给从前就有的保甲互助责任单位。参见 August Vollmer，“Correspondence：Letters from Feng Yukon，” Bancroft Library，CB－403（letter dated May 14，1937）。六周之前，余秀豪还写道：“将全国各个地区的所有保安队改编为警察组织的计划已经拟定，中央警官学校正加紧准备，在三年的时间内，大规模地为他们提供必要的警察补充训练。”同上，1937 年 3 月 24 日。

② 何其登（音译）：《当前之警政机构问题》，《理性月刊》，第 2 卷第 5 期，1940 年 8 月 30 日，第 19 页。

③ August Vollmer，“Correspondence：Letters from Feng Yukon，” Bancroft Library，CB － 403（letter dated August 6，1936）. 同时参见 1936 年 9 月 10 日的来信。

④ 沈醉：《我所知道的戴笠》，文史资料出版社 1980 年版，第 8 页。同时参见 Hungmao Tien，*Government and Politics in Kuomintang China*，1927－1937. Stanford：Stanford University Press，1972，p. 60。

中国特工通过法律教育来招募特务的计划，与美国联邦调查局的警长训练计划同时提出，并因双方把警察专业化拓展到地方执法机构的“科学”目标，而得到共同的强化。余秀豪在向沃尔默的报告中说，从1936年9月15日开始，“中国各地的高级警官将在南京中央警校接受一项密集的进修训练”，其他的警官则要在庐山参加夏季特殊训练计划，其课程教学大纲是余秀豪写的，此外，教材包括沃尔默关于美国警察制度的教科书的译本。①

这些课程还包括余秀豪的讲座、视察全国，以及酆裕坤频繁“强调警政的重要性和与人民合作的必要性”的公众无线电广播。此外，在内政部警政司进行的集中身份鉴定与存档的程序上，他们介绍了美国所使用的最新方法。比如，1937年初，酆裕坤与埃德加·胡佛联系，了解美国联邦调查局（FBI）是如何组织并处理指纹的，接着，国民党政府在南京开始建立自己的中央指纹局。②

这期间，在国民党统治下，像南京和上海这样的主要城市的警察队伍承担了更广泛的职责，诸如管理公共卫生项目，签发建筑许可证，收集并保存住户的登记记录，审查公共娱乐以及控制社会风俗。对于一些不太严重的违法违规行为，警察有权当场逮捕并处以惩罚。对于在路边随便吐痰、穿着猥亵且过分暴露的行为，也可按照例行规定处以罚金。城市警察对于公共行为严格控制的做法，早在1934年南京发起新生活运动之前，就在南昌开始了。由于组织镇压左翼“反动分子”在“五一”“五四”“五卅”等纪念日举行的示威游行与集会（即中国共产党与进步分子反对国民党的革命），警察力量在无意间也成为新民国市民城建的一部分。③

---

① August Vollmer, “Correspondence: Letters from Feng Yukon,” Bancroft Library, CB - 403 (letter dated September 10, 1936). 关于计划训练全国警察学校的校长，请参见1936年10月27日的来信。

② August Vollmer, “Correspondence: Letters from Feng Yukon, Bancroft Library, CB - 403 (letter dated March 23, 1937).

③ F. Wakeman, *Policing Shanghai*. Berkeley: University of California Press, 1995.

与此同时，出现了新型的警察组织：财政警察对货币流通实行控制并强制执行国家垄断，反走私警察要减少走私，铁路警察保证火车秩序，盐税警察禁止农民自制或贩卖私盐。每一个新的警察类型，都代表了新的侵蚀进入中国社会——这些侵蚀，比起地方精英与城市食利者的剥削来，更会引起农民的反抗运动。①

蒋介石打算在中央警官学校训练中国所有警长的计划，由于抗日战争的爆发而被迫中断。② 然而，秘密特工系统则由于情报工作的需要，也因为戴笠得以同美国海军代表签订协议创建了中美合作所而继续发展。一方面，中美合作所向戴笠提供来自美国联邦调查局和海军情报机构的教官，以训练高水准的军统特务；另一方面，来自正规陆军、海军及海军陆战队的官员对戴笠手下的55,000名忠义救国军加以培训。太平洋战争结束之时，蒋介石的军统局有大约10,000名特工，成为当时世界上最庞大的情报特务机构之一。

1949年之后的警察和国家权力

中国共产党赢得内战后，许多原来的警察都转而为新政权服务。原警察本身控制的体系，包括许多中国东部城市中受日本影响建立的保甲制（该制度在汪伪政府控制下运作，直到抗战胜利时，之后则处于国民党警察机构的控制下），在1949年之前就被中共抛弃。但是，新政权的代表们非常满意地接受了在一些城市中（比如上海、广州和天津）移交给他们的户籍登记册。③ 保甲制度被废止了，但又以居民委员会的形式建立了一个几乎一样的制度，居民委员

---

① Ralph Thaxton 正在进行中的最新研究观点。

② “当开始讨论有关下层的警察组织时，我们觉得非常悲观。”何其登（音译）：《当前之警政机构问题》，《理性月刊》，第2卷第5期，1940年8月30日，第20页。

③ Ezra Vogel, *Canton under Communism: Programs and Politics in a Provincial Capital*, 1949－1968. Cambridge Mass.: Harvard Uniersity Press, 1969; Kenneth Lieberthal, *Revolution and Tradition in Tientsin*, 1949－1952. Stanford: Stanford University Press, 1980.

会受到派出所的直接管理。[①] 在乡村地区，村民兵机构承担着与保甲相类似的职责，而警察的管辖职责，则由县公安局执行。[②]

尽管新政权的工具都是前政府的遗产，但是我们必须认识中华人民共和国崭新的特征。它的独特性，部分地体现在数量上。在中华人民共和国的初期，行政组织大为扩张。国家干部数量从 1949 年的 720,000 人（占全部人口的 0.13%）增长到 1958 年的 7,920,000 人（占全部人口的 1.21%）。[③] 其独特性的另一部分，是共产党通过与民兵机构这样的单位的党组织联系，对国家及社会进行管理。基层民兵组织既是国家管理的手段，也代表了地方的社会利益。[④]

在公安系统内部，共产党当然是至关重要的。1949 年之后建立的居民委员会高度有效，因为它是从苏联学来，并在延安实施的自下而上的管理方法。例如，1952 年在全国建立了一种新的公安委员会制度，委员会在全国每个村庄、工厂和机构中由 3—11 名委员组成，目的是“组织和领导群众，协助政府和公安机构揭发、监督和控制反革命分子”及“保卫国家和公共秩序”。[⑤]

两年后，1954 年 12 月 31 日，新的条例颁布了：居民委员会、街道办事处和公安局合并入一个统一体系。城市居民每 15 户到 40 户人家为一里弄小组，每组挑选一名组长参加居民委员会，委员会监管 100—600 户家庭。居民委员

① A. Doak Barnett, *Communist China: The Early Years*, 1949 - 1955. New York: Frederick A. Praeger, 1964, pp. 322 - 323.

② 同上书，第 50—51，203 页。

③ 这种扩张是部分的野心家想要“当官”，向上流动的压力带来的结果。Ying-mao Kau, “Patterns of Recruitment and Mobility of Urban Cadres,” John W. Lewis ed., *The City in Communist China*. Stanford: Stanford University Press, 1971, p. 106.

④ 倪志伟指出，在民兵组织中“国家控制与地方自治是相互依存的”，既是“控制与动员的一种重要手段”，同时“对于国家控制而言，也具有一种相当大的平衡力”。参见 Victor Nee, “Between Center and Locality: State, Militia, and Village,” Need and Mozingo eds., *State and Society in Contemporary China*, p. 242.

⑤ 引自 A. Doak Barnett, *Communist China: The Early Years*, 1949 - 1955. New York: Frederick A. Praeger, 1964, p. 51。

会还承担着公共福利工作，将居民的意见和要求反映到当地的人民委员会，并动员居民响应政府号召，它还协调纷争，且“指导群众安全工作”。它们的治安权限同公安局基层分支相一致。①

在这些组织中，党占据领导地位，但党的威慑力来自公安系统。而公安系统的效率是共和国早期按“契卡”模式努力建立一个强有力的国家警察机构的结果。公安系统部分地也是共产党自己在国民党基础上的创造：1950 年 12 月，公安局要求所有在国民党担任过职务的人进行登记，目的是有个“从头开始”。四个月之后，上海的公安局利用这些登记表，围捕了前政权的残余分子，这些人被监禁或处决。②

当然，中国共产党的政权也来自军事力量，公安系统中的高级官员都来自内战结束后正规的中国人民解放军。1950 年，朝鲜战争爆发，人民解放军的公安学校开始接收数千名新学员，这些人无法通过航空和炮兵学院、海军学院及装甲兵学院严格的体检。③ 公安部部长罗瑞卿，后来被任命为公安军总司令，同时也是人民解放军的总参谋长。④ 但是，在 1955 年到 1962 年之间，公安局从人民解放军的控制之下分离出来。公安局重要的高级官员，通常都具有军队官员或者军中政委的背景，但是一旦在安全机构服务，他们就不能再调回军队。1962 年之后，地方上的公安队伍最终又处于军队的控制范围之内，全

---

① A. Doak Barnett, *Communist China: The Early Years*, 1949 - 1955. New York: Frederick A. Praeger, 1964, 第 321—322 页。

② 参见 Robert Loh and Humphrey Evans, *Escape from Red China*. New York: Coward-McCann, 1962, p. 66。

③ John Gittings, *The Role of the Chinese Army*. Oxford: Oxford University Press, 1967, pp. 80, 290.

④ 1959 年之后，公安系统名义上是在谢富治的领导下。1966 年之前，最终决策权掌握在由谢富治、彭真、罗瑞卿、康生和杨尚昆五人组成的政法委领导小组的手中。参见 Parris H. Chang, “The Rise of Wang Tung-hsing: Head of China's Security Apparatus,” *China Quarterly*, 73 (March 1978), pp. 130 - 131。

国的公安部队名义上还是由公安部部长谢富治领导。①

“文化大革命”时期，国家和地方的公安部门都遭到了红卫兵的猛烈攻击，因为它们保护了“资产阶级司令部”。事实上，公安局根据政治风向标，服务于双方。比如，1967 年 1 月“夺权”之后，除了毛泽东和林彪以外的所有主要领导人都受到了激进分子的公开批判，公安局则帮助“中央文革小组”逮捕了保护中央统战部的保守组织的领导人。然而一个月之后，在“二月逆流”时期，公安局又协助保守派进行反击。② 虽然如此，毛泽东催促他的追随者们要“彻底打碎公安、检查、司法机构”，到了 1967 年底，公检法已经由军队安全人员接管。③

“文化大革命”结束后，当公安局重新代表党时，公安人员发动了一场恢复警察部门和检察院公众形象的运动。④ 这场既强调为公众服务，又强调维护社会秩序的运动，与一场更大的恢复法制，包括遵守刑法及民法的全国性运动同时进行。⑤ 1983 年 8 月 25 日“严打”开始，当时有 30 名罪犯被带往北京东城的工人体育馆，在群众集会面前被判刑，然后被驱车押送回镇上，最后被开枪击毙。几周之后，由全国人民代表大会常务委员会正式通告了这次严打，它还通过了一项决议，号召以更严厉的手段打击犯罪活动。⑥

据公安部研究室领导王景荣说，在接下来的 13 个月中，出于这项运动

---

① William W. Whitson, “Organizational Perspectives and Decision-Making,” Robert A. Scalapino ed., *Elites in the People's Republic of China*. Seattle: Washingtong University Press, 1972, pp. 401 - 402.

② Hong Yung Lee, *The Politics of the Chinese Cultural Revolution: A Case Study*. Berkeley: University of California Press, 1978, pp. 180, 218.

③ Parris H. Chang, “The Rise of Wang Tung-hsing: Head of China's Security Apparatus,” *China Quarterly*, 73 (March 1978), p. 131.

④ “Credit Goes to Dutiful Procurators,” *China Daily*, October 23, 1989, p. 3.

⑤ 《法律学习：一项全国性的任务》，《北京观察》28，51（1985 年 12 月 23 日），第 4—5 页。在 1983 年之后，反映英勇而无私的警官的书籍和电影广为流传，当时公安局有权在罪犯被逮捕的 24 小时之内，公开地拷问并处决罪犯。

⑥ “Officers Killed in Line of Duty,” *China Daily*, March 13, 1985, p. 3; Michael Browning, “5000 Executions Called ‘Good Lesson’” *Miami Herald*, November 15, 1984, p. 32A.

"教育他人"的目的，有5名罪犯被处决。[①] 此外有120,000人前来自首，"愿意痛改前非"，另有70,000名可疑人员被普通市民报送公安局。[②] 当局随后宣布，犯罪率有了明显的下降：从1982年每万人中有七人犯罪下降到1985年的每万人中五人犯罪。[③] 实际上，由于1983—1985年间的严打，中国的犯罪率按理应降到1949年中华人民共和国成立以来的最低水平。[④] 这同时也是世界上最低的犯罪率，截至1987年9月（当时据报道，那一年的前九个月中，中国的犯罪总数大约是407,000起），公安部发言人将社会秩序的稳定归功于"1983年以来在全国范围内展开的严打"。[⑤]

原先高发的团伙犯罪被认为是"文化大革命"以来因法律缺失而导致的暴力行为。不久，因外国"精神污染"而产生的其他的犯罪，出现在四个现代化的经济改革带来的商品交换中。[⑥] 1986年12月学生示威游行的骚动，被

---

① 王景荣说："在过去的一年，我们确实处决了一些人，但是这是因为在前些年，我们在惩处罪犯方面做得不好。一些本该判处极刑的人没有被处死，人民对此极为不满。"转引来源同前，第32A页。

② 根据"坦白从宽，抗拒从严"的传统原则，1984年，超过140,000名罪犯前去警察局自首，被从宽量刑。Liu Dazhong, "Crime Rate Plummets as Public Back Crackdown," *China Daily*, A-pril 1, 1985, p.1。

③ 从1983年9月严打开始，到1985年6月，中国登记在册的犯罪案件有750,000件，要比之前的22个月下降了34.6%。Wu Jingshu, "Two-Year Crackdown on China's Crime Rate," *China Daily*, Decemer 20, 1985, p.1；同时参见"Beijing Crime Rate Has Dropped," *China Daily*, March 20, 1987, p.3。

④ 据公安部刘复之所言，1984年，报告给警察机关的案件数量与前年相比下降了15.7%，共有510,000件。这个数字很接近1950年代的平均犯罪率，即每一万人中有四人犯罪。Liu Dazhong, "Crime Rate Plummets as Public Back Crackdown," *China Daily*, April 1, 1985, p.1. 这无疑也是世界上最低的犯罪率。根据1985年12月19日在北京召开的远东司法年会上给出的统计数字，法国的犯罪率是3.9%，西德是4.3%，美国是4.8%，英国是5%，日本是1.1%，而中国则是0.05%。Wu Jingshu, "Two-Year Crackdown on China's Crime Rate." 同时参见"Tianjin Crime Rate Drops 29 Percent," *China Daily*, May 28, 1985, p.3; Marvin Howe, "With Few Major Crimes, China's Police Deal with Social Needs," *International Herald Tribune*, December 16, 1985, p.5。

⑤ Liu Dazhong, "Nationwide Crackdown on Grime Continues," *China Daily*, October 20, 1987, p.1. 70%的罪犯都是小偷。

⑥ "Economic Crimes Are Main Target," *China Daily*, March 13, 1987, p.1.

认为是受到外来影响。时任公安部部长的阮崇武，由于对学生处理不严，于1987年4月被解职。他的继任者是原浙江省党委书记王芳。王宣布社会动乱是由国内的“反革命分子”和国外敌对势力通过渗透和破坏发动的，为了“确保教育的顺利进行”，全国的很多校园里设立公安附属组织。① 事实上，1987年王芳被任命执掌公安部，预示着中国对犯罪和社会管理的理解的一种巨大转变。公安部开始担心（用王芳在1988年一次全国会议上的话说）当犯罪率忽然升高时，“影响政治秩序的问题将进一步恶化，并演变成社会不稳定的因素”。②

当中国的警长们被提醒即将降临的骚乱时，政府描述了攻击公安部门事例的增加：1987年10月西藏的一个警察局被夷为平地，1988年5月广东的警察局遭到一群暴徒的洗劫等。1988年9月，公安部部长王芳说：“一些人将痛打公安和司法干部及其他执法人员的行为视作正当防卫。”③

对此，公安武警部做出的即刻反应就是招募更多的官员和警察。④ 虽然中国120万警察队伍的中上层干部都接受了公安部领导下的特警学校的训练，警察机关还是有优先权，在每年高考结束后可先行招募高中毕业生。⑤ 北京的公

---

① Tai Ming Cheung, “Crackdown on Crime,” *Far Eastern Economic Review*, November 3, 1988, p.23. 据香港《文汇报》报道，1988年最初6个月中，全国25个城市中的77个高等教育机构卷入了直接或间接的政治抗议活动，活动范围涉及从贴大字报到示威游行。

② 同上引，第23页。这类政治骚动往往归咎为犯罪分子的捣乱。见F. Wakeman, “The June Fourth Movement in China,” *Items*, vol. 43, no. 3 (September 1989), pp. 57–64.

③ Tai Ming Cheung, “Crackdown on Crime,” *Far Eastern Economic Reviewy*, November 3, 1988, p. 23.

④ “为了监控中国境内不断增加的外国人，国家安全机构必须招募越来越多的外语专业的学生，将其训练为导游、酒店员工，或者贸易公司的职员。” Tai Ming Cheung, “Big Brother Is Watching,” *Far Eastern Economic Review*, November 3, 1988, p. 25.

⑤ Liu Dazhong, “Nationwide Crackdown on Crime Continues,” *China Daily*, October 20, 1987, p. 1. 警校为县级以上的警察局领导提供短期培训。在1986年至1987年7月之间，在公安部领导下的四所警校中，大约有1500名干部完成了有关安全技术和法律的课程。这些数字在王芳出任公安部部长之后大概又有所增加。Chen Qing, “Police Get Intensive Training,” *China Daily*, October 16, 1987, p. 3.

安大学，被认为是学习公安管理、刑侦调查、法律以及犯罪预防技术的同类学校中最好的。要考入这样的院校，竞争也很激烈。例如，在四川就有超过1000名中学毕业生报考公安大学，但实际上只有20人被录取。①

在这期间，不断增长的市场交易、因购买外国进口汽车等而引起的交通方式改变、乡村剩余劳动力不断涌入城市的建筑业和服务部门，如此等等，都为常规的公安部门带来了新的负担（也创造了新的机会）。据报道，1988年上半年的重刑犯罪率比去年同期上升了35%。②

公安局为监管短期居住的城市流动人口（1988年这一数字已突破5000万），恢复了户籍登记。③ 自由贸易市场必须有执照，还得受巡检——这些行为诱发了公安系统的腐败。④ 交通方面也需要增加警力监管。⑤ 自由市场经济实现现代化，可能会给广东和福建这样的省区的乡村精英家族提供一个翻身的机会，他们也可能为地方某些方面进一步达到自治而提供资源，但是这一进程也引来了国家新的令人警觉的干预。⑥ 不可思议的是，从中央计划经济到自我调控市场经济的转变，竟赋予国家更为重要的角色。例如，随身携带现金出行

---

① 公安大学成立于1983年。在张光义（音译）的管理下，它的课程设置强调体格健康，并着重训练拳击、柔道、射击及驾驶等技能。Chen Qing, "Police Get Intensive Training," *China Daily*, October 16, p.3.

② 据官方报道在那段时期内，共有72,000起严重的犯罪事件，但是有人认为实际数量是这个数字的两倍。Tai Ming Cheung, "Crackdown on Crime," *Far Eastern Economic Review*, November 3, 1988, p.23.

③ Tai Ming Cheung, "Crackdown on Crime," *Far Eastern Economic Review*, November 3, 1988, p.23.

④ 北京西城区公安分局的特殊许可证办公室成立于1985年1月，负责登记、管理、巡查这一地区超过1000家的酒店、商店和个体业。每个月大约只颁发20家商业执照许可证，引发不少店主使用贿赂手段。"不幸的是，一些党的官员无法抵挡住这种诱惑。" Zhang Jiamin, "Police Praised for Resisting Bribery," *China Daily*, June 7, 1985, p.3.

⑤ 1984年，北京城市道路上有750,000辆机动车；有548人在交通事故中死亡，6670人受伤。"Traffic Death Toll Rises in Beijing," *China Daily*, February 16, 1985, p.3.

⑥ 有关中国再分配经济与国家权力之间的关联，可参见 Mayfair Mei-hui Yang, "The Modernity of Power in the Chinese Socialist Order," *Cultural Anthropology*, vol.3, no.4 (November 1988), pp.408－427。

的商人数量不断增长——全国每天大约有5000万人乘坐火车，这就意味着在铁路上犯罪案件不断增长（在1987年和1989年上升了37.1%），铁路民警的数量也不断增加（他们必须抵制携带超重行李或非法货物的人以香烟或者现金方式进行的行贿）。①

随着公安局将更多的警力用在建立社会管理条例上，两个新的警察组织出现了：一个是半军事武装，用来对抗国内的暴动和叛乱；另一个是特工，用来进行反间谍活动及监控危险分子。② 1983年3—4月，人民武装警察成立，它从免除了内部安全职责的人民解放军中调遣了50万名士兵组成庞大的队伍。它的特遣部队据说是直接向地方政府的公安部门报告，全国的警察则归公安部领导。但是，它也直接向中央军事委员会汇报，中央军委在出现紧急情况时有权指挥它。它作为一个军事机构，同样遵从解放军条例规则。③

到了1989年，全国各地已经有超过100万的武警部队，他们驻守在新建成的大楼内。除为政府各大部、外国使馆、监狱和军工厂担任保卫工作外，武警部队还在边境地区巡逻，管理出入境和监管护照。武警战士按理也接受控制暴乱骚动的训练，以备在城市出现示威游行时发挥作用。④

由毛泽东的警卫汪东兴领导的"8341"部队这种特殊机构被解散后，武警部队亦包含公安职责。"文化大革命"时期，汪东兴负责中共中央办公厅的工作，那里成为全党的神经中枢，所有的国外情报与重要的国内文件都送到那里，然后由那里传达所有重要指示和文件。1966年12月后，办公厅基本上取

---

① Yuan Shuhua, "Railway Police: Safeguards for Passengers," *China Daily*, August 28, 1989, p. 6.

② 1989—1990年的冬季，常规警察队伍的招募基础较之从前更为广大。Liang Chao, "Beijing to Recruit More Police," *China Daily*, December 7, 1989, p. 3.

③ Tai Ming Cheung, "Big Brother Is Watching," *Far Eastern Economic Review*, November 3, 1988, pp. 24 - 25.

④ 机动反应组织成立于1987年末，是依照波兰和东德安全机构创建的。一些组织在西德接受训练，据说，中国的安全人员也曾在美国接受学习。Tai Ming Cheung, "Big Brother Is Watching,"

Far Eastern Economic Review, November 3, 1988, p. 23. 同时参见"US Cop Tutors Chinese Peers," *China Daily*, March 16, 1989, p. 5.

代了党的书记处，次年汪东兴通过办公厅将中国所有的公安机构都置于军队的控制之下。“8341”部队在1976年10月抓捕“四人帮”的行动中也起了至关重要的作用。①

汪东兴的政治生涯结束后，顶级的安全与情报活动直接处于中共中央政法委员会（中央政法委）的领导之下，它起着“权力机构”的作用，直接领导安全及法律组织。1983年，新的国家安全部成立，负责反间谍与情报搜集的工作。部长贾春旺直接归中央政法委领导。1987年下半年，公安加强运作，中央政法委被新成立的政法领导小组所取代。中共中央政法领导小组负责监管公安、检察、司法机构，由乔石掌管。乔石20世纪40年代在上海做过地下党的组织工作，“文化大革命”后曾出任中共中央对外联络部及组织部部长。

综上所述，三种公安力量公开或秘密地代表了现代中国的国家权力。一种新的国家法律，大概是1989年5月颁布，要求对那些泄露国家机密的人员给予严惩。② 常规的公安局现在将其力量投入常规的治安维持工作：逮捕毒贩③，没收进口录像带，打击淫秽色情出版物。④ 公安部门与其他两个机构一起，设置了一个庞大的对于个人及家庭的管理系统，截至1989年9月，向中华人民

① Parris H. Chang, “The Rise of Wang Tung-hsing: Head of China's Security Apparatus,” *China Quarterly*, 73 (March 1978), pp. 122 – 137.

② 新成立的国家保密局被认为取代了中央保密委员会，目的是为机密文件的分类和处置创建一套更为系统的程序。Tai Ming Cheung, “State Secrets Redefined,” *Far Eastern Economic Review*, November 3, 1988, p. 25.

③ 中国的公安机构目前正在与国际刑警组织和其他国外警察机构联合行动，在金三角地区抑制毒品交易。公安部成立了一支1300人的特别缉毒队。Chang Hong, “Nation Vows to Fight Return of Drugs,” *China Daily*, October 23, 1989, p. 4.

④ 1989年8月后的两个月中（当时在李瑞环的领导下开始打击色情活动），大约300万册包含反动及色情内容的图书和杂志被查封。另有900万册图书和9万盘录像带被撤架。“Anti-Porn Campaign Proceeds,” *China Daily*, October 18, 1989, p. 3; “Pornography Purge Wins Mass Support,” *China Daily*, August 30, 1989, p. 4. 我有一本125页的“内部”审查书目/物品清单，出版于1989年10月，清单中既有色情作品，也包括“资产阶级自由化”的主题，见《整顿清理书报刊及音像市场文件选编》。

共和国居民签发了五亿张电子编码的身份证，以便公安机构管理。[①]

然而，上述三者，都会为获得这样的控制或管理手段而努力。高压政治的历史——现代警察国家的出现，就这样使过去150年中国家与社会之间关系变化的第四种模式合法化。

何方昱　译

① “ID Card Checking Starts Soon,” *China Daily*, September 9, 1989, p.1; Chang Hong, “44 Inspection of ID Cards Under Way,” *China Daily*, September 19, 1989, p.3.

朱瑞对澳门的占领与中国对近代早期帝国主义的回应

（2002 年）

谈及中外关系，绝大部分历史著作所描述的依然是朝贡外交（制度），即已故的费正清先生所谓的“中国的世界秩序”观。① 即使在西方史学家批评者的论述中，清朝也被看作是“停滞的帝国”。相比 18、19 世纪进入民族大家庭的欧洲国家，他们认为清王朝在文化上太过于傲慢自大，就此总是盯住马戛尔尼（Macartney）1793 年到热河的出使和阿美士德（Amherst）1816 年对北京的访问，将之作为佐证。② 然而正是在这两次“朝贡之旅”间的 20 多年里，远在英国于 1842 年强行与中国签下不平等条约之前，在澳门和广东，即远离中央的华南地区，就发展出一种全新的帝国外交，很大程度上消解了“务实治国”与“以礼治邦”之间的巨大鸿沟。③

马戛尔尼履行使命的时候，乾隆帝对英国海军力量的关注，隐含了他对中国领土主权遭受异邦威胁的新的忧患意识。一度绝密的清宫档案显示清朝皇帝自命不凡的自满意识（表现在他给英王乔治三世的一封信中：“天朝物产丰盈，无所不有，原不借外夷货物以通有无。”），确实非常巧妙地掩饰了他对不

---

① 参见 John Fairbank，ed.，*The Chinese World Order*：*Tranditional China's Foreign Relations*. Cambridge Mass.：Harvard University Press，1968。

② James Hevia，*Cherishing Men from Afar*：*Qing Guest Ritual and the Macartney Embassy of* 1793. Durham：Duke University Press，1995，pp. 225 – 248. 另见 Alain Peyrefitte，*The Immobile Empire*. J. Rothschild trans. New York：Knopt，1992。

③ 此种史料编纂法的记述参见 James Hevia，*Cherishing Men from Afar*：*Qing Guest Ritual and the Macartney Embassy of* 1793. Durham：Duke University Press，1995，pp. 225 – 248。

列颠帝国的野心及其所拥有的先进的军事技术的隐忧。① 而这些隐忧最突出的例证是拿破仑战争时代②英国海军上将威廉·朱瑞（William Drury）对澳门的占领，接着是1834年“律劳卑（W. J. Napier）案”的上演。正如费成康所指出的，在1808年朱瑞率领其士卒强行登陆澳门之前，英国人已经对澳门一隅垂涎21年之久。1787年，查尔斯·卡思卡特（Charles Cathcart）奉命来华，欲求乾隆帝批准将澳门或是厦门作为英国商人贸易口岸，但是死于途中的卡思卡特没有机会来完成这一使命。1793年，马戛尔尼提出了相似的请求，地点换成了舟山（定海）岛，但是乾隆帝还是将英国商人严格限制在澳门活动。③ 同年，路易十六被送上断头台后，英格兰和葡萄牙宣布对法国开战，澳门土生葡人企图俘虏停泊在澳门内港寻求避难的一艘法国商船。但中国当局不允许治下有任何战事发生，从而也提醒说，尽管葡萄牙人已经拥有澳门将近三个世纪，但他们从来没有获得对澳门行使主权的权力。④ 在随后的几年里，特别是在1799年，澳门土生葡人转而投向清政府以求保护，希望清政府可以抵

---

① 该信由P-H Durand翻译，编入Alain Peyrefitte, *Un Choc de cultures: la vision des Chnois*. Paris: Fayard, 1992, pp. 262-347。此信被完整地翻译成英文。参见James Hevia, *Cherishing Men from Afar: Qing Guest Ritual and the Macartney Embassy of* 1793. Durham: Duke University Press, 1995, p. 238.

② 1799—1815年。——译注

③ 费成康著，王寅通译：《澳门400年》（英文本，*Macao 400 years*），上海社会科学院出版社1996年版，第178—179页；中国第一历史档案馆、澳门基金会和暨南大学古籍研究所合编：《明清时期澳门问题档案文献汇编》，第1卷，人民出版社1999年版，第535—536页、第542—545页、第588—590页。

④ 费成康著，王寅通译：《澳门400年》（英文本，*Macao 400 years*），上海社会科学院出版社1996年版，第179页；Andrew Ljungstedt, *An Historical Sketch of the Portuguese Settlements in China and of the Roman Catholic Church and Mission in China*. Boston, Mass.: James Monroe & Co., 1836, vol. 2。

制英国肆意把他们的港口改作军港。[①] 在亚洲协助保卫葡萄牙殖民地以抵抗法国和西班牙军队进攻的同时，英国人开始越来越关心自己。葡萄牙人在阿连特茹地区[②]抵抗法、西联军的进攻失败后，在1802年，澳门愈显得危如累卵。以抵御法国人任何可能的进犯为借口，英属印度总督韦尔兹利侯爵（the Marquis of Wellesley）派出六艘军舰前往"协助"葡萄牙人防守澳门。[③] 葡澳议事局断然拒绝这次派兵，并向香山县丞和两广总督——吉庆请求保护。此时中英商贸的收入已成为地方财税的重要来源[④]，吉庆在思忖后决定不向朝廷上奏此事。然而，葡澳议事局同时也将英国即将侵占澳门的信息上报给了京城中的葡萄牙人主教——汤士选[⑤]，他和索德超神父（José Bernardo de Almeida）又转告了嘉庆帝。[⑥]

清朝皇帝坚定地做出了回应。据《柔远记》载："壬戌，嘉庆七年春三月，英人窥澳门。时英吉利突来兵船六，泊鸡颈洋，淹留数月，意窥澳门。住澳之大西洋人禀诉两广总督吉庆，云：'英吉利兵船泊零丁洋，距澳甚近，欲

---

① 费成康著，王寅通译：《澳门400年》（英文本，*Macao 400 years*），上海社会科学院出版社1996年版，第179—180页；M. C. B. Maybon，"Les Angllais Macao en 1802 et en 1808，" *Bulletin del L'école francaise d'extrême-orient*. Hanoi：F-H Schneider，1906，vol. 6，p. 302。只有英国派出了它的商船。参见 H. B. Morse，*Chronicles of the East India Company*. Cambridge，Mass.：Harvard University Press，1926－1929，vol. 3，p. 9。

② Alentejo，葡萄牙的一个省。——译注

③ Angela Guimaraes，*Uma Relacao especial：Macau e las relacoes Luso-Chinesas*（1780－1844）. Lisbon：Edicao CIES，1996，pp. 78－79.

④ M. C. B. Maybon，"Les Angllais Macao en 1802 et en 1808，" *Bulletin del L'école francaised，extrême-orient*. Hanoi：F-H Schneider，1906，vol. 6，pp. 302，305－306；费成康著，王寅通译：《澳门400年》（英文本，*Macao 400 years*），上海社会科学院出版社1996年版，第180页。另参见《明清时期澳门问题档案文献汇编》，第1卷，第623页。在马戛尔尼出使期间，与英国的贸易占清朝年度对外贸易中关税收入的75%，大约在120万两到160万两之间。Arthur W. Hummel，*Eminent Chinese of the Ch'ing Period*（1644－1912）. Washington，D. C.：US Government Printing Office，1944，vol. 2，p. 967.

⑤ 汤士选（Alexandre de Gouvea）于1782—1808年任天主教北京教区主教。——译注

⑥ 故宫博物院辑：《清代外交史料·嘉庆朝》，台北成文出版社1968年版，第33页。

登岸借居洋房，恐其滋事，恳求保护。’吉庆饬洋商宣谕回国，至六月始去，特遣其酋陈谢，谓法兰西欲侵澳门，故举兵来护，讹言请勿轻信，意将掩其迹也。会住京之西洋人索德超等言其事于工部侍郎西洋堂务大臣苏愣额，上闻驰询，吉庆以英人开帆日奏，得旨：‘有犯必惩，切勿姑息；无隙莫扰，亦勿轻率。’”①

嘉庆帝立即下令英国海军船只离开中国水域，但英国人拒绝服从，并抛锚停泊驻扎。于是，嘉庆帝下令断绝其食物供应。② 此时《亚眠和约》签订的消息传来，英法之间的敌对关系暂时画下句点，这促成英军于 1803 年 7 月撤离澳门③，直接的武装对抗得以避免。尽管英国军官们自己似乎也没有意识到他们已经离一次实际上的军事接触到底有多近，英国军舰还是迅速地驶向外海，而嘉庆帝和清王朝在这次交锋中宣告胜利。④

1802 年的澳门危机因而有一个截然不同的影响。英国人为了他们的贸易奔走在海上，当法兰西和英格兰的战争再次打响时，英皇乔治三世却颇带敬意地写给嘉庆帝一封长信，指责法国弑君叛逆，背信弃义，穷兵黩武。另一方面，中国利用此次危机再次重申对澳门拥有的主权，并确信皇帝坚定的立场与决心已使英国人抱头鼠窜了。⑤ 尽管广州的行商设法贬低欧洲海军对中华帝国的威胁，试图减轻嘉庆朝廷的担心，此次危机还是提高了中国皇帝对游弋在中

---

① M. C. B. Maybon, “Les Angllais Macao en 1802 et en 1808,” *Bulletin del L'école francaise d'extrême-orient*. Hanoi：F-H Schneider，1906，vol. 6，pp. 30－35.

② 《大清仁宗睿（嘉庆）皇帝实录》，台北华文出版社 1964 年版，卷 202，第 22a 页。

③ 《明清时期澳门问题档案文献汇编》，第 1 卷，第 624—625 页。

④ 故宫博物院辑：《清代外交史料·嘉庆朝》，第 36—38 页；《明清时期澳门问题档案文献汇编》，第 1 卷，第 626—627 页。

⑤ M. C. B. Maybon, “Les Angllais Macao en 1802 et en 1808,” *Bulletin del L'école francaise d'extrême-orient*. Hanoi：F-H Schneider，1906，vol. 6，pp. 307－309. 1806 年 7 月 15 日，一艘葡萄牙轮船上的一名中国翻译惨遭一暹罗水手杀害。葡萄牙人被迫处死了该水手。中国对此事件的反应更强调了中国一再重申的管辖权。《明清时期澳门问题档案文献汇编》，第 1 卷，第 629—630 页；H. B. Morse, *Chronicles of the East India Company*. Cambridge，Mass.：Harvard University Press，1926－1929，vol. 3，pp. 15－16。

国沿海的英国海军野心的警惕。1805 年，行商们上书朝廷：“英国和法国，离我国然而（原文如此）甚远，漂越重洋，历经长途跋涉才能抵达广东，来与我们贸易。我们实在没有理由对英国人和法国人在中国一行一动都充满忧虑。他们当然也不会造成麻烦。”①

朝廷的回应态度是摇摆不定的，部分是因为安南海盗肆虐所引起的中国东南海岸的恐慌。② 一方面，嘉庆帝在给乔治三世 1805 年来信的回复中确认中英之间的协作依然如旧，并对英国所遣之谈判代表的恭敬态度大加赞扬。③ 另一方面，皇帝严令禁止新上任的两广总督那彦成在剿荡安南海盗时允许英国战舰护航。④ 在英国皇家海军战舰“海锐”号（HMS Harrier）欲解救停泊在澳门东面哈连湾（Haerlem Bay）被俘的西班牙双桅船时，两广总督派舰阻截，这表明了广东官员禁止英国军舰驶入中国水域的决心。⑤

海盗于 1807—1808 年间持续活跃在珠三角地区。香山县丞开始请求东印度公司广州管理委员会主席英商大班剌佛（Roberts），此时他正在澳门，指派两艘英国军舰协作镇压肆虐的海上劫掠活动。⑥ 1808 年 7 月 23 日，广东户部也发出了同样的请求。英国的回复是需要一个正式的“邀请”。鉴于嘉庆帝在对英军事合作问题上强硬的反对态度，两广总督不可能发出文书邀请，只是口

---

① 转载于 M. C. B. Maybon, “Les Angllais Macao en 1802 et en 1808,” *Bulletin del L'école francaise d'extrême-orient*. Hanoi：F-H Schneider，1906，vol. 6，p. 310。

② H. B. Morse, *Chronicles of the East India Company*. Cambridge，Mass.：Harvard University Press，1926 - 1929，vol. 3，p. 8. 1805 年 3 月，东印度公司广州管委会报告，大约有 600—700 名海盗在广东的河口以及海南至福建沿岸的岛屿活动。同上书，第 7 页。另参见，《明清时期澳门问题档案文献汇编》，第 1 卷，第 639—640 页。

③ M. C. B. Maybon，“Les Angllais Macao en 1802 et en 1808,” *Bulletin del L'école francaise d'extrême-orient*. Hanoi：F-H Schneider，1906，vol. 6，pp. 309 - 310.

④ 同上书，第 310—311 页。

⑤ H. B. Morse，*Chronicles of the East India Company*. Cambridge，Mass.：Harvard University Press，1926 - 1929，vol. 3，pp. 9 - 13.

⑥ 那时，中国公认英国在中国的唯一代表就是广州管委会主席。同上书，第 88 页。

头上表示他十分欢迎英国军舰和他的兵船配合作战。①

虽然如此，位于加尔各答办公室的总督却依然认为：即使海盗威胁继续蔓延，中国也不会由官方声明接受援助。巴洛（G. H. Barlow）总督告诉广州管委会："中国政府妒忌、多疑的本性让我们怀疑：一支事先未经中国政府同意的英国海军舰队的到来，是否不构成对中国政府的恶意侵犯?"② 这是深思熟虑的态度，可是，英国政府并没有采纳。英国政府关注法国在澳门的入侵计划，从而导致决策出现了根本失误，于1808年派出了朱瑞使团。③

法国势力对于在广东活动的东印度公司来说的确是个巨大的威胁，特别是澳门的葡萄牙人态度总是摇摆不定。朱瑞踏上征途的几个月后，广州特别委员会记录："法国在欧洲取得了一系列成功，他们正在使用着爪哇岛运来的资源，并拥有控制着马尼拉（原文如此），这并不是狂人妄语。我们1月27日秘密会议记录中提到的这些情况短期内即将被证实，特别是在葡萄牙官员或驻军的配合下更加容易实现。"④

为强调这个观点，东印度公司机密部1808年1月17日所给出的机密情报备忘录中提到，法国政府已经向葡萄牙明确表示需要澳门在其防御体系中处于一种更加重要的地位。广州特别委员会将其简单地看作"困扰自己利润丰厚的贸易活动"的一种威胁，并断言"对敌人（法国）的一切企图作敌对态度是否合乎时宜？是与他们（法国）一同进驻澳门，还是帮助葡萄牙人守住澳门？葡萄牙政府对这些措施是否都会采取容忍的态度？……我们的观点是，中国政

---

① H. B. Morse, *Chronicles of the East India Company*. Cambridge, Mass.: Harvard University Press, 1926-1929, vol. 3, p. 85.

② H. B. Morse, *Chronicles of the East India Company*. Cambridge, Mass.: Harvard University Press, 1926-1929, vol. 3, pp. 85-86.

③ 同上书，第86页。

④ 摘自1809年3月30日，广州管委会上报机密部之报告。同上，第97页。另见第94页。

府方面既不会让我们尴尬，也不会对我们采取任何强硬的敌对立场。”①

简言之，东印度公司代理商的观点是，游移不定的葡萄牙和腐朽、软弱的中国政府会使澳门在面对法国入侵时变得异常地脆弱，这将从根本上威胁到英国的“茶—鸦片”贸易，而此项贸易的收益已占到英国王室总收入的1/6。② 另外，最迟至1808年8月16日，东印度公司还认为，“我们根本不必去理会葡萄牙政府方面的任何敌对立场，而对中国政府方面的任何异议或阻碍，我们也应该理解为暂时的本性使然”。③

英驻印度总督明托勋爵（Lord Minto）持有相同的观点。1808年7月，他迫使果阿总督让其在澳门驻守一支英国军队。④ 这位葡萄牙总督没敢反对明托，但也没有许可这种干涉行径。果阿还在不安恐惧之中时，明托勋爵已然派出一支海军中队，在海军中将朱瑞率领下进入亚洲东部海域。朱瑞的第一个任

---

① H. B. Morse, *Chronicles of the East India Company*. Cambridge, Mass.: Harvard University Press, 1926 - 1929, vol. 3, p 86. 艾思特班（Esteban）收集的数据反映出这项贸易的价值，他认为东印度公司的转输贸易支持了英国同法国在1757年至1815年间（从普拉西到滑铁卢）开展的陆地战争，自印度至英国的转输贸易金额总计不低于3亿200万银币（英币）。Javier Cuenca Esteban, “The British Balance of Payments, 1772 - 1820: India Transers and War Finance,” *Economic History Review*, vol. 54 (2001), p. 56. 另见 John F. Richards, “Imperial Finance under the East India Company, 1762 - 1859,” p. 16，未刊文。

② 因此，广州委员会于1808年夏试图动摇澳门的民意，以便惠及英国。委员会确实是雇用了一个澳门人，名字叫Goqua，兼任洋行翻译（cohong linguist），期望以此影响民意舆论，但明显是无效的。同上，第87页。1810年，英国政府总税收中，直接税收入加农业收入的比重为20%，而海关收入加留用进口净收益（net retained imports）达到了36%。Patrick K. O. Brien: “The Political Economy of British Taxation, 1660 - 1815,” *Economic History Review*, *New Series*, vol. 41, no. 1 (Feb. 1988), table 6, p. 15.

③ H. B. Morse, *Chronicles of the East India Company*. Cambridge, Mass.: Harvard University Press, 1926 - 1929, vol. 3, p 87.

④ 果阿是葡萄牙在印度的殖民地。——译注

务将是迫使安南阮朝嘉隆帝同意河内向英国开埠通商。① 然而，朱瑞遭遇当头棒喝，安南土著的平底帆船（又称中国式帆船）海军烧毁了朱瑞停泊在红河上的几只船舰，并迫使其主力舰队（此时还包括一艘战舰、一只轻帆船和一只单桅纵帆船）转而驶向澳门。② 这种在东南亚半岛上演的拙劣的军事尝试并没有让中国人掉以轻心，他们相信正是由于朱瑞在河内的失败，所以他迫切需要在澳门实现自己的目的。

1808 年 9 月 11 日，英国的海军中队在澳门海域的碇泊处出现。③ 朱瑞手下已没人可派去事先做好准备，手上也没有果阿总督交付的指令。④ 他只是简单地向伐利亚总督送了一封信⑤，宣称自己要占领澳门以抵御法国的入侵。⑥ 经过一番谈判之后，面对人数优于己方的英国军队，伐利亚总督表示除了向中国求助之外他别无选择。随后，朱瑞表示自己将会和两广总督直接取得联系。⑦

两广总督吴熊光饬令朱瑞在其监控下撤离。考虑到英国给自己的指令中并

---

① “安南”一直是中国对越南所用的称呼。1803 年中国清朝嘉庆皇帝诏改安南为越南，命广西按察使册封阮福映（嘉隆帝）为越南国王，向清朝称臣。剌佛，东印度公司广州管委会主席，早已尝试过以和平的方式达到此目标，但是安南朝廷在其法国军事顾问的影响下，断然拒绝了这一建议。M. C. B. Maybon，“Les Angllais Macao en 1802 et en 1808，” *Bulletin del L'école francaise d'extrême-orient*. Hanoi：F-H Schneider，1906，vol. 6，pp. 313 - 314.

② 据《柔远记》，第一艘船载有 700 人，第二艘 200 人，第三艘 100 人。M. C. B. Maybon，“Les Angllais Macao en 1802 et en 1808，” *Bulletin del L'école francaise d'extrême-orient*. Hanoi：F-H Schneider，1906，vol. 6，p. 314.

③ 《大清仁宗睿（嘉庆）皇帝实录》，卷 201，第 22—5a 页。

④ 这当然就是朱瑞的阿喀琉斯之踵。摘自 1809 年 3 月 30 日，广州管委会上报机密部之报告。H. B. Morse，*Chronicles of the East India Company*. Cambridge，Mass.：Harvard University Press，1926 - 1929，vol. 3，pp 96 - 97.

⑤ Bernardo Aleixo de Lemos e Faria，时为澳门总督。——译注

⑥ 《明清时期澳门问题档案文献汇编》，第 1 卷，第 667—670 页；Angela Guimares，*Uma relaoespecial*：*Macaueas relaes luso-chinesas*，1780 - 1844. Lisboa：Centro de Investigao e Estudos de Sociologia，1996，pp. 91 - 108。

⑦ M. C. B. Maybon，“Les Angllais Macao en 1802 et en 1808，” *Bulletin del L'école francaise d'extrême-orient*. Hanoi：F-H Schneider，1906，vol. 6，p. 312.

未禁止与中国开战，9月21日，朱瑞撇开吴熊光的禁令，派遣300名英、印（度）海军士兵强行登陆抢占澳门，并就地筑起防御工事。① 尽管广州委员会在后来称赞这支军队自律、有序，还是有几起涉及当地居民（绝大部分中国人已经逃离此城）和一些印度兵的杀戮事件发生。② 中国总督于是下令封舱，停止一切与英国的贸易，并表示决不会有再次与朱瑞会面的可能。③ 面对中国毫不妥协的态度，英国在澳门周边调集了更多军队，人数渐增至700人，进一步加强他们在香山县海岸的防御力量。④

所有这些英军动向的报告，只是增强了嘉庆帝抵抗朱瑞军队的决心：

> 见在先后到船九支，皆带有炮械、火药等物，竟敢湾泊香山县属鸡颈洋面，并有夷兵三百名公然登岸，居住澳门三巴寺、龙嵩庙，分守东西炮台，实属桀骜可恶。该督等现将该国夷船停止开舱，派员剀切晓谕，俟夷兵退出澳门，方准起货，并称该夷人若再延挨，即封禁进澳水路，绝其粮食，所办尚是。……尔若自知悚惧，即速撤兵开帆，不敢片刻逗留，则不但目前停止开舱，一面当即封禁进澳水路，绝尔粮食，并当调集大兵，前来围捕，尔等后悔莫及。⑤

京城下达这些命令后，中国在广州调集了一支80,000人的军队。列队成两排的平底帆船舰队当即阻断了珠江上所有的航线，而虎门周边的堡垒中更是

---

① 中方宣称有600人登陆。同上书，第314—315页；《明清时期澳门问题档案文献汇编》，第1卷，第673—675页；马士：《东印度公司对华贸易编年史》，第87页。

② H. B. Morse, *Chronicles of the East India Company*. Cambridge, Mass.: Harvard University Press, 1926 - 1929, vol. 3, p. 97.

③ 《大清仁宗睿（嘉庆）皇帝实录》，卷202，第687—688a页。

④ 《大清仁宗睿（嘉庆）皇帝实录》，卷202，第89页。M. C. B. Maybon, "Les Angllais Macao en 1802 et en 1808," *Bulletin del L'école francaise d'extrême-orient*. Hanoi: F—H Schneider, 1906, voL 6, p. 315.

⑤ 圣旨载《柔远记》，转载于M. C. B. Maybon, "Les Angllais Macao en 1802 et en 1808," *Bulletin del L'école francaise d'extrême-orient*. Hanoi: F-H Schneider, 1906, vol. 6, p. 316。另参考《明清时期澳门问题档案文献汇编》，第1卷，第676—677页。

被弹药和补给塞了个满满当当。① 不过，皇帝很快获悉有三艘英国军舰已于农历九月朔日侵入虎口，进泊黄埔。②

英国方面的这次挑衅性入侵，缘于皇家海军与东印度公司舰队之间的意见分歧。1808 年 11 月 21 日，朱瑞命令所有英国军舰在 48 小时内撤离珠江。撤离的指令传达给停泊在黄埔的东印度公司商船舰队高级司令官克锐格（Miliken Craig）船长时，克锐格和其他船长拒绝执行朱瑞的命令撤离自己的船，而是要求得到广州委员会的命令才会给予配合。而广州委员会在此期间已经遵行朱瑞的命令于 11 月 23 日至 26 日间的某时撤离了广州。此时谣言四起，说是中国人将要放火烧毁停泊在黄埔的所有船只。③ 12 月 3 日，广州委员会主席收到一份由 14 名东印度公司舰船指挥官中的 12 人所起草的联合声明：

> 因为中国政府出人意料地表明今后每一个部署都将延续其断绝贸易的做法，之前我们采取的全然敌对的立场、跟随他们进行战争准备，最终将会演化为对抗，这会使我们处于一个极其严峻的境地，并使我们卷入一场残酷的大战，所有和谈的可能未来都将不复存在。因此，我们乞求撤离，因为任何和平的尝试都将为中国政府与英国声誉之间的调和提供一种可能，它也许是对今日窘境迅捷而又友善的一种调整。④

但是除非英国军队立即从澳门撤离，嘉庆决不谈判。“尔国臣事天朝，平素遣使进贡，尚称恭顺，乃此次无知冒犯，实出情理之外。……设该夷人一有不遵，竟当统兵剿办，不可畏葸姑息，庶足以伸国威而清海澨，此于边务夷

---

① 同上书，第 682—684 页。

② 同上书，第 312、315 页。

③ H. B. Morse, *Chronicles of the East India Company*. Cambridge, Mass.: Harvard University Press, 1926 - 1929, vol. 3, p. 89.

④ H. B. Morse, *Chronicles of the East India Company*. Cambridge, Mass.: Harvard University Press, 1926 - 1929, vol. 3, p. 90.

情，大有关系。”① 嘉庆认为：“试思中国兵船从无远涉外洋，向尔国地方屯扎之事，而尔国兵船辄敢驶进澳门登岸居住，冒昧已极。若云因恐法兰西欺侮西洋，前来帮护，殊不知西洋夷人既在中国地方居住，法兰西焉敢前来侵夺，以致冒犯天朝？即使法兰西果有此事，天朝法令俱在，断不能稍为姑容，必当立调劲兵，大加剿杀，申明海禁，又何必尔国派兵前来，代为防护？……看来竟系尔国夷人见西洋人在澳门贸易，趁其微弱之时，意图占住，大干天朝禁例矣。”②

在吴总督呈上的奏折里，皇帝愤怒地写下朱批，叹曰：“吴熊光不应如此糊涂懈怠，实出意想之外！试思边防重地，任令外夷带兵阑入，占据炮台，视为无关紧要，不知有何事大于此事者？”③

1808 年 12 月 4 日，之前一直在海上避难的剌佛先生被通知前往黄埔，清朝官员告诉他：“这是皇帝的旨意，你们必须撤军。一旦你们有所迟疑，你们将被剿退；但若自行撤军，所有以前的友好、贸易合作关系将会得以重建。”④ 两周后，12 月 8 日，朱瑞妄图突破海上封锁进入广州，但清军的炮火迫使其退军，从而阻止了英军“亵渎帝国领土”⑤。

---

① 圣旨，M. C. B. Maybon，“Les Angllais Macao en 1802 et en 1808，” *Bulletin del L'école francaise d'extrême-orient*. Hanoi：F-H Schneider，1906，vol. 6，p. 317. 另见《大清仁宗睿（嘉庆）皇帝实录》，卷 202，第 690 页。

② 圣旨，M. C. B. Maybon，“Les Angllais Macao en 1802 et en 1808，” *Bulletin del L'école francaise d'extrême-orient*. Hanoi：F-H Schneider，1906，vol. 6，p. 316。另见《大清仁宗睿（嘉庆）皇帝实录》，卷 202，第 29b—30a 页。

③ 《明清时期澳门问题档案文献汇编》，第 1 卷，第 687 页。

④ 摘自 1809 年 3 月 30 日，广州委员会上报机密部之报告。见 H. B. Morse，*Chronicles of the East India Company*. Cambridge，Mass.：Harvard University Press，1926 - 1929，vol. 3，p. 97。12 月 8 日，东印度公司舰队依然停泊在黄埔，报告称中方有令欲将滞留广州的英国人杀光。M. C. B. Maybon，“Les Angllais Macao en 1802 et en 1808，” Bulletin *del L'école francaise d'extrême-orient*. Hanoi：F-H Schneider，1906，vol. 6，p. 90.

⑤ 黄鹏飞统辖该炮军，吴熊光已被皇帝流放。见 M. C. B. Maybon，“Les Angllais Macao en 1802 et en 1808，” *Bulletin del L'école francaise d'extrême-orient*. Hanoi：F-H Schneider，1906，vol. 6，pp. 323 - 324，313。中国宣称毙英兵一人，伤英兵三人。

在澳门葡人和东印度公司代理商的共同压力下，朱瑞屈服了。1808年12月20日，朱瑞带领英军舰队悉数驶往印度群岛。六天后，中英贸易恢复。之后不久，广东人在广州建一宝塔以纪念嘉庆帝的胜利。①

事件双方当事人的行为都没有得到他们上级的认可。在英国撤军两个多月后，英驻印度总督明托勋爵是这样记述的：

> 我们一度暗地纵容这样的做法——期望通过军事的征服、不断地炮轰城镇胁迫广东总督顺从朱瑞上将的需求。现在我们可以毫不犹豫地指出，这种极端的做法并不符合我们的原则。无论是达到了远征的目的，还是对（远征）令人失望的结局抱有怨恨，我们决不愿看到（中英之间）敌意不断蔓延。因而，我们都十分赞成放弃之前做法的最终决议。②

嘉庆帝方面，他对吴熊光在面临如此严重的边患危机时表现出来的拖延迟疑和鼠目寸光十分不满："海疆乃国土要地，夷人素性强横奸诈，所禀夷兵不敢再来之语未可深信。该夷兵来澳时，吴熊光未亲往查办，失之于宽。"③ 吴熊光应当立即调集手下全部兵力，做好战斗准备，这样才会震慑住英国人。他应该展现出"天朝的威严"，若如此，可能朱瑞登陆澳门一事都可以避免。皇帝将吴熊光一案交军机处会同刑部审理，最终裁定：对英船擅入澳门一事，吴

---

① 1809年3月30日，广州委员会上报机密部之报告。见 H. B. Morse, *Chronicles of the East India Company*. Cambridge, Mass.: Harvard University Press, 1926-1929, vol. 3, p.97; M. C. B. Maybon, "Les Angllais Macao en 1802 et en 1808," *Bulletin del L'école francaise d'extrême-orient*. Hanoi: F-H Schneider, 1906, vol. 6, p. 313。

② H. B. Morse, *Chronicles of the East India Company*. Cambridge, Mass.: Harvard University Press, 1926-1929, vol. 3, p 88. 另见《大清仁宗睿（嘉庆）皇帝实录》，卷203，第751a页。

③ 圣旨，转载于 M. C. B. Maybon, "Les Angllais Macao en 1802 et en 1808," *Bulletin del L'école francaise d'extrême-orient*. Hanoi: F-H Schneider, 1906, vol. 6, p. 316. "事实上，（对外国人）他表现太过于软弱。"嘉庆帝列举了乾隆帝给予吴熊光的种种优待：长踞高官要职，甚至成为三省的总督。吴怎么能如此忘恩负义，或者这仅仅是因为他的能力不够？同上引，第323页。

熊光延迟畏葸，示弱失体，罢免其一切职务，并发配伊犁效力赎罪。①

20世纪初，法国汉学家梅朋在他精心撰写的关于朱瑞事件的书中已经认定："乾隆朝与嘉庆朝初期的中国，在其众所周知的傲慢自大下，得以展示一种行动力、一种抵制外国干预的意志、一种可以用战争手段迫使强大的欧洲势力退避的对峙立场。"②

或许，除了"傲慢自大"外，我们无须对这个结论作修正。因为"傲慢自大"这个说法，映射出90多年前"务实治国"与"以礼治邦"之间的重大区别。在朱瑞事件中，我们看到维护"天朝的威严"和守御中国领土是多么具有一致性。18世纪，随着欧洲各国间的战争因航海的发达而"出口"到其他国家，近代早期帝国主义与殖民主义汇入一体，这对以陆地为版图的清帝国来说，是一个完全陌生的威胁。清王朝的海上经验几乎全部来自于自己的边境海域。但是，如同澳门被侵占事件所显示的那样，嘉庆帝迅速认定，对中国领土主权的这一次袭击中显露出的威胁，不仅对帝国的长期战略目标是一次真正的危机，而且对帝国文化的完整性而言也是一次冒犯。"务实治国"与"以礼治邦"，在现实中确实不谋而合。一种全新的儒家式现实政治（Realpolitik③），开始成为主导。而此时重返中国的西方列强变得史无前例地强大。这次，他们意志坚定，为了共同的目的，联手对晚清中国缚以不平等条约。

徐涛　译

① M. C. B. Maybon, "Les Angllais Macao en 1802 et en 1808," *Bulletin del L'école francaise d'extrême-orient*. Hanoi: F-H Schneider, 1906, vol. 6, vol. 3, p. 324. 广东巡抚孙玉庭因未上书弹劾吴熊光也被罢免。参见 Arthur W. Hummel, *Eminent Chinese of the Ch'ing Period* (1644–1912). Washington, D. C.: US Government Printing Office, 1944, vol. 2, p. 684。

② M. C. B. Maybon, "Les Angllais Macao en 1802 et en 1808," *Bulletin del L'école francaise d'extrême-orient*. Hanoi: F-H Schneider, 1906, vol. 6, p. 325.

③ 德语词汇，特指不是从道德出发，而是从实用出发的政治方针。——译注

关于认同与国家形成的反思

（1994 年）

毫无疑问，由台北“中央研究院”近代史研究所与加州大学伯克利分校东亚研究所联合举办的这一次国际学术研讨会，已引起了社会上的关注。许多报纸和电视媒体，显然都把这一会议视为“统派”与“独派”的一次对决，如此一来，便不免贬抑了会议本身的学术性。而刚刚卸任加州大学伯克利分校化学系教职的李远哲教授，在其尚未宣誓就任“中央研究院院长”新职之前，便于 1994 年 1 月 16 日率先出席了会议的开幕式①，从而使会议更引人注目。尽管会议中的“统”“独”之争，事实上是爆发在李教授的莅临和他的简短演说之后，但在某些报纸的描述之下，这位台湾学术界的新“祭酒”给大众留下这么一个印象：他将大力支持人文学科的研究，而且也将热切地替“统”“独”之类的论争，开启进入学术殿堂的绿灯。

李教授在两个不同的层面上，强调了跨国的环球化与极端族群取向的特殊化二者之间的歧异。就社会学而言，某人可以假定，那些国际机场的普遍存在，会使人们认为当今的世界，已变成了天下一家亲的地球村。然而，这只不过是一种幻觉。事实上，这种文化的大混同却正好导致了完全相反的结果。它只会把个人的各种特质粗暴简单地划分为几种最坏的可能，一如今日波西米亚、塞尔维亚以及克罗地亚等特殊族群的一些成员——此处仅举数例为证。

世界上环球化历史与特殊化历史之间的张力，在会议的一些处理诸如“国家”（国族乎？政府乎？）、“民族”（人民乎？种族乎？）的暧昧性的中文论文中，曾一度被收紧。在那篇展示 1911 年以来华人国家观念之演进的论文中，

① 李远哲教授在台北“中央研究院”学术活动中心宣誓就任院长新职（他莅临会议并发表简短演说是在 1 月 12 日）。

朱浤源教授毫不含糊地直接面对此一暧昧性[1]；而陈仪深则通过对梁启超在本世纪上半叶著作的分析，探究了国家与民族之间的歧异。[2]

在他们的论文中，以及通过会场中的意见交换，学者们探索了某些呈现两极化的突出模式。在某种程度而言，这些两极化观点曾经在同盟会草创之初，成了革命者（汪精卫）与改革者（梁启超）诘辩的核心。正如罗久蓉在她那篇关于“国家认同与种族认同”[3] 的杰作中指出的，这些对立的两极是：

政府	国家
政体	人民
理性抉择	命定论
市民性	族群性
假设身份	认定身份
工具性的	根本性的

某种挣脱“民族主义牢笼”的意欲——某种意欲，近似于班奈狄特·安德逊（Benedict Anderson）的信念，即人们可以凭借自己的能力，去建构观念中的社区，或者是实际中的社区——具见于王明珂所谓的集体记忆的理念之中。[4] 与此相同的理念，即个人可在历史的偶发事件中，选取自己的认同主体，亦在李筱峰有关国家认同的十个案例研究，以及黄俊杰和古伟瀛有关日本

① 朱浤源：《民国以来华人国家观念的演化》，《认同与国家：近代中西历史的比较》论文集，台北“中央研究院”近代史研究所 1994 年版，第 2 页。

② 陈仪深：《二十世纪上半叶中国民族主义的发展》，《认同与国家：近代中西历史的比较》论文集，台北“中央研究院”近代史研究所 1994 年版，第 6—7 页。

③ 罗久蓉：《救亡阴影下的国家认同与种族认同：以晚清革命与立宪派论争为例》，《认同与国家：近代中西历史的比较》论文集，台北“中央研究院”近代史研究所 1994 年版，第 6—7 页。

④ 王明珂：《过去、集体记忆与族群认同：台湾的族群经验》，《认同与国家：近代中西历史的比较》论文集，台北“中央研究院”近代史研究所 1994 年版，第 4—5 页。

据台时期李春生与日本人之间合作的探索中，得到了一致的表现。①

通过一种最达练的方式，我们尚有希望摆脱两极化的对峙。那就是由“独派”与“统派”之间的争辩入手，正视其对话中自有的全部凝聚力。罗伯特·布伦塔诺（Robert Brentano）在14世纪东盎格鲁男人与女人间进行之语文本土化的历史脉络里，发现了统一就存在于各种异质中。他有意证明：“凝聚的因子，正存在于正常情势下被认为是狂暴地分裂着且杂乱着的纷争爆发之中。”同时，他也令人信服地认定，这种爆发“正是社区之所以成为社区的特质”②。

几位与会学者（包括王明珂）也沿用了这一方式。受到米榭·德·塞铎（Michel de Certeau）的《日报之发明》（*I'Lnvention du quotien*）一书的影响，这种方式在苏珊娜·伯罗士（Susanna Barrows）的口头报告中，变成了“由下而上的政治”，并具见于“一种即兴、团结与对抗之形式”。③ 这种异议中的终极统一，显示了某种程度的团结，正存在于对抗之中——这种社会学上的发现可让我们追溯到芭罗多（Pareto）与高西尔（Coser）。在尹章义的研究中，“台湾意识”绝不是萌发自现成的社会形态，它事实上是从不同的族群在台湾这个大环境的对抗和冲突中逐渐形成的。④

---

① 李筱峰：《国家认同的转向：以战后台湾反对人士的十个个案为例》，《认同与国家：近代中西历史的比较》论文集。台北“中央研究院”近代史研究所1994年版，第3页。黄俊杰、古伟瀛：《新恩与旧义之间：日据时代李春生的国家认同》，《认同与国家：近代中西历史的比较》论文集。台北“中央研究院”近代史研究所1994年版，第22页。

② Brentano，Robert，“Identities and National Formation：Does Religion Integrate or Disperse Communities?” in Robert Brentano ed.，*Bishops*，*Saints*，*and Historians*：*Studies in the Ecclesiastical History of Medieval Britain and Italy*. Aldershot [England]；Burlington，VT：Ashgate/Variorum，2008，P. 5，15.

③ Koziol，Geoffrey，“Imagined Enemies and the Later Medieval State：The Failure of France under Philip the Fair，” *Identities and National Formation*：*Chinese and Western Experiences in the Modern World*. Taipei：Institute of Modern History，1994，p. 5.

④ 尹章义：《“台湾意识”的形成与发展：历史的观点》，《台湾研究》1994年第2期，第9页。

事实上，会议中也有几篇论文，探究了国家认同由上而下的形成过程。其中最引人注目的是葛弗里·柯哲罗（Geoffrey Koziol）的文章。[①] 该文呈现了法国君王菲力浦（Philip the Fair，1285—1314）在1302年如何借着对教皇邦里弗八世（Pope Boniface Ⅷ）的攻击，力图凭皇权去创建所谓“法兰西思想”。法国君王的努力，结果是以失败而告终。它固然显示了民族国家的塑成是何等艰难；但它也显示了法国君王的宣传攻势，即令在地区性的封闭国家中，仍有力量去散布宗教象征并把它们据为己用。若将此事与现代事件加以比附，似稍嫌牵强。但中国政府在1945年收复台湾后努力推动其“贬日化”的宣传，确实与此事有几分相似。这也证明了在某些环境之下，宣传确有一定限度的用途。[②]

由下而上与由上而下这两种过程的互动，奠定了民族国家最稳固的根基。当然，这一根基，也位于环球化的抉择与根本的需求之间。柯哲罗教授的论文告诉我们，要在实际上塑成一个有向心力的民族国家，其道路是何等漫长；而王曾才教授在对中国的国家认同与现代化的省察中，也使用现代术语向我们传达了同样的感受。[③] 但在探索走向民族国家之路的艰难和曲折方面，没有人会比真纳·布禄卡（Gene Brucker）做得更好。布禄卡的论文，显示了意大利由地方主义向中央政府过渡的历程，是何等崎岖不平，而地方主义又如何直至今日依旧阻滞着真正的市民社会在意大利的成长。[④]

---

① Koziol, Geoffrey, “Imagined Enemies and the Later Medieval State: The Failure of France under Philip the Fair,” *Identities and National Formation: Chinese and Western Experiences in the Modern World.* Taipei: Institute of Modern History, 1994. pp. 11 - 12.

② 黄英哲：《鲁迅思想在台湾的传播，1945—1949：论战后初期台湾的文化重建与国家认同》，《认同与国家：近代中西历史的比较》论文集，台北“中央研究院”近代史研究所1994年版，第2—4页。

③ 王曾才：《中国的国家认同与现代化》，《认同与国家：近代中西历史的比较》论文集，台北“中央研究院”近代史研究所1994年版，第9—10页。

④ Gene Brucker, Gene, “From Campanilismo to Nationhood: Forging an Italian Identity”, in Gene Brucker ed., *Living on the Edge in Leonardo's Florence: Selected Essays.* Berkeley: University of California Press, 2005, pp. 22 - 25.

蔡慧玉对近日研究19—20世纪中国之国家与社会的论文，进行了反思。市民社会的问题，正是她所反思的许多带有结构性的问题中的一种。尽管对帝制末期的中国业已出现了所谓“公共领域”的主张存有几分怀疑，蔡文却尽量运用了业经充分稀释后（原意已所剩无几）的所谓“市民社会”这一概念；或者是尽量运用了黄宗智（Philip Huang）的所谓“第三领域”的概念。黄宗智在最近的一篇文章中，用“第三领域”取代了“公民社会”，以图在早期学术研究的国家—社会的二分法中，走出第三条路来。①

当然，在近日中国历史中，关于市民社会（或公共领域）与传统政治文化（包括儒家政治文化）的观念之间的关系，依旧是一个相当麻烦的问题。是否儒家的“自我”概念，正如陈其南所说，与我们理解的西方市民社会的理想形态完全相反?② 或且，是否儒家的核心伦理结构，正如李国祁所言，会为中国式的现代民族主义带来一种独特的个人献身精神?③ 李国祁的意见，在肖东·罗斯伯拉特（Sheldon Rothblatt）关于Bildung或者是自我修养在德国民族文化形成期中显现的二重矛盾性格的有趣讨论里，获得了共鸣：

对在竞争中败给法国人致使自尊心受损的德国人而言，Bildung使他们相信了德国智识传统的优越性；同时，Bildung是一种对文化，尤其是对德国文化的完美的一种带有规范性的，但又是永无止境的求索。就此而言，德国文化还远不能说是唯一的并且在整体上优于世上任何其他文化。正因如此，德意志的认同，与其说是建构在政治或帝国的体制之上，还不如说是在它的文化

① 蔡慧玉：《国家“内卷化”论争：再论政府与社会的理论架构》，《认同与国家：近代中西历史的比较》论文集，台北“中央研究院”近代史研究所1994年版，第15页；Philip C. C. Huang，“‘Public Sphere’/‘Civil Society’ in China”：The Third Realm between State and Society,” *Modern China*，vol. 19，no. 2（April 1993），pp. 216－240.

② 陈其南：《传统中国的国家形态、家族意理与民间社会》，《认同与国家：近代中西历史的比较》论文集，台北“中央研究院”近代史研究所1994年版。

③ 李国祁：《满清的认同与否定：中国近代汉民族主义思想的演变》，《认同与国家：近代中西历史的比较》论文集，台北“中央研究院”近代史研究所1994年版，第38—39页。

之上。①

但罗斯伯拉特的论文也指出：当另一些社会结构尚未形成时，文化结构并不一定能成为民族认同的坚实基础——我们可在张玉法就孙中山对青年知识分子诉求的评介中，以及苏云峰对鄂人治鄂运动的描述中，得出相近的看法。② 最后，作为一个历史家而不是一个社会科学家，我相信我们最好承认民族国家形成时有一种偶然的及不可预期的特质。这种特质已在罗伯特·米都柯甫（Robert Middlekauff）的论文中，得到了最好的把握。他说：美国革命“绝对是17世纪以来最独特的革命之一”，“它震撼了大西洋两岸并自此之后不可避免地成为历史家们争论不休的课题”。③

翟志成　译

① Sheldon Rothblatt, “Universities and National Identity and Identity Formation,” p. 22.

② 张玉法：《革命与认同：知识青年对孙中山革命运动的反应》，《认同与国家：近代中西历史的比较》论文集，台北“中央研究院”近代史研究所1994年版，第1—2页；苏云峰：《联省自治声中的“鄂人治鄂运动”：兼论省籍意识及形成及其作用，1920—1926》，《认同与国家：近代中西历史的比较》论文集，台北“中央研究院”近代史研究所1994年版，第32页。

③ Middlekauff, Robert “The Imperfect Union: The American Revolution and National Identity,” 《认同与国家：近代中西历史的比较》论文集，台北“中央研究院”近代史研究所1994年版，第1页。

第七章

民族与革命

引　言

裴宜理（Elizabeth J. Perry）*

魏斐德的著述充满睿智，其令人称赏之处实多。自 19 世纪至今中国对现代性的追寻之路所彰显的深刻复杂性，即是这些作品所揭示出的诸多锐见卓识之一。无论是对共产主义革命兴起过程中阶级斗争和国家统一两者间紧张关系的分析，抑或是对革命领导人葬礼仪式中家属要求与国家规制间冲突摩擦的观察，魏斐德所强调的乃是深蕴于中国现代化体验之中的诸多出乎意料之处以及内生和固有的矛盾——并兼及缘此而映射出的其他各种历史可能性。其时，批判理论尚未在美国历史学家中蔚然成风，而魏斐德以颇为精妙之方式所表现者（尽管其间鲜有直白的理论化表述），业已触及驱动中国朝向现代性转变之力量所具有的建构性、斗争性和依赖性本质。

在以反叛和革命为主题的研究综述式经典论文中，魏斐德展示出他对有关中国社会运动及其相伴随的经济、社会与文化环境的诸多文献资料的掌握，其娴熟程度令人印象深刻。在此被时常征引的名篇中，他的分析指向数世纪以来

---

* 裴宜理（Elizabeth J. Perry），哈佛大学亨利·若索维斯政治科学讲座教授。她出生于上海，在日本长大，获密歇根大学政治学博士学位。2008 年开始任哈佛燕京学社社长，是美国科学艺术学院成员，并曾获古根汗姆（Guggenheim）研究基金。裴宜理的研究重点为社会基层政治及现代与当代中国的群众运动，已出版的著作超过 15 本，其中翻译成中文出版的有：《华北的叛乱者与革命者（1845—1945）》（1980）和《上海罢工：中国工人政治研究》（1993）。后者获美国历史学会颁发的亚洲史最佳图书费正清奖。她还曾研究安源煤矿工人运动的政治和历史。

不断激发和推动中国民众抗议运动的各种元素相互结合而构成的一个令人不安却颇富煽动能力的混合体——其中包括有组织参与的农民与非农民出身的运动领袖的结合、反叛性异端与儒家正统的融汇以及阶级斗争与民族主义动员的并用。尽管魏斐德认为共产主义革命因引发中国人的“集体觉醒”而深刻背离了早期农民起义的传统，他同时亦肯定毛泽东极具技巧地将传统农民起义的图景转化成为令人鼓舞的现代政治诉求模式。在此，早于后现代主义风行于美国历史学界数十年，魏斐德则已洞悉政治性地建构历史自身所具含义的重要性。

在题为《现代中国文化的民族性探寻》的论文之中，魏斐德更分析了文化（culture）和文明（civilization）之间的冲突。他认为，这种冲突可视为一种更普遍意义上的游移状态的中国版本，亦即在普世性的启蒙运动与较具体的对个人民族遗产的珍视之间的摇摆不定。实际上此种失范几乎成为所有非西方国家现代化历程的特色标志。尽管魏斐德清楚地表明他十分赞赏中华民族为试图调和这两个内在相互冲突的目标而付出的不少精妙努力，但他同时也尖锐地批评许多西方学派——特别是白鲁恂（Lucian Pye）的“政治文化”学派——在探讨中国民族性时所使用的惯常路径。魏斐德警告说，即便是抱有最良好的愿望，努力去区分特殊的文化特质，仍会有制造“种族意义上的刻板模型”的危险，而这一趋向只会伤害我们对历史变迁的理解能力。魏斐德拒绝关于中国文化的本质主义观念，作为对他老师——约瑟夫·列文森（Joseph Levenson）——的响应，魏斐德在这篇论文的结论部分，仍强调他“对于传统在今日中国的价值实抱有深刻的矛盾态度”。

在他检视美国学者关于公民社会和公共领域之争论的文章里，魏斐德警醒读者应当反对在解释现代中国历史过程中过于欧洲中心主义的路径。罗威廉（William T. Rowe）对汉口的描述或是兰金（Mary Backus Rankin）对浙江的研究都指向晚清中国处于萌芽状态的公民社会和公共领域——类似于哈贝马斯（Jürgen Habermas）所描述的资产阶级的欧洲。魏斐德并不以此为然。以这些作品为对象，他提醒我们要注意一个中央集权的国家在中国所拥有的延续性的权力。即使是对民国时期的中国，魏斐德也未能被大卫·斯特兰德（David

Strand）关于20世纪20年代在北京的街头政治中已出现公民社会和公共领域的论断所说服。魏斐德指出，“国家的压制性力量仍在持续增长”，并且“在这种压制力之下，中国公民的社会存在主要以义务和相互依存而非权力和责任的形式表现出来”。故而，在魏斐德看来，一个自治的公民社会——作为对国家专权的挑战而存在——并不是迄今为止中国的发展历程中一个显著可见的因素。但即使是在这篇或许将成为魏斐德最雄辩和最具影响力的论文中，他仍然为截然不同的可能性留下了余地。魏斐德承认，直到1989年的东欧剧变震惊西方观察家之前，并没有多少人捕捉到在世界的哪个角落，成长中的公民社会将会起到如此翻天覆地的作用。在该文结尾处，魏斐德提出了一个颇具挑战性的问题：“今天的中国会不会一样不可预测呢?”

在探讨关于现代中国历史的诸多紧迫问题的过程中，魏斐德教授所提供的不仅仅是对西方学术里流行范式的尖锐而又富启发性的批判，同时也展示了他的反思性和自我批判性的观点，从而引领读者思考深藏在中国通向现代性的革命道路中许多其他可能的轨道。这些论文与魏斐德里程碑式的关于现代中国警察和情报机构的著作一道厘清了他对于国家的压制性权力的重视。然而，最关键的是，魏斐德并非仅仅承认成长中的国家强权，他更注重研究对国家强权的革命性建构过程产生深刻影响的各式矛盾冲突，并由此估量——甚或在某一天真正探寻——那些（尚）未被走过的道路。

清末与近代中国的市民社会

（1994年）

为什么西方历史学家近来对中国的公民社会和公共领域这一问题如此关注？

1991年4月，亚洲研究协会在新奥尔良举行的年会上组织了一次有关“公民社会在人民中国”的专题讨论。[①] 一个月后，欧美学者在巴黎举行的关于东亚传统中的国家与社会专题讨论会上亦提交了数篇探讨上述课题的论文。[②] 1991年11月，华盛顿威尔逊中心举办了一次学术讨论会，围绕“中国究竟是否有过公民社会”展开讨论。加州大学洛杉矶分校中国问题研究中心将于5月9日主办有关公民社会和公共领域问题的辩论。欧美东亚研究合作联合委员会将于1992年10月在蒙特利尔举办公民社会与公共领域的专题讨论会，重点探讨公民聚会和言论的场所（学校、研究院、沙龙、寺庙、社交大厅、茶馆）、传播思想的途径（印刷、讲故事、交流的纵横渠道）以及知识分子的作用（受过教育的人，学者、宗教领袖、文人学士、官员、商民）。[③]

为何西方，尤其美国对中国究竟是否有过公民社会和公共领域如此感兴趣？1989年发生的全球性政治事件提供了最明显不过的解释。[④] 远在苏联着手

---

① 在提交的诸论文中间，大卫·旺克的《商人企业家与公民社会的发展：一个东南沿海城市私营成分的扩张所带来的某些社会和政治的后果》（David Wank，“Merchant Entrepreneurs and the Development of Civil Society：Some Social and Political Consequences of Private Sector Expansion in a Southeast Coastal City”）一文，对当代中国的国家与社会关系进行了颇为引人关注的研究。

② 譬如Philip A. Kuhn，“Civil Society and Constitutional Development”；David Strand，“An Early Republican Perspective on the Traditional Bases of Civil Society and Public Sphere in China.”

③ 与Wm. Theodore de Bary的个别交谈。

④ Mayfair Mei-hui Yang，“Between State and Society：The Construction of Corporateness in a Chinese Socialist Factory，” *The Australian Journal of Chinese Affairs*，no. 22（July 1989），p. 37.

进行改革和增加透明度之前，人们便对东欧的“公民社会”迹象进行了探讨。最近，查尔斯·泰勒（Charles Taylor）把“公民社会”这个术语解释为表达“一种建立独立的来自底层的社会生活形式的纲领，它完全不受国家的监护”①。按照这种观点，东欧人民在1989年成功地创立了“一个自由的，不受国家干预的社团活动场所”②。相反，当代中国似乎缺乏构成一种相似的公民社会的要素：天主教堂和自治工会。③

这并不是说西方社会科学家未能在当代中国找到任何早期公民社会的迹象。④只要他们把马克思主义含义中非政府性私有经济活动王国的公民社会与欧洲自由主义“政治社会”意义上的公民社会区别开来，西方观察家们就能在20世纪80年代的经济改革中发现公民社会作为一个非国营经济组织的王国而重新出现的迹象。⑤

> 在经济改革、发财致富的政策鼓励下，中国的企业寻求摆脱全社会性功能，当它们从国家那里赢得自主权时，经济法人组织之间不受任何上级

---

① Charles Taylor, "Modes of Civil Society," *Public Culture*, vol. 3, no. 1 (Fall 1990), p. 95. 亦见 Victor Perez-Diaz, "The Rise and Fall of the State as the Bearer of a Moral Project," *Working Papers*, Centre de Estudios Avanzados en Ciencias Sociales. Instituto Juan March de Estudios Investigaciones, no. 33 (January 1992)。

② Elizabeth J. Perry and Ellen V. Fuller, "China's Long March to Democracy," *World Policy Journal*, Fall 1991, p. 663.

③ Timothy Cheek, "From Priests to Professionals: Intellectuals and the State Under the CCP," in Jeffrey Wasserstrom and Elizabeth J. Perry eds., *Popular Protest and Political Culture in Modern China: Learning from* 1989. Boulder, Colo.: Westview, 1992, p. 127.

④ 同上书，第681页。“公民社会能力在国家控制下生存下来。甚至在‘文化大革命’期间，一直存在着小规模的人群网络。现在它们增加了，规模扩大了，相互交流政治动态，议政和发表政治观点”。Tang Tsou, "The Tiananmen Tragedy: The State-Society Relationship, Choices, and Mechanisms. In Historical Perspective." 未发表论文，1990年10月29日，第20—21页。

⑤ Mayfair Mei-hui Yang, "Between State and Society: The Construction of Corporateness in a Chinese Socialist Factory," *The Australian Journal of Chinese Affairs*, no. 22 (July 1989), p. 59; Dorothy J. Solinger, *China's Transients and the State: A Form of Civil Society*? Hong Kong, 1991, pp. 1-5, 26-30.

行政渠道的纵向干预而进行的交流联系会日趋增多。这样，公民社会的横向结合在经济领域中增强了，公民社会开始从国家中分离出来。①

一个理应再现的公民社会迹象，便是类似国务院农村经济发展研究所、中国体制改革研究所，甚至是有自己新闻发言人的四通集团公司的出现。② 它们是独立而半私有化的状态即具有抱负却不完全，因为这些机构得向政府登记才能运作。③ 然而它们在1986年到1989年6月间进行了大范围的社会系列调查，并在1987年“十三大”之后作为民意发表。

不过，这个勉强被容忍的民意与德国社会哲学家尤尔根·哈贝马斯（Jürgen Habermas）理想中的公共领域有着明显的距离。哈贝马斯的理解是：

所谓“公共领域”，首先指我们社会生活中的一种范围，在此范围里能够形成像公众舆论这样的事物。从原则上讲，公共领域的大门向所有公民敞开……在处理共同关心的事务时，公民联合行动，不受制于强权，有了这种保障，他们便可自由聚会，结社，自由发表和公开观点。④

作为一种理想形态，哈贝马斯的公共领域似乎远离大部分社会现实。但是

① Mayfair Mei-hui Yang, “Between State and Society: The Construction of Corporateness in a Chinese Socialist Factory,” *The Australian Journal of Chinese Affairs*, no. 22 (July 1989), p. 59.

② Tang Tsou, “The Tiananmen Tragedy: The State-Society Relationship, Choices, and Mechanisms. In Historical Perspective”，未发表论文，1990年10月29日，第22、24页；Wan Runnan, “Capitalism and Democracy in China (1),” *China Forum Newsletter*, vol. 2, no. 2 (February 1992).

③ Wan Runnan, “Capitalism and Democracy in China (1),” *China Forum Newsletter*, vol. 2, no. 2 (February 1992), p. 4.

④ Jürgen Habermas, “The Public Sphere,” Chandra Mukeiji and Michael Schudson eds., *Rethinking Popular Culture; Contemporary Perspective in Cultural Studies.* Berkeley: University of California Press, 1991, p. 398. Shierry Weber Nicholsen 翻译了哈贝马斯 *Kultur und Kritik* (Frankfurt: Surkamp Verlag, 1973) 中的“公民社会”(Offentlichkeir) 概念。

作为一种目的论和一种实践，它仍然与自由派观点的公民社会有着紧密联系。① 黄宗智以他惯有的洞察力写道：

> 就西欧历史而言，哈贝马斯对公共领域的兴起所做的研究相当于对民主根源以及它后来的衰退或者“结构转换”的研究。他不仅谈到了公与私这两个范畴之间的差别，而且还谈到另一对并列的范畴：国家与公民社会。在他看来，这两对概念是互相渗透的。的确，正是由于他同时使用了这两对概念，才使他的研究具有分析力量。就民主本质而言，不仅扩大公众生活领域颇为重要，而且在民权与政权相对立的环境中扩大公共领域更为重要。我们正是需要在这样的环境中来理解哈贝马斯所指的“公民社会的公共领域”。②

哈贝马斯持有与马克思相同的观点，即公民社会以及相随的公共领域的出现与资产阶级的出现有着必然的联系。仅仅这种联系便把两个理想概念固定在一个特殊的历史背景中。如果我们听凭自己被目的论所困扰，那么，这两个概念都将无法很好地适用于中国。但是，作为两个逐渐传播开来的社会实践方面的术语，公民社会和公共领域能够帮助我们更好地理解最近在中国发生的事件。

那些想鉴定“文化大革命”以后中国公民社会诸因素的西方社会科学家，要么不得不把它们置于各种运动而不是各种建制之中，“如果我们打算把公民

---

① “公共领域”对于哈贝马斯就像“新教伦理”对于韦伯，它是“社会哲学家的理想模式，不是社会历史学对现实的描述”。Philip Kuhn，“Civil Society and Constitutional Development.” 这是其提交给 1991 年 5 月 29 日至 31 日在巴黎举行的关于东亚传统中国家与社会问题的欧美学术讨论会的论文，第 5 页。

② Philip C. C. Huang，“The Paradigmatic Crisis in Chinese Studies：Paradoxes in Social and Economic History,” *Modern China*，vol. 17，no. 3（July 1991），pp. 320 - 321. 参照于 Jürgen Habermas，*The Structural Transformation of the Public Sphere*：*An Inquiry into a Category of Bourgeois Society*. Cambridge Mass.，MIT Press，1989.

社会概念应用于中国环境中，我们应该强调它的行为内涵（而不是它的组织内涵）”①，要么认为在中国市场改革的裂缝中重新出现了早在列宁主义国家兴起之前就有的公民社会因素。②

一个明显的前现代市民社会存在于社团群体及民办组织的形式之中：行帮，本地协会，宗族和世袭集团，同姓会、邻居会，诸如寺庙会、神拜、寺院等宗教组织以及秘密团体。也许，这些组织所共有的和最重要的原则是它们的形成乃处于国家之外或独立于国家。③

当代西方社会科学家把前现代中国公民社会与晚清和民国的社团群体及民办组织统一起来的做法，与正在兴起的新二代社会历史学家所从事的研究相辅相成。后者发现，从理性上讲，长期的结构变化比短期的外来影响更为耐人寻味。④ 这些史学家从根本上向马克斯·韦伯（Max Weber）关于中国发展资本

---

① Elizabeth J. Perry and Ellen V · Fuller，“China's Long March to Democracy，” *World Policy Journal*，Fall 1991，p. 66. 尽管“新文化派”表面上像葛兰西那样强调相对自治的社会运动（这种运动由长期形成的具有象征性的全部抗议内容所支撑着），但是，他们实际上更属于戴维斯（Natalie Davis）、查尔斯·蒂利（Charles Tilly）和林恩·亨特（Lynn Hunt）的传统意识社会史，而不是索雷尔的（Sorelian）“旧式”新左翼契机论。Joseph W · Esherick and Jeffrey N. Wassersrom，“Acting Out Democracy：Political Theatre in Modern China，” *Journal of Asian Studies*，vol. 49，no. 4（November 1990），pp. 835 – 865；Elizaberh J. Perry，“Introduction：Chinese Political Culture Revisited，” Jeffrey N. Wasserstrom and Elizabeth J. Perry eds.，*Popular Protest and Political struture in Modern China：Learning from 1989*. Boulder，1992，p. 5.

② Tang Tsou，“The Tiananmen Tragedy：The State-Society Relationship，Choices，and Mechanisms. In Historical Perspective.” 未发表论文，1990 年 10 月 29 日，第 7、13 页；David Strand，“An Early Republican Perspective on the Traditional Bases of Civil Society and Public Sphere in China，” *Modern China*，p. 25.

③ Mayfair Mei-hui Yang，“Between State and Society：The Construction of Corporateness in a Chinese Socialist Factory，” *The Australian Journal of Chinese Affairs*，no. 22（July 1989），pp. 35 – 36.

④ Philip A. Kuhn，“Civil Society and Constitutional Development，” 提交给 1991 年 5 月 29 日至 31 日在巴黎举行的关于东亚传统中国家与社会问题的欧美学术讨论会的论文，第 2 页。

主义的失败是由于缺乏城市政治自治、地方上盛行裙带关系的论断发起挑战。①

尽管越来越多的西方学者投入对清末和近现代中国社会的这种重新评价，但是我在这里将侧重罗威廉的研究。他对 18 世纪、19 世纪汉口的两项出色研究被公认为是中国城市史的经典。

在所有的修正派中，罗最为果断地脱离了韦伯的模式，他称那个模式为越过了一个“神话”。② 在他的第一本书《汉口：一个中国城市的商业和社会（1796—1889）》（*Hankow*：*Commerce and Society in a Chinese City*，1796—1889）里，罗尤其强调了城市行帮的行政自治和地方认同。

> 尽管有许多官员，汉口仍然能够摆脱韦伯所断定的那种严厉的官僚统治。行帮和其他民间团体（例如慈善机构）的权力日益增大，但是它们这样做没有必要以牺牲城市的其他人口利益为代价。相反，这类群体日益寻求把它们的利益与一个更为广阔的城市社会利益统一起来，并且寻求广泛的、排除官僚的配合方法，以实现共同的目标。③

汉口这座城市被罗描述为“中国首次吸收西方文化准则以前便固有的城市化的最高表现形式”。清朝政府把它划定为一个行政镇。这种建立分立的城市行政的传统似乎给予该城本身一种独立政治实体的感觉，因而似乎也促进了起初的城市自治的发展。尽管汉口是一个以外省移民为主的城市，但是它的居民与其他兄弟城市居民一起分享一种强烈的“位置身份”，尽管汉口并没有从政

---

① William T. Rowe，*Hankow*：*Commerce and Society in a Chinese City*，1796 - 1889. Stanford，1984，pp. 4 - 5. 马克斯·韦伯著作中最有权威的部分是《城市》（*The City*），由唐·马丁代尔和格特鲁德·诺伊乌斯（Don Martindale and Gertrud Neuwirth）翻译编辑，（格伦科，1958 年版），亦见 Hans H. Gerth 根据马克斯·韦伯 1922 年《宗教社会学论文集》（*Gesammelte Aufsatze Zur Religions-soziologie*）第一卷上的“儒家与道家”（Konfuzianismus and Taoismus）文章而译编的《中国的宗教：儒教和道教》（*The Religion of China*：*Confucianism and Taoism*），（格伦科，1951 年版）。

② William T. Rowe，*Hankow*：*Commerce and Society in a Chinese City*，1796 - 1889. Stanford，1984，p. 10.

③ 同上。

府那儿获得正式认可和照凭，罗声称它的行帮和帮会最终在以似乎获得认可的方式而产生作用。在19世纪的汉口，法律上和事实上的政治权威体制之间似乎存在着一道异常的大鸿沟。于是，出现了相当程度的事实上的自治，它具有平衡于官员和地方社会首领之间的真正权力。到20世纪初，这种平衡的重心转移到了后者身上。①

根据罗的研究，不仅政府极少甚至根本不干预汉口的市政事务，而且“市政高级官员也很少真正地干预该城的事务，几乎都与具有一定重要性的地方规划或危机有关”。况且，那些在中央下属官僚管理范围以外的行政事务均由绅董和委员操办。② 太平天国之后，当商团行使地方自治功能时，情形更是如此。③

在太平天国之前的汉口，最重要的商团是盐商。200名来自徽州而非汉口的盐商持有世袭的许可证，在港法制度的保护下可以使用特殊的运盐航线。④ 汉口盐业由税务局任命的湖北盐法道台管理。盐业商团的“商头”必须向道台报告情况。按照罗的说法，商头是“由运商从他们自己中间挑选出来的”，他仲裁各种冲突，并在皇权面前代表商民的利益。“商头虽然表面上受盐法道台的管辖，但由于他掌握着诸多经济财源，所以在很大程度上行使着独

---

① William T. Rowe，*Hankow*：*Commerce and Society in a Chinese City*，1796 - 1889. Stanford，1984，pp. 17，38，338，339.

② William T. Rowe，*Hankow*，*Commerce and Society in a Chinese City*，1796 - 1889. Stanford，1984，pp. 31，36.

③ 绅董出现于明末，并且在清朝得到发展，当时，官僚机构日益无法应对日趋增长的人口。Mary Backus Rankin，*Elite Activism and Political Transformation in China*：*Zhejiang Province* 1865 - 1911. Stanford，1986，pp. 16 - 17.

④ 西方关于盐垄断研究的头号学者托梅茨格博士（Thomas A. Metzger），对我论文的这一部分有如下评述：“……我认为，私营部门和商人管理权很重要，尤其当我们观察约在1617年的港法起源、政府控制日益减弱时更是如此。它比人们所认为的场商的兴起、屯商的确立、对私有资金的依赖、几乎所有设施的私有化、政府不断调节各类市场波动、半数生意为非法性事实等更为重要。不过，我很赞同你的下述看法，即从一定程度上讲，绅董的活动是建立在国家基础上的。”（私下交谈）。

立的权力"①。

那些财源包括普通商民财库的"匣费"，它是从对每笔盐业生意征收的额外款中筹措起来的，表面上用于慈善事业、救饥和民防开支，但实际上经常被滥用于贿赂、贪污、娱乐以及因雇用亲朋好友充任盐业行政人员而形成的庞大开支网等方面。从整体上讲，汉口的盐业，无论是官方还是非法的，"在很大程度上资助了社会福利机构，城里的贫穷者（有时是农村的穷人）正是依赖这些社会福利而得以生存"。因此，盐业市场的利润"大部分地承担起城市文化生活的费用"。②

> 在太平天国起义之前约一百年里，盐商成为当地社会金融和文化领域的主导阶层。这些盐商作为一个群体，凭借他们的集体资金，凭借他们的捐款来提供救济，资助当地防务和日益负担当地频繁的慈善活动费用等，对社会产生了巨大影响。这种集体财富给盐商所带来的非公开政治权力在19世纪初获得极大的增强。当时白莲教削弱了中央政权，盐商不得不承担起地方政府的大部分事务和开支。回顾历史，我们能够确定在盐商生意兴隆与国家财政危机并存的那段时期，城市公共事务管理方面出现了一种新型的个人（即非官僚的）积极性。在这段太平天国之前的时期里，两淮盐政中汉口商人的上司们一直试图控制他们的独立权，但总的来说始终未能成功。③

在太平天国起义前夕的1849年，两淮盐运使陆建瀛在与汉口合并的淮南盐区用新票法制取代实行了200年之久的港法制度，旨在吸引更多的小投资者。1860年，当汉口又一次被牢牢地操握在朝廷手中时，总督官文在汉口设

---

① William T. Rowe, *Hankow, Commerce and Society in a Chinese City*, 1796 - 1889. Stanford, 1984, pp. 99 - 100.

② 同上书，第97页，并见第96—98页。

③ William T. Rowe, *Hankow, Commerce and Society in a Chinese City*, 1796 - 1889. Stanford, 1984, p. 119.

立了督销局。1863年，曾国藩把汉口这个机关改成督销总局，它的作用是定价格、收税、杜绝走私，票制得到重新推广。“新票以更适中的价格出售给600名商民，于是这些人便可在扬州买盐，就地纳税，换取一张允许他们通过关卡的证明。而后用船把盐运回汉口，独家销售。”曾国藩还批准从四川和广东进口非淮区盐，但在进入淮南地区时必须支纳比两淮盐更高的关税。“所有的报告都表明早期重建岁月里加入盐业的盐贩新阶层在以后的半个世纪中发展成为稳固的、享有特权的士大夫人物，不过他们比太平天国之前的同行们更具多样性。”①

总的来说，“太平天国前后那几十年标志着官僚对贸易活动的控制大力削弱”。湖北省局行使权力时，大力支持商业并对其采取仁慈政策，因为当局认为商业是政府岁入的主要来源。由于“总的趋向社会和经济多元化发展”，太平天国后的汉口商业世界“看上去与西方概念中前工业化的、城市的、商业资本主义的社会颇为相似”。②

作为一个自治城市，汉口似乎“与早期的近代欧洲城市也有许多共同点”，包括“稳步发展有组织的合法市民活动，广泛建立慈善和公共服务设施，以解决早期的近代社会所面临的前所未有的，具体的城市社会问题”，然而，在诸如汉口这样一个“早期的近代”中国城市和与它对等的欧洲城市之间存在着一个根本的差异，即由于“中国城市社会的强制力”而使前者有较低水准的社会抗议。③

这是罗在这两部重要著作中所论断的根本要旨。罗引用自己的论据来论证这幅近代早期充满公共领域甚至接近公民社会的城市画面，但是否取得了预期的效果呢？

---

① William T. Rowe, *Hankow*, *Commerce and Society in a Chinese City*, 1796－1889. Stanford, 1984, p. 119.

② William T. Rowe, Hankow, *Commerce and Society in a Chinese City*, 1796－1889. Stanford, 1984, pp. 119, 181, 120－121.

③ 同上书，第3、5—6、346页。

让我们先来看看汉口作为一个城市的简单定义。罗自己说，汉口在1900年以前决不能归类为一个“城”，没有护城神，没有钟塔，没有鼓楼，直到1860年汉口才有城墙，还是为了临时的城防而专门建造的。① 汉口是一个贸易中心，是一座由移民和短期居民混合组成的城镇。

罗强调商人行帮“日益寻求把他们的利益与一个更广泛的城市社会利益统一起来”的方法，然而，最大的两个商团是由临时居留者组成的。太平天国之前的盐商来自徽州，许多太平天国之后的盐贩来自中国其他地方。1861年以后，汉口的茶商“都非当地人，而是从事海外贸易的广东人和宁波人或从事日益扩大的俄国贸易的山西人”。他们中间有一部分人是替外国公司效力的买办。一些并非土生土长的茶商把家迁入汉口，“但大部分茶商在生意淡季仍然住在广东和上海”②。那些做茶叶生意的大出口商“都是清一色的外地人”，他们“只是在外国买主来汉口的那几个月里开设商店”。而且，汉口的经纪人和买主几乎都可能成为上海总公司下设分公司的经理。自1861年茶叶生意兴起之后，他们在汉口形成的行帮均属地方社团。在19世纪60年代，汉口一共有六个茶帮，“各自沿着地方交通线而构成”。当它们合并成一个公所之后，人们仍然正式称这个组织为“六帮”，而且新公所本身是1868年茶帮在上海设立的总部的一种附属机构。保顺洋行买办徐润在报告中说：

> 在这一年（1868年），茶业［公所］在上海创立……汉口也建立了一个茶帮，从来自湖南、湖北、江西和广东的众多茶商中公开挑选出沈恒山（音译）、张英平（音译）等人与上海帮的官员合作，保持生意上的一致性。

汉口两大茶帮之一实际上是由临时居留者在上海买办的监督下建立的组织，这个事实使认为这些商人的活动体现了中国城市自治和城市同一性的论断

---

① William T. Rowe, Hankow, *Commerce and Society in a Chinese City*, 1796 - 1889. Stanford, 1984, p. 30.

② 同上书，第10、133—135、137—138页。

站不住脚。罗教授坚持认为汉口帮受长江下游父系组织的支配“似乎是不可能的”，但事实上，汉口最有权力的帮会被称为“几乎是无所不能的”（1886 年的《北华捷报》），由甚至不是该城永久居民的外乡人所操纵。① 同样，创立于 1817 年的汉口钱业公所是湖北、浙江、安徽和江西四个银行小组的协作机构，每个小组都有它们本省的帮。那些在该城最终拥有最大的会馆的山西银行家们，完全保持着分离状态。直到民国，该公所仍然被人们通称为“四帮”，这充分说明在旅居商人中间，地方特性仍然是最重要的。②

在“一个移民城市的地方起源”这一有趣的章节里，罗试图纠正韦伯学派长期持有的观点，即中国城市是由短期居留者所组成的，这些人主要对自己的家乡而非所旅居的城市表现出忠诚。罗争辩说，没有理由认为“一个中国城市居民与他家乡的认同——也许可以称之为他的‘家乡身份’，不管怎么说妨碍了他自身作为移入或逗留的那个社会的正式成员的这一观念的发展——我把这称之为他的‘位置身份’”③。

通过使用“位置身份”这个新词，罗希望说明一个广东人或宁波人的身份从各方面来说都不会妨碍他感觉自己是一个汉口人。在他第二部书的论述汉口的“社会与冲突”这一章节里，罗甚至辩论说汉口的多民族人口给这个城市带来了异乎寻常的文化宽容，尽管他马上补充道：“当然，这并不排除帮派之间的冲突……”④ 确实不能排除。1888 年，安徽帮和湖南帮就后者的码头争讼，当地方行政官偏袒安徽帮时，一伙湖南暴徒把他的座轿砸个稀烂。安徽帮试图不让当地小贩进入他们的会馆，而山西、陕西会馆头目则放火烧了后门整整一条胡同里擅自占地者的棚屋。个人之间的殴斗经常会升级为帮派之间的争

① William T. Rowe, *Hankow: Commerce and Society in a Chinese City*, 1796 - 1889. Stanford, 1984, p. 138.

② 同上书，第 171 页。

③ William T. Rowe, *Hankow: Conflict and Community in a Chinese City*, 1796 - 1889. Stanford, 1989, p. 250.

④ 同上书，第 27 页。

吵。在每年的龙舟赛上，广东人总与不讲规则的湖北人打架，最后不得不禁止这类比赛。[①] 罗争辩道，这种激烈的、无处不在的族帮冲突并不意味着公民社会的虚弱或失败。他引用乔治·西美尔（George Simmel）和刘易斯·科沙（Lewis Coser）的话，坚持认为："冲突是合作的必要补充，为日常的紧张压力提供了一个安全阀，同时也通过系统的参与者建立和维持了普遍的行为准则。"[②] 然而，他接着描绘了一幅反复被族帮之间行凶斗殴搞得四分五裂的城市景象，这些争斗经常是为了保护劳工权力，而保护劳工权力则成了发生暴力的习以为常的原因。[③] 结果，起码对于我这位读者来说，罗的争辩产生了一定程度的认知上的不和谐。

大卫·斯特兰德（David Strand）在试图把20世纪20年代北京帮会之间的街战描绘成国家建设的一种形式时，碰巧也表达了同样的不和谐。

> 这个争斗过程就像是国家建立的缩影。当人们认为获得充分发展的帮会行使一系列的半官方作用时，这种相同性与其说是一种类似，还不如说是对地方社会广泛致力于管理、控制和代表城市居民等方面所做的一种描述。甚至当工人和居民抵制合并成全市规模的联合体，导致出现发展过程中的不平衡和流产时，斗争的条件也会迫使卷入者意识到权力的重要性，因为它的构成超越了邻里和车间的范围。[④]

斯特兰德在举例时提供了一幅反映北洋军阀时期首都派系斗争的生动历史画面。盲人说书帮会分为城内派和城外派，彼此之间时常有冲突。水业帮分成山东、保定和北京派系，警察为了维护团结和控制饮用水生意，不得不制止他们之间的争吵。1925年，碾谷工分裂为东南郊区派和西北郊区派。他们在冲

---

① William Rowe, *Hankow*: *Conflict and Community in a Chinese City*, 1796 - 1889. Stanford, 1989, pp. 198 - 204.

② 同上书，第216页。

③ 同上书，第237页。

④ David Strand, *Rickshaw Beijing*: *City People and Politics in the* 1920*s*. Berkeley: University of California, 1989, p. 154.

突中也互相使用暴力，这些“冲突经常围绕着各敌对派别之间领导权之争而展开，是由各自的追随者、地盘和亚族帮身份等问题而引起的”①。我们能无异议地把这个争斗过程比作国家建设的缩影吗？

而且，接受罗威廉所谓在19世纪后期具有“社会的高度建制化的”汉口缓和了社会冲突的说法，这可能吗？我们怎么把他论述的“汉口是一个充满暴力和争斗的地方”与他同时又断言的汉口享有“相对的社会稳定”② 一致起来呢？一方面，我们得知汉口是各异端组织的“领导中心”，得知1880年当局在城市发现某帮派武装的训练营地和军火，得知哥老会在汉口帮助领导了声势浩大的1891年扬子暴动，而且当然得知辛亥革命首先爆发于武昌、汉口和汉阳。③ 另一方面，罗告诉我们大部分这样的活动均由外来煽动者所炮制，“真正的汉口公民抵制这些外来者以及蓄意的暴力行为”。④

不用说，如此强烈的社会感将与同样强烈的地方自治感相呼应。罗声称，汉口的确似乎享有一种“早期的‘城市自治’”，但他随即对这一论断作了限制。“例如在19世纪早期，妨碍实现这种自治的一个主要因素是官僚政权费尽心机地想把汉口置于其统治之下。此城的官员相当之多……只要清政府打算垄断汉口的政治权力，它就很有可能做到这一点。”⑤ 换言之，汉口是一个高度警察化和行政化的城市——一个完全听命于政府的主要贸易中心。

尽管罗在引言中自有看法，但是，汉阳知县不只是在危机时刻才介入汉口事务。罗在脚注里把设立港口救生船服务、建筑城墙和规范科举制度等作为知

① David Strand, *Rickshaw Beijing: City People and Politics in the 1920s*. Berkeley: University of California, 1989, p. 151.

② William Rowe, *Hankow: Conflict and Community in a Chinese City*, 1796 - 1895. Stanford, 1989, pp. 280, 346.

③ 同上书，第158、160、263—267、276页。

④ William Rowe, *Hankow: Conflict and Community in a Chinese City*, 1796 - 1895. Stanford, 1989, p. 280.

⑤ 同上书，第38页。

县参与事务的例子。他又提到 1862 年后知县还担任了汉口海关监督助理一职。① 同知的管辖范围与汉口镇相连——同知和通判负责全城的执法与公共治安。同时，汉阳地方行政官常常忙于“汉口全境的市镇事务”。他的三个助手，包括一位副行政长官代理，驻扎在城里负责港口设施和水域管理。

他们手下的绅董通常是在 19 世纪后期成为一个新阶层的候补，如果说这些人迷恋官场，那是因为存在着大量抛售官位的现象。候补显然是官场的一部分，尤其是太平天国以后。当时“一种起特别管理作用，被称为局的单位在起义之后的几十年里开始出现于城市管理的许多领域，此种举动似乎是胡林翼、官文和其他反太平天国运动的维新官员所熟悉的军事参谋部门在民间领域的继续”②。在汉口，这类单位包括厘金局、官渡局、保甲局和电报局。

> 各地多种多样的局渐渐合并成一个单独的多功能局，负责来自商业财源的收入，以及保护当地的通商和商业利益。每一个地方局由一位绅员领导，成员来自当地的公正士绅。但是，所有这些人事选择和定期检查都在省一级进行，事实上，整个结构都明显地着眼于省一级而非地方级的统治。③

位于这个结构顶层的是湖北省盐、茶、捐客和厘金事务局。局里有一大批位于局核心领导层以下的持有名誉晋级令者和候补级官员，这个领导层包括省司库、省法官、省粮食道台、武昌道台和汉口道台。该局的主要目的是严格监督岁入的征收和支持商民。④

盐业市场的利润“负担了城镇的文化生活”。然而，汉口的这笔城市岁入来源并不产生于自治商人所控制的独立商业，它是官方代理人或商人所推行的

---

① William Rowe, *Hankow: Conflict and Community in a Chinese City*, 1796－1895. Stanford, 1989, p. 354.

② 同上书，第 35 页。

③ William Rowe, *Hankow: Conflict and Community in a Chinese City*, 1796－1895. Stanford, 1989, p. 201.

④ 同上书，第 199—203 页。

国家垄断的产物，他们所带来的严格控制的国家垄断使他们暂时成为国家经纪人。太平天国之前最重要的商团，港法制度下的“运盐商人”，“确实享有与国家官员同等的地位”。①

> 两淮商人的政治影响建立在……他们亦商亦官身份的基础上。尽管他们在扬州直接进盐，然后在汉口以高价卖出，这些买卖在政府看来，与朝廷行政机构之间的内部财务程序相差无几。这些盐在离开汉口仓库落入水贩手中之前一直被认为是官盐。同样，汉口盐业市场仓库和其他设施被官方把持，但实际上却是运输商的共同财产。那些用于保持仓库运行的预算基金也是如此。②

人们以为商头从商人中推选出来，并代表他们的利益，享有很大的自主权。但是实际上，商头更像一个唐朝官商经纪人，他的位置是由他向其报告的官员们所决定的。③ 罗所提供的用来证明他所谓的自主权程度的论据是一起腐化案，案中的商头前往京都贿赂重要官员，企图阻止监察官的诉状。④ 不用说，何炳棣很早以前就在他对扬州盐商的经典研究中相当清楚地指出这些商人多么易于遭到官方的压榨和勒索。⑤ 他们的“照售”实际上是那些必须经常贿赂和恭维的官员所批准的个人特权。这一点被解释成“影响”是无可否认的，但这是一种房客与看门人之间的影响，肯定不是城市自治市民的独立力量。

例如，匣费实际上是官方收入的一个项目，不仅包括汉口的盐务税，而且

---

① William Rowe, *Hankow*: *Conflict and Community in a Chinese City*, 1796 – 1895. Stanford, 1989, p. 364.

② 同上书，第 99 页。

③ Fujii Hiroshi, “Shin'an shonin no Kenkyu,” *Toyo gakuhō*, vol. 36, no. 3 (1954), pp. 87 – 88. 引自 William T. Rowe, *Hankow*: *Commerce and Society in a Chinese City*, 1796 – 1889. Stanford, 1984, pp. 364 – 365。

④ William T. Rowe, *Hankow*: *Commerce and Society in a Chinese City*, 1796 – 1889. Stanford, 1984, p. 100.

⑤ Ho Ping-ti, “The Salt Merchants of Yang-chou: A study of Commercial Capitalism in Eighteenth Century China,” *Harvard Journal of Asiatic Studies*, no. 17 (1954), pp. 130 – 168.

还包括所有清廷官方预算中的各种项目。① 这是一笔不受一般盐商而是受由官方任命的，与盐法道有勾结的商头专门控制的资金。盐法道任命那些被认为属于前面提到的裙带网的“多余人才”。确实，清政府分别在 1764 年、1789 年、1803 年、1831 年和 1848 年反复采取措施控制匣费，以此来遏止个体商人私自滥用和冒犯官方法规。②

1849 年的票法改革意味着“通过消灭大盐商的自主权来增加对整个盐业调拨网络的控制”。在 1860 年至 1863 年的“销售管理局”制度下经过担保，获得总督亲自批准在两淮大批量买盐的两名地方商人均是候补，他们把盐卖给省府，然后省府把它作为军队配给转卖出去。这两名商人是法律上和经济上的总督府正式采购代理。在曾国藩的总监督下，盐商的活动受到更紧的约束。政府还寻求通过“针对盐船所采用的详细登记报告步骤”，加强保甲官员的警惕性和设置由当地盐政官员驾驶的港口巡逻船队③等措施来制止持有照凭的商人走私淮粮。

请看以下政府加强控制的例子。根据曾国藩有关买卖盐的新规章，所有去湖广的盐必须经过汉口受官方检查，这些盐由 600 名持有 1863 年后颁发的“新票”盐商从两淮工厂运往汉口。有时这些新票被用来做交易，它们的特权被出租。然而根据法律，票证不能转让，除非得到政府的许可转给一个经官方批准的商人。非正式的佣金被新的地方盐税取而代之，盐税在汉口征收，然后通过由北京中央政府定期任命的盐法道台送交厘金局，用于军事和太平天国后的重建费用。④

至于调拨，那些不是来自汉口而且“总的来讲与该市……相对无联系”

---

① William T. Rowe, *Hankow: Commerce and Society in a Chinese City*, 1796—1889. Stanford, 1984, p. 365.

② 同上书，第 103—105 页。

③ 同上书，第 92—93、97 页。

④ William T. Rowe, *Hankow: Commerce and Society in a Chinese City*, 1796 - 1889. Stanford, 1984, pp. 110 - 112.

的地方水贩不得不与两淮盐运使结盟，目的是购买他们的存货。被称作盐行的盐库官员替他们审查、过秤和再包装这些存货，这些官员“从一般含义上讲根本不是商人，而是由户部颁发许可证的盐业掮客”①。

尽管罗警告读者“过分强调这种官僚化的危险”，然而他本人如此细心地搜集的关于太平天国之后汉口盐业垄断的证据却描述了政府对盐务税管理的大大加强，这使运商队的数目增加了三倍，而其影响则大大削减。② 旧式的经纪商屈从于国家许可的新掮客制度，他们在随意行使赏惩权的地方官僚一手控制的垄断贸易中担任一个半公半私的职务。在这样一种非“形式上统治”的情形下，政府似乎对商民采取了更为直接的控制。③ 难道这真的看上去像“熟悉的西方前工业的、城市的、商业的资本主义社会的概念”④?

太平天国起义后兴盛于汉口的行帮确实从地方衙门那里接替了市政功能吗?“一种以行帮为核心的，秘密的地方自治政府机构”⑤ 正在汉口兴起吗?这种看法证据不足。除了自身环境因素（包括维护街坊、开设防火线以及在会

---

① William T. Rowe, *Hankow: Commerce and Society in a Chinese City*, 1796 - 1889. Stanford, 1984。“经这么一击，私营票商受到一个独立层次的政府雇员的控制，这些雇员的地位权力从本质上讲高于他们的地位和权力”（同上，第111—112页）。这些掮客必须定期向湖北总督、两淮盐运使和户部呈递报告。因此，在曾国藩政府之下，“掮客商人的自我管理观念占次要地位，首要的是在湖北督销总局汉口总署的官员手下获得更大的官僚控制”，此官员的职责是负责保管这些掮客行为的详细记录，以防止他们操纵市场价格，牟取非法收入，或拖延上交他们征收的税款。惩罚条款是严厉的。1865年以后，如果某钱商破产，无力偿付盐库押金，那么，盐业监督官会起诉，地方行政官将他打死。同上，第169页。

② 同上书，第113页。

③ 曼素恩把“形式上政治”的情形描述为国家权力的扩展和社会利益的具体表现。它随处可见于 Susan Mann, *Local Merchants and the Chinese Bureaucracy*, 1750 - 1950. Stanford, 1987; David Strand, “An Early Republican Perspective on the Traditional Bases of Civil Society and Public Sphere in China,” *Modern China*, p. 7; David Strand, *Rickshaw Beijing: City People and Politics in the 1920s*. Berkeley: University of California, 1989, p. 100。

④ William T. Rowe, *Hankow: Commerce and Society in a Chinese City*, 1796 - 1889. Stanford, 1984, p. 121.

⑤ William T. Rowe, *Hankow: Commerce and Society in a Chinese City*, 1796 - 1889. Stanford, 1984, p. 344.

馆周围构筑桥梁），行帮会员还维持着自1800年兴起的私营消防活动部门，组织了一个小型的民防武装（当时白莲教势力攻占了30里外的一座县城），多少有些半心半意地支持地方采取防护措施反对两次攻占该城而未遇到任何地方抵抗的太平军，而且在辛亥革命前夕，还组织了非正式的地方保安部队。这些行动许多是官方压力的结果。①

尽管罗对行帮之间的联系和行帮联盟迹象进行了广泛研究，但他也只提出了太平天国早期岁月里一个这种组织的名称，这就是半正式的行帮师傅团体，被称为“八大帮”，其定期在沈家庙聚会。这类聚会——没有关于这类聚会的记录——的参加者在该城肩负一种更为广泛的半官职责的证据是商人倡办（有时通过行帮倡办）的19世纪70年代里每年冬防时用来分发食物的善堂。除此以外，消防部门之间存在着一定程度的协作，1910年后全市性的商团也获得发展。罗告诉我们，“行帮之间的联系最终获得官方全面而正式的承认”②。这怎么会呢？在流产的改革运动期间，张之洞总督于1898年响应帝诏而命令成立了汉口商务局。换言之，“以行帮为核心的秘密的地方自治政府机构”是由清政府所设立，由两位上层的候补道台所管辖的商务局所组成。③ 最后罗声称，1876—1883年“法治运动”期间地方治安对汉口人口的加强控制也许是由地方官员正式发起的，“但是不管怎么说，正是地方市民阶层本身在负责贯彻”。罗的这种声称到底是什么意思呢？首先，这场运动是由什么构成的？1878年秋，汉阳地方行政官林团智（音译）和同知章庆甲（音译）发钱修理

---

① William T. Rowe, *Hankow*: *Commerce and Society in a Chinese City*, 1796 - 1889. Stanford, 1984, pp. 318 - 321.

② 同上书，第333—334页。

③ 这是一种“官治”对“自治”占有又并存的情形。Keith R. Schoppa, *Chinese Elites and Political Change*: *Zhejiang Province in the Early Twentieth Century*. Cambridge Mass.: Harvard University Press, 1982, p. 34. 关于商务局和商务总会之间的区别，就前者是一种辅助权力，后者是一种中间权力而言，参见 Joseph Pewsmith, “From Guild to Interest Group: The Transformation of Public and Private in Late Qing China,” *Comparative Studies in Society and History*, vol. 25, no. 4 (October 1983), pp. 634 - 636。

汉口道的围城门，命令各保甲长确保有足够的更夫照管新大门。倘若武装巡逻发现某个门敞开，那么负有责任的保甲长和更夫将被传审并遭严厉惩罚。①

> 根据迄今为止的叙述，看来所发生的事情是地方官僚的积极性或许甚至是对地方社会镇压的情况，然而事实根本不是如此。地方行政官蔡氏和林氏以及同知张氏严格实施社会秩序，恪尽职守，或许这与他们的性情一致，但愿是为了鼓励温顺。这三个人都把这些充实了的治安纲领描述为他们的个人计划。但是，正如知名刊物《申报》给予这些计划显著宣传所暗示的那样，这些官员正在对赞成加强该城社会治安的公众舆论（至少是名流的舆论）做出反应。况且，对这些计划的真正全部执行来自地方社会，尤其来自城市街坊。②

“地方社会”的“执行”和“资助”——正如罗在以下段落里详细叙述的那样——是由下列事物构成的：（1）私人商店业主每月初一向更夫支付账单；（2）个体街坊从租金里苛取额外费，为了在街中心重设一个小警亭。其他措施还包括，地方行政官坚持竖立传统上由地方所控制的保甲招贴牌；民团应该学习北京社会的治安方法，在“冬防”计划期间从事巡逻；保甲户应该支付更夫的提灯或油灯的费用。③

罗想从1883年危机期间同知张欧方（音译）“在汉口强行组织”城市民团的做法中，进一步找到正在显露出来的“公共领域”的证据。同知张氏是民团首领，该团的活动由沈家庙的一个民团局所掌管。各商行负责提供更夫，资金从各街坊聚集起来，用于维修城门和雇用守门人以防止暴徒侵袭该城。④ 由于这是常见于明朝和清初的做法，想说明晚清中国出现“早期现代”

---

① William Rowe, *Hankow: Conflict and Community in a Chinese City*, 1796 - 1895. Stanford, 1989, pp. 306 - 309.

② 同上书，第309页。

③ 同上书，第309—310页。

④ William Rowe, "The Public Sphere in Modern China," *Modern China*, vol. 16, no. 3 (July 1990), pp. 335 - 340.

公有社会的类似现象，我认为这个实证缺乏说服力。

关于罗的著作中所论的“公共领域”，我最后要谈的应该是公众舆论问题。① 哈贝马斯把“公共领域”定义为“我们社会生活的一种范围，在此范围里能够形成像公众舆论这样的事务”。②

> 从原则上讲，公共领域的大门向所有公民敞开。公共领域的一部分是由走到一起便组成大众的个人会话所构成。因此，他们既不作为从事私营活动的商人或专业者，也不作为屈从于国家官僚立法章程的或所命的法人团体。公民作为一种大众群体，在处理共同关心的事务时联合行动，不受制于强权。有了这种保障，他们便可自由聚会、结社，自由发表和公开观点。当公众庞大时，这种交际需要一定的传播和影响手段，在今天，报纸杂志、电台电视仍是公共领域的媒介。

19 世纪后期汉口公众舆论的媒介是什么呢？

1873 年，汉口出现了一份类似报纸的出版物，它叫《昭文新报》，登载地方新闻和市场行情，还选载《京报》（一份编载官场回忆录和官令的刊物）内容。该刊物持续不到一年。1874 年和 1880 年，洋人试图开办报业，但是告吹。1893 年至 1900 年，汉口茶帮发行《汉报》。但是从 19 世纪 70 年代起，在汉口公众社会除了《申报》外没有别的广泛发行的报纸，罗把《申报》与城市改良主义名流的兴起挂在一块，这些名流大概构成中国新的公共领域。③

自然，这个论点的毛病是显而易见的。由英国人美查（Ernest Major）所创办的《申报》出版于上海而非汉口。尽管它也登载有关汉口的新闻，但是，

---

① William Rowe, "The Public Sphere in Modern China," *Modern China*, vol. 16, no. 3 (July 1990), pp. 309 - 329.

② Jürgen Habermas, "The Public Sphere," Chandra Mukeiji and Michael Schudson eds., *Rethinking Popular Culture*: *Contemporary Perspective in Cultural Studies*. Berkeley: University of California Press, 1991, p. 398.

③ William Rowe, *Hankow*: *Conflict and Community in a Chinese City*, 1796 - 1895. Stanford, 1989, pp. 24 - 27.

“无法确定有百分之多少汉口人定期阅读此报……”① 相应地，在特定的19世纪意义上讲的这种大众舆论信息和批评里，关于公共领域的迹象是含糊的。相同的困难也折磨着兰金（Mary Backus Rankin），她声称太平天国后的浙江兴起了公共领域。②

我之所以如此深入地批评罗威廉对19世纪汉口的结构严谨的分析，既是因为他的两部著作被误认为是西方中国史研究的杰出成果，亦是因为他的研究如此频繁地被那些试图从晚清和民国早期中寻找公民社会的学者所引用。③

另一份关于公共领域兴起的开拓性研究是兰金的《中国士大夫活动与政治变迁》（*Elite Activism and Political Transformation in China*）。兰金的论点熟为人知：太平天国起义标志着国家与地方士大夫之间平衡方面所起的主要变化，它引起人们开始对地方福利、教育予以极大的关注，以及要求把社会治安从官僚手中转到社会手中。同时，商业化鼓励了士绅和商民不同程度的联合，他们一起开始在日益生长的公共领域内扮演作为活动家的新的管理角色。

> 我在此使用的“公众”这个术语，它保留着相当的自治因素，尤其指建制化了的、官僚以外的事务管理。于是，士大夫的社会管理与官方行政形成对照，与那些同整个社会不统一的个人、家庭、宗教、商业和组织的私营活动形成对照。④

---

① William Rowe, *Hankow: Conflict and Community in a Chinese City*, 1796 - 1895. Stanford, 1989, p.26.

② 浙江北部是兰金在她著作的第三章里所描述的那种构成公共领域兴起的士绅活动之地点，但是，这个地方没有自己的报纸。由于大众读报是现代公共领域的关键成分，兰金只得猜想她所研究的这些士绅活动者阅读唯一可弄到的报纸即上海的《申报》。“对于北部五个县和沿海地区的士大夫首领来讲，报纸——至少有时候——是可以弄到的。”兰金对这段有希望的言辞加了脚注，她认为，浙江地方地名索引上《申报》一篇社论的结语“说明经营士大夫可能读到这种报纸”。Mary Backus Rankin, *Elite Activism and Political Transformation in China*, pp.141, 353.

③ 譬如 David Strand, “An Early Republican Perspective on the Traditional Bases of Civil Society and Public Sphere in China,” *Modern China*, p.5。

④ Mary Backus Rankin, *Elite Activism and Political Transformation in China*, p.15.

因此，对于兰金而言，太平天国之后最重要的开端是活跃的管理者的兴起。在18世纪，慈善和水利计划的管理者往往产生于最低层士绅。19世纪后期，新士绅的运动包括建立一个更受人尊敬的团体，兰金在其研究中争辩说，“该时期的管理活动是一种受人尊重的——甚至是有特权的——职业”。然而她也承认“大多数管理者的姓名从未被记载下来”。兰金利用来自浙江龙游的数据证明有多少公绅充任管理者。然而，她在脚注里又说，每45个管理者中只有3人拥有高位。

在阅读兰金对晚清士大夫活动的赞扬时，人们有时难以区别士绅慈善活动的传统习惯与“新的”士绅管理做法之间的差异。例如，她指出，浙江最著名的绅董是丁丙——一位来自省府杭州的士绅。丁丙的父亲是一位家境殷实的学者，曾经用明末和清初慈善学士所熟悉的那种方式强调儒家圣祠和佛庙。丁丙继承了对已经被确立为地方传统的慈善事业的偏爱，早在太平天国起义之前的1838年便开办善堂和维修寺庙。他经常督办由父亲认可的各项计划，太平天国军重占杭州后，他继续充当一位地方慈善者，资助福利机构，重建学堂，修葺桥梁和圣祠等。这位传统的佛教—儒教慈善者（他爱收藏书）与兰金以丁丙为“新的活动管理者”的例证的描述之间差异何在呢？在晚年为个人书屋收藏善本书的丁丙在哪些具体方面集中体现了新的“公共领域”时代那种“具有活力和广泛的管理呢？”①

这些“新的管理者”是如何资助他们的活动的呢？在太平天国起义时期，清朝官员发明一种针对商品货物的新税，称作“厘金”，此税由授命保卫省和地区的巡抚和总督所控制的各局来征收。兰金坚持认为，厘金税支持了“广泛的士大夫的自治管理”②。尽管地方士绅必须向官员支纳厘金，尽管他们对征收厘金的办法和地点没有什么选择权和控制权，兰金认为还有许多“戏剧性的例子可以说明这种税如何助长了自治管理而非官僚控制”。

---

① Mary Backus Rankin, *Elite Activism and Political Transformation in China*, p. 108.

② 同上书，第102、104页。

但是，如果我们仔细观察人们对厘金的管理，我们便发现，这种新税被省政府用作资金提供给商人，以便他们为地方学堂建筑付款，而在从前，兴办学堂是由他们私下解囊才能办到的事情。换言之，官方税务部门向商人或士绅提供资金，使他们日益与社会资金挂钩。再说，由于太平天国消灭了私有资产，他们的独立收入来源也变得愈来愈少。①

结果，在兰金引用最多的新精英活动场所之一的湖州府南浔镇，至少在太平天国起义以后的十年里，这个地方来自厘金的钱款实际上被用来支持所有由士大夫经营的业务。

兰金试图利用南浔事例来说明厘金提供钱款资助的自治管理。然而，在这方面她所提供的例子是有疑问的。1864 年，南浔的丝绸商人请求设立丝业公所来征收丝绸税。兰金认为，此公所为自治的地方士大夫发展公共领域活动提供了相当一个时期的资金。然而，我们从她自己的文字中得知，在这家公所设立十年之后，知县便将它关闭了。

> 这个制度（在这个制度中，士大夫经营者通过他们亲自征税来资助他们的活动）最终引起湖州知县的疑心。丝业公所于 1874 年解体，但是该制度也许保留未动，因为没有迹象表明有别的基金可用于正在进行中的建制。②

换言之，南浔（兰金所谓的实行新管理的一个重要例子）士绅自治活动的主要资金来源十年来一直是公众税务——由于知县疑心地方士绅和商人挪用它而最终被停止。兰金的研究不仅引起关于某些浙江当地管理者（他们似乎大部分时间在上海度过，偶尔寄钱回家资助当地建设计划）来源的一系列严肃问题，而且引起对政府在什么程度上参与了诸如救饥之类活动的质疑，兰金把

---

① Mary Backus Rankin, *Elite Activism and Political Transformation in China*, p. 104, 102.

② 同上书，第 104 页。

这些描述为地方绅士“宏观地区”活动的例子。①

在我个人看来，1878 年的救饥运动似乎是李鸿章的机构通过轮船招商局向上海（最后是浙江北部）的士绅阶层的延伸。不过，兰金只对这次国民运动中独立的私人救助感兴趣，但是，当她试图展示“不同都市层次和越过省界的知名管理者和慈善者的流动”时，他们却表明几乎一直“在官僚机构效力”“受督促捐款的官方法令的支持”。② 换言之，在我看来，她对自治的公共领域活动的地方管理描述，再三遭到社会福利仍受官方严格赞助这一事实的损害。③

孔飞力认为，这种赞助证明地方士绅完全缺乏自治：

> 另一个考虑点是清末士绅和商人管理者的依赖地位。官方资助商人行会和地方社团被认为是它们活动的一种正常必要的保护。这不只是一种装饰。同样地，绅董通过士大夫网络和正式的公民权而与确定的官僚机构相联系。20 世纪的新政策规范了从前一直是非正式的作用，使地方管理者成为国家部门不可缺少的一部分，扫除了“超政治”中的“超”字。④

而且，孔飞力相信这些改良主义的地方名流为形成一个强有力的集权国家而作的民族主义努力使得发展一个生机勃勃的公民社会（且不论公共领域）

---

① Pierre-Etierme Will 认为，救饥组织的手段和形式完全受国家支配，而且这项基本的慈善活动受制于官方行政权力的情形一直持续到 19 世纪。他指出，在 18 世纪，“管理上的”大众领域完全消失。在 19 世纪的大部分时期，地方名流的作用就这点而言只是支持政府，而不是取代它。皮埃尔·艾蒂安·威尔：《清代的国家、公共领域和食物再分配》（L. Etat，“la sphere publique et laredistribution des subsistances ai'epoque des Qing”），提交给 1991 年 5 月 29 日至 31 日在巴黎举行的关于东亚传统中国家与社会问题的欧美学术讨论会的论文。

② Mary Backus Rankin, *Elite Activism and Political Transformation in China*, p. 145.

③ 关于对真正的公共领域和官方管理下的自治形式之间的区别的富有创见性分析，见唐振常的《市民意识与上海社会》，提交给 1992 年 3 月 6 日伯克利上海研讨会的论文，第 9 页。

④ Philip Kuhn，“Civil Society and Constitutional Development.” 提交给 1991 年 5 月 29 日至 31 日在巴黎举行的关于东亚传统中国家与社会问题的欧美学术讨论会的论文，第 7 页。

的前景几乎降低至零。①

然而，有充足的依据来论证下述论点：即晚清经历了一种公共领域的扩张，这是就“地方层次的，有助于为公众利益提供服务和资源的非国家活动领域”而言。② 这很难算得上是哈贝马斯的公共领域，把此应用于中国也许具有“无意的目的论和归纳主义的含义”③。

然而，“公”的不同方面补充了一个概念，这个概念与改良时期爱国主义的“清议”理想密切交织在一起，而且在鸦片战争后所谓的管理国家事务能力运动的原资料中缺乏系统地被表达出来。④ 诚然，“公共领域”活动的个人表现形式会逐渐转向图谋私利的目的——一种政治包税，但愿这是由于“官”“公”“私”之间的界线不那么清晰而引起的。⑤ 但是，就在辛亥革命之前，有原则地参与各种权利收复运动证实了改良主义绅士首先要求爱国义务的权力。⑥

我们可以谈论民国时期的公民社会吗？大卫·斯特兰德确实这么做了。⑦ 但是，他过分强调了公共领域的出现——与其说是一种“非国家活动”，

---

① Philip Kuhn, “Civil Society and Constitutional Development.” p. 8. 亦见 Martin K. Whyte, “Urban China: A Civil Society in the Making?” in Arthur Lewis Rosenbaum ed., *State and Society in China: The Consequences of Reform.* Buolder, 1992, p. 83。

② Timothy Brook, “Family Continuity and Culture Hegemony: The Gentry of Ningbo, 1368 - 1911,” Joseph W. Esherick and Mary BackusRankin eds., *Chinese Local Elites and Patterns of Dominance.* Berkeley, 1990, p. 43.

③ Philip C. C. Huang, “The Paradigmatic Crisis in Chinese Studies,” p. 320.

④ Mary Backus Rankin, *Elite Activism and Political Transformation in China*, pp. 15 - 26. 亦见她的“The Origins, of a Chinese Public Sphere: Local Elites and Community Affairs in the Late Imperial Period,” *Etudes Chinoises*, vol. 9, no. 2 (Autumn 1990), p. 36。

⑤ David Strand, “Civil Society and Public Sphere,” *Modern China*, pp. 4, 10.

⑥ Mary Backus Rankin, “Public Opinon and Political Power: Qingyi in Late Nineteenth Century China,” *Journal of Asian Studies*, vol. 41, no. 3 (May 1982), pp. 472 - 473.

⑦ David strand, “Mediation, Representation, and Repression: Local Elites in 1920s Beijing,” Joseph W. Esherick and Mary Backus Rankin eds., *Chinese Local Elites and Pattems of Dominance.* Berkeley: University of California Press, 1990, p. 225.

不如说是一个新的政治活动领域。他列举了前工业化城市中各种公众活动，包括市场、看戏、朝拜、茶馆和饭庄的社会化。电话的应用，城市公园里的讨论活动，在妓院、澡堂和饭馆里进行的聚会等例子。① 天安门不是一个正式的广场建筑，它只是天安门城楼外面的空旷地。但是，斯特兰德搜索枯肠，想通过使用以下字眼把它描述成一个公共领域："这个地方周期性地挤满市民和公民，他们给人一种富有感染力的——尽管是瞬间的——市政和民族统一的象征。"②

尽管大卫·斯特兰德从行帮、同乡会、北京的楼阁寺庙中发现了与尤尔根·哈贝马斯的公共领域相似的地方，但是，他立即看到二者之间存在着根本的差别："欧洲公共领域的存在呈现出公与私这两个领域中国家与社会的两极化。"③ 他还注意到，西方概念中的"社会"作为一种自由个人与对立面国家之间的联系，在传统的中国思想中是不存在的。④ 但是，他的确从1903年出现的自我管理的专业法团如商会、律师行会、银行家协会中发现了国家控制与地方活动相结合的证据，从而论证了民国期间存在着有限的、"柔弱的"公共领域的看法。⑤

但是，公民社会的这些成分究竟有多少独立性呢？斯特兰德在叙述他们的活动时给我们的不只是一个暗示：北京商人也喜欢与官方势力结合，甚至听命于它。在1915年左右，北京商会坚持与政治势力保持一种被动的依赖关系，商团和其他法团所无法做的是支配那些新老权势者。⑥

斯特兰德指出，"'公民社会'没有在污泥中划清界限，也没有越过国家

---

① David Strand, *Rickshaw Beijing*: *City People and Politics in the* 1920*s*. Berkeley: University of California Press, 1989, pp. 167 - 169.

② 同上书，第172页。

③ David Strand, "An Early Republican Perspective on the Traditional Bases of Civil Society and Public Sphere in China," *Modern China*, p. 9.

④ 同上书，第3页。

⑤ 同上书，第9、3、6—8页。

⑥ David Strand, *Rickshaw Beijing*: *City People and Politics in the* 1920*s*. Berkeley: University of California Press, 1989, pp. 100, 102.

或类似国家的实体”，这本是愚蠢的。它也许本该是给予各自治理想以真正内容的工具，“这些理想在20世纪20年代风靡一时，但实际上却难以找到”。①

像黄宗智一样，我发现把哈贝马斯的概念应用于中国非常困难。因为，虽然从1900年起公共领域一直在不断扩大，但是在中国并没有出现如通常所断言的那种民权与国家相对立的局面。② 相反，国家则在不断成长，大多数中国公民似乎主要从义务和互相依赖而非权利和责任的角度来看待社会的存在。③

谢毅　译

① David Strand, *Rickshaw Beijing: City People and Politics in the* 1920*s*. Berkeley: University of California Press, 1989, pp. 13 – 14. 亦见 Elizabeth J. Perry, “Casting a Chinese ‘Democracy’ Movement: The Roles of Students, Workers and Entrepreneurs,” Jeffrey N. Wasserstrom and Elizabeth J. Perry eds., *Popular Protest and Political Culture in Modern China: Learning from* 1989. Buolder, 1992, p. 150。

② Philip Huang, *The Paradigmatic Crisis in Chinese Studies*, p. 321.

③ Frederic, Wakeman, “Models of Historical Change: The Chinese State and Society, 1839 – 1989,” Kenneth Lieberthal, Joyce Kallgren Roderick MacFarquhar, and Frederic Wakeman eds., *Perpectives on Modern China: Four Anniversaries.* Armonk, NJ. M. E. Sharpe, 1991, pp. 68 – 102.

现代中国文化的民族性探寻

（1991 年）

美国思想史学家傅乐诗（Charlotte Furth），把对文化的发现（以及文化与政治的分离）与 1903 年前后的国粹（National Essence，同样为日语新造词：kokusui）运动联系起来，该运动发起于梁启超提出造就“新人”（new people）的口号以后不久。

> 国粹运动中革命派的贡献，在于把古典主义和社会达尔文主义相混合：主张把国粹视为汉民族产生的根本，是汉民族的天赋和历史经验的有机产物，并以此主张促进反对满清的革命运动。在 1911 年以前的几年当中，国粹运动体现了某种民粹主义的思想——它促进了以人种、土地和历史为基础的民族阵营的形成，这种形成民族阵营的主张，与组织人民起来建立反满国家的努力，是呼应并行的。然而，对国粹派的古典主义者们来说，人种问题的魅力远不如文化问题的魅力来得持久，对后一问题的讨论自 1912 年起很快又占据了论争的主导地位。[①]

文化既统一了人类，又分割了人类。人们对文明人的品性评价不再有普遍一致的标准。不同文化采取不同特色的评价标准，正如不同文化有着不同的语言一样。对于章炳麟来说，语言是使中国人得以与周围的野蛮民族相区别的形式。[②] 中国的语言同时也包含了中国文化的全部历史，并且在长期的历史中显

---

① Charlotte Furth, "Culture and Politics in Modern Chinese Conservatism," in Charlotte Furth ed., *The Limits of Change: Essays on Conservative Alternatives in Republican China*. Cambridge, Mass.: Harvard University Press, 1976, p. 31.

② 章炳麟：《国故论衡》，上海，无出版日期，第 41 页。

示出有机的统一。[①] 语言，作为文化的载体，被章炳麟视为国粹的最纯的形式，并对它进行了坚定的捍卫。正如傅乐诗指出的：

在一个处于革命状态的环境里，文化道德与社会政治秩序不再和谐一致，文化已变成为一种脱离社会的政治形式而存在的精粹，作为文化卫士的学者，这时则成为与社会和政治无关的、纯粹真理的研究者。[②]

于是，章炳麟故意从唐代以前的散文中寻求表现形式，使自己演讲的方式大大减少了听众；同时，他也排斥当时一些人在民族自强的名义下所提倡的西方化。

"国粹"思想的出现，以及与之相关的具有局限性的中国文化观和它的纯洁性被一些自封的卫士们所维持和保护，伴随了现代中国知识分子阶层的出现。他们"由于传统科举考试制的废除和清王朝的倒台，同时由于新的社会关系的出现，与当时的国家和社会相脱离了"[③]。作为中华族裔（Chinese ethnicity）的卫士，诸如黄节（其著作《黄史》的主要内容在于赞颂汉族爱国知识分子对外国侵略者的抵抗）这样的作家，竭力主张保持中国文化的特色，包括具体表现在政府制度、婚姻、服饰、住宅、饮食等多方面的特色。[④] 他们同时还强调，由于具体政治地理环境造成具体文化形式的差异，也就体现了文化和种族的差异，而不同的种族则应分离。上述这种观点，17 世纪的哲学家王夫之曾做过论述（王夫之则对世纪初的知识分子有着极大的影响，即使像毛泽东和刘师培这样在思想意识上大相径庭的人，也都同受其影响）。[⑤]

---

① Charlotte Furth ed., *The Limits of Change: Essays on Conservative Alternatives in Republican China*. Cambridge, Mass.: Harvard University Press, 1976, p. 125.

② 同上书，第 149 页。

③ Laurence A. Schneider, "National Essence and the New Intelligentsia," in Charlotte Furth ed., *The Limits of Change: Essays on Conservative Alternatives in Republican China*. Cambridge, Mass.: Harvard University Press, 1976, p. 58.

④ 同上书，第 66 页。

⑤ 王夫之：《黄书》，见"《中华民国开国五十年文献》"第 1 编第 2 册《革命渊源》，台北 1962 年版，第 174 页。

围绕上述有关文化和种族的讨论，存在着中国人与其他民族的人的“属性（human nature）相异”的问题——这是一个犹如造物之乾与坤相异的根本问题。[①] 在1911年以前，所谓“其他民族的人”主要指满人。刘师培的《攘书》开篇即以“属性”的概念为题，一下子即引发了“攘夷”（expelling the barbarians）的思想。尽管他自己放弃了反满思想，而且为清王朝服务直至其末日，但他的具有影响的著作却使人相信，当时的主要任务就是要清除中国的外族统治者。[②] 一旦推翻满清的任务完成，一旦“新文化”运动开始扩展，这些国粹派文人的观点与中国人民之间的关系，就显得不那么具有政治意义了。事实上，他们所重视的有关种族的目标，已经为新产生的、更值得普遍重视的关于文化的定义所取代。

有关这一基本问题的最重要的论述之一是梁漱溟的关于理性的理论。理性（lixing）一词可能不很严格地译为英文的 reason 或 rationality，但对梁漱溟来说，其作用则在于具有指导一切道德行为的规范性的意义，进而由此界定出人类特征，同样界定出中国文化的独特之处。艾恺（Guy Alitto）指出：

> 梁漱溟关于文化的一切理论都意在显示，那些天经地义的原则（直观地体现于人类则为“仁”和“理性”）如何既是人类普遍具有的，又仍然是中国所特有的。中国文化对每一个人来说都是好的，不仅仅是对中国人而言。他赋予中国在整个宇宙—历史过程中以一种特受优遇的角色。作为一个历史性的社会群体，中国人具有历史上举世无双的文化和精神生活，代表着人类道德可能企及的顶峰。即使在当前，在腐朽的外表之下，

---

① 刘师培：《攘书》，《刘师培全集》，北京中共中央党校出版社 1997 年版，第 2 册，第 1 页。

② Martin Bemal, “Liu Shih-p'ei and National Essence,” in Charlotte Furth ed., *The Limits of Change: Essays on Conservative Alternatives in Republican China*. Cambridge, Mass.: Harvard University Press, 1976, pp. 94 – 95.

这种道德社会群体仍然存在，至少，仍然存在于中国的乡间农村之中。[①]

与此形成对照的，是其勾勒出现代西方世界特色的两种倾向：个人的私利和物质上的算计，这是与机器时代的精神所共生的，而机器则同时是资本主义和马克思主义的基础，也由此导致对人的自由精神的压迫。梁漱溟的道德意识具有对物质主义强烈厌恶的特点。他和他的同代人将这种物质主义与西方的普罗米修斯精神或浮士德精神相联系，这种精神构造出欧洲文明的尚武之心（the martial heart），而在第一次世界大战中，欧洲文明已在佛兰德斯和法兰西的血腥战场上证明了其道德上的破产。[②]

1919年，梁启超结束其欧洲之行回国后，对他的同胞们说，西方人在世界大战中摧毁了他们对科学和进步的信仰，正在渴求从东方得到精神上的安慰。在其《欧游心影录》中，梁启超记述了他与一位美国记者的对话：

美国人：您回中国后将干些什么呢？您是否要向中国介绍一些西方文明的情况呢？

梁启超：当然。

美国人：啊！天呀，西方文明已经垮掉了。

梁启超：您回美国后将干些什么呢？

美国人：回国后，我将关起门来等待，直等到您将中国文明介绍过来拯救我们。[③]

梁漱溟关于东方和西方文化的演讲，于1921年成书出版，其中也论及同一主题，指出了三种理想的文化形式，代表了对普遍存在的人类意志（意欲）

---

① Guy Alitto, "The Conservative as Sage: Liang Shu-ming," in Charlotte Furth ed., *The Limits of Change: Essays on Conservative Alternatives in Republican China* · Cambridge, Mass.: Harvard University Press, 1976, p. 229.

② 甚至胡适也要在好战的西方与缺乏尚武价值的中国文明之间划一条绝对的界线。Shih Hu, *The Chinese Renaissance: The Haskell Lectures*, 1933. Chicago: University of Chicago Press, 1934, pp. 14 – 15.

③ 梁启超：《欧游心影录》，《饮冰室合集》，上海中华书局1936年版，第5册。

与环境之间冲突的不同反应。代表西方的文化形式，是人的意志趋于满足其基本需求的方向，即满足其食物、住宿和生殖这些两足动物的欲求。第二种形式是人的意志趋向于侧翼，以努力与环境取得和谐，这是中国的典型特色。而在印度文化中，则以人的意志趋于反向后，进入自我否定，声称物质世界是虚幻的存在。每一种文化都有其独自发展的道路，但梁启超主张中西方混合的折中道路，梁漱溟则反对这种文化混合的形式。

> 我可以断言假使西方化不同我们接触，中国是完全闭关与外间不通风的，就是再走三百年、五百年、一千年也断不会有这些轮船、火车、飞行艇、科学方法和“德谟克拉西”精神产生出来。这句话就是说：中国人不是同西方人走一条路线。因为走的慢，比人家慢了几十里路。若是同一路线而少走些路，那么慢慢的走终究有一天赶的上；若是各自走到别的路线上去，别一方向上去，那么无论走好久，也不会走到那西方人所达到的地点上去的！①

既然中国和西方文化相接触了，那么，一种为全人类所共有的文化就应当出现。因而，梁漱溟做出如下结论：“除非（中国文化）变成世界文化，不然的话，它就根本不能存在。”② 这与杜威两年前在中国的演讲的精神形成截然明显的对照。杜威认为，尽管截至当时为止，中国在与西方接触的过程中，给中国带来的害多于益，但其唯一的选择只能是对西方文化的影响进行开放。

> 能够补救中国目前诸多事务的悲惨状况的唯一办法，就是加速东西方的文化交流，从西方文化中选择能够调整中国状况的特点，用以补救在以前与西方接触中所造成的不利之处。③

这种更为普遍的观点，得到诸如梁启超、胡适这样的思想家的共鸣。然而，梁

---

① 梁漱溟：《东西文化及其哲学》，上海商务印书馆1922年版，台北1968年重印，第65页。

② 同上书，第87页。

③ John Dewey, *Lectures in China*, 1919－1920. Translated from the Chinese and edited by Robert W. Clopton and Tsuin-chen Ou. Honolulu, University of Hawaii Press, 1973, p.261.

漱溟关于中国与西方文化有着巨大差异的论述，却有着更大的影响。[①]

对西方的物质主义和具有外侵性的私利倾向之拒绝，不仅仅是一个中国的问题。伯特兰·罗素（Bertrand Russel）在结束其1920年在中国的讲学之行后总结道：

许多世纪以来，中国人发明了并且一直在实践着一种生活方式。如果整个世界都采纳这种方式，将会使整个世界都快乐。我们欧洲人没有这样做。我们的生活方式要求争斗、开发、无休止的变化、冲突和破坏。指向破坏的效率，只能以毁灭而告终。如果我们的文明不能够从它所鄙视的东方文明学得一些智慧的话，它将走向毁灭的终极。[②]

20世纪20年代初期，西方学人表现出对东方哲学的热切渴求，他们为东方文化的“精神至上主义”（spiritualism）的精髓所深深打动，而印度和中国的哲学家们则心满意足地自居于当时可称为世界文化中平和和人道思想的保卫者的地位。在德国哲学家杜里舒（Hans Driesch）的支持下，张君劢（曾于1922年10月至1923年7月任杜里舒的翻译，当时杜里舒在中国）在清华大学发表了一个有名的演讲，攻击西方的科学主义和物质主义（唯物论），赞扬中国的唯心论。[③] 第二年，1924年4月12日，拉·泰戈尔（Rabindranath Tagore）来到上海。他声称，他来华访问的目的，就是要“倡导东方思想，复兴传统的亚洲文化，促成亚洲各民族的团结”。有些中国青年早已对泰戈尔所强调的被动性和精神上的和谐持批评态度了，而泰戈尔则特意对这些青年人作了演讲。

有这样一部分亚洲青年，他们否认古老的亚洲文明的价值，而竭尽全力去追随和吸收西方文明，这是大错特错的。……西方文明只是热衷于物

---

① Guy Alitto, *The last Confucian: Liang Shu-ming and the Chinese Dilemma of Modernity.* Berkeley: University of California Press, 1979, pp. 79 – 80.

② Bertrand Russel, *The problem of China.* New York: Century, 1922, p. 12.

③ Stephen N. Hay, *Asian Ideas of East and West; Tagore and His Critics in Japan, China, and India.* Cambridge Mass.: Harvard University Press, 1970, p. 141.

> 质性的东西，而在精神生活方面有着许多弊端。只要看一看世界大战后欧洲文化的破产，这一点就是显而易见的了。……另一方面，东方文明则是最为健全完美的文明，这一文明传统常常使我们东方人取得伟大的成就。正因为此，欧洲人已经承认东方文明的真正价值，并且已经开始研究它。①

有一种观点逐渐地为人们所共同接受，即将“精神的东方”和“物质的西方”相区分。这种观点甚至导致了某些极为朦胧的概括性的提法，诸如“中国人的心智”或“东方人的思维方式”等。

尤其是美国人，他们从像林语堂这样的代言人那里得到关于中国文化之精髓和本质的论述，因而，一时几乎形成风气，人们对中国和中国人一概而论，试图将这个民族的特色归纳于一系列的习俗之中。《吾国吾民》是一本红极一时的畅销书，赛珍珠曾经誉之为“一本有关中国的最真实、最深刻、最全面、最重要的书”。②③

林语堂告诉美国读者，中国作为一个文明已经达到了“曾祖辈的老年纪”，多亏得她那极大的持久耐力，使她得以经受住了战争、饥馑和瘟疫。

对多数美国人来说，林语堂是中国的一个代言人。在林语堂看来，中国的特征表现在：圆熟（一种文明为了持久存在，并非为了“进步和征服”而逐步形成的一种“被动性品质”），忍耐，漠然（“并非一种崇高的德性，而是由于缺乏法律保护之现实情况而形成的一种社会态度”），老练（“一个老练的人是经历过生活的沧桑，讲究物质实利，满不在乎，且对进步采取怀疑态度

---

① 《泰戈尔之来华感想谈》，《申报》1924年4月14日。

② 《序》，见林语堂《吾国吾民》（*My Country and My People*），1935年由纽约的The John Day Company出版，第16页。

③ 据Vanga Oakes说，林是因为受Bemadine Fritz的“质询”才写《吾国吾民》一书的，据说Fritz的文学沙龙当时在上海是最突出的一家。Vanya Oakes, *White Man's Folly*. Boston: Houghton Mifflin, 1943, p. 41.

的人”），一团和气，知足，幽默，保守。[①]“中国人的头脑”，林语堂写道，“在许多方面都像女人的头脑”，表现在诸如一些讲求实际的本能，侧重于具体事物，不喜欢抽象事物，倾向于依靠“常识和直觉感受”，而不愿意依靠“严格枯燥”的科学方法。[②] 这种对“中国人的心智”的描述已经变成后来试图解释这个秘密的思想时所用的定式了。“中国人的心智的本质，就在于其综合的和具体的，几乎是女人气的对现实的理解，还在于其断然地回避任何出于推理的分析形式，与此相关的是他们表现出比其他亚洲文化都更强烈的抽象的反感。”简言之：

> 如果我们纵观中华民族，并试予勾画出他们的民族性格的话，我们或许将发现如下这些性格特征：1）明智，2）简朴，3）热爱自然，4）有耐性，5）淡泊，6）老练，7）人丁旺盛，8）勤勉，9）节俭，10）热爱家庭生活，11）一团和气，12）知足，13）幽默，14）保守，15）声色嗜好。[③]

这些当然是一些可爱的品质，这就能说明为什么美国人喜欢这样的一幅关于中国人的图画了，他们将中国人基本上视为一个年老而和谐的民族，有着狡黠而淡泊的态度，又有着恬静而耽于声色的习性，这就与好斗的日本人形成截然的对照。日本人当时甚至已开始对闭关而自寻其乐的美国公众形成威胁之势。

这些对中国文化的一般性的概括并非林语堂之首创。然而，问题在于，这些一般概括对于其他文化的人而言，成为这一具有无限魅力的民族和文化的标准描绘了，同时也导致了那些极为含糊浅薄的论断。

虽然20世纪60年代的哲学家和思想史家都投身于给中国思想和制度的本

① 这里所列的是目录中第一部分各章的标题名称，引文出自林语堂《吾国吾民》，1935年由纽约的The John Day Company出版，第49、52页。

② 引文出自林语堂《吾国吾民》，1935年由纽约的The John Day Company出版，第80、86页。

③ 同上书，第43页。

质下定义的努力，但试图将文化特性和社会关系相联系的努力仍然主要停留在社会科学的领域。接着，这方面的努力渐渐集中到政治科学的领域，对中国政治文化的研究成了卢西安·W. 佩（Lucian W. Pye）和他的学生理查德·H. 所罗门（Richard H. Solomon）进行广泛研究的重点。所罗门关于文化革命是一场突发性矛盾心理状态的爆发过程的分析，在20世纪70年代前期引起了热烈的争议。有关那一学派的中国政治文化专家们的观点的最好的总结之一，是由易劳逸·依斯特曼（Lloyd E. Eastman）提供的，他在其关于国民党的南京十年统治一书的结论中指出：

> 中国是一个社会地位取向的社会，其社会关系的建立倾向于纵向的垂直结构，即一切社会关系倾向在个人之间建立上下级关系的形式。这种上下级关系的模式，或者以我更倾向于使用的说法——“权威与依附关系的模式”，是进行进一步分析的关键所在。在这个社会中，个人的自我意识的取得，更多的是从这个垂直等级社会中的相对位置或地位的实现来取得的，而不是从对自己本身的价值或个人成就的意识来取得的。①

如果中国的社会关系都是由这种“权威—依附关系的模式”（这一问题下面还将论及）来决定的话，那么，中国的政治制度过去是——现在仍然是——具有这样一些“主要的特征”的，诸如个人顺从、裙带族阀特权、不适当的具体程式化，完全适合于维持法国大革命前那种旧的帝王专制政治，而不能够适合在当今时代有效地实现现代化。②

这种看法，与美国主要的新儒家学派的哲学家杜维明的那种美妙而富有诗意的关于重建儒教政治文化的观点，是何等大相径庭啊。杜描述了孔子本人的理想政治局面，即建立在道德和政治的不可分离性和“统治者的个人修养与人民的顺从统治性交互相关”的基础之上的仁慈政府。他写道：

---

① Lloyd E. Eastman, *The Abortive Revolution*: *China under Nationalist Rule*, 1927 - 1937. Cambridge, Mass.: Harvard University Press, 1974, p. 288.

② 同上书，第310页。

这样建立的社会，决不是一种敌对相关的制度，而是建立在信托关系之上的共同体。（在这个社会中）思想一致的人们，受到参与社会的意识的促动，同时又受着义务和责任感的约束，变成为一个“有机实体”的不可分离的一部分，在这个实体中并经过这一实体，他们认识到自己作为全面成熟的人的存在。社会的礼仪，为人们的自我表现和相互交往提供了合适的途径和场合，而不是由外部的权威强加于我们的条条框框。而且，这些社会礼仪为我们提供了方便，使我们学会如何立、坐、行、食、言，以及如何以我们所愿意使用而别人乐于接受的方法与人交往。①

杜维明比任何其他西方当代学者做了更多的工作，来重新定义儒家礼仪的本质，把别人认为是强制推行的陈规套式解释为“我们学会成为更加成熟的人的具体过程”。② 杜维明作为现代新儒家学派哲学家（如徐复观和唐君毅）的精神继承人，在西方学术界也代表了一股强大的力量，使早期儒家经典的神圣性得到了新的评估，并为宋—元—明时期的新儒家学派的哲学家赢得了很强的人本主义、甚至是“自由主义”（“liberalism”）的声誉。③ 随着西方和中国学者对儒家的和谐（harmony）的再发现，人们对传统中国思维模式与亚洲经济发生关系的情况予以越来越多的重视。尤其在越南战争结束后的十年当中，日本、韩国、中国台湾、中国香港和新加坡等 NICs （newly industrialized countries，新工业化的国家和地区）的持续稳定的工业增长，促使人们重新提出了思想体系与经济组织之间的关系问题。

---

① 杜维明：《经典儒家人文主义的方法、学识和政治》，新加坡国立大学东亚哲学研究所散论汇编，1985 年 7 月。

② Weiming Tu, “The Idea of the Human in Mencian Thought: An Approach to Chinese Aesthetics,” in Susan Bush and Christian Murch eds., *Theories of the Arts in China*. Princeton, N. J.: Princeton University Press, 1983, p. 61. Weiming Tu, “Li as Process of Humanization,” *Philosophy East and West*, vol. 2 (April 1972), pp. 187 - 201.

③ 关于前者，尤请参见 Herbert Fingarette, *Confucius: the Secular as Sacred*, 1972. 关于后者，参见 Wm. Theodore de Bary, *The Liberal Tradition in China*. New York, Hong Kong, 1983。

同时，东亚其他国家的经验使得中国的儒家文化获得了某些不同的解释。日本、韩国、我国台湾地区也可以称为“后儒家”社会，从它们共有“前现代时期”（premodern period）的新儒家文化这个意义上来说是这样的。尽管猛烈程度不如中国大陆，它们的新儒家思想也经历了现代主义的冲击。然而，这些国家和地区在迅速工业化的过程中都取得了戏剧性的成就，这与亚洲其他地方，以及非洲和南美洲的低速度的发展形成鲜明对照，更加引人注目的是，它们是在除了人的资源之外并没有大量自然资源的情况下取得成就的，这就使人们开始注意一个长期受到忽视的因素，即东亚各民族有着共同的背景：在漫长的共同的过程中，新儒家思想和道德做了准备。以往，新儒家的思想影响曾被视为对现代化是不利的（毫无疑问，它在某些方面与西方文明肯定是相悖的），然而，关于日本、韩国、新加坡，中国人民从他们的爱好学习、热衷教育、讲究社会规范和个人修养这些新儒家主义所倡导的特点中获得裨益，这种看法在今天已得到肯定。①

中华人民共和国的文化史学者们的兴趣，表达了这样一种愿望，对社会上层建筑诸因素本身予以新的重视；中国以外的学者则试图寻找个人价值与（社会上层）建筑变化的关系。通过批判西方的强有力的关于社会变化的评论传统，即将社会截然分为前工业化社会和后工业化社会，同时，他们也从亨利·缅因（Henry Maine）、埃米尔·涂尔干（Émile Durkheim）、卡尔·马克思和马克斯·韦伯（Max Weber）的著作中汲取灵感。这些学者认为，“现代”经济增长并非西欧社会所特有的，而且，某些亚洲文化的特点实际上也促进了这样的发展。

关于这种观点所发表的最充分的论述之一，见于费景汉（John C. H. Fei）于1985年11月23日在美国的中国研究协会的年会上发表的主题讲话。在讲

① Wm. Theodore De Bary, *Neo-Confucian Orthodoxy and the Learning of the Mind-and-Heart*. New York: Columbia University Press, 1981, pp. 4 - 10.

话中，他提出要对五四运动的文化上的自我贬低和文化自我谴责进行重新评价，因为战后经济发展的实际情况显示："传统中国文化价值不能够一概而论地认为是经济现代化的障碍。"① 相反，费教授认为，如果人们用有关现代化的理论来检查一下中国的文化价值，就会发现它们不但与民族主义、现世主义（secularism）、平等主义〔西蒙·库兹涅茨（Simon Kuznets）认为这些是与现代经济增长相关联的〕的价值基本相似，而且，它们在某些方面比西方的相应价值更有利于促进经济的增长。例如，中国的文化主义（culturalism），或者说文化民族主义，就比狭隘地集中于政治的民族主义的内涵来得更加广泛。再看现世主义，这在西方历史上是相当晚近的事，而它在中国则是几千年以来的主要文化价值。

> 现世主义如此重要，它已成了现代经济增长的前提，而中国传统文化在这一方面则大大优于西方。因为中国文化一直注重现世，至少从孔子的时代开始就是这样，所以无需所谓的"转向现世化的运动"。②

确实，中国的现世主义——以其神圣的天的原则融于人性之中——内含着特别的力量和能量。

> 中国的现世主义具有特别的能动力量，它产生一种向前的意向，非常有利于城市生活的快节奏。在高速度的增长和新事物不断更新成为制度化的现代社会，这种快节奏是必需的。库兹涅茨于20世纪60年代访问台北时，那一片"奔跑和角逐"的现象使他惊诧——那正是一切地方经济成功的秘诀所在，同时，也是孔子将现世生活放在最首位的一种表现，同时，也是天意的表现。③

---

① John C. H. Fei, "The Success of Chinese as Economic Nutrient," *Free China Review*, July 1986, p. 43. 本文所引系根据主题讲话改写的缩编稿。

② John C. H. Fei, "The Success of Chinese as Economic Nutrient," *Free China Review*, July 1986, p. 43.

③ John C. H. Fei, "The Success of Chinese as Economic Nutrient," *Free China Review*, July 1986, p. 43.

“东方多产性的秘密”（所谓多产性包括“发源于黄河流域的种族”不断繁殖，成为“地球上最大的独特的人类群体”）之一，是“一种能动的现世主义，鼓励人们专一地使用能量——使之消耗于世俗人道的行动上”，由此使得中国的城市工人阶级“通过在稳定的政治环境中努力地工作来寻求‘（灵魂之）拯救’”。①

费论证的最后一个要点是，中国现代经济的发展还在很大程度上受惠于它的传统文化信念——理性的平等主义，并非那种非理性的平等主义，后者实际上“否掉了机会平等的原则”，而主张人即是生而平等的，又要平均分享经济利益。相反，这种理性的平等主义高度重视机会均等，而又“通过包括对功勋表现的‘考核’的筛滤选择的过程，将大量的经济利益根据需要分予较少数量的人”。这种“理性的平均主义”产生于这样一种文化：它“既相信所有的人都是平等的，这是就潜在意义上而言的；同时，它又全面承认，人的天赋确实是各有差异的”。

> 这种对人性的信念可以称之为乐观现实主义，它表现为：对个人通过努力而获得成功的高度评价；要求独立自主的顽强道德素质；相当于自我抉择的自由；在世俗事务上的竞争和适者生存。像里根主义（Reaganism）和弗里德曼主义（Friedmanism）这样的现代保守主义，对市场自由竞争抱有很深的信念，他们在很大程度上就是凭借自主和自由这些道德价值来为自己的立场论证的。②

这种被费认作当代美国保守主义的理性平等主义，仅仅作为一种西方的文化特性贯穿于前面所提及的世俗化运动的晚期。就这一方面，费重申中国文化比起西方文化有着明显的优越性，因为“在传统中国的情况下，所有这些

① John C. H. Fei, “The Success of Chinese as Economic Nutrient,” *Free China Review*, July 1986, p. 44.

② 同上。

（世俗化过程）都是不必要的，因为理性平等主义自古以来就得到高度的评价”①。费教授在讲话中两个方面都提到了中国文化的作用。一方面，中国文化促进经济增长；另一方面，通过一种他比喻为免疫的定义不明的作用，该文化同样为人们提供了某种精神上的安慰。这易于使人联想到 20 年代和 30 年代的文献中能够找到的对中国精神素养的某些描述。由于传统文化的缘故，当代中国人不但能够善于对付竞争，而且经过成功的调整，他们自己具有免疫能力来对付焦虑和异化——这些普遍承认的由于现代城市生活的竞争压力所导致的痛苦。

确实，那种取代了镇静剂和安眠药的神秘的，“东方人的态度”，一直是而且还将继续成为西方竞争性文化的社会弊端的对症良药和最后希望。在未来的年代里，远东地区将被很好地证明为所有人——精神病学专家除外——的天堂。② 它具有自然导向自力更生的文化价值，重视教育（包括需努力准备才能通过考试的制度）的传统和富有生机的社会流动性，那么，中国人民只要“在经济体制中实行非政治化”——如费教授在其讲话一开始所描述的那样——就能够振兴和繁荣。这里的“非政治化”是指在运用市场经济体制中取消政治上的干涉。

这种情况已发生于中国的新的生产责任制之下。③ 只要中国共产党人（在试验性地复兴“祖国”、孔子和竞争性考试的过程中，正在“摸索着走向文化民族主义”）能够认识到一场文化复兴的需要，那么，最终将会产生造成一个中国的可能性，“这一个中国一向都是，而且将来也将永远是，统一于一个连续生存的文化之下的政治实体”④。

---

① John C. H. Fei, “The Success of Chinese as Economic Nutrient,” *Free China Review*, July 1986, 第 43 页。

② John C. H. Fei, “The Success of Chinese as Economic Nutrient,” *Free China Review*, July 1986, p. 45.

③ 同上书，第 46 页。

④ 同上。

当然，这是探寻民族性要承当的风险，无论其动机和倾向性怎样。有见地的评论和肤浅的空论，这两者间的界线太容易相交了，怀着最良好的愿望去分析独特的民族性的努力，也可能不知不觉地走到并非善意的种族之见的框框里去。然而，如果因此就放弃我们考虑某一文化的特点的权利，那也未免不公。若要阻止中国人自己在这方面的探索显然也是不可能的。尤其是现在，他们经历过那么多年对他们国家的经济结构用形式上的阶级分析以后，显然正在以文化上的探索来作为了解他们的社会的上层建筑的一个途径。他们还在，至少部分地在，用中国文化的研究来说明，某些先于马列主义的（中国文化的）核心价值形成了某种立场，使得从外国引进的思想意识变为某种特定的中国样式。这一方面最显然的例子就是中国佛教的演化——佛教是从印度引进中国的，从中可见，除非它首先（在中国文化中）有着观念上的某些“共同点”，否则外国的思想是不可能在“天朝”找到稳固的落脚点的。①

当代中国文化主义的政治意义目前还不明确可辨，在有关所谓文化精粹的概念组成上，也没有取得一致性的意见，就他们在感情上誓加维护的传统的一般要素问题，连哲学家和历史学家们自己也不能取得一致的意见。恰如庞朴能够强调其三要素的重要性一样，李泽厚则强调特定的中国审美哲学，而任继愈则宣称“统一”（“unity” or “unification”）组成了传统中国思想的核心概念。

而且，“四个现代化”发展迅速。就在哲学家们试图分析恒久的文化价值的同时，社会期望正在快速变化。不少学者确信，传统中国文化——“中国人的思想”——更为注重个人的义务和责任，而不那么注重个人的权利和私利。然而，由《社会》杂志最近对250位青年人进行的抽样调查结果表明：只有占总数12%的人认为个人应完全献身于社会，而有85%的人觉得，个人应注重自己和自己的家庭，同时尽可能为社会多做些事。只有6%的人认为 “我应该为别人”。56%的人同意这样的口号：“人人为我，我为人人。”这与当代西方批评家所指出的具有自恋倾向和沉醉于自我的“我”的一代（the “me” generation）

① 汤一介的演讲，加州大学伯克利分校中国研究中心，1983年5月。

仍有着相当远的距离。

然而，不管这个取样可能有多大的缺陷，也不管这项社会调查的方法有多么粗糙，这项调查确实表明了中国青年人在态度上的相当明显的变化，尽管这些青年人中的大多数（59%）认为传统文化仍然是民族的财富，而只有少数人（5%）认为那是民族的累赘。其余的36%认为传统中国文化是一种“复杂的混合物”，这正是对从根本概念上仍是含混不清的民族性和当今中国对传统价值所持的极度矛盾态度的最好描述。①

陈纳　译

① “Young People's Values Change with the Time”, *China Daily*. Aug. 10, 1986, p. 4.

结　篇

讲述中国历史

（1998 年）

历史从不描述事情的结局，而向来是描写它们的进展过程。

——亨里希·李凯尔特：《自然科学概念形成的局限》①

企望壮阔便是创造历史。

——唐·德里罗：《历史的威力》②

英国小说家安东尼·鲍威尔（Anthony Powell）用一幕伦敦的冬景引出他为数十二卷的杰作《时间音乐的伴舞》的第一乐章：

在街角那头做工的人们为自己搭起了一块营地，营地一边三脚架上的红色风灯，提示着路边通向地下排水道的地坑。这群人在工棚前燃烧着的焦炭堆旁围成了一圈，其中有些人的手臂在胸前摆动，还揉搓着双手，整个样子像是在演哑剧，就像喜剧演员在用规范的动作来表达严寒这个概念似的。他们中间一个穿蓝色工装的细瘦个，要比所有的人都高。他长着一个长而尖的鼻子，样子很滑稽，犹如莎士比亚剧里的小丑。他突然站了出来，像是在主持一场祭祀。要往火堆里烤得发亮的焦炭上抛祭品了——这显然是指剩下的两条被报纸松松裹着的鲑鱼。火苗因此而呼呼地直往上蹿，阵阵烟圈形成一股股迎着东北风的逆流。黑色的烟雾在房顶上飘荡，

---

① Rickert，1929，p.427.

② DeLillo，1997a，p.11.

沉闷的天空中开始飘落轻柔的雪花，每朵雪花掉落到火堆上都要轻微地嗞嗞作响。火苗又熄灭下去了。此刻这些人像是接受了指令一般，全离开了火堆，待到了营地一头去，并开始朝着地坑吃力地探下身子。还有的在往防雨工棚的阴影处退去。灰色的、飘忽不定的雪花，尽管并不浓密，却还在掉落，一股苦涩油腻的难闻气味在空中弥漫。天渐渐地暗淡下来了。

不知为什么，雪花掉落在火堆上的情景总让我想起古代世界——古罗马军团的将士们裹着羊皮袄在火堆前取暖，山里祭坛上的贡品在冬季的烤架上烧得发亮，骑手们举着火炬在冰封的大海旁缓缓前进。尽管这些奇妙往事的零散片段已经从我们的生活中消失殆尽，却仍然勾起人们对真实的与想象的往事的回忆。这些对古代世界经典描绘的投影，以及那些从火堆旁离去的人们自身体态中的某些动作，都令人突然联想到普桑笔下的画面：四季诸神手挽手，面向外，和着那个长着双翼、花白胡子的赤身老人吹奏的曲调翩翩起舞。时间的形象引出了对死亡的沉思与对人的想象：人们就像是四季神那样面向外，他们交缠着的手在那儿别扭地挪动，他们的脚步在一系列清晰可辨的动作变化中缓慢而机械地踩踏，有时都显得有点儿莫名其妙：要么各自散开，似乎毫无意义地旋转，而伙伴们的离去只是为了再现，他们一再重复舞蹈形式：他们无法控制曲调，也许亦无法控制自己的舞步。(Powell，1995［1951］. pp. 2－3)

正如白胡子老人的乐器，鲍威尔的语言全然是抒情式的。然而我们知道，正是这语言紧接着引出了小说中关于公立学校岁月的叙述（无疑是通过作者本人既带戏剧性又含义丰富的直叙）。而作者的语言之所以气势壮阔，是因为它荡漾着会聚了历史与神话的回音。这回音通过作者的回忆，将团聚在炭火堆前的修道工化作了明亮的火堆前暖手的古罗马军团的将士们。这一段落的力度正是来自尼古拉·杰金（即作者）对窗外一幕真实情景形象性的叙述与一段神话般的、被想象出来的历史之间的张力。①

虚构与事实之间的张力

使我想到鲍威尔这一开场白的，是我当时正在阅读的史景迁（Jonathan D. Spence，1966）的杰作《上帝的中国之子》的结尾。在我看来，在史景迁写过的所有令人赞叹的历史篇章中属这部最为精彩，他的书是这样结尾的：

> 于是，在1864年末，不仅天王去世了，而且连他在自己身边建立起来的亲信诸王——北王和东王、南王、西王、翼王、卫王、忠王，以及洪的亲生儿子，幼天王洪天贵福——也都离开了人世。不过，要是上帝，我们的天父，因为洪的过世而悲伤的话，他并没有显露出来。连洪的长兄耶稣，也在装聋作哑。甚至连他的天母也在自己的王国里保持沉默，而她曾经在生产他时如此痛苦地号哭，并为保护自己的婴儿不受七头龙的吞噬而抗争过。
>
> 在西方人大批建立起来的城镇里，商船的桅杆和烟囱密集地林立水边，西方人随心所欲。他们有的在走钢丝；有的与同伙结伴绑腿，成三条腿状，一瘸一蹦地并行在跑道上；还有的握着独轮车手把，眼睫毛很不习惯地被遮眼布压着，欲抢先冲过喧闹的人群以搜寻那条他们自己看不见的终点线。围墙之外，在遮挡烈日的天棚下，还站着一些人，他们在往弹子棒上涂粉末或在计算角度，一边等待着对手的下一步举动。而他们的同伴们，因被那无所不在的死亡气息而折磨得精疲力竭，于是离开兵营，向着

---

① 罗兰·巴特（Roland Barthes）在有关的论文《历史性话语》及《现实效应》中谈论了历史和虚构如何造成了对现实的幻觉。在他看来，历史和虚构均带有神话成分。汉斯·凯尔纳（Hans Kellner）认为，“这神话的实质便是历史向自然的转化，而我们当今神话的实质则是统治文化强迫世界的现实向着世界的形象转变的过程”。Haus Kellner. “Narrativity in History：Poststructuralism and since，” *History and Theory*，vol. 26，The Representation of Historical Events. Wesleyan University，1987，p. 3.

"忘步泉"① 走去。那里，他们凝视太平军闪烁的夜火，冰凉惬意的杯子在手中叮当作响，耳朵早已习惯了锣鼓信号的声音，不知不觉中他们坠入了遗忘（Spence，1996，第331—332页）。

也许除了遮眼布压迫在睫毛上以外，这场以法国兵营为终幕的每一个细节，都已经在前面点明了。史景迁用来描述这些事件的素材细致到了点出了"忘步泉"的地步。可以这么说，这种具体是历史性的，但是其最终效果并不然，原因有二。其一是，在这里，作者将自己的视角融入了条约口岸和战场的广角镜头之中，而且省略了我们在研究历史时所用来解释某一事件发生的原因或过程时通常交代的史实；其二是，为了引出结尾，作者让我们返跳回1864年春天和初夏，即14岁的洪天贵福在11月18日被杀的前几个月。我们接受这个倒叙，正如我们会接受小说里类似的诀窍那样，因为它能够反馈出存在于虚构和事实之间的多重性张力。换句话说，巴贺丁（Midhail Bakhtin）在论述用对话方法来处理语言，并将它描述成含有两种互相作用的话音（用他自己的话来说也就是"多音词"）时，指的也就是这个意思（Groden and Kreiswirth，1994，第66页）。

当然关键是，两种作家——一边是小说家，另一边是历史学家——各自从自己的领域出发，在想象和事实中，在虚构和历史中间的某一地带相遇了。正因如此，保罗·里克尔（Paul Ricoeur）说："一本历史书可以当作小说来读。"（Ricoeur，1988，第186页）这个中间地带便是叙述王国——不是叙述学。叙述学"代表结构主义者的倾向……从而把文本的结构条理看成是人[重新] 调整自己存在的反映"（Ricoeur，第524页）。与此相反，叙事被理解为是"按时间顺序整理材料，使它即使具有不同层次的附带情节，其内容的焦

---

① "忘步泉"（fountain of Maboul）是法国军人自己命名的营地里的一个喝苦艾酒的地方。"忘步"是法国驻北非军人从阿拉伯俚语选用的近译音词，"忘步泉"对他们来说是疯狂泉，是遗忘泉的意思。见Spence，Jonathan D. 1969. *To Change China*：*Western Advisers in China*，1620－1960. Boston：Little，Brown & Co.，p. 330。

点仍能集中围绕于一件首尾连贯的故事。叙事历史区别于结构历史的两个根本要点是，前者的题材安排是描写性而非分析性的，它侧重的是人而非环境”(Stone，1979，第3页)。在叙事领域里，虚构和历史汇聚的两种情况都涉及对观点的选择，以便反映与人的行为相关联的现实。①

即使历史学家决定躲开那个与叙事相距甚远的想象王国，他们仍然全都会意识到“所有的历史无一例外地都建立在叙述上，以确保它们所体现的内容会‘有意义’”(Kellner，1987，第29页)。海登·怀特（Hayden White）指出，我们必须能够鉴别在“一种能够叙述的历史话语”与“一种使叙述具有故事性的话语”之间的差异：一个是纵观世界并能将其反映出来的视角，另一个是“装作让世界自己说话，作为一个故事自己来说”。怀特还说，对于叙事历史学家，“一个真实的叙述……其实对于题材的内容并无丝毫的增添，但却能体现真实事件的结构和过程”(White，1987，第2、27页)。

历史叙事的声音

我很早就迷恋上历史叙事——过去几十年中一直受到各种攻击的一种话语(Klein，1995)。此处不是我列举自己年轻时代所研读的各种史书之地。足以说明问题的是，当我还处于孩童期时，父亲就指定我系统地精读古希腊和古罗马历史学家（希罗多德、修昔底德、塔西佗等）的著作，接着又指点我继续通读吉本、卡莱尔、麦考利，最后是施宾格勒和汤因比。父亲本人所受的也是古典文学和文学史的教育。当我十多岁在法国当学生时，又发现了法国19世

---

① 历史学家们尽管在关于什么应该写入历史叙事这一点上可能另有无法解决的分歧，尽管在某一史学领域中众说纷纭，但他们在人的行为这一主属上却有着共同的兴趣。见 Olafson，E. “Narrative History and the Concept of Action,” *History and Theory*, vol. 9，no. 3，1970，p. 186. 也许，更确切地说：“一个伟大的历史学家都会受某种理论思想的指导，只不过他不愿承认并且故意视而不见而已。这个不言而喻的理论准确无误地指引他，而且与一个人在行动时所运用的不言而喻的理论思想相当接近。”(Veyne，1987，第3页)

纪早期的历史学家们，特别是米什莱（Michelet）和梯也尔（Thier）等。大学的老师们向我推荐了马克·布洛赫（Marc Bloch）和其他一些德国历史学家和历史哲学家，尤其是迈内克（Meinecke）和狄尔泰（Dilthey）。我了解到，如果叙事要有历史意义的话，那么就得与其背景相交织。这并不难领会。而我当初作为一青少年，难的是如何将历史与文学区别开来。当我从希罗多德读到修昔底德时，我并未意识到为什么后者要让他笔下的历史人物说话。① 无疑，作为一个雅典文人中的精英，修昔底德说到底是一个通晓自己写作题材的历史学家。而罗伯特·格雷福斯（Robert Graves）却使我感到困惑。当他在写“我，克劳迪乌斯”或“我，贝利萨留乌斯公爵”（Graves，1938，1984）时，他怎么能知道这些人物曾经是这么说的呢？后来我才明白艾柯（Umberto Eco）在《纽约书评》上发表的一篇论文中所强调的区别，即不管你的人物和历史背景如何逼真，一旦你插入了对话，你便从历史转向了小说（Eco，1997，第4页）。这一点在思考中国历史时尤其会变得棘手，因为那时正史受到官方的“青睐”，导致野史十分流行。②

在我开始研究明清交替时期时，这个问题就更为突出，因为那个时期的野史实在太多。显然，在有些篇章里，作者谨慎地遵循史家惯例，不让自己的话从笔下人物的嘴里道出，而在另一些篇章中，事实与假想（即目睹和耳闻）间的界限便在笔者的想象中消失了。③ 结果是，现代历史学家必须自己决定哪

---

① “古代历史学家曾毫无顾虑地将编造出来的话置于笔下人物的口里。这些话并无文字来证明其真实性，而只是具有可能性罢了。现代历史学家已不允许自己有这种名副其实的奢侈的擅自行为。”见 Ricoeur，*Paul Time and Narrative*，vol. 3. Kathleen Blarney and David Pellauer，trans. Chicago：University of Chicago Press. 1988，p. 186.

② “在传统中国，受宠并占统治地位的叙述题材是历史。虚构性叙述，或者说中文所称的小说，是次等的、受到贬斥的一种题材……在中国晚期封建王朝的小说评论盛行以前，中国的叙述理论大都只是围绕于正史的写作。”见 Lu，Sheldon Hsiao-peng. *From Historicity to Fictionality：The Chinese Poetics of Narrative*. Stanford：Stanford University Press. 1994，p. 129.

③ 见 Struve Lynna. *The Southern Ming* 1644－1662. New Haven，CT：Yale University Press. 有关例子，见 Struve Lynna，*Voices From the Ming-Qing Cataclysm：China in Tigers' Jaws.* New Haven，CT：Yale University Press. 1993。

些说法更为“可靠”——哪个文本更忠实于受到公认的历史事实，在哪一段时期满族人的征战当中，双方的行为常常带来惨重后果。[①] 从某种意义上说，这是我在写《明清过渡期：1644 年的大顺年代》和《洪业》的某些部分时所遇到的最棘手的障碍。第二个巨大困难是力图在描述中导出分析——把各种不同的叙述话音和它们特有的节奏，同那些必须是相对外在的、独立的分析性的话糅合在一起。于是我理解到这就是狄尔泰所指的“带感情保持距离”，实际上也就是用巴贺丁的“多音词”对话式来写作。举个例子说，也正是因为必须交织这两种层次的声音，我发现《大门口外的陌生人》一书要比我在这之前几年出版的小说难写得多。

叙事作为解释

要是我在很多年前读吉本或麦考利，我是无法预料其中的问题的。吉本在《辩护书》中理所当然地认为叙事和解释可以相提并论（Gibbon，1779；Wooton，1994，第 79 页）。而麦考利则宣布“历史是以小说开头、论文结尾”这一“普遍规律”。麦考利在他 1828 年出版的著名论文《历史》中还提到，文学领域有两大规律：理性和想象。“它有时候是小说，有时候是理论。”（Macauley，1828）二者的作用各异，麦考利当然是意识到从其中的一方面转入到另一方面的困难性的。

> 据说历史就是用实例教授的哲学。遗憾的是，哲学所具有的坚实和深度会因实例所具有的生动而丧失……［历史学家］必须是一个深刻而有独创力的论理者。而且，他必须具有足够的自控能力，才能避免按自己的

① “那么，这便是事情的关键所在。那些坚信评判性成分参与了历史记载实际形成的人以为，历史学家仅仅通过未经证实的评判性论断来整理和安排其手中的事实。但是，要是我们审视现有的历史著作的话，我们会发现这个论点并非属实。因为每一个历史事实都是在一个具体的环境里产生出来的，而这个环境又因此而引出其他的事实来。”见 Mandelbaum，Maurice. *The Problem of Historical Knowledge：An Answer to Relativism.* New York：Harper & Row. 1967，p. 200.

设想来选择事实。如果一个人能够正确估计这些几乎无法克服的困难，便不会感到奇怪，为什么作家在叙述或者推想历史的时候总是遭到失败。(Macauley，1828，第72—73页)

20多年以后，艾利克斯·德·托克维尔对此表达了略微不同的看法。当他在构思一部帝国史时，他把自己的顾虑作为一种关切流露出来。1850年12月15日他从苏莲托给毕生的朋友路易·德·克果勒写道：

历史学家的主要优点在于懂得怎样运用事实结构，但我不知道自己是否已经掌握了这门艺术。迄今为止我所能驾驭的是判断事实而非重述它们。在写一部名副其实的历史著作的时候，我只能偶尔发挥一下自己的专长，而且把它作为次要的手段，除非我放弃本专业文体而依赖叙述。"这些历史学家们（即米什莱、兰克、托克维尔及勃克哈德），除了托克维尔以外，都没有把正式的解释性论证插入在正面叙述里。人们必须在他们写的历史故事的结构里找出相关的含义，以此提炼出其中的基本原则来。也就是说，解释性效果的轻重取决于情节安排的方式。"(White，1973，第143页）一个最让我烦恼的［巨大困难］来自名副其实的历史和历史哲学的相互结合。我仍然不知道应该如何将二者结合起来……我担心它们会互相损害，我也缺乏无穷尽的技巧来选择所谓能够证明概念的事实，来重述它们，以便有效地引导读者，让他们自然而然地从对叙事的兴趣中不断地思考，而我自己则无须多说，以便让作品中的人物变得鲜明可见。(De Tocqueville，1985，第255—257页)

托克维尔的历史范本是孟德斯鸠的《对罗马兴衰的思考》(1734)。"可以说，人们阅读全书，虽然一口气通览罗马历史，却仍希望了解作者的解释，以便理解它们。"(De Tocqueville，1985，第257页）不知怎么，只要我从文学的角度来对待历史而不是相反，这一点对我来说就不是什么大问题。在哈佛大学，我主修的领域是历史与文学，但我的重点是放在后者。后来我选了威廉·郎格的课，并被历史叙事的阐释力所吸引：心想，人怎能由此及彼，从阿加第尔到萨拉热窝，但当我开始逐渐进入历史学家的领域时，我发现，不管我作为一个文学学生还是作为一个成长中的小说家或者短篇故事的作家，英国和欧洲大陆哲学家们的基本宗旨同我的偏爱丝毫没有冲突。①

再如，柯林伍德（R. G. Collingwood）曾问，历史学家自己若没有切身经历怎么能“知道”往事呢？他自己的答案是“历史学家必须在自己头脑里重演往事”（Collingwood，1956，第282页）。我把这看作是一个双向过程：一方面历史学家在头脑中重演往事，另一方面是移情性想象的描绘。后者是从狄尔泰的“再生产或再经历”（das Nachbildenoder Nacher leben）的概念中提取的。即把自我转移到所表达的人物或篇幅里。“任何一种对环境和外在情况生动而富于想象的预感都能刺激起我们的再经历……我们精神财富的重要一部分来自这种再经历，我们因此而受益于历史学家和诗人。”（选自 Nash，1969，第34页）②

历史再经历和理想的模式

Nacherleben，“再经历”，指在满足美学意义上的冲动的同时仍然显得忠实于历史现实。柯林伍德对我说，这种情况是存在的，而我则像大卫·休谟提出人性持衡概念（Berry，1982，第237页）时那样，直截了当地接受了这种情况。但是由于我观念上的两个决定性的变化，这种自以为是，便有所动摇了。

---

① 那时我很难意识到，情节安排本身就是论述方法之一。“据说，历史家在他的故事里安排情节会冒犯19世纪绝大部分的历史学家……那时的理解是，‘讲述发生了什么’而不掺杂重要的概念性成分或者对题材先入为主的指导思想。因为假如讲述正确的话，那么对于所发生的事件的解释便会自然而然地从叙述中体现出来，正如一个风景的布局能够从描绘正确的图形中显现出来那样。”见 Ricoeur，Paul. *Time and Narrative*，vol. 3. Kathleen Blarney and David Pellauer，trans. Chicago：University of Chicago Press. 1988，p. 142.

② “当［历史学家们］在力图重现历史，即斟酌手段和目的的分量时，仍然会奇妙地受到小说文体的吸引。”见 Ricoeur，Paul. *Time and Narrative*，vol. 3. Kathleen Blarney and David Pellauer，trans. Chicago：University of Chicago Press. 1988，p. 186.

其一是我决定研究中国历史，应该如何重组、如何再经历一个本不属于自己文化的过去呢？这对于研究中国的西方历史学家来说永远是个难题，而且这一点在欧洲或北美人写的关于中国晚期封建王朝和现代时期的那类历史文章中留下了很深的印记。一个解决方法是，将自己置身于在清朝和民国以前去“改变中国”的西方人之中（Spence，1969）。这个方法在与费正清及其后继者们相关的史学派中十分流行。我自己当时的情况是，仍然得在历史和文学之间做痛苦的选择：我得在研究鸦片战争和太平天国的起源或者研究创造社之间做选择，以决定博士论文题目。我征求论文导师，即已故的约瑟夫·列文森（Joseph Levenson）的意见，哪个题目更好，他很巧妙地回答：“你最喜欢的那个。”后来，我决定写的论文不是关于从浪漫主义向共产主义过渡的中国文人，而是写那些在广州不用武力便无法进入中央王国的“大门口外的陌生人”与珠江三角洲坚决要把他们拒之门外的抵抗领袖们之间的冲突（Wakeman，1966）。

第二个决定性的变化是，由于帕森斯（Talcott Parsons）以及在他之前的马克斯·韦伯的思想，美国的社会学实用主义占了绝对上风。我开始研究中国历史的时候，韦伯的社会学已经开始对中国研究领域产生了巨大影响。这主要是由其著作《中国的宗教》的英文节译本所引起的（Wakeman，1951）。列文森本人的许多见解便是取源于韦伯的著作，包括《外行的理想》与《官僚—君主政体的对立关系》等（Wakeman，1976）。而我自己关于中国知识分子的论文《自主的代价》也是韦伯思想体系的反映（Wakeman，1972）。尽管韦伯对中国社会的理解不免有失片面和零碎，但他文笔中对理想模式的探索仍富有生气并奥妙贴切。不过那时在我看来，大多数追随他的学院派社会学家们都陷入了枯燥寡味的分析之中。他们的理想形式无外乎是平面性的具体化，而从来不体现立体的形象，不像韦伯隐喻中的“扳道工”：他们改变了铁路的信号灯，让社会发展的自动车头驶入这条而非那条轨道中。

当然，在韦伯的同时代人中还是有重要的例外现象的。格奥尔格·齐美尔（Georg Simmel）曾认为“零散的形象”对社会现实至关重要。他在1896年曾写道：

> 对于我们来说，美学观察及其解释的本质在于这么一个事实，即典型不应来于独特，必然并非出自偶然，事物的本质和意义在于其表象和瞬息变化之中。任何现象要逃脱具有意义、永恒的本质都是不大可能的。（Simmel，1896，摘自 Frisby，1986，第 57 页）

从这个意义上讲，当我想从美学和政治角度出发，用 17 世纪文人近乎任性漂泊的生活，为在满人征服明朝时期包括浪漫派、节义派和殉道者在内的整个知识分子阶层勾画出一个“传记轨迹”时，齐美尔经常在我的头脑中出现（Wakeman，1984）。虽然我仍然认为，只有将综合性的叙事（详尽的现象）与明了的分析性散文（可概括的理论）相结合，才能有效地描绘出这道轨迹，但我同时意识到，韦伯的理想模式同样也能将我们引到那个方向——特别是因为韦伯关于理想形式的概念是如此大量地取自于亨里希·李凯尔特（Heinrich Rickert）的“独特概念”理论（Sprinzak，1972，第 299—300 页）时。

李凯尔特的独特概念理论

李凯尔特不相信历史能够形成具有普遍性的概念。保罗·维恩（Paul Veyne）论述道，我们不应当随从李凯尔特或翁德尔班德。“我们不能用绝对的方式来反对特性和共性，既讲究规律，又强调了解个性的直观。”（Veyne，1982，第 196 页）

> 历史不形成具有普遍性的概念，它像自然科学那样，不能对具体存在的系列事物给予一个概念……由于这些想法永远无法囊括这些事物实际具有的无穷尽的变化，但它们能将那些对历史具有根本意义的现实部分体现出来，并结合在自己的思想之中。从这个意义上讲，尽管它们的内容并不广泛，它们却还是概念。当然，这些历史概念只有在讲述它们所代表的事物及其变化过程时能够融入对存在的评价里，才能真正成立。（Rickert，

1929，第 328—329 页）

李凯尔特的意思，托马斯·伯格（Thomas Burger）的解释是：

> 一个历史科学家写历史的目的，是在于描写现象的具体特性。当然，他在这个努力过程中受到人类知识局限的制约。也就是说，他永远无法阐述一种现象的特性当中所有的具体方面。不过，他必须尽量朝这个方向努力。正因为如此，李凯尔特把历史称作“具体现实的科学”（wirklichkeitswissenschaft）。通过高超的表达，历史学家必须力图唤起一种现实具体的印象来，按照现象的本来面目将其再现。他们必须尽可能地接近真实写照。（Burger，1976，第 42 页）

李凯尔特把“概念”一词用在历史描述上显然非同寻常。托马斯·伯格（1976）注释道：“在李凯尔特的词汇里，‘概念’一词是指任何一种思想结构，以任何方法形成的、试图以实证经验来代表的思想内容，无论它在口头表达时有多复杂。”（Burger，1976，第 22 页）

李凯尔特的“独特概念”（相对于能在众多现象里挑选出它们所共有的实证因素的“普遍概念”而言）也含有“历史概念”的意思。伯格（1976）继续解释说：“还有一个标准，它要求仅仅选择那些各个具体现象中共同的、从整体上看构成这类现象的独特的、有别于其他现象的因素；其他因素都因无关紧要而被忽略……［这个］过程导致了‘历史’或‘独特’概念的形成。”（Burger，1976，第 22 页）

> 我们尽量把两种东西从自然科学中分离出来，因为它们不属于那类科学：一种是概念性认识以外的东西，另一种是对具体的多样性的描述。由于历史是一门具体现实的科学，所以这样做便成为必要。它必须力图表现事物各自的具体性，使带有目的性成分的因素能够与那些仅用于刺激想象从而使陈述尽可能地接近现实的那部分结合起来。这样，在历史概念里二者……相结合为一个统一而具体的整体。于是，历史通过尽可能精确清晰的形象而不是定义，尽力提供一个准确无误的陈述。（Rickert，1929，第

382 页，摘自 Burger，1976，第 42 页）

李凯尔特承认，加入这些“仅用于刺激想象”的概念性成分，是基于对逻辑以外其他因素的考虑，但他坚持认为这是一个“必要的任务”，因为这“在历史作为一门具体现实科学的形成过程中便暗含其中了”（Rickert，1929，第 382 页）。换句话说，为使现实“具体化”，你得加入一些并不具体但起码在逻辑上忠于现实而且并不影响具体现实本身所具有的多样化整体的概念性因素。

历史家的工艺

对于从事研究的历史学家来说，这些对逻辑以外其他的考虑构成了一种对历史细节及其背景的“感受”。正是这种“感受”使历史工艺匠和英美讲究分析的哲学家们周密的见解相匹敌。如摩敦·怀特（Morton White），在哈佛学院他试图教我如何把叙事的认识性特征作为适用于历史事件的阐述形式建立起来。而强调社会—科学的法国编年史学派认为，如果历史研究要变成一门名副其实的科学，就得根除其中的叙述成分。再如符号学家罗兰·巴特与朱丽娅·克里斯特瓦（Julia Kristeva），他们把历史叙事仅看作是众多分析形式中的一种。汉斯-格奥尔格·伽达默尔（Hans-Georg Gadamer）和保罗·里克尔那类阐释学家则把叙事看成是某种时间意识通过话语的具体表现。当然，这些区分来自海登·怀特，他还指出了第五种不带哲学立场的历史思想家来——他们捍卫“历史研究的工艺匠观点”，而且“认为叙事是一种完全值得尊重的‘造’历史的方式”，是这门学科的信仰。（White，1987，第 31 页）

毋庸赘言，我自认为与第五种情况最接近，这也是因为受到马克·布洛赫的谦虚态度的影响，“哲学家”是他拒绝对自己采用的头衔。布洛赫说，他自己的作品“是一个总喜欢对自己日常任务进行思索的匠人的记事录，是一个工艺匠的手册，他由于拿惯了木匠的矩尺和水准仪而从不意识到自己因此也是一个数学家”（Bloch，1993，第 46—47 页）。历史工艺匠对细节的感受要求他具有一种学问上的坚实和自我把握：“在必要的目的性部分以外，一个人究竟得发挥得多具体，得给并非必不可少的细节留多少余地，从根本上讲是取决于机智和品位。”（Rickert，1829，第 385 页，引自：Burger，1976，第 43 页）对背景的感受要求历史叙述者避免把现实化为孤立的个别现象——用李凯尔特的观点看，也就是反历史的抽象化。“相反，只有它把面对的所有事物都置入于产生它们的境地里（Zusammenhang），讲究具体现象科学的精神才能得以体现。”（Rickert，1929，第 392 页，引自：Burger，1976，第 44 页）

起码就我而言，这二者之间的空间便是叙事的基础——至少从它对叙事人和虚构者的吸引来说是如此。“一个虚构作家对大部分事件几乎明显地具有强烈感受，以至于他想进入到叙述之中。一部长篇小说会使作者感到头绪纷乱，使其冥思苦想，而热衷整理文件材料是对这种折磨的根本治疗。一想到拯救一种濒于消失的语言，想到使战后的成语和残存的俚语复活，或者发掘出作者自己曾经历过的、模糊的、多已久远的年代。这能在心中唤起怎样的狂喜啊！一种令人耳目一新的语言。一个极为有力而引人入胜的主题。这些感觉最终都会到来。那时，在图书馆的地下室，仅是令人麻木的片刻，却是一种历史感。”（DeLillo，1997a，第 60 页）尽管我曾经对自己同时把握这两头的能力有所怀疑，但我当时正在写的《洪业》（那时我不时对能否完成这个写作感到绝望）最终为我提供了某种信心，从而我能够做到使“双重话音”相互渗透。

《洪业》的中心概念是“忠”的问题。这个悲剧性的道德观念是一切行为的基点。忠到底是什么？它作为实际生活的准则是怎样体现出来的？对于归顺清朝的明朝旧臣洪承畴，或者是明朝时在扬州被围困及后来的屠杀中丧生的史可法那样的老忠臣，对他们为忠而造成的不及预料的后果，又该如何看待呢？与其像一位哲学教授从本体论的角度讨论宋朝程朱理学那样，干巴巴地用事不关己的态度来谈论忠在道德上的暧昧或者切身利益与自我认同之间的冲突，作为一个历史学家，我决定不如去写满汉各方坚持以某种方式来献身于忠的男女们。我尽量将这些“具体现象”置于相应的时代背景当中，从而产生了一种叙事形式，它使剧情从华中延伸到东北边远地区，交替出现于各个篇章，直至最终汇于北方首都，直至另一代忠臣的奋斗在南方呈现。

无须强调，这个交替穿插叙事的目的在于含蓄，而含蓄就意味着有被懒惰和不习惯的读者们忽略的危险。更有甚者，这种情况也许在我们今天的学术界里已司空见惯。我发现，这种居中的叙述方式经常受到那些“生硬”的社会学家们令人惊讶的鄙视，他们把叙述性历史作品简单地当作讲故事或者说书（要是他们知道这个词的话）。① 严肃的历史学家们力图避免把历史当作简单的记事，而尽量追求那种托克维尔自认为可望不可即的艺术性。许多社会学家为了强调概念简化的重要性，而忽略了写历史的这一要领。他们偏爱的写作方式是，先对手头某一题目的文献进行回顾，接着引出两三个假设来对资料进行论证。在许多重视叙述的历史学家看来，要是整个写作结构必须保持简单明了以便于提问的话，那么这种研究方式实在浅近得近乎贫乏。

此外，讲故事又何罪之有？现象学家和阐释学家都向我们保证：正是叙事和评论的相互渗透才使历史引人入胜并具有说服力，从而使历史的本意远超出于单纯地讲述一个故事。

> 虚构和措辞最独特的效力（如对现存的幻觉）肯定会与历史学家们所保持的评判的警觉发生冲突，这种警觉是他们为自身的目的而在其他方面所采用的，也是他们想要传递给读者的。但是，有时会在这种警觉和自愿地放弃怀疑之间出现一种奇怪的结合，这个关系会按美学顺序引出人的幻想来。“受到控制的幻觉”一词的涌现，就是为说明这种奇妙的结合。比如，正是这样的结合使得米什莱对法国革命的描绘足以与托尔斯泰的《战争与和平》相媲美。米什莱的作品是反方向流动的，即从小说转向历史，而不再是从历史转向小说。（Ricoeur，1988，第 186 页）

① “有一种认识混淆了两种观点。第一种观点认为科学是规律的综合，或者大致如此，第二种认为历史事实是相对总体而言的个别现象。” Veyne，“The Inventory of Differences，” *Economy and Society*，vol. 11，no. 2（May），182. p. 195.

历史作为叙事尽管可是一种“想象的连贯”，但仍然会显现任意而多变。① 在这儿或那儿改动了一个单词便可完全改变一个判断或概念的整个意义。事实上，历史写作的诀窍之一，便是文字措辞。这就是史学者们为何在史料的援引和自己论述的措辞上极花工夫的原因。② 所以，历史学家往往极为讲究引用资料和实际文章之间的协调，这也是李凯尔特赞美的机智所在：必须知道你什么时候才恰到好处。

从理论上讲，叙事历史写作最难的一点在于妥善处理过渡部分而使历史事件保持“连贯和持续”（Ricoeur，1988，第 186 页）。把一系列精确的情节串联起来并不难，尤其是像《上海歹土》（Wakeman，1995）里的凶手供词这一类的第一手资料本身就非常具有吸引力时，就更加如此。但是如何才能把一种叙述与另一种相结合，以便用一种更为复杂的阐释方法来表现事件，同时又能不失去虚构所具有的直观效果呢（Wakeman，1996）？往往这仅仅是如何使用动词时态的问题。史景迁的《上帝的中国之子》大胆地用了历史现在时来写，这就突出了叙事（erzahien）和评论（besprechen）的区别。“用来组合叙事的动词时态往往被认为缺乏具体的时间性。相反，它们提醒读者：这不过是一个叙述而已。于是对这个叙述的反应便是放松、保持距离，而不是卷进评论让人引起的紧张和投入。”（Ricoeur，1988，第 189 页）类似的诀窍使当今读者能

---

① “许多现象历史学家们认为，历史话语远不是一种表述历史事件及其过程的中立媒介，而是对现实某种玄秘认识的反映，是概念性或者伪概念性的‘内容’，当它被用于表现真实事件的时候，它能使这些事件具有一种表面的相符性。并赋予它们某种与其说清醒的思维，不如说带有梦幻色彩的特点。科学历史学近期的倡导者们对叙事话语的这个评论，否定了现代文学中的叙述性。他们认为，在当代，从总体上来说，实际的生活是无法被真实地表现出来的，就像形式上的连贯与传统写法中完美的寓言般的故事一样，相互之间水火不相容。”见 White. Hayden，*The Content of the Form*：*Narrative Discourse and Historical Representation*. Baltimore：Johns Hopkins University Press. 1987，第ix页。

② 另一种修辞诀窍是，为了描述一个事件而越过一些属于附带发生的事件，并且暂时与主题没有联系的情节，把它们放到以后再谈，见 Olafson，E. “Narrative History and the Concept of Action，” *History and Theory*，vol. 9，no. 3，p. 279。

够把过去和将来连接起来，也使历史学家得以从 Geschichte 向 Historie 移动①。当然，再现过去，要有一份理解，一个主题，要有一种无法遏止的探究好奇心。

疑虑和能指

对资料出处必须持有既慎重而又忠实的态度，尤其是因为语言上稍有变动就可轻而易举地导致叙述背离基本资料。这时主要的修辞形式应该是以准确为主，而不是文学性。我们若要认真对待自己的研究，历史的判断就得站得住脚。我在读明清过渡时期的遗民与贰臣传记时，一再发现中国历史学家不断地要在对儒家的褒贬问题上苦心孤诣。但是我们的史学能指并不武断，当历史学家向我们确保他们已经考察遍了所有文件而且得出了可靠的结论时，我们是可以依赖历史学家的考证的。尤其是在一些历史学家能够获得别人无法得到的文件时，人们就更倾向于信赖他们。

我并不想过分强调这种责任感，但是有时这是关系到生死的大问题。而且即使叙事本身已有中心人物，我们在选择历史人物时仍然必须极为谨慎（他们的生活也许是文本，但并不仅是文本，而是关系到后果的问题）。例如，当我在考查 1645 年江阴屠杀时，我起初误把守城将士们的敢死精神看成是无谓的壮举。仅仅是在写作时，在我必须把笔落在纸上写下自己的判断时，我才意识到这样来解释他们的自我牺牲不免过于生硬——故事本身并不是这样展现的。

历史叙事的另一个特点是，要么让人在 événements（事件）外表下发现出反复而系统地显现的复杂模式，要么是要求人们在对历史的解释方面做出选择（顺序、环节、因果关系、人物等等），它们突然把各个部分组合进一个新的没有预料到的结构之中，一个全新的整体由此形成。

这后一个部分是比较机械的过程。通常在根据初步形成的解释性背景进行叙述的时候，好像“咔嗒”一声，各个部分便突然天衣无缝地嵌入一个新部

① 德文，Geschichte 指人真实经历过的历史，Historie 指被文字记载下来的历史。——译注

位。当我在写《上海警察》时，这种情况一再发生：每当对叙述结构进行重新组合之后，它便迫使我意识到自己忽略了一种明显更具有说服力、更为正确、更接受事实的解释方式（Wakeman，1995）。此处的关键是文章本身的风格，因为形式和内容太容易互相混合。那么新的解释顺序读起来顺当吗？或者说它就一定更有道理？

时间的奥秘

从这个意义上讲，描述就是观察，而在描绘过程中文章的模式就会塑造并显现出来。通过记忆中的岁月的媒介作用，便终于使人达到一种更高层次上的理解与结论。

> 时间的奥秘与禁用语言不能相提并论。它促使人们思考并变换表达方式。假如事实确实如此，我们就应当对它的再现追根寻源，并认为，在合理范围内对历史意识的重申要求个人以及这些个人所属的群体去搜寻他们各自特有的叙述方式，这便是我们整个探索的核心所在。因为正是在这个探索中，时间的奥秘与叙述的诗意得以充分地互相呼应。（Ricoeur，1988，第274页）

于是，时间的奥秘要求叙述以同样具有概括性的方法幻觉般地再现过去，即造成一种眼界穿越时间的幻觉——这便是伟大的历史篇章所能产生的效果。①

---

① 海登·怀特解释说，保罗·里克尔的《时间与叙述》的论题是，时间性是“现存的结构，它从叙述的语言里体现出来”，而那个叙述就是“语言结构，其中的时间性便是它最终所要表现的”。历史话语给时间的历程赋予意义，因为这话语的直接和最终的表现对象（Bedeutimg）是真实的事件，而不是想象的事件。历史和文学于是分享同一个“时间结构”（即人类经验）。事实上，历史叙事的长处在于它与叙述形式中的“虚构”话语相似这一点。因为历史叙事就是“时间的隐寓”，而历史的意义在于它是“一幕人类致力把意义赋予生活的戏剧”之中，见White. Hayden，*The Content of the Form*：*Narrative Discourse and Historical Representation.* Baltimore：Johns Hopkins University Press. 1987，pp. 171－181。

当史景迁向我们叙述洪秀全在1837年证明自己是上帝之子的显灵时，他力图塑造的正是这种幻觉：

> 儒家的考试只是分文不值的虚荣，只能使人产生空洞的希望，制造虚假的礼权。在外国人当中，尽管某些人有鸦片和暴力问题，多数人还是心怀好意，而且也许他们会将这片国土从死亡中拯救出来。所有的偶像都是邪恶的，而标志中国年历的节假并没有显出对至高无上的天主敬拜的节奏。罪孽蹂躏着世界，而虚伪的教士、好色之徒和淫秽作品的作者们则使情况更为严重。洪在天国里经历的净化仪式便是他洗礼的预告。世间还有群魔要杀尽，因为邪恶已经弥漫整个人类。于是，既然耶稣是上帝的儿子，也是洪的长兄，所以洪确实是上帝的中国之子。（Spence，1996，第190页）

虚构便是以这同一种概括方式对等地参与了历史。里克尔认为虚构的“半历史性人物”是一种循环的关系。“也许我们可以说，这种同样的半历史性使虚构得以唤起对往事的生动回忆，使一本书成为伟大的历史著作或一部文学杰作。”（Ricoeur，1988，第190页）

安东尼·鲍威尔在写下本文开头引用的那段话近四分之一世纪之后，写了《时间音乐的伴舞》第十二卷末尾那些令人难以忘怀的字句，使我们可以从中对这个复活了的过去略见一斑。鲍威尔是否有可能对这段概括性段落有所预见？难道他早就知道小说的寂静冬景会像奇妙的叙述时间汇入了历史时间的真实旋律那样，首尾呼应周而复始地再现吗？

> 我面前篝火的气味和也许夹杂了采石场里金属味的烟雾穿过银灰色的雾气往下散去。此刻，这烟雾把工棚前工人们燃烧得发亮的炭火堆带回了眼前……采石场里传出的砰砰声此刻已化为柔和的回荡，无限遥远，然后随着凄厉的鸟鸣完全平息——而当骑手们的螺号最后一次吹响在冰封的大海上之后，他们遥远的马蹄声也逐渐消失殆尽。甚至连四季神那有规律的舞步，似乎也在这隆冬的寂静里中断了。（Powell，1975，第272页）

保罗·里克尔在他的杰作《时间和叙述》的末尾提醒我们，作为历史学家，我们应当仅仅关注《旧约·申命记》中的格言：Zakhor（“记住了!”）。（Ricoeur，1988，第187页）记忆当然是一种补偿，一种再造，但愿是一种忠实的虚构。① 它是“对某一刻狂喜的分享……是对地铁站台里条椅的凝视，那个用钱币敲击玻璃窗来叫她儿子回去吃饭的女人，那些在夏夜里骑自行车争相冲入消防水龙头喷出的水柱的人们，友人们的话音和陌生人的罕见动作——所有这些神奇的片断，都在记忆生动饱满的涌动中再现出来。丢失了的历史在小说的细节里再现，而虚构就是再现往事，它是我们的第二次机会”（DeLillo，1997a，第63页）。

梁禾　译

参考文献

Berry，C. 1982. “Hume on Rationality in History and Social Life，” *History and Theory*，vol. 21，no. 2，pp. 234－247.

Bloch，Marc. 1993. *Apologie pour l'Histoire*，*on Metier d'Historien*. Annotated by Etienne Bloch and with a preface by Jacques le Goff. Paris：Armand Colin.

Burger，Thomas. 1976. *Max Weber's Theory of Concept Formation*：*History*，*Laws*，*and Ideal Types*. Durham NC：Duke University Press.

Collingwood，R. G. 1956. *The Idea of History*. Oxford：Galaxy Books.

De Certeau，Michel. 1988. *The Writing of History*. Tom Conley trans. New York：Columbia University Press.

① 在里克尔看来，每一种名副其实的历史话语都远不仅仅是对往事的一个叙述和时间的一种显形，它是人类处理暂时经历——一个永恒戏剧的内容的文字表达。反过来说，这个内容不过是人类期望把自己从历史中拯救出来的道德意义而已。见 White，Hayden. *Metahistory*：*The Historical Imagination in Nineteenth-Century Europe*. Baltimore，MD：Johns Hopkins University Press. 1973，p. 183。

DeLillo, Don. 1997a. "The Power of History," *New York Times Magazine* (7 Sep.), pp. 60 – 63.

——, 1997b. *Underworld*. New York: Scribners.

De Tocqueville, Alexis. 1985. *Selected Letters on Politics and Society*. Roger Boesche ed. and trans. Berkeley: University of California Press.

Eco, E. 1997. "Eros, Magic, and the Murder of Professor Culianu," *New York Review of Books*, 44, 6 (10 April), pp. 3 – 6.

Frisby, David. 1986. *Fragments of Modernity*. Cambridge Mass.: MIT Press.

Gibbon Edward. 1779. *A Vindication of Some Passages in the Fifteenth and Sixteenth Chapters of The History of the Decline and Fall of the Roman Empire*. London.

Gravas Robert . 1938. *Count Belisarius*. New York: Literary Guild.

——, 1948. *Claudius: From the Autobiography of Tiberius Claudius*. London: Albatross.

Groden, Michael and Martin Kreiswirth. 1994. *The Johns Hopkins Guide to Literary Theory and Criticism*. Baltimore: Johns Hopkins University Press.

Kellner, H. 1987. "Narrativity in History: Post-structuralism and Since," *History and Theory*, vol. 26, The Representation of Historical Events. Wesleyan University.

Klein, K. 1995. "In Search of Narrative Mastery: Postmodernism and the People without History," *History and Theory*, vol. 34, no. 4, pp. 275 – 298.

Kuhn, Philip A. 1990. *Soulstealers: The Chinese Sorcery Scare of* 1768. Cambridge, MA.: Harvard University Press.

Lu, Sheldon Hsiao-peng. 1994. *From Historicity to Fictionality: The Chinese Poetics of Narrative* . Stanford: Stanford University Press.

Macaulay, Thomas Babington. 1828. "History," (Edinburgh Review, 1828), excerpted in Fritz Stem (ed.), *The Varieties of History from Voltaire to the Present*. Cleveland, OH: World Publishing (1956).

Mandelbaum, Maurice. 1967. *The Problem of Historical Knowledge: An Answer to Relativism*. New York: Harper & Row.

Nash, Ronald H. ed. 1969. *Ideas of History*, vol. 2. New York: E. p. Dutton.

Olafson, E. 1970. “Narrative History and the Concept of Action,” *History and Theory*, vol. 9, no. 3, pp. 265 – 289.

Powell, Anthony. 1995 [1951]. *A Question of Upbringing*, in *A Dance to the Music of Time: First Movement*. Chicago: University of Chicago Press.

——, 1975. *Hearing Secret Harmonies*. Boston: Little, Brown & Co.

Rickert, Heinrich. 1929. *Die Grenzen der naturwissenschaftlichen Begriffsbi-dung*. Tibingert: Mohr Quoted in Burger (1976).

Ricoeur, Paul. 1988. *Time and Narrative*. vol. 3. Kathleen Blarney and David Pellauer, trans. Chicago: University of Chicago Press.

Simmel, Georg. 1896. “Soziologiscbe Astbetik”, trans. in K. P. Eizkom ed., Georg Simmel, *The Conflict on Modern Culture and Other Essays*. New York: Teachers Press (1968). Quoted in David Frisby, *Fragments of Modernity*. Cambridge: MITPress.

Spence, Jonathan D. 1969. *To Change China: Western Advisers in China*, 1620 – 1960. Boston: Little, Brown & Co.

——, 1986. “The Great Enterprise,” *London Review of Books*, vol. 8, no. 7 (Aug.), p. 19.

——, 1996. *God's Chinese Son: The Taiping Heavenly Kingdom of Hong Xiuquan*. New York: Lonon.

Sprinzak, E. 1972. “Weber's Thesis as An Historical Explanation,” *History and Theory*, vo. 11, no. 3, pp. 294 – 320.

Stone, L. 1979. “The Revival of Narrative: Reflections on A New Old History,” *Past & Present*, fasc. 85 (Nov.), pp. 3 – 24.

Struve Lynna. 1984. *The Southern Ming*, 1644 – 1662. New Haven, CT: Yale University Press.

——1993. *Voices From the Ming-Qing Cataclysm: China in Tigers'Jaws*. New Haven, CT: Yale University Press.

Veyne, 1982. “The Inventory of Differences,” *Economy and Society*, vol. 11, no. 2 (May), pp. 173 – 198.

Wakeman Jr., F. 1966. *Strangers at the Gate: Social Disorder in South China*, 1839 - 1860. 2d ed. Berkeley and Los Angeles: University of California Press.

——, 1972. "The Price of Autonomy: Intellectuals in Ming and Ch'ing Politics," *Daedalus*, (Spring), pp. 35 - 70.

——, 1976. "The Development of the Theme of Bureaucratic. Monarchic Tension in Joseph R. Levenson's Work," pp. 122 - 133, in Rhoads Murphy and Murphy and Maurice Meisner eds., *The Mozartian Historian*. Berkeley: University of California Press.

——, 1979. "The Shun Interregnum," pp. 39 - 87, in Jonathan D. Spence and Joha E. Wills, Jr. eds., *From Ming to Ch'ing: Conquest, Region, and Continuity in Seventeenth-Century China*. New Haven, CT: Yale University Press.

——, 1981. "Romantics, Stoics and Martyrs in Seventeenth-Century China," *Journal of Asian Studies* (Aug.), pp. 631 - 665.

——, 1985. *The Great Enterprise: The Manchu Reconstruction of Imperial Under in Seventeenth-Century China*. 2 vols. Berkeley: University of California Press.

——, 1995. *Policing Shanghai*, 1927 - 1937. Berkeley: University of California Press.

——, 1996. *The Shanghai Badlands: Wartime Terrorism and Urban Crime*, 1937 - 1941. Cambridge: Cambridge University Press.

Weber, Max. 1951. *The Religion of China: Confucianism and Taoism*. Hans H. Gerth trans. Glencoe IL: Free press.

White, Hayden. 1973. *Metahistory: The Historical Imagination in Nineteenth Century Europe*. Baltimore, MD: Johns Hopkins University Press.

——, 1987. *The Content of the Form: Narrative Discourse and Historical Representation*. Baltimore: Johns Hopkins University Press.

Wooton, D. 1994. "Narrative, Irony, and Faith in Gibbon's Decline and Fall," *History and Theory*, Theme Issue 33, pp. 77 - 105.

后　记[①]

这部文集的价值不言自明。它的诞生，是世界各地学者、翻译人才、出版者等各界人士共同艰苦卓绝努力的成果。

治学为人，先生均被视为楷模。多有学人屡用大写的“人”来概括先生的一生。在治学上，先生著作等身，桃李满天下。他对中国历史的兴趣与投入，激情洋溢且经久不衰。我曾问他：“你一生致力中国历史研究，要是真有来世，那时你会选什么事业？”他想了想，说：“中国历史。”“还是中国历史，没见过你这样要迷两辈子中国历史的！”他憨厚地笑了笑，点点头，然后用中文敦厚地说：“对，我太喜欢中国历史了。在我眼里，中国人是世界上最优秀的民族之一。我庆幸自己有这份缘。”

先生28岁开始在加州伯克利大学当教授，这以后的40年里，除了教学和指导研究生，他还担任了一系列美国全国性学术机构及美中学术交流委员会的领导工作，然而他的著述仍然那么丰富多产。有学界朋友问：“魏教授发表这么多著作，带这么多研究生，还教课，担任学界领导，他是怎么过的？”其实，奥秘就在于：从不搞权术，不花时间拉织关系网，还有就是减少睡眠。2006年9月14日，先生因患癌症病故，举世学人好友惊愕悲痛，各地的悼念活动与一篇篇的回忆文章感人至深。各代学者中都有人说：“若无魏教授，岂有我今天！”

作为一个学者，其学术成果乃为其一生的最终见证。先生除了出版的专著以外，还有更多的论著见于各种学术杂志上，这部分中文译本，相对不多。有鉴于此，编辑林敏女士立刻提出出版先生文集中文版的计划，她为此缜密构

① 此后记为本书东方出版社2008年版前言，这里有所删节。——编注

思，并不辞辛劳地做了许多准备工作。不久美国学界也决定同时出版《讲述中国历史》英文版文集。著名社会学家艾森斯塔特（Shmuel N. Eisenstadt）先生，不顾80多岁的高龄和耶路撒冷夏日的高温，为给文集写总序，刻不容缓地开始阅读我快递过去的整整一箱子先生40年来的著述。而那一箱子影印件，以及各位翻译手中的原版文章，都是伯克利东亚图书馆专业人员何剑叶、吴一丰、薛燕等在暑假里突击赶制出来的。她们一篇篇地将先生40年所有论文复制出来，及时寄送到我手里供选用。不仅如此，在以后的日子里，每逢翻译们遇到摘引原文的困难时，我不得不一遍又一遍地回头找她们——她们在核对史料与查找资料上，拥有世界第一流的能力与效率。

若说先生的论著覆盖了近千年的中国历史，他的论文题目则更为浩瀚广博，其中除历史外，有中西方研究法比较、理论概念的论证、学术现况与趋势的剖析等，所援引的史料和参考资料则更惊人：光是这些资料所用的语言就有中文、英文、法文、德文、葡萄牙文、意大利文、日文、西班牙文、希伯来语等等。翻译工程因此而史无前例地复杂艰难。于是我向上海社科院副院长熊月之先生求援，让他出一支专业人马承担翻译。熊月之先生立刻答应。加上英语世家出身的北大西语系教授张世耘、旅居奥地利的项佳谷女士、上海大学历史系教授徐有威、上海师大的博士生齐克彬等，一支精良的文集翻译队伍组成了。在熊月之先生的领导下，上海社科院历史所承担了文集最重要部分的翻译。其中《史林》主编、历史所周武教授在统筹、组织分配、指导翻译等方面持续费心近一年之久，尤为辛劳。此外，无数学者向我提供了各种宝贵帮助，其中有曾佩琳（Paola Zamperini）教授、郭启涛教授、蓝梦林（Patricia Thornton）教授，还有民营出版家严博非等。我对他们的敬意与感激，语言难以充分表达。然而，我亦深知，他们如此敬献，并非仅因对我本人友善所致，更是出于他们对先生的敬仰，对历史的责任，对学术研究的使命感。

此文集选入的文章出版跨度达40年之久，这40年的中国，经历了一个世上少有的天翻地覆社会巨变的历史过程。在中国历史研究上，仅从关闭到逐渐开放档案文献这一点，其变化就非常惊人。先生著述的前部分，是在中国未向外开放，中美没有外交关系，外国人很少能接触到档案史料的历史条件下进行的。到了后期，情况则大有改善。所以，先生 40 年著述本身，也是海外中国史学的一个缩影。在专家学者的建议下，文集的每个章节都由一名本领域的专家介绍学术背景、主题含义、作者研究思路等，为读者提供分析理解的框架与基础。这些专家多数都是中国读者熟悉的，他们本人学术成就显著，且大都熟知先生的毕生研究，其中周锡瑞教授（Joseph W. Esherick）与曾小萍教授（Madeleine Zelin）是先生多年前的学生。他们对文集的贡献，是先生学术精神遗产后继有人，得以发扬光大的见证。

总之，出版《讲述中国历史》文集的中英文版及过程，是无数宏亮之心奉献的结果，也无疑是先生为人的见证。当出版文集的计划还在雏形之中，北大的刘东教授就向我赠送了几篇已经翻译好的译稿，并积极为文集出版出谋划策。他对先生的敬意与友情，说来话长，又是一番动人故事。

最后，求学求知，除了增加人征服世界的力量，使我们在全球化生存中更具有竞争力外，更重要的应该是完善我们的人性。再现历史，使我们变得聪慧；凝视往事，使我们避免重蹈覆辙。如此可使人之行为保持文明，世界充满光明。这便是先生研究历史的宗旨，亦是文集问世的意义所在。

梁　禾

于美国俄勒冈傲思维古湖畔

图书在版编目（CIP）数据

讲述中国历史 /（美）魏斐德著；（美）梁禾主编. -- 长沙：岳麓书社，2022.5

ISBN 978-7-5538-1196-3

Ⅰ. ①讲… Ⅱ. ①魏… ②梁… Ⅲ. ①中国历史 Ⅳ. ① K20

中国版本图书馆 CIP 数据核字（2022）第 042556 号

JIANGSHU ZHONGGUO LISHI

讲述中国历史

［美］魏斐德 著 ［美］梁 禾 主编

责任编辑：蒋 浩 冯文丹

责任校对：舒 舍

封面设计：利 锐

岳麓书社出版

地址：湖南省长沙市爱民路 47 号

邮编：410006

版次：2022 年 5 月第 1 版

印次：2022 年 5 月第 1 次印刷

开本：680mm×955mm 1/16

印张：51

字数：750 千字

书号：ISBN 978-7-5538-1196-3

定价：138.00 元

承印：三河市兴博印务有限公司

如有质量问题，请致电质量监督电话：010-59096394

团购电话：010-59320018